Schriftenreihe
der Juristischen Schulung
Band 70/1

Fälle zum Handels- und Gesellschaftsrecht

Band I

von

Dr. Torsten Schöne
o. Professor an der Universität Siegen

10., überarbeitete und aktualisierte Auflage 2018

www.beck.de

ISBN 978 3 406 71895 3

© 2018 Verlag C. H. Beck oHG
Wilhelmstraße 9, 80801 München
Satz, Umschlagsatz, Druck und Bindung:
Druckerei C. H. Beck Nördlingen
(Adresse wie Verlag)

Gedruckt auf säurefreiem, alterungsbeständigem Papier
(hergestellt aus chlorfrei gebleichtem Zellstoff)

Vorwort

Der Fall und seine Lösung stehen zwar nicht im Mittelpunkt der juristischen Ausbildung, wohl aber bestimmen sie das Ausbildungsziel des angehenden Juristen wesentlich mit. Der angehende Jurist muss zeigen, dass er den konkreten Fall gutachterlich aufbereiten und mit Hilfe des Gesetzestextes und unter Beachtung der juristischen Methodik bei gleichzeitiger Verwendung der rechtswissenschaftlichen Fachsprache eine eigenständige Lösung präsentieren kann. Gleiches gilt für Studierende in Bachelor- und Master-Studiengängen mit überwiegend juristischer Schwerpunktsetzung.

Bei diesem Ausbildungsziel will die vorliegende Fallsammlung Hilfe leisten. Sie enthält insgesamt 25 Fälle zum Handels- und Personengesellschaftsrecht, die in ihrer thematischen Ausrichtung zum Pflichtfachstoff des ersten juristischen Staatsexamen gehören. Für wirtschaftsrechtliche Bachelor-Studiengänge mit Schwerpunktbildungen im Handels- und Gesellschaftsrecht können diese 25 Fälle inhaltlich ebenfalls als prüfungsrelevant eingeordnet werden.

Die Fallsammlung will nicht in Konkurrenz treten zur herkömmlichen Lehrbuchliteratur. Die materiell-rechtlichen Kenntnisse des Handels- und Gesellschaftsrechts, soweit sie prüfungsrelevant sind, werden vorausgesetzt. Es ist also – anders als bei einem „Studien- oder Vertiefungskurs" – nicht das Ziel, auf induktivem Weg in die Rechtsmaterie einführen zu wollen. Letzteres wäre nur mit viel ausführlicheren (und ausufernden) Lösungen möglich gewesen, bei denen ergänzende systematische Erläuterungen die Fallbesprechung gesprengt hätten. Der „klassische" Klausurenstil sollte in den „Musterlösungen" jedoch durchgängig erhalten bleiben, wobei allerdings gelegentlich aus didaktischen Gründen die einzelnen in der Rechtsprechung und Literatur vertretenen Ansichten ausführlicher als in einer Klausur dargestellt und diskutiert worden sind, um dem Leser auch insoweit eine Lernhilfe zu bieten. Im Übrigen sind aus der Stofffülle eher prüfungs- oder praxisrelevante Bereiche ausgewählt worden. Vollständigkeit der Stoffdarstellung konnte und sollte jedoch nicht erreicht werden.

Die sinnvolle Arbeit mit der Fallsammlung erfordert in hohem Maße Eigenarbeit. Der Leser ist aufgerufen, jeden Fall zunächst selbst zu erarbeiten und erst im Anschluss seinen Entwurf mit der präsentierten „Musterlösung" zu vergleichen, vielleicht auch seine Kenntnisse zu Einzelfragen anhand der in den Fußnoten als Beleg angeführten Literatur- und Rechtsprechungshinweise zu vertiefen. Soweit der Leser (das heißt vor allem: der künftige Bearbeiter der Fälle!) dieses Buches in der Methodik der Fallbearbeitung handels- und gesellschaftsrechtlicher Fälle noch nicht sicher sein sollte, sei ihm an dieser Stelle eine gründliche Durcharbeitung der Anleitung zur Anfertigung handels- und gesellschaftsrechtlicher Gutachten (S. 1 bis 21) dringend empfohlen. Nur bei entsprechender Eigenarbeit können die Kenntnisse im Bereich des Handels- und Gesellschaftsrechts aufgefrischt und vertieft sowie vor allem das juristische Rüstzeug, die Methodik, geübt werden, und nur dann kann die Fallsammlung mit „Musterlösungen" ihren Zweck erfüllen. Dabei sollte sich der Leser des durchaus beschränkten Wertes der „Musterlösungen" bewusst sein. Sie zeigen (zum Teil deutlich vertiefend) die wesentlichen Probleme des jeweiligen

Falles auf, ohne zugleich Anspruch auf flächendeckende Vollständigkeit der Argumente zu erheben. Sie weisen vielmehr lediglich einen methodisch sicheren Weg zu der zumindest gut vertretbaren Lösung. Über die „richtige" Lösung vieler Detailfragen mag demgegenüber mit guten Gründen gestritten werden können.

Fast alle Fälle sind in den „Übungen im Handels- und Gesellschaftsrecht" an den Universitäten Münster und Siegen mehrfach erprobt worden. Im Regelfall sind sie als Klausuren auf eine Bearbeitungszeit zwischen drei und fünf Stunden ausgelegt.

In dieser Auflage sind alle Fälle und Lösungen wieder gründlich überarbeitet und aktualisiert worden. Rechtsprechung und Literatur sind bis zum Stand 1.2.2018 berücksichtigt.

Danken möchte ich meiner Mitarbeiterin, Frau LL.M. *Katharina Robert* und meinem Mitarbeiter, Herrn LL.M. *Patrick Wunder*, meinen wissenschaftlichen Hilfskräften Frau LL.B. *Stefanie Heinemann*, Frau LL.B. *Stephanie Lutat* und Frau LL.B. *Lisa Rammin* sowie meinen studentischen Hilfskräften Frau *Stefanie Grauberger* und Frau *Meret Kämpfer*, die mich alle bei den Arbeiten für die vorliegende Neuauflage sehr engagiert und tatkräftig unterstützt haben.

Mein besonderer Dank gilt meinem sehr verehrten Lehrer, Herrn *Prof. Dr. Wolfram Timm*, der mir die weitere Bearbeitung der Fallsammlung vertrauensvoll zur nunmehr alleinigen Verantwortung übertragen hat. Ich hoffe, mich dieses Vertrauens würdig zu erweisen.

Für Verbesserungsvorschläge aller Art an schoene@recht.uni-siegen.de wäre ich dankbar!

Siegen, im Wintersemester 2017/18 *Torsten Schöne*

Inhaltsverzeichnis

Vorwort V
Abkürzungsverzeichnis XI
Literaturverzeichnis XV

Anleitung zur Anfertigung handels- und gesellschaftsrechtlicher Gutachten 1

Fall 1. *Das exklusive Autohaus*
Handelsrecht: § 15 Abs. 1 und 2 HGB – Prokura – Missbrauch der Vertretungsmacht – „Rosinentheorie" 23

Fall 2. *Der reiselustige Holzhändler*
Handelsrecht: Tatbestand und Normzweck des § 15 Abs. 1 HGB – fehlende Voreintragung 33

Fall 3. *Der profilierungssüchtige Prokurist*
Handelsrecht: Prokura – Handlungsvollmacht – § 15 Abs. 1 HGB – Wirksamkeit der Abtretung gem. § 354a HGB – Missbrauch der Vertretungsmacht 41

Fall 4. *Der missglückte Unternehmenskauf*
Handels- und Personengesellschaftsrecht: Haftung bei Firmenfortführung gem. § 25 HGB – Grundsätze zur fehlerhaften Gesellschaft 55

Fall 5. *Die risikobehaftete Geschäftsübernahme*
Handels- und Personengesellschaftsrecht: Firmenfortführung – Firmenneubildung – Haftung nach § 25 HGB bei Erwerb eines nichtkaufmännischen Unternehmens – Anwendung des § 28 HGB auf eine durch Beitritt entstandene GbR – Gesellschafterhaftung beim Beitritt nach § 28 HGB 63

Fall 6. *Autohaus mit Folgen*
Handelsrecht: Haftung des Erben für Geschäftsschulden bei Firmenfortführung und Übergang des Handelsgeschäfts nach § 27 HGB 79

Fall 7. *Die salmonellenbelasteten Hühner*
Handelsrecht: Kaufmannsbegriff – Nacherfüllungsanspruch aus §§ 437 Nr. 1, 434, 439 Abs. 1 BGB – Einbeziehung Allgemeiner Geschäftsbedingungen durch kaufmännisches Bestätigungsschreiben – Sachmängelhaftung – kaufmännische Rügeobliegenheit im Streckengeschäft – Verlängerung der Rügefrist durch Allgemeine Geschäftsbedingungen – Rüge durch eine nicht vertretungsberechtigte Person 89

Fall 8. *Die mangelhafte Qualitätssicherung*
Handelsrecht: Just-in-time-Vertrag und Qualitätssicherungsvereinbarung – Einbeziehung von Allgemeinen Geschäftsbedingungen und deren Inhaltskontrolle nach § 307 BGB unter Kaufleuten – Ausschluss der kaufmännischen Rügeobliegenheit 101

Fall 9. *Die mangelhafte Drehbank*
Handelsrecht: Kaufmännisches Bestätigungsschreiben 115

Fall 10. Die komplizierte Kommission
Handelsrecht: Annahmeverzug beim Handelskauf gem. § 373 HGB – Selbsthilfeverkauf – Aufrechnung mit und gegen Forderungen aus einem Kommissionsgeschäft – Schutz des guten Glaubens an Verfügungsbefugnis gem. § 366 HGB – Anwendung von § 15 Abs. 1 HGB zu Lasten Dritter 125

Fall 11. *Schwierige Vollstreckung*
Handelsrecht: Kontokorrentverhältnis – Pfändung kontokorrentgebundener Einzelforderungen – Pfändung gegenwärtiger und zukünftiger Kontokorrentsalden 139

Fall 12. *Die haftenden Sozien*
„Allgemeinen" Gesellschaftsrecht – Recht der GbR: Berufssozietät – Akzessorietätstheorie – Handelndenhaftung nach § 8 Abs. 2 PartGG – Haftung des eintretenden Gesellschafters – vorformulierte Haftungsbeschränkung 147

Fall 13. *Nicht ganz vergeblicher Gesellschafteraufwand*
Personengesellschaftsrecht (OHG): Actio pro socio – Haftung für Sozialverbindlichkeiten – Haftung für Gesellschaftsschulden gegenüber Dritten – Gesamtschuldnerausgleich zwischen den Gesellschaftern 161

Fall 14. *Die fehlgeschlagene Haftungsfreistellung*
Handels- und Personengesellschaftsrecht: Vertretungsregelungen – § 31 BGB analog – Einwendungen gem. § 129 HGB – Handelsvertreterrecht – Erlassvertrag – Vertragsübernahme 175

Fall 15. *Die unbezahlten Windeln*
Personengesellschaftsrecht (OHG): Insolvenzfähigkeit i. S. d. § 11 InsO – Gründung einer OHG und Wirksamwerden nach außen – Haftung der persönlich haftenden Gesellschafter für Forderungen von Drittgläubigern– Auflösung und Liquidation der OHG – Vertretung der OHG im Liquidationsstadium – § 15 Abs. 1 HGB – Einwendung des Gesellschafters gem. § 129 Abs. 3 HGB – Aufrechnung 187

Fall 16. *Die fehlerhafte Beratung*
Personengesellschaftsrecht: Rechtsfolgen des Todes eines Partners in der PartG – Unbeschränkbarkeit der Vertretungsmacht gegenüber Dritten – persönliche Haftung der Partner für Verbindlichkeiten der PartG – Ausschluss der Haftung gem. § 8 Abs. 2 PartGG – summenmäßige Haftungsbeschränkung 199

Fall 17. *Der tödliche Gesellschafterunfall*
Personengesellschaftsrecht (OHG/KG): Nachfolgeklausel – Sondernachfolge in Gesellschaftsanteile – Ansprüche der Miterben gegen den Gesellschaftererben – Eintrittsklausel – Scheitern einer Nachfolgeklausel infolge Enterbung des „Nachfolgers" 215

Fall 18. *Der fehlende Rechtsnachfolgevermerk*
Personengesellschaftsrecht (KG): Haftung der Kommanditisten bei Übertragung eines Kommanditanteils und bei Eintragung eines Rechtsnachfolgevermerks bzw. ohne dessen Eintragung 229

Fall 19. *Kommanditistenschicksal*
Personengesellschaftsrecht (KG): Haftung eines Kommanditisten nach § 176 HGB bei Auftreten einer GmbH & Co. KG – Wirkung einer Einlagenrückzahlung für den Rechtsvorgänger eines Kommanditisten 239

Fall 20. *Schwierigkeiten beim Start up-Unternehmen*
Personengesellschaftsrecht (KG): Haftung des Kommanditisten gem. § 176 HGB – Haftungsübergang gem. § 28 HGB – Haftung des Gesellschafters einer im Rechtsverkehr als KG auftretenden GbR 251

Fall 21. *Die problematische Beteiligungsumwandlung*
Personengesellschaftsrecht: Vererbung von Beteiligungen an einer Personenhandelsgesellschaft an Minderjährige – „Umwandlung" der Beteiligung des eintretenden Erben gem. § 139 Abs. 1 HGB – Haftung des Erben für sog. Zwischenneuschulden – Beschränkung der Minderjährigenhaftung nach § 1629a BGB – Haftung des Erben für sog. Neuschulden 261

Inhaltsverzeichnis

Fall 22. *Der schweigsame Gesellschafter*
Personengesellschaftsrecht: Beschlussmängelklage – gesellschaftsvertragliche Modifizierungen des Klagerechts – Stimmverbot analog §§ 34, 1. Fall BGB, 47 Abs. 4 S. 2, 1. Fall GmbHG – Treuepflichtverletzung und Stimmrechtsmissbrauch – außerordentliches Auskunftsrecht des Kommanditisten – Auskunftsverweigerung als Verstoß gegen die Treuepflicht – Wettbewerbsverbot des Kommanditisten analog §§ 112, 113 HGB 273

Fall 23. *Die „Zwei-Klassen-Gesellschaft"*
Personengesellschaftsrecht: Ausschluss eines Gesellschafters – Hinauskündigungsklausel – Verhältnis Gesellschaftsrecht/Schenkungsrecht 289

Fall 24. *Streit um die Abfindung*
Personengesellschaftsrecht: Ausscheiden aus einer Personenhandelsgesellschaft durch Kündigung bzw. Tod – Wirksamkeit und Anwendbarkeit einer abfindungsbeschränkenden Regelung – Wirksamkeit einer Abfindungsklausel zu Lasten des Gesellschaftererben 303

Fall 25. *Das unzufriedene Publikum*
Recht der Publikumspersonengesellschaft – Kapitalgesellschaftsrecht: Begriff und Merkmale der Publikumspersonengesellschaft – Abberufung des Geschäftsführers aus wichtigem Grund – Einberufung einer Gesellschafterversammlung durch nicht geschäftsführenden Gesellschafter – Inhaltskontrolle des Gesellschaftsvertrages – unangemessene Benachteiligung der Anlegergesellschafter .. 319

Sachverzeichnis 331

Abkürzungsverzeichnis

a. A.	anderer Ansicht
a. a. O.	am angegebenen Ort
ABl. EG	Amtsblatt der Europäischen Gemeinschaften
Abs.	Absatz
AcP	Archiv für die civilistische Praxis
a. E.	am Ende
a. F.	alte Fassung
AG	Die Aktiengesellschaft/Aktiengesellschaft/Ausführungsgesetz
AGB	Allgemeine Geschäftsbedingungen
AktG	Aktiengesetz
allg.	allgemein
Alt.	Alternative
Anh.	Anhang
Anm.	Anmerkung
AnwKom	Anwaltkommentar
Art.	Artikel
AT	Allgemeiner Teil
Aufl.	Auflage
BAG	Bundesarbeitsgericht
BayObLG	Bayerisches Oberstes Landesgericht
BB	Der Betriebs-Berater
Bd.	Band
BegrRegE	Begründung Regierungsentwurf
bes.	besonders
BFH	Bundesfinanzhof
BGB	Bürgerliches Gesetzbuch
BGBl.	Bundesgesetzblatt
BGH	Bundesgerichtshof
BGHZ	Entscheidungen des Bundesgerichtshofs in Zivilsachen
BRAO	Bundesrechtsanwaltsordnung
BSG	Bundessozialgericht
BT	Besonderer Teil
BT-Drs.	Bundestagsdrucksache
BVerfG	Bundesverfassungsgericht
bzgl.	bezüglich
bzw.	beziehungsweise
c. i. c.	culpa in contrahendo
DB	Der Betrieb
ders.	derselbe
d. h.	das heißt
dies.	dieselbe
DNotZ	Deutsche Notar-Zeitschrift
DR	Deutsches Recht
DStR	Deutsches Steuerrecht
DZWiR	Deutsche Zeitschrift für Wirtschafts- und Insolvenzrecht

eG	eingetragene Genossenschaft
EGHGB	Einführungsgesetz zum Handelsgesetzbuch
EHUG	Gesetz über elektronische Handelsregister und Genossenschaftsregister sowie das Unternehmensregister
e. Kfm.	eingetragener Kaufmann
EWiR	Entscheidungen zum Wirtschaftsrecht
EWIV	Europäische Wirtschaftliche Interessenvereinigung
f.	folgende Seite/für
FamRZ	Zeitschrift für das gesamte Familienrecht
ff.	folgende Seiten
FGPrax	Praxis der Freiwilligen Gerichtsbarkeit
Fn.	Fußnote
FS	Festschrift/Festgabe
GbR	Gesellschaft bürgerlichen Rechts
gem.	gemäß
ggf.	gegebenenfalls
GK	Gemeinschaftskommentar
GmbH	Gesellschaft mit beschränkter Haftung
GmbH & Co.	Gesellschaft mit beschränkter Haftung in Compagnie
GmbHG	Gesetz betreffend die Gesellschaften mit beschränkter Haftung
GmbHR	GmbH-Rundschau
grdl.	grundlegend
grds.	grundsätzlich
GS	Gedächtnisschrift
GVG	Gerichtsverfassungsgesetz
h. A.	herrschende Auffassung
Halbs.	Halbsatz
Hdb.	Handbuch
HGB	Handelsgesetzbuch
HK	Heidelberger Kommentar
h. L.	herrschende Lehre
h. M.	herrschende Meinung
HRefG	Handelsrechtsreformgesetz
HRR	Höchstrichterliche Rechtsprechung
HRV	Handelsregisterverordnung
i. d. R.	in der Regel
i. Gr.	in Gründung
i. H. v.	in Höhe von
insb.	insbesondere
InsO	Insolvenzordnung
IPrax	Praxis des internationalen Privat- und Verfahrensrechts
i. S. d.	im Sinne des/der
i. S. v.	im Sinne von
i. V. m.	in Verbindung mit
JA	Juristische Arbeitsblätter
Jb	Jahrbuch
JR	Juristische Rundschau
JuS	Juristische Schulung
JW	Juristische Wochenschrift
JZ	Juristenzeitung
KG	Kommanditgesellschaft/Kammergericht
KostO	Kostenordnung

Abkürzungsverzeichnis

LG	Landgericht
Lit.	Literatur
LM	Lindenmaier-Möhring, Nachschlagewerk des Bundesgerichtshofs
lt.	laut
m.	mit
MDR	Monatsschrift für Deutsches Recht
Mio.	Millionen
MoMiG	Gesetz zur Modernisierung des GmbH-Rechts und zur Bekämpfung von Missbräuchen
m. w. N.	mit weiteren Nachweisen
NachhBG	Nachhaftungsbegrenzungsgesetz
NaStraG	Namensaktiengesetz
n. F.	neue Fassung
NJW	Neue Juristische Wochenschrift
NJW-RR	NJW Rechtsprechungsreport
Nr.	Nummer
NZG	Neue Zeitschrift für Gesellschaftsrecht
o. a.	oben angegeben
o. ä.	oder ähnliches
OHG	offene Handelsgesellschaft
OLG	Oberlandesgericht
PartG	Partnerschaftsgesellschaft
PartGG	Partnerschaftsgesellschaftsgesetz
RG	Reichsgericht
RGZ	Entscheidungen des Reichsgerichts in Zivilsachen
Rn.	Randnummer
ROHGE	Entscheidungen des Reichsoberhandelsgerichts
Rpfleger	Der Deutsche Rechtspfleger
Rspr.	Rechtsprechung
S.	Seite
s.	siehe
s. o.	siehe oben
sog.	sogenannt(e)
str.	streitig
u.	und
u. a.	unter anderem
UmwG	Umwandlungsgesetz
unstr.	unstreitig
u. U.	unter Umständen
v.	von/vom
VersR	Versicherungsrecht
vgl.	vergleiche
VO	Verordnung
WM	Wertpapier-Mitteilungen
ZAP	Zeitschrift für die Anwaltspraxis
z. B.	zum Beispiel

ZGR	Zeitschrift für Unternehmens- und Gesellschaftsrecht
ZHR	Zeitschrift für das gesamte Handels- und Wirtschaftsrecht
ZIP	Zeitschrift für Wirtschafsrecht
zit.	zitiert
ZivWiss.	Zivilrechtswissenschaftler
ZPO	Zivilprozessordnung
zust.	zustimmend
zutr.	zutreffend

Literaturverzeichnis

Andres/Leithaus	Insolvenzordnung, 3. Aufl. 2014.
Bamberger/Roth/Hau/ Poseck (Hrsg.)	Beck´scher Online-Kommentar BGB, 44. Edition, Stand 25.1.2018 (zit.: BeckOK BGB/*Bearbeiter*).
Baumbach/Hopt	Handelsgesetzbuch, 37. Aufl. 2016.
Baumbach/Hueck	GmbH-Gesetz, 21 Aufl. 2017.
Baumbach/Lauterbach/ Albers/Hartmann	Zivilprozessordnung, 75. Aufl. 2017.
Bork	Allgemeiner Teil des Bürgerlichen Gesetzbuchs, 4. Aufl. 2016.
Braun (Hrsg.)	Insolvenzordnung, 7. Aufl. 2017.
Brox/Henssler	Handelsrecht, 22. Aufl. 2016.
Brox/Walker	Allgemeiner Teil des BGB, 41. Aufl. 2017 (zit.: *Brox/Walker*, BGB AT).
Brox/Walker	Erbrecht, 27. Aufl. 2016 (zit.: *Brox/Walker*, ErbR).
Brückner	Die Kontrolle von Abfindungsklauseln in Personengesellschafts- und GmbH-Verträgen, 1995.
Bülow/Artz	Handelsrecht, 7. Aufl. 2015.
Bürgers/Körber (Hrsg.)	Aktiengesetz, 4. Aufl. 2017 (zit.: HK-AktG/*Bearbeiter*).
Canaris	Die Vertrauenshaftung im deutschen Privatrecht, 1971 (zit.: *Canaris*, Vertrauenshaftung).
Canaris	Handelsrecht, 24. Aufl. 2006.
Dauner-Lieb/Langen (Hrsg.)	Bürgerliches Gesetzbuch – BGB, Band 2/1 und Band 2/2 (§§ 241–853), 3. Aufl., 2016 (zit.: NK-BGB/*Bearbeiter*).
Diederichsen/Wagner	Die BGB-Klausur, 9. Aufl. 1997.
Düringer/Hachenburg	Das Handelsgesetzbuch, Band I (Allgemeine Einleitung, §§ 1–104), Band II (Allgemeine Einleitung, §§ 105–177, §§ 335–342), 3. Aufl. ab 1930.
Ebenroth/Boujong/Joost	Handelsgesetzbuch, 1. Aufl. 2001 (zit.: EBJ/*Bearbeiter*, 1. Aufl.).
Ebenroth/Boujong/Joost/ Strohn	Handelsgesetzbuch, 3. Aufl. 2014 (zit.: EBJS/*Bearbeiter*).
Eisenhardt/Wackerbarth	Gesellschaftsrecht I, Recht der Personengesellschaften, 16. Aufl. 2015.
Emmerich/Habersack	Konzernrecht, 10. Aufl. 2013 (zit.: *Emmerich/Habersack*).
Ensthaler (Hrsg.)	Gemeinschaftskommentar zum Handelsgesetzbuch mit UN-Kaufrecht, 8. Aufl. 2015 (zit.: GK-HGB/*Bearbeiter*).
Erman	Bürgerliches Gesetzbuch, Band I (§§ 1–811, UKlaG), Band II (§§ 812–2385, EGBGB, ErbbauVO, HausratsVO, LPartG, ProdHaftG, VAHRG, WEG), 15. Aufl. 2017.
Feuerich/Weyland	Bundesrechtsanwaltsordnung, 9. Aufl. 2016.
Fleischer/Goette (Hrsg.)	Münchener Kommentar zum Gesetz betreffend die Gesellschaft mit beschränkter Haftung, GmbHG, Band 1 (§§ 1–34), Band 2 (§§ 35–52), Band 3 (§§ 53–85), 2. Aufl. ab 2015 (zit.: MüKoGmbHG/*Bearbeiter*).

Flume	Allgemeiner Teil des Bürgerlichen Rechts, Band I/1 (Die Personengesellschaft), 1977 (zit.: *Flume,* BGB AT I/1).
Flume	Allgemeiner Teil des Bürgerlichen Rechts, Band II (Das Rechtsgeschäft), 1979 (zit.: *Flume,* BGB AT II).
Fridgen/Geiwitz´/Göpfert (Hrsg.)	Beck´scher Online-Kommentar InsO, 8. Edition, Stand 31.10.2017 (zit.: BeckOK InsO/*Bearbeiter*).
Gaier/Wolf/Göcken	Anwaltliches Berufsrecht 3. Aufl. 2017.
v. Gierke/Sandrock	Handels- und Wirtschaftsrecht, Band 1, 9. Aufl. 1975.
Glanegger u. a.	Heidelberger Kommentar zum Handelsgesetzbuch, 7. Aufl. 2007 (zit.: HK-HGB/*Bearbeiter*).
Grunewald	Der Ausschluss aus Gesellschaft und Verein, Köln, 1987 (zit.: *Grunewald,* Ausschluss).
Grunewald	Gesellschaftsrecht, 10. Aufl. 2017.
Gummert/Weipert (Hrsg.)	Münchener Handbuch des Gesellschaftsrechts, Band 1 (BGB-Gesellschaft, Offene Handelsgesellschaft, Partnerschaftsgesellschaft, Partenreederei, EWIV) (zit.: MünchHdb.GesR I/*Bearbeiter*).
Gummert/Weipert (Hrsg.)	Münchener Handbuch des Gesellschaftsrechts, Band 2 (Kommanditgesellschaft, GmbH & Co. KG, Publikums-KG, Stille Gesellschaft), 4. Aufl. 2014 (zit.: MünchHdb.GesR II/*Bearbeiter*).
Hadding/Hennrichs	Die HGB-Klausur, 3. Aufl. 2003.
Häublein/Hoffmann-Theinert (Hrsg.)	Beck´scher Online-Kommentar HGB, 19. Edition, Stand 15.1.2018 (zit.: BeckOK HGB/*Bearbeiter*).
Heidel/Hüßtege/Mansel/ Noack (Hrsg.)	Bürgerliches Gesetzbuch – BGB, Band 1 (§§ 1–240, EGBGB), 3. Aufl. 2016 (zit.: NK-BGB/*Bearbeiter*).
Heidel/Schall (Hrsg.)	Handelsgesetzbuch, 2. Aufl. 2015.
Hense/Ulrich	WPO-Kommentar, 2. Aufl. 2013.
Henssler/Prütting (Hrsg.)	Bundesrechtsanwaltsordnung, 4. Aufl. 2014.
Henssler/Strohn (Hrsg.) .	Gesellschaftsrecht, 3. Aufl. 2016.
Heymann	Handelsgesetzbuch, Band 1 (Einleitung; §§ 1–104), Band 2 (§§ 105–237), Band 4 (§§ 343–475h), 2. Aufl. ab 1997.
Hoffmann-Becking (Hrsg.)	Münchener Handbuch des Gesellschaftsrechts, Band 4 (Aktiengesellschaft), 4. Aufl. 2015 (zit.: MünchHdb.GesR IV/*Bearbeiter*).
Huber, U.	Vermögensanteil, Kapitalanteil und Gesellschaftsanteil an Personalgesellschaften des Handelsrechts, 1970.
Hübner	Handelsrecht, 5. Aufl. 2004.
Hueck, A.	Das Recht der offenen Handelsgesellschaft, 4. Aufl. 1971.
Hüffer/Koch	Aktiengesetz, 12. Aufl. 2016.
Jauernig	Bürgerliches Gesetzbuch, 16. Aufl. 2015.
Jung	Handelsrecht, 11. Aufl. 2016.
Kayser/Thole (Hrsg.)	Heidelberger Kommentar zur Insolvenzordnung, 8. Aufl. 2016 (zit.: HK-InsO/*Bearbeiter*).
Kirchhoff/Eidenmüller/ Stürner (Hrsg.)	Münchener Kommentar zur Insolvenzordnung, Band 1 (§§ 1–79), Band 2 (§§ 80–216), 3. Aufl. 2013 (zit.: MüKoInsO/*Bearbeiter*).
Köbler	Erbrecht und Gesellschaft, 1974.
Koch	Gesellschaftsrecht, 10. Aufl. 2017.

Literaturverzeichnis

Koller/Kindler/Roth/ Morck	Handelsgesetzbuch, 8. Aufl. 2015 (zit.: KKRM/*Bearbeiter*).
König	Juristische Methoden für Dummies, 2016.
Kornblum	Die Haftung der Gesellschafter für Verbindlichkeiten von Personengesellschaften, 1972.
Kroiß/Ana/Mayer (Hrsg.)	Bürgerliches Gesetzbuch – BGB, Band 5 (§§ 1922–2385), 4. Aufl. 2014 (zit.: NK-BGB/*Bearbeiter*).
Kroppen	Die Haftung des Kommanditisten bei fehlender Eintragung, 1987.
Krüger/Rauscher (Hrsg.)	Münchener Kommentar zur Zivilprozessordnung, Band 2 (§§ 355–1024), 5. Aufl. 2016, Band 3 (§§ 1025–1109, EGZPO, GVG, EGGVG, UKlaG, Internationales Zivilprozessrecht), 4. Aufl. 2013 (zit.: MüKoZPO/*Bearbeiter*).
Kubis	Der Regress des Personenhandelsgesellschafters aus materiellrechtlicher und verfahrensrechtlicher Sicht, 1988.
Kübler/Assmann	Gesellschaftsrecht, 6. Aufl. 2006.
Lettl	Handelsrecht, 4. Aufl. 2018.
Lutter/Hommelhoff	GmbH-Gesetz, 19. Aufl. 2016.
Martinek	Moderne Vertragstypen, Bd. 3 (Computerverträge, Kreditkartenverträge und sonstige moderne Vertragstypen), 1993.
Martinek/Bergmann	Fälle zum Handels-, Gesellschafts- und Wertpapierrecht, 4. Aufl. 2008.
Medicus/Petersen	Allgemeiner Teil des BGB, 11. Aufl. 2016 (zit.: *Medicus/Petersen*, BGB AT).
Medicus/Petersen	Bürgerliches Recht, 26. Aufl. 2017 (zit.: *Medicus/Petersen*, Bürgerliches Recht).
Meilicke/Graf v. Westphalen/Hoffmann/Lenz/ Wolff	Partnerschaftsgesellschaftsgesetz, 3. Aufl. 2015 (zit.: MWHLW/*Bearbeiter*).
Michalski/Heidinger/ Leible/Schmidt J.	Kommentar zum Gesetz betreffend die Gesellschaften mit beschränkter Haftung (GmbH-Gesetz), Band 2 (§§ 35–86, §§ 1–4 EGGmbHG), 3. Aufl. 2017 (zit.: MHLS/*Bearbeiter*, GmbHG).
Nerlich/Römermann (Hrsg.)	Insolvenzordnung, 33. EL, Stand 09/2017.
Noack	Fehlerhafte Beschlüsse in Gesellschaften und Vereinen, 1989.
Oetker	Handelsrecht, 7. Aufl. 2015.
Oetker (Hrsg.)	Kommentar zum Handelsgesetzbuch, 5. Aufl. 2017 (zit.: Oetker/*Bearbeiter*).
Palandt	Bürgerliches Gesetzbuch, 77. Aufl. 2018.
Pawlowski	Allgemeiner Teil des BGB, 7. Aufl. 2003.
Priester/Mayer/Wicke (Hrsg.)	Münchener Handbuch des Gesellschaftsrechts, Band 3 (Gesellschaft mit beschränkter Haftung), 4. Aufl. 2012 (zit.: MünchHdb.GesR III/*Bearbeiter*).
Raiser/Veil	Recht der Kapitalgesellschaften, 6. Aufl. 2015.
RGRK	Kommentar zum Handelsgesetzbuch, 2. Aufl. ab 1951 (zit.: RGRK-HGB/*Bearbeiter*).

Röhricht/Graf v. Westphalen/Haas (Hrsg.)	Handelsgesetzbuch, 4. Aufl. 2014 (zit. RWH/*Bearbeiter*).
Römermann (Hrsg.)	PartGG, 5. Aufl. 2017.
Roth/Altmeppen	Gesetz betreffend die Gesellschaften mit beschränkter Haftung – GmbHG, 8. Aufl. 2015.
Rowedder/Schmidt-Leithoff	Gesetz betreffend die Gesellschaften mit beschränkter Haftung, (GmbHG), 6. Aufl. 2017.
Säcker/Rixecker/Oetker/Limperg (Hrsg.)	Münchener Kommentar zum Bürgerlichen Gesetzbuch, Band 1 (Allgemeiner Teil, §§ 1–240, ProstG, AGG), Band 2 (Schuldrecht Allgemeiner Teil, §§ 241–432), Band 3 (Schuldrecht Besonderer Teil I, §§ 433–610, Finanzierungsleasing, HeizkostenV, BetriebskostenV, CISG), Band 4 (Schuldrecht Besonderer Teil II, §§ 535–630h, HeizkostenV, BetrkV, WärmeLV, EFZG, TzBfG, KSchG, MiLoG), Band 6 (Schuldrecht Besonderer Teil IV, §§ 705–853, Partnerschaftsgesellschaftsgesetz, Produkthaftungsgesetz), Band 9 (Familienrecht II, §§ 1589–1921, SGB VIII), Band 10 (Erbrecht, §§ 1922–2385, §§ 27–35 BeurkG), 7. Aufl. 2017 (zit.: MüKoBGB/*Bearbeiter*).
Saar/Müller	35 Klausuren aus dem Handels- und Gesellschaftsrecht, 3. Aufl. 2006.
Saenger	Gesellschaftsrecht, 3. Aufl. 2015.
Saenger/Inhester (Hrsg.)	GmbHG, Handkommentar, 3. Aufl. 2016 (zit.: HK-GmbHG/*Bearbeiter*).
Schimansky/Bunte/Lwowski	Bankrechts-Handbuch, 4. Aufl. 2011.
Schimmel	Juristische Klausuren und Hausarbeiten richtig formulieren, 12. Aufl. 2016.
Schlegelberger	Handelsgesetzbuch, Band III/1 (§§ 105–160), Band III/2 (§§ 161–177a, §§ 335–342, §§ 230–237n. F.), Band IV (§§ 343–372), Band V (§§ 373–382), Band VI (§§ 383–460), 5. Aufl. ab 1976.
Schlüter/Röthel	Erbrecht, 17. Aufl. 2015.
Schmidt, K.	Einlage und Haftung des Kommanditisten 1977 (zit.: *Schmidt K.*, Einlage und Haftung).
Schmidt, K.	Informationsrechte in Gesellschaften und Verbänden 1984 (zit.: *Schmidt K.*, Informationsrechte).
Schmidt, K.	Gesellschaftsrecht, 4. Aufl. 2002 (zit.: *Schmidt K.*, GesR).
Schmidt, K. (Hrsg.)	Münchener Kommentar zum Handelsgesetzbuch, Band 1 (§§ 1–104a), Band 2 (§§ 105–160), Band 3 (§§ 161–237, Konzernrecht der Personengesellschaften), Band 5 (§§ 343–406, CISG), 4. Aufl. ab 2013 (zit.: MüKoHGB/*Bearbeiter*).
Schmidt, K.	Handelsrecht, 6. Aufl. 2014 (zit.: *Schmidt K.*, HandelsR).
Schmidt, K./Lutter (Hrsg.)	Aktiengesetz, Kommentar, Band II (§§ 150–410, SpruchG), 3. Aufl. 2015.
Scholz	GmbH-Gesetz, Band I (§§ 1–34, Anh. § 13 Konzernrecht, Anh. § 34 Austritt und Ausschließung eines Gesellschafters), 12. Aufl. 2018; Band II (§§ 35–52), 11. Aufl. 2013.
Schöne	Gesellschafterausschluss bei Personengesellschaften, 1993.
Schulze u. a.	Bürgerliches Gesetzbuch, 9. Aufl. 2016 (zit.: HK-BGB/*Bearbeiter*).
Soergel	Bürgerliches Gesetzbuch, Band 11/1 (Schuldrecht 9/1, §§ 705–758), 13. Aufl. ab 1999 (zit. Soergel/*Bearbeiter*).
Spies	Die über die Haftsumme des § 171 HGB hinausgehende Kommanditistenhaftung, 1983.

Literaturverzeichnis

Spindler/Stilz (Hrsg.)	Kommentar zum Aktiengesetz, Band 2 (§§ 150–410, IntGesR, SpruchG, SE-VO), 3. Aufl. 2015.
Staub	Handelsgesetzbuch, Band I (Einleitung, §§ 1–104), 3. Aufl. 1967 (zit.: Staub/*Bearbeiter*, 3. Aufl.).
Staub	Handelsgesetzbuch, Band 4 (§§ 343–382), 4. Aufl. ab 1995 (zit.: Staub/*Bearbeiter*, 4. Aufl.).
Staub	Handelsgesetzbuch, Band 1 (Einleitung, §§ 1–47b), Band 2 (§§ 48–104), Band 3 (§§ 105–160), Band 4 (§§ 161–237); Band 9 (§§ 373–376; 383–406), 5. Aufl. ab 2008 (zit.: Staub/*Bearbeiter*).
Staudinger	Kommentar zum Bürgerlichen Gesetzbuch, Buch 1 (Allgemeiner Teil), Buch 2 (Recht der Schuldverhältnisse), Buch 5 (Erbrecht), 13. Aufl. ab 1993.
Steinbeck	Handelsrecht, 4. Aufl. 2017.
Timm/Schöne	Fälle zum Handels- und Gesellschaftsrecht, 5. Aufl. 2003 (zit.: Bd. I, 5. Aufl.).
Timm/Schöne	Fälle zum Handels- und Gesellschaftsrecht, Band II, 6. Aufl. 2008 (zit.: Bd. II, 6. Aufl.)
Timm/Schöne	Fälle zum Handels- und Gesellschaftsrecht, Band II, 8. Aufl. 2014 (zit.: Bd. II).
Ulmer/Brandner/Hensen (Hrsg.)	AGB-Recht, 12. Aufl. 2016.
Vorwerk/Wolf (Hrsg.) ...	Beck´scher Online-Kommentar ZPO, 27. Edition, Stand 1.12.2017 (zit.: BeckOK ZPO/*Bearbeiter*).
Weller/Prütting	Handels- und Gesellschaftsrecht, 9. Aufl. 2016.
Westermann, H. P./ Wertenbruch (Hrsg.)	Handbuch der Personengesellschaften, Loseblatt, 69. Ergänzungslieferung, September 2017 (zit.: PersG-HdB/*Bearbeiter*).
Wiedemann	Die Übertragung und Vererbung von Mitgliedschaftsrechten bei Handelsgesellschaften, 1965 (zit.: *Wiedemann*, Übertragung und Vererbung).
Wiedemann	Gesellschaftsrecht, Band I (Grundlagen), 1980 (zit.: *Wiedemann*, GesR I).
Wiedemann	Gesellschaftsrecht, Band II (Recht der Personengesellschaften), 2004 (zit.: *Wiedemann*, GesR II).
Windbichler	Gesellschaftsrecht, 24. Aufl. 2017.
Wolf/Neuner	Allgemeiner Teil des Bürgerlichen Rechts, 11. Aufl. 2016.
Ziemons/Jäger (Hrsg.) ...	Beck´scher Online-Kommentar GmbHG, 33. Edition, Stand 1.11.2017 (BeckOK GmbHG/*Bearbeiter*).
Zöller	Zivilprozessordnung, 32. Aufl. 2018.
Zöllner	Die Schranken mitgliedschaftlicher Stimmrechtsmacht bei den privatrechtlichen Personenverbänden, 1963.

Anleitung zur Anfertigung handels- und gesellschaftsrechtlicher Gutachten[1]

A. Einführung in die handels- und gesellschaftsrechtliche Fallbearbeitung

Das im Handelsgesetzbuch (HGB) geregelte Sonderprivatrecht der Kaufleute bildet kein in sich abgeschlossenes Rechtsgebiet. Handelsrechtliche Vorschriften bauen regelmäßig auf Vorschriften des allgemeinen bürgerlichen Rechts auf, ergänzen diese oder ändern sie ab. Das Handelsrecht ist daher mit dem bürgerlichen Recht eng verknüpft. Diese enge Verzahnung führt dazu, dass bei der Lösung handelsrechtlicher Fälle in aller Regel sowohl handelsrechtliche als auch bürgerlich-rechtliche Normen zu berücksichtigen sind.[2] Es gibt zwar Fälle, bei deren Lösung allein handelsrechtliche Vorschriften einschlägig sind. Sie sind jedoch eher selten. Der Aufbau handelsrechtlicher Falllösungen gestaltet sich vielmehr in aller Regel ganz ähnlich wie die Lösung bürgerlich-rechtlicher Fälle.[3]

Aufgrund des engen sachlichen Zusammenhangs zwischen Handels- und Gesellschaftsrecht gilt Entsprechendes auch für die Lösung gesellschaftsrechtlicher Fälle. In Forschung und Lehre hat sich das Gesellschaftsrecht zwar neben dem (klassischen) Handelsrecht zu einem eigenständigen Rechtsgebiet entwickelt. Dieser Umstand darf jedoch nicht darüber hinwegtäuschen, dass beide Rechtsgebiete miteinander verwandt sind. Diese Verwandtschaft kommt zum einen in der räumlichen Nähe wesentlicher gesetzlicher Bestimmungen zum Ausdruck. Gegenwärtig sind das Recht der OHG (§§ 105 ff. HGB), der KG (§§ 161 ff. HGB) und der stillen Gesellschaft (§§ 230 ff. HGB) im zweiten Buch des HGB geregelt. Bis zum Jahr 1937 war auch die Aktiengesellschaft im HGB (§§ 178 ff. HGB a. F.) kodifiziert. Im PartGG wird vielfach auf die Regelungen des Handelsrechts (vgl. §§ 2 Abs. 2, 5 Abs. 2 PartGG) und zur OHG verwiesen (z. B. in §§ 4 Abs. 1 S. 1, 6 Abs. 3 S. 2, 7 Abs. 2, 3, 8 Abs. 1 S. 2 PartGG). Zum anderen sind auch sachliche Verbindungslinien erkennbar. So bestimmt § 6 Abs. 1 HGB, dass die Vorschriften über Kaufleute auch auf die Handelsgesellschaften (also z. B. GmbH und AG, vgl. § 13 Abs. 3 GmbHG bzw. § 3 Abs. 1 AktG) Anwendung finden. Vor allem aber lassen sich vielfach

---

[1] Als Grundlage für die nachfolgenden Ausführungen dient der Beitrag von *Timm* in JuS 1994, 309 ff. Viele Hinweise für die Fallbearbeitung sind sehr stark verdichtet worden, um auf engstem Raum eine dennoch möglichst vollständige Übersicht geben zu können.
[2] Vgl. hierzu auch die Beispielsfälle in *Brox/Henssler*, Rn. 497 ff.
[3] Sinnvoll ist die Beschäftigung mit handels- und gesellschaftsrechtlichen Fällen deshalb erst, wenn solide zivilrechtliche Kenntnisse vorhanden sind und auch methodisch fundiert argumentiert werden kann. Die entsprechenden Grundkenntnisse werden nachfolgend vorausgesetzt. Dringend anzuraten ist die gründliche Durcharbeitung des Standardwerkes von *Medicus/Petersen*, Bürgerliches Recht (insb. §§ 1 und 2 zum Anspruchsaufbau, in diesem Zusammenhang aber auch die Rn. 56 ff., 103 ff., 193 ff., 210 ff., 402, 793 ff. mit den entsprechenden handels- und gesellschaftsrechtlichen Bezügen). Zur vorherigen Pflichtlektüre ist ebenfalls ein Lehrbuch zur Methodenlehre dringend anzuempfehlen. Zu den Kriterien für die Bewertung juristischer Prüfungsleistungen wird auf den Aufsatz von *Schroeder*, JuS 1980, 310 ff., hingewiesen.

gesellschaftsrechtliche Fälle (etwa zum Recht der OHG oder KG) nur mit Hilfe spezifisch handelsrechtlicher Normen (etwa § 15 HGB) zutreffend beurteilen.[4]

Folglich bestehen bei der Lösung handels- und gesellschaftsrechtlicher Fälle große Ähnlichkeiten. Das nachfolgend Gesagte gilt daher regelmäßig gleichermaßen für die Bearbeitung von Aufgabenstellungen aus beiden Rechtsgebieten.

B. Allgemeine Überlegungen zu Beginn der Falllösung

I. Fragestellungen

Neben einer gründlichen und vollständigen Aufbereitung des zu bearbeitenden Sachverhalts – insbesondere durch Anfertigung eines die Rechtsverhältnisse der Beteiligten darstellenden Schaubildes und ggf. einer Zeittabelle – ist auch der gestellten Fallfrage besondere Aufmerksamkeit zu schenken. Immer wieder zeigt sich, dass nicht nur bei der Erfassung des Falltextes bereits erste Fehler gemacht werden, sondern auch die Fallfrage missverstanden wird. Nicht selten werden Fragen beantwortet, die gar nicht gestellt sind. Ein Erfolg versprechender Einstieg in die Falllösung ist aber nur dann gegeben, wenn die konkrete Fallfrage beantwortende Obersätze gebildet werden.

Die Fragestellungen zur Bearbeitung handels- und gesellschaftsrechtlicher Fälle entsprechen in aller Regel denjenigen, die aus den allgemein zivilrechtlichen Aufgabenstellungen bekannt sind. Nur gelegentlich finden sich insoweit atypische Fragestellungen, auf die noch im Einzelnen näher eingegangen wird.

1. Ansprüche

Häufig bezieht sich die Fallfrage auf die zwischen den Beteiligten eines Sachverhalts bestehenden *Ansprüche;* gefragt ist also nach dem Recht, von einem anderen ein Tun oder Unterlassen zu verlangen (§ 194 Abs. 1 BGB). In diesen Fällen ist der sog. Anspruchsgrundlagenaufbau geboten. Die Prüfung beginnt daher mit einem Obersatz, der die bekannten vier „W's" enthält und damit Antwort auf die Frage gibt: „*Wer* will *was* von *wem woraus?"*

Die Bildung des Obersatzes wird dabei oftmals durch eine konkret gefasste Fragestellung vorgegeben, so z. B. bei der Frage „Kann V (= wer?) von der K-OHG (= von wem?) Zahlung des Kaufpreises von 50.000 EUR (was? woraus?) verlangen?". Lediglich in den Fällen, in denen die Fallfrage allgemeiner gehalten ist, wie z. B. „Wie ist die Rechtslage?" oder „Welche Ansprüche hat *B*?", kann der Obersatz erst gebildet werden, wenn die beteiligten Personen und ihre Beziehungen zueinander geklärt sind. Hierzu sind zunächst Zweipersonenverhältnisse herauszuarbeiten, in deren Rahmen dann die jeweils in Betracht kommenden Ansprüche getrennt voneinander zu prüfen sind.

Im Anschluss an die Bildung des Obersatzes sind sodann die einzelnen Tatbestandsmerkmale der jeweiligen Anspruchsgrundlage gutachterlich zu erörtern.[5]

---

[4] Vgl. nachfolgenden Fall 15 zum „Zusammenspiel" von § 143 HGB mit § 15 Abs. 1 HGB.
[5] Der möglichst frühzeitigen Einübung der Gutachtentechnik und ihrer fortlaufenden Verbesserung sollte hoher Stellenwert beigemessen werden! Nur wer die Gutachtentechnik beherrscht, wird die meisten Probleme einer Aufgabenstellung erkennen und sie entspre-

B. Allgemeine Überlegungen zu Beginn der Falllösung

2. Gestaltungs(klage-)rechte

Gelegentlich kommen Fallgestaltungen vor, in denen die Berechtigung eines Beteiligten zur Ausübung eines Gestaltungsrechtes, also seine Befugnis zur einseitigen Änderung der Rechtslage, den Schwerpunkt der Prüfung bildet. Aus dem allgemeinen bürgerlichen Recht sind als die wichtigsten Fälle von Gestaltungsrechten die Anfechtung einer Willenserklärung (gem. §§ 119 ff. BGB), vereinbarte oder gesetzliche Rücktrittsrechte (z. B. §§ 323 ff., 346 ff. BGB), die Aufrechnung (§§ 387 ff. BGB), die Kündigung (z. B. §§ 314, 489 f., 542 f., 569, 573 ff., 580, 594c, 595a, 605, 608, 620 ff., 643, 649, 651e und j, 671 BGB) und Widerrufsrechte (z. B. §§ 312g Abs. 1, 355, 485, 495 Abs. 1 BGB) zu nennen. Alle diese Gestaltungsrechte können auch in handels- und gesellschaftsrechtlichen Fällen zu prüfen sein.[6] Insoweit ist stets zu beachten, dass die Abgabe einer Gestaltungserklärung gelegentlich auch in der Äußerung einer bestimmten Rechtsansicht erblickt werden kann. So ist in der Erklärung von *K* gegenüber *V*, „er zahle den Kaufpreis nicht, da der zwischen ihnen geschlossene Vertrag wegen der Täuschung von *V* nicht wirksam sei", eine Anfechtungserklärung von *K* wegen Täuschung (§ 123 Abs. 1, 1. Alt. BGB) zu sehen.

Im Gesellschaftsrecht besteht oftmals die Besonderheit, dass Gestaltungsrechte nur gerichtlich ausgeübt werden können. Die Ausformung der Gestaltungsrechte als Gestaltungs*klage*rechte ist vom Gesetzgeber vielfach gewählt worden, um Unsicherheiten über die bestehende Rechtslage zu vermeiden. Als wichtigste Gestaltungsklagerechte sind die Klage auf Entziehung der Geschäftsführungsbefugnis gem. § 117 HGB bzw. auf Entziehung der Vertretungsbefugnis gem. § 127 HGB, die Auflösungsklage gem. § 133 HGB, die Ausschließungsklage gem. § 140 HGB und die Anfechtungsklage gem. §§ 243 ff. AktG zu nennen.[7]

Häufig ist die Befugnis eines Beteiligten zur Ausübung eines Gestaltungs(klage-)rechts in die Prüfung eines von ihm geltend gemachten Anspruchs eingebunden. Die Fragestellungen sind dann dieselben wie die unter *1.* zum Anspruchsaufbau genannten.

> **Beispiel Nr. 1:** Dem Gesellschafter *G* einer GbR kann ein Anspruch auf Zahlung einer Abfindung gem. § 738 Abs. 1 S. 2, 3. Fall BGB[8] zustehen. Dann muss er zunächst aus der Gesellschaft ausgeschieden sein. Sein Ausscheiden kann z. B. die Folge eines wirksam erklärten Austrittes sein. Wird in der Fallfrage nach Abfindungsansprüchen gefragt („*G* verlangt als Abfindung einen Betrag von 150.000 EUR. Zu Recht?"), so orientiert sich der Prüfungsaufbau an der Vorschrift des § 738 Abs. 1 S. 2, 3. Fall BGB. Der Obersatz kann dann lauten: „*G* kann gegen die GbR einen Anspruch auf Zahlung einer Abfindung i. H. v. 150.000 EUR gem. § 738 Abs. 1 S. 2, 3. Fall BGB haben. Voraussetzung hierfür ist zunächst, dass *G* wirksam aus der Gesellschaft ausgeschieden ist …". Die Ausübung

---

chend der gesetzlichen Systematik einordnen können. Materiell-rechtliches Wissen allein befähigt noch nicht dazu, einen juristischen Fall methodisch sauber zu lösen. Andererseits hilft ohne das entsprechende materiell-rechtliche Wissen auch die Gutachtentechnik zumeist nicht viel weiter. Besonders empfehlenswert ist die gründliche Lektüre der Bemerkungen zum Gutachtenstil von *Wolf*, JuS 1996, 30 ff. und der sehr verständlich und einprägsam geschriebenen Ausführungen zur juristischen Methodik von *König*, S. 1 ff.

[6] Vgl. z. B. zu den Besonderheiten einer Aufrechnung im Handelsrecht nachfolgenden Fall 10.
[7] Vgl. hierzu Bd. II Fall 6 (zur analogen Anwendung der §§ 241 ff. AktG im GmbH-Recht) sowie den Fall von *Hadding*, JuS 1976, 106 ff.
[8] Vgl. hierzu nachfolgenden Fall 24 sowie den Fall von *Mand*, JuS 2006, 330 (336 f.).

> des Gestaltungsrechts „Austritt" ist dann inzidenter, bei der Subsumtion des Sachverhalts unter das Tatbestandsmerkmal „Ausscheiden aus der Gesellschaft" zu prüfen.

Die Ausübung des Gestaltungsrechts kann aber auch primär den Gegenstand der Fallfrage bilden. Dann wird z.B. nach der Wirksamkeit eines bereits ausgeübten Gestaltungsrechts gefragt oder danach, ob ein in Betracht kommendes Gestaltungsrecht wirksam ausgeübt werden kann. In letzterem Fall wird vielfach auch allgemein danach gefragt, wie die betreffende Person das von ihr angestrebte Ziel erreichen kann („Was kann X unternehmen?").

> **Beispiele Nr. 2 bis 4:** (2) Der Gesellschafter einer für eine bestimmte Zeit eingegangenen GbR kann bei Bestehen eines wichtigen Grundes die Gesellschaft auch vorzeitig kündigen (vgl. § 723 Abs. 1 S. 2 BGB). Hat der Gesellschafter A die Kündigung ausgesprochen, so kann die Frage wie folgt lauten: „Ist die GbR durch die Kündigung von A wirksam aufgelöst worden?". Der hierzu passende Obersatz würde dann lauten: „Die GbR kann durch die von A ausgesprochene Kündigung nach § 723 Abs. 1 S. 2 BGB mit sofortiger Wirkung aufgelöst worden sein. Voraussetzung ist, dass ein wichtiger Grund i.S. dieser Vorschrift vorliegt, der H zur außerordentlichen Kündigung der GbR berechtigt. ...".
> (3) Hat A hingegen die Kündigung noch nicht ausgesprochen, verfolgt er aber die Auflösung der Gesellschaft, weil in der Person des Gesellschafters B ein wichtiger Kündigungsgrund gegeben ist, kommt folgende Fragestellung in Betracht: „Wie kann A die Auflösung der Gesellschaft erreichen?" Der Obersatz hieße dann: „A kann die Auflösung der Gesellschaft durch Kündigung aus wichtigem Grund erreichen. Voraussetzung hierfür ist gem. § 723 Abs. 1 S. 2 BGB ...".
> (4) Entsprechendes gilt, wenn ein Gestaltungs*klage*recht gegeben ist. Bei der Bildung des Obersatzes ist dann zusätzlich noch das Erfordernis der Klageerhebung zu berücksichtigten, so z.B. „A kann die Auflösung der Gesellschaft durch Erhebung einer Auflösungsklage nach § 133 Abs. 1 HGB erreichen. Eine erfolgreiche Auflösungsklage setzt voraus ...".

Oder: „A kann die Nichtigerklärung des Hauptversammlungsbeschlusses der X-AG vom 11.2.2017 durch Erhebung einer Anfechtungsklage gem. §§ 243, 241 Nr. 5 AktG erreichen."

3. Atypische Fragestellungen

Gelegentlich kommen schließlich Aufgabenstellungen vor, in denen danach gefragt ist, ob zwischen den Beteiligten ein bestimmtes Rechtsverhältnis besteht („Ist der Beschluss wirksam?", „Ist X noch Gesellschafter der OHG?") bzw. das Gericht oder ein im Sachverhalt genannten Beteiligter[9] infolge vorgegebener Tatsachen eine bestimmte Handlung vorzunehmen hat. In diesen Fällen ist ein vom Anspruchsgrundlagenaufbau geringfügig abweichender Gang der Falllösung erforderlich, etwa ein historischer Aufbau in der Reihenfolge der für die Fallfrage rechtserheblichen Tatsachen (ähnlich wie bei der Prüfung der Eigentumsfrage bei einem Anspruch aus § 985 BGB). Weitreichende Änderungen der Gedankenführung sind damit jedoch nicht verbunden. Nachdem die Norm ausfindig gemacht worden ist, die etwa die begehrte Verhaltenspflicht des Gerichts anordnet, sind die einzelnen Tatbestandsvoraussetzungen der Bestimmung zu erörtern.

---

[9] Vgl. hierzu Bd. II Fall 14 zur Frage, ob der GmbH-Geschäftsführer einen Konzernabschluss aufzustellen oder einen Verlustausgleichsanspruch zu bilanzieren verpflichtet ist.

B. Allgemeine Überlegungen zu Beginn der Falllösung

> **Beispiele Nr. 5 und 6:** (5) Auf die Frage „Wird das Registergericht die beantragte Eintragung der Firma vornehmen?" ist zu prüfen, ob die zur Eintragung in das Handelsregister angemeldete Firma den firmenrechtlichen Vorschriften der §§ 18 ff. HGB (ggf. i. V. m. § 4 GmbHG, § 4 AktG) entspricht.[10] Im Falle eines positiven Ergebnisses wird das Registergericht die Eintragung vornehmen.
> (6) Lautet die Frage etwa „Ist der Beschluss der Gesellschafterversammlung (bzw. der Hauptversammlung oder des Aufsichtsrats) wirksam?", sind (ähnlich der Prüfung der Erfolgsaussichten einer Klage) zunächst die formellen Voraussetzungen (wie z. B. wirksame Einberufung der Versammlung, Stimmabgabe/Stimmrecht) und daran anschließend die materielle Wirksamkeit des Beschlusses (z. B. ein Verstoß gegen § 243 Abs. 2 AktG oder gegen die Treuepflicht) zu untersuchen.[11]

Besonderheiten gelten schließlich für kautelarjuristische Fragestellungen, etwa wenn der Entwurf eines Gesellschaftsvertrages auf mögliche Fehler zu untersuchen ist oder eigenständige Entwürfe für bestimmte Problemsituationen zu erstellen sind.[12] Solche Fragestellungen sind in der Prüfungssituation an der Universität – trotz ihrer immens wichtigen Bedeutung für die praktische Arbeit im Berufsleben – leider immer noch selten, werden aber zunehmend häufiger gestellt. Sie sind sehr anspruchsvolle, aber auch „dankbare" Aufgabenstellungen, die den Bearbeitern die Möglichkeit geben unter Beweis zu stellen, dass sie zu eigenständigem Denken in der Lage sind. Kautelarjuristische Fragestellungen betreffen typischerweise die Personengesellschaften und die GmbH. Das Recht der Aktiengesellschaft ist hingegen weitgehend zwingend (§ 23 Abs. 5 AktG), so dass sich dort kautelarjuristische Fragestellungen nur in engen Grenzen anbieten.

Soll der Entwurf eines Gesellschaftsvertrages auf mögliche Fehler untersucht werden,[13] bietet sich für jede einzelne Vertragsbestimmung folgende gedankliche Reihenfolge an: Zunächst ist zu untersuchen, ob die gesellschaftsvertragliche Regelung gegen zwingendes Recht verstößt. Ist das der Fall, ist die betreffende gesellschaftsvertragliche Regelung nichtig und es muss überlegt werden, ob die dadurch entstandene Regelungslücke durch ergänzende Vertragsauslegung oder durch das dispositive Gesetz geschlossen werden kann. Handelt es sich bei der gesellschaftsvertraglichen Regelungen indessen um eine Abweichung vom dispositiven Recht, ist die entsprechende Abweichung durch einen Vergleich der einschlägigen Tatbestandsmerkmale oder der Rechtsfolge herauszuarbeiten. Erst anschließend kann beurteilt werden, ob die gesellschaftsvertragliche Regelung gegen § 138 BGB (bei dem gesetzlichen Leitbild entsprechenden Personengesellschaften und bei GmbH) oder gegen § 242 BGB (bei Publikums-Personengesellschaften) verstößt. Sollte dies zu bejahen sein, stellt sich wiederum die Frage nach Schließung der dadurch entstandenen Lücke des Gesellschaftsvertrages. Sind aber rechtliche Bedenken gegen die gesellschaftsvertragliche Regelung nicht erkennbar, muss zumeist noch geklärt werden, welche Absicht die Gesellschafter bei der Vereinbarung der Regelung verfolgt haben und ob diese Absicht in der Regelung zutreffend zum Ausdruck gekommen ist. Hierzu sind sowohl die Angaben des Sachverhalts als auch andere gesellschaftsvertragliche Regelungen (systematische Auslegung) heranzuziehen. Ggf. ist dabei den

---

[10] Vgl. hierzu nachfolgenden Fall 5, Ausgangsfall Frage 2.
[11] Vgl. hierzu nachfolgenden Fall 22 Frage 1.
[12] Vgl. insoweit Bd. II Fälle 2 und 3 sowie den kautelarjuristischen Fall von *Priester*, JuS 1984, 541 ff. (jeweils zur GmbH), die Fälle von *H. Weber*, JuS 1986, 296 ff. (Bestellung eines GmbH-Geschäftsführers) und JuS 1987, 559 ff. (Anstellungsvertrag eines GmbH-Geschäftsführers) sowie von *Immenga*, JuS 1979, 120 ff. (zur Kommanditgesellschaft).
[13] Vgl. Bd. II Fall 2.

divergierenden Interessen der Gesellschafter und dem Gesellschaftsinteresse Rechnung zu tragen. So ist zu erörtern, für welchen Gesellschafter die gesellschaftsvertragliche Regelung Vorteile und für welchen Gesellschafter sie Nachteile bringt. Werden einzelne Gesellschafter durch eine solche gesellschaftsvertragliche Regelung sehr deutlich gegenüber anderen Gesellschaftern benachteiligt, kann es sich schließlich anbieten, einen vermittelnden Lösungsvorschlag zu unterbreiten.

Sollen eigenständige Entwürfe für Problemsituationen zu erstellen sein,[14] bietet sich wiederum ein mehrstufiges Vorgehen an: Zunächst sollte die Rechtslage auf der Grundlage des dispositiven Rechts dargestellt werden, wobei die Vor- und Nachteile der gesetzlichen Regelung darzustellen sind. Anschließend sind Lösungswege unter Berücksichtigung der aus dem Sachverhalt mitgeteilten Interessen der Vertragsbeteiligten herauszuarbeiten, die die Nachteile der gesetzlichen Regelung mehr oder weniger beseitigen. Von ggf. mehreren Lösungsmöglichkeiten ist sodann die insgesamt „beste" durch einen Vergleich der denkbaren Lösungsvorschläge herauszuarbeiten. Für die Beratung der Vertragsparteien ist aber auch von Bedeutung, die mit dem favorisierten Lösungsvorschlag verbundenen Nachteile gegenüber der dispositiven Rechtslage zu erkennen. So kann es durchaus häufiger vorkommen, dass die Gesellschafter bei der Gründung der Gesellschaft den Gesellschaftsinteressen den Vorrang einräumen vor den Gesellschafterinteressen.[15] Dann muss dieser ggf. später auftretende Interessenkonflikt ebenfalls aufgezeigt werden. Auf der Grundlage des „besten" Lösungsvorschlags sollte dann die vorzuschlagende Klausel formuliert werden.

II. Anspruchsgrundlagen

Nicht anders als bei „gewöhnlichen" bürgerlich-rechtlichen Aufgabenstellungen lassen sich die Anspruchsgrundlagen handels- und gesellschaftsrechtlicher Fälle häufig unmittelbar dem Gesetz entnehmen („Der Blick in das Gesetz erleichtert die Rechtsfindung"). Andererseits ist gerade im Gesellschaftsrecht die Anspruchsgrundlage teilweise erst im Wege einer Analogiebildung zu gewinnen. Insoweit existieren insbesondere im Gesellschaftsrecht einige kraft richterlicher Rechtsfortbildung entwickelte ungeschriebene Anspruchsgrundlagen. Schließlich lassen sich in manchen Fällen Ansprüche erst unter Berücksichtigung allgemeiner Rechtsscheingrundsätze herleiten.

1. Gesetzlich geregelte Anspruchsgrundlagen

Handels- und gesellschaftsrechtliche Anspruchsgrundlagen gehen den bürgerlich-rechtlichen Anspruchsgrundlagen als Sonderregelungen vor (so ausdrücklich Art. 2 Abs. 1 EGHGB). Der Bearbeiter hat sie daher im Rahmen einer Falllösung vorrangig zu prüfen. Darüber hinaus ist in handels- und gesellschaftsrechtlichen Anspruchsgrundlagen vielfach die Einbeziehung bürgerlich-rechtlicher Normen erfor-

---

[14] Vgl. Bd. II Fall 2, Aufgabe 2.
[15] Dies gilt insbesondere für die Vereinbarung einer abfindungsbeschränkenden Klausel im Falle des Ausscheidens eines Gesellschafters. Bei der Vereinbarung der Abfindungsbeschränkung wird zumeist dem Liquiditätssicherungsinteresse der Gesellschaft der Vorrang eingeräumt, während der – viele Jahre oder gar Jahrzehnte später – ausgeschiedene Gesellschafter infolge seines Ausscheidens typischerweise eine höchstmögliche Abfindung erreichen möchte; vgl. hierzu nachfolgenden Fall 24.

B. Allgemeine Überlegungen zu Beginn der Falllösung

derlich. Zu den wichtigsten gesetzlich geregelten Anspruchsgrundlagen zählen (ohne Anspruch auf Vollständigkeit):

1. aus dem Handelsrecht im engeren Sinne:
    a) Haftung (bzw. Berechtigung) des Erwerbers eines Handelsgeschäfts bei Firmenfortführung gem. § 25 Abs. 1 S. 1 HGB (bzw. § 25 Abs. 1 S. 2 HGB);[16]
    b) Haftung des Erwerbers eines Handelsgeschäfts ohne Firmenfortführung gem. § 25 Abs. 3 HGB;
    c) Haftung des Erben eines Handelsgeschäfts bei Fortführung gem. § 27 HGB;[17]
    d) Haftung der Gesellschaft im Falle des Eintritts eines Gesellschafters in das Geschäft eines Einzelkaufmanns gem. § 28 Abs. 1 S. 1 HGB;[18]
    e) Unterlassungsanspruch bei unbefugtem Firmengebrauch gem. § 37 Abs. 2 S. 1 HGB;[19]
2. aus dem Gesellschaftsrecht:
    a) Abfindungsanspruch des ausgeschiedenen Gesellschafters gem. § 738 Abs. 1 S. 2, 3. Fall BGB;[20]
    b) Haftung des persönlich haftenden Gesellschafters einer OHG/KG für die Gesellschaftsverbindlichkeiten gem. §§ 128 S. 1, 124 Abs. 1 HGB ggf i. V. m. § 161 Abs. 2 HGB;[21]
    c) Haftung des in eine OHG/KG eintretenden persönlich haftenden Gesellschafters (bzw. Kommanditisten) für die vor seinem Eintritt begründeten Verbindlichkeiten der Gesellschaft gem. § 130 Abs. 1 HGB ggf i. V. m. § 161 Abs. 2 HGB[22] (bzw. § 173 Abs. 1 HGB[23]),
    d) Aufwendungsersatzanspruch eines Gesellschafters gegen die OHG gem. § 110 Abs. 1 HGB[24] bzw. gem. §§ 713, 670 BGB gegen die GbR;[25]
    e) Haftung des Gesellschafters gegenüber der OHG bei Verletzung eines Wettbewerbsverbotes gem. §§ 113 Abs. 1, 112 HGB;[26]
    f) Haftung des Kommanditisten für Gesellschaftsverbindlichkeiten gem. §§ 171 Abs. 1, 172 HGB;[27]
    g) Haftung des Kommanditisten vor Eintragung der Gesellschaft als KG gem. § 176 Abs. 1 HGB bzw. vor Eintragung seiner Haftungsbeschränkung im Handelsregister gem. § 176 Abs. 2 i. V. m. Abs. 1 S. 1 HGB;[28]

---

[16] Vgl. nachfolgenden Fall 4 und Fall 5 Frage 2 sowie die Fälle von *Hadding*, JuS 1995, 611 ff.; *Habersack*, JuS 1989, 738 ff.; *Renkl*, JuS 1986, 628 ff. und *Simitis/Dorndorf*, JuS 1965, 400 ff.
[17] Vgl. nachfolgenden Fall 6 sowie die Fälle von *Hadding*, JuS 1995, 611 ff.; *Lotte/Bertl*, JuS 2014, 339 (342 f.).
[18] Vgl. die Fälle von *Renkl*, JuS 1986, 628 ff.; *Scharrelmann*, JuS 1977, 673 ff.; *Hadding*, JuS 1968, 173 ff.
[19] Vgl. *Martinek/Bergmann*, Fall 8.
[20] Vgl. nachfolgenden Fall 24.
[21] Vgl. nachfolgenden Fall 12 unter B. sowie die Fälle von *Bülow/Schumann*, JuS 1988, 796 ff.; *Hadding*, JuS 1968, 173 ff.; *Raisch*, JuS 1965, 195 ff.
[22] Vgl. nachfolgenden Fall 12.
[23] Vgl. nachfolgenden Fall 18 sowie den Fall von *Mand*, JuS 2006, 330 (332).
[24] Vgl. nachfolgenden Fall 13 Frage 2 sowie die Fälle von *U. Schultz*, JuS 1983, 620 ff.; *Kornblum*, JuS 1971, 363 ff.; *Kühn*, JuS 1966, 70 ff.; *Mand*, JuS 2006, 330 (334).
[25] Vgl. den Fall von *Buck-Heeb/Dieckmann*, JuS 2016, 724 (728).
[26] Vgl. zur Wirksamkeit einer nachträglich in den Gesellschaftsvertrag aufgenommenen Wettbewerbsklausel den Fall von *Heinemann/Hirte/Schütz*, JuS 1994, 224 ff.
[27] Vgl. nachfolgende Fälle 18 und 20 sowie die Fälle von *Klunzinger*, JuS 1973, 370 ff.; *Klöhn*, JuS 2003, 360 ff.; *Wünsche*, JuS 2011, 149 ff.; *Lotte/Bertl*, JuS 2014, 339 (342); *Röck*, JuS 2014, 249 (252).
[28] Vgl. nachfolgende Fälle 19 und 20 sowie die Fälle von *Müller-Graff/Blank*, JuS 1992, 493 ff.; *Weismann*, JuS 1985, 390 ff.; *Mand*, JuS 2006, 330 (333 f.).

h) Haftung des für die Vor-GmbH (bzw. für die Vor-AG) Handelnden gem. § 11 Abs. 2 GmbHG[29] (bzw. § 41 Abs. 1 S. 2 AktG);

i) Haftung des GmbH-Geschäftsführers (bzw. der Vorstands- und Aufsichtsratsmitglieder einer AG) für Sorgfaltspflichtverletzungen gem. § 43 Abs. 2 GmbHG (bzw. §§ 93 Abs. 2, 116 AktG)[30];

j) Insolvenzverschleppungshaftung des GmbH-Geschäftsführers (bzw. Vorstandsmitglieds einer AG) gem. § 823 Abs. 2 BGB i. V. m. § 15a Abs. 1 S. 1 InsO[31]

k) Erstattungspflicht des GmbH-Gesellschafters (bzw. Aktionärs) wegen der gegen das Verbot der Einlagenrückgewähr empfangenen Leistungen gem. §§ 31, 30 GmbHG[32] (bzw. § 62 Abs. 1 AktG);

l) Schadensersatzpflicht des Einflussnehmers gem. § 117 Abs. 1 AktG;

m) Anspruch der Aktionäre auf Geltendmachung von Schadensersatzansprüchen gegen Vorstands- bzw. Aufsichtsratsmitglieder gem. § 148 Abs. 1 i. V. m. § 147 Abs. 1 S. 1 AktG.[33]

Daneben gibt es eine Vielzahl weiterer normierter Anspruchsgrundlagen. Insbesondere bei Aufgabenstellungen, deren rechtliche Problematik in gesetzlich speziell geregelten Bereichen angesiedelt ist (z. B. im Recht der Handelsvertreter gem. §§ 84 ff. HGB[34] oder des Kommissionsgeschäftes gem. §§ 383 ff. HGB[35]), müssen die insoweit einschlägigen Gesetzesabschnitte auf passende Anspruchsgrundlagen hin durchgesehen werden. Gelegentlich kommt auch eine rein zivilrechtliche Anspruchsgrundlage in Betracht.[36] Für das Erkennen einer Norm als Anspruchsgrundlage ist dabei stets die Legaldefinition des Anspruchs in § 194 Abs. 1 BGB maßgeblich.

2. Anspruchsgrundlagen durch Analogie

Während das AktG auf eine im Grundsatz abschließende und verbindliche Normierung des Rechts der Aktiengesellschaft angelegt ist (vgl. § 23 Abs. 5 AktG), stellen die weitgehend dispositiven gesetzlichen Bestimmungen für die Personengesellschaften und die GmbH in weiten Teilbereichen nur lückenhafte Regelungen dar; den Gesetzesbestimmungen kommt insoweit lediglich eine (unvollständige) Leitbildfunktion zu. Enthält das für eine Gesellschaftsform vorgesehene Gesetz keine „passende" Regelung, ist es deshalb oftmals geboten, auf vergleichbare Normen anderer Gesellschaftsformen zurückzugreifen. Dabei ist aber jeweils zu prüfen, ob die nach den allgemeinen methodischen Grundsätzen für eine Rechtsanalogie erforderlichen Voraussetzungen (planwidrige Regelungslücke und vergleichbare Interessenlage) vorliegen.

---

[29] Vgl. Bd. II Fall 1 und die Fälle von *Müller-Graff/Blank*, JuS 1992, 493 ff.; *Schwarz*, JuS 2001, 155 ff.; *Oetker*, JuS 2002, 459 (463 f.); *Langenbucher*, JuS 2004, 387 ff.; *Lettl*, JuS 2006, 912 (920).

[30] Vgl. Bd. II Fälle 9 und 10.

[31] Vgl. Bd. II Fall 8 sowie *Martinek/Bergmann*, Fall 39.

[32] Vgl. Bd. II Fall 5.

[33] Vgl. die Abwandlung von Bd. II Fall 9.

[34] Vgl. nachfolgenden Fall 14 sowie den Fall von *Holderbaum*, JuS 1965, 150 ff.

[35] Vgl. nachfolgenden Fall 10.

[36] So folgt die Haftung des (GmbH-)Gesellschafters wegen existenzvernichtenden Eingriffs aus § 826 BGB (vgl. BGHZ 173, 246 ff. – Trihotel); vgl. Bd. II Fall 11. Zur früheren Herleitung dieser Haftung aus § 128 S. 1 HGB analog vgl. Bd. II, 6. Aufl., Fall 12.

B. Allgemeine Überlegungen zu Beginn der Falllösung

> **Beispiele Nr. 7 bis 10:** (7) Haftung des Gesellschafters einer (Außen-)GbR analog §§ 128 ff. HGB;[37]
> (8) Informationsanspruch des Kommanditisten einer GmbH & Co. KG gegen die Komplementär-GmbH analog § 51a GmbHG (str.);[38]
> (9) analoge Anwendung der § 112 HGB, § 88 AktG bei Verletzung des (ungeschriebenen) Wettbewerbsverbots des GmbH-Geschäftsführers;[39]
> (10) Schadensersatzpflicht der Geschäftsleiter und Aufsichtsrats- bzw. Beiratsmitglieder von Publikumspersonengesellschaften analog §§ 93, 116 AktG.[40]

Aber auch bei „gewöhnlichen" bürgerlich-rechtlichen Fällen, bei denen primär BGB-Vorschriften zu prüfen sind, kommt die analoge Anwendung handelsrechtlicher Vorschriften in Betracht, sofern der Sachverhalt dem einer bestimmten „handelsrechtlichen" Situation ähnlich gelagert ist.

> **Beispiele Nr. 11 und 12:** (11) Haftung des Erwerbers eines nicht kaufmännischen Unternehmens analog § 25 Abs. 1 S. 1 HGB;[41]
> (12) Ausgleichsanspruch des Vertragshändlers oder Franchisenehmers analog § 89b HGB.[42]

Keine Analogie liegt hingegen vor, wenn die Vorschriften einer Gesellschaftsform kraft ausdrücklicher Verweisung auch für eine andere Gesellschaftsform gelten, soweit dort keine abweichenden Regelungen getroffen sind.[43] So gelten gem. § 105 Abs. 3 HGB die Vorschriften für die GbR in Ermangelung abweichender Bestimmungen in den §§ 105 ff. HGB auch für die OHG. § 161 Abs. 2 HGB enthält für die Kommanditgesellschaft eine entsprechende Bezugnahme auf die Regelungen der OHG; damit gelangen auch die Vorschriften zur GbR für die KG subsidiär zur Anwendung.

Das Partnerschaftsgesellschaftsgesetz (PartGG) enthält für die Partnerschaft neben einem generellen Verweis auf die subsidiäre Geltung der Vorschriften zur GbR (§ 1 Abs. 4 PartGG) auch konkrete Verweise auf einzelne OHG-Vorschriften (vgl. insb. §§ 7 Abs. 3, 8 Abs. 1 S. 2 PartGG für die Vertretung der Partnerschaft und die Haftung der Partner für die Verbindlichkeiten der Partnerschaft[44]).

> **Beispiele Nr. 13 bis 15:** (13) Abfindungsanspruch des ausgeschiedenen OHG-Gesellschafters gem. § 738 Abs. 1 S. 2 BGB i. V. m. § 105 Abs. 3 HGB;
> (14) Aufwendungsersatzanspruch eines Partners gegen die Partnerschaft gem. § 110 HGB i. V. m. § 6 Abs. 3 S. 2 PartGG;

---

[37] BGHZ 146, 341 ff.; 150, 1 ff.; 154, 88 ff.; 154, 370 ff.; vgl. auch Bd. I Fall 12 sowie die Fälle von *Saenger*, JuS 2003, 577 ff.; *Oetker*, JuS 2005, 141 ff. (zur analogen Anwendung des § 130 HGB); *Lettl*, JuS 2006, 912 ff.
[38] Ausführlich hierzu Scholz/*Schmidt K.*, § 51a Rn. 55 ff.
[39] *BGH* ZIP 1985, 1484; 1989, 1390.
[40] BGHZ 64, 238 ff.; 69, 207 ff.
[41] Vgl. nachfolgenden Fall 5 Frage 2; siehe dort auch zur analogen Anwendung des § 28 Abs. 1 HGB.
[42] *BGH* BB 1967, 94; NJW 1962, 1107; BB 1959, 540 sowie *Schmidt K.*, HandelsR, § 28 Rn. 42 ff.
[43] Vgl. auch Bd. II Fall 7 zur Geltung der aktienrechtlichen Regelungen für die Bestellung und Anstellung eines Geschäftsführers einer mitbestimmten GmbH.
[44] Vgl. nachfolgenden Fall 16.

(15) Rechte und Pflichten des GmbH-Aufsichtsrats nach den in § 52 Abs. 1 GmbHG explizit genannten Vorschriften des AktG.

In diesen Fällen muss im Obersatz des Gutachtens stets eine Paragrafenkette erscheinen, etwa nach dem Muster „*A kann gegen die B-KG einen Anspruch gem. § 433 Abs. 2 BGB i. V. m. §§ 161 Abs. 2, 124 Abs. 1 HGB haben.*" bzw. „*A kann gegen die B-KG einen Abfindungsanspruch gem. § 738 Abs. 1 S. 2 BGB i. V. m. §§ 161 Abs. 2, 105 Abs. 3 HGB haben.*"

3. Anspruchsgrundlagen unter Berücksichtigung der allgemeinen Rechtsscheingrundsätze

Für die Lösung handels- und gesellschaftsrechtlicher Fälle sind stärker als in zivilrechtlichen Klausuren (etwa aus dem Bereich der Stellvertretung; Stichwort: Anscheins- bzw. Duldungsvollmacht) allgemeine Rechtsscheingrundsätze von erheblicher Bedeutung. Im Interesse eines gesteigerten Verkehrs- und Vertrauensschutzes kommen sie den Bedürfnissen des Handels nach Klarheit und Schnelligkeit entgegen und können Ansprüche begründen, die in vergleichbaren Situationen unter Nichtkaufleuten nicht bestehen würden. Dabei spielen Rechtsscheingrundsätze nicht nur innerhalb der (Inzident-)Prüfung zu einzelnen Anspruchskomplexen eine Rolle (so z. B. bei der Stellvertretung die Anscheins- bzw. Duldungsvollmacht); der Rechtsschein kann auch anspruchsbegründend wirken.

Beispiele Nr. 16 und 17: (16) Haftung des Scheinunternehmers wie ein Einzelkaufmann, wenn er im Rechtsverkehr als solcher auftritt;[45]

(17) Haftung eines Scheingesellschafters für Verbindlichkeiten einer bestehenden OHG nach §§ 128 S. 1, 124 Abs. 1 HGB, wenn er sich als Gesellschafter dieser OHG geriert und der Dritte auf diesen Rechtsschein in zulässiger Weise vertraut hat.[46]

4. Ungeschriebene Anspruchsgrundlagen

Gelegentlich muss sich der Bearbeiter zur Lösung der Fallfrage auf einzelne von der Rechtsprechung im Wege richterlicher Rechtsfortbildung entwickelte, ungeschriebene Anspruchsgrundlagen stützen.

Beispiele Nr. 18 und 19: (18) Die *Treuepflicht* der Gesellschafter, die nicht nur rechtsbegrenzend, sondern auch rechtsbegründend wirkt: Ein Gesellschafter kann deshalb beispielsweise aufgrund der ihn treffenden gesellschaftsrechtlichen Treuepflicht verpflichtet sein, einer Änderung des Gesellschaftsvertrages zuzustimmen, wenn die Vertragsänderung dringend erforderlich und ihm unter Berücksichtigung eigener Belange auch zumutbar ist.[47]
(19) Die Gründungsgesellschafter der Vor-GmbH trifft gegenüber der GmbH eine unbeschränkte *Verlustdeckungshaftung* für die Verbindlichkeiten der Vor-GmbH.[48]

---

[45] Vgl. *Schmidt K.*, HandelsR, § 10 Rn. 113 ff.
[46] BGHZ 17, 13.
[47] BGHZ 44, 40; *BGH* NJW 1987, 952; sowie Bd. I., 5. Aufl., Fall 12.
[48] BGHZ 134, 333 (339 ff.) sowie den Fall von *Oetker*, JuS 2002, 459 (462 ff.).

B. Allgemeine Überlegungen zu Beginn der Falllösung

Bei ungeschriebenen Anspruchsgrundlagen bereitet die Formulierung des einleitenden Obersatzes regelmäßig Schwierigkeiten. Zur Bildung des Obersatzes sollte sich der Bearbeiter stets die in § 194 Abs. 1 BGB enthaltene Legaldefinition des Anspruchs vergegenwärtigen und danach die Fallprüfung aufbauen. Außerdem bietet die Fragestellung häufig Hilfestellung.

> **Beispiel Nr. 20:** So kann der Obersatz zu der Frage, ob ein Gesellschafter zur Zustimmung zur Gesellschaftsvertragsänderung verpflichtet ist, wie folgt lauten: „Der Gesellschafter X kann aufgrund der ihn treffenden gesellschaftsrechtlichen Treuepflicht ausnahmsweise zur Einwilligung in die Änderung des Gesellschaftsvertrages verpflichtet sein, wenn …"

III. Gestaltungs(klage-)rechte

Für die Gestaltungs(klage-)rechte gilt im Wesentlichen das vorstehend zu den Anspruchsgrundlagen Gesagte sinngemäß.

Als gesetzlich geregelte Gestaltungsrechte und Gestaltungsklagerecht sind zu nennen:

1. das ordentliche Kündigungsrecht: GbR (§ 723 Abs. 1 S. 1 BGB), OHG (§ 723 Abs. 1 S. 1 BGB i. V. m. § 105 Abs. 3 HGB), KG (§§ 723 Abs. 1 S. 1 BGB i. V. m. §§ § 161 Abs. 2, 105 Abs. 3 HGB);
2. das Kündigungsrecht aus wichtigem Grund: GbR (§ 723 Abs. 1 S. 2, 3 BGB), OHG (§ 723 Abs. 1 S. 2, 3 BGB i. V. m. § 105 Abs. 3 HGB), KG (§ 723 Abs. 1 S. 2, 3 BGB i. V. m. §§ 161 Abs. 2, 105 Abs. 3 HGB);
3. die Auflösungsklage: OHG (§ 133 HGB), KG (§ 133 i. V. m. § 161 Abs. 2 HGB);
4. Ausschließung eines Gesellschafters: GbR (§§ 737, 723 Abs. 1 S. 2 BGB), OHG (§§ 140, 133 Abs. 3 HGB), KG (§§ 140, 133 HGB i. V. m. § 161 Abs. 2 HGB);
5. Entziehung der Geschäftsführungsbefugnis: GbR (§ 712 Abs. 1 BGB), OHG (§ 117 HGB), KG (§ 117 HGB i. V. m. § 161 Abs. 2 HGB);
6. Entziehung der Vertretungsmacht: GbR (§ 715 BGB), OHG (§ 127 HGB), KG (§ 127 HGB i. V. m. § 161 Abs. 2 HGB);
7. das (Privat-)Gläubigerkündigungsrecht: GbR (§ 725 BGB), OHG (§ 135 HGB), KG (§ 135 HGB i. V. m. § 161 Abs. 2 HGB).

Eine *analoge* Anwendung von Gestaltungs(klage-)rechten wird im Bereich der GmbH nur für die Anfechtung von Gesellschafterbeschlüssen (analog §§ 243 ff. AktG) befürwortet.[49]

Als *ungeschriebene* Gestaltungsrechte aufgrund richterlicher Rechtsfortbildung kommen vor allem in Betracht:
1. Ausschließung des GmbH-Gesellschafters;[50]
2. Austritt eines GmbH-Gesellschafters aus wichtigem Grund.[51]

---

[49] Vgl. eingehend Lutter/Hommelhoff/*Bayer*, GmbHG, Anh. § 47 Rn. 1 ff., 38 ff m. w. N.
[50] BGHZ 9, 157; 16, 317; 32, 31.
[51] H.M., BGHZ 9, 157 (162 f.) sowie Lutter/Hommelhoff/*Lutter*, GmbHG, § 34 Rn. 52 ff. und Scholz/*Seibt*, Anhang § 34 Rn. 10 ff., jeweils m. w. N.

C. Besonderheiten innerhalb der Fallbearbeitung

I. Verknüpfung von Normen

1. Insbesondere beim Prüfungsgegenstand „Handelsgeschäfte"

Die engen Verflechtungen des Handels- und Gesellschaftsrechts mit dem allgemeinen bürgerlichen Recht machen es regelmäßig erforderlich, innerhalb der Fallprüfung die Normen aus den verschiedenen Rechtsgebieten miteinander zu verknüpfen („Paragrafenketten"). Besonders deutlich werden die zwischen den Rechtsgebieten bestehenden Sachzusammenhänge im Rahmen einer Falllösung, bei der die Vorschriften über Handelsgeschäfte (§§ 343 ff. HGB) einschlägig sind.[52] Der Großteil der Bestimmungen in diesem Gesetzesabschnitt enthält (lediglich) ergänzende Spezialregelungen zu den bürgerlich-rechtlichen Vorschriften. Eine Prüfung dieser Vorschriften macht deshalb zunächst den „Einstieg" über die entsprechenden bürgerlich-rechtlichen Normen erforderlich; die Anwendung der handelsrechtlichen Normen erfolgt dann im Verlaufe der einzelnen aus dem allgemeinen zivilrechtlichen Prüfungsaufbau bekannten Abschnitte (Entstehen des Anspruchs, Untergang des Anspruchs, Einwendungen und Einreden). Eine vorherige, aus dem Anspruchsaufbau „ausgegliederte" Erörterung handels- oder gesellschaftsrechtlicher „Vorfragen" (etwa Prüfung der Kaufmannseigenschaft eines der Beteiligten) wäre schlicht *falsch!* Die Skizze des wesentlichen Gedankenganges zweier Beispielsfälle mag dies verdeutlichen:

> **Beispiel Nr. 21:** Der mit seiner Firma „Stefan Schnell Spedition e. K." im Handelsregister eingetragene Speditionsunternehmer S wird aus einer von ihm mündlich abgegebenen Bürgschaftserklärung für die Darlehensrückzahlungsverpflichtung von D i. H. v. 5.000 EUR von dessen Gläubiger G in Anspruch genommen; D hat gegenüber G einen Gegenanspruch i. H. v. 2.000 EUR, mit dem er aufrechnen kann. Kann G von S Zahlung aus der Bürgschaft verlangen?
>
> G kann gegen S einen Anspruch auf Zahlung aus der Bürgschaft gem. §§ 765, 767 BGB i. V. m. § 488 Abs. 1 BGB haben. Eine wirksame Hauptschuld von D gegenüber G gem. § 767 Abs. 1 S. 1 BGB besteht. Weiterhin muss die Bürgschaftsverpflichtung von S wirksam entstanden sein. Das auf Abschluss des Bürgschaftsvertrages gerichtete Bürgschaftsversprechen von S gegenüber D muss grundsätzlich gem. § 766 S. 1 BGB schriftlich erklärt werden. Die von S nur mündlich abgegebene Bürgschaftserklärung kann aber gem. § 125 S. 1 formnichtig sein, so dass es für das Zustandekommen des Bürgschaftsvertrages an dem Erfordernis zweier korrespondierender Willenserklärungen fehlen kann. Gem. § 350 HGB ist die Einhaltung der Schriftform jedoch entbehrlich, wenn es sich bei der Bürgschaftserklärung auf Seiten des Bürgen um ein Handelsgeschäft handelt. S gilt bereits aufgrund seiner Handelsregistereintragung gem. § 5 HGB als Kaufmann. Die Bürgschaftserklärung muss für ihn ein Handelsgeschäft darstellen. Gem. § 343 Abs. 1 HGB sind Handelsgeschäfte alle Geschäfte eines Kaufmanns, die zum Betriebe seines Handelsgewerbes gehören. Gem. § 344 Abs. 1 HGB gelten alle Rechtsgeschäfte eines Kaufmanns im Zweifel als zu seinem Handelsbetriebe gehörig. S trägt nichts vor, wodurch diese gesetzliche Vermutung widerlegt wird. Damit gilt die Bürgschaftserklärung von S als von ihm vorgenommenes Handelsgeschäft. Sein mündlich abgegebenes Bürg-

---

[52] Zur Sachmängelgewährleistung beim Handelskauf vgl. Bd. I Fälle 7, 8 und 9 sowie die Überlegungen zur Hinterlegung gem. § 373 HGB im Fall von *Scherner/Hauke/Scheck*, JuS 1978, 402 ff.; zum Annahmeverzug nach § 373 HGB sowie zum Selbsthilfeverkauf gem. § 373 Abs. 2 i. V. m. Abs. 1 HGB vgl. nachfolgenden Fall 10.

schaftsversprechen genügt daher für den wirksamen Abschluss des Bürgschaftsvertrages mit G.

Die Bürgschaftsschuld ist nicht durch Erfüllung der Hauptschuld untergegangen. Gem. § 349 HGB kann S sich auch nicht auf die Einrede der Vorausklage nach § 771 BGB berufen. S steht aber gem. § 770 Abs. 2 BGB ein Leistungsverweigerungsrecht zu, soweit G gegenüber D aufrechnen kann. Der Anspruch von G gegen S ist also lediglich i. H. v. 3.000 EUR begründet.

Beispiel Nr. 22: Der im Handelsregister eingetragene Speditionsunternehmer S kauft von dem ebenfalls im Handelsregister eingetragenen Gerätemaschinenhändler V einen neuen Handgabelstapler, der am 2. 4. angeliefert wird. S lässt ihn zunächst in verpacktem Zustand in die Lagerhalle bringen. Als S den Gabelstapler am 10. 4. erstmals in Betrieb nimmt, stellt er fest, dass die Hebevorrichtung defekt ist. Er begehrt von V noch an demselben Tag unter Mitteilung dieses Mangels die Lieferung eines mangelfreien Gabelstaplers.

S kann von V Nachlieferung eines mangelfreien Gabelstaplers gem. §§ 437 Nr. 1, 439 Abs. 1 BGB verlangen, wenn zwischen S und V ein wirksamer Kaufvertrag vorliegt, und V seine Pflicht zur Lieferung mangelfreier Ware gem. § 433 Abs. 1 S. 2 BGB verletzt hat. Ein Kaufvertrag zwischen S als Käufer und V als Verkäufer über den Gabelstapler liegt vor. Der von V mit einer defekten Hebevorrichtung gelieferte Gabelstapler ist mangelhaft i. S. v. § 434 Abs. 1 S. 2 Nr. 2 BGB. Die Ware kann aber gem. § 377 Abs. 2 HGB als vertragsgemäß gelten. Das setzt voraus, dass S die ihm nach § 377 Abs. 1 HGB obliegende Untersuchungs- und Rügeobliegenheit verletzt hat.[53] § 377 HGB ist anwendbar. Beide Kaufvertragsparteien sind Kaufleute gem. §§ 1, 5 HGB, und der Kauf ist für beide Teile gem. § 343 Abs. 1 HGB jeweils ein Handelsgeschäft. S hat den Mangel zwar am 10. 4. gegenüber V gerügt. Diese acht Tage nach der Anlieferung des Gabelstaplers erklärte Rüge kann aber verspätet sein. S trifft die Obliegenheit gem. § 377 Abs. 1 HGB, den Mangel unverzüglich i. S. v. § 121 S. 1 BGB zu rügen. S hat den Gabelstapler nicht unmittelbar nach seiner Anlieferung auf Mängel hin untersucht und hat daher den Mangel erst am 10.4. entdeckt. Er hat damit seine Untersuchungsobliegenheit verletzt. Der Defekt der Hebevorrichtung ist ein offenkundiger Mangel, der bei einer Untersuchung erkennbar gewesen wäre. Folglich hat S den Mangel auch nicht „unverzüglich" i. S. d. § 377 Abs. 1 HGB gegenüber V gerügt. Der von V gelieferte Gabelstapler gilt gem. § 377 Abs. 2 HGB als genehmigt. S kann daher von V keine Nacherfüllung gem. §§ 437 Nr. 1, 439 Abs. 1 BGB verlangen.

2. Insbesondere beim Prüfungsgegenstand „Vertretung"

Bei Ansprüchen gegen einen Kaufmann wird dieser oftmals nicht selbst gehandelt haben, sondern es wird – wie in einer arbeitsteiligen Unternehmensorganisation häufig vorkommend – eine rechtsgeschäftliche Stellvertretung vorliegen. Eine Stellvertretung ist des Weiteren für Gesellschaften typisch. Gesellschaften können nur durch organschaftliche oder rechtsgeschäftliche Vertreter handeln. In den Fällen rechtsgeschäftlicher Stellvertretung sind insbesondere die Vorschriften über die Prokura (§§ 48 ff. HGB), die Handlungsvollmacht (§§ 54, 55 HGB) und über die Vertretung durch Ladenangestellte (§ 56 HGB)[54] zu beachten. Für das organschaftliche Handeln der Gesellschafter einer OHG bzw. der Komplementäre einer KG sind die

---

[53] Zur Prüfung der Rügeobliegenheitsverletzung gem. § 377 HGB vgl. nachfolgende Fälle 7, 8 und 9 sowie die Fälle von *Schwarz/Ernst*, JuS 1991, 571 ff.; *Loewenheim/Dalichau*, JuS 1974, 657 ff.; *Wünsche*, JuS 2011, 149 ff.; *Hucke/Holfter*, JuS 2011, 534 ff.
[54] Vgl. den Fall von *Hartmeyer/Ludwig*, JuS 2012, 611 ff.

§§ 125 ff. HGB (i. V. m. § 161 Abs. 2 HGB), für das Handeln der Geschäftsführer einer GmbH die §§ 35 ff. GmbHG und für das Handeln der Vorstandsmitglieder einer AG die §§ 78 ff. AktG zu prüfen.

Ferner kann die Zurechnung reiner Tathandlungen über §§ 31, 278 BGB (im rechtsgeschäftlichen Bereich) und über §§ 31, 831 BGB (im deliktischen Bereich) in Betracht kommen. Dabei ist bei der Zurechnung deliktischen Verhaltens zu bedenken, dass § 31 BGB sowohl im Bereich der Personenhandelsgesellschaften (OHG/KG)[55] – für die GbR ist die analoge Anwendung mittlerweile ebenfalls anerkannt[56] – als auch im Bereich der juristischen Personen (GmbH/AG) entsprechend anzuwenden ist. Dies gilt nicht nur für das Fehlverhalten eines geschäftsführungsbefugten Gesellschafters einer OHG/KG oder für das Fehlverhalten des Organs einer GmbH oder AG, sondern auch für die Zurechnung deliktischen Verhaltens leitender Angestellter.[57]

In all diesen Fällen folgt die Prüfung dem gleichen Gedankenschema wie bei den bekannten bürgerlich-rechtlichen Aufgabenstellungen, in denen das Verhalten einer Person einem Dritten zuzurechnen ist. Die Zurechnung wird im Rahmen der Anspruchsprüfung gegen den Vertretenen (also den Vertragspartner) bzw. den Verantwortlichen (d. h. den Schadensersatzpflichtigen) erörtert.

Beispiel Nr. 23: Der Gesellschafter *A* der A & B-OHG hat im Namen der OHG von *K* ein Auto zum Preis von 50.000 € gekauft. Kann *K* von der A & B OHG Zahlung des Kaufpreises verlangen?

K kann von der A & B OHG die Zahlung des Kaufpreises gem. § 433 Abs. 2 BGB i. V. m. § 124 Abs. 1 HGB verlangen. Dann muss zwischen *K* als Verkäufer und der A & B OHG als Käufer ein Kaufvertrag geschlossen worden sein. Die A & B OHG als gem. § 124 Abs. 1 HGB verpflichtungsfähige Gesellschaft bestand bereits im Zeitpunkt des Vertragsschlusses. Ferner muss die A & B OHG durch die zwischen *A* und *K* erzielte Einigung Vertragspartner von *K* geworden sein. Dies ist der Fall, wenn *A* die A & B OHG wirksam vertreten hat. Eine wirksame Stellvertretung nach § 164 Abs. 1 S. 1 BGB setzt voraus, dass *A* eine eigene Willenserklärung im Namen der A & B OHG abgegeben und dabei mit Vertretungsmacht für diese Gesellschaft gehandelt hat. Eine eigene Willenserklärung von *A* im Namen der A & B OHG ist gegeben. *A* muss aber auch mit der erforderlichen Vertretungsmacht für die A & B OHG gehandelt haben. Gem. § 125 Abs. 1 HGB ist *A* alleinvertretungsberechtigt für die A & B OHG. Mit Abschluss des Kaufvertrages über das Auto zum Preis von 50.000 € hat er auch seine ihm gem. § 126 Abs. 1 HGB zustehende Vertretungsmacht nicht überschritten. Der von *A* namens der A & B OHG abgeschlossene Kaufvertrag wirkt daher gem. § 164 Abs. 1 S. 1 BGB für und gegen die A & B OHG. Der Anspruch von *K* gegen die A & B OHG gem. § 433 Abs. 2 BGB i. V. m. § 124 Abs. 1 HGB auf Zahlung des Kaufpreises ist daher begründet.

II. Unterscheidung zwischen Innen- und Außenverhältnis

Bei der Lösung aller handels- und gesellschaftsrechtlichen Fälle, deren Problematik im Vertretungsrecht liegt, ist die strikte Unterscheidung zwischen Innen- und Außenverhältnis zu beachten. In den „pathologischen" Fällen divergieren regelmäßig

---

[55] Zur Anwendbarkeit des § 31 BGB bei der OHG vgl. nachfolgenden Fall 14.
[56] BGHZ 154, 88 ff.; a. A. noch BGHZ 45, 311.
[57] BGHZ 49, 19.

C. Besonderheiten innerhalb der Fallbearbeitung

die Befugnisse im Innen- und Außenverhältnis: Das rechtliche Können des Vertreters im Außenverhältnis geht über das rechtliche Dürfen im Innenverhältnis hinaus.

> **Beispiel Nr. 24:** In einer aus drei Gesellschaftern *(X, Y, Z)* bestehenden OHG besitzt X Alleinvertretungs- und Alleingeschäftsführungsbefugnis gem. §§ 125, 115 HGB. Für den Abschluss von Kaufverträgen i. H. v. mehr als 50.000 EUR soll er jedoch die vorherige Zustimmung der anderen Gesellschafter einholen. X kauft von V ohne Einwilligung von Y und Z für die OHG eine Maschine zum Kaufpreis von 100.000 EUR. Wie ist die Rechtslage?

Um dem Bedürfnis des Handels nach gesteigertem Verkehrs- und Vertrauensschutz Rechnung zu tragen, ist der Umfang der Prokura sowie der Umfang der organschaftlichen Vertretungsmacht nach außen gesetzlich festgelegt und damit Dispositionen der Gesellschafter weitgehend entzogen. Eine Beschränkung der Prokura (vgl. §§ 49, 50 HGB) sowie der organschaftlichen Vertretungsmacht (vgl. §§ 125, 126 HGB, §§ 35, 37 Abs. 2 GmbHG, §§ 78, 82 Abs. 1 AktG) ist Dritten gegenüber unwirksam.[58] Die im Innenverhältnis auferlegten Beschränkungen sind für die Wirksamkeit des Handelns der genannten Vertreter (gilt also nicht für den Handlungsbevollmächtigten gem. § 54 HGB, vgl. § 54 Abs. 3 HGB) im Verhältnis zu Dritten daher grundsätzlich unbeachtlich; eine Ausnahme gilt nur in den Fällen des Missbrauchs der Vertretungsmacht.[59]

> Der **Beispielsfall Nr. 24** bietet für eine Prüfung in zweifacher Hinsicht Anlass:
> Als erstes ist nach einem Anspruch von V gegen die OHG auf Zahlung des Kaufpreises aus § 433 Abs. 2 BGB i. V. m. § 124 Abs. 1 HGB zu fragen. Für die Begründung der Gesellschaftsschuld durch X ist allein dessen Vertretungsmacht (d. h. das Außenverhältnis) entscheidend, da die interne Beschränkung der Geschäftsführungsbefugnis für den Umfang der Vertretungsmacht von X wegen § 126 Abs. 2 HGB unbeachtlich ist. Bezüglich des von V gegen die OHG geltend gemachten Erfüllungsanspruchs ist die von X im Innenverhältnis zu den übrigen Gesellschaftern erfolgte Kompetenzüberschreitung also ohne Bedeutung.
> Darüber hinaus ist danach zu fragen, ob die OHG Schadensersatz von X begehren kann. Der „Rückgriffsanspruch" der OHG gegen X aus § 280 Abs. 1 BGB ist wegen Überschreitens der Geschäftsführungsbefugnis beim Abschluss von Geschäften von mehr als 50.000 EUR begründet. Die im Außenverhältnis wirksam erfolgte Vertretung der OHG ist allein für die Feststellung des Schadens der OHG von Bedeutung.

Ein weiteres Beispiel reiner Innenhaftung ist auch die Haftung des Geschäftsführers einer GmbH nach § 43 Abs. 2 GmbHG. Der Geschäftsführer haftet in diesen Fällen nur der GmbH, nicht auch ihren Gläubigern. Eine Außenhaftung des GmbH-Geschäftsführers den Gesellschaftsgläubigern gegenüber kann sich allenfalls in Ausnahmesituationen ergeben, etwa aus § 823 Abs. 2 BGB i. V. m. § 15a Abs. 1 S. 1 InsO.[60]

---

[58] Zur Prokura vgl. nachfolgende Fälle 1 und 3 sowie die Fälle von *Hackbarth,* JuS 1994, 496 ff. und *Oetker,* JuS 2001, 251 (257 f.).
[59] BGHZ 50, 112; vgl. hierzu auch nachfolgende Fälle 1 und 3.
[60] BGHZ 126, 181 (zur Aufgabe des Quotenschadens für die Neugläubiger, damals noch zu § 823 Abs. 2 BGB i. V. m. § 64 Abs. 1 GmbHG a. F.); vgl. auch Bd. II Fall 8.

III. Handelsrechtliche Rechtsscheinregelungen

Der Gedanke des Verkehrs- und Vertrauensschutzes spielt im Handelsrecht eine herausragende Rolle. Das Handelsrecht enthält daher eine Reihe von Regelungen, die diesen Schutzgedanken sehr viel stärker als die „für Jedermann geltenden" Regeln des BGB verwirklichen.

> **Beispiele Nr. 25 bis 29:**[61] (25) Kaufmann kraft Eintragung (§ 5 HGB);[62]
> (26) negative Publizität des Handelsregisters (§ 15 Abs. 1 HGB);[63]
> (27) positive Publizität des Handelsregisters (§ 15 Abs. 3 HGB);[64].
> (28) Schweigen eines Kaufmanns als Annahme eines Vertragsangebots (§ 362 Abs. 1 HGB);[65]
> (29) Schutz des guten Glaubens an die Verfügungsmacht des Kaufmanns bei Veräußerungen von beweglichen Sachen im Betriebe seines Handelsgewerbes (§ 366 HGB).[66]

Daneben existieren aber auch ungeschriebene Grundsätze, die dem Verkehrsschutz dienen. So können z. B. die allgemeinen Rechtsscheingrundsätze[67] in den Fällen eingreifen, in denen der erforderliche Verkehrsschutz über § 15 Abs. 3 HGB wegen des beschränkten Anwendungsbereiches der Norm nicht erreicht wird.

Zu denken ist in diesem Zusammenhang insbesondere auch an die gewohnheitsrechtlich anerkannten Regeln zum kaufmännischen Bestätigungsschreiben.[68] Ferner gelten für beiderseitige Handelsgeschäfte die „im Handelsverkehr geltenden Gewohnheiten und Gebräuche" (vgl. § 346 HGB) mit normativer Wirkung, also auch dann, wenn der Kaufmann von ihnen keine Kenntnis besitzt.[69]

Die Einbeziehung der handelsrechtlichen Rechtsscheinregelungen in eine Fallprüfung macht es erforderlich, von einem Sachverhalt auszugehen, der sich zwar tatsächlich so nicht zugetragen hat, den der Anspruchsteller aber von Rechts wegen als gegeben annehmen darf. Die dabei zu beachtende gedankliche Abfolge verdeutlicht der folgende Fall:

> **Beispiel Nr. 30:** Im obigen Beispiel Nr. 24 war X vor Abschluss des Kaufvertrages mit V aus der Gesellschaft ausgetreten. Sein Ausscheiden war jedoch nicht ins Handelsregister

---

[61] Zu beachten ist allerdings, dass die hier genannten Vorschriften für sich allein *keine* Anspruchsgrundlagen darstellen. Sie sind wiederum nur inzidenter zu prüfen.
[62] Vgl. nachfolgenden Fall 9.
[63] Zur Vertiefung vgl. nachfolgende Fälle 1, 2, 3 und 10 sowie die Fälle von *Korte,* JuS 1997, 421 ff.; *Simitis/Dorndorf,* JuS 1965, 400 ff.; *Ballerstedt,* JuS 1965, 272 ff.; *Mand,* JuS 2006, 330 (333); *Wünsche,* JuS 2011, 149 ff.; *Lotte/Bertl,* JuS 2014, 339 ff.; *Loose,* JuS 2016, 1095 ff.
[64] Vgl. die Fälle von *Hopt/Mössle,* JuS 1984, 957 ff.; *Richter,* JuS 2007, 647 (648); *Bornemann,* JuS 2016, 244 ff.
[65] Vgl. *Schmidt K.,* HandelsR, § 19 Rn. 31 ff.
[66] Vgl. nachfolgenden Fall 10.
[67] Merken: „Wer im Rechtsverkehr als Kaufmann auftritt, muss sich auch entsprechend behandeln lassen". Vgl. in diesem Zusammenhang auch die Entscheidungen BGHZ 59, 179 = NJW 1972, 1660 einerseits und BGHZ 61, 59 = NJW 1973, 1691 andererseits. Aus der Lit. ausführlicher zu den allgemeinen Rechtsscheingrundsätzen *Canaris,* § 6 Rn. 1 ff.; *Lettl,* § 2 Rn. 66 ff.; *Hübner,* Rn. 68 ff.; *Steinbeck,* § 7 Rn. 34 ff.
[68] Vgl. nachfolgende Fälle 7 und 9 sowie die Fälle von *H.-G. Mertens,* JuS 1972, 201 ff.; *Hucke/Holfter,* JuS 2011, 534 ff.
[69] *BGH* BB 1973, 635.

C. Besonderheiten innerhalb der Fallbearbeitung

> eingetragen und bekannt gemacht worden, dem V der Austritt von X zudem nicht positiv bekannt.
> Grundlage für einen Anspruch von V gegen die OHG auf Kaufpreiszahlung ist § 433 Abs. 2 BGB i. V. m. § 124 Abs. 1 HGB. Eine Gesellschaftsverbindlichkeit setzt eine wirksame Vertretung der OHG durch X voraus. Zum Zeitpunkt des Vertragsschlusses war X bereits aus der OHG ausgeschieden, so dass eine Vertretungsmacht nach § 125 Abs. 1 HGB ausscheidet. V kann jedoch gem. § 15 Abs. 1 HGB so zu stellen sein, als wenn X im Zeitpunkt des Vertragsabschlusses noch Gesellschafter war und damit auch nach § 125 Abs. 1 HGB zur Vertretung der OHG berechtigt gewesen wäre. Die Voraussetzungen des § 15 Abs. 1 HGB (fehlende Eintragung und Bekanntmachung des Ausscheidens, keine Kenntnis des V vom Ausscheiden von X) sind erfüllt. Die OHG muss sich daher gegenüber V so behandeln lassen, als wenn X im Zeitpunkt des Vertragsabschlusses noch Gesellschafter war und daher Vertretungsmacht besaß. V hat deshalb einen Anspruch gegen die OHG auf Zahlung des Kaufpreises.

Der Anspruchsteller, zu dessen Gunsten § 15 Abs. 1 HGB eingreift, kann sich zur Begründung seines Anspruchs auch teils auf die wirkliche Sachlage, teils auf den Rechtsschein berufen (sog. *Rosinentheorie*[70]).

IV. Berücksichtigung des § 242 BGB

Insbesondere bei der Bearbeitung von Fällen aus dem Bereich des Gesellschaftsrechts ist die ansonsten in aller Regel angebrachte Zurückhaltung bei der Anwendung des § 242 BGB nicht unbedingt zu empfehlen bzw. durchzuhalten. Die Grundsätze von Treu und Glauben besitzen für die gesellschaftsrechtliche Falllösung eine weitaus größere Bedeutung als für Fälle aus dem allgemeinen bürgerlichen Recht. Dies darf allerdings nicht zu quasi „freischöpferischen" Lösungsversuchen ohne Gesetzesbezug führen.[71] Soweit jedoch das Gesetz schweigt und auch eine Analogie nicht in Betracht kommt, eröffnet oftmals die aus § 242 BGB hergeleitete Treuepflicht der Gesellschafter – untereinander bzw. gegenüber der Gesellschaft – als die dominierende Kraft des Gesellschaftsrechts den Weg zu einer sachgemäßen Lösung. Die Bedeutung des § 242 BGB lässt sich daran ermessen, dass das gesamte Sonderrecht der Publikumspersonengesellschaften ursprünglich am Leitbild des § 242 BGB entwickelt wurde; heute werden viele Rechtsfragen durch die analoge Anwendung aktienrechtlicher bzw. GmbH-rechtlicher Normen entschieden.[72] Maßstab dieser Rechtsanwendung ist aber nach wie vor der Grundsatz von Treu und Glauben.

Die Prüfung des § 242 BGB bzw. der gesellschaftsrechtlichen Treuepflicht darf aber keineswegs konturenlos erfolgen, sondern erfordert in aller Regel eine zweistufige Prüfung:
1. objektive Erforderlichkeit einer Maßnahme im Gesellschaftsinteresse (die Treuepflicht ist primär gesellschaftsbezogen; erster Prüfungsmaßstab muss deshalb immer das objektive Gesellschaftsinteresse sein);

---

[70] BGHZ 65, 309; zur Vertiefung siehe nachfolgenden Fall 1.
[71] D. h., es darf nicht zu einer Falllösung ausschließlich anhand der sog. „Schweinehund"-Theorie (nach der sich bekanntlich die Lösung eines Falles aus der Beantwortung der Frage „Wer ist im konkreten Sachverhalt der ‚Schweinehund'?" ergibt) kommen.
[72] Grundlegend *Kellermann*, FS Stimpel (1985), 295 ff.; zur Vertiefung vgl. nachfolgenden Fall 25.

2. subjektive Zumutbarkeit für den oder die Gesellschafter (liegt eine Maßnahme im objektiven Gesellschaftsinteresse, so reicht dies allein zur Bejahung zusätzlicher Pflichten der Gesellschafter oder einer Rechtsbegrenzung von Ansprüchen einzelner Gesellschafter nicht aus; die in Frage kommende Maßnahme muss darüber hinaus mit den Interessen des oder der betroffenen Gesellschafter abgewogen werden).

V. Gewöhnliche BGB-Klausuren mit handelsrechtlicher Fallfrage

Eine Besonderheit ganz „anderer Art" ist gegeben, wenn sich hinter einer (nur scheinbar) handels- oder gesellschaftsrechtlichen Fallgestaltung oder Einkleidung ein fast „gewöhnlicher" BGB-Fall verbirgt. Gelegentlich ist eine reine BGB-Klausur nur in eine handels- oder gesellschaftsrechtliche Fallgestaltung gekleidet.

Beispiel Nr. 31: Student A kauft Anfang Januar 2013 bei der „Zweirad R-GmbH" ein Fahrrad. Nach zwei Monaten muss er feststellen, dass der Rahmen leicht verzogen ist und auch die ihm angepriesene 10-Gangschaltung hakt, so dass er lediglich 3 Gänge nutzen kann. Gleichwohl wendet er sich nicht sofort an die „Zweirad R-GmbH", sondern nutzt das Fahrrad noch während des ganzen Frühjahrs hindurch. Erst Ende Juni verlangt A von der „Zweirad R-GmbH" Nacherfüllung.

Zu prüfen ist ein Anspruch von A gegen die „Zweirad R-GmbH" auf Nacherfüllung gem. §§ 437 Nr. 1, 439 Abs. 1 BGB. Da keine Zweifel am wirksamen Zustandekommen des Kaufvertrages oder möglicherweise sogar an dem Bestehen der „Zweirad R-GmbH" bestehen, richtet sich die Prüfung des Anspruches allein nach bürgerlich-rechtlichen Vorschriften. Der Umstand, dass Vertragspartner von A eine GmbH ist, ist für die Lösung unbeachtlich. Ausführungen zum GmbH-Recht wären somit verfehlt.

Der Bearbeiter sollte sich also nicht verwirren lassen, wenn der Schwerpunkt des Falles nicht im Handels- oder Gesellschaftsrecht, sondern vielmehr im Schuld- oder Sachenrecht liegt. Gerade auch sachenrechtliche Kenntnisse lassen sich hervorragend im Rahmen von § 366 HGB (gutgläubiger Erwerb von beweglichen Sachen[73]), im Rahmen des Eigentumserwerbs des Kommittenten am Kommissionsgut[74] oder im Grundbuchrecht[75] abfragen.

D. Typische Ursachen für Fehler im juristischen Gutachten

Die schriftliche Ausformulierung eines juristischen Gutachtens stellt hohe Anforderungen an die sprachliche Ausdrucksfähigkeit des jeweiligen Bearbeiters. Zahlreiche Studierende der Rechtswissenschaft und der Bachelorstudiengänge mit überwiegend rechtswissenschaftlichen Inhalten legen bedauerlicherweise viel zu wenig Augenmerk auf die Anwendung der bei einem juristischen Gutachten zu beachtenden

---

[73] Vgl. nachfolgenden Fall 10 sowie die Fälle von *Richter*, JuS 2007, 647 (650) und *Lieder*, JuS 2014, 1009 (1011 f.).
[74] Vgl. *Wüst*, JuS 1990, 390 ff.; zur Einbettung schuldrechtlicher Überlegungen im Rahmen eines Kommissionsfalls vgl. *Dressler*, JuS 1969, 170 ff.
[75] Vgl. den Fall von *Teichmann/Schaub*, JuS 2011, 723.

sprachlichen Anforderungen.[76] Sehr viele Klausuren stellen letztlich nur ein unsystematisches „Sammelsurium" von Sachverhaltswiederholungen als „Ersatz" von Subsumtionen, lehrbuchartigen Ausführungen als „Ersatz" für Argumentationen für den jeweils konkret zu lösenden Fall und „freischöpferischen Märchenerzählungen" anstelle von am Gesetz orientierten und mittels juristischer Methodik entwickelten Gedankengängen dar. Dass solche Klausurleistungen unabhängig von vereinzelt vorzufindenden guten Gedankengängen nicht mit befriedigend oder besser bewertet werden können, versteht sich von selbst. Enthalten diese Klausurleistungen auch erhebliche materiell-rechtliche Fehlleistungen, ist ihre Bewertung mit nicht ausreichend vielmehr unausweichlich.

Jedem Studierenden der Rechtswissenschaften und von Bachelorstudiengängen mit überwiegend rechtswissenschaftlichen Inhalten kann nur dringend angeraten werden, sich sehr eingehend mit den sprachlichen Anforderungen an eine juristische Falllösung zu befassen und diese intensiv einzuüben. Nachfolgend sollen einige sehr verbreitete sprachliche und zugleich sachliche Unsitten[77] hervorgehoben werden, die häufig zugleich eine von mehreren Ursachen für das Misslingen von Klausurleistungen darstellen.

I. Überschriften

In rechtswissenschaftlichen Klausuren finden sich vielfach Überschriften, so wie das auch in den veröffentlichten Falllösungen der Fall ist. In den veröffentlichten Falllösungen ist dies den – leider – bestehenden Vorgaben der Verlage geschuldet, die zwecks „vermeintlich besserer Lesbarkeit" eine Unterteilung des Textes fordern, die durch Überschriften geleistet werden soll. Allerdings haben Überschriften in einem juristischen Gutachten jedenfalls in einer Klausur nichts zu suchen. Der Gedankengang ist aus sich selbst heraus verständlich und strukturiert zu präsentieren, ohne dass es irgendwelcher Hervorhebungen oder Erklärungen zu dem Gedankengang bedarf. Die Einfügung eines Absatzes zur Verdeutlichung des Beginns eines neuen Gedankengangs reicht hierfür vollständig aus. Das Niederschreiben einer Überschrift ist in einer Klausur letztlich überflüssige Zeitverschwendung. Selbst wenn sie nur als eine solche Zeitverschwendung eingeordnet wird, provoziert sie sehr häufig einen Fehler. Die Überschrift ersetzt nämlich nicht den Obersatz, mit dem die nachfolgenden Ausführungen eingeleitet werden müssen. Fehlt nach einer Überschrift ein solcher Obersatz, ist dies ein methodischer Fehler.

II. Floskelartige Satzeinleitungen

Ein juristisches Gutachten ist im Idealfall die konsequente und strukturierte Herleitung der durch die Fallfrage vorgegebenen Rechtsfolgen anhand ihrer gesetzlichen Tatbestandsmerkmale oder der höchstrichterlich entwickelten Rechtsinstitute mit ihren jeweiligen Tatbestandsmerkmalen unter Beachtung der allgemeinen metho-

---

[76] Vgl. hierzu instruktiv *Schimmel*, Rn. 50 bis 322 und sehr knapp aber prägnant *Saar/Müller*, S. 167 ff.

[77] Zur sprachlichen Unsitte und zu den sachlichen Fehlern der „Konjunktivitis" (in der Form des „könnte", „müsste", „dürfte", „sollte", „hätte") vgl. eingehend den sehr instruktiven Beitrag von *Wolf*, JuS 1996, 30 ff.

dischen Auslegungskriterien.[78] Die Gedankenfolge geht somit von der Rechtsfolge aus, die eintritt, wenn die hierfür erforderlichen Tatbestandsmerkmale erfüllt sind. Sehr häufig wird übersehen, dass die erforderlichen Tatbestandsmerkmale im Subsumtionsfortgang sehr häufig ihrerseits zu einer Rechtsfolge werden, die das Vorliegen von Tatbestandsmerkmalen erforderlich macht. Das System lässt sich idealisiert und stark verkürzt wie folgt darstellen:

Obersatz 1: Rechtsfolge (RF) = Tatbestandsmerkmal (TBM) 1 und TBM 2.

Obersatz 2: TBM 1 (RF) = TBM 1a und TBM 1b.

Obersatz 3: TBM 1a (RF) = TBM 1aa einschließlich rechtswissenschaftlicher Argumentation unter Anwendung der für die Auslegung maßgeblichen Kriterien (Wortlaut, Systematik, Entstehungsgeschichte, Normzweck).

Zwischenergebnis zu Obersatz 3.

Obersatz 4: TBM 1b (RF) = TBM 1bb einschließlich rechtswissenschaftlicher Argumentation unter Anwendung der für die Auslegung maßgeblichen Kriterien (Wortlaut, Systematik, Entstehungsgeschichte, Normzweck).

Zwischenergebnis zu Obersatz 4.

Zwischenergebnis zu Obersatz 2.

Obersatz 5: TBM 2 (RF) = TBM 2a

Zwischenergebnis zu Obersatz 5.

Ergebnis zu Obersatz 1.

Das juristische Gutachten entspricht somit im Wesentlichen einer mathematischen Herleitung, die erst und nur dann „aufgeht", wenn alle „Rechenschritte" jeweils eine Gleichung ergeben. Nur dann tritt die im Obersatz 1 genannte Rechtsfolge ein und die Fallfrage ist zu bejahen. Geht hingegen auf einer „Rechenebene" die Gleichung nicht auf, tritt die im Obersatz 1 genannte Rechtsfolge zwangsläufig nicht ein. Ob die Fallfrage dennoch zu bejahen ist, hängt davon ab, ob sich die Antwort auf eine andere Rechtsnorm stützen lässt.

Dementsprechend sind die in vielen Klausuren und auch veröffentlichten Falllösungen verwendeten Formulierungen wie „fraglich ist, ob ...", es ist zu prüfen, ob ..." oder „nun muss geklärt werden, ob ..." in zumindest zweifacher Hinsicht falsch. Sie verstoßen erstens gegen das Grundprinzip, dass der in einem juristischen Gutachten entwickelte Gedankengang selbsterklärend sein muss. Zweitens handelt es sich bei ihnen in nahezu allen Fällen um überflüssige gedankenlose Floskeln. Der aufmerksame und sachkundige Leser wird bei diesen Formulierungen am Rand jeweils die Anmerkung machen: „Warum?" Warum ist es fraglich? Warum ist etwas zu prüfen bzw. muss etwas geklärt werden? In den allermeisten Fällen wird diese Frage nämlich durch die nachfolgenden Ausführungen nicht beantwortet, weil die für diese

---

[78] Vgl. instruktiv hierzu die sehr einprägsame Darstellung bei *König*, S. 215 ff.

Ausführungen maßgebliche Rechtsfolge nicht benannt wird. Die Verwendung dieser Floskeln ist für den Korrektor somit ein sicheres Indiz dafür, dass der Verfasser der Klausurausführungen nicht weiß, was er an der betreffenden Stelle eigentlich „untersucht". Bei Gebrauch dieser Floskeln besteht mithin die sehr große Gefahr, dass sich der Verfasser bei der Präsentation seiner Gedankengänge verheddert hat und Ausführungen macht, die entweder überflüssig oder jedenfalls an dieser Stelle des juristischen Gutachtens fehlplatziert sind. Das sind dann jeweils methodische Fehler.

Die verbreitet vorzufindende sprachliche Unsitte, einen Gedankengang mit den Worten „ausweislich des Sachverhalts" oder „nach dem Sachverhalt" einzuleiten, ist ebenfalls falsch. Hierbei handelt es sich um überflüssige und nichtssagende Floskeln. Selbstverständlich soll der Verfasser eines juristischen Gutachtens nur den der Aufgabenstellung zugrundeliegenden Sachverhalt und keinen anderen juristisch begutachten. Ferner sind die Angaben des Sachverhalts dem Aufgabensteller bekannt und der Verfasser eines juristischen Gutachtens kann ohne weiteres davon ausgehen, dass der Aufgabensteller nicht dement ist und sich nicht mehr an seine Aufgabenstellung erinnern kann. Mit der Verwendung solcher gedankenloser Floskeln besteht ferner die Gefahr, dass die Nacherzählung der Sachverhaltsangaben zum untauglichen Ersatz für eine Subsumtion wird. Die Sachverhaltsangaben sind den jeweils relevanten Tatbestandsmerkmalen hingegen unmittelbar zuzuordnen und mit diesen gedanklich zu verbinden. Geschieht dies nicht, und wird der Sachverhalt nur nacherzählt, fehlt es an dieser gedanklichen Verbindung, womit die fehlende juristische Durchdringung der Gedankenführung dokumentiert wird. Das ist wiederum ein methodischer Fehler.

III. Argumentationsersatz durch Berufung auf sog. Autoritäten

In einem juristischen Gutachten ist das Ergebnis argumentativ herzuleiten. Argumentieren bedeutet aber die nachvollziehbare Präsentation eigener Gedanken und nicht das „verschanzen hinter den Ansichten vermeintlicher Autoritäten". Auch „Autoritäten" können irren. Formulierungen wie „nach Ansicht des BGH" oder „nach der herrschenden Meinung" haben in dem Text eines juristischen Gutachtens nichts zu suchen. Werden sie in einer Klausurlösung verwendet, dokumentieren sie selbst dann, wenn die nachfolgenden Ausführungen richtig sein sollten lediglich, dass der Verfasser etwas Zutreffendes gelernt und wiedergegeben hat. Das ist zwar grundsätzlich positiv zu vermerken. Aber die bloße Wiedergabe fremder Gedanken weckt wiederum die Gefahr, dass sich der Verfasser von den zu erörternden Tatbestandsmerkmalen löst und letztlich die erforderlichen Subsumtionsschritte nicht bewältigt. Das wiederum ist ein methodischer Fehler. Darüber hinaus ist das bloße Wiedergeben von auswendig Gelerntem keine eigene gedankliche Leistung. Eine eigene gedankliche Leistung stellt es indessen dar, das materiell-rechtliche Wissen mit den jeweils relevanten Tatbestandsmerkmalen zutreffend mittels Subsumtion zu verknüpfen.

Fall 1. Das exklusive Autohaus

Schwerpunkt im Handelsrecht:
§ 15 Abs. 1 und 2 HGB – Prokura – Missbrauch der Vertretungsmacht – „Rosinentheorie"

Sachverhalt[1]

Die Freunde *Adalbert (A)*, *Bodo (B)* und *Paul (P)* sind allesamt Autonarren. Aus gemeinsamer Autoleidenschaft beschließen sie im Frühjahr 2016, ein exklusives Autohaus zu eröffnen. A und B sind von den drei Freunden die beiden Vermögenden. Sie werden daher die Gesellschafter der im Handelsregister eingetragenen „A & B OHG, exklusive Importwagen", während P, der den meisten geschäftlichen Sachverstand besitzt, angestellt wird und Prokura erhält. Die Erteilung der Prokura wird nicht ins Handelsregister eingetragen. Aufgrund einer Regelung im Anstellungsvertrag mit der A & B OHG ist es P untersagt, einzelne Geschäfte über mehr als 150.000 EUR abzuschließen.

Nach Abschluss des ersten Geschäftsjahres, welches nicht so gut wie erhofft verlaufen ist, kommt es zwischen A und B einerseits und P andererseits zum Zerwürfnis. Darauf wird ihm in den ersten Tagen des Monats Mai 2017 die Prokura entzogen. Das wird auch am 13.5.2017 in das Handelsregister eingetragen und am 14.5.2017 ordnungsgemäß bekannt gemacht. Am 25.5.2017 erwirbt P dennoch im Namen der Gesellschaft „A & B OHG, exklusive Importwagen" von seinem alten Bekannten *Ludwig (L)* einen feuerroten italienischen Sportwagen zu einem Kaufpreis von 250.000 EUR. L weiß zwar von der Absprache, nach der P zum Abschluss von Geschäften über 150.000 EUR hinaus nicht

---

[1] Soweit in diesem Sachverhalt und in den nachfolgenden Sachverhalten häufiger fiktive männliche als weibliche Personen genannt werden, hat dies keineswegs etwas mit einem bestimmten genderspezifischen Rollenverständnis des Verfassers zu tun, wie die Lektüre einer aktuellen an der Universität Hamburg in Kooperation mit der Bucerius Law School erstellten Studie zum Thema „(Geschlechter)Rollenstereotype in juristischen Ausbildungsfällen" (abrufbar unter: www.uni-hamburg.de/gleichstellung/download/studie-rollenstereo-typen-geschlechterforschung-1.pdf) nahelegen könnte. Solange der Gesetzgeber die männliche Form als Funktionalbezeichnung (z.B. im BGB „Unternehmer", „Verbraucher", „Gläubiger", „Schuldner", „Käufer", „Verkäufer", „Mieter", „Vermieter", „Gesellschafter" und vor allem im StGB „Täter", „Anstifter", „Mörder", „Totschläger"), und nur an einer einzigen Stelle im HGB die „Kauffrau" (vgl. § 19 Abs. 1 Nr. 1 HGB) und ansonsten immer den „Kaufmann" verwendet, sei dem Verfasser bitte nachgesehen, wenn er sich bei den genannten fiktiven Personen in den fiktiven Fällen an der gesetzlich verwendeten Sprachform orientiert, zumal das Gesetz auch die Berufsbezeichnungen stets in der männlichen Sprachform verwendet, soweit die deutsche Sprache sie nicht ausschließlich in der weiblichen Form kennt (vgl. nur § 1 Abs. 2 PartGG). Wer sich an der vorgenommenen „geschlechterspezifischen Rollenzuweisung" stören sollte, kann gerne in allen Fällen die fiktiven männlichen Personen durch fiktive weibliche Personen oder fiktive Personen mit intersexuellem Geschlecht (vgl. BVerfG, Az. 1 BvR 2019/16) ersetzen.

befugt ist. P hatte ihn jedoch mit der Bemerkung beruhigt, das werde „trotzdem schon in Ordnung gehen". Das Erlöschen der Prokura ist L nicht bekannt. A und B fürchten, dass das teure Stück zum Ladenhüter wird. Sie fühlen sich wegen der dem L bekannten Beschränkung der Befugnisse von P, vor allem aber wegen des erfolgten Widerrufs der Prokura, nicht an den Vertrag gebunden.

Nach der Trennung von P nehmen A und B Ende Mai 2017 ihren Bekannten *Neureich (N)* als weiteren Gesellschafter in die Gesellschaft auf. Um für die Zukunft unliebsame Überraschungen zu vermeiden, vereinbaren sie, dass sämtliche Geschäfte nur von A, B und N gemeinsam abgeschlossen werden dürfen. Das wird so auch im Handelsregister eingetragen und bekannt gemacht. Bereits im Sommer 2017 kommt es zwischen N und B wegen unterschiedlicher Geschäftsauffassungen zum Streit. N will auch japanische Sportwagen in das Programm aufnehmen. Da A ihn bei seiner Auffassung nicht unterstützt, tritt B daraufhin entsprechend den Bestimmungen des Gesellschaftsvertrages zum 31.12.2017 aus der Gesellschaft aus. Die Eintragung seines Ausscheidens ins Handelsregister unterbleibt jedoch aus Unachtsamkeit. Ende Januar 2018 geben A und N die übliche Ersatzteilbestellung bei ihrem Lieferanten *Dreher (D)* auf, zu dem das „exklusive Autohaus" bereits seit seiner Gründung in ständiger Geschäftsbeziehung steht, der aber von dem Ausscheiden von B aus der Gesellschaft keine Kenntnis hat. Als die Gesellschaft bei Fälligkeit nicht zahlt, verlangt D die Zahlung des Rechnungsbetrages von 20.000 EUR von B. B weigert sich entrüstet. Er sei schließlich nicht mehr Gesellschafter.

1. Kann L von der „A & B OHG, exklusive Importwagen" Zahlung i. H. v. 250.000 EUR verlangen?
2. Kann D von B Zahlung i. H. v. 20.000 EUR verlangen?

Lösung

Frage 1

A. Zahlungsanspruch von L gegen die A & B OHG

L kann gegen die A & B OHG einen Anspruch auf Zahlung von 250.000 EUR aus § 433 Abs. 2 BGB i. V. m. § 124 Abs. 1 HGB haben. Das setzt das Zustandekommen eines Kaufvertrages zwischen L als Verkäufer und der A & B OHG als Käufer voraus.

I. Bestehen der OHG

Die A & B OHG muss als solche wirksam entstanden sein, damit sie für den Kaufvertrag Vertragspartner von L sein kann. Die OHG als verpflichtungsfähiger Rechtsträger gem. § 124 Abs. 1 HGB setzt gem. § 105 Abs. 1 HGB grundsätzlich den Betrieb eines Handelsgewerbes voraus. Der von der A & B OHG betriebene Autohandel ist ein Gewerbe i. S. v. § 1 I HGB.[2] Der Autohandel muss ferner einen

---

[2] Zu den Voraussetzungen des handelsrechtlichen Gewerbebegriffs vgl. ausführlich Baumbach/Hopt/*Hopt*, § 1 Rn. 12 ff.; EBJS/*Kindler*, § 1 Rn. 20 ff.; Heidel/Schall/*Keßler*, § 1 Rn. 15 ff.; KKRM/*Roth*, § 1 Rn. 3 ff.; MüKoHGB/*Schmidt K.*, § 1 Rn. 27 ff.; Oetker/*Körber*, § 1 Rn. 10 ff.; RWH/*Röhricht*, § 1 Rn. 17 ff.; Staub/*Oetker*, § 1 Rn. 14; *Canaris*, § 2 Rn. 2 ff.; *Lettl*, § 2 Rn. 5 ff.; *Oetker*, § 2 Rn. 7 ff.; *Schmidt K.*, HandelsR § 9 Rn. 17 ff.; *Steinbeck*, § 6 Rn. 1 ff.

Fall 1. Das exklusive Autohaus

nach Art und Umfang in kaufmännischer Weise eingerichteten Geschäftsbetrieb erfordern (§ 1 Abs. 2 HGB). Dafür spricht, dass P aufgrund der ihm eingeräumten Prokura Geschäfte in einem finanziell nicht unerheblichen Rahmen tätigen durfte, die Gesellschaft also wahrscheinlich nicht gerade geringe Umsätze tätigt. Dagegen kann aber der „schwache" Start der Gesellschaft im ersten Geschäftsjahr nach Aufnahme der Geschäfte durch die A & B OHG sprechen. Letztendlich kommt es auf diese Umstände aber nicht an. Die A & B OHG ist im Handelsregister eingetragen und daher zumindest gem. § 105 Abs. 2 S. 1 HGB eine OHG kraft Eintragung. Die A & B OHG kann somit Vertragspartner eines Kaufvertrages mit *L* geworden sein.

II. Wirksamer Kaufvertrag zwischen L und A & B OHG

Zwischen der A & B OHG einerseits und *L* andererseits kann ein wirksamer Kaufvertrag über den Kauf des Sportwagens durch die A & B OHG von *L* zustande gekommen sein. Dann muss *P* die Gesellschaft gemäß § 164 Abs. 1 S. 1 BGB wirksam vertreten haben.

1. Vertretung der A & B OHG durch P

P hat beim Kauf des Sportwagens eine eigene Willenserklärung abgegeben. Er hat dabei auch namens der A & B OHG gehandelt. Eine wirksame Vertretung gem. § 164 Abs. 1 S. 1 BGB liegt jedoch nur vor, wenn *P* bei diesem Vertragsschluss auch mit Vertretungsmacht für die A & B OHG gehandelt hat. Die Vertretungsmacht von *P* für die A & B OHG kann aufgrund einer ihm von der Gesellschaft wirksam erteilten Prokura bestehen.

a) Erteilung der Prokura

P kann wirksam Prokura gem. § 48 Abs. 1 HGB erteilt worden sein. Die Vorschriften der §§ 48 ff. HGB über die Prokura sind anwendbar. Die Vorschriften für den Kaufmann gelten gem. § 6 Abs. 1 HGB auch für die OHG.[3] Die Erteilung der Prokura als rechtsgeschäftliche Vertretungsmacht erfolgt bei der OHG durch ihre organschaftlichen Vertreter, also durch die vertretungsberechtigten Gesellschafter (vgl. §§ 125 Abs. 1, 126 Abs. 1 HGB).[4] Von einer wirksamen, insbesondere auch ausdrücklichen, Erteilung der Prokura an *P* gem. § 48 Abs. 1 HGB ist auszugehen. Die fehlende Eintragung der Prokura von *P* in das Handelsregister steht ihrer Wirksamkeit nicht entgegen. Zwar ordnet § 53 Abs. 1 S. 1 HGB die Anmeldung der Prokuraerteilung ins Handelsregister an. Doch hat die Eintragung der Prokura ins Handelsregister lediglich deklaratorischen, nicht aber konstitutiven Charakter.[5] *P* wurde demnach ursprünglich von der A & B OHG wirksam Prokura erteilt.

---

[3] Dem Anwendungsbereich des § 6 Abs. 1 HGB unterfallen alle Gesellschaften, die als solche in das Handelsregister eingetragen werden; vgl. Baumbach/Hopt/*Hopt*, § 6 Rn. 1; EBJS/*Kindler*, § 6 Rn. 2; Heidel/Schall/*Keßler*, § 6 Rn. 1 f.; KKRM/*Roth*, § 6 Rn. 2; MüKoHGB/*Schmidt K.*, § 6 Rn. 3. Weitergehend für die Einbeziehung ausländischer Gesellschaften Staub/*Oetker*, § 6 Rn. 8 f.

[4] Im Innenverhältnis bedarf es zur Erteilung der Prokura gem. § 116 Abs. 3 S. 1 HGB grundsätzlich der Zustimmung aller geschäftsführenden Gesellschafter; vgl. Baumbach/Hopt/*Hopt*, § 116 Rn. 8; EBJS/*Drescher*, § 116 Rn. 21; Heidel/Schall/*Psarondakis*, § 116 Rn. 4; MüKoHGB/*Jickeli*, § 116 Rn. 52; RWH/*Haas*, § 116 Rn. 7; Staub/*Schäfer*, § 116 Rn. 31; *Schmidt K.*, HandelsR, § 16 Rn. 24.

[5] Baumbach/Hopt/*Hopt*, § 53 Rn. 1; Heidel/Schall/*Schmidt U.*, § 53 Rn. 2; Oetker/*Schubert*, § 53 Rn. 1; *Brox/Henssler*, Rn. 197; *Jung*, § 25 Rn. 8. Zur Unterscheidung zwischen dekla-

b) Entziehung der Prokura

Die P mit der Prokura erteilte Vertretungsmacht muss ferner noch in dem Zeitpunkt bestehen, als P seine auf Abschluss des Kaufvertrages gerichtete Willenserklärung für die A & B OHG getätigt hat. Das ist nicht der Fall, wenn ihm die Prokura bereits vorher wieder wirksam entzogen worden ist. Gemäß § 52 Abs. 1 HGB ist die Prokura jederzeit frei widerruflich. Von dieser Möglichkeit haben A und B aufgrund des Zerwürfnisses mit P Anfang Mai 2017 Gebrauch gemacht.[6] Dies war gem. § 126 Abs. 1 HGB von ihrer Vertretungsmacht gedeckt. Der Widerruf der Prokura ist eine Willenserklärung und wird wirksam mit Zugang der Widerrufserklärung beim Prokuristen (§ 130 Abs. 1 BGB). Von dem Zugang der Widerrufserklärung bei P ist auszugehen. Die am 13.5.2017 erfolgte Eintragung des Widerrufs im Handelsregister gem. § 53 Abs. 2 HGB hat – ebenso wie dessen Erteilung – nur deklaratorischen Charakter.

Demzufolge hatte P bei Abschluss des Geschäfts mit L am 25.5.2017 keine Prokura und damit keine rechtsgeschäftliche Vertretungsmacht mehr für die A & B OHG.

c) Vertretungsmacht kraft Rechtsscheins

Möglicherweise kann L aber über die Vorschriften zur Handelsregisterpublizität gem. § 15 HGB so zu stellen sein, als habe P im Zeitpunkt des Kaufvertragsabschlusses noch Prokura und damit Vertretungsmacht für die A & B OHG gehabt.

aa) Negative Publizität nach § 15 Abs. 1 HGB

Gemäß § 15 Abs. 1 HGB kann sich die A & B OHG gegenüber L nicht auf den Widerruf der Prokura des P berufen, solange diese in ihren Angelegenheiten eintragungspflichtige Tatsache nicht im Handelsregister eingetragen und bekannt gemacht worden ist. Der Widerruf der Prokura von P wurde aber ordnungsgemäß eingetragen und bekannt gemacht. § 15 Abs. 1 HGB ist daher nicht anwendbar. Die A & B OHG kann somit gem. § 15 Abs. 2 S. 1 HGB grundsätzlich jedem Dritten das Erlöschen von P's Prokura entgegenhalten.

bb) § 15 Abs. 2 HGB

Möglicherweise kann sich aber etwas anderes aus der in § 15 Abs. 2 S. 2 HGB normierten sog. „Schonfristregelung"[7] ergeben. Danach werden gutgläubige Dritte bei solchen Rechtshandlungen geschützt, die innerhalb von fünfzehn Tagen nach der Bekanntmachung der eintragungspflichtigen Tatsache vorgenommen werden.

Die Rechtshandlung, also die auf Abschluss eines Kaufvertrages gerichtete Willenserklärung von P namens der A & B OHG, wurde am 25.5.2017 vorgenommen. Zwischen der Bekanntmachung des Erlöschens von P's Prokura am 14.5.2017 und dem Abschluss des Kaufvertrags sind damit elf Tage verstrichen. Die fünfzehntägige „Schonfrist" des § 15 Abs. 2 S. 2 HGB war somit bei Abschluss des Kaufvertrages

---

ratorisch und konstitutiv wirkenden Handelsregistereintragungen vgl. nur *Schmidt K.*, HandelsR, § 13 Rn. 13 ff.

[6] Zur Berechtigung zum Widerruf der Prokura im Innenverhältnis siehe § 116 Abs. 3 S. 2 HGB.

[7] Vgl. hierzu Baumbach/Hopt/*Hopt*, § 15 Rn. 14; EBJS/*Gehrlein*, § 15 Rn. 19 ff.; Staub/*Koch J.*, § 15 Rn. 85; Heidel/Schall/*Schall*, § 15 Rn. 58 ff.; MüKoHGB/*Krebs*, § 15 Rn. 70 ff.; Oetker/*Preuß*, § 15 Rn. 39 ff.; RWH/*Ries*, § 15 Rn. 26 f.; *Canaris*, § 5 Rn. 30 ff.

noch nicht verstrichen. *L* war zu diesem Zeitpunkt der Widerruf der Prokura weder bekannt noch hätte er ihn – z. B. aufgrund einer entsprechenden Mitteilung durch die A & B OHG – kennen müssen.[8] Somit war *L* gutgläubig im Sinne der Vorschrift. *L* muss das Erlöschen der Prokura von *P* nicht gegen sich gelten lassen. Die A & B OHG muss sich vielmehr gegenüber *L* so behandeln lassen, als habe *P* bei Abschluss des Kaufvertrages noch Prokura gehabt.

d) Umfang der Vertretungsmacht

Ein wirksamer Vertragsschluss des Vertreters mit Wirkung für den Vertretenen setzt weiterhin voraus, dass der Vertreter bei Abschluss des Rechtsgeschäfts seine Vertretungsmacht nicht überschritten hat. *P* kann seine Vertretungsmacht aber dadurch überschritten haben, dass der Kaufpreis für den Sportwagen i. H. v. 250.000 EUR über der Summe liegt, über die er aufgrund der dienstvertraglichen Regelung mit der A & B OHG abschlussbefugt sein sollte.

Eine Vereinbarung des Geschäftsherrn mit dem Vertreter des Inhalts, dass dieser von der Vollmacht nur in einem bestimmten Umfang Gebrauch machen darf, kann zwar nach den allgemeinen Regeln des Stellvertretungsrechtes grundsätzlich als Begrenzung der Vollmacht selbst aufzufassen sein, so dass der hiergegen verstoßende Vertreter im Außenverhältnis als vollmachtloser Vertreter tätig wird.[9] Für die Prokura als gesetzlich typisierte Vertretungsmacht findet dieser allgemeine Grundsatz jedoch keine Anwendung. Die Prokura gewährt gem. § 49 Abs. 1 HGB im Interesse des Vertrauensschutzes und der Rechtssicherheit einen gesetzlich zwingend festgelegten Umfang der Vertretungsmacht.[10] Folgerichtig ist eine Beschränkung des Umfanges der Prokura im Innenverhältnis zwischen dem Geschäftsherrn und dem Prokuristen gem. § 50 Abs. 1 HGB Dritten gegenüber unwirksam. Demzufolge wirkt sich die zwischen der A & B OHG und *P* getroffene dienstvertragliche Vereinbarung über die summenmäßige Beschränkung auf 150.000 EUR pro Geschäft nur im Innenverhältnis zwischen der A & B OHG und *P* aus.[11] Für das „rechtliche Können" von *P* im Außenverhältnis gegenüber *L* ist sie dagegen unerheblich.

P hat die A & B OHG gegenüber *L* gem. § 164 Abs. 1 S. 1 BGB somit wirksam vertreten.

---

[8] Es wird ausdrücklich darauf hingewiesen, dass die präsentierte Lösung nicht der herrschenden Ansicht entspricht, die bei Kaufleuten grundsätzlich ein Kennenmüssen annimmt (*BGH* NJW 1972, 1418 (1419); *BGH* BB 1976, 1479 (1480); KKRM/*Roth*, § 15 Rn. 22; EBJS/*Gehrlein*, § 15 Rn. 20) und dies auch überwiegend für Nichtkaufleute bejaht (vgl. Heidel/Schall/*Schall*, § 15 Rn. 64.; KKRM/*Roth*, § 15 Rn. 22; MüKoHGB/*Krebs*, § 15 Rn. 70 ff.; a. A. Baumbach/Hopt/*Hopt*, § 15 Rn. 14). Dieses Ergebnis wird richtigerweise auf die richtlinienkonforme Auslegung des Tatbestandsmerkmals „Kennenmüssen" in § 15 Abs. 2 S. 2 HGB unter Bezug auf Art. 3 Abs. 5 S. 2 der RL 68/151/EWG gestützt (vgl. hierzu ausführlich MüKoHGB/*Krebs*, § 15 Rn. 70–73), teilweise aber auch unter Bezugnahme auf den Sorgfaltsmaßstab des § 347 HGB hergeleitet (vgl. Staub/*Koch J.*, § 15 Rn. 88; *Lettl*, § 3 Rn. 52). Die präsentierte Lösung folgt somit dem „nationalen" Verständnis der Norm, wie sie von *Canaris*, § 5 Rn. 32 vertreten wird, da den Klausurbearbeitern im Regelfall die Texte der europäischen Richtlinien nicht vorliegen.

[9] Vgl. allgemein zum Umfang der Vertretungsmacht Erman/*Maier-Reimer*, § 167 Rn. 48 ff.; MüKoBGB/*Schubert*, § 167 Rn. 55; NK-BGB/*Ackermann*, § 167 Rn. 44 ff.

[10] EBJS/*Weber*, § 49 Rn. 1; MüKoHGB/*Krebs*, § 49 Rn. 1; Staub/*Koch J.*, § 49 Rn. 5; *Jung*, § 25 Rn. 10; *Lettl*, § 6 Rn. 26; *Oetker*, § 5 Rn. 7.

[11] *Steinbeck*, § 19 Rn. 18. Die Missachtung der intern wirkenden Beschränkung der Vertretungsmacht durch den Vertreter stellt eine Vertragsverletzung dar, aus der sich der Vertreter gegenüber dem Geschäftsherrn gem. § 280 Abs. 1 BGB schadensersatzpflichtig machen kann.

2. Wirksamkeit des Kaufvertrages

Der Kaufvertrag zwischen der A & B OHG und *L* ist aber aufgrund der Überschreitung der summenmäßigen Beschränkung der Prokura des *P* nach § 138 Abs. 1 BGB nichtig, wenn *P* und *L* kollusiv zusammengewirkt haben. Sittenwidriges kollusives Zusammenwirken zwischen Vertreter und Vertragspartner liegt vor, wenn beide bewusst zur Schädigung des Vertretenen agieren.[12] Für eine entsprechende Schädigungsabsicht bei *L* und *P* zum Nachteil der A & B OHG ist jedoch nichts ersichtlich. Der Kaufvertrag ist somit nicht nach § 138 BGB nichtig. Der Kaufpreisanspruch von *L* gegen die A & B OHG besteht daher.

III. Einrede der unzulässigen Rechtsausübung

L kann aber infolge der Überschreitung der im Innenverhältnis zwischen *P* und der A & B OHG gesetzten Vollmachtsbeschränkung an der Durchsetzung seines Kaufpreisanspruchs gegen die A & B OHG gehindert sein, wenn der A & B OHG die auf § 242 BGB gestützte Einrede der unzulässigen Rechtsausübung wegen Missbrauchs der Vertretungsmacht[13] gegenüber dem Kaufpreisanspruch von *L* zusteht.[14] Ein Missbrauch der Vertretungsmacht liegt zumindest dann vor, wenn der Vertreter vorsätzlich die Grenzen seines „rechtlichen Dürfens" überschreitet und der Vertragspartner weiß, dass der Vertreter seine im Innenverhältnis beschränkten Befugnisse beim Abschluss des konkreten Rechtsgeschäfts verletzt.[15]

P hat vorsätzlich die Grenzen seines rechtlichen Dürfens überschritten. Er hat nicht nur gegen seine ihm bekannte (frühere) Pflicht verstoßen, keine Einzelgeschäfte über eine Summe von 150.000 EUR hinaus abzuschließen. Außerdem wusste er, dass ihm die Prokura entzogen war.[16] Auf der anderen Seite war *L* die Beschränkung der Prokura von *P* auf 150.000 EUR bekannt, so dass er wegen dieses Wissens nicht schutzwürdig ist. Somit kann die A & B OHG gegenüber dem Kaufpreisanspruch

---

[12] RGZ 130, 131 (142); BeckOK BGB/*Schäfer*, § 167 Rn. 47; Palandt/*Ellenberger*, § 164 Rn. 13; *Bork*, Rn. 1575; *Wolf/Neuner*, § 49 Rn. 107; *Pawlowski*, Rn. 685; Baumbach/Hopt/ Hopt, § 50 Rn. 5; EBJS/*Weber*, § 50 Rn. 11; Staub/*Joost*, § 50 Rn. 41; *Canaris*, § 12 Rn. 35.

[13] Vgl. hierzu auch ausführlich Bd. I Fall 3 in der Abwandlung.

[14] BGHZ 50, 112 (114); *BGH* NJW 1988, 3012 (3013); Erman/*Maier-Reimer*, § 167 Rn. 70 ff.; Staudinger/*Schilken*, § 167 Rn. 94 ff.; *Canaris*, § 12 Rn. 40. Nach anderer Ansicht soll beim Missbrauch der Prokura § 177 BGB analog angewendet werden, so dass bereits im Außenverhältnis die Vertretungsmacht entfällt, der Vertretene aber die Möglichkeit hat, das Geschäft durch Genehmigung an sich zu ziehen; vgl. BeckOK BGB/*Schäfer*, § 167 Rn. 48; MüKoBGB/*Schubert*, § 164 Rn. 224 ff.; Palandt/*Ellenberger*, § 164 Rn. 14b; *Schmidt K.*, HandelsR, § 16 Rn. 64 ff. (insb. Rn. 68 ff.). Wieder andere stellen auf die Grundsätze zur c. i. c. ab; vgl. *Hoffmann*, JuS 1970, 286 (288).

[15] Teilweise wird als Voraussetzung für den Missbrauch der Vertretungsmacht verlangt, dass sich der Vertreter bewusst über die interne Bindung hinwegsetzt; vgl. BGHZ 50, 112 (114) – für Prokura; zustimmend Staudinger/*Schilken*, § 167 Rn. 95; Heidel/Schall/*Schmidt U.*, § 50 Rn. 8 f.; MüKoHGB/*Krebs*, Vor § 48 Rn. 72; EBJS/*Weber*, § 50 Rn. 10; *Canaris*, § 12 Rn. 37. Dem ist mit der Rspr. (*BGH* NJW 1984, 1461 (1462); 1988, 3012 [3013]) und h. L. (BeckOK BGB/*Valentin*, § 167 Rn. 50; Erman/*Maier-Reimer*, § 167 Rn. 75; Staub/*Joost*, § 50 Rn. 46 f.; *Brox/Walker*, BGB AT, Rn. 583; *Flume*, BGB AT II, § 45 II 3 [S. 788 ff.]; *Medicus/Petersen*, BGB AT, Rn. 968; *Wolf/Neuner*, § 49 Rn. 106; *Lettl*, § 6 Rn. 52; *Oetker*, § 5 Rn. 41) zu widersprechen. Beim Missbrauch der Vertretungsmacht geht es nur um den Schutz des Dritten. Daher kann es auch nur darauf ankommen, ob dieser die Pflichtwidrigkeit des Vertreters erkannt hat oder erkennen musste.

[16] Diese Argumentation ist auf der Grundlage der Mindermeinung erforderlich, nicht nach der h. A. (vgl. Nachweise Fn. 14).

von *L* aus § 433 Abs. 2 BGB i. V. m. § 124 Abs. 1 HGB die Einrede der unzulässigen Rechtsausübung gem. § 242 BGB erheben.

IV. Ergebnis

L hat zwar gegenüber der A & B OHG einen Anspruch auf Zahlung von 250.000 EUR gemäß § 433 Abs. 2 BGB i. V. m. § 124 Abs. 1 HGB. Er kann diesen Anspruch aber nicht durchsetzen, wenn die A & B OHG die Einrede der unzulässigen Rechtsausübung nach § 242 BGB erhebt.

Frage 2

B. Zahlungsanspruch von D gegen B

D kann von *B* gem. § 433 Abs. 2 BGB i. V. m. §§ 128 S. 1, 124 Abs. 1 HGB Zahlung von 20.000 EUR verlangen, wenn zwischen ihm und der A & B OHG ein entsprechender Kaufvertrag zustande gekommen ist und *B* für die aus diesem Vertrag resultierende Verbindlichkeit der Gesellschaft haftet.

I. Kaufvertrag mit der A & B OHG

Eine Einigung zwischen *A* und *N* einerseits und *D* andererseits über den Kauf der Ersatzteile von *D* als Verkäufer durch die A & B OHG als Käuferin liegt vor. Ein Kaufvertrag über die Ersatzteile zwischen der A & B OHG als Käuferin und *D* als Verkäufer setzt aber voraus, dass die Gesellschaft bei der Bestellung von *A* und *N* gem. § 164 Abs. 1 S. 1 BGB wirksam vertreten worden ist.

Problematisch ist allein, ob *A* und *N* mit der erforderlichen Vertretungsmacht gehandelt haben. Ihre Vertretungsmacht kann sich aus § 125 Abs. 1 HGB ergeben, wonach jeder Gesellschafter allein zur Vertretung der Gesellschaft ermächtigt ist. Diese Regelung ist jedoch dispositiv.[17] Die im Gesellschaftsvertrag der A & B OHG getroffene Regelung der Gesamtvertretung (vgl. § 125 Abs. 2 S. 1 HGB) durch *A*, *B* und *N* geht mithin dem gesetzlichen Normalstatut vor. Demnach wäre – folgt man dem Wortlaut der ursprünglichen Abrede – die Vertretung der A & B OHG auch durch *B* erforderlich.

Andererseits war *B* im Zeitpunkt des Geschäftes der A & B OHG mit *D* bereits aus der Gesellschaft ausgeschieden. Eine Gesamtvertretung der A & B OHG durch *A*, *B* und *N* kam somit nicht mehr in Betracht. Um dennoch dem Sinn der Gesamtvertretungsvereinbarung in solchen Fällen gerecht zu werden und zugleich eine Vertretung der Gesellschaft zu ermöglichen, bleibt eine solche Vereinbarung grundsätzlich[18] nach dem Ausscheiden eines zur Mitwirkung berufenen Gesellschafters mit der Maßgabe wirksam, dass bei Wegfall eines Gesamtvertreters die Gesamtvertretungsmacht für die verbleibenden Mitvertreter fortbesteht.[19] Dies gilt unabhängig davon, ob aus dem Handelsregister mangels Eintragung des Ausscheidens von *B* der Rechtsschein besteht, als ob nur *A*, *B* und *N* gemeinsam gesamtvertretungsberechtigt seien. Der Dritte kann, wenn ihm dies günstiger erscheint, auf den Schutz des Handelsregisters verzichten und sich auf die wahre materielle Rechtslage berufen.[20]

---

[17] Vgl. nur Baumbach/Hopt/*Roth*, § 125 Rn. 13 f.
[18] Der Gesellschaftsvertrag kann anderes regeln.
[19] BGHZ 33, 105 (108); Baumbach/Hopt/*Roth*, § 125 Rn. 16; EBJS/*Hillmann*, § 125 Rn. 26; KKRM/*Kindler*, § 125 Rn. 5; Staub/*Habersack*, § 125 Rn. 10 f. und 43.
[20] BGHZ 55, 267 (273) m. w. N.; EBJS/*Gehrlein*, § 15 Rn. 14 f.; Heidel/Schall/*Schall*, § 15 Rn. 38; MüKoHGB/*Krebs*, § 15 Rn. 54; Oetker/*Preuß*, § 15 Rn. 29 ff.; Staub/*Koch J.*, § 15

A und N waren deshalb zur gemeinsamen Vertretung der A & B OHG befugt. Sie haben also mit der erforderlichen Vertretungsmacht gehandelt und die Gesellschaft gem. § 164 Abs. 1 S. 1 BGB wirksam vertreten. Ein Kaufvertrag zwischen D und der A & B OHG über die Ersatzteile ist demnach zustande gekommen.

II. Haftung des B für die Gesellschaftsverbindlichkeit

B kann für diese Gesellschaftsverbindlichkeit haften.

1. Haftung nach § 128 S. 1 HGB

B kann für die Verbindlichkeit der Gesellschaft nach § 433 Abs. 2 BGB i. V. m. § 124 Abs. 1 HGB gem. § 128 S. 1 HGB haften. Die Haftung eines OHG-Gesellschafters gem. § 128 S. 1 HGB setzt voraus, dass der in Anspruch Genommene im Zeitpunkt der Begründung der Gesellschaftsverbindlichkeit Gesellschafter der OHG war. B war im Zeitpunkt des Vertragsschlusses aber bereits als Gesellschafter der OHG ausgeschieden. Dabei kommt es für die Wirksamkeit des Ausscheidens nicht auf die nach § 143 Abs. 2 HGB geforderte Anmeldung zur Eintragung ins Handelsregister an; dieser Eintragung kommt nur deklaratorische Bedeutung zu.[21] Wegen seines Ausscheidens aus der Gesellschaft vor Forderungsbegründung haftet B demnach nicht gem. § 128 S. 1 HGB für die Kaufpreisforderung des D gegenüber der OHG.

2. Haftung nach §§ 128 S. 1, 124 Abs. 1, 15 Abs. 1 HGB

Allerdings kommt eine Haftung von B für die Gesellschaftsverbindlichkeit gem. §§ 128 S. 1, 124 Abs. 1, 15 Abs. 1 HGB in Betracht. Dies ist der Fall, wenn es B wegen der fehlenden Eintragung seines nach § 143 Abs. 2 HGB eintragungspflichtigen Ausscheidens aus der Gesellschaft im Handelsregister gem. § 15 Abs. 1 HGB verwehrt ist, sich auf das Fehlen seiner Gesellschafterstellung im Zeitpunkt der Begründung der Gesellschaftsverbindlichkeit zu berufen. Das Ausscheiden von B aus der A & B OHG war eine in seinen Angelegenheiten einzutragende Tatsache; er konnte durch diese entlastet bzw. von der Haftung befreit werden.[22] D hatte auch keine Kenntnis vom Ausscheiden des B. Somit liegen die Voraussetzungen des § 15 Abs. 1 HGB dem Wortlaut der Norm nach vor.

Möglicherweise verhält sich D aber widersprüchlich, wenn er sich einerseits wegen der Vertretungsmacht von A und N auf die wahre Rechtslage (statt auf § 15 Abs. 1 HGB) und andererseits für die Gesellschafterstellung von B auf § 15 Abs. 1 HGB (statt auf die wahre Rechtslage) beruft.[23] Denn vertraute D auf den Inhalt des

---

Rn. 64; *Oetker*, § 3 Rn. 46 ff.; die Lehre vom Wahlrecht ablehnend *Schmidt K.*, HandelsR, § 14 Rn. 50 ff.

[21] Vgl. nur Baumbach/Hopt/*Roth*, § 143 Rn. 5; Oetker/*Kamanabrou*, § 143 Rn. 9; RWH/*Haas*, § 143 Rn. 7.

[22] Zu diesem Merkmal des § 15 Abs. 1 HGB vgl. Baumbach/Hopt/*Hopt*, § 15 Rn. 6; EBJS/*Gehrlein*, § 15 Rn. 31 ff.; Staub/*Koch J.*, § 15 Rn. 50; Heidel/Schall/*Schall*, § 15 Rn. 32 ff.; KKRM/*Roth*, § 15 Rn. 8; MüKoHGB/*Krebs*, § 15 Rn. 24 ff.; Oetker/*Preuß*, § 15 Rn. 22 f.; RWH/*Ries*, § 15 Rn. 10 f.

[23] Auch als sog. Rosinentheorie bezeichnet, vgl. *John*, ZHR 140 (1976), 236 (254); *Hager*, Jura 1992, 57 (62); Baumbach/Hopt/*Hopt*, § 15 Rn. 6; EBJS/*Gehrlein*, § 15 Rn. 15; Heidel/Schall/*Schall*, § 15 Rn. 40; MüKoHGB/*Krebs*, § 15 Rn. 54; RWH/*Ries*, § 15 Rn. 21; Staub/*Koch J.*, § 15 Rn. 66 f.; *Bülow/Artz*, Rn. 139 ff.; *Lettl*, § 3 Rn. 41 ff.; *Schmidt K.*, HandelsR, § 14 Rn. 57 ff.; zur Charakterisierung als widersprüchliches Verhalten vgl. *Brox/Henssler*, Rn. 86; *Canaris*, § 5 Rn. 26; *Steinbeck*, § 9 Rn. 16.

Handelsregisters, konnte er zwar weiterhin von der Gesellschafterstellung des *B* ausgehen, musste aber gleichzeitig annehmen, die OHG habe nur durch *A*, *N* und *B* gemeinschaftlich vertreten werden können. Eine Kaufpreisschuld der OHG wäre dann nicht entstanden. Zum gleichen Ergebnis würde man gelangen, wenn umgekehrt insgesamt auf die wahre materielle Rechtslage abzustellen wäre. Dann wäre zwar die Vertretung der A & B OHG durch *A* und *N* anzunehmen, die für die Haftung erforderliche Gesellschafterstellung von *B* zu diesem Zeitpunkt aber abzulehnen.

Entscheidend ist somit, ob dem gutgläubigen Dritten das Recht zusteht, sich teilweise auf § 15 Abs. 1 HGB und teilweise auf die wahre Rechtslage zu berufen. Ließe man dies jedoch nicht zu,[24] würde verkannt, dass der Schutz des § 15 Abs. 1 HGB nicht voraussetzt, dass der Dritte das Handelsregister tatsächlich eingesehen oder auf bestimmte Tatsachen positiv vertraut hat.[25] Vielmehr handelt es sich bereits nach dem Wortlaut des § 15 Abs. 1 HGB um eine einseitig zugunsten des Dritten wirkende Schutzvorschrift, die dem „Prinzip der Meistbegünstigung" folgt, wonach es dem Dritten somit erlaubt ist, die ihm günstige Rechtsfolge zu wählen.[26] Daher kann sich der Dritte jederzeit auf die wirkliche Sachlage berufen, selbst wenn er sich gleichzeitig in anderer Hinsicht auf den von der wahren Rechtslage abweichenden Registerinhalt beruft.

D kann sich demzufolge gem. § 15 Abs. 1 HGB darauf berufen, dass das Ausscheiden von *B* nicht eingetragen und bekannt gemacht worden ist. *B* haftet folglich gegenüber *D* für die Verbindlichkeit der A & B OHG gem. §§ 128 S. 1, 124 Abs. 1, 15 Abs. 1 HGB.

III. Ergebnis

D kann von *B* Zahlung von 20.000 EUR gemäß § 433 Abs. 2 BGB i. V. m. §§ 128 S. 1, 124 Abs. 1, 15 Abs. 1 HGB verlangen.

---

[24] So Teile der Literatur, vgl. *John*, ZHR 140 (1976), 236 (254 f.); *Tiedtke*, DB 1979, 245 (247); *Bokelmann*, NJW 1983, 2690; siehe auch *Reinicke*, JZ 1985, 272 (276 f.); *Schilken*, AcP 187 (1987), 1 (10); *v. Olshausen*, AcP 189 (1989), 223 ff m. w. N.; *Canaris*, § 5 Rn. 26 f.; *Hübner*, Rn. 153; *Steinbeck*, § 9 Rn. 16.
[25] Baumbach/Hopt/*Hopt*, § 15 Rn. 9; *Oetker*, § 3 Rn. 34.
[26] So BGHZ 65, 309 (310); *BGH* NJW-RR 1990, 737 (738); Baumbach/Hopt/*Hopt*, § 15 Rn. 6; EBJS/*Gehrlein*, § 15 Rn. 14 f.; Heidel/Schall/*Schall*, § 15 Rn. 40; MüKoHGB/*Krebs*, § 15 Rn. 53; Oetker/*Preuß*, § 15 Rn. 29 ff.; RWH/*Ries*, § 15 Rn. 21; Staub/*Koch J.*, § 15 Rn. 64, 66; *Lettl*, § 3 Rn. 43; *Hager*, Jura 1992, 57 (63).

Fall 2. Der reiselustige Holzhändler

Schwerpunkt im Handelsrecht:
Tatbestand und Normzweck des § 15 Abs. 1 HGB – fehlende Voreintragung

Sachverhalt

Alfonso (A) und *Bruno (B)* sind alleinige Gesellschafter der seit 1990 im Handelsregister eingetragenen traditionsreichen A & B OHG, die einen Großhandel mit edlen Hölzern betreibt. Im Jahre 1995 tritt *Kuno (K)*, ein Freund der beiden, in die Gesellschaft ein. Er wird nicht ins Handelsregister eingetragen. Nach vielen Jahren harten Arbeitens und guten Geschäften meint *K*, er habe nun einen unbefristeten Urlaub verdient, den er für eine Weltreise nutzen will. Im Einvernehmen mit A und B scheidet K zum 30.3.2017 aus der Gesellschaft aus. Da seine bisherige Gesellschafterstellung ohnehin nicht im Handelsregister eingetragen war, ersparen sich die drei auch die Mühe, sein Ausscheiden eintragen zu lassen.

Bevor *K* im Juli 2017 zu der Reise aufbricht, beschließt er seine Reisekasse noch etwas aufzufrischen. Er bittet daher im Juni 2017 den in Finanzgeschäften versierten *Dago (D)*, der seit Jahren Geschäftspartner der A & B OHG ist, um einen in sechs Monaten rückzahlbaren persönlichen Kredit i. H. v. 25.000 EUR. D will diesen Kredit jedoch nur gegen entsprechende Sicherheiten gewähren. K gibt daraufhin gegenüber D eine formlose Bürgschaftserklärung im Namen der A & B OHG ab. D ist hiermit einverstanden, weil er vom Ausscheiden des K aus der A & B OHG nichts weiß. Das Geld wird sofort an K ausgezahlt.

Als *K* acht Monate später immer noch die Sonne auf den Malediven genießt, statt vereinbarungsgemäß den Kredit zurückzuzahlen, verlangt D von A Zahlung i. H. v. 25.000 EUR nebst Zinsen. A ist davon nicht begeistert und verweigert die Zahlung.

Abwandlung: Im Herbst 2017 kehrt K von seiner Reise zurück und findet zu seinem Erstaunen ein Schreiben von *Paula (P)* vor, die von ihm die Zahlung von 8.750 EUR Krankenhauskosten verlangt. P war im Juli 2017 als Passantin auf dem Gehweg von einer großen Holzplatte getroffen und verletzt worden, als auf dem Betriebsgelände der A & B OHG ein unzureichend abgesicherter Holzstapel umgestürzt und zum Teil auf den angrenzenden Bürgersteig gefallen war. P war nach diesem Unfall von einem Bekannten, dem Tischlermeister *Theo* geraten, sich an K zu halten, da die OHG angeblich nicht zahlungsfähig sei. K verweist darauf, dass er schon lange aus der Gesellschaft ausgeschieden sei und deshalb mit der Angelegenheit nicht zu tun habe.

Lösung

A. Ausgangsfall

I. Anspruch von D gegen A

D hat gegen A einen Anspruch auf Zahlung von 25.000 EUR nebst Zinsen gem. §§ 765 Abs. 1, 488 Abs. 1 S. 2 BGB i. V. m. §§ 128 S. 1, 124 Abs. 1 HGB, wenn eine entsprechende Bürgschaftsschuld der A & B OHG gem. §§ 765 Abs. 1 BGB i. V. m. § 124 Abs. 1 HGB besteht, für die A gem. § 128 S. 1 HGB als Gesellschafter haftet.

1. Fällige Hauptverbindlichkeit

Die durch eine Bürgschaft der A & B OHG möglicherweise gesicherte Hauptverbindlichkeit besteht in der Verpflichtung von K zur Rückzahlung des ihm von D gewährten Darlehens i. H. v. 25.000 EUR nebst Zinsen gem. § 488 Abs. 1 S. 2 BGB. Der Rückzahlungsanspruch ist auch fällig. Der Kredit sollte vereinbarungsgemäß sechs Monate nach Auszahlung zurückgezahlt werden.

2. Bürgschaft der A & B OHG

Durch die von K gegenüber D abgegebene Bürgschaftserklärung kann eine wirksame Verpflichtung der A & B OHG i. S. d. § 765 Abs. 1 BGB begründet worden sein, für die Erfüllung der Verbindlichkeit des K einzustehen.

a) Verpflichtungsfähigkeit der A & B OHG

Die A & B OHG kann gem. § 124 Abs. 1 HGB Schuldner einer Bürgschaftsverpflichtung gem. § 765 Abs. 1 BGB sein. Die Gesellschaft ist seit 1990 im Handelsregister eingetragen und damit spätestens seit diesem Zeitpunkt Dritten gegenüber wirksam entstanden (§ 123 Abs. 1 HGB).

b) Vertretung der OHG durch K

Voraussetzung für die Begründung der Bürgschaftsverpflichtung der A & B OHG ist zunächst, dass K die Gesellschaft wirksam vertreten hat (§ 164 Abs. 1 S. 1 BGB). Eine eigene Erklärung von K im fremden Namen liegt vor. K muss bei Abgabe der Bürgschaftserklärung auch Vertretungsmacht für die A & B OHG gehabt haben.

aa) Vertretungsmacht gem. § 125 Abs. 1 HGB

Eine dem K durch die A & B OHG rechtsgeschäftlich erteilte Vertretungsmacht zur Begründung der Bürgschaftsverpflichtung bestand nicht. Die organschaftliche Vertretungsmacht von K kann sich jedoch aus § 125 Abs. 1 HGB ergeben. Dazu muss K aber im Zeitpunkt der Vornahme des Rechtsgeschäfts Gesellschafter der A & B OHG gewesen sein. Im Zeitpunkt der Abgabe der Bürgschaftserklärung war K jedoch bereits aus der A & B OHG ausgeschieden und hatte daher keine Vertretungsmacht gem. § 125 Abs. 1 HGB mehr für diese Gesellschaft.

bb) Vertretungsmacht gem. § 125 Abs. 1 i. V. m. § 15 Abs. 1 HGB

Der A & B OHG kann es jedoch gem. § 15 Abs. 1 HGB verwehrt sein, sich gegenüber D auf das Ausscheiden von K aus der Gesellschaft und damit auf dessen fehlende Vertretungsmacht zu berufen, weil sein Ausscheiden nicht ins Handelsregister eingetragen und bekannt gemacht worden ist.

Gem. § 15 Abs. 1 HGB muss das Ausscheiden von *K* aus der A & B OHG zunächst eine eintragungspflichtige Tatsache sein. Die Eintragungspflicht des Ausscheidens eines Gesellschafters aus der Gesellschaft ins Handelsregister ergibt sich aus § 143 Abs. 2 HGB. Außerdem muss das Ausscheiden von *K* aus der A & B OHG in deren Angelegenheiten einzutragen gewesen sein (§ 15 Abs. 1 HGB). Die Eintragung erfolgt jeweils in den Angelegenheiten desjenigen, der durch sie irgendwie entlastet oder von der Bindung an die Vertretungsmacht eines anderen gelöst wird.[1] Mit dem Ausscheiden eines Gesellschafters erlischt dessen Berechtigung, die Gesellschaft gem. § 125 Abs. 1 HGB zu vertreten, so dass die Eintragung des Ausscheidens von *K* zu den Angelegenheiten der A & B OHG gehört. Ferner muss *D* gutgläubig gewesen sein. *D* hatte keine positive Kenntnis vom Ausscheiden von *K* aus der Gesellschaft. Er war somit in Bezug auf die Gesellschafterstellung von *K* gutgläubig. Die tatbestandlichen Voraussetzungen des § 15 Abs. 1 HGB liegen damit vor.

Die Anwendung des § 15 Abs. 1 HGB kann jedoch deshalb ausscheiden, weil bereits die voreintragungspflichtige Tatsache, also der Eintritt von *K* in die Gesellschaft, nicht eingetragen worden war. Für eine solche Auslegung des § 15 Abs. 1 HGB kann sprechen, dass bei Fehlen einer Voreintragung durch das Unterbleiben der zweiten Eintragung kein Rechtsschein erzeugt wird,[2] das Handelsregister also gewissermaßen wieder der wahren Rechtslage entspricht. Der Wortlaut des § 15 Abs. 1 HGB bietet aber keinerlei Anhaltspunkte dafür, dass die Vorschrift bei Nichteintragung der voreintragungspflichtigen Tatsache unanwendbar ist.[3] § 15 Abs. 1 HGB ist vielmehr nach dem Grundsatz der negativen Publizität ausgestaltet und schützt das Vertrauen in das Schweigen des Handelsregisters auf die jeweils einzutragende Tatsache, wobei nur positive Kenntnis von der Tatsache schadet. Auf ein tatsächliches, für das Handeln des Dritten kausales Verhalten kommt es dagegen nicht an.[4] Der Dritte muss insbesondere nicht das Register oder die Veröffentlichungsblätter eingesehen haben, um den Schutz des § 15 Abs. 1 HGB zu genießen.[5] Die Vorschrift greift daher auch bei fehlender Voreintragung ein.[6]

Ob § 15 Abs. 1 HGB in besonderen Ausnahmefällen teleologisch einzuschränken ist, wenn etwa die voreintragungspflichtige Tatsache völlig intern geblieben ist,[7]

---

[1] Vgl. die Nachweise in Bd. I Fall 1 Fn. 21.
[2] So *John*, ZHR 140 (1976), 236 (237 ff.); *Canaris*, § 5 Rn. 12.
[3] Staub/*Koch J.*, § 15 Rn. 44; *Lettl*, § 3 Rn. 40; *Oetker*, § 3 Rn. 41.
[4] Heidel/Schall/*Schall*, § 15 Rn. 36; MüKoHGB/*Krebs*, § 15 Rn. 36; Oetker/*Preuß*, § 15 Rn. 26; *Lettl*, § 3 Rn. 34; *Oetker*, § 3 Rn. 41 ff. insb. Rn. 44; *Schmidt K.*, HandelsR, § 14 Rn. 18 ff. (insb. Rn. 35 f. u. Rn. 40 ff.), jeweils m. w. N.
[5] Heidel/Schall/*Schall*, § 15 Rn. 36; MüKoHGB/*Krebs*, § 15 Rn. 36; *Bülow/Artz*, Rn. 138; *Schmidt K.*, HandelsR, § 14 Rn. 40.
[6] St. Rspr., vgl. BGH BB 1965, 968; BGHZ 55, 267 (272); 116, 37 (44); *BGH* NJW 1983, 2258 (2259) und h. L., vgl. Baumbach/Hopt/*Hopt*, § 15 Rn. 11; EBJS/*Gehrlein*, § 15 Rn. 8; Heidel/Schall/*Schall*, § 15 Rn. 27; KKRM/*Roth*, § 15 Rn. 9; MüKoHGB/*Krebs*, § 15 Rn. 35 f.; Oetker/*Preuß*, § 15 Rn. 20 f.; RWH/*Ries*, § 15 Rn. 13 f.; Staub/*Koch J.*, § 15 Rn. 43 ff.; *Bülow/Artz*, Rn. 133; *Canaris*, § 5 Rn. 12; *Hübner*, Rn. 138 ff.; *Lettl*, § 3 Rn. 40; *Oetker*, § 3 Rn. 40 ff.; *Schmidt K.*, HandelsR, § 14 Rn. 27 ff.; *Steinbeck*, § 9 Rn. 7.
[7] So etwa Baumbach/Hopt/*Hopt*, § 15 Rn. 11; Heidel/Schall/*Schall*, § 15 Rn. 27; Oetker/*Preuß*, § 15 Rn. 21; RWH/*Ries*, § 15 Rn. 14; *Canaris*, § 5 Rn. 12; *Hübner*, Rn. 141; *Oetker*, § 3 Rn. 45; *Schmidt K.*, HandelsR, § 14 Rn. 36; grundlegend *Hueck A.*, AcP 118 (1920), 350 ff.

bedarf keiner Entscheidung. *K* war für mehrere Jahre Gesellschafter der A & B OHG, und diese Tatsache war zumindest auch *D* als einer außerhalb der Gesellschaft stehenden Person bekannt. § 15 Abs. 1 HGB findet somit Anwendung.

Die A & B OHG kann sich daher nicht auf das Ausscheiden von *K* berufen. Muss sich die A & B OHG demnach gegenüber *D* so behandeln lassen, als ob *K* noch ihr Gesellschafter sei, folgt daraus weiterhin, dass sie sich auch so behandeln lassen muss, als habe *K* noch Vertretungsmacht gem. §§ 125 Abs. 1, 126 Abs. 1 HGB. Dann hätte er auch gem. § 125 Abs. 1 HGB alleine die Bürgschaftserklärung im Namen der A & B OHG abgeben können. Er hätte dabei auch die Grenzen der ihm zustehenden Vertretungsmacht gem. § 126 Abs. 1 HGB nicht überschritten.

K hat die Gesellschaft somit wirksam gegenüber *D* nach § 164 Abs. 1 S. 1 BGB vertreten.

c) Form der Bürgschaftserklärung

Die von *K* namens der A & B OHG gegenüber *D* nur mündlich abgegebene Bürgschaftserklärung kann aber gem. § 125 S. 1 BGB wegen Verstoßes gegen die gesetzlich vorgeschriebene Schriftform des § 766 S. 1 BGB nichtig sein. Die Anwendbarkeit des § 766 S. 1 BGB ist aber gem. § 350 HGB ausgeschlossen, wenn die Bürgschaft auf Seiten des Bürgen ein Handelsgeschäft i. S. d. § 343 HGB darstellt.[8]

Die einen Großhandel für edle Hölzer betreibende A & B OHG ist aufgrund ihrer Eintragung im Handelsregister unabhängig vom Vorliegen der Voraussetzungen des § 1 Abs. 2 HGB[9] zumindest Kaufmann kraft Eintragung (§ 105 Abs. 2 HGB). Die A & B OHG kann als Handelsgesellschaft nicht privat handeln. Alle ihre Geschäfte

---

[8] Für den umgekehrten Fall, dass sich ein OHG-Gesellschafter formlos für eine Verbindlichkeit der OHG verbürgt, stellt sich zunächst die Frage, ob der OHG-Gesellschafter Kaufmann ist. Befürwortet man dies (so BGHZ 34, 293 [296]; 45, 282 [284]; *Canaris*, § 2 Rn. 20), ist konsequenterweise § 350 HGB unmittelbar anzuwenden; vgl. RWH/*Wagner*, § 350 Rn. 9. Lehnt man diese Auffassung – mit guten Gründen – ab, kann § 350 HGB analog anzuwenden sein; vgl. Baumbach/Hopt/*Hopt*, § 105 Rn. 22; EBJS/*Hakenberg*, § 350 Rn. 12; Heidel/Schall/*Heidel*, § 105 Rn. 50; MüKoHGB/*Schmidt K.*, § 350 Rn. 10; Staub/ *Schäfer*, § 105 Rn. 79; *Canaris*, § 24 Rn. 12; *Schmidt K.*, HandelsR, § 18 Rn. 17, 35 ff. Für die pauschale Anwendung von § 350 HGB auf den OHG-Gesellschafter fehlt es indessen an dem von § 350 HGB vorausgesetzten Tatbestandsmerkmal, dass er selbst ein Handelsgewerbe betreibt, denn nur dann kann die Bürgschaftserklärung für ihn ein Handelsgeschäft darstellen. Eine pauschale Anwendung von § 350 HGB auf den OHG-Gesellschafter ist daher abzulehnen; vgl. wie hier Heidel/Schall/*Keßler*, § 1 Rn. 53; KKRM/*Roth*, § 350 Rn. 5; Staub/*Koller*, § 350 Rn. 8; *Lettl*, § 10 Rn. 69. Auch die Anwendbarkeit des § 350 HGB auf die Bürgschaftserklärung eines GmbH-Geschäftsführers ist höchst streitig. Der BGH lehnt sie in st. Rspr. ab, und zwar auch im Falle des geschäftsführenden Alleingesellschafters; vgl. BGHZ 121, 224 (228); 133, 71 (77 f.); 133, 220 (223); 144, 370 (380); zustimmend EBJS/*Hakenberg*, § 350 Rn. 13; Heidel/Schall/*Keßler*, § 1 Rn. 52; Oetker/*Pamp*, § 350 Rn. 12; RWH/*Wagner*, § 350 Rn. 10; *Lettl*, § 10 Rn. 69; a. A. jedenfalls für den Fall des geschäftsführenden Alleingesellschafters *Canaris*, § 24 Rn. 13; KKRM/*Roth*, § 350 Rn. 5; noch weitergehend für die generelle analoge Anwendbarkeit von § 350 HGB auf den GmbH-Geschäftsführer *Schmidt K.*, ZIP 1986, 1511 (1515). Sofern man sowohl beim OHG-Gesellschafter als auch beim GmbH-Geschäftsführer die unmittelbare oder analoge Anwendbarkeit von § 350 HGB ablehnt, kann in Härtefällen die Berufung auf den Formmangel wegen Rechtsmissbrauchs zu versagen sein; vgl. statt aller EBJS/*Hakenberg*, § 350 Rn. 15; *Canaris*, § 24 Rn. 16.

[9] Für das Vorliegen eines auch kaufmännischen Gewerbebetriebes i. S. v. § 1 Abs. 2 HGB spricht der Hinweis auf den von der A & B OHG betriebenen *Groß*handel.

sind im Betrieb ihres Handelsgewerbes vorgenommen und stellen damit Handelsgeschäfte i. S. d. § 343 HGB dar.[10]

Der Annahme eines Handelsgeschäfts der A & B OHG kann aber entgegenstehen, dass der Bürgschaft eine persönliche Darlehensschuld von K zugrunde lag. Dagegen spricht jedoch, dass § 350 HGB ausdrücklich nur auf die Bürgschaft, nicht aber auf die zu sichernde Hauptverbindlichkeit abstellt. Es kommt daher nicht darauf an, ob auch die gesicherte Hauptschuld aus einem Handelsgeschäft stammt.[11] Die Voraussetzungen des § 350 HGB liegen somit vor. Die Formvorschrift des § 766 S. 1 BGB findet daher auf die von K namens der A & B OHG erklärte Bürgschaft keine Anwendung. Der Bürgschaftsvertrag zwischen D und der A & B OHG ist deshalb trotz fehlender Schriftform der Bürgschaftserklärung wirksam geschlossen worden.

Durch die Erklärung von K wurde die A & B OHG wirksam verpflichtet, gem. § 765 Abs. 1 BGB für die Darlehensverbindlichkeit des K gegenüber D einzustehen.

3. Einrede der Vorausklage

Der A & B OHG steht gem. § 349 S. 1 HGB die Einrede der Vorausklage nach § 771 BGB nicht zu. Die Bürgschaft stellt für sie ein Handelsgeschäft dar. Der Bürgschaftsanspruch von D ist damit auch durchsetzbar.

4. Haftung von A als Gesellschafter der OHG

A haftet als Gesellschafter der A & B OHG für diese Gesellschaftsverbindlichkeit gem. § 128 S. 1 HGB.

5. Ergebnis

D hat gegen A einen Anspruch auf Zahlung von 25.000 EUR nebst Zinsen gem. §§ 765 Abs. 1, 488 Abs. 1 S. 2 BGB i. V. m. §§ 128 S. 1, 124 Abs. 1 HGB.

B. Abwandlung

I. Anspruch von P gegen K

P kann gegen K einen Anspruch auf Zahlung von Schadensersatz i. H. v. 8.750 EUR gem. § 823 Abs. 1, 2. Fall BGB i. V. m. §§ 128 S. 1, 124 Abs. 1, 15 Abs. 1 HGB haben. Voraussetzung hierfür ist, dass ein entsprechender Schadensersatzanspruch von P gegen die A & B OHG besteht und K für diesen haftet.

1. Schadensersatzanspruch von P gegen die A & B OHG

a) Deliktsfähigkeit der A & B OHG

Die A & B OHG muss zunächst deliktsfähig sein. Aus § 124 Abs. 1 HGB ergibt sich, dass die Gesellschaft unter ihrer Firma Verbindlichkeiten eingehen kann. Dazu zählen auch gesetzliche Verbindlichkeiten, so dass eine OHG in entsprechender

---

[10] Für Handelsgesellschaften aller Art ist § 344 HGB daher gegenstandslos, vgl. *BGH* NJW 1960, 1852; Baumbach/Hopt/*Hopt*, § 344 Rn. 1; EBJS/*Joost*, § 344 Rn. 2; Heidel/Schall/*Klappstein*, § 344 Rn. 1; KKRM/*Roth*, § 344 Rn. 2; MüKoHGB/*Schmidt K.*, § 344 Rn. 2; *Canaris*, § 20 Rn. 10.

[11] Baumbach/Hopt/*Hopt*, § 350 Rn. 7; Heidel/Schall/*Klappstein*, § 350 Rn. 6; Oetker/*Pamp*, § 350 Rn. 14; RWH/*Wagner*, § 350 Rn. 7.

Anwendung von § 31 BGB[12] für das Verhalten ihrer Gesellschafter deliktisch haftet.[13]

b) Fahrlässige Körperverletzung

Der Schadensersatzanspruch von P ergibt sich aus einer fahrlässigen Körperverletzung gem. § 823 Abs. 1, 2. Fall BGB. Für das Fehlverhalten der Gesellschafter, die nicht für eine ausreichende Sicherung des fragliche Holzstapels sorgten und es insoweit an der im Verkehr zu beobachtenden Sorgfalt (§ 276 Abs. 2 BGB) fehlen ließen, muss die A & B OHG in entsprechender Anwendung des § 31 BGB einstehen und die Krankenhauskosten von P i. H. v. 8.750 EUR ersetzen.

2. Haftung von K

Für die Schadensersatzpflicht der A & B OHG kann K als Gesellschafter nach § 128 S. 1 HGB haften.

a) Haftung gem. § 128 S. 1 HGB

Einer Haftung von K gem. § 128 S. 1 HGB steht jedoch an sich entgegen, dass sie grundsätzlich nur solche Verbindlichkeiten erfasst, die entweder während der Zugehörigkeit des Gesellschafters zur Gesellschaft entstanden sind oder für die während dieser Zeit der Rechtsgrund gelegt worden ist.[14] Zum Zeitpunkt der Verletzung von P im Juli 2017 war K jedoch nicht mehr Gesellschafter der A & B OHG, so dass seine Haftung gem. § 128 S. 1 HGB ausscheidet.

b) Haftung gem. § 128 S. 1 i. V. m. § 15 Abs. 1 HGB

Eine Haftung von K kann sich jedoch aus § 128 S. 1 i. V. m. § 15 Abs. 1 HGB ergeben, weil das Ausscheiden von K aus der Gesellschaft zum Zeitpunkt des Unfalls nicht im Handelsregister eingetragen war. Es kann K deshalb verwehrt sein, sich auf die wahre Rechtslage zu berufen.

Das Ausscheiden eines Gesellschafters aus der Gesellschaft stellt gem. § 143 Abs. 2 HGB eine eintragungspflichtige Tatsache dar. Ferner muss das Ausscheiden von K aus der A & B OHG auch in seinen Angelegenheiten in das Handelsregister einzutragen sein (§ 15 Abs. 1 HGB). Dann muss K durch das Ausscheiden aus der A & B OHG „irgendwie entlastet oder von Haftung befreit"[15] werden. Eine solche Haftungsbefreiung ergibt sich für K für künftige Neuverbindlichkeiten der Gesellschaft. Der Verlust der Gesellschafterstellung schließt die Haftung des ausgeschiedenen Gesellschafters für neu entstehende Verbindlichkeiten der Gesellschaft aus. Schließlich war P im Juli 2017 in Bezug auf die Gesellschafterstellung von K gutgläubig. Die tatbestandlichen Voraussetzungen des § 15 Abs. 1 HGB sind damit erfüllt.

Möglicherweise ist aber der Schadensersatzanspruch von P gegen K nicht vom Schutzzweck des § 15 Abs. 1 HGB erfasst. Die Vorschrift will nur das abstrakt mögliche Vertrauen von mit der Gesellschaft rechtsgeschäftlich in Kontakt tretenden

---

[12] *BGH* NJW 1952, 537 (538), BGHZ 45, 311 (312); vgl. auch statt aller BeckOK BGB/*Schöpflin*, § 31 Rn. 3; Palandt/*Ellenberger*, § 31 Rn. 3.

[13] Baumbach/Hopt/*Hopt*, § 124 Rn. 25; EBJS/*Hillmann*, § 124 Rn. 5; Heidel/Schall/*Seeger*, § 124 Rn. 6; KKRM/*Kindler*, § 124 Rn. 7; Staub/*Habersack*, § 124 Rn. 14.

[14] Vgl. statt aller Baumbach/Hopt/*Roth*, § 128 Rn. 29.

[15] Baumbach/Hopt/*Hopt*, § 15 Rn. 6; vgl. auch Bd. I Fall 1 Fn. 19.

Dritten auf den Inhalt (genauer: das Schweigen) des Handelsregisters schützen.[16] Für die Verletzung einer mit der Gesellschaft nicht in Geschäftsverbindung stehenden Person kann dieses Vertrauen auf das Handelsregister jedoch niemals kausal werden.[17] Etwas anderes kann nur dann gelten, wenn der geltend gemachte Anspruch aus unerlaubter Handlung mit dem Rechtsgeschäftsverkehr in einem engen Zusammenhang steht, etwa im Bereich der culpa in contrahendo gem. § 311 Abs. 2 BGB.[18] Vom Zweck des § 15 Abs. 1 HGB sind demnach nur solche Ansprüche erfasst, die im Geschäftsverkehr entstehen. Isolierte Ansprüche aus unerlaubter Handlung, bei denen die „Gesellschafter"-Eigenschaft des Schädigers eher zufällig hinzutritt, fallen demgegenüber nicht unter den Vertrauensschutz des § 15 Abs. 1 HGB.[19]

P wurde als Passantin verletzt und stand weder allgemein noch konkret in diesem Augenblick in geschäftlicher Beziehung mit der A & B OHG. Nach seinem Normzweck greift § 15 Abs. 1 HGB somit nicht ein. K kann sich deshalb P gegenüber auf sein Ausscheiden aus der Gesellschaft berufen und haftet nicht für die Schadensersatzverpflichtung der OHG gegenüber P.

3. Ergebnis

P hat gegen K keinen Anspruch auf Zahlung von Schadensersatz i. H. v. 8.750 EUR gem. § 823 Abs. 1, 2. Fall BGB i. V. m. §§ 128 S. 1, 124 Abs. 1, 15 Abs. 1 HGB.

---

[16] *Jung*, § 10 Rn. 15; *Lettl*, § 3 Rn. 35 f.
[17] Baumbach/Hopt/*Hopt*, § 15 Rn. 8 f.; EBJS/*Gehrlein*, § 15 Rn. 3; Heidel/Schall/*Schall*, § 15 Rn. 14; KKRM/*Roth*, § 15 Rn. 4; *Hofmann*, C V 4a (S. 86 ff.); *Jung*, § 10 Rn. 16; *Lettl*, § 3 Rn. 36.
[18] Baumbach/Hopt/*Hopt*, § 15 Rn. 8; EBJS/*Gehrlein*, § 15 Rn. 3; KKRM/*Roth*, § 15 Rn. 4; MüKoHGB/*Krebs*, § 15 Rn. 45; RWH/*Ries*, § 15 Rn. 3; Staub/*Koch J.*, § 15 Rn. 27 f.; *Canaris*, § 5 Rn. 15.
[19] Baumbach/Hopt/*Hopt*, § 15 Rn. 8; EBJS/*Gehrlein*, § 15 Rn. 3; Heidel/Schall/*Schall*, § 15 Rn. 14; Oetker/*Preuß*, § 15 Rn. 7; Staub/*Koch J.*, § 15 Rn. 26, 28; *Hübner*, Rn. 145; *Lettl*, § 3 Rn. 37; *Oetker*, § 3 Rn. 34; *Schmidt K.*, HandelsR § 14 Rn. 47; *Steinbeck*, § 9 Rn. 12 f.; teilweise a. A. und differenzierend MüKoHGB/*Krebs*, § 15 Rn. 23.

Fall 3. Der profilierungssüchtige Prokurist

Schwerpunkt im Handelsrecht:
Prokura – Handlungsvollmacht – § 15 Abs. 1 HGB – Wirksamkeit der Abtretung gem. § 354a HGB – Missbrauch der Vertretungsmacht

Sachverhalt

Arne Apfel (A) und *Berta Birne (B)* sind Komplementäre der seit einigen Jahren im Handelsregister eingetragenen Apfel & Birne KG (A & B KG), die als Großhändlerin Fahrräder vertreibt. Die KG, vertreten durch A und B, stellt zum 1.6.2016 *Peter Pampelmuse (P)* ein. In dessen Arbeitsvertrag ist auch die Ermächtigung zur Zeichnung „ppa" enthalten. Dies wird in einem Rundschreiben allen Geschäftspartnern, mit denen die A & B KG in ständiger Geschäftsbeziehung steht, bekannt gemacht. Eine Eintragung ins Handelsregister erfolgt nicht. Es wird zudem vereinbart, dass P Geschäfte über 10.000 EUR nur mit Zustimmung von A und B abschließen darf.

Während des Jahres 2017 kommt es zu einigen Unregelmäßigkeiten bei P, der deswegen schließlich wegen Untreue (§ 266 Abs. 1 StGB) verurteilt wird. Daraufhin kündigen A und B – arbeitsrechtlich gerechtfertigt – zum 1.9.2017 den Dienstvertrag. Auch diese Kündigung wird in einem Rundschreiben allen ständigen Geschäftspartnern mitgeteilt. Ein Eintrag ins Handelsregister unterbleibt. Als Ersatz für P stellt die A & B KG zum 1.10.2017 *Victor Vogel (V)* als Verkaufsleiter ein, der aber aufgrund der schlechten Erfahrungen mit P nicht zur Zeichnung „ppa" ermächtigt wird. Die A & B KG informiert wiederum ihre ständigen Geschäftspartner per Rundschreiben über die Neueinstellung von V als Verkaufsleiter.

V bestellt an seinem ersten Arbeitstag voller Übereifer beim Fahrradhersteller Pantani AG (P-AG) – mit dem die A & B KG in ständiger Geschäftsbeziehung steht – im Namen der A & B KG 20 Fahrräder, Modell Bergziege, für insgesamt 20.000 EUR. Die Räder werden am 3.10.2017 geliefert.

P hat aufgrund eines Gesprächs mit V erfahren, dass die 20 Pantani-Fahrräder im Lager der A & B KG stehen. Der profilierungssüchtige P, der seine Kündigung nicht wahrhaben will, bietet daher dem Fahrradhändler *Ferdinand Fähre (F)* am 4.10.2017 im Namen der A & B KG telefonisch an, 20 Fahrräder der Marke Pantani, Modell Bergziege, zum marktüblichen Verkaufspreis von insgesamt 30.000 EUR zu liefern. F steht mit der A & B KG nicht in ständiger Geschäftsbeziehung, weiß aber von anderen Geschäftspartnern, dass P Mitte 2016 zur Zeichnung „ppa" ermächtigt wurde. Er nimmt das Angebot an und bestellt die 20 Fahrräder zum Gesamtpreis von 30.000 EUR bei P. F vereinbart mit P, dass eine Abtretung der Kaufpreisforderung ausgeschlossen sein soll. Da P sich zum Nachteil seines früheren Arbeitgebers nicht an diese Vereinbarung halten will, tritt er die Geldforderung i. H. v. 30.000 EUR an seinen Gläubiger *Dirk Dattel (D)* ab. D ist kein ständiger Geschäftspartner der A & B KG, hatte aber zuvor schon über P mit der KG Geschäfte abgeschlossen. Von der Kündigung des P hat er keine Kenntnis. F wird von D über die Abtretung benachrichtigt. Da es sich bei D aber um einen seiner ärgsten Konkurrenten handelt, beruft sich F auf die Abmachung mit P und weigert sich, an D zu zahlen. A und B wiederum sind weder mit dem Einkauf der Fahrräder durch V noch mit dem von P getätigten Verkauf einverstanden und verweigern namens der A & B KG die Erfüllung der jeweiligen Geschäfte.

1. Kann die P-AG von der A & B KG Zahlung von 20.000 EUR verlangen?
2. Kann F von der A & B KG Lieferung der 20 Fahrräder verlangen?
3. Unterstellt, F hat von der A & B KG die Fahrräder geliefert bekommen und an diese den Kaufpreis gezahlt, kann D von F Zahlung der 30.000 EUR verlangen?

Abwandlung: Da F den P aus dem Radsportverein kennt, weiß er, dass P wegen Untreue verurteilt wurde, von der Kündigung aber noch nichts. Aus Verärgerung über seine Kündigung und um sich an A und B zu rächen, bietet P dem F am 4.10.2017 beim Radfahrtraining namens der A & B KG an, die 20 Fahrräder zu einem Preis von insgesamt 15.000 EUR zu liefern. Dieser Preis ist um die Hälfte günstiger als allgemein üblich. F hat zwar Bedenken, ob bei dem Geschäft auch alles mit „rechten Dingen zugeht", nimmt das günstige Angebot aber gleichwohl an.

Kann F von der A & B KG Lieferung der 20 Fahrräder gegen Zahlung von 15.000 EUR verlangen?

Lösung

Ausgangsfall

Frage 1

A. Anspruch der P-AG gegen die A & B KG auf Zahlung von 20.000 EUR

Die P-AG kann gegen die A & B KG einen Anspruch auf Zahlung von 20.000 EUR aus § 433 Abs. 2 BGB i. V. m. §§ 161 Abs. 2, 124 Abs. 1 HGB haben. Ein solcher Anspruch setzt das Bestehen eines wirksamen Kaufvertrags über die Lieferung von 20 Fahrrädern für 20.000 EUR zwischen der P-AG und der A & B KG voraus. Ein Kaufvertrag erfordert eine Einigung, bestehend aus Angebot und Annahme (§§ 145 ff. BGB). Mit der Bestellung des V vom 1.10.2017 kann ein wirksames Angebot der A & B KG vorliegen.

I. Verpflichtungsfähigkeit einer KG

Die A & B KG[1] muss rechtsgeschäftlich verpflichtet werden können. Eine KG kann gem. §§ 161 Abs. 2, 124 Abs. 1 HGB unter ihrer Firma Verbindlichkeiten eingehen. Die A & B KG ist damit rechtsfähig und kann aus einem Kaufvertrag berechtigt und verpflichtet werden.

II. Wirksame Stellvertretung

V muss bei seiner Bestellung die A & B KG gem. § 164 Abs. 1 S. 1 BGB wirksam vertreten haben. Er hat mit der Bestellung der Fahrräder eine eigene Willenserklä-

---

[1] Ausführungen zum Entstehen der A & B KG im Innen- und Außenverhältnis sind nicht erforderlich.

Fall 3. Der profilierungssüchtige Prokurist

rung im Namen der A & B KG abgegeben (§ 164 Abs. 1 S. 1 BGB). Darüber hinaus muss er auch mit Vertretungsmacht gehandelt haben.

V kann aufgrund einer Vollmacht gem. § 167 Abs. 1 BGB zur Vertretung der A & B KG befugt gewesen sein. Durch die Vollmacht erteilt der Vollmachtgeber dem Bevollmächtigten die rechtliche Befugnis, ihn durch den Abschluss von Rechtsgeschäften zu berechtigen und zu verpflichten.[2] Eine spezielle Bevollmächtigung des V durch die A & B KG gem. § 167 Abs. 1 BGB für den Einkauf der Fahrräder liegt nicht vor. Möglicherweise kann er aber eine handelsrechtliche Vollmacht erhalten haben.

1. Prokura

V kann von der A & B KG Prokura gem. § 48 HGB erhalten haben. Die Prokura muss gem. § 48 Abs. 1 HGB mittels ausdrücklicher Erklärung erteilt werden. In Betracht kommt insoweit die Ermächtigung zur Zeichnung „ppa".

V wurde von der A & B KG nicht zur Zeichnung „ppa" ermächtigt. Andere Anhaltspunkte für eine Prokuraerteilung an V bestehen nicht. V hat daher keine Vertretungsmacht für die A & B KG gem. § 48 HGB.

2. Handlungsvollmacht

V kann aber von der A & B KG eine Handlungsvollmacht gem. § 54 Abs. 1 HGB erteilt bekommen haben.

Gem. § 54 HGB können nur Kaufleute eine Handlungsvollmacht erteilen.[3] Die im Handelsregister eingetragene A & B KG ist jedenfalls Kaufmann gem. §§ 161 Abs. 2, 105 Abs. 2 S. 1 HGB. Die Erteilung der Handlungsvollmacht muss – anders als die Prokura – nicht ausdrücklich und nicht durch den Inhaber des Handelsgeschäfts erfolgen.[4] Die Einstellung von V durch die A & B KG „als Verkaufsleiter" kann somit zugleich als konkludente Erteilung einer Handlungsvollmacht gewertet werden. Es ist auch davon auszugehen, dass die A & B KG bei dieser Erteilung ordnungsgemäß vertreten war. Daher hat V von der A & B KG Handlungsvollmacht erhalten.

Der Einkauf der Fahrräder durch V für die A & B KG muss auch von dessen Handlungsvollmacht umfasst sein. Mit der Einstellung von V „als Verkaufsleiter" ist diesem eine Arthandlungsvollmacht[5] gem. § 54 Abs. 1, 2. Fall HGB erteilt worden. Die Handlungsvollmacht von V erstreckt sich somit auf die Vornahme einer bestimmten zu einem Handelsgewerbe gehörigen Art von Geschäften, nämlich allen

---

[2] Erman/*Maier-Reimer*, § 167 Rn. 1; MüKoBGB/*Schubert*, § 167 Rn. 1.
[3] Vgl. statt aller Baumbach/Hopt/*Hopt*, § 54 Rn. 6; Heidel/Schall/*Schmidt U.*, § 54 Rn. 3; KKRM/*Roth*, § 54 Rn. 3f.; Oetker/*Schubert*, § 54 Rn. 4. Die analoge Anwendbarkeit von § 54 HGB auf Kleingewerbetreibende ist str., vgl. befürwortend Baumbach/Hopt/*Hopt*, § 54 Rn. 6; KKRM/*Roth*, § 54 Rn. 4; MüKoHGB/*Krebs*, § 54 Rn. 8; *Lettl*, § 6 Rn. 72; *Schmidt K.*, HandelsR, § 16 Rn. 97; *Steinbeck*, § 20 Rn. 4; ablehnend EBJS/*Weber*, § 54 Rn. 2; Oetker/*Schubert*, § 54 Rn. 6; RWH/*Wagner*, § 54 Rn. 3; Staub/*Joost*, § 54 Rn. 11; *Hübner*, Rn. 394; Oetker/ § 5 Rn. 48.
[4] Es reicht aus, wenn sie durch einen Prokuristen oder einen Handlungsbevollmächtigten erteilt wird, sofern letzterer hierzu befugt ist; vgl. Baumbach/Hopt/*Hopt*, § 54 Rn. 6; EBJS/*Weber*, § 54 Rn. 3; Heidel/Schall/*Schmidt U.*, § 54 Rn. 4; Staub/*Joost*, § 54 Rn. 20; MüKoHGB/*Krebs*, § 54 Rn. 47; *Schmidt K.*, HandelsR, § 16 Rn. 98; *Steinbeck*, § 20 Rn. 4.
[5] Vgl. hierzu näher EBJS/*Weber*, § 54 Rn. 12; Heidel/Schall/*Schmidt U.*, § 54 Rn. 16; KKRM/*Roth*, § 54 Rn. 9; MüKoHGB/*Krebs*, § 54 Rn. 18; Oetker/*Schubert*, § 54 Rn. 25; Staub/*Joost*, § 54 Rn. 49; *Steinbeck*, § 20 Rn. 10.

Rechtsgeschäften, die mit dem Verkauf von Waren für die A & B KG zusammenhängen. Im Umkehrschluss folgt daraus, dass sich die dem V eingeräumte Arthandlungsvollmacht nicht auf den Einkauf der Fahrräder für die A & B KG erstreckte.

Ein Gutglaubensschutz der P-AG gem. § 54 Abs. 3 HGB scheidet aus.[6] Sie weiß aufgrund des Rundschreibens der A & B KG, dass V keine auch Einkäufe deckende Generalhandlungsvollmacht, sondern „nur" eine Arthandlungsvollmacht für den Verkauf besitzt.

V hat somit bei der Vornahme des Rechtsgeschäfts gegenüber der P-AG nicht im Rahmen der ihm eingeräumten Handlungsvollmacht gehandelt.

3. Rechtsscheinvollmacht

Das Vertreterhandeln von V kann aber von dem Rechtsschein einer Vollmacht gedeckt sein. Eine Rechtsscheinvollmacht des V setzt jedoch voraus, dass die P-AG als der andere Teil den Mangel der Vollmacht weder kannte noch infolge von Fahrlässigkeit nicht kannte (= kennen musste, vgl. § 122 Abs. 2 BGB).[7] Aufgrund der Bekanntmachung der Arthandlungsvollmacht von V als Verkaufsleiter durch die A & B KG per Rundschreiben wusste die P-AG aber als ständiger Geschäftspartner der A & B KG davon, dass das von V getätigte Einkaufsgeschäft nicht in den von seiner Vollmacht gedeckten Geschäftsbereich fällt. Eine Rechtsscheinvollmacht von V scheidet daher aus.

4. Genehmigung

Ein ohne Vertretungsmacht vorgenommenes Rechtsgeschäft kann aber durch Genehmigung gem. § 177 Abs. 1 BGB nachträglich wirksam werden. Die A & B KG, vertreten durch A und B, war jedoch mit dem Einkauf der Fahrräder nicht einverstanden. Das ohne Vertretungsmacht vorgenommene Rechtsgeschäft von V für die A & B KG ist von dieser mithin nicht genehmigt worden.

III. Ergebnis zu Frage 1

Die A & B KG ist nicht von V wirksam vertreten worden, so dass ein Kaufvertrag zwischen der A & B KG und der P-AG nicht besteht. Die P-AG kann daher von der A & B KG keine Kaufpreiszahlung i. H. v. 20.000 EUR gem. § 433 Abs. 2 BGB i. V. m. §§ 161 Abs. 2, 124 Abs. 1 HGB verlangen.

Frage 2

B. Anspruch von F gegen die A & B KG auf Lieferung von 20 Fahrrädern

F kann gegen die A & B KG einen Anspruch auf Lieferung von 20 Fahrrädern aus § 433 Abs. 1 S. 1 BGB i. V. m. §§ 161 Abs. 2, 124 Abs. 1 HGB haben, wenn zwischen ihm als Käufer und der A & B KG als Verkäuferin ein wirksamer Kaufvertrag über diesen Kaufgegenstand besteht. Voraussetzung hierfür ist, dass P die A & B KG gem. § 164 Abs. 1 S. 1 BGB wirksam vertreten hat. In dem Telefonat mit

---

[6] Zum Gutglaubensschutz gem. § 54 Abs. 3 HGB vgl. EBJS/*Weber*, § 54 Rn. 23 ff.; Heidel/Schall/*Schmidt U.*, § 54 Rn. 24; MüKoHGB/*Krebs*, § 54 Rn. 41 ff.; Oetker/*Schubert*, § 54 Rn. 38 ff.; RWH/*Wagner*, § 54 Rn. 36 ff.; Staub/*Joost*, § 54 Rn. 69 ff.; *Hübner*, Rn. 387 ff.; *Lettl*, § 6 Rn. 87 ff.

[7] *BGH* NJW 1958, 2062; 1982, 1513; 1991, 2126; *Canaris*, § 6 Rn. 71.

Fall 3. Der profilierungssüchtige Prokurist 45

F hat P eine eigene Willenserklärung im Namen der A & B KG abgegeben. Diese muss aber auch von einer entsprechenden Vertretungsmacht gedeckt sein.

I. Vertretungsmacht gem. § 48 HGB

P kann als Prokurist der A & B KG zum Verkauf der Fahrräder berechtigt gewesen sein. Dann muss ihm von der A & B KG wirksam Prokura erteilt worden sein, die im Zeitpunkt der Vornahme des Rechtsgeschäfts auch noch nicht erloschen ist.

1. Erteilung der Prokura

P muss Prokura erteilt worden sein. Dies kann mit der Ermächtigung zur Zeichnung „ppa" im Arbeitsvertrag mit der A & B KG geschehen sein.

Nach dem Wortlaut von § 48 Abs. 1 HGB („Inhaber eines Handelsgeschäfts") können nur Kaufleute (§§ 1 Abs. 2, 2, 3 Abs. 2, 5 HGB), Handelsgesellschaften und Formkaufleute[8] gem. § 6 Abs. 1 HGB sowie ein Handelsgewerbe betreibende juristische Personen i. S. v. § 33 ff. HGB Prokura erteilen.[9] Die im Handelsregister eingetragene A & B KG ist jedenfalls Kaufmann gem. §§ 161 Abs. 2, 105 Abs. 2 S. 1 HGB und daher zur Prokuraerteilung berechtigt.

Zuständig für die Prokuraerteilung ist gem. § 48 Abs. 1 HGB allein der Inhaber des Handelsgeschäfts oder dessen gesetzlicher Vertreter. Die A & B KG als Inhaber des Handelsgeschäfts selbst kann keine Rechtsgeschäfte vornehmen. Bei Abschluss des Arbeitsvertrages mit P wurde die A & B KG aber durch ihre Komplementäre A und B als organschaftliche Vertreter gem. §§ 161 Abs. 2, 125 Abs. 1 HGB vertreten, die dabei gem. §§ 161 Abs. 2, 126 Abs. 1 HGB auch im Rahmen ihrer Vertretungsmacht gehandelt haben. Daher haben die gem. § 48 Abs. 1 HGB zur Prokuraerteilung Berechtigten gehandelt.

Die Erteilung der Prokura ist gem. § 48 Abs. 1 HGB nur mittels ausdrücklicher Erklärung gegenüber dem zu Bevollmächtigenden oder gegenüber einem Dritten (vgl. § 167 Abs. 1 BGB) möglich. Dem Wortlaut von § 48 Abs. 1 HGB kann jedoch nicht entnommen werden, dass bei der Erteilung der Prokura die Bezeichnung „Prokura" oder „Prokurist" verwandt werden muss. Es reicht vielmehr aus, wenn sich aus den Umständen zweifelsfrei ergibt, dass der Vertreter Prokura erhalten soll.[10] Das ist bei der Ermächtigung zur Zeichnung mit „ppa" (per procura) der Fall.[11] Die Ermächtigung von P im Arbeitsvertrag mit der A & B KG zur Zeichnung „ppa" genügt somit den Anforderungen an eine ausdrückliche Erklärung i. S. v. § 48 Abs. 1 HGB.

Die Prokuraerteilung darf nicht mangels Eintragung im Handelsregister unwirksam sein. Gem. § 53 Abs. 1 S. 1 HGB besteht zwar eine Eintragungspflicht für die Prokuraerteilung. Allerdings wird die Prokura durch ausdrückliche Erklärung gem. § 167 Abs. 1 BGB begründet. Dem Wortlaut von § 53 Abs. 1 S. 1 HGB, wonach die

---

[8] Insb. AG (§ 6 Abs. 2 AktG) und GmbH (§ 13 Abs. 3 GmbHG).
[9] Baumbach/Hopt/*Hopt*, § 48 Rn. 1; EBJS/*Weber*, § 48 Rn. 4 ff.; Heidel/Schall/*Schmidt U.*, § 48 Rn. 2 ff.; KKRM/*Roth*, § 48 Rn. 2 f.; MüKoHGB/*Krebs*, § 48 Rn. 5 f.; Staub/*Joost*, § 48 Rn. 45.
[10] BGH WM 1956, 727 (728); Baumbach/Hopt/*Hopt*, § 48 Rn. 3; EBJS/*Weber*, § 54 Rn. 24; MüKoHGB/*Krebs*, § 48 Rn. 46; Oetker/*Schubert*, § 48 Rn. 31; RWH/*Wagner*, § 48 Rn. 31; Staub/*Joost*, § 48 Rn. 58; *Canaris*, § 12 Rn. 4; *Oetker*, § 5 Rn. 18; *Schmidt K.*, HandelsR, § 16 Rn. 25.
[11] Vgl. statt aller Baumbach/Hopt/*Hopt*, § 48 Rn. 3; KKRM/*Roth*, § 48 Rn. 7; *Lettl*, § 6 Rn. 29.

Erteilung der Prokura zur Eintragung ins Handelsregister anzumelden ist, ist daher zu entnehmen, dass der Eintragung der Prokura ins Handelsregister keine konstitutive, sondern lediglich deklaratorische Bedeutung zukommt.[12] Die fehlende Eintragung der Prokura von *P* ins Handelsregister ändert somit nichts an ihrer wirksamen Erteilung durch die A & B KG gem. § 167 Abs. 1, 1. Fall BGB gegenüber *P*.

P ist demzufolge von der A & B KG wirksam Prokura erteilt worden.

2. Erlöschen der Prokura

Die Prokura von *P* kann im Zeitpunkt der Vornahme des Rechtsgeschäfts mit *F* aber bereits erloschen sein mit der Folge, dass sein Handeln nicht mehr durch eine Vertretungsmacht für die A & B KG gedeckt war.

Ein Widerruf der Prokura gem. § 52 Abs. 1 HGB ist von der A & B KG nicht erklärt worden. Die Prokura kann aber gem. § 168 S. 1 BGB erloschen sein.[13] Der Dienstvertrag von *P* mit der A & B KG bildet das seiner Vollmacht zugrunde liegende Rechtsverhältnis. Mit dessen Beendigung durch Kündigung seitens der A & B KG zum 1.9.2017 ist daher auch die Prokura von *P* erloschen.

Im Zeitpunkt der Vornahme des Rechtsgeschäfts mit *F* am 4.10.2017 hatte *P* somit keine Prokura mehr für die A & B KG.

II. Vertretungsmacht kraft Rechtsscheins

Ein wirksamer Kaufvertrag zwischen der A & B KG und *F* kann aber gleichwohl zustande gekommen sein, wenn eine Vertretungsmacht von *P* für die A & B KG aus Rechtsscheingesichtspunkten besteht. Eine Rechtsscheinvollmacht von *P* für die A & B KG kann sich wegen der Nichteintragung des Erlöschens seiner Prokura im Handelsregister aus § 15 Abs. 1 HGB ergeben.

1. Voraussetzungen von § 15 Abs. 1 HGB

a) Eintragungspflichtige Tatsache

§ 15 Abs. 1 HGB gilt nur für Tatsachen, die in das Handelsregister einzutragen sind.[14] Dies ist gem. § 53 Abs. 3 HGB für das Erlöschen der Prokura angeordnet. Die fehlende Voreintragung der Prokuraerteilung an *P* lässt nach dem Wortlaut von § 15 Abs. 1 HGB auch nicht die Verpflichtung zur Eintragung des Erlöschens seiner Prokura entfallen.[15] Das Erlöschen der Prokura von *P* ist somit eine eintragungspflichtige Tatsache.

---

[12] *BGH* WM 1956, 727 (728); EBJS/*Weber*, § 48 Rn. 25; Heidel/Schall/*Schmidt U.*, § 53 Rn. 2; MüKoHGB/*Krebs*, § 53 Rn. 1; Staub/*Joost*, § 48 Rn. 135; *Bülow/Artz*, Rn. 296; *Canaris*, § 12 Rn. 12; *Lettl*, § 6 Rn. 41; *Schmidt K.*, HandelsR, § 16 Rn. 27.

[13] Zur Beendigung des zugrunde liegenden Rechtsverhältnisses als Erlöschensgrund für die Prokura vgl. EBJS/*Weber*, § 52 Rn. 15; Heidel/Schall/*Schmidt U.*, § 52 Rn. 17; MüKoHGB/*Krebs*, § 52 Rn. 37; Oetker/*Schubert*, § 52 Rn. 27; RWH/*Wagner*, Vor § 48 Rn. 23; Staub/*Joost*, § 52 Rn. 28; *Hübner*, Rn. 371; *Oetker*, § 5 Rn. 20; a. A. *Bülow/Artz*, Rn. 309.

[14] Vgl. statt aller EBJS/*Gehrlein*, § 15 Rn. 6; Heidel/Schall/*Schall*, § 15 Rn. 22 ff.; KKRM/*Roth*, § 15 Rn. 6; MüKoHGB/*Krebs*, § 15 Rn. 24 ff.; *Lettl*, § 3 Rn. 26 ff.; *Oetker*, § 3 Rn. 35 ff.; *Schmidt K.*, HandelsR, § 14 Rn. 20.

[15] Vgl. hierzu ausführlich Bd. I Fall 2 unter I. 2. b), bb) mit zahlreichen w. N.

Fall 3. Der profilierungssüchtige Prokurist 47

b) Anmeldepflichtiger

§ 15 Abs. 1 HGB regelt die Rechtsfolgen der Nichteintragung für den Anmeldepflichtigen. Daher muss die A & B KG Anmeldepflichtiger für das Erlöschen der Prokura von *P* sein.

Anmeldepflichtig ist derjenige, in dessen Angelegenheiten die Tatsache einzutragen ist, wer also durch die Eintragung entlastet, von einer Haftung befreit oder von der Bindung an die Vertretungsmacht eines anderen gelöst wird.[16] Durch die Eintragung des Erlöschens der Prokura von *P* wird dokumentiert, dass die A & B KG nicht mehr an die von *P* in ihrem Namen vorgenommenen Rechtshandlungen gebunden sein will.

Die A & B KG ist daher Anmeldepflichtiger.

c) Gutgläubigkeit von F

§ 15 Abs. 1 HGB setzt ferner voraus, dass die eintragungspflichtige aber nicht eingetragene Tatsache dem Dritten nicht bekannt war. *F* muss folglich keine Kenntnis von dem Erlöschen der Prokura von *P* gehabt haben, insoweit also gutgläubig gewesen sein. Die A & B KG hat die Kündigung des Dienstvertrages mit *P* nur ihren ständigen Geschäftspartnern per Rundschreiben bekannt gemacht. *F* gehörte nicht zu den ständigen Geschäftspartnern der A & B KG und wurde somit nicht von der A & B KG über das Erlöschen der Prokura des *P* informiert. Anhaltspunkte dafür, dass er von einem Dritten hiervon erfahren hat, liegen nicht vor. *F* war somit gutgläubig i. S. v. § 15 Abs. 1 HGB.

2. Rechtsfolge von § 15 Abs. 1 HGB

Wegen § 15 Abs. 1 HGB kann sich die A & B KG gegenüber *F* nicht auf das Erlöschen der Prokura von *P* berufen. Die A & B KG muss sich vielmehr zugunsten von *F* so behandeln lassen, als habe *P* mit Prokura für sie gehandelt. *P* hat mithin bei Abschluss des Kaufvertrages im Namen der A & B KG gegenüber *F* mit Vertretungsmacht kraft Rechtsscheins gem. § 15 Abs. 1 HGB gehandelt.

3. Umfang der Vertretungsmacht

P kann die A & B KG aber nur dann wirksam gegenüber *F* berechtigt und verpflichtet haben, wenn der Kaufvertrag über die 20 Fahrräder von seiner kraft Rechtsschein unterstellten Vertretungsmacht umfasst gewesen ist.

Grundsätzlich ermächtigt die Prokura gem. § 49 Abs. 1 HGB zu allen Arten von Handelsgeschäften, die der Betrieb eines Handelsgewerbes mit sich bringt.[17] Der Abschluss von Kaufverträgen ist somit von der gesetzlich typisierten Vertretungsmacht eines Prokuristen erfasst.

Bedenken an der Vertretungsmacht von *P* können jedoch insoweit bestehen, als er aufgrund der Vereinbarung mit der A & B KG nur Geschäfte im Umfang bis zu 10.000 EUR ohne Zustimmung von *A* und *B* abschließen durfte, während sich der

---

[16] Vgl. die Nachweise in Bd. I Fall 1 Fn. 21.
[17] Zum gesetzlichen Umfang der Prokura vgl. ausführlich EBJS/*Weber*, § 49 Rn. 3; Heidel/Schall/*Schmidt U.*, § 49 Rn. 2 ff.; MüKoHGB/*Krebs*, § 49 Rn. 11 ff.; Oetker/*Schubert*, § 49 Rn. 2 ff.; RWH/*Wagner*, § 49 Rn. 3 ff.; Staub/*Joost*, § 49 Rn. 5 ff.; *Brox/Henssler*, Rn. 198 ff.; *Hübner*, Rn. 332 ff.; *Jung*, § 25 Rn. 10 ff.; *Lettl*, § 6 Rn. 42 ff.; *Oetker*, § 5 Rn. 25 ff.; *Steinbeck*, § 19 Rn. 12 ff.

Kaufvertrag mit *F* auf die Kaufsumme von 30.000 EUR beläuft. Eine interne Beschränkung des Umfangs der Prokura ist gem. § 50 Abs. 1 HGB aber gegenüber Dritten unwirksam. Die Nichtbeachtung der im Innenverhältnis zwischen *P* und der A & B KG getroffenen Beschränkung der Vertretungsmacht von *P* wirkt somit nicht gegenüber *F*.[18]

P hat bei Abschluss des Kaufvertrages zwischen der A & B KG und *F* mit Vertretungsmacht für die A & B KG gehandelt.

III. Ergebnis zu Frage 2

F kann von der A & B KG Lieferung von 20 Fahrrädern gem. § 433 Abs. 1 S. 1 BGB i. V. m. §§ 161 Abs. 2, 124 Abs. 1 HGB verlangen.

Frage 3

C. Anspruch von D gegen F auf Zahlung von 30.000 EUR

D kann gegen *F* einen Anspruch auf Zahlung von 30.000 EUR gem. §§ 433 Abs. 2, 398 BGB haben.

Der Kaufpreiszahlungsanspruch i. H. v. 30.000 EUR der A & B KG gegen *F* ist aufgrund eines wirksamen Kaufvertrages zwischen beiden Parteien entstanden. Dieser Anspruch der A & B KG kann aufgrund einer Abtretung wirksam auf *D* übergegangen und darf zwischenzeitlich nicht untergegangen sein.

I. Wirksamkeit der Abtretung

Der Anspruch der A & B KG gegen *F* gem. § 433 Abs. 2 BGB kann durch Abtretung gem. § 398 BGB auf *D* übergegangen sein.

1. Einigung über die Forderungsabtretung

Die A & B KG und *D* können sich über die Forderungsabtretung geeinigt haben, wenn *P* die A & B KG wirksam gem. § 164 Abs. 1 S. 1 BGB vertreten hat.

P hat im Namen der A & B KG eine eigene Willenserklärung gegenüber *D* mit dem Inhalt der Abtretung der Kaufpreisforderung abgegeben. Die Vertretungsmacht von *P* kann sich gegenüber *D* kraft Rechtsscheins gem. § 15 Abs. 1 HGB ergeben.[19] *D* wurde als nicht ständiger Geschäftspartner der A & B KG nicht von dieser über das Erlöschen der Prokura von *P* informiert, und ihm war diese Tatsache aufgrund sonstiger Umstände auch nicht bekannt. *D* ist somit gutgläubig i. S. v. § 15 Abs. 1 HGB. Die Vereinbarung einer Abtretung ist auch von der Reichweite der Prokura gem. § 49 Abs. 1 HGB gedeckt.

P hat die A & B KG somit bei der Einigung über die Forderungsabtretung wirksam gegenüber *D* vertreten.

2. Abtretungsverbot

Der Wirksamkeit der Abtretung kann aber der vertraglich zwischen der A & B KG, wiederum vertreten durch *P* kraft Rechtsscheins, und *F* vereinbarte Abtretungsausschluss gem. § 399, 2. Alt. BGB entgegenstehen. Rechtsfolge eines vertraglichen

---

[18] Vgl. auch die Ausführungen Bd. I Fall Nr. 1 unter A. II. 1. d).
[19] S. o. B. II.

Abtretungsausschlusses ist die grundsätzliche Unwirksamkeit der Abtretung nicht nur im Verhältnis der Vertragsparteien, sondern für und gegen jeden.[20]

Allerdings kann die Abtretung der Kaufpreisforderung von der A & B KG an *D* trotz des zwischen der A & B KG und *F* vereinbarten Abtretungsausschlusses gem. § 354a Abs. 1 S. 1 HGB[21] wirksam sein. Durch diese gem. § 354a S. 3 HGB zwingende Vorschrift soll die Verkehrsfähigkeit der Forderungen gegen dinglich wirkende Abtretungsverbote schützen.[22]

Dann müssen die Voraussetzungen von § 354a Abs. 1 S. 1 HGB erfüllt sein. § 354a HGB findet nur auf Geldforderungen Anwendung. Bei der Kaufpreisforderung der A & B KG handelt es sich um eine Geldforderung. Weiterhin muss das diese Geldforderung begründende Rechtsgeschäft für beide Seiten ein Handelsgeschäft sein. Handelsgeschäfte sind gem. § 343 Abs. 1 HGB alle Geschäfte eines Kaufmanns, die zum Betrieb seines Handelsgewerbes gehören. Die A & B KG ist Kaufmann gem. §§ 161 Abs. 2, 105 Abs. 2 S. 1 HGB. *F* ist als Fahrradhändler mangels entgegenstehender Anhaltspunkte Kaufmann gem. § 1 Abs. 2 HGB. Der Kaufvertrag über die Fahrräder gehörte für beide Seiten zum Betrieb ihres jeweiligen Gewerbes. Für *F* folgt dies aus der Vermutung gem. § 344 Abs. 1 HGB. Für die A & B KG bedarf es hingegen keines Rückgriffs auf die Vermutung gem. § 344 Abs. 1 HGB. § 344 Abs. 1 HGB greift nur zur Abgrenzung von Rechtsgeschäften eines Kaufmanns ein, der auch private Rechtsgeschäfte abschließen kann. Handelsgesellschaften gem. § 6 Abs. 1 HGB haben indessen keine Privatsphäre, so dass § 344 Abs. 1 HGB bei ihnen bedeutungslos ist, und alle ihre Geschäfte stets Handelsgeschäfte sind.[23] Die Voraussetzungen von § 354a Abs. 1 S. 1 HGB sind damit erfüllt.

Der zwischen der A & B KG und *F* vereinbarte Abtretungsausschluss gem. § 399, 2. Alt. BGB steht somit gem. § 354a Abs. 1 S. 1 HGB der Abtretung der Kaufpreisforderung von der A & B KG auf *D* nicht entgegen. *D* ist durch die Abtretung Inhaber der Kaufpreisforderung gegen *F* geworden.

II. Erlöschen des Kaufpreiszahlungsanspruchs

Der Anspruch von *D* gegen *F* kann aber gem. § 362 Abs. 1 BGB erloschen sein, wenn *F* die Zahlung i. H. v. 30.000 EUR mit befreiender Wirkung an die A & B KG geleistet hat.

Gem. § 407 Abs. 1 BGB muss *D* als neuer Gläubiger die nach der Abtretung erfolgte Kaufpreiszahlung des Schuldners *F* an den bisherigen Gläubiger A & B KG nur gegen sich gelten lassen, wenn *F* bei der Leistung keine Kenntnis von der Abtretung gehabt hat. *F* hatte infolge der Benachrichtigung durch *D* aber von der Abtretung Kenntnis. Damit konnte *F* gem. § 407 Abs. 1 BGB grds. nicht mit schuldbefreiender Wirkung an die A & B KG leisten.

Allerdings ergibt sich das Recht von *F* zur schuldbefreienden Leistung an die A & B KG aus der gegenüber § 407 Abs. 1 BGB spezielleren Vorschrift des § 354a Abs. 1

---

[20] BeckOK BGB/*Rohe*, § 399 Rn. 20; Erman/*Westermann H. P.*, § 399 Rn. 3 f.; HK-BGB/*Schulze*, § 399 Rn. 7.
[21] Vgl. zu dieser Vorschrift grundlegend *Saar*, ZIP 1999, 988 ff., *Schmidt K.*, NJW 1999, 400 ff.; *Wagner*, WM 1994, 2093 ff.
[22] EBJS/*Wagner*, § 354a Rn. 4; Heidel/Schall/*Klappstein*, § 354a Rn. 2; MüKoHGB/*Schmidt K.*, § 354a Rn. 2; *Lettl*, § 11 Rn. 7.
[23] Vgl. die Nachweise in Bd. I Fall 2 Fn. 10.

S. 2 HGB. § 354a Abs. 1 S. 2 HGB setzt nicht voraus, dass der Schuldner in Unkenntnis der Abtretung an den bisherigen Gläubiger leistet.[24]
Der Anspruch von D gegen F aus §§ 433 Abs. 2, 398 BGB ist mithin durch die Zahlung von F an die A & B KG gem. § 362 Abs. 1 BGB erloschen.[25]

III. Ergebnis zu Frage 3

D kann von F die Zahlung von 30.000 EUR gem. §§ 433 Abs. 2, 398 BGB nicht verlangen.

Abwandlung

A. Anspruch von F gegen die A & B KG auf Lieferung von 20 Fahrrädern

F kann gegen die A & B KG einen Anspruch auf Lieferung von 20 Fahrrädern zum Kaufpreis von 15.000 EUR aus § 433 Abs. 1 S. 1 BGB i. V. m. §§ 161 Abs. 2, 124 Abs. 1 HGB haben, wenn zwischen beiden Parteien ein wirksamer Kaufvertrag mit diesem Inhalt zustande gekommen ist.

I. Vertretungsmacht von P

Entscheidend für den Vertragsschluss ist allein, ob P mit der erforderlichen Vertretungsmacht für die A & B KG gehandelt hat. Dagegen bestehen insoweit Bedenken, als er seine sich aus Rechtsscheingesichtspunkten gem. § 15 Abs. 1 HGB ergebende Vertretungsmacht als Prokurist[26] missbraucht haben kann.

1. Missbrauch der Vertretungsmacht

Ein Missbrauch der Vertretungsmacht[27] durch P kann vorliegen, wenn er zwar innerhalb seines rechtlichen Könnens aber außerhalb seines rechtlichen Dürfens gehandelt hat. Grundsätzlich trägt zwar die A & B KG als Vertretene das Risiko des Missbrauchs der Vertretungsmacht durch P als ihren Vertreter.[28] Für zwei allgemein anerkannte Fallgruppen, nämlich einerseits Kollusion und andererseits offensichtlicher Missbrauch, gilt dieser Grundsatz aber nicht.[29]

a) Kollusion

Bei einer Kollusion wirken Vertreter und Vertragsgegner bewusst zum Nachteil des Vertretenen zusammen.[30] Ein derartiges Verhalten verstößt gegen § 138 BGB und bewirkt keine Bindung des Vertretenen an das Verhalten seines Vertreters.[31]

---

[24] EBJS/*Wagner*, § 354a Rn. 3; MüKoHGB/*Schmidt K.*, § 354a Rn. 2; Oetker/*Maultzsch*, § 354a Rn. 16; Staub/*Canaris*, 4. Aufl., § 354a Rn. 3; *Brox/Henssler*, Rn. 377; *Lettl*, § 11 Rn. 12.
[25] Anm.: D verbleiben gegen die A & B KG lediglich Ansprüche aus § 816 Abs. 2 BGB.
[26] S. o. B. II.
[27] Vgl. hierzu auch Bd. I Fall 1 unter A. III.
[28] BGH NJW 1999, 2883; BeckOK BGB/*Schäfer*, § 167 Rn. 46; Erman/*Maier-Reimer*, § 167 Rn. 70; Jauernig/*Mansel*, § 164 Rn. 8; MüKoBGB/*Schubert*, § 164 Rn. 210; Oetker/*Schubert*, § 48 Rn. 38; Palandt/*Ellenberger*, § 164 Rn. 13; RWH/*Wagner*, vor § 48 Rn. 49; *Wolf/Neuner*, § 49 Rn. 100.
[29] Vgl. statt aller *Brox/Walker*, BGB AT, Rn. 580 ff.
[30] BeckOK BGB/*Schäfer*, § 167 Rn. 48; Erman/*Maier-Reimer*, § 167 Rn. 71; MüKoBGB/ *Schubert*, § 164 Rn. 212; Palandt/*Ellenberger*, § 164 Rn. 13; *Brox/Walker*, BGB AT, Rn. 580; *Flume*, BGB AT II, § 45 II 3 (S. 788).
[31] Vgl. die in Fn. 28 Genannten.

Fall 3. Der profilierungssüchtige Prokurist

P und F haben sich aber nicht kollusiv zusammengetan, um die A & B KG zu schädigen.

b) Offensichtlicher Missbrauch

Die A & B KG muss sich das Verhalten von P aber auch dann nicht zurechnen lassen, wenn dieser seine Vertretungsmacht für F erkennbar offensichtlich missbraucht hat.

aa) Positive Kenntnis vom Missbrauch

Ein offensichtlicher Missbrauch der Vertretungsmacht liegt zunächst stets vor, wenn der Geschäftsgegner bei Vertragsschluss den Missbrauch der Vertretungsmacht positiv kannte.[32] Schließt er trotzdem mit dem Vertreter den Vertrag, verhält er sich rechtsmissbräuchlich.[33]

F hatte keine positive Kenntnis davon, dass P seine Vertretungsmacht missbraucht.

bb) Objektive Evidenz

Obwohl F den Missbrauch der Vertretungsmacht durch P nicht positiv kannte, kann dieses Rechtsinstitut gleichwohl zur Anwendung kommen, wenn objektiv evidente Verdachtsmomente auf den Missbrauch hinweisen.[34] Solche Verdachtsmomente sind zum einen der außergewöhnlich günstige Preis und zum anderen die äußeren Umstände, unter denen der Vertrag geschlossen wurde. Allerdings sind die eine objektive Evidenz des Missbrauchs der Vertretungsmacht begründenden Anforderungen an die Person des Stellvertreters und des Vertragsgegners umstritten.

(1) Anforderungen an den Vertragsgegner

Ausgehend von dem Grundsatz, dass den Vertretenen das Risiko trifft, ob der Vertreter sein internes rechtliches Dürfen überschreitet, folgt weiterhin, dass den Vertragsgegner keine konkrete Prüfungspflicht trifft, ob sich der Vertreter im Rahmen seiner Vertretungsmacht hält. Dies gilt aber nicht, wenn der Vertreter seine Vertretungsmacht in so ersichtlich verdächtiger Weise gebraucht, dass bei dem Vertragsgegner begründete Zweifel an der Ordnungsgemäßheit der Vertretungsmacht entstehen müssen.[35]

Die Bedenken von F, ob bei dem Geschäft alles „mit rechten Dingen zugeht", lassen sich nicht nur mit dem auffallend niedrigen Preis begründen. Auch aus den Umständen des Geschäfts, nämlich dem Vertragsschluss bei einer Freizeitveranstaltung und der dem F bekannten Verurteilung von P wegen Untreue, hätte F auf eine unseriöse

---

[32] Ganz h. A., vgl. nur Erman/*Maier-Reimer*, § 167 Rn. 75; *Wolf/Neuner*, § 49 Rn. 102; *Canaris*, § 12 Rn. 35.
[33] BGHZ 94, 132 (138); BeckOK BGB/*Schäfer*, § 167 Rn. 48.
[34] BGHZ 127, 239 (241); *BGH* NJW 1999, 2883; BeckOK BGB/*Schäfer*, § 167 Rn. 49; Erman/*Maier-Reimer*, § 167 Rn. 75; MüKoBGB/*Schubert*, § 164 Rn. 217, 222; Palandt/*Ellenberger*, § 164 Rn. 14; Staudinger/*Schilken*, § 167 Rn. 97; Baumbach/Hopt/*Roth*, § 126 Rn. 11; Heidel/Schall/*Freitag*, § 126 Rn. 5; Oetker/*Schubert*, § 48 Rn. 42; RWH/*Wagner*, vor § 48 Rn. 51; a. A. hingegen Heymann/*Sonnenschein/Weitemeyer*, § 50 Rn. 27 – nur positive Kenntnis schadet.
[35] BGHZ 50, 112 (114); 113, 315 (320); 127, 239 (241); *BGH* NJW 1984, 1461 (1462); 1988, 2241 (2243); 1988, 3012 (3013); BeckOK BGB/*Schäfer*, § 167 Rn. 49; Erman/*Maier-Reimer*, § 167 Rn. 75; MüKoBGB/*Schubert*, § 167 Rn. 118; Palandt/*Ellenberger*, § 164 Rn. 14; RWH/*Wagner*, vor § 48 Rn. 54; Oetker, § 5 Rn. 42.

Motivation von P schlussfolgern müssen. Durch diese Umstände lagen die Verdachtsgründe für einen Missbrauch der Vertretungsmacht durch P für F auf der Hand. Der Missbrauch war somit für F objektiv evident. F hätte sich daher vor dem Vertragsschluss bei der A & B KG vergewissern müssen, ob P berechtigt war, das Geschäft zu den angebotenen Konditionen für die A & B KG abzuschließen.

(2) Anforderungen an den Vertreter

Darüber hinaus kann für die Annahme des objektiven Missbrauchs der Vertretungsmacht bei einer gesetzlich grds. unbeschränkten Vertretungsmacht wie der Prokura (vgl. §§ 49 Abs. 1, Abs. 2, 50 Abs. 1 HGB) weiterhin zu verlangen sein, dass der Vertreter seine ihm im Innenverhältnis eingeräumten Befugnis bewusst überschritten und damit zum Nachteil des Vertretenen gehandelt hat.[36] Die Voraussetzungen für ein objektiv pflichtwidriges Handeln von P liegen vor. Er hat F die Fahrräder namens der A & B KG zum Kauf angeboten, obwohl ihm bekannt war oder zumindest bekannt sein musste, dass seine Vertretungsmacht für die Gesellschaft mit der Beendigung des Anstellungsvertrages erloschen war. Außerdem entspricht es nicht den gängigen geschäftlichen Gepflogenheiten, Ware für die Hälfte des üblichen Preises anzubieten. Darüber hinaus handelte P auch aus Rachsucht mit der Absicht, die A & B KG durch den Abschluss eines für sie wirtschaftlich nachteiligen Geschäfts zu schädigen.

Gegen das Erfordernis der vorstehend an den Vertreter zu stellenden Anforderungen für die Annahme des Missbrauchs der Vertretungsmacht ist einzuwenden, dass es bei dem Missbrauch der Vertretungsmacht nicht um den Schutz des Vertretenen, sondern nur des Geschäftsgegners ankommt. Ob der Vertreter bewusst, fahrlässig oder gar ohne Verschulden von seiner internen Bindung abweicht, ist für den Schutz des Geschäftsgegners ohne Belang.[37] Daher kann es für den objektiven Missbrauch der Vertretungsmacht nur darauf ankommen, ob der Vertreter objektiv pflichtwidrig gehandelt hat und der Geschäftsgegner dies erkennt oder erkennen musste. Das ist aber der Fall,[38] so dass eine Streitentscheidung entbehrlich ist.[39]

2. Zwischenergebnis

P hat seine Vertretungsmacht bei Abschluss des Kaufvertrages zwischen der A & B KG und F objektiv missbräuchlich ausgeübt.

II. Rechtsfolgen

Infolge des objektiven Missbrauchs der Vertretungsmacht durch P kann der A & B KG entweder der auf § 242 BGB gestützte Einwand der unzulässigen Rechtsausübung gegenüber F zustehen oder es können die §§ 177 ff. BGB analog anzuwenden sein.

---

[36] Vgl. die Nachweise in Bd. I Fall 1 Fn. 14.
[37] Vgl. die Nachweise in Bd. I Fall 1 Fn. 14.
[38] Vgl. oben unter Abwandlung A. I. 1. b), bb).
[39] BeckOK BGB/*Schäfer*, § 167 Rn. 49 weist zutreffend darauf hin, dass dem Streit wenig Bedeutung zukomme, weil eine Situation nur schwer vorstellbar sei, in der sich dem Geschäftsgegner der Missbrauch der Vertretungsmacht aufdrängen muss, dies aber nicht dem Vertreter bewusst sei.

Fall 3. Der profilierungssüchtige Prokurist 53

1. Einwand der unzulässigen Rechtsausübung

Die A & B KG kann berechtigt sein, dem Erfüllungsanspruch von *F* wegen der objektiv missbräuchlichen Ausübung der Vertretungsmacht durch *P* den Einwand der unzulässigen Rechtsausübung gem. § 242 BGB entgegenzuhalten.[40]

Der Einwand der unzulässigen Rechtsausübung gem. § 242 BGB setzt voraus, dass der Anspruch entstanden und nicht untergegangen ist. Davon ausgehend läge ein wirksames Angebot der A & B KG, vertreten durch *P*, vor, welches *F* angenommen hat. Ein Kaufvertrag über die 20 Fahrräder zum Preis von 15.000 EUR wäre daher zustande gekommen. Gründe, die zu einem Erlöschen des Lieferanspruchs gem. § 433 Abs. 1 S. 1 BGB geführt haben, sind nicht ersichtlich. Gegen diesen Anspruch von *F* kann die A & B KG somit den Einwand der unzulässigen Rechtsausübung erheben. Diesen Einwand hat sie, vertreten durch *A* und *B* gem. §§ 161 Abs. 2, 125 Abs. 1 HGB, konkludent mit der Weigerung zur Erfüllung des Vertrages erhoben.

Der Lieferanspruch von *F* gegen die A & B KG gem. § 433 Abs. 1 S. 1 BGB ist somit nicht durchsetzbar.

2. Anwendung der §§ 177 ff. BGB analog

Andererseits kann die Rechtsfolge des objektiv missbräuchlichen Vertreterhandelns darin erkannt werden, dass die Vertretungsmacht des Vertreters im Außenverhältnis entfällt und die §§ 177 ff. BGB analog anzuwenden sind.[41]

Der vom missbräuchlich handelnden Vertreter geschlossene Vertrag wäre dann schwebend unwirksam, und dem Vertretenen stünde das Wahlrecht zu, ob er den Vertrag durch seine Genehmigung doch noch wirksam werden lassen will oder nicht (§ 177 Abs. 1 BGB analog). Versagt der Vertretene dem mit missbräuchlicher Ausübung von Vertretungsmacht vorgenommenen Rechtsgeschäft die Genehmigung, läge folglich keine wirksame Stellvertretung vor, und es fehlte am Zustandekommen des Vertrages. Der Anspruch auf die Lieferung der Fahrräder gem. § 433 Abs. 1 S. 1 BGB wäre somit nicht entstanden.

A und *B* haben als organschaftliche Vertreter der A & B KG erklärt, sie seien mit dem von *P* vorgenommenen Geschäft nicht einverstanden. Damit hat die A & B KG diesem Geschäft die Genehmigung verweigert. Eine Verpflichtung der A & B KG zur Lieferung der Fahrräder an *F* gem. § 433 Abs. 1 S. 1 BGB ist danach nicht begründet worden.

3. Streitentscheidung

Beide Lösungen führen zum gleichen Ergebnis, so dass eine Streitentscheidung entbehrlich ist.

---

[40] Vgl. BGHZ 50, 112 (114); 64, 79 (85); *BGH* NJW 1990, 384 (385); Staub/*Joost*, § 50 Rn. 45, 50; *Wolf/Neuner*, § 49 Rn. 103 ff.
[41] *BGH* NJW 1990, 384 (385); 1991, 1812 (1813); 1999, 2666 (2268); BeckOK BGB/*Schäfer*, § 167 Rn. 51; Erman/*Maier-Reimer*, § 167 Rn. 73; Jauernig/*Mansel*, § 164 Rn. 8; Palandt/ *Ellenberger*, § 164 Rn. 14b; Staudinger/*Schilken*, § 167 Rn. 103; Baumbach/Hopt/*Hopt*, § 50 Rn. 6; MüKoHGB/*Krebs*, Vor § 48 Rn. 73; Oetker/*Schubert*, § 48 Rn. 40; *Flume*, BGB AT II § 45 II 3 (S. 789); *Medicus/Petersen*, BGB AT, Rn. 967; *Canaris*, § 12 Rn. 41; *Schmidt K.*, HandelsR, § 16 Rn. 64 ff.; für unmittelbare Anwendung der §§ 177 ff. BGB aber EBJS/*Weber*, § 50 Rn. 12 f.; Heidel/Schall/*Schmidt U.*, § 50 Rn. 11.

III. Ergebnis zur Abwandlung

F kann von der A & B KG die Lieferung von 20 Fahrrädern gem. § 433 Abs. 1 S. 1 BGB i. V. m. §§ 161 Abs. 2, 124 Abs. 1 HGB nicht verlangen.

Fall 4. Der missglückte Unternehmenskauf

Schwerpunkte im Handels- und Personengesellschaftsrecht:
Haftung bei Firmenfortführung gem. § 25 HGB – Grundsätze zur fehlerhaften Gesellschaft

Sachverhalt

Willi Durstig (D) betreibt seit 1998 in Münster ein zunächst gut gehendes einzelkaufmännisches Unternehmen in der Getränkebranche, das unter der Firma „Willi Durstig Getränkehandlung e. K." im Handelsregister eingetragen ist. Aus Kummer über den seit Anfang 2017 festzustellenden beträchtlichen Geschäftsrückgang, der ihn nach und nach zur Entlassung seiner drei Angestellten und zur Verringerung seines Fuhrparks gezwungen hat, konsumiert D einen beträchtlichen Teil seiner Spirituosen selbst. Da sich die finanzielle Lage des Unternehmens fortwährend verschlechtert, veräußert er sein Geschäft im März 2017 durch formgültigen Vertrag für 40.000 EUR an die Korn & Co. OHG, die in Osnabrück ebenfalls eine Getränkehandlung betreibt. Den Gesellschaftern von Korn & Co., *Korn (K)* und *Flasche (F)*, täuscht D mit Hilfe gefälschter Unterlagen ein viel zu günstiges Bild seiner Getränkehandlung vor und behauptet wahrheitswidrig, er wolle sich von seinem Unternehmen nur deshalb trennen, weil er seine geschäftliche Tätigkeit auf einen Brauereibetrieb verlegen wolle, den er vor kurzem geerbt habe. Da K und F ihre geschäftliche Tätigkeit dauerhaft nach Münster verlagern wollen, erwirken sie mit Zustimmung von D im Handelsregister des Amtsgerichts Münster eine Änderung der Firma auf „Willi Durstig Getränkehandlung, Inh. Korn & Co. OHG".

Im Anschluss daran gewinnen K und F den Kaufmann *Peter Protz (P)* als Kommanditisten, um das Eigenkapital der Gesellschaft zu verstärken. Sein Eintritt in die Gesellschaft zum 1.5.2017 mit einer Einlage von 100.000 EUR wird zusammen mit dem Austausch des Rechtsformzusatzes „OHG" durch „KG" in das Handelsregister eingetragen und bekannt gemacht. Er leistet im Juni 2017 60.000 EUR auf seine Einlage. Am 2.7.2017 erklärt er gegenüber K und F die Anfechtung seiner Beitrittserklärung mit der zutreffenden Begründung, er sei von ihnen über die finanzielle Lage der Gesellschaft getäuscht worden. K und F willigen – widerstrebend – in sein Ausscheiden aus der Gesellschaft ein, und zahlen ihm als Abfindung seine erbrachte Einlageleistung aus. Das Ausscheiden von P wird am 19.7.2017 im Handelsregister eingetragen und bekannt gemacht; außerdem erhält die Gesellschaft wieder ihre alte Firma. Am 3.9.2017 stellen K und F anhand alter Geschäftsbücher des D fest, dass sie ihrerseits von D getäuscht worden sind, und erklären daraufhin noch am selben Tag diesem gegenüber die Anfechtung des Übernahmevertrages in jeder Hinsicht.

Am 2.9.2017 machte der Großlieferant *Oberberg (O)* Kaufpreisforderungen i. H. v. 75.000 EUR gegen die Gesellschaft aus mehreren Getränkelieferungen an D zwischen August 2016 und Januar 2017 geltend. O möchte wissen, ob er sich wegen seiner Zahlungsansprüche an P halten kann.

Lösung

A. Haftung von P für die Kaufpreisforderung von O

O kann gegen P einen Anspruch auf Zahlung von 75.000 EUR gem. § 433 Abs. 2 BGB i. V. m. §§ 173 Abs. 1, 171 Abs. 1, 25 Abs. 1 S. 1 HGB haben. Dann muss es sich bei den Kaufpreisforderungen von O um eine Verbindlichkeit der „Willi Durstig, Getränkehandlung, Inh. Korn & Co. OHG" (im Folgenden: K & F OHG) handeln, für die P als später in diese Gesellschaft eingetretener Kommanditist haftet.

I. Verbindlichkeit der Gesellschaft gem. § 25 Abs. 1 S. 1 HGB

Die Kaufpreisforderungen von O müssen gegenüber der K & F OHG bestehen. Die Fähigkeit einer OHG, selbständig Träger von Rechten und Pflichten zu sein, folgt aus § 124 Abs. 1 HGB.

Die Verpflichtung der K & F OHG zur Begleichung der Kaufpreisforderung von O kann nicht damit begründet werden, sie sei bei den Kaufverträgen Vertragspartner von O gewesen. Schuldner der Kaufpreisforderungen für die zwischen August 2016 und Januar 2017 von O gelieferten Getränke war zunächst D. Die Kaufpreisforderungen von O sind jedoch dann Verbindlichkeiten der K & F OHG geworden, wenn die Gesellschaft für die Verbindlichkeiten von D aufgrund eines gesetzlichen Schuldbeitritts gem. § 25 Abs. 1 S. 1 HGB einzustehen hat.

1. Erwerb eines Handelsgewerbes unter Lebenden

Mit der Geschäftsübernahme der Getränkehandlung von D durch die K & F OHG im März 2017 aufgrund formgültigen Vertrages liegt ein Erwerb unter Lebenden[1] vor.

Weitere Voraussetzung ist, dass die K & F OHG ein Handelsgewerbe i. S. d. § 1 Abs. 2 HGB erworben hat.[2] Daran kann es fehlen, wenn das Unternehmen von D aufgrund des beträchtlichen Geschäftsrückgangs zum Zeitpunkt der Veräußerung keinen in kaufmännischer Weise eingerichteten Betrieb mehr erforderte und damit kein Handelsgewerbe mehr war.[3] Darauf kommt es jedoch nicht an. D war mit seinem Unternehmen unter der Firma „Willi Durstig Getränkehandlung e. K." im Handelsregister eingetragen und somit entweder gem. § 2 S. 1 HGB oder gem. § 5 HGB Kaufmann kraft Eintragung.[4] Im Handelsregister eingetragene Gewerbetrei-

---

[1] Damit ist jede Unternehmensübertragung in anderer Weise als durch Erbfolge gemeint, mithin nicht nur die Unternehmensübertragung durch Kauf oder Schenkung, sondern auch die Unternehmensüberlassung durch Pacht; vgl. Baumbach/Hopt/*Hopt*, § 25 Rn. 4; EBJS/*Reuschle*, § 25 Rn. 26; Heidel/Schall/*Schall/Ammon*, § 25 Rn. 8 f.; KKRM/*Roth*, § 25 Rn. 4; Oetker/*Vossler*, § 25 Rn. 14 f.; RWH/*Ries*, § 25 Rn. 6. Allerdings ist § 25 Abs. 1 HGB unanwendbar im Falle des Erwerbs des Unternehmens aus der Insolvenzmasse, vgl. BGHZ 104, 151 (154 f.); Baumbach/Hopt/*Hopt*, § 25 Rn. 4; Heidel/Schall/*Schall/Ammon*, § 25 Rn. 12 f.; MüKoHGB/*Thiessen*, § 25 Rn. 36; Oetker/*Vossler*, § 25 Rn. 21; *Bülow/Artz*, Rn. 221; *Canaris*, § 7 Rn. 25 ff.; *Hübner*, Rn. 254; *Lettl*, § 5 Rn. 20; *Schmidt K.*, HandelsR, § 8 Rn. 6 f.

[2] H. A.; vgl. Baumbach/Hopt/*Hopt*, § 25 Rn. 2; EBJS/*Reuschle*, § 25 Rn. 22 ff.; KKRM/*Roth*, § 25 Rn. 3; Oetker/*Vossler*, § 25 Rn. 12; RWH/*Ries*, § 25 Rn. 2 f.; Staub/*Burgard*, § 25 Rn. 47; *Canaris*, § 7 Rn. 20 f.; a. A. *Schmidt K.*, HandelsR, § 8 Rn. 1 ff., welcher § 25 HGB auch auf alle anderen Unternehmensträger analog anwendet; siehe auch Bd. I Fall 5 unter A.

[3] Zur Anwendbarkeit des § 25 HGB vgl. *Schmidt K.*, HandelsR, § 8 Rn. 1; *Jung*, § 5 Rn. 14 f.

[4] Das Verhältnis zwischen § 2 S. 1 HGB und § 5 HGB ist höchst streitig. Sinkt ein Unternehmen nach seiner Eintragung ins Handelsregister auf einen kleingewerblichen Umfang herab,

Fall 4. Der missglückte Unternehmenskauf

bende gelten unwiderlegbar als Kaufleute.[5] Es kann somit weder von D noch von der K & F OHG eingewandt werden, der Gewerbebetrieb von D habe eine kaufmännische Organisation nicht erfordert.[6] Selbst bei einer zu Unrecht erfolgten Eintragung der „Willi Durstig Getränkehandlung e. K." im Handelsregister kommt eine Haftung der K & F OHG als Erwerberin gem. § 25 Abs. 1 S. 1 HGB für deren Verbindlichkeiten in Betracht.[7]

2. Fortführung gem. § 25 Abs. 1 S. 1 HGB

Nach § 25 Abs. 1 S. 1 HGB setzt die Haftungsübernahme ferner die Fortführung des Handelsgeschäfts unter Beibehaltung der bisherigen Firma des übernommenen Gewerbebetriebes voraus.

Die K & F OHG hat den Gewerbebetrieb des D nach ihrem Erwerb unverändert[8] fortgeführt.[9]

Weiterhin muss die Firma grundsätzlich unverändert weitergeführt werden, um die Haftung nach § 25 Abs. 1 S. 1 HGB auszulösen. Dabei muss sich allerdings nur der Kern[10] der alten und neuen Firma gleichen. Entscheidend ist die Firmenidentität nach der Verkehrsanschauung.[11] Dabei schadet nach dem Wortlaut des § 25 Abs. 1 S. 1 HGB die Beifügung eines Nachfolgezusatzes der Firmenfortführung nicht. Der

---

wird dies von der h. A. als ein Fall des § 5 HGB gewertet (vgl. Baumbach/Hopt/*Hopt,* § 2 Rn. 6; KKRM/*Roth,* § 5 Rn. 1; *Canaris,* § 3 Rn. 49; *Hübner,* Rn. 45; *Oetker,* § 2 Rn. 33; *Hüttemann/Meinert,* BB 2009, 1436 ff.). Nach a. A. rechtfertigt sich die fortdauernde Behandlung des im Handelsregister eingetragenen kleingewerblichen Unternehmers als Kaufmann aus § 2 S. 1 HGB (vgl. EBJS/*Kindler,* § 5 Rn. 12 ff.; Heidel/Schall/*Keßler,* § 2 Rn. 9; MüKoHGB/*Schmidt K.,* § 5 Rn. 14; *Treber,* AcP 199 (1999), 525 (584)). Maßgeblich für die Entscheidung ist, ob der Antrag nach § 2 S. 2 HGB als Wahlrecht mit materiell-rechtlicher Bedeutung (dann § 5 HGB) oder als reiner Verfahrensantrag ohne Wahlrechtsausübung (dann § 2 S. 1 HGB) gewertet wird. Zum Streitstand vgl. ausführlich *Schulze-Osterloh,* ZIP 2009, 2390 ff. und zusammenfassend Oetker/*Körber,* § 5 Rn. 4 f.

[5] Baumbach/Hopt/*Hopt,* § 5 Rn. 1; Heidel/Schall/*Keßler,* § 5 Rn. 9; KKRM/*Roth,* § 5 Rn. 7; Staub/*Oetker,* § 5 Rn. 16. Nach *Canaris,* § 3 Rn. 52 handelt es sich um eine gesetzliche Fiktion. EBJS/*Kindler,* § 5 Rn. 27 präzisiert dies dahingehend, dass nicht die Kaufmannseigenschaft, sondern das die Kaufmannseigenschaft konstituierende Merkmal der Handelsgewerblichkeit fingiert werde; a. A. MüKoHGB/*Schmidt K.,* § 5 Rn. 10, der die Fiktion für überflüssig hält.

[6] Vgl. zur Problematik vertiefend Baumbach/Hopt/*Hopt,* § 5 Rn. 4; EBJS/*Kindler,* § 5 Rn. 27 ff.; Heidel/Schall/*Keßler,* § 5 Rn. 12; MüKoHGB/*Schmidt K.,* § 5 Rn. 21 ff.

[7] Vgl. zu diesem Problem BGHZ 22, 234 (239).

[8] Für die Unternehmenskontinuität reicht die Fortführung des Geschäftsbetriebes in seinem Kern, also mit seinen wesentlichen Unternehmensteilen aus, vgl. BGHZ 18, 250; 92, 911; *BGH* NJW 1992, 911; Baumbach/Hopt/*Hopt,* § 25 Rn. 6; Heidel/Schall/*Schall/Ammon,* § 25 Rn. 18; KKRM/*Roth,* § 25 Rn. 5; RWH/*Ries,* § 25 Rn. 7; *Hübner,* Rn. 254; *Lettl,* § 5 Rn. 22.

[9] Auch eine nur kurzfristige Fortführung genügt; die nur vorübergehende Stilllegung des Geschäftsbetriebs, z. B. für Renovierungsarbeiten, beeinträchtigt die Kontinuität des Unternehmens nicht; vgl. *OLG Düsseldorf* NJW-RR 1999, 333; Baumbach/Hopt/*Hopt,* § 25 Rn. 6; Oetker/*Vossler,* § 25 Rn. 24; *Jung,* § 19 Rn. 9.

[10] Zur Unterscheidung von Firmenkern und Firmenzusätzen vgl. Baumbach/Hopt/*Hopt,* § 18 Rn. 8; Heidel/Schall/*Lamsa/Ammon,* § 18 Rn. 4; Oetker/*Schlingloff,* § 17 Rn. 3; RWH/*Ries,* § 18 Rn. 5 ff.; *Steinbeck,* § 15 Rn. 15.

[11] Vgl. *BGH* NJW 1986, 581 (582); Baumbach/Hopt/*Hopt,* § 25 Rn. 7; EBJS/*Reuschle,* § 25 Rn. 51 f.; Heidel/Schall/*Schall/Ammon,* § 25 Rn. 20; KKRM/*Roth,* § 25 Rn. 6; RWH/*Ries,* § 25 Rn. 18 ff.; Staub/*Burgard,* § 25 Rn. 71 f.; jeweils m. w. N. zur Rechtsprechung; *Canaris,* § 7 Rn. 29.

Hinweis in der Firma auf den Inhaber des Gewerbebetriebes stellt einen solchen Nachfolgezusatz dar.[12] K und F haben somit die Firma von D unter Beifügung eines das Nachfolgeverhältnis andeutenden Zusatzes fortgeführt. Die Voraussetzungen des § 25 Abs. 1 S. 1 HGB sind damit grundsätzlich erfüllt.

3. Anfechtung des Übernahmevertrages

Die Haftungsübernahme der K & F OHG kann allerdings durch die von ihren Gesellschaftern K und F am 3.9.2017 erklärte Anfechtung des Übernahmevertrages wieder entfallen sein. Die Anfechtung kann zur Folge haben, dass der Übernahmevertrag gem. §§ 123 Abs. 1, 142 Abs. 1 BGB von Anfang an nichtig war, so dass es an dem Tatbestandsmerkmal „rechtsgeschäftlicher Erwerb unter Lebenden" fehlen kann.

K und F haben gegenüber D eine gem. § 143 Abs. 1 BGB erforderliche Anfechtungserklärung abgegeben. Die Anfechtungserklärung erfolgte auch fristgerecht gem. § 123 Abs. 1, Abs. 3 BGB. Die von K und F erklärte Anfechtung des Übernahmevertrages „in jeder Hinsicht" ist gem. § 133 BGB so auszulegen, dass sie sowohl das schuldrechtliche als auch das dingliche Rechtsgeschäft erfassen soll. K und F sind von D auch durch Vorlage gefälschter Unterlagen arglistig getäuscht worden. Wird ein dinglicher Übertragungsakt rückwirkend gem. § 142 Abs. 1 BGB unwirksam, kann es somit an einem Erwerb gem. § 25 Abs. 1 S. 1 HGB fehlen.[13]

Die aufgrund wirksam erklärter Anfechtung nach § 142 Abs. 1 BGB eintretende Rechtsfolge der Nichtigkeit des Rechtsgeschäfts von Anfang an kann aber mit der Ratio des § 25 Abs. 1 S. 1 HGB nicht vereinbar sein.[14] § 25 Abs. 1 S. 1 HGB stellt einen typisierten Rechtsscheintatbestand dar.[15] Daher kommt es vielmehr allein auf die tatsächliche Geschäftsübernahme an.[16] Mit der Firmenfortführung erweckt der Erwerber den Anschein der Haftungskontinuität. Das hierauf gerichtete Vertrauen des Rechtsverkehrs soll geschützt werden. Die Öffentlichkeit darf sich darauf verlassen, dass die für das Unternehmen begründeten Forderungen und Verbindlichkeiten den wahren Unternehmensinhaber berechtigen und verpflichten. Bei einem

---

[12] OLG Celle BB 1962, 388; Heymann/*Emmerich*, § 22 Rn. 23; KKRM/*Roth*, § 22 Rn. 17 ff.; MüKoHGB/*Heidinger*, § 22 Rn. 60.

[13] So *Canaris*, § 7 Rn. 24; *Lettl*, § 5 Rn. 19; in diesem Sinne offenbar auch MüKoHGB/*Thiessen*, § 25 Rn. 53; RWH/*Ries*, § 25 Rn. 10.

[14] Nach h. M. ist es unerheblich, ob sich der Wirksamkeitsmangel auf das Verpflichtungs- oder auf das Erfüllungsgeschäft oder auf beide bezieht; vgl. Baumbach/Hopt/*Hopt*, § 25 Rn. 5; Heidel/Schall/*Schall/Ammon*, § 25 Rn. 10; KKRM/*Roth*, § 25 Rn. 4b; Oetker/*Vossler*, § 25 Rn. 16; Staub/*Burgard*, § 25 Rn. 55; *Brox/Henssler*, Rn. 137; *Bülow/Artz*, Rn. 220; *Hübner*, Rn. 254; *Jung*, § 19 Rn. 9; *Oetker*, § 4 Rn. 87; *Schmidt K.*, HandelsR, § 8 Rn. 10; unentschieden *Steinbeck*, § 15 Rn. 12.

[15] BGHZ 18, 248 (250); 22, 234 (239). In späteren Entscheidungen nähert sich die Rechtsprechung dem Gedanken der unternehmensrechtlichen Haftungskontinuität an, vgl. *BGH NJW* 1984, 1186; *BGH* WM 1985, 1475; grundlegend hierzu *Schmidt K.*, HandelsR, § 7 Rn. 32 ff. Zum Diskussionsstand über den Normzweck und die dogmatischen Grundlagen des § 25 HGB vgl. den Überblick in Heidel/Schall/*Schall/Ammon*, § 25 Rn. 3; MüKoHGB/*Thiessen*, § 25 Rn. 8 ff.; RWH/*Ries*, Vor § 25 Rn. 4 f.; Staub/*Burgard*, § 25 Rn. 1 bis 46; *Hübner*, Rn. 252; *Jung*, § 19 Rn. 24; *Lettl*, § 5 Rn. 13; *Oetker*, § 4 Rn. 82; *Steinbeck*, § 15 Rn. 1 ff.

[16] Vgl. BGHZ 18, 248 (252); 22, 234 (239); *BGH* NJW 1992, 911 (912); Baumbach/Hopt/*Hopt*, § 25 Rn. 5; Heidel/Schall/*Schall/Ammon*, § 25 Rn. 10 f.; KKRM/*Roth*, § 25 Rn. 4b; Oetker/*Vossler*, § 25 Rn. 17; *Schmidt K.*, HandelsR, § 8 Rn. 9; kritisch hierzu EBJS/*Reuschle*, § 25 Rn. 33; MüKoHGB/*Thiessen*, § 25 Rn. 53 f.; *Canaris*, § 7 Rn. 24.

Fall 4. Der missglückte Unternehmenskauf 59

Inhaberwechsel geht deshalb die Haftung auf den neuen Inhaber über.[17] Die tatsächliche Geschäftsübernahme lässt sich durch die Anfechtung des Übernahmevertrages nicht mehr rückgängig machen. Für das Außenverhältnis ist es daher unerheblich, ob das interne Rechtsverhältnis zwischen Veräußerer und Erwerber rechtswirksam ist.[18] Danach haftet die K & F OHG trotz der Anfechtung des Übernahmevertrages für die Verbindlichkeiten von *D* gem. § 25 Abs. 1 S. 1 HGB.

Die Haftungsübernahme der K & F OHG kann jedoch nur bei Gutgläubigkeit des jeweiligen Gläubigers an der Wirksamkeit des Übernahmevertrages zu befürworten sein.[19] Ob einer solchen teleologischen Reduktion des § 25 Abs. 1 S. 1 HGB zu folgen ist, kann jedoch offen bleiben. Es ist nicht ersichtlich, dass *O* die Täuschung von *K* und *F* durch *D* kannte oder kennen musste. *O* hat seine Forderungen gegenüber der K & F OHG am 2.9.2017, also vor der von *K* und *F* am 3.9.2017 gegenüber *D* erklärten Anfechtung des Übernahmevertrages, geltend gemacht. Es ist daher von der Gutgläubigkeit des *O* auszugehen, so dass auch bei einer teleologischen Reduktion von § 25 Abs. 1 S. 1 HGB eine Haftungsübernahme durch die K & F OHG zu bejahen ist.

4. Summenmäßige Beschränkung der Haftungsübernahme?

Die Haftung der K & F OHG kann auf das von *D* übernommene Geschäftsvermögen begrenzt sein.[20] Die Höhe des übernommenen Geschäftsvermögens dürfte dem Kaufpreis von 40.000 EUR entsprechen.

Für eine solche Haftungsbegrenzung kann angeführt werden, dass der Gläubiger keinen weitergehenden Schutz verdient. Seine Vermögensdispositionen bezogen sich nur auf die finanziellen Verhältnisses des ursprünglichen Geschäftsinhabers.

Dagegen spricht jedoch, dass die Haftung gem. § 25 Abs. 1 S. 1 HGB nach ihrem Wortlaut summenmäßig unbeschränkt ist. Veräußerer und Erwerber haften für die erfassten Verbindlichkeiten als Gesamtschuldner[21] mit ihrem gesamten Vermögen.[22]

---

[17] Vgl. auch *Schmidt K.*, HandelsR, § 7 Rn. 16 ff. mit ausführlicher Stellungnahme zu den Problemen der Haftungskontinuität. Siehe dazu auch Bd. I Fall 5 unter A. II. 1.
[18] Baumbach/Hopt/*Hopt*, § 25 Rn. 5 sowie die Nachweise in Fn. 14; a. A. EBJS/*Reuschle*, § 25 Rn. 32 f.; Heymann/*Emmerich*, § 25 Rn. 19; MüKoHGB/*Thiessen*, § 25 Rn. 53; RWH/*Ries*; § 25 Rn. 10; *Canaris*, § 7 Rn. 24. Sofern entgegen der h. A. bei einem rechtsunwirksamen Erwerbsgeschäft das Tatbestandsmerkmal „Erwerb" in § 25 Abs. 1 S. 1 HGB verneint und damit eine Haftung des Übernehmers für die Verbindlichkeiten des früheren Geschäftsinhabers abgelehnt wird, kommt eine Haftung des das Unternehmen fortführenden Übernehmers nur nach Rechtsscheingesichtspunkten in Betracht, wenn also der Gläubiger im Vertrauen auf den Anschein des endgültigen Erwerbs disponiert hat. Dafür ist im vorliegenden Fall nichts ersichtlich. Die Falllösung wäre dann zu Ende.
[19] So noch Staub/*Würdinger*, 3. Aufl., § 25 Rn. 10a; Heidel/Schall/*Schall/Ammon*, § 25 Rn. 10.
[20] *Heckelmann*, FS Bartholomeyczik (1973), 129 (145) ff.; ebenso offenbar MüKoHGB/*Thiessen*, § 25 Rn. 71: „Haftungsumfang beschränkt sich auf die im Betrieb begründeten Verbindlichkeiten".
[21] BGHZ 42, 381 (384). Die Haftung des Erwerbers gem. § 25 Abs. 1 HGB ist dogmatisch als gesetzlicher Schuldbeitritt zu werten, vgl. Heidel/Schall/*Schall/Ammon*, § 25 Rn. 24; RWH/*Ries*, § 25 Rn. 28 f.; *Canaris*, § 7 Rn. 39; *Lettl*, § 5 Rn. 34; *Oetker*, § 4 Rn. 93; *Steinbeck*, § 15 Rn. 20.
[22] Baumbach/Hopt/*Hopt*, § 25 Rn. 10; EBJS/*Reuschle*, § 25 Rn. 63 ff.; Heidel/Schall/*Schall/Ammon*, § 25 Rn. 24; Heymann/*Emmerich*, § 25 Rn. 30 f.; KKRM/*Roth*, § 25 Rn. 7; Oetker/*Vossler*, § 25 Rn. 32; Staub/*Burgard*, § 25 Rn. 83; *Canaris*, § 7 Rn. 37; *Jung*, § 19 Rn. 10.

Die K & F OHG haftet gegenüber O daher gem. § 25 Abs. 1 S. 1 HGB für dessen Kaufpreisforderungen in voller Höhe.

II. Eintritt von P als Kommanditist

Die Haftung von P für die Kaufpreisverbindlichkeiten der K & F OHG gem. §§ 173 Abs. 1, 171 Abs. 1 HGB setzt voraus, dass er in diese bestehende Handelsgesellschaft als Kommanditist eingetreten ist. P ist am 1.5.2017 neuer Gesellschafter der „Willi Durstig Getränkehandlung, Inh. Korn & Co. OHG" geworden. Diese Gesellschaft war bis zu seinem Eintritt eine OHG gem. §§ 105 ff. HGB. Mit dem Eintritt von P als Kommanditist wandelte sich die Rechtsform der Gesellschaft kraft Gesetzes von einer OHG in eine KG um.

Der Kommanditist haftet gem. § 173 Abs. 1 HGB auch für die vor seinem Eintritt begründeten Gesellschaftsschulden nach Maßgabe der §§ 171, 172 HGB.

1. Lehre von der fehlerhaften Gesellschaft

Der Haftung von P gem. §§ 173 Abs. 1, 171 Abs. 1 HGB kann aber entgegenstehen, dass P seine Beitrittserklärung gem. § 123 Abs. 1 BGB angefochten hat. Seine Beitrittserklärung kann somit gem. § 142 Abs. 1 BGB von Anfang an nichtig sein. P wäre dann niemals Kommanditist der Gesellschaft geworden.

a) Anwendbarkeit der Lehre von der fehlerhaften Gesellschaft

Die Nichtigkeits- und Anfechtungsfolgen des bürgerlichen Rechts mit ihrer Rückwirkung auf den Abschluss des Rechtsgeschäfts können jedoch für Gesellschaftsverhältnisse unpassend sein.[23] Es kann somit geboten sein, die Rechtsfolgen von § 142 Abs. 1 BGB dahingehend teleologisch zu reduzieren, dass unter anderem die Anfechtung einer Beitrittserklärung zu einer bestehenden Gesellschaft nur Wirksamkeit für die Zukunft entfaltet. Es würde zu unerträglichen Ergebnissen führen, wenn Personengesellschaften als auf Dauer angelegte und tatsächlich vollzogene Leistungsgemeinschaften mit rückwirkender Kraft so behandelt würden, als hätten sie niemals bestanden. Schließlich haben die Gesellschafter Beiträge erbracht, Gewinnchancen genutzt und vor allem Risiko getragen.[24] Die sich auf den Abschluss des Gesellschaftsvertrages bzw. auf den Beitritt eines Gesellschafters mit einer Anfechtung gem. §§ 119, 123 BGB einhergehenden Nichtigkeitsfolgen gem. § 142 BGB sind deshalb mit der Lehre von der fehlerhaften Gesellschaft zu lösen.[25]

b) Voraussetzungen der Lehre von der fehlerhaften Gesellschaft

Die Lehre von der fehlerhaften Gesellschaft[26] setzt erstens voraus, dass ein Vertrag geschlossen wurde, der nach allgemeinen Grundsätzen anfänglich unwirksam oder anfechtbar ist. Der Aufnahmevertrag zwischen P einerseits und K und F andererseits in die OHG war wegen Täuschung des P durch die Gesellschafter der OHG

---

[23] Vgl. PersG-HdB/*Westermann H. P.*, Rn. 215 ff.
[24] *Schmidt K.*, GesR, § 6 I 1a (S. 143 f.).
[25] Vgl. hierzu BGHZ 55, 5 ff.; *Schmidt K.*, GesR, § 6 I (S. 143 ff.); *Windbichler*, § 12 Rn. 11.
[26] Allgemein zum Tatbestand und den Rechtsfolgen einer fehlerhaften Gesellschaft vgl. Beck-OK BGB/*Schöne*, § 705 Rn. 82 ff.; Erman/*Westermann H. P.*, § 705 Rn. 73 ff.; MüKoBGB/*Schäfer*, § 705 Rn. 323 ff.; Baumbach/Hopt/*Roth*, § 105 Rn. 75 ff.; EBJS/*Wertenbruch*, § 105 Rn. 246 ff.; Heidel/Schall/*Heidel*, § 105 Rn. 170 ff.; Oetker/*Lieder*, § 105 Rn. 105 ff.; RWH/*Haas*, § 105 Rn. 38 ff.; *Schmidt K.*, GesR, § 6 III (S. 147 ff.).

Fall 4. Der missglückte Unternehmenskauf 61

über die finanzielle Lage der Gesellschaft gem. § 123 Abs. 1, 1. Fall BGB anfechtbar.

Zweitens muss die Gesellschaft in Vollzug gesetzt worden sein. Von der Fortführung der Gesellschaft nach dem Eintritt des *P* ist auszugehen.

Drittens darf die Durchführung des fehlerhaften Rechtsverhältnisses weder mit vorrangigen Interessen der Allgemeinheit noch den Belangen schutzwürdiger Personen unvereinbar sein.[27] Dafür ist nichts ersichtlich. Die Voraussetzungen einer fehlerhaften Gesellschaft liegen somit vor.

c) Rechtsfolgen der Lehre von der fehlerhaften Gesellschaft

Rechtsfolge der fehlerhaften Gesellschaft ist, dass diese zwar wirksam begründet ist, das Rechtsverhältnis aber jederzeit ex nunc durch Auflösung der Gesellschaft oder durch Austritt des Gesellschafters aus wichtigem Grund beendet werden kann. *P* hat von seinem Recht, aus der K & F KG auszutreten, Gebrauch gemacht, wodurch sich diese KG kraft Gesetzes wieder in eine OHG „zurück umgewandelt" hat. An seiner Haftung für die bis zu seinem Austritt entstandenen Verbindlichkeiten der Gesellschaft – nunmehr in der Rechtsform der OHG – ändert sich jedoch nichts. Durch das Ausscheiden von *P* aus der Gesellschaft im Juli 2017 entfällt seine Haftung gegenüber den Gesellschaftsgläubigern für die bis zu seinem Ausscheiden entstandenen Gesellschaftsverbindlichkeiten nicht.[28] *P* haftet also für die Gesellschaftsverbindlichkeiten gem. § 173 Abs. 1 HGB nach Maßgabe der §§ 171, 172 HGB.

2. Haftungsbegrenzung zugunsten von P

Die Haftung von *P* für die Gesellschaftsverbindlichkeiten kann gem. § 171 Abs. 1, 2. Halbs. HGB indes ausgeschlossen sein, wenn und soweit er seine Einlage geleistet hat. *P* hat bereits im Juni 2017 60.000 EUR als Einlage geleistet. Allerdings hat er anlässlich seines Ausscheidens als Surrogat für den Verlust seiner Gesellschafterstellung die ihm gem. § 738 Abs. 1 S. 2, 3. Fall BGB i. V. m. §§ 161 Abs. 2, 105 Abs. 3 HGB zustehende Abfindung i. H. seiner erbrachten Einlageleistung erhalten. Damit wurde ihm gem. § 172 Abs. 4 S. 1 HGB seine Einlage zurückgewährt, so dass seine Haftung auf den Betrag von 100.000 EUR wieder auflebt ist. *O* kann ihn daher wegen seiner noch ausstehenden Kaufpreisforderungen i. H. v. 75.000 EUR in Anspruch nehmen.[29]

---

[27] Zu nennen sind hier Gesetzwidrigkeit i. S. v. § 134 BGB, Sittenwidrigkeit i. S. v. § 138 Abs. 1 BGB sowie der Minderjährigenschutz; vgl. BeckOK BGB/*Schöne*, § 705 Rn. 86 ff. MüKoBGB/*Schäfer*, § 705 Rn. 332 ff.; Heidel/Schall/*Heidel*, § 105 Rn. 176 f. Ferner werden Gesellschafter geschützt, die durch Täuschung oder Drohung in ein Beteiligungsverhältnis gebracht worden sind, dessen bloße Auflösung dem anderen Gesellschafter unverdiente Vorteile brächte; vgl. *Schmidt K.*, GesR, § 6 III 3a (S. 149 ff.) mit Hinweisen auf die jeweilige Rechtsprechung.

[28] Vgl. Baumbach/Hopt/*Roth*, § 171 Rn. 2; Heidel/Schall/*Schall*, § 171 Rn. 97. Hier liegt, da die Verbindlichkeit noch vor dem Ausscheiden des *P* fällig geworden ist, auch kein Fall des § 160 HGB vor.

[29] Leistet *P* auf die Forderungen von *O*, hat er gegenüber der K & F OHG einen Regressanspruch in voller Höhe, für den auch *K* und *F* gem. §§ 128 S. 1, 124 Abs. 1 HGB ihm gegenüber mit ihrem gesamten Vermögen haften. Die Anspruchsgrundlage für den Regressanspruch des ausgeschiedenen Gesellschafters gegenüber der Gesellschaft ist str. In Betracht kommen § 426 Abs. 2 BGB (BGHZ 39, 319) bzw. § 670 i. V. m. § 713 BGB (*BGH* WM 1978, 114, 115) oder § 774 BGB analog (*Schmidt K.*, GesR, § 51 III 2b) [S. 1506 f.]).

Die Forderungen von O sind gem. §§ 195, 199 Abs. 1 BGB auch noch nicht verjährt.

B. Ergebnis

O kann von P die Zahlung von 75.000 EUR gem. § 433 Abs. 2 BGB i. V. m. §§ 173 Abs. 1, 171 Abs. 1, 25 Abs. 1 S. 1 HGB verlangen.

Fall 5. Die risikobehaftete Geschäftsübernahme

Schwerpunkte im Handels- und Personengesellschaftsrecht:

Firmenfortführung – Firmenneubildung – Haftung nach § 25 HGB bei Erwerb eines nichtkaufmännischen Unternehmens – Anwendung des § 28 HGB auf eine durch Beitritt entstandene GbR – Gesellschafterhaftung beim Beitritt nach § 28 HGB

Sachverhalt

Anton Abt (A) war Inhaber eines Dachdecker- und Blitzableiterbetriebs. Angestellte hatte er nicht. Der Jahresumsatz lag in den letzten drei Jahren bei ca. 100.000 EUR, wovon der größte Anteil auf Arbeitsleistungen des *A* entfiel. Material und Werkzeuge benötigte *A* nur in geringem Umfang. Daher führte er lediglich eine einfache Einnahmen-Überschuss-Rechnung. *A* betrieb sein Unternehmen unter der Bezeichnung „Anton Abt Dachdecker- und Blitzableitergeschäft", ließ jedoch keine Firma in das Handelsregister eintragen. Nach seinem Tod im Juni 2017 veräußerten die Erben des *A* das Unternehmen an *Benno Beiz (B)* und gestatteten ihm zugleich, die bisherige „Firma" fortzuführen, wovon *B* auch Gebrauch machte.

Kurz vor seinem Tode hatte *A* noch ein Darlehen i. H. v. 10.000 EUR für seinen Geschäftsbetrieb bei der Sparkasse *S* aufgenommen.

Frage 1: Ist *B* gegenüber *S* zur Rückzahlung des Darlehens verpflichtet?

Frage 2: Ist *B* gegenüber *S* zur Rückzahlung des Darlehens verpflichtet, wenn *B* im Juli 2017 eine Anzeige in den Tageszeitungen aufgegeben hat, dass er, *B*, das Unternehmen von *A* unter der Firma „Anton Abt, Inhaber Benno Beitz e.K, Dachdecker- und Blitzableitergeschäft" fortführe?

Abwandlung 1: *B* meldet im Juli 2017 die Firma „Anton Abt, Inhaber Benno Beiz e. K., Dachdecker- und Blitzableitergeschäft" zur Eintragung ins Handelsregister an. Das Registergericht weigert sich, die von *B* beantragte Firmeneintragung vorzunehmen. Hat *B* einen Anspruch auf Eintragung?

Abwandlung 2: *B* führt das Dachdeckergeschäft zunächst alleine fort und kauft im ersten Monat seiner Geschäftstätigkeit bei *G* einen gebrauchten LKW für 45.000 EUR.

Am 1.10.2017 nimmt *B* den langjährigen Dachdeckermeister *Carsten Cober (C)* gegen Zahlung einer „Einlage" von 150.000 EUR als „Teilhaber" in das Unternehmen auf. Dabei wird vereinbart, dass *C* künftig „zur Hälfte" am Geschäftsergebnis beteiligt sein werde und die für die Zukunft vorgesehene Dachdeckerkolonne leiten solle, während *B* sich um die Büroarbeit kümmern wolle. Sie beschließen, künftig als „B & C, Dachdecker- und Blitzableitergeschäft OHG" (B & C OHG) zu firmieren und stellen am 11.10.2017 einen Antrag auf Eintragung der Firma in das Handelsregister. Am 25.10.2017 erfolgt die Eintragung der von B und C angemeldeten Firma.

G verlangt anschließend von C die Zahlung des fälligen Kaufpreises für den LKW i. H. v. 45.000 EUR. Zu Recht?

Lösung

Ausgangsfall

Frage 1

A. Anspruch von S gegen B gem. § 488 Abs. 1 S. 2 BGB i. V. m. § 25 Abs. 1 S. 1 HGB

S kann B gem. § 488 Abs. 1 S. 2 BGB auf Zahlung von 10.000 EUR in Anspruch nehmen, wenn B aufgrund eines gesetzlichen Schuldbeitritts gem. § 25 Abs. 1 S. 1 HGB für die Rückerstattung des an A gewährten Darlehens einstehen muss.

I. Verkehrsgeschäft

B hat das Unternehmen des A von dessen Erben aufgrund eines Verkehrsgeschäfts und damit „unter Lebenden"[1] erworben.

II. Erwerb eines Handelsgeschäfts

Bei dem von B übernommenen Unternehmen muss es sich weiterhin um ein Handelsgeschäft handeln. Der Stellung der Vorschrift im Abschnitt über die Handelsfirma[2] entsprechend geht § 25 Abs. 1 S. 1 HGB von firmenfähigen Unternehmen aus. Das Recht zur Firmenführung kommt nur Kaufleuten zu. § 25 Abs. 1 S. 1 HGB ist somit unmittelbar nur anzuwenden, wenn der bisherige Unternehmer ein kaufmännisches Handelsgewerbe betrieben hat.[3] Wegen nicht erfolgter Eintragung der von A verwandten Geschäftsbezeichnung in das Handelsregister ist der Erwerb eines Handelsgeschäfts durch B nur gegeben, wenn das übernommene Unternehmen die Voraussetzungen des § 1 HGB erfüllt.

1. Handelsgewerbe gem. § 1 Abs. 1 HGB

Der Dachdecker- und Blitzableiterbetrieb muss zunächst ein Gewerbe darstellen. Gewerbe i. S. d. Handelsrechts ist jede selbständige, entgeltliche,[4] planmäßige und auf Dauer angelegte, nach außen in Erscheinung tretende Tätigkeit mit Ausnahme

---

[1] Vgl. hierzu Bd. I Fall 4 Fn. 1.
[2] Vgl. hierzu die Überschrift im Gesetz vor §§ 17 ff. HGB.
[3] Vgl. die Nachweise in Bd. I Fall 4 Fn. 2.
[4] Soweit die Gewinnerzielungsabsicht als Voraussetzung des handelsrechtlichen Gewerbebegriffs befürwortet wird (vgl. BGHZ 36, 273 (276); 95, 155 (157 ff.); *Brox/Henssler*, Rn. 28), vermag dies nicht zu überzeugen; vgl. zutreffend Heidel/Schall/*Keßler*, § 1 Rn. 22; Oetker/*Körber*, § 1 Rn. 28 f.; *Canaris*, § 2 Rn. 14; *Jung*, § 5 Rn. 10; *Lettl*, § 2 Rn. 21; *Schmidt K.*, HandelsR, § 9 Rn. 37 ff. Vereinzelt wird auch die Legalität der Tätigkeit für erforderlich gehalten (vgl. Staub/*Oetker*, § 1 Rn. 42; *Brox/Henssler*, Rn. 27); dagegen jedoch mit überzeugenden Gründen Baumbach/Hopt/*Hopt*, § 1 Rn. 21; Heidel/Schall/*Keßler*, § 1 Rn. 26; MüKoHGB/*Schmidt K.*, § 1 Rn. 29; Oetker/*Körber*, § 1 Rn. 27; *Bülow/Artz*, Rn. 31; *Canaris*, § 2 Rn. 13; *Lettl*, § 2 Rn. 19; *Oetker*, § 2 Rn. 17; *Schmidt K.*, HandelsR, § 9 Rn. 35; *Steinbeck*, § 6 Rn. 3.

Fall 5. Die risikobehaftete Geschäftsübernahme 65

derjenigen Berufe, bei denen die Leistungserbringung höchstpersönlichen Charakter[5] hat.[6] Der Dachdecker- und Blitzableiterbetrieb von *A* erfüllt alle diese Voraussetzungen und ist daher ein Gewerbe im Sinne des Handelsrechts.

Darüber hinaus muss es sich bei dem Dachdecker- und Blitzableiterbetrieb von *A* um ein Handelsgewerbe handeln. Nach § 1 Abs. 2 HGB gilt für jeden Gewerbebetrieb die widerlegliche Vermutung, dass es sich um ein Handelsgewerbe handelt.[7] Dies gilt ebenso für alle Handwerksbetriebe.[8] Das Unternehmen von *A* ist also als Handelsgewerbe anzusehen, wenn nicht ausnahmsweise feststeht, dass es seiner Art oder seinem Umfang nach einen in kaufmännischer Weise eingerichteten Geschäftsbetrieb nicht erfordert. Ob ein Unternehmen eine kaufmännische Einrichtung erfordert, setzt eine Gesamtwürdigung der Verhältnisse des einzelnen Unternehmens voraus.[9] Dabei ist insbesondere die Zahl der Beschäftigten und die Art ihrer Tätigkeit, der Umsatz, das Anlage- und Betriebskapital, die Vielfalt der in dem Unternehmen erbrachten Leistungen und der Geschäftsbeziehungen und die Inanspruchnahme von Kredit zu berücksichtigen.[10]

Bei dem durch *B* übernommenen Unternehmen handelt es sich um einen handwerklichen Betrieb. In diesem Bereich sind die Unternehmer regelmäßig vorleistungspflichtig. Zug-um-Zug-Geschäfte bilden die Ausnahme. Demnach kann der Dachdecker- und Blitzableiterbetrieb grundsätzlich auch eine kaufmännische Buchführung erfordern, was als Indiz für das Vorliegen eines Handelsgewerbes i. S. d. § 1 Abs. 2 HGB gilt.[11]

2. Widerlegung der Vermutung des Handelsgewerbes

B kann aber möglicherweise zur Vermeidung seiner Haftung aus § 25 Abs. 1 S. 1 HGB die Vermutung des § 1 Abs. 2 HGB widerlegen, dass es sich bei dem übernommenen Geschäftsbetrieb von *A* um ein Handelsgewerbe gehandelt hat. Dazu muss er darlegen und beweisen, dass das Geschäft von *A* entweder nach Art oder nach Umfang einen in kaufmännischer Weise eingerichteten Gewerbebetrieb nicht erforderte.

A führte nur eine einfache Einnahmen-Überschuss-Rechnung. Außerdem beschäftigte er keine Angestellten und der Jahresumsatz der letzten drei Jahre lag jeweils bei nur ca. 100.000 EUR. Das Fehlen von abhängig Beschäftigten und der im Dachdeckerbereich – unter Berücksichtigung des Durchschnittsvolumens der einzelnen

---

[5] Vgl. hierzu die in § 1 Abs. 2 PartGG beispielhaft aufgezählten Berufe.
[6] Zu den Voraussetzungen des handelsrechtlichen Gewerbebegriffs vgl. die Nachweise in Bd. I Fall 1 Fn. 1.
[7] Vgl. statt aller Baumbach/Hopt/*Hopt*, § 1 Rn. 25; EBJS/*Kindler*, § 1 Rn. 42; Heidel/Schall/Keßler, § 1 Rn. 42; *Jung*, § 5 Rn. 17.
[8] Baumbach/Hopt/*Hopt*, § 1 Rn. 26.
[9] *BGH* BB 1960, 917; vgl. auch BGHZ 10, 91 (96); *OLG Frankfurt* DB 1983, 169; Baumbach/Hopt/*Hopt*, § 1 Rn. 23; EBJS/*Kindler*, § 1 Rn. 51; Heidel/Schall/*Keßler*, § 1 Rn. 29 ff.; RWH/*Röhricht*, § 1 Rn. 106 ff.; zur Rechtslage vor Inkrafttreten des HRefG vgl. Staub/*Brüggemann*, 4. Aufl., § 1 Rn. 7.
[10] Vgl. Baumbach/Hopt/*Hopt*, § 1 Rn. 23; EBJS/*Kindler*, § 1 Rn. 49 ff.; Heidel/Schall/*Keßler*, § 1 Rn. 30 ff. Die insoweit zum Kaufmannsbegriff nach §§ 1 ff. HGB a. F. für die Abgrenzung des Vollkaufmanns zum Minderkaufmann (vgl. § 4 Abs. 1 HGB a. F.) entwickelten Kriterien (vgl. Staub/*Brüggemann*, 4. Aufl., § 4 Rn. 6 ff.) gelten nach Inkrafttreten des HRefG zum 1.7.1998 nunmehr in gleicher Weise für die Abgrenzung des Kaufmanns zum Nichtkaufmann.
[11] Zum Erfordernis einer doppelten Buchführung als Indiz für das Vorliegen eines in kaufmännischer Weise eingerichteten Geschäftsbetriebs vgl. *Kögel*, DB 1998, 1802 (1803).

Aufträge – recht geringe Umsatz sprechen gegen einen kaufmännischen Geschäftsumfang. Auch lassen sich hieraus wiederum Rückschlüsse auf die erforderliche Buchführung ziehen. Ausgehend von einer eher geringen Auftragszahl beschränkt sich auch insoweit die Buchführung auf eine bloße Erfassung der Ein- und Ausgänge. Außerdem spricht dies für eine nur kleine Zahl geschäftlicher Kontakte. Vor diesem Hintergrund ist infolge des geringen Geschäftsumfangs von einem nichtkaufmännischen Geschäftsbetrieb auszugehen und die Vermutung des § 1 Abs. 2 HGB widerlegt.

Damit scheidet ein gesetzlicher Schuldbeitritt von B in unmittelbarer Anwendung von § 25 Abs. 1 S. 1 HGB aus.

B. Anspruch von S gegen B gem. § 488 Abs. 1 S. 2 BGB i. V. m. § 25 Abs. 1 S. 1 HGB analog

Eine Einstandspflicht von B für die Darlehensrückzahlungsverpflichtung gem. § 488 Abs. 1 S. 2 BGB an S kann sich jedoch aus einer analogen Anwendung des § 25 Abs. 1 S. 1 HGB ergeben. Dafür muss § 25 Abs. 1 S. 1 HGB analog auf den Erwerb eines kleingewerblichen Unternehmens anwendbar sein.

I. Analogiefähigkeit von § 25 Abs. 1 S. 1 HGB

§ 25 Abs. 1 S. 1 HGB muss zunächst eine analogiefähige Norm sein. Das ist abzulehnen, wenn es sich bei ihr um eine abschließende Regelung handelt, die nur auf den Erwerb eines Handelsgewerbes durch Rechtsgeschäft unter Lebenden bei gleichzeitiger Unternehmens- und Firmenfortführung zugeschnitten ist. Hierfür ist maßgeblich welchem Zweck § 25 Abs. 1 S. 1 HGB zu dienen bestimmt ist. Der Normzweck von § 25 Abs. 1 S. 1 HGB ist aber heftig umstritten, wobei sich bislang keine der widerstreitenden Ansichten hat durchsetzen können.[12]

1. Erklärungstheorie

Der in § 25 Abs. 1 S. 1 HGB geregelte gesetzliche Schuldbeitritt für den Erwerber eines Handelsgeschäfts kann damit gerechtfertigt werden, dass der Erwerber eines Unternehmens mit der Firmenübernahme zugleich auch eine Haftungsübernahme erklärt.[13]

Dieser Normzweck vermag nicht zu überzeugen. In der Firmenfortführung zugleich eine an den Verkehr gerichtete Kundgabe des Haftungsbeitritts anzunehmen, liefe auf eine unzulässige Willensfiktion hinaus.[14] Der Erwerber hat in aller Regel kein Interesse, die Haftungsmasse der Gläubiger des früheren Geschäftsinhabers durch seinen Haftungsbeitritt zu vergrößern.[15] Auch stellt sich die Firmenfortführung als ein tatsächliches und nicht als ein rechtsgeschäftliches Verhalten dar. Wäre mit der Firmenfortführung eine rechtsgeschäftliche „Haftungserklärung" verbunden, be-

---

[12] Vgl. zu den verschiedenen Ansichten zum Normzweck des § 25 HGB insgesamt nur Baumbach/Hopt/*Hopt*, § 25 Rn. 1; EBJS/*Reuschle*, § 25 Rn. 2 ff.; Heidel/Schall/*Schall/Ammon*, § 25 Rn. 3; KKRM/*Roth*, § 25 Rn. 2; Staub/*Burgard*, § 25 Rn. 9 ff.; *Canaris*, § 7 Rn. 6 ff.; *Jung*, § 19 Rn. 24; *Schmidt K.*, HandelsR, § 7 Rn. 16 ff.

[13] So die überwiegend in der älteren Rspr. Anklang gefundene Erklärungstheorie, vgl. RGZ 60, 296 (300); BGHZ 38, 44 (47); BGH NJW 1982, 577 f.; WM 1990, 1573 (1576); *Säcker*, ZGR 1973, 261 (272 ff.); vgl. aber auch Fall Nr. 4 Fn. 14.

[14] *Canaris*, § 7 Rn. 7; *Schmidt K.*, HandelsR, § 7 Rn. 18; kritisch ebenfalls EBJS/*Reuschle*, § 25 Rn. 15.

[15] *Canaris*, § 7 Rn. 7.

dürfte es zur Haftungsbegründung des Erwerbers auch nicht des gesetzlichen Schuldbeitritts nach § 25 Abs. 1 HGB, da sich die Haftung dann bereits aus der Erklärung selbst ergeben würde. Schließlich wäre auch § 25 Abs. 3 HGB unverständlich und überflüssig, wenn die Haftung nach § 25 Abs. 1 S. 1 HGB auf einer einseitigen Erklärung beruhen würde.[16]

Schon im unmittelbaren Anwendungsbereich von § 25 Abs. 1 S. 1 HGB liefert die Erklärungstheorie keine überzeugende Herleitung des Normzwecks, so dass sie erst recht nicht zur Begründung für die analoge Anwendung des § 25 Abs. 1 S. 1 HGB auf die Fortführung eines nichtkaufmännischen Unternehmens unter Fortführung der Geschäftsbezeichnung nutzbar gemacht werden kann.

2. Rechtsscheintheorie

Im unmittelbaren Anwendungsbereich von § 25 Abs. 1 S. 1 HGB kann der angeordnete gesetzliche Schuldbeitritt damit gerechtfertigt werden, dass die Fortführung des Unternehmens unter der bisherigen Firma bei den Gläubigern des bisherigen Inhabers den Anschein erweckt, ein Wechsel des Unternehmensträgers habe nicht stattgefunden. § 25 Abs. 1 HGB schütze dann die im Vertrauen auf diesen Anschein vorgenommenen Dispositionen durch die Möglichkeit des Zugriffs auf das Vermögen des Erwerbers und damit auch auf das fortgeführte Unternehmen.[17] Die Annahme einer Rechtsscheinhaftung als Normzweck von § 25 Abs. 1 S. 1 HGB ist jedoch durchgreifenden Bedenken ausgesetzt. So vermag sie nicht zu erklären, warum § 25 Abs. 1 S. 1 HGB eine Einstandspflicht auch dann begründet, wenn das Unternehmen mit einem Nachfolgevermerk fortgesetzt wird. Für ein Vertrauen darauf, dass ein Inhaberwechsel nicht stattgefunden habe, ist in diesem Fall ersichtlich kein Raum.[18] Ebenso wenig schützt § 25 Abs. 1 S. 1 HGB das Vertrauen auf die Vereinbarung einer Schuldmitübernahme. Zum einen fehlt es an einem Scheintatbestand, denn die Annahme eines Haftungsbeitritts würde wiederum eine unzulässige Fiktion eines Haftungswillens des Erwerbers bedingen (vgl. oben). Zum anderen greift § 25 Abs. 1 S. 1 HGB auch ein, wenn die Gläubiger des früheren Geschäftsinhabers die Übernahme des Unternehmens durch einen neuen Inhaber nicht bemerkt haben. Ein besonderes Verhalten des Erwerbers, welches die Zurechnung eines Rechtsscheins zu seinen Lasten rechtfertigt, ist nicht erforderlich. Wenn demnach § 25 Abs. 1 S. 1 HGB weder das Vertrauen auf das Verbleiben des Inhabers noch auf die Vereinbarung eines Schuldbeitritts schützen kann, würde er unter Rechtsscheingesichtspunkten nur noch dem Schutz des Vertrauens auf eine falsche Rechtsansicht dienen, nämlich darauf, dass die Firma selbst Träger von Rechten und Pflichten ist.[19]

Mit Rechtsscheinüberlegungen lässt sich die analoge Anwendbarkeit von § 25 Abs. 1 S. 1 HGB auf den Erwerber eines kleingewerblichen Unternehmens mithin nicht begründen.

3. Kontinuitätstheorie

§ 25 Abs. 1 S. 1 HGB kann der Normzweck zugrunde liegen, eine Haftungskontinuität immer dann anzuordnen, wenn eine Unternehmenskontinuität vorliegt, und

---

[16] *Heckelmann*, FS Bartholomeyczik (1973), 129, 133.
[17] So BGHZ 18, 248 (250); 22, 234 (238); 29, 1 (3); *OLG Frankfurt* NJW 1980, 1397 (1398); *Nickel*, NJW 1981, 102 f.
[18] *Canaris*, § 7 Rn. 11; *Schmidt K.*, HandelsR, § 7 Rn. 19 f.; EBJS/*Reuschle*, § 25 Rn. 16.
[19] *Canaris*, Vertrauenshaftung, S. 185.

zwar unabhängig davon, ob die Firma oder die Geschäftsbezeichnung fortgeführt wird.[20]

Für die Loslösung der Haftungskontinuität von der Firmenfortführung spreche insbesondere ein Blick auf § 28 HGB. Nach Abs. 1 S. 1 dieser Vorschrift führe der Eintritt eines persönlich haftenden Gesellschafters oder eines Kommanditisten in das Geschäft eines Einzelkaufmanns dazu, dass die neu entstandene Gesellschaft, auch wenn sie die frühere Firma nicht fortführt, für alle im Betriebe des Geschäfts entstandenen Verbindlichkeiten des vormaligen Geschäftsinhabers haftet. Hier werde die Haftung der Gesellschaft unabhängig von der Firmenübernahme statuiert. Dem liege der Gedanke zugrunde, dass ein fortbestehendes Unternehmen unabhängig von der Person des Inhabers weiterhin die Haftungsgrundlage für die in seinem Betrieb begründeten Verbindlichkeiten sein soll.[21] Auf diese Weise könne die fehlende Rechtsfähigkeit des Unternehmens ausgeglichen werden.[22] Was im Falle der übertragenden Umwandlung durch das Umwandlungsgesetz (vgl. z. B. §§ 20 Abs. 1 Nr. 1, 131 Abs. 1 Nr. 1 UmwG) sichergestellt sei, könne beim Eintritt eines Gesellschafters in ein einzelkaufmännisches Unternehmen § 28 Abs. 1 S. 1 HGB übernehmen. Das in diesen Vorschriften verkörperte Prinzip „Unternehmenskontinuität gleich Haftungskontinuität" liege auch dem § 25 Abs. 1 S. 1 HGB zugrunde. Auch hier wolle der Gesetzgeber dafür Sorge tragen, dass im Falle des Inhaberwechsels Verbindlichkeiten und Rechtsverhältnisse, die dem Unternehmen zugeordnet sind, dem jeweiligen Unternehmensträger zugewiesen bleiben. Dass § 25 Abs. 1 S. 1 HGB im Gegensatz zu § 28 HGB zusätzlich die Fortführung der bisherigen Firma verlange, ändere nichts daran, dass beiden Vorschriften derselbe Zweck zugrunde liege.[23] Vielmehr solle das Merkmal der Firmenfortführung unterstreichen, dass die Haftung nach § 25 Abs. 1 S. 1 HGB die Identität des Unternehmens vor und nach dem Inhaberwechsel voraussetzt.[24] Diese sei bei § 25 Abs. 1 S. 1 HGB, wo ein vollständiger Wechsel des Unternehmensträgers erfolgt, keine Selbstverständlichkeit und bedürfe daher einer besonderen Klarstellung. Wenn aber die Firmenfortführung lediglich die Notwendigkeit der Unternehmenskontinuität betone, entspreche es dem Gebot effektiven Verkehrsschutzes, über den Wortlaut des § 25 Abs. 1 S. 1 HGB hinaus die Fortführung eines Unternehmens unabhängig von Art und Umfang seines Geschäftsbetriebs dem Anwendungsbereich dieser Bestimmung zuzuordnen, wenn die Fortführung den Gegenstand und die organisatorische Zusammensetzung (= die wirtschaftliche Einheit) des Unternehmens nicht berühre. Von dieser Einheitsbetrachtung der §§ 25, 28 HGB ausgehend komme demnach eine analoge Anwendung des § 25 HGB auch auf Nichtkaufleute in Betracht.

Gegen diese Normzweckauslegung des § 25 Abs. 1 HGB ist allerdings anzuführen, dass der Gesetzgeber trotz Kenntnis dieser Ansicht einer „Haftungskontinuität kraft Unternehmenskontinuität" gleichwohl von einer Änderung bzw. Klarstellung des § 25 Abs. 1 S. 1 HGB im Rahmen des Handelsrechtsreformgesetzes (HRefG) 1998[25]

---

[20] *Schmidt K.*, HandelsR, § 7 Rn. 32 ff. Das Prinzip der Haftungskontinuität ablehnend *Canaris*, § 7 Rn. 13 ff.; *Lettl*, § 5 Rn. 13; vgl. auch *Lieb*, FS Börner (1992), 747 ff.
[21] So *Schmidt K.*, HandelsR, § 7 Rn. 16 ff., 32 ff.; *ders.*, ZHR 145 (1981), 2 ff. mit eingehender Begründung.
[22] *Schmidt K.*, HandelsR, § 7 Rn. 32.
[23] Vgl. auch MüKoHGB/*Thiessen*, § 25 Rn. 18 f.; a. A. *Lieb*, FS Börner (1992), 747 ff., der für die Fälle der §§ 25 und 28 HGB ein unterschiedliches Schutzbedürfnis der jeweiligen Gläubiger aufzeigt und daher auch eine Unterscheidbarkeit der Vorschriften befürwortet.
[24] *Schmidt K.*, HandelsR, § 7 Rn. 43 f.
[25] BGBl. I Nr. 38 vom 26.6.1998, S. 1474.

abgesehen hat. Dem Vorschlag[26] der Neubegründung eines „Außenprivatrechts der Unternehmen" anstatt dem Festhalten an einem „Recht der Kaufleute" ist der Gesetzgeber vielmehr nicht gefolgt. Anwendungsvoraussetzung des HGB ist weiterhin die Kaufmannseigenschaft.[27] Die Anwendbarkeit der handelsrechtlichen Vorschriften auch auf nicht eingetragene Kleingewerbetreibende (vgl. §§ 2, 105 Abs. 2 HGB) ist nur für einzelne Bereiche jeweils kraft ausdrücklicher gesetzlicher Regelung vorgesehen (vgl. z. B. §§ 84 Abs. 4, 93 Abs. 3, 383 Abs. 2, 407 Abs. 3 S. 2, 453 Abs. 3 S. 2, 467 Abs. 3 S. 2 HGB). Eine entsprechende Norm für § 25 Abs. 1 S. 1 HGB fehlt. Eine – auch „nur" analoge – Anwendung der handelsrechtlichen Vorschriften auf alle Unternehmen, unabhängig von Art und Umfang der Geschäftstätigkeit, steht demnach in Widerspruch zu den gesetzlichen Vorgaben.[28]

Zwar ist mit Inkrafttreten des Kaufmannsbegriffs nach dem HRefG zum 1.7.1998 nunmehr allen Kleingewerbetreibenden die Möglichkeit eröffnet, durch Handelsregistereintragung die Kaufmannseigenschaft zu erlangen (vgl. §§ 2, 105 Abs. 2 HGB). Entscheidet sich der Gewerbetreibende freiwillig, sich ins Handelsregister eintragen zu lassen und damit die Kaufmannseigenschaft zu erwerben, hat er sich damit gleichzeitig für seine Unterwerfung unter die handelsrechtlichen Normen entschieden, so dass dann eine analoge Anwendung des § 25 Abs. 1 S. 1 HGB gerechtfertigt sein kann.[29] Damit ist ihm aber gleichzeitig auch die Möglichkeit eröffnet, einen Haftungsausschluss nach § 25 Abs. 2 HGB eintragen zu lassen, wodurch seine Haftung aus § 25 Abs. 1 S. 1 HGB wiederum zuverlässig ausgeschlossen wird.[30] Allein aufgrund der allgemein bestehenden Möglichkeit, die Kaufmannseigenschaft kraft Registereintragung zu erlangen, eine uneingeschränkte analoge Anwendbarkeit von § 25 Abs. 1 S. 1 HGB auf alle Kleingewerbetreibenden zu befürworten, würde jedoch dem gesetzgeberischen Willen widersprechen.

Es ist nicht ersichtlich, dass *B* einen Antrag auf Eintragung seines gewerblichen Unternehmens i. S. v. § 2 HGB gestellt hat. Eine analoge Anwendung des § 25 Abs. 1 S. 1 HGB kommt daher auch nach der „modifizierten" Kontinuitätstheorie nicht in Betracht kommt.

4. Norm ohne Gerechtigkeitsgehalt

Bei § 25 Abs. 1 S. 1 HGB kann es sich um eine systemfremde Norm ohne Gerechtigkeitsgehalt handeln, die nicht nur den guten Glauben des Verkehrs an eine falsche Rechtsansicht schütze, sondern zudem zu Zufallsgeschenken an die Altgläubiger führe, deren Forderungen wirtschaftlich bereits wertlos geworden seien. Sie bewirke damit eine gravierende Erschwerung für die Sanierung von Unternehmen in der Krise.[31]

Folgt man dieser dogmatischen Einordnung von § 25 Abs. 1 S. 1 HGB, ist es keinesfalls gerechtfertigt, sie analog auf die Unternehmensfortführung kleingewerblicher Unternehmen analog anzuwenden.

---

[26] *Schmidt K.*, HandelsR, § 2 Rn. 10 ff.; MüKoHGB/*Schmidt K.*, Vor § 1 Rn. 5 ff.
[27] Eine Ausdehnung des Anwendungsbereichs auf alle Formen eines Unternehmens ist nicht erfolgt; vgl. auch BegrRegE HRefG, BT-Drs. 13/8444, 31.
[28] So auch *Schmidt K.*, HandelsR, § 2 Rn. 38.
[29] A. A. *Canaris*, § 7 Rn. 21; ebenso offenbar EBJS/*Reuschle*, § 25 Rn. 24.
[30] Vgl. zum Aspekt der Eintragung eines Haftungsausschlusses nach § 25 Abs. 2 HGB vgl. MüKoHGB/*Thiessen*, § 25 Rn. 96.
[31] Vgl. *Canaris*, § 7 Rn. 16 mit ausführlicher Besprechung des BGH-Falles „Metallwarenfabrik" (*BGH* NJW 1992, 911 ff.) in § 7 Rn. 4.

5. Zweckmäßigkeitstheorie

Bei § 25 Abs. 1 S. 1 HGB kann es sich um eine Zweckmäßigkeitsentscheidung des Gesetzgebers zum Schutz der Altgläubiger handeln. Der Rechtsverkehr solle in seinem Vertrauen darauf geschützt werden, dass für die Verbindlichkeiten des unter einer bestimmten Firma geführten Unternehmens auch deren jeweiliger Unternehmensinhaber haftet. Durch die Firmenfortführung trete die Kontinuität des Unternehmens nach außen in Erscheinung. Bei der Unternehmensübernahme unter Fortführung der Firma könne jeder Altgläubiger davon ausgehen, dass sämtliche Aktiva und Passiva vom Veräußerer auf den Erwerber übergegangen sind. Dadurch sei die Erstreckung der Haftung des Nachfolgers auf die vom Vorgänger im Betrieb des Unternehmens gerechtfertigt. Letztlich schütze der Gesetzgeber also die irrige Ansicht des Rechtsverkehrs, das Unternehmen sei Träger von Rechten und Pflichten, während dies in Wahrheit allein der Unternehmensträger sei.[32]

Auch die Zweckmäßigkeitstheorie knüpft maßgeblich an die Unternehmensfortführung mit erfolgter Firmenfortführung an. Sie liefert daher keine Anhaltspunkte hierfür, welche die analoge Anwendbarkeit von § 25 Abs. 1 S. 1 HGB auf die Fortführung eines kleingewerblichen Unternehmens rechtfertigen können.

6. Zwischenergebnis

Keine der zum Normzweck von § 25 Abs. 1 S. 1 HGB vertretenen Theorien kann eine analoge Anwendung dieser Norm auf die Fortführung von kleingewerblichen Unternehmen rechtfertigen.[33]

II. Ergebnis zu Frage 1

S hat gegen B keinen Anspruch auf Zahlung von 10.000 EUR gem. § 488 Abs. 1 S. 2 BGB i. V. m. § 25 Abs. 1 S. 1 HGB analog.

Frage 2

A. Anspruch von S gegen B gem. § 488 Abs. 1 S. 2 BGB i. V. m. Grundsätzen der Rechtsscheinhaftung

S kann gegen B einen Anspruch auf Zahlung von 10.000 EUR aus § 488 Abs. 1 S. 2 BGB i. V. m. den Grundsätzen der allgemeinen Rechtsscheinhaftung haben.

I. Rechtsscheintatbestand

Voraussetzung hierfür ist zunächst, dass ein Rechtsscheintatbestand[34] vorliegt, aufgrund dessen B für die Altverbindlichkeit von A gegenüber S haftet. Der Rechtsschein eines Haftungsbeitritts von B kann bestehen, wenn der Rechtsverkehr vom Vorliegen der Voraussetzungen des § 25 Abs. 1 S. 1 HGB ausgehen durfte.

---

[32] So mit Unterschieden im Detail *BGH* NJW 1992, 911 (912); 1996, 2866 (2867); 2001, 1352; 2004, 1173; KKRM/*Roth*, § 25 Rn. 2; Staub/*Burgard*, § 25 Rn. 28 ff.; *Hübner*, Rn. 252; *Lettl*, § 5 Rn. 13; *Steinbeck*, § 15 Rn. 6.

[33] Ebenfalls generell ablehnend Oetker/*Vossler*, § 25 Rn. 12; RWH/*Ries*, § 25 Rn. 2.

[34] Vgl. hierzu *BGH* NJW 2008, 2330 Rn. 10; NJW 2012, 2871 Rn. 9 ff.; NJW 2012, 3368 Rn. 5 ff.; NZG 2012 Rn. 17 ff.; ZIP 2011, 484 Rn. 7; Baumbach/Hopt/*Hopt*, § 5 Rn. 10; Heidel/Schall/*Keßler*, § 5 Rn. 20 ff.; RWH/*Röhricht*, Anh. § 5 Rn. 3 ff.; *Canaris*, § 6 Rn. 68; *Schmidt K.*, HandelsR, § 10 Rn. 130 ff.

Eine Haftung von *B* kommt demnach in Betracht, wenn der Rechtsschein des Erwerbs eines Handelsgewerbes i. S. d. § 1 HGB gegeben ist. Hierfür ist entscheidend, ob der Rechtsverkehr aufgrund der benutzten Firmierung auf die Kaufmannseigenschaft des Veräußerers schließen durfte.[35] Allein der Umstand, dass *B* die Geschäftsbezeichnung[36] des *A* mit dessen Vor- und Nachnamen fortführt, vermag einen solchen Rechtsschein indessen nicht zu begründen. Auch einem Nichtkaufmann muss zugestanden werden, sein Gewerbe ausreichend zu individualisieren, wozu im Interesse der Information des bisherigen Kundenstammes auch der Hinweis auf die Person des früheren Geschäftsinhabers durch Namensnennung zu zählen ist. Allein die Weiterführung des Namens von *A* vermag somit noch nicht den Rechtsschein eines kaufmännischen Handelsgewerbes begründen.

Etwas anderes kann sich aber daraus ergeben, dass *B* in seiner Bekanntmachung Zusatz „e. K." verwendet. Hieraus lässt sich zwar nicht zwingend folgern, dass es sich auch bei dem ihm betriebenen Gewerbe bereits um ein kaufmännisches i. S. d. § 1 Abs. 2 HGB handelt.[37] Dieser Zusatz legt diesen Rückschluss aber durchaus nahe. Zudem zeigt sich *B*, indem er im Rechtsverkehr als Kaufmann auftritt, damit einverstanden, dass die handelsrechtlichen Vorschriften ihm gegenüber angewendet werden. Folglich begründet der von *B* verwendete Zusatz „e. K." den Rechtsschein des Erwerbs eines Handelsgewerbes.

II. Zurechenbarkeit des Rechtsscheins gegenüber B

Der Rechtsschein des Erwerbs eines Handelsgeschäfts muss *B* zuzurechnen sein.[38] Weil *B* selbst unter der fortgeführten Geschäftsbezeichnung mit dem Zusatz „e. K." im Rechtsverkehr auftritt, hat er einen entsprechenden Rechtsschein gesetzt.

III. Gutgläubigkeit von S

Eine Rechtsscheinhaftung von *B* rechtfertigt sich nur im Fall der Schutzwürdigkeit von *S*. Schutzwürdig ist *S*, wenn sie wegen des gesetzten Rechtsscheins gutgläubig gewesen ist, d. h. sie weder Kenntnis der den Rechtsschein abgebenden wahren Umstände gehabt hat oder diese ihr grob fahrlässig unbekannt geblieben sind.[39]

Der Annahme einer Gutgläubigkeit von *S* hinsichtlich des Geschäftsumfangs des übernommenen Betriebs kann jedoch ihre Stellung als Darlehensgeberin entgegenstehen, denn als Darlehensgeberin wird sie sich bei Gewährung des Darlehens an *A* (wohl) über dessen Geschäftsverhältnisse Kenntnis verschafft haben. Allerdings fehlt es insoweit an konkreten Anhaltspunkten für eine grob fahrlässige Unkenntnis von *S*. Einerseits besteht grundsätzlich keine Nachforschungsobliegenheit für den Dritten, es sei denn, es liegen Umstände vor, die Anlass zum Misstrauen oder gesteigerter

---

[35] Vgl. MüKoHGB/*Thiessen*, § 25 Rn. 124.
[36] Zur Geschäftsbezeichnung kleingewerblicher Unternehmer vgl. Baumbach/Hopt/*Hopt*, § 17 Rn. 10 ff.; Heidel/Schall/*Lamsa/Ammon*, § 17 Rn. 15; KKRM/*Roth*, § 17 Rn. 8; RWH/*Ries*, § 17 Rn. 9 f.; *Canaris*, § 11 Rn. 47 ff.
[37] EBJS/*Kindler*, § 5 Rn. 57.
[38] Zur Zurechenbarkeit des Rechtsscheins vgl. *BGH* NJW 2011, 66 Rn. 23 ff.; *OLG Hamm* NZG 2011, 137 Rn. 67; Baumbach/Hopt/*Hopt*, § 5 Rn. 11; Heidel/Schall/*Keßler*, § 5 Rn. 2 f.; RWH/*Röhricht*, Anh. § 5 Rn. 27 ff.; *Canaris*, § 6 Rn. 69 f.; *Schmidt K.*, HandelsR, § 10 Rn. 136.
[39] Vgl. EBJS/*Kindler*, § 5 Rn. 70 f.; KKRM/*Roth*, § 15 Rn. 55; *Schmidt K.*, HandelsR, § 10 Rn. 137 ff. Nach Baumbach/Hopt/*Hopt*, § 5 Rn. 12 und *Canaris*, § 6 Rn. 71 reicht bereits einfache Fahrlässigkeit aus, den guten Glauben zu zerstören; differenzierend Heidel/Schall/*Keßler*, § 5 Rn. 25; RWH/*Röhricht*, Anh. § 5 Rn. 31.

Vorsicht gebieten.[40] Zudem ist es aus Sicht von S nicht ausgeschlossen, dass sich das Geschäft des A in der Folgezeit durchaus vergrößert haben kann, so dass die bei der Darlehensgewährung möglicherweise vorhandene Kenntnis vom Geschäftsumfang ihrer Gutgläubigkeit wegen des Übergangs eines Handelsgeschäfts von A auf B nicht notwendig entgegensteht. Schließlich liegt die Beweislast bei demjenigen, der den guten Glauben bestreitet,[41] also bei B.
S ist somit gutgläubig.

IV. Kausalität zwischen Rechtsschein und Verhalten der S

Des Weiteren muss sich S bei ihrem geschäftlichen Verhalten auf den gesetzten Rechtsschein verlassen haben.[42] Dies setzt voraus, dass das in Betracht kommende geschäftliche Handeln von S erst nach der Begründung des Rechtsscheins durch B erfolgte. Das ist jedoch nicht der Fall. Das Darlehen wurde von A aufgenommen. Nach Fortführung des Geschäftsbetriebs durch B ist kein weiteres geschäftliches Handeln von S gegenüber B erfolgt, bei dem der von B gesetzte Rechtsschein rechtlich beachtlich geworden ist. Ebenso wenig ist erkennbar, dass S aufgrund des gegebenen Rechtsscheins ein erfolgreiches Vorgehen gegen die Erben von A unterlassen hat.
Damit entfällt aber die Möglichkeit, eine Haftung von B aus Rechtsscheingesichtspunkten anzunehmen.

B. Ergebnis zu Frage 2

S hat keinen Anspruch gegen B auf Rückzahlung des an A ausgezahlten Darlehensbetrages aus § 488 Abs. 1 S. 2 BGB i. V. m. Rechtsscheingesichtspunkten.

Abwandlung 1

A. Eintragungsantrag des B

B hat einen Anspruch auf Eintragung der beantragten Firma „Anton Abt, Inhaber Benno Beiz e. K., Dachdecker- und Blitzableitergeschäft", wenn diese Geschäftsbezeichnung firmenrechtlich unbedenklich ist.

I. Firmenfortführung nach § 22 Abs. 1 HGB

Es kann sich um eine nach § 22 Abs. 1 HGB zulässige Firmenfortführung handeln. Voraussetzung hierfür ist, dass B ein bestehendes Handelsgeschäft unter Lebenden oder von Todes wegen erworben hat und der bisherige Geschäftsinhaber bzw. dessen Erben in die Fortführung der Firma ausdrücklich eingewilligt haben.
B hat den Dachdeckerbetrieb des A von dessen Erben aufgrund eines Verkehrsgeschäfts und damit „unter Lebenden" erworben. Die Firmenfortführung gem. § 22 Abs. 1 HGB setzt aber weiterhin voraus, dass B ein „Handelsgeschäft" erworben hat. Handelsgeschäfte i. S. d. § 22 HGB sind – wie bei § 25 HGB – allein Unternehmen, die ein kaufmännisches Handelsgewerbe nach § 1 Abs. 2 HGB betreiben oder

---

[40] Baumbach/Hopt/*Hopt*, § 5 Rn. 12; EBJS/*Kindler*, § 5 Rn. 72; Heidel/Schall/*Keßler*, § 5 Rn. 25; KKRM/*Roth*, § 15 Rn. 55; *Canaris*, § 6 Rn. 71.
[41] Baumbach/Hopt/*Hopt*, § 5 Rn. 12.
[42] Zur Kausalität zwischen Rechtsschein und geschäftlichem Verhalten des Dritten vgl. Baumbach/Hopt/*Hopt*, § 5 Rn. 13; EBJS/*Kindler*, § 5 Rn. 76 f.; Heidel/Schall/*Keßler*, § 5 Rn. 26; KKRM/*Roth*, § 15 Rn. 57; RWH/*Röhricht*, Anh. § 5 Rn. 33; *Canaris*, § 6 Rn. 77.

Fall 5. Die risikobehaftete Geschäftsübernahme

diese Eigenschaft kraft Eintragung erworben haben (§§ 2, 3 HGB).[43] Voraussetzung ist somit, dass bereits der Veräußerer oder Erblasser Kaufmann gewesen ist und in seiner Person die Firma zu Recht geführt hat. Von einem Nichtkaufmann kann ein Recht zur Firmenfortführung nicht hergeleitet werden.[44]

Das Geschäft von *A* war nichtkaufmännischer Art. Ebenso fehlte es an einer die Kaufmannseigenschaft gem. § 2 S. 1 HGB begründenden Handelsregistereintragung der von *A* verwandten Unternehmensbezeichnung. *B* kann daher die Eintragung der von ihm angemeldeten Firma nicht auf § 22 Abs. 1 HGB stützen.

II. Firmenneubildung gem. §§ 18 Abs. 1, 19 Abs. 1 Nr. 1 HGB

Jedoch kann *B* einen Anspruch darauf haben, dass der angemeldete Handelsname als originäre Firma in das Handelsregister eingetragen wird, womit er zugleich die Stellung eines Kaufmanns kraft Eintragung erhalten würde (§ 2 S. 1 HGB). Dann muss die von *B* zum Handelsregister angemeldete Firma den firmenordnungsrechtlichen Vorschriften der §§ 18 ff. HGB entsprechen.

1. Kennzeichnungseignung und Unterscheidungskraft

Nach § 18 Abs. 1 HGB muss die Firma eines Kaufmanns zu dessen Kennzeichnung geeignet sein und Unterscheidungskraft besitzen.[45] Die von *B* angemeldete Firma „Anton Abt, Inhaber Benno Beiz e. K., Dachdecker- und Blitzableitergeschäft" eignet sich aufgrund der Namensnennung des *B* zunächst zur Kennzeichnung des Geschäftsinhabers. Da es sich bei dem Namen von *B* auch nicht um einen Allerweltsnamen handelt, kommt der Firma darüber hinaus auch Unterscheidungskraft zu. Diese wird durch den Hinweis „Dachdecker- und Blitzableitergeschäft" noch verstärkt. Die Voraussetzungen des § 18 Abs. 1 HGB sind somit erfüllt.

Nach § 19 Abs. 1 Nr. 1 HGB ist beim Einzelkaufmann zudem ein auf den einzelkaufmännischen Geschäftsbetrieb hinweisender Zusatz erforderlich. Der von *B* beantragte Handelsname enthält mit „e. K." den erforderlichen Zusatz.

2. Verstoß gegen das Täuschungsverbot

Allerdings kann die Eintragung der so gebildeten Firma gegen den in § 18 Abs. 2 HGB konkretisierten Grundsatz der Firmenwahrheit[46] verstoßen. Danach darf eine Firma keine Angaben enthalten, die geeignet sind, über geschäftliche Verhältnisse, die für die angesprochenen Verkehrskreise wesentlich sind, irrezuführen. Entscheidend ist somit, ob die Angaben unter Berücksichtigung der Verkehrsanschauung zu einer Täuschung führen können; tatsächlich braucht eine Täuschung nicht eingetreten zu sein.[47] Der von *B* verwandte Name von *A* kann zur Täuschung über seine

---

[43] Baumbach/Hopt/*Hopt*, § 22 Rn. 7; EBJS/*Reuschle*, § 22 Rn. 21; KKRM/*Roth*, § 22 Rn. 2; RWH/*Ries*, § 22 Rn. 5 ff.; kritisch *Canaris*, § 11 Rn. 47 ff.

[44] *OLG Hamm* BB 1959, 463; *OLG Zweibrücken* NJW-RR 1988, 998; Baumbach/Hopt/ *Hopt*, § 22 Rn. 7; Staub/*Burgard*, § 22 Rn. 13; *Lettl*, § 4 Rn. 52; *Steinbeck*, § 15 Rn. 8.

[45] Vgl. hierzu *BGH* NJW-RR 2009, 327 Rn. 5 ff.; *KG* NZG 2013, 1153 Rn. 12 ff.; *OLG Stuttgart* NZG 2012, 551 Rn. 12 ff.; Baumbach/Hopt/*Hopt*, § 18 Rn. 9 ff.; Heidel/Schall/ Lamsa/*Ammon*, § 18 Rn. 9 ff.; KKRM/*Roth*, § 18 Rn. 2 ff.; Oetker/*Schlinghoff*, § 18 Rn. 10 ff.; RWH/*Ries*, § 18 Rn. 10 ff.; *Lettl*, § 4 Rn. 28 ff.; *Oetker*, § 4 Rn. 11.

[46] Zum sog. Irreführungsverbot vgl. Baumbach/Hopt/*Hopt*, § 18 Rn. 9 ff.; EBJS/*Reuschle*, § 18 Rn. 35 ff.; Heidel/Schall/Lamsa/*Ammon*, § 18 Rn. 24 ff.; KKRM/*Roth*, § 18 Rn. 5 ff.; Oetker/*Schlinghoff*, § 18 Rn. 16 ff.; RWH/*Ries*, § 18 Rn. 26 ff.; Bülow/*Artz*, Rn. 167 ff.; *Canaris*, § 11 Rn. 2 ff.; *Jung*, § 15 Rn. 19.

[47] KKRM/*Roth*, § 18 Rn. 7; *Lettl*, § 4 Rn. 42.

Verhältnisse als Inhaber des Dachdecker- und Blitzableitergeschäfts führen. Unbedenklich ist zunächst die Verwendung des Inhaberzusatzes, denn auch ein Einzelkaufmann kann Inhaber einer von seinem bürgerlichen Namen abweichenden Firma sein.[48] Indes erweckt *B* durch den dem Inhaberzusatz vorangestellten Vor- und Familiennamen von *A* zugleich den Eindruck, er führe die Firma des *A* fort.[49] Eine Firmenfortführung setzt jedoch voraus, dass schon der frühere Unternehmensinhaber ein Kaufmann war (siehe oben), und dies gilt auch, wenn der Nachfolgevermerk Gegenstand einer neu gebildeten Firma ist.[50] Die Möglichkeit einer Täuschung liegt bei dieser Sachlage zum einen darin, dass der frühere Inhaber zu Unrecht als Kaufmann eingestuft wird. Bedeutsamer ist aber, dass der Nachfolgevermerk den Rechtsverkehr zu der Annahme veranlassen kann, dass mit der Fortführung ohne weiteres auch die Haftungsfolgen des § 25 Abs. 1 S. 1 HGB eingetreten sind.[51] Beschränkt man die Anwendbarkeit des § 25 Abs. 1 S. 1 HGB auf den Übergang von Handelsgewerben i.S.d. §§ 1 ff. HGB,[52] liegt mit der von *B* angemeldeten Firma eine Täuschungsgefahr und damit ein Verstoß gegen den Grundsatz der Firmenwahrheit gem. § 18 Abs. 2 HGB vor.[53]

Die firmenordnungsrechtlichen Vorschriften gem. §§ 18, 19 HGB sind bei der Bildung der Firma „Anton Abt, Inhaber Benno Beiz e. K., Dachdecker- und Blitzableitergeschäft" nicht beachtet worden.

B. Ergebnis zu Abwandlung 1

B hat keinen Anspruch auf Eintragung der von ihm angemeldeten Firma in das Handelsregister.

Abwandlung:

A. Anspruch von G gegen C gem. § 433 Abs. 2 BGB i. V. m. §§ 124 Abs. 1, 128 HGB

G kann gegen *C* einen Anspruch auf Zahlung des Kaufpreises gem. § 433 Abs. 2 BGB i. V. m. §§ 124 Abs. 1, 128 HGB haben. Dies setzt voraus, dass Inhaber des

---

[48] Vgl. *OLG Köln* NJW 1963, 541 (542); vgl. auch MüKoHGB/*Heidinger*, § 18 Rn. 64 ff.
[49] Nach § 18 Abs. 1 HGB a. F. musste die Firma eines Einzelkaufmanns seinen Familiennamen und mindestens einen ausgeschriebenen Vornamen enthalten. Vor diesem Hintergrund erweckte die von *A* verwandte Bezeichnung insbesondere nach der alten Rechtslage den Rechtsschein einer Firma. Aber auch nach § 18 HGB n. F. bildet der Name des Geschäftsinhabers einen regelmäßigen Firmenbestandteil, welcher insb. zur Kennzeichnung des Inhabers geeignet ist.
[50] Staub/*Burgard*, § 18 Rn. 58; kritisch hierzu MüKoHGB/*Heidinger*, § 18 Rn. 66 ff.
[51] Dazu auch *BayObLG* DB 1988, 2559 f. Richtig ist, dass dies der zu Frage 2 vertretenen Auffassung widerspricht, wonach eine Haftung des Erwerbers eines nichtkaufmännischen Unternehmens nach § 25 Abs. 1 S. 1 HGB im Fall der Eintragung einer Firmenfortführung gegeben ist. Denn dann kann auch der Eintragungsantrag des *B* nicht gegen den Grundsatz der Firmenwahrheit gem. § 18 Abs. 2 HGB verstoßen. Die zu § 25 HGB vertretene Ansicht ist allerdings nicht unumstritten.
[52] So die noch h. M., vgl. MüKoHGB/*Thiessen*, § 25 Rn. 38; Baumbach/Hopt/*Hopt*, § 25 Rn. 2; RWH/*Ries*, § 25 Rn. 2 m. w. N.; *Steinbeck*, § 15 Rn. 8.
[53] Etwas anderes gilt jedoch, wenn – wie hier (vgl. unter A II 1c) – eine Haftung des Erwerbers eines nichtkaufmännischen Geschäftsbetriebs analog § 25 Abs. 1 S. 1 HGB für den Fall bejaht wird, dass sich dieser mit der fortgeführten Firma ins Handelsregister eintragen lässt. Vor diesem Hintergrund verstößt die von *B* angemeldete Firma nicht gegen § 18 Abs. 2 S. 1 HGB.

Dachdeckerbetriebs eine OHG ist, diese zur Kaufpreiszahlung verpflichtet ist und C für diese Verbindlichkeit als persönlich haftender Gesellschafter einstehen muss.

I. OHG als neuer Unternehmensträger

Mit der am 25.10.2017 erfolgten Eintragung kann eine aus B und C bestehende OHG neue Inhaberin des Dachdeckerbetriebs geworden sein. Das ist der Fall, wenn der Betrieb zunächst zum Vermögen einer durch B und C gegründeten GbR gehörte, diese sich in eine OHG umwandelte und damit zugleich das Vermögen der vormaligen GbR erworben hat.

1. Entstehung einer GbR als vorläufiger Unternehmensträger

Eine GbR entsteht durch die Vereinbarung, einen gemeinsamen Zweck zu fördern, insbesondere die vereinbarten Beiträge zu leisten (vgl. § 705 BGB). C hat sich mit B darauf geeinigt, dass er gegen Zahlung einer Einlage von 150.000 EUR künftig zur Hälfte am Unternehmen des B und am zukünftig gemeinsam erwirtschafteten Geschäftsergebnis, d.h. am Gewinn und Verlust (vgl. § 721 BGB) beteiligt sein soll. Gleichzeitig übernahm C die Leitung der Dachdeckerkolonne, während B für die Verwaltung verantwortlich sein soll. Eine Vergrößerung des Geschäftsumfangs ist (zumindest) nicht ersichtlich. Damit haben B und C einen gemeinsamen Zweck i.S.d. § 705 BGB vereinbart, nämlich die gemeinsame Führung des nichtkaufmännischen Unternehmens. Aus der vereinbarten Teilhaberschaft von B und C am Dachdeckerbetrieb folgt weiter, dass das Unternehmen zum gesamthänderisch gebundenen Vermögen der Gesellschaft gehört.

B und C haben somit am 1.10.2017 die Gründung einer GbR vereinbart.

2. OHG als neuer Inhaber des Dachdeckerbetriebes

Wandelt sich eine GbR in eine OHG um, geht ihr gesamtes Vermögen mit allen Rechten und Pflichten ohne Liquidation und besondere Übertragungsakte auf die neu entstandene Handelsgesellschaft über.[54] Ist also aus der zwischen B und C bestehenden GbR eine OHG geworden, ist sie seit ihrem Entstehenszeitpunkt neue Inhaberin des Betriebes.

Eine OHG setzt den gemeinschaftlichen Betrieb eines kaufmännischen Handelsgewerbes unter gemeinsamer Firma voraus (§§ 105 Abs. 1, Abs. 2 HGB). Soll hingegen ein nichtkaufmännisches Gewerbe betrieben werden, begründet erst die Eintragung der Firma in das Handelsregister die Rechtsform der OHG (§ 105 Abs. 2 HGB). Der von B und C betriebene Dachdeckerbetrieb erfordert keinen in kaufmännischer Weise eingerichteten Geschäftsbetrieb und ist daher nichtkaufmännischer Art (siehe unter A I 2). Es handelt sich dabei mithin um ein Unternehmen i.S.d. § 105 Abs. 2 HGB, so dass die Entstehung einer OHG von der Handelsregistereintragung abhängig war. Die zunächst bestehende GbR hat sich daher erst mit Eintragung der Firma am 25.10.2017 in eine OHG verwandelt. Damit ist das Vermögen der GbR ohne weiteres zum Vermögen der OHG geworden.

Die B & C OHG ist daher seit dem 25.10.2017 Inhaberin des Dachdeckerbetriebs.

---

[54] *BGH* NJW 1967, 821; Baumbach/Hopt/*Roth*, Vor § 105 Rn. 21.

II. Verpflichtung der OHG zur Kaufpreiszahlung

Die OHG kann zur Zahlung der Kaufpreisforderung des *G* gegen *B* i. H. v. 45.000 EUR verpflichtet sein. Weil die Rechte und Pflichten der GbR mit der Umwandlung in eine OHG ohne weiteres zu solchen der OHG werden, ist die OHG dem *G* gem. § 433 Abs. 2 BGB i. V. m. § 124 Abs. 1 HGB zur Zahlung des Kaufpreises von 45.000 EUR verpflichtet, wenn schon die zwischen *B* und *C* bestehende GbR für die Verbindlichkeit des *B* einzustehen hatte.

Grundlage für die Haftung der GbR kann § 28 Abs. 1 S. 1 HGB sein. Diese Vorschrift bestimmt, dass im Falle des Eintritts eines persönlich haftenden Gesellschafters oder eines Kommanditisten in das Geschäft eines Einzelkaufmannes die Gesellschaft für alle im Betrieb des Geschäftes entstandenen Verbindlichkeiten des früheren Geschäftsinhabers haftet, und zwar auch dann, wenn die frühere Firma nicht fortgeführt wird. Aus der Gegenüberstellung der verwendeten Begriffe „persönlich haftender Gesellschafter" und „Kommanditist" folgt, dass mit Gesellschaft allein eine OHG bzw. KG gemeint sein kann. Das Unternehmen muss demnach zumindest nach dem Beitritt ein kaufmännisches Gewerbe i. S. d. § 1 Abs. 2 HGB sein.[55] § 28 HGB ist daher seinem Wortlaut nach nicht auf die mit dem Beitritt des *C* zunächst entstandene GbR anwendbar.

Jedoch ist nicht zu bestreiten, dass auch die GbR persönlich haftende Gesellschafter hat.[56] Daher kann § 28 HGB auf die Fortführung des Unternehmens durch eine GbR zumindest entsprechend anwendbar sein. Nach zutreffender Ansicht will § 28 HGB der Verkehrserwartung Rechnung tragen, dass mit dem Fortbestand des Unternehmens die Erhaltung der Haftungsgrundlage notwendig einhergeht.[57] Gegenüber den Fällen des § 25 HGB wird dieses Vertrauen zusätzlich dadurch genährt, dass die Identität des Unternehmens durch den bloßen Beitritt – anders als bei einem Inhaberwechsel – keinesfalls berührt wird. Das zeigt sich auch daran, dass der Gesetzgeber bei § 28 HGB auf den Kontinuitätsindikator der Firmenfortführung verzichtete.[58] Entgegen seinem Standort ist § 28 HGB keine firmenrechtliche Vorschrift.[59] Mit der Formulierung „auch wenn sie die Firma nicht fortführt" soll nur klargestellt werden, dass die Haftung nach § 28 HGB – im Gegensatz zur Haftung nach § 25 HGB – nicht an die Firmenfortführung, sondern nur an den Eintritt anknüpft. Eine analoge Anwendung des § 28 HGB auf das Entstehen einer GbR würde danach durchaus dem Normzweck des § 28 HGB entsprechen.[60]

Allerdings ist auch insoweit wiederum der im HRefG 1998 zum Ausdruck gekommene Wille des Gesetzgebers zu berücksichtigen, der einen stärkeren Ausschluss der Kleingewerbetreibenden von der Anwendbarkeit der handelsrechtlichen Normen

---

[55] Baumbach/Hopt/*Hopt*, § 28 Rn. 2; Staub/*Burgard*, § 28 Rn. 21; Heidel/Schall/*Schall*/*Ammon*, § 28 Rn. 11; KKRM/*Roth*, § 28 Rn. 5; EBJS/*Reuschle*, § 28 Rn. 16.

[56] Zur Haftung der GbR-Gesellschafter vgl. BeckOK BGB/*Schöne*, § 714 Rn. 16 ff., 23 ff. und § 718 Rn. 15 ff.; MüKoBGB/*Schäfer*, § 714 Rn. 31 ff.; Erman/*H. P. Westermann*, § 714 Rn. 11 ff.

[57] Baumbach/Hopt/*Hopt*, § 28 Rn. 1; EBJS/*Reuschle*, § 28 Rn. 2; Heidel/Schall/*Schall*/*Ammon*, § 28 Rn. 5; *Canaris*, § 7 Rn. 82; *Lettl*, § 5 Rn. 73; siehe auch unter A. II. 1c); a. A. *Jung*, § 19 Rn. 24; *Steinbeck*, § 16 Rn. 7.

[58] *Schmidt K.*, HandelsR, § 8 Rn. 35; *Jung*, § 19 Rn. 22; *Steinbeck*, § 16 Rn. 12..

[59] BGH NJW 1966, 1917; Baumbach/Hopt/*Hopt*, § 28 Rn. 4; *Schmidt K.*, HandelsR, § 8 Rn. 93.

[60] So auch *Lieb*, FS Börner (1992), 747, 752, der zwar die Einheitstheorie von *Schmidt K.* (HandelsR, § 8 I 3 [S. 220 ff.]) ablehnt, die Anwendbarkeit des § 28 HGB aber mit einer ausweitenden Analogie dieser Vorschrift begründet; vgl. auch MüKoHGB/*Thiessen*, § 28 Rn. 13 ff.; a. A. *Bülow/Artz*, Rn. 252; *Canaris*, § 7 Rn. 88.

verfolgt hat (siehe unter A. II. 1. c). Eine analoge Anwendung des § 28 HGB auf das Entstehen einer kleingewerbetreibenden GbR steht diesem gesetzgeberischen Willen aber nur dann entgegen, wenn in § 28 HGB eine handelsrechtliche Besonderheit bestimmt ist. Dies ist aber nicht der Fall. § 28 HGB regelt vielmehr ein Problem, das sich bei jeder Personengesellschaftsform allein schon deswegen stellt, weil dort überall bisher haftendes Vermögen in Gesamthandsvermögen überführt wird, dessen Weiterhaftung im Gläubigerinteresse unabhängig davon gewährleistet sein muss, ob es sich um eine GbR oder Personenhandelsgesellschaft handelt.[61] Insbesondere erhält der frühere Geschäftsinhaber in den Fällen des § 28 HGB keine Gegenleistung – wie regelmäßig in § 25 HGB –, auf die seine Gläubiger zurückgreifen können. Allein die mit dem HRefG einhergehende Betonung des Kaufmannsbegriffs kann demnach einer analogen Anwendung des § 28 HGB im Falle der Begründung einer GbR nicht entgegenstehen.[62] Die zunächst zwischen B und C entstandene GbR haftet somit in Analogie zu § 28 HGB für die Altschulden des B.

Die Haftungsübernahme durch die spätere OHG lässt sich zudem aufgrund eines weiteren Umstandes bejahen. Zu berücksichtigen ist, dass zwischen dem Beitritt des C bzw. der Gründung der GbR am 1.10.2017, der Stellung des Eintragungsantrages am 11.10.2017 und der Eintragung der Gesellschaft am 25.10.2017 nur ein knapper Monat verstrichen ist. Steht der Eintragungsantrag aber in einem engen zeitlichen Zusammenhang mit der Gesellschaftsgründung, wird die Anwendung des § 28 HGB ebenfalls zutreffend befürwortet.[63]

Die zwischen B und C entstandene OHG haftet somit für alle im Betrieb des B entstandenen Verbindlichkeiten. Zu diesen Verbindlichkeiten zählen alle Verpflichtungen, die sich nicht aus den privaten Beziehungen des bisherigen Inhabers ergeben, sondern mit dem Betrieb des Geschäfts derart in einem inneren Zusammenhang stehen, dass sie als seine natürliche Folge erscheinen.[64] Zu den Geschäftsverbindlichkeiten, in die die GbR gem. § 28 HGB analog eintrat, gehörte somit auch die von B begründete Kaufpreisschuld gegenüber G. Diese Haftung der GbR ist mit der Firmeneintragung am 25.10.2017 zu einer Haftung der OHG geworden.

III. Einstandspflicht von C

Für die so entstandene Pflicht der OHG hat C als persönlich haftender Gesellschafter an sich gem. § 128 HGB einzustehen. Etwas anderes kann sich jedoch aus § 28 Abs. 1 S. 1 HGB selbst ergeben. Danach haftet für die Verbindlichkeiten „die Gesellschaft". Daraus kann zu folgern sein, dass eine Haftung der Gesellschafter gerade ausgeschlossen werden sollte.[65] Hinzu kommt, dass die §§ 130, 173 HGB eine Haftung des neu eintretenden Gesellschafters nur für die *vor* seinem Eintritt begründeten Verbindlichkeiten der Gesellschaft anordnen, die als solche vor dem Beitritt nach § 28 HGB aber nicht bestand. Ein derartiger Haftungsausschluss müsste, zumal § 28 HGB für Personenhandelsgesellschaften unmittelbar gilt, konsequenterweise

---

[61] Baumbach/Hopt/*Hopt*, § 28 Rn. 1; *Lieb*, FS Börner (1992), 747 (752). Für die analoge Anwendung des § 28 HGB aufgrund einer Einheitsbetrachtung der §§ 25, 28 HGB *Schmidt K.*, HandelsR, § 7 Rn. 32 ff.; *ders.*, ZHR 145 (1981), 2 ff.
[62] Vgl. zur Problematik der Anwendbarkeit des § 28 HGB bei Eintritt in das Geschäft eines Kleingewerbetreibenden Fall 20 unter A. I. 1. c).
[63] KKRM/*Roth*, § 28 Rn. 5; Heymann/*Emmerich*, § 28 Rn. 14; EBJS/*Reuschle*, § 28 Rn. 17; RWH/*Ries*, § 28 Rn. 10; a. A. BGHZ 31, 397, 400 f.
[64] Staub/*Burgard*, § 28 Rn. 39, *Steinbeck*, § 16 Rn. 13.
[65] *Canaris*, § 7 Rn. 92; a. A. *Jung*, § 19 Rn. 23; *Steinbeck*, § 16 Rn. 14.

auch dann gelten, wenn die Haftung zunächst eine GbR traf und sich erst später in eine Haftung der OHG verwandelte.

Dieser Argumentation ist jedoch entgegenzuhalten, dass sie zur Entstehung einer OHG/KG ohne haftende Gesellschafter führen würde. Selbst der bisherige alleinige Inhaber des Unternehmens wäre von einer Haftung befreit, da auch für ihn eine Einstandspflicht allein über § 128 HGB bzw. § 171 HGB herleitbar ist.[66] Eine solche Rechtsfolge eröffnete also dem bisherigen Geschäftsinhaber die Gelegenheit, seine Haftung durch den Beitritt eines Dritten auf das entstehende Gesellschaftsvermögen zu beschränken. Das widerspricht nicht nur dem Willen des Gesetzgebers, sondern würde zugleich Missbrauchsmöglichkeiten eröffnen, die den durch die §§ 25, 28 HGB bezweckten Verkehrs- und Gläubigerschutz aushöhlen. § 28 HGB lässt daher die Gesellschafterhaftung nach anderen Vorschriften unberührt.[67] C hat somit für die Pflicht der OHG zur Zahlung des Kaufpreises an G gem. § 128 HGB einzustehen.

B. Ergebnis zu Abwandlung 2

G kann von C die Zahlung von 45.000 EUR gem. § 433 Abs. 2 BGB i. V. m. §§ 124 Abs. 1, 128 HGB verlangen.

---

[66] Staub/*Burgard*, § 28 Rn. 41; so auch *Jung*, § 19 Rn. 23; *Steinbeck*, § 16 Rn. 14.
[67] H. M., vgl. *BGH* LM § 28 HGB Nr. 6; Staub/*Burgard*, § 28 Rn. 41; *Schmidt K.*, HandelsR, § 8 Rn. 109.

Fall 6. Autohaus mit Folgen

Schwerpunkt im Handelsrecht:
Haftung des Erben für Geschäftsschulden bei Firmenfortführung und Übergang des Handelsgeschäfts nach § 27 HGB

Sachverhalt

Volker Vogel (V) ist Inhaber des seit 1980 im Handelsregister eingetragenen „Autohaus Flitzer e. Kfm." Im Zeitpunkt seines Todes am 1.2.2017 hinterlässt er nicht nur das Autohaus, sondern auch sonstige Vermögensgegenstände und Barvermögen i. H. v. insgesamt 50.000 EUR. Seinen Sohn *Emil Erpel (E)* hat V testamentarisch zum Alleinerben bestimmt.

E führt die Geschäfte des Autohauses unter der Firma „Autohaus Flitzer Nachfolger e. Kfm." weiter. Als E der Aufforderung des Nachlassgerichts, ein Inventar über den Nachlass zu erstellen (vgl. § 1994 Abs. 1 S. 1 BGB), nachkommt, wird ihm im Juni 2017 klar, dass V in den letzten Jahren sehr „undurchsichtig" gewirtschaftet hat und die Verbindlichkeiten des „Autohauses Flitzer" dessen Aktiva um 30.000 EUR übersteigen. Auf Anraten seines Rechtsanwalts stellt E daraufhin Mitte Juni 2017 den Antrag, einen Haftungsausschluss im Handelsregister einzutragen. Dessen Eintragung und Bekanntmachung erfolgt Anfang Juli 2017.

Ende Juli 2017 tritt *Rudi Reifen (R)* an E heran und fordert die Zahlung von 30.000 EUR für die Lieferung von 60 Sätzen Winterreifen. Den Vertrag über die Reifen hatte R noch mit V im September 2016 abgeschlossen.

Kann R von E Zahlung der Reifen i. H. v. 30.000 EUR verlangen?

Abwandlung: E erbt das Autohaus seines Vaters am 1.2.2017 und führt es zunächst unter der bisherigen Firma fort. Am 1.3.2017 entschließt sich E zu einer Änderung der Firma in „Emils Autos e. Kfm.". Eine Eintragung eines Haftungsausschlusses ins Handelsregister beantragt E nicht. Allerdings wird E sehr schnell der vielen Arbeit im Autohaus überdrüssig. Schon am 14.3.2017 veräußert er daher das Autohaus an *Willi Wiesel (W)*, und zwar, weil das Autohaus nur unter dem Namen „Autohaus Flitzer e. Kfm." bekannt ist, unter dieser Firma. Unter dieser Firma wird das Autohaus sodann von W fortgeführt.

Wie haftet E bei Inanspruchnahme durch R für die noch von V eingegangene Kaufpreisverbindlichkeit nach handelsrechtlichen Vorschriften?

Lösung

A. Ausgangsfall

I. Erbrechtliche Haftung von E

R kann gegen E einen Anspruch auf Zahlung des Kaufpreises i. H. v. 30.000 EUR aus § 433 Abs. 2 BGB i. V. m. §§ 1922 Abs. 1, 1967 Abs. 1 BGB haben. Dann muss E als Erbe von V für die von diesem begründeten Verbindlichkeiten haften.

E ist testamentarisch bestimmter Alleinerbe des V. Mit dem Tod von V am 1.2.2017 ist daher dessen Vermögen als Ganzes – wozu auch das „Autohaus Flitzer e. Kfm." gehört – gem. § 1922 Abs. 1 BGB im Wege der Gesamtrechtsnachfolge (Universalsukzession) auf E übergegangen. Aus dem Umstand, dass E das Autohaus auch im Juli 2017 noch fortführt, folgt im Umkehrschluss, dass E die Erbschaft nicht innerhalb der Ausschlagungsfrist gem. § 1944 Abs. 1 BGB ausgeschlagen hat.

Bei der von V im September 2016 gegenüber R begründeten Kaufpreiszahlungsverpflichtung i. H. v. 30.000 EUR handelt es sich um eine Nachlassverbindlichkeit, die ebenfalls im Wege der Gesamtrechtsnachfolge gem. § 1922 Abs. 1 BGB auf E übergegangen ist. Für diese Nachlassverbindlichkeit haftet E als Erbe gem. § 1967 Abs. 1 BGB grundsätzlich[1] unbeschränkt, d. h. auch mit seinem Privatvermögen.

E ist demnach gegenüber R zur Zahlung von 30.000 EUR gem. § 433 Abs. 2 BGB i. V. m. §§ 1922 Abs. 1, 1967 Abs. 1 BGB verpflichtet.

II. Handelsrechtliche Erbenhaftung von E

R kann einen Anspruch auf Zahlung des Kaufpreises i. H. v. 30.000 EUR gegen E aus § 433 Abs. 2 BGB i. V. m. §§ 27 Abs. 1, 25 Abs. 1 HGB haben.

1. Haftungsbegründende Tatbestandsvoraussetzungen

a) Handelsgeschäft

Zunächst muss es sich bei dem von E im Erbwege erworbenen Unternehmen um ein einzelkaufmännisches[2] Handelsgeschäft handeln.

V hatte seinen Autohandel als Einzelunternehmer betrieben. Der auch seit mehreren Jahren im Handelsregister eingetragene Autohandel gilt damit zudem als Handelsgewerbe entweder gem. § 2 S. 1 HGB oder gem. § 5 HGB.[3]

---

[1] Sofern E das Inventar über die Nachlassgegenstände fristgerecht (vgl. § 1995 Abs. 1 BGB) und vollständig erstellt, kann er auch anschließend jederzeit gem. § 1981 Abs. 1 BGB die Anordnung der Nachlassverwaltung beantragen (Umkehrschluss aus § 2013 Abs. 1 S. 2 BGB; vgl. BeckOK BGB/*Lohmann*, § 1981 Rn. 2f.; *Hübner*, Rn. 263). In diesem Falle würde sich seine Haftung für Nachlassverbindlichkeiten gem. § 1975 BGB auf den Nachlass beschränken. Gem. § 1984 Abs. 1 S. 3 BGB müsste R seinen Anspruch dann gegen den Nachlassverwalter geltend machen. Eine vor Anordnung der Nachlassverwaltung von R gegen E erhobene Zahlungsklage wird gem. §§ 241 Abs. 3, 246 ZPO unterbrochen. Anhaltspunkte für einen Antrag von E auf Anordnung der Nachlassverwaltung sind nicht ersichtlich, so dass davon auszugehen ist, dass E einen solchen Antrag (derzeit noch) nicht gestellt hat.

[2] § 27 HGB findet auf die Beteiligung des Erblassers an einer Personengesellschaft oder an einer Kapitalgesellschaft keine Anwendung; vgl. EBJS/*Reuschle*, § 27 Rn. 1; Heidel/Schall/*Schall/Ammon*, § 27 Rn. 6; KKRM/*Roth*, § 27 Rn. 3; MüKoHGB/*Thiessen*, § 27 Rn. 11; RWH/*Ries*, § 27 Rn. 7; Staub/*Burgard*, § 27 Rn. 21, 30; *Schmidt K.*, HandelsR, § 8 Rn. 133.

[3] Zum Verhältnis zwischen § 2 S. 1 HGB einerseits und § 5 HGB andererseits vgl. eingehend Bd. I Fall 4 Fn. 4.

Fall 6. Autohaus mit Folgen 81

Das Tatbestandsmerkmal des Handelsgeschäfts i. S. v. § 27 HGB ist damit erfüllt.

b) Erwerb von Todes wegen

E muss des Weiteren das Handelsgeschäft im Erbwege erworben haben.

Das Handelsgeschäft gehört zum Nachlass des *V* und stellt somit einen Teil des Erbes dar. *E* hat den Betrieb daher gem. § 1922 Abs. 1 BGB von Todes wegen erworben.

c) Frühere Geschäftsverbindlichkeit des Erblassers

Bei dem geltend gemachten Anspruch muss es sich um eine frühere Geschäftsverbindlichkeit (sog. Altverbindlichkeit)[4] des Erblassers handeln. *V* hat zu seinen Lebzeiten mit *R* einen wirksamen Kaufvertrag über die Reifen zu einem Preis von 30.000 EUR geschlossen. Die Verbindlichkeit ist demnach noch vor dem Erbfall entstanden. Es handelt sich deshalb um eine frühere Geschäftsverbindlichkeit des Erblassers *V*.

d) Geschäftsfortführung

E muss das Handelsgeschäft fortgeführt haben. Er hat den Betrieb des Unternehmens weiter aufrechterhalten. Darin ist die Fortführung des Handelsgeschäfts von *E* zu sehen.

e) Firmenfortführung

Aufgrund des Wortlautes von § 27 Abs. 1 HGB, der für die Haftung des Erben auf die Vorschriften des § 25 HGB verweist, kann erforderlich sein, dass *E* auch die Firma des von Todes wegen erworbenen Handelsgeschäfts fortgeführt hat.

Bei § 27 Abs. 1 HGB kann es sich um eine Rechtsgrundverweisung auf § 25 HGB handeln.[5] Das haftungsbegründende Tatbestandsmerkmal der Firmenfortführung gem. § 25 Abs. 1 HGB würde somit auch im Falle des Erwerbs des Handelsgeschäfts von Todes wegen eingreifen. Allerdings kann § 27 Abs. 1 HGB auch als Rechtsfolgenverweisung verstanden werden[6] mit der Folge, dass es auf die Firmenfortführung für die Haftungsbegründung nicht ankommt. Der Wortlaut der Norm steht einer solchen Auslegung nicht entgegen.

Eine Entscheidung über die zutreffende rechtsdogmatische Einordnung von § 27 Abs. 1 HGB ist entbehrlich, wenn sie im konkreten Fall jeweils zu demselben Ergebnis führen. Wird § 27 Abs. 1 HGB als Rechtsfolgenverweisung gewertet, liegen die drei haftungsbegründenden Tatbestandsmerkmale „einzelkaufmännisches Handelsgeschäft", „Erwerb dieses Handelsgeschäfts von Todes wegen" und „Fortführung des Handelsgeschäfts durch den Erben" vor, und die Firmenfortführung ist für die Haftung des Erben für die Altverbindlichkeiten des früheren Inhabers des

---

[4] EBJS/*Reuschle*, § 27 Rn. 18 ff.; KKRM/*Roth*, § 27 Rn. 6; MüKoHGB/*Thiessen*, § 27 Rn. 31; Oetker/*Vossler*, § 27 Rn. 28 f.; Staub/*Burgard*, § 27 Rn. 42 ff.; *Schmidt K.*, HandelsR, § 8 Rn. 125.

[5] H. M., vgl. BGHZ 113, 132 (135 f.); Baumbach/Hopt/*Hopt*, § 27 Rn. 3; EBJS/*Reuschle*, § 27 Rn. 13; KKRM/*Roth*, § 27 Rn. 5; Oetker/*Vossler*, § 27 Rn. 5; Staub/*Burgard*, § 27 Rn. 37; *Canaris*, § 7 Rn. 109; *Hübner*, Rn. 263; *Jung*, § 19 Rn. 20; *Lettl*, § 5 Rn. 69; *Steinbeck*, § 17 Rn. 7.

[6] EBJS/*Reuschle*, § 27 Rn. 13; MüKoHGB/*Thiessen*, § 27 Rn. 24; RWH/*Ries*, § 27 Rn. 18; Staub/*Burgard*, § 27 Rn. 37; *Schmidt K.*, HandelsR, § 8 Rn. 131, 137; *ders.*, ZHR 157 (1993), 600, 611 f., 615; *Lieb*, FS Börner (1992), 747 (760 f.).

Handelsgeschäfts unerheblich. Bei Einordnung von § 27 Abs. 1 HGB als Rechtsgrundverweisung hängt die Haftung von E hingegen zusätzlich davon ab, ob er die Firma des Handelsgeschäfts fortgeführt hat. Eine Fortführung der Firma liegt vor, wenn der Erbe sie unverändert lässt oder die von ihm vorgenommenen Änderungen nur unwesentlich sind.[7] Die Firmenkontinuität bleibt bestehen, wenn die Firma durch Angabe eines Nachfolgeverhältnisses erweitert wird.[8] E hat die Firma des Unternehmens – auch über die dreimonatige Überlegungsfrist des § 27 Abs. 2 HGB hinaus[9] – fortgeführt und lediglich den Zusatz „Nachfolger" angefügt. Dies bricht die Firmenkontinuität nicht. E hat danach die Firma des Unternehmens fortgeführt.

Unabhängig davon, ob § 27 Abs. 1 HGB als Rechtsgrund- oder Rechtsfolgenverweisung begriffen wird, liegen jeweils sämtliche Tatbestandsvoraussetzungen für die Haftung von E für die Verbindlichkeit gegenüber R gem. § 27 Abs. 1 i. V. m. § 25 Abs. 1 HGB vor.

2. Haftungsausschlusstatbestände

a) Durch Eintragung eines Haftungsausschlusses im Handelsregister

Einer Haftung von E für die (Alt-)Verbindlichkeit gegenüber R kann gem. § 27 Abs. 1 i. V. m. § 25 Abs. 2 HGB aber die Eintragung eines Haftungsausschlusses im Handelsregister entgegenstehen. Dies setzt voraus, dass § 25 Abs. 2 HGB im Rahmen der Erbenhaftung i. S. v. § 27 Abs. 1 HGB anwendbar ist. Die Anwendbarkeit des § 25 Abs. 2 HGB bei Fortführung des von Todes wegen erworbenen Handelsgeschäfts durch den Erben wird unterschiedlich beurteilt, je nachdem wie die Verweisung in § 27 Abs. 1 HGB verstanden wird.

Die Möglichkeit eines Haftungsausschlusses gem. § 25 Abs. 2 HGB auch im Falle der Fortführung des geerbten Handelsgeschäfts durch den Erben kann bei Annahme einer Rechtsgrundverweisung damit begründet werden, dass in § 27 Abs. 1 HGB auf den ganzen § 25 HGB verwiesen werde und folglich § 25 Abs. 2 HGB auch entsprechend anwendbar sei.[10] Erforderlich sei aber, dass der Erbe zur Wirksamkeit des Haftungsausschlusses dieselben Voraussetzungen erfülle wie derjenige, der das Unternehmen durch Rechtsgeschäft unter Lebenden erworben hat.[11] Das bedeute, dass seine Erklärung eingetragen und bekannt gemacht oder dem Gläubiger mitgeteilt werden müsse.[12] Die Anmeldung zur Eintragung des Haftungsausschlusses in das Handelsregister müsse zudem in zeitlicher Hinsicht unverzüglich nach Auf-

---

[7] EBJS/*Reuschle*, § 27 Rn. 14 i. V. m. § 25 Rn. 54; MüKoHGB/*Thiessen*, § 27 Rn. 27; Staub/*Burgard*, § 27 Rn. 71 ff. mit Einzelfallbeispielen.
[8] Baumbach/Hopt/*Hopt*, § 22 Rn. 15; Oetker/*Vossler*, § 27 Rn. 14 ff.; Staub/*Burgard*, § 27 Rn. 71 ff. mit Einzelfallbeispielen.
[9] Es kommt somit vorliegend nicht auf den unter Zugrundelegung der h. M., die von einer Rechtsgrundverweisung des § 27 Abs. 1 HGB ausgeht (vgl. Nachweise Fn. 7), bestehenden Streites an, ob der Erbe die neue Firma unverzüglich wählen muss oder ob ihm auch insoweit die dreimonatige Überlegungsfrist zusteht; vgl. hierzu mit zahlreichen Nachweisen EBJS/*Reuschle*, § 27 Rn. 15; weiterhin MüKoHGB/*Thiessen*, § 27 Rn. 28; Staub/*Burgard*, § 27 Rn. 38.
[10] H. A., vgl. Baumbach/Hopt/*Hopt*, § 27 Rn. 8; Heidel/Schall/*Schall/Ammon*, § 27 Rn. 21; Oetker/*Vossler*, § 27 Rn. 25; Staub/*Burgard*, § 27 Rn. 49, 52 ff.; *Brox/Henssler*, Rn. 162; *Bülow/Artz*, Rn. 243; *Hübner*, Rn. 266; *Jung*, § 19 Rn. 20; *Lettl*, § 5 Rn. 71; *Oetker*, § 4 Rn. 103; Staudinger/*Dutta*, § 1967 Rn. 58; a. A. EBJS/*Reuschle*, § 27 Rn. 35; MüKoHGB/*Thiessen*, § 27 Rn. 46; RWH/*Ries*, § 27 Rn. 42.
[11] Staub/*Burgard*, § 27 Rn. 54.
[12] Staub/*Burgard*, § 27 Rn. 56; *Hübner*, Rn. 266.

nahme der geschäftlichen Tätigkeit erfolgen, so dass Eintragung und Bekanntmachung in angemessenem Zeitabstand folgen.[13]

Andererseits kann argumentiert werden, aus der methodischen Einordnung von § 27 Abs. 1 HGB als Rechtsfolgenverweisung auf § 25 Abs. 1 HGB folge zugleich, dass der Haftungsausschlusstatbestand gem. § 27 Abs. 2 HGB als Spezialvorschrift den Haftungsausschlusstatbestand gem. § 25 Abs. 2 HGB verdränge, so dass der Erbe seine Haftung für die Altverbindlichkeiten des von ihm fortgeführten Handelsgeschäfts nicht nach § 25 Abs. 2 HGB ausschließen könne.[14]

Eine Entscheidung zwischen beiden rechtsmethodischen Einordnungen von § 27 Abs. 1 HGB[15] kann dahinstehen, wenn beide jeweils im konkreten Fall zu demselben Ergebnis gelangen. Wird die Anwendbarkeit von § 25 Abs. 2 HGB bei Fortführung des Handelsgeschäfts durch den Erben abgelehnt, kann die von E veranlasste Eintragung des Haftungsausschlusses im Handelsregister und deren Bekanntmachung zwangsläufig nicht zu einem Ausschluss der Haftung von E für die Verbindlichkeit gegenüber R führen. Aber auch im Falle der Anwendbarkeit dieser Vorschrift scheidet ein Haftungsausschluss von E aus, wenn die Voraussetzungen des § 25 Abs. 2 HGB nicht erfüllt sind. Während E schon Anfang Februar 2017 die Geschäftstätigkeit in dem von Todes wegen erworbenen Handelsgeschäft aufgenommen hat, hat er den Antrag auf Eintragung des Haftungsausschlusses erst Mitte Juni 2017, mithin knapp fünfeinhalb Monate später, gestellt. Eine i. S. v. § 121 Abs. 1 S. 1 BGB unverzügliche Beantragung der Eintragung des Haftungsausschlusses in das Handelsregister liegt somit nicht vor. Danach kann die Eintragung und Bekanntmachung des Haftungsausschlusses gegenüber den Gläubigern des verstorbenen V keine Rechtswirkung zugunsten des E als dessen Rechtsnachfolger entfalten.

Nach beiden rechtsmethodischen Einordnungen von § 27 Abs. 1 HGB hat E seine Haftung für die Altverbindlichkeiten seines Vaters gegenüber R nicht wirksam ausgeschlossen.

b) Geschäftseinstellung i. S. d. § 27 Abs. 2 HGB

Die Haftung von E für die Altverbindlichkeit gegenüber R ist jedoch gem. § 27 Abs. 2 S. 1 HGB ausgeschlossen, wenn er den Geschäftsbetrieb des Autohauses innerhalb von drei Monaten nach Kenntnis von der Erbschaft eingestellt hat.

Seit der Übernahme des Handelsgeschäfts durch E im Februar 2017 bis zur Antragstellung auf Eintragung des Haftungsausschlusses im Handelsregister sind mehr als fünfeinhalb Monate verstrichen, ohne dass E den Geschäftsbetrieb eingestellt hat. Damit ist die Frist von drei Monaten i. S. v. § 27 Abs. 2 S. 1 HGB verstrichen. Selbst wenn E danach den Geschäftsbetrieb noch einstellen sollte, würde dies nichts an

---

[13] BGHZ 29, 1; *Jung*, § 19 Rn. 11; *Lettl*, § 5 Rn. 71; a. A. Staub/*Burgard*, § 27 Rn. 57 ff.
[14] RWH/*Ries*, § 27 Rn. 42; EBJS/*Reuschle*, § 27 Rn. 35; *Schmidt K.*, HandelsR, § 8 Rn. 146 f.
[15] Ausgehend von der Annahme eines Rechtsgrundverweises in § 27 Abs. 1 HGB kann ein Haftungsausschluss auch von der Voraussetzung abhängig gemacht werden, dass der Erblasser den Erben testamentarisch oder in einem Erbvertrag dazu ermächtigt hat; durch diese Voraussetzung soll dem Erfordernis einer „Vereinbarung" nach dem Wortlaut des § 25 Abs. 2 HGB Rechnung getragen werden; vgl. Düringer/Hachenburg/*Hoeniger*, § 27 Anm. 6; *Hueck A.*, ZHR 108 (1941), 1, 7. Diese Ansicht wird indes nicht mehr vertreten; vgl. hierzu EBJS/*Reuschle*, § 27 Rn. 33. Sollte man ihr gleichwohl folgen, würde sie dennoch nicht zu einem Haftungsausschluss zugunsten von E führen, denn es ist nicht ersichtlich, dass V den E zu dem Haftungsausschluss testamentarisch oder durch Erbvertrag ermächtigt hat.

seiner Haftung für die Altverbindlichkeiten ändern. Der Haftungsausschlusstatbestand des § 27 Abs. 2 HGB liegt somit nicht vor.

3. Ergebnis

E haftet gegenüber R unbeschränkt gem. § 433 Abs. 2 BGB i. V. m. §§ 27 Abs. 1, 25 Abs. 1 HGB für den Kaufpreis i. H. v. 30.000 EUR.

B. Abwandlung

I. Anspruch aus § 433 Abs. 2 BGB i. V. m. §§ 27 Abs. 1, 25 Abs. 1 HGB

R kann gegen E einen Anspruch i. H. v. 30.000 EUR aus § 433 Abs. 2 BGB i. V. m. §§ 27 Abs. 1, 25 Abs. 1 HGB haben. E hat ein Handelsgeschäft von Todes wegen erworben.[16] Bei dem geltend gemachten Anspruch handelt es sich um eine frühere Geschäftsverbindlichkeit des V.[17]

E muss das Geschäft i. S. d. § 27 Abs. 1 HGB fortgeführt haben. E hat die Geschäftstätigkeit unmittelbar nach dem Erbfall am 1.2.2017 von V aufgenommen, wobei er zunächst die Firmierung „Autohaus Flitzer e. K." beibehalten hat.

E hat demzufolge das Geschäft grundsätzlich fortgeführt.

1. Einstellung gem. § 27 Abs. 2 S. 1 HGB

Eine Geschäftsfortführung liegt gem. § 27 Abs. 2 S. 1 HGB aber ausnahmsweise dann nicht vor, wenn der Erbe die Fortführung des Geschäfts innerhalb von drei Monaten nach Kenntnis von der Erbschaft einstellt.

a) Einstellung durch Firmenänderung

In der im März 2017 erfolgten Änderung der Firma einen Monat nach Aufnahme der Geschäftstätigkeit von „Autohaus Flitzer e. Kfm." in „Emils Autos e. Kfm." kann die Einstellung des Geschäftsbetriebes i. S. d. § 27 Abs. 2 S. 1 HGB zu sehen sein.

Dafür kann angeführt werden, dass durch die Änderung der Firma nach außen erkennbar werde, die Firma, unter der die Verbindlichkeiten eingegangen worden sind, bestehe nicht mehr.[18] Dieses Argument vermag indes nicht zu überzeugen. Vielmehr ist für eine Einstellung i. S. v. § 27 Abs. 2 S. 1 HGB nach dem Wortlaut der Norm eine Aufgabe der unternehmerischen Tätigkeit selbst erforderlich.[19] Hierfür reicht aber allein die Firmenänderung nicht aus, wenn der Geschäftsbetrieb des von Todes wegen erworbenen Handelsgeschäfts tatsächlich fortgeführt wird. Auch der Normzweck des § 27 Abs. 2 S. 1 HGB spricht dafür, dass allein eine Firmenänderung den Tatbestand des Haftungsausschlusses nicht erfüllt. § 27 HGB dient dazu, die erbrechtlichen Möglichkeiten der Haftungsbeschränkung zu begrenzen.[20] Im Interesse der Sicherheit des Handelsverkehrs und des Vertrauensschutzes soll für

---

[16] S. o. A. II. 1a).
[17] S. o. A. II. 1c).
[18] RGZ 56, 196 (199).
[19] EBJS/*Reuschle*, § 27 Rn. 27 ff.; MüKoHGB/*Thiessen*, § 27 Rn. 51; Staub/*Burgard*, § 27 Rn. 62.
[20] Zum umstrittenen Normzweck von § 27 HGB vgl. EBJS/*Reuschle*, § 27 Rn. 2 ff.; Heidel/Schall/*Schall/Ammon*, § 27 Rn. 1 ff.; KKRM/*Roth*, § 27 Rn. 1; MüKoHGB/*Thiessen*, § 27 Rn. 3; Staub/*Burgard*, § 27 Rn. 9 ff.; *Canaris*, § 7 Rn. 101 ff.; *Hübner*, Rn. 264; *Lettl*, § 5 Rn. 62; *Schmidt K.*, HandelsR, § 8 Rn. 129 f.; *Steinbeck*, § 17 Rn. 2.

die Haftung für Geschäftsschulden an den äußeren Tatbestand der Geschäfts- und Firmenfortführung abgestellt werden, um so der Kontinuität des Unternehmens sowie der wirtschaftlichen Zugehörigkeit der Geschäftsschulden zum Geschäftsvermögen Rechnung zu tragen.[21] Die Privilegierung des Erben gem. § 27 Abs. 2 HGB setzt somit voraus, dass sich dieser vollständig von dem gesetzten Rechtsschein trennt und nicht unter einem anderen Namen weiter als Unternehmensträger tätig bleibt. Sofern also nur die Firma nach Aufnahme der geschäftlichen Tätigkeit nachträglich aufgegeben und durch eine andere ersetzt wird, ist eine Einstellung i. S. d. § 27 Abs. 2 S. 1 HGB abzulehnen.[22] E hat somit allein durch die Firmenänderung das Geschäft nicht i. S. d. § 27 Abs. 2 S. 1 HGB eingestellt.

b) Einstellung durch Veräußerung des Handelsgeschäfts

E kann aber das Geschäft durch die Veräußerung des Autohauses unter der Firma „Autohaus Flitzer e. Kfm." an W eingestellt i. S. v. § 27 Abs. 2 S. 1 HGB haben. Ob die Veräußerung des Handelsgeschäfts einschließlich der Firma eine Geschäftseinstellung i. S. v. § 27 Abs. 2 S. 1 HGB darstellt, wird angesichts des nicht eindeutigen Wortlauts der Norm unterschiedlich beurteilt.

Einstellung des Geschäftsbetriebs i. S. v. § 27 Abs. 2 S. 1 HGB bedeutet die Beendigung der werbenden Tätigkeit. Darunter fällt sicher die Auflösung des zunächst vom Erben fortgeführten Handelsgeschäfts, denn in diesem Falle trennt sich der Erbe endgültig von dem Unternehmen und dem in ihm verkörperten wirtschaftlichen Wert.[23]

Es kann daher geboten sein, die Veräußerung des Unternehmens nicht als Einstellung i. S. d. § 27 Abs. 2 S. 1 HGB zu werten.[24] Zur Begründung hierfür kann angeführt werden, mit der Veräußerung des Handelsgeschäfts trenne sich der Erbe gerade nicht von dem in dem Unternehmen verkörperten Wert.[25] Zudem sei die Übertragung des Geschäfts mit der Firma auf einen Dritten nur geeignet, der Annahme der Kontinuität der alten Geschäftsbeziehungen Vorschub zu leisten.[26] Mit diesem Vorgang seien keine hinreichend deutlichen Außenwirkungen verbunden, die die Annahme einer unbeschränkbaren Haftung betreffen könnten.[27]

Folgt man dieser Argumentation, stellt die Veräußerung des Geschäfts durch E an W im April 2017 – also innerhalb der Dreimonatsfrist – keine Einstellung i. S. v. § 27 Abs. 2 S. 1 HGB dar. Dabei ist es unerheblich, dass E das Handelsgeschäft unter der alten Firma „Autohaus Flitzer e. Kfm." veräußert hat. Er hat die neue Firma „Emils Autos e. Kfm." lediglich zwei Wochen geführt, so dass nicht zu erwarten ist, dass Gläubiger und Kunden davon in dieser Weise bereits Kenntnis genommen haben. Eine Außenwirkung, die an der unbeschränkten Haftung Zweifel entstehen ließe, ist durch die Änderung von „Emils Autos e. Kfm." zurück zu „Autohaus Flitzer e. Kfm." nicht anzuerkennen.

---

[21] BGHZ 32, 60 (62); so auch *Lettl*, § 5 Rn. 62.
[22] Baumbach/Hopt/*Hopt*, § 27 Rn. 5; Staub/*Hüffer*, 4. Aufl., § 27 Rn. 26; *Bülow/Artz*, Rn. 244; *Jung*, § 19 Rn. 19; a. A. EBJS/*Reuschle*, § 27 Rn. 3; MüKoHGB/*Thiessen*, § 27 Rn. 45; Staub/*Burgard*, § 27 Rn. 67; *Oetker*, § 4 Rn. 101; *Steinbeck*, § 17 Rn. 15.
[23] Vgl. Baumbach/Hopt/*Hopt*, § 27 Rn. 5; EBJS/*Reuschle*, § 27 Rn. 27; Staub/*Burgard*, § 27 Rn. 62; *Steinbeck*, § 17 Rn. 12 ff.
[24] So die wohl noch h. M.; vgl. RGZ 56, 196 (199); Staub/*Hüffer*, 4. Aufl., § 27 Rn. 29; Heymann/*Emmerich*, § 27 Rn. 20a; *Jung*, § 19 Rn. 19; *Hueck A.*, ZHR 108 (1941), 1 (20).
[25] Heymann/*Emmerich*, § 27 Rn. 20a.
[26] RGZ 56, 196 (199).
[27] Staub/*Hüffer*, 4. Aufl., § 27 Rn. 28.

Diese Argumentation vermag aber letztlich nicht zu überzeugen. Sie wird insbesondere dem Wortlaut von § 27 Abs. 2 S. 1 HGB nicht gerecht. Mit der „Fortführung des Geschäfts" meint diese Vorschrift die Fortführung durch den Erben, welche bei der Veräußerung gerade nicht vorliegt.[28] Zudem verlangt die Einstellung i. S. v. § 27 Abs. 2 S. 1 HGB nur die Aufgabe der erbrechtlich erworbenen Unternehmensträgerschaft. Dass sich der Erbe auch von den im Unternehmen verkörperten wirtschaftlichen Werten vollständig trennen müsse, lässt sich dem Wortlaut der Norm hingegen nicht entnehmen. Auch der Normzweck von § 27 Abs. 2 S. 1 HGB spricht dafür, in der Veräußerung des Handelsgeschäfts durch den Erben eine Geschäftseinstellung zu sehen. Erst nach Ablauf der Bedenkzeit von drei Monaten ist die Gleichbehandlung des Erben mit dem Erwerber gem. § 25 Abs. 1 HGB gerechtfertigt. Dann muss es dem Erben aber auch innerhalb dieser Bedenkzeit ermöglicht werden, sich auch durch Veräußerung vollständig von dem Handelsgeschäft zu lösen.[29] Schließlich wird diese Auslegung des § 27 Abs. 2 S. 1 HGB auch den Interessen der Gläubiger gerecht. Veräußert der Erbe das Handelsgeschäft, kann er regelmäßig einen höheren Gegenwert für das „lebende Unternehmen" als Kaufpreis erzielen, als wenn er das Unternehmen zu Zerschlagungswerten auflöst.[30] Der Erlös für das Unternehmen fällt in beiden Fällen in den Nachlass. Des Weiteren kann der Erbe seine Haftung aus § 27 Abs. 1 i. V. m. § 25 Abs. 2 HGB dadurch ausschließen, dass er unmittelbar nach der Übernahme der Geschäftstätigkeit einen Haftungsausschluss in das Handelsregister eintragen lässt. Es stellt für die Gläubiger somit keine unbillige Härte dar, wenn die Veräußerung des Handelsgeschäfts als Einstellung i. S. v. § 27 Abs. 2 S. 1 HGB gewertet wird. Andererseits kann es dem Erben nicht zugemutet werden, innerhalb der ihm eingeräumten dreimonatigen Bedenkzeit für eine vorübergehende Fortführung des Handelsgeschäfts das Risiko einer unbeschränkten Haftung zu tragen.[31] Demzufolge ist die Veräußerung des Unternehmens mit der Firma als Einstellung i. S. v. § 27 Abs. 2 S. 1 HGB zu werten.[32]

Daher hat E das Geschäft durch dessen Veräußerung an W eingestellt.

2. Ergebnis

R hat gegen E keinen Anspruch aus § 433 Abs. 2 BGB i. V. m. §§ 27 Abs. 1, 25 Abs. 1 HGB auf Zahlung des Kaufpreises i. H. v. 30.000 EUR.

II. Anspruch aus einem besonderen Verpflichtungsgrund

R kann gegen E einen Anspruch aus einem besonderen Verpflichtungsgrund gem. § 433 Abs. 2 BGB i. V. m. §§ 27 Abs. 1, 25 Abs. 3 HGB auf Kaufpreiszahlung i. H. v. 30.000 EUR haben.

---

[28] EBJS/*Reuschle*, § 27 Rn. 29 f.; MüKoHGB/*Thiessen*, § 27 Rn. 50; Staub/*Burgard*, § 27 Rn. 65; *Canaris*, § 7 Rn. 108; *Schmidt K.*, HandelsR, § 8 Rn. 150.
[29] EBJS/*Reuschle*, § 27 Rn. 30; MüKoHGB/*Thiessen*, § 27 Rn. 50; Staub/*Burgard*, § 27 Rn. 65; *Lettl*, § 5 Rn. 67.
[30] *Canaris*, § 7 Rn. 108.
[31] *Bolte*, ZHR 51 (1902), 413 (448 f.).
[32] EBJS/*Reuschle*, § 27 Rn. 30; Heidel/Schall/*Schall/Ammon*, § 27 Rn. 17; KKRM/*Roth*, § 27 Rn. 9; MüKoHGB/*Thiessen*, § 27 Rn. 50; Oetker/*Vossler*, § 27 Rn. 21; RWH/*Ries*, § 27 Rn. 32; Staub/*Burgard*, § 27 Rn. 65; *Bülow/Artz*, Rn. 244; *Canaris*, § 7 Rn. 108; *Lettl*, § 5 Rn. 67; *Oetker*, § 4 Rn. 100; *Schmidt K.*, HandelsR, § 8 Rn. 150 f.; *Steinbeck*, § 17 Rn. 12 ff.; ebenso Baumbach/Hopt/*Hopt*, § 27 Rn. 5, *Hübner*, Rn. 265, jeweils allerdings mit der einschränkenden Bemerkung, die Veräußerung müsse ohne die Firma erfolgen.

Fall 6. Autohaus mit Folgen

Dazu nennt § 25 Abs. 3 HGB die Kundmachung der Haftung in handelsüblicher Form als besonderen Verpflichtungsgrund. Hierfür ist es erforderlich, dass der Erbe öffentlich – z. B. durch Rundschreiben an die Gläubiger oder durch Zeitungsanzeigen – erklärt, er hafte für die bisherigen Verbindlichkeiten des erworbenen Handelsgeschäfts.[33] Eine solche öffentliche Erklärung hat *E* nicht abgegeben.

R hat danach keinen Anspruch gegen *E* aus einem besonderen Verpflichtungsgrund gem. §§ 27 Abs. 1, 25 Abs. 3 HGB auf Zahlung des Kaufpreises i. H. v. 30.000 EUR.

---

[33] Vgl. Baumbach/Hopt/*Hopt,* § 25 Rn. 17; EBJS/*Reuschle,* § 25 Rn. 90; Heidel/Schall/*Schall/Ammon,* § 25 Rn. 40; MüKoHGB/*Thiessen,* § 25 Rn. 103; Oetker/*Vossler,* § 25 Rn. 41; RWH/*Ries,* § 25 Rn. 45; Staub/*Burgard,* § 25 Rn. 145 f.

Fall 7. Die salmonellenbelasteten Hühner

Schwerpunkt im Handelsrecht:

Kaufmannsbegriff – Nacherfüllungsanspruch aus §§ 437 Nr. 1, 434, 439 Abs. 1 BGB – Einbeziehung Allgemeiner Geschäftsbedingungen durch kaufmännisches Bestätigungsschreiben – Sachmängelhaftung – kaufmännische Rügeobliegenheit im Streckengeschäft – Verlängerung der Rügefrist durch Allgemeine Geschäftsbedingungen – Rüge durch eine nicht vertretungsberechtigte Person

Sachverhalt

Gustav Gockel (G) hat den elterlichen Bauernhof nach dessen Übernahme neben dem Anbau von Obst für die hauseigene Schnapsbrennerei auch auf die Zucht von freilaufenden Hühnern erweitert. Der Verkauf von Eiern und Hühnern verläuft so erfolgreich, dass G im Laufe der Zeit fünf Personen zur ständigen Mithilfe auf dem Hof und eine Person für Sekretariatsarbeiten anstellt. Für seine ökologische Viehhaltung hat G drei weitere Mitarbeiter fest eingestellt. Zeitweise beschäftigt er daneben auch noch bis zu zehn „Saisonarbeiter", die auf Stundenbasis entlohnt werden. Das Getreide für die Hühner sowie das Viehfutter kauft G insbesondere bei mehreren Bauern aus der Umgebung. Mit seinem Betrieb erzielt G einen Jahresumsatz von ca. 3.800.000 EUR.

Hühner und Eier veräußert G unter anderem an die Biofrust Einkaufsgesellschaft mbH & Co. KG (B-KG). Die B-KG führt den Wareneinkauf für die Supermarktkette Biofrust durch. Auf Anforderung der Supermärkte, die jeweils in der Rechtsform einer GmbH betrieben werden, kauft die B-KG Lebensmittel ein und veräußert sie an den jeweiligen Betrieb weiter. Die Lieferung erfolgt regelmäßig direkt an den Supermarkt.

Einer der Supermärkte, die Biofrust Münster GmbH (M-GmbH), hatte im Januar 2018 bei der B-KG 500 frisch geschlachtete Hühner bestellt. Der Einkaufsleiter Hans Hansen *(H)* der B-KG fragte daraufhin telefonisch bei G an, ob dieser die 500 Hühner zu einem Stückpreis von 2,50 EUR im Auftrage der B-KG direkt nach Münster liefern könne. G erklärte sich damit einverstanden.

Wie üblich bestätigte H mit Schreiben vom darauf folgenden Tage den Abschluss des Kaufvertrages zwischen der B-KG und G. Dabei wies H wie sonst auch auf die beigefügten Allgemeinen Einkaufsbedingungen der B-KG hin. Diese enthalten u. a. folgende Klausel:

„III. Zur Wahrung der kaufmännischen Rügepflicht genügt es, wenn die Mängelanzeige innerhalb von sechs Monaten nach Entdeckung des Mangels abgesandt wird."

G lieferte am 31.1.2018 500 Hühner an die M-GmbH. Eine Untersuchung der Tiere am gleichen Tag ergab, dass das Hühnerfleisch mit Salmonellen belastet war. Der Marktleiter

Mark Leiter (L) wies ebenfalls noch am gleichen Tag in einem Telefonat mit H auf die Verseuchung der Hühner hin.

Am 4.2.2018 fuhr G wieder zum Supermarkt der M-GmbH, wo er regelmäßig Lebensmittel bezieht, die er nach Überschreitung der Mindesthaltbarkeitsdauer an sein Vieh verfüttert. Jurastudent *Jörg (J)*, der aushilfsweise für die Leergutannahme eingestellt ist und dem die Aufregung um das verseuchte Hühnerfleisch nicht verborgen geblieben war, meinte, er müsse die Rechte der M-GmbH wahren, und teilte deshalb G mit, dass die gelieferten Hühner mangelhaft gewesen seien. G entgegnete, dass er derartige Rügen seitens eines „Grünschnabels" nicht annehme.

Am 25.2.2018 entdeckte H, dass eine Benachrichtigung des G bislang versehentlich unterblieben war. Mit Schreiben vom 25.2.2018 wies er G darauf hin, dass die Hühner aufgrund der Belastung mit Salmonellen unverkäuflich waren und verlangte Lieferung von mangelfreiem Hühnerfleisch.

Im März 2018 erhebt G Klage beim zuständigen Gericht. Er verlangt von der B-KG Bezahlung der am 31.1.2018 gelieferten Hühner. Die B-KG verweist darauf, dass G mangelhafte Ware geliefert habe.

Ist die Klage von G begründet?

Lösung

Die Klage von G ist begründet, wenn er gegen die beklagte B-KG einen durchsetzbaren Kaufpreiszahlungsanspruch in Höhe von 1.250 EUR für die 500 Hühner aus § 433 Abs. 2 BGB i. V. m. §§ 161 Abs. 2, 124 Abs. 1 HGB hat.

A. Entstehen des Kaufpreiszahlungsanspruchs

Der Kaufpreiszahlungsanspruch von G gegen die gem. §§ 161 Abs. 2, 124 Abs. 1 HGB verpflichtungsfähige B-KG ist entstanden, wenn G als Verkäufer und die B-KG als Käuferin einen wirksamen Kaufvertrag geschlossen haben. G und H, der im Namen der B-KG gehandelt hat, haben sich über den Kauf von 500 Hühnern zu einem Stückpreis von 2,50 EUR geeinigt. Die Erklärung von H wirkt nach § 164 Abs. 1 S. 1 BGB für und gegen die B-KG, wenn er Vertretungsmacht für diese Gesellschaft hat. Die Vertretungsmacht von H kann sich aus einer Handlungsvollmacht gem. § 54 HGB ergeben. H ist Einkaufsleiter bei der B-KG. Als Einkaufsleiter einer Einkaufsgesellschaft, welche den Wareneinkauf für eine Supermarktkette durchführt, ist er gem. § 54 Abs. 1, 2. Fall HGB berechtigt, Lebensmittel namens der B-KG zu bestellen. Der Einkauf von 500 Hühnern gehört auch zum gewöhnlichen Geschäftsbetrieb der B-KG.[1] H war daher nach § 54 Abs. 1, 2. Fall HGB zum Abschluss des Kaufvertrages mit G bevollmächtigt. Die Erklärung von H wirkte damit für und gegen die B-KG, so dass zwischen ihr und G ein wirksamer Kaufvertrag vorliegt.

---

[1] Zur Abgrenzung von gewöhnlichen und außergewöhnlichen Geschäften vgl. *BGH* NZG 2002, 1120 (1121); Baumbach/Hopt/*Hopt*, § 54 Rn. 10 f.; EBJS/*Weber*, § 54 Rn. 16 f.; Heidel/Schall/*Schmidt U.*, § 54 Rn. 18 ff.; KKRM/*Roth*, § 54 Rn. 11; RWH/*Wagner*, § 54 Rn. 27 f.; Staub/*Joost*, § 54 Rn. 46 ff.; *Canaris*, § 13 Rn. 20 ff.; *Lettl*, § 6 Rn. 77; *Oetker*, § 5 Rn. 53.

Fall 7. Die salmonellenbelasteten Hühner

Der Zahlungsanspruch von G gegen die B-KG ist daher gem. § 433 Abs. 2 BGB i. V. m. §§ 161 Abs. 2, 124 Abs. 1 HGB entstanden.

B. Einrede des nicht erfüllten Vertrages

Der Kaufpreisanspruch von G muss weiterhin durchsetzbar sein. Dem kann entgegenstehen, dass die B-KG wegen der Lieferung salmonellenbelasteter Hühner die Einrede des nicht erfüllten Vertrages nach § 320 Abs. 1 S. 1 BGB zu erheben berechtigt sein kann.

I. Anwendbarkeit der §§ 320 ff. BGB

Die B-KG kann sich auf die Einrede des nicht erfüllten Vertrages gem. §§ 320 ff. BGB nur berufen, wenn diese Vorschriften auf den mit G geschlossenen Vertrag anwendbar sind. Voraussetzung hierfür ist das Vorliegen eines gegenseitigen Vertrages und die Nichterfüllung einer im Synallagma stehenden Leistungspflicht.

Der Kaufvertrag ist als entgeltlicher Austauschvertrag ein gegenseitiger Vertrag, bei dem die Leistungen in einer wechselseitigen Zweckverbindung stehen.[2] Allerdings sind auch bei einem gegenseitigen Vertrag die §§ 320 ff. BGB nur auf diejenigen Leistungspflichten anwendbar, die im Gegenseitigkeitsverhältnis zueinander stehen. Dies gilt grundsätzlich für die Hauptleistungspflichten.[3] Zu den Hauptleistungspflichten des Verkäufers gehört beim Sachkauf neben der Verpflichtung zur Übergabe und Übereignung der Sache (§ 433 Abs. 1 S. 1 BGB) auch die Pflicht des Verkäufers, dem Käufer die Sache frei von Sach- und Rechtsmängeln zu verschaffen (§ 433 Abs. 1 S. 2 BGB).[4] Der Käufer ist im Gegenzug zur Zahlung des Kaufpreises nach § 433 Abs. 2 BGB verpflichtet.[5] Die Einbeziehung der Sachmängelfreiheit in die Hauptpflichten des Verkäufers hat zur Folge, dass der Verkäufer mit Ablieferung einer mangelhaften Sache seine Hauptpflicht noch nicht erfüllt hat. Modifiziert wird dieser Erfüllungsanspruch allerdings nach Ablieferung durch den Nacherfüllungsanspruch gemäß §§ 437 Nr. 1, 439 Abs. 1 BGB.[6] Solange dieser Nacherfüllungsanspruch nicht erfüllt ist, steht dem Käufer die Einrede gemäß § 320 Abs. 1 S. 1 BGB zu.[7] Demzufolge ist ein Zurückbehaltungsrecht der B-KG gem. § 320 Abs. 1 S. 1 BGB gegeben, wenn ihr nach §§ 437 Nr. 1, 439 Abs. 1 BGB ein Nacherfüllungsanspruch zusteht.

II. Bestehen eines Nacherfüllungsanspruchs

Die B-KG kann gegen G einen Nacherfüllungsanspruch auf erneute Lieferung von 500 Hühnern gem. §§ 437 Nr. 1, 439 Abs. 1 BGB haben, wenn die von G an die B-KG gelieferten Hühner mangelhaft i. S. v. § 434 Abs. 1 BGB sind.

---

[2] Vgl. RGZ 147, 340 (342); BGHZ 15, 102 (105).
[3] BeckOK BGB/*Faust*, § 433 Rn. 38; Palandt/*Grüneberg*, Einf. v. § 320 Rn. 16, 17.
[4] BeckOK BGB/*Faust*, § 433 Rn. 52; Palandt/*Weidenkaff*, § 433 Rn. 21.
[5] Die Abnahmepflicht des Käufers nach § 433 Abs. 2 BGB stellt dagegen grundsätzlich eine Nebenpflicht dar, wenn sie nicht ausnahmsweise durch Parteivereinbarung zur Hauptpflicht erhoben worden ist, vgl. RGZ 53, 161 (164); 57, 105 (112); *BGH* NJW 1972, 99; Erman/ *Grunewald*, § 433 Rn. 52 ff.
[6] *Lorenz*, NJW 2002, 2497; *Büdenbender*, DStR 2002, 312 (315).
[7] BeckOK BGB/*Faust*, § 437 Rn. 164; Palandt/*Weidenkaff*, § 437 Rn. 14.

1. Voraussetzungen der §§ 437 Nr. 1, 439 Abs. 1 BGB

Ein Sachmangel i. S. v. § 434 Abs. 1 S. 1 BGB liegt nicht vor. Zwischen G und der B-KG wurde weder ausdrücklich noch konkludent eine Vereinbarung über die konkrete Beschaffenheit der geschlachteten Hühner getroffen. Allerdings kann es an einer Eignung der Hühner für die vertraglich vorausgesetzte Verwendung fehlen (§ 434 Abs. 1 S. 2 Nr. 1 BGB). Die Verwendung der Kaufsache wird im Vertrag vorausgesetzt, wenn der Käufer bei Vertragsschluss den Zweck des Kaufs der Sache dem Verkäufer zur Kenntnis bringt und der Verkäufer dem ausdrücklich oder stillschweigend zustimmt.[8] G und die B-KG stehen in ständiger Geschäftsverbindung. Der Einkaufsleiter der B-KG hatte G auch mitgeteilt, dass das Hühnerfleisch für einen der Supermärkte der M-GmbH bestimmt sein soll und G das Fleisch an eine Niederlassung in Münster liefern solle. G hat dem nicht widersprochen. Damit haben die Parteien vorausgesetzt, dass das Hühnerfleisch in einem Supermarkt als zum Verzehr geeignetes Lebensmittel verkauft werden kann. Dies war aufgrund der Salmonellenverseuchung der Hühner aber nicht der Fall. Die von G gelieferten Hühner waren daher mangelhaft i. S. v. § 434 Abs. 1 S. 2 Nr. 1 BGB.

Der Mangel muss im Zeitpunkt des Gefahrübergangs vorgelegen haben. Maßgeblich hierfür ist gem. § 446 Abs. 1 BGB der Zeitpunkt der Übergabe der Kaufsache. Zum Zeitpunkt der Lieferung der Hühner an die M-GmbH lag deren Salmonellenverseuchung bereits vor. Die B-KG kann somit grundsätzlich von G gem. §§ 437 Nr. 1, 439 Abs. 1 BGB Nacherfüllung in Form der Nachlieferung von 500 zum Verzehr geeigneten Hühnern verlangen.[9]

2. Ausschluss des Nacherfüllungsanspruchs

Der Nachlieferungsanspruch der B-KG kann allerdings nach § 377 Abs. 2 HGB ausgeschlossen sein, wenn der Mangel nicht rechtzeitig gem. § 377 Abs. 1 HGB durch die B-KG gerügt worden ist und die Ware damit als genehmigt gilt. Nach § 377 Abs. 1 HGB obliegt es beim Handelskauf dem Käufer, die Ware nach Ablieferung zu untersuchen und dem Verkäufer etwaige Mängel unverzüglich anzuzeigen.[10]

a) Beiderseitiges Handelsgeschäft

§ 377 HGB setzt zunächst das Vorliegen eines beiderseitigen Handelsgeschäfts (§ 343 HGB) voraus. Somit müssen G und die B-KG Kaufleute sein.

G kann nach § 1 HGB Kaufmann sein. Dann muss G Inhaber eines Gewerbebetriebes sein, der nach Art und Umfang einen in kaufmännischer Weise eingerichteten Geschäftsbetrieb erfordert (§ 1 Abs. 2 HGB).

---

[8] BeckOK BGB/*Faust*, § 433 Rn. 48; Palandt/*Weidenkaff*, § 434 Rn. 22.
[9] Der Käufer kann gem. § 439 Abs. 1 BGB grundsätzlich wahlweise entweder Nachlieferung einer mangelfreien Sache oder die Beseitigung des Mangels vom Verkäufer verlangen. Eine Beseitigung des Mangels durch G scheidet gem. § 275 Abs. 1 BGB indes wegen der Art des vorliegenden Mangels – der Salmonellenverseuchung der gelieferten Hühner – aus.
[10] Die Regelung des § 377 Abs. 1 HGB stellt eine echte Obliegenheit des Käufers dar, da ein Unterlassen nach § 377 Abs. 2 HGB nur zur Folge hat, dass der Käufer seine Rechte wegen der mangelhaften Lieferung verliert, vgl. Baumbach/Hopt/*Hopt*, § 377 Rn. 21; EBJS/*Müller*, § 377 Rn. 221 f.; Heidel/Schall/*Stöber*, § 377 Rn. 36; MüKoHGB/*Grunewald*, § 377 Rn. 97 mit Aufzählung der verloren gehenden Rechte; Staub/*Brüggemann*, 4. Aufl., § 377 Rn. 60; *Hübner*, Rn. 577 und 610.

Fall 7. Die salmonellenbelasteten Hühner

Unter einem Gewerbe i. S. d. Handelsrechts wird jede selbständige, entgeltliche, planmäßige, auf Dauer angelegte und nach außen erkennbare Tätigkeit, bei der es sich nicht um die Ausübung eines freien Berufes handelt, verstanden.[11] G betreibt auf seinem Bauernhof Hühner- und Viehzucht und baut Obst an, den er zu Schnaps verarbeitet. Hiermit verdient er seinen Lebensunterhalt. Damit liegt ein Gewerbebetrieb des G vor.

Der Gewerbebetrieb von G muss ferner gem. § 1 Abs. 2 HGB einen in kaufmännischer Weise eingerichteten Geschäftsbetrieb erfordern. Dies setzt eine Gesamtwürdigung der Verhältnisse voraus. Dabei ist insbesondere auf die Anzahl der Beschäftigten, die Art der Tätigkeit, den Umsatz, die Vielfalt der erbrachten Leistungen und der Geschäftsbeziehungen abzustellen. Nicht erforderlich ist, dass sämtliche Merkmale erfüllt sind; entscheidend ist die Gesamtwürdigung der im konkreten Fall vorliegenden Umstände.[12] G beschränkt seinen Betrieb nicht auf den Anbau von Obst, sondern produziert nebenbei noch Schnaps und züchtet Hühner und Vieh. Er wickelt somit verschiedene Arten von Geschäften ab. Dafür hat er insgesamt neun Personen fest eingestellt und beschäftigt zusätzlich noch zeitweise Saisonarbeiter, die auf Stundenbasis entlohnt werden. Dies macht eine Lohnbuchhaltung erforderlich. Des Weiteren unterhält G Geschäftsbeziehungen zu mehreren Bauern, bei denen er das Hühner- und Viehfutter erwirbt. Auch der Jahresumsatz von ca. 3.800.000 EUR ist ein Indiz für einen hinreichend großen Umfang. Somit ist davon auszugehen, dass der Gewerbebetrieb von G einen in kaufmännischer Weise eingerichteten Geschäftsbetrieb erfordert. Die Voraussetzungen von § 1 Abs. 2 HGB liegen damit vor.

Die Kaufmannseigenschaft von G kann indes abzulehnen sein, wenn es sich bei seinem Betrieb nicht um ein Handelsgewerbe,[13] sondern um einen landwirtschaftlichen Betrieb i. S. v. § 3 Abs. 1 HGB handelt. Landwirtschaft setzt Bodenbewirtschaftung voraus. Eine solche ist bei Geflügel- und Viehbetrieben nur gegeben, wenn das Futter schwerpunktmäßig selbst angebaut wird.[14] Zwar baut G das Obst für seine Schnapsproduktion selbst an. Das Futter für die Hühner und das Vieh kauft er aber bei anderen Bauern ein. Zudem bezieht er regelmäßig Lebensmittel von der M-GmbH, die er an sein Vieh weiterverfüttert. G betreibt daher keine Landwirtschaft i. S. v. § 3 Abs. 1 HGB, sondern ein Handelsgewerbe.

Die B-KG ist Kaufmann nach §§ 161 Abs. 1, 1 Abs. 2 HGB.

Der Verkauf bzw. Kauf der Hühner gehört sowohl für G wie für die B-KG jeweils zum Betrieb ihres Handelsgewerbes, so dass nach § 343 HGB ein beiderseitiges Handelsgeschäft vorliegt.

---

[11] Vgl. die Nachweise in Bd. I Fall 1 Fn. 1 und Bd. I Fall 5 Fn. 4.
[12] *OLG Dresden* NJW-RR 2002, 33 Rn. 17 ff.; Baumbach/Hopt/*Hopt*, § 1 Rn. 23; EBJS/*Kindler*, § 1 Rn. 50; Heidel/Schall/*Keßler*, § 1 Rn. 29; Staub/*Oetker*, § 1 Rn. 94; *Oetker*, § 2 Rn. 27 f.; *Steinbeck*, § 7 Rn. 2; *Kögel*, DB 1998, 1802 ff.
[13] Auch Land- und Forstwirtschaft stellen nach h. A. ein Gewerbe i. S. v. § 1 HGB dar, vgl. BGHZ 33, 321 (338); Baumbach/Hopt/*Hopt*, § 3 Rn. 3; EBJS/*Kindler*, § 3 Rn. 3; Heidel/Schall/*Keßler*, § 3 Rn. 1; MüKoHGB/*Schmidt K.*, § 3 Rn. 6; Oetker/*Körber*, § 3 Rn. 3; Staub/*Oetker*, § 3 Rn. 7; *Canaris*, § 3 Rn. 30; *Lettl*, § 2 Rn. 50; *Schmidt K.*, HandelsR, § 10 Rn. 78.
[14] Baumbach/Hopt/*Hopt*, § 3 Rn. 4; EBJS/*Kindler*, § 3 Rn. 7 ff.; Heidel/Schall/*Keßler*, § 3 Rn. 4; KKRM/*Roth*, § 3 Rn. 2; MüKoHGB/*Schmidt K.*, § 3 Rn. 13; Oetker/*Körber*, § 3 Rn. 9; RWH/*Röhricht*, § 3 Rn. 5; Staub/*Oetker*, § 3 Rn. 94; *Schmidt K.*, HandelsR, § 10 Rn. 84 ff.

b) Ablieferung

Darüber hinaus ist die Ablieferung der Hühner erforderlich. Die Ablieferung i. S. d. § 377 Abs. 1 HGB ist eine tatsächliche Handlung, durch die der Käufer instand gesetzt wird, die Ware an sich zu nehmen und zu prüfen.[15]

G hat die Hühner aber vereinbarungsgemäß nicht an die B-KG, sondern direkt an die M-GmbH geliefert. Die Ware ist damit nie in den Machtbereich der B-KG gelangt. Beim sog. Streckengeschäft, bei dem der Verkäufer auf Anweisung des Käufers direkt an dessen Abkäufer liefert, ist daher auf die Ablieferung beim Abkäufer des Käufers abzustellen.[16] Eine solche Ablieferung von G an die M-GmbH ist erfolgt.

c) Mangelhafte Ware

Die von G an die B-KG verkauften Hühner waren wegen ihrer Salmonellenbelastung mangelhaft. Der Begriff des Mangels in § 377 Abs. 1 HGB entspricht dem des § 434 BGB.[17]

d) Beachtung der Rügeobliegenheit

Nach § 377 Abs. 1 HGB muss schließlich der Käufer den Mangel unverzüglich rügen.[18]

aa) Rüge durch J

Der bei der M-GmbH als Aushilfe eingestellte *J* kann am 4.2.2018 gegenüber *G* eine Rüge für die B-KG ausgesprochen haben. Der Abkäufer des Käufers ist im Zweifel zur Rüge legitimiert, soweit die Ware vereinbarungsgemäß unmittelbar an ihn geliefert wurde.[19]

---

[15] BGHZ 60, 5 (6); 93, 338 (340); 143, 307 (313); Baumbach/Hopt/*Hopt*, § 377 Rn. 5; EBJS/*Müller*, § 377 Rn. 19 ff.; Heidel/Schall/*Stöber*, § 377 Rn. 4 ff.; KKRM/*Roth*, § 377 Rn. 6a; Oetker/*Koch R.*, § 377 Rn. 7 ff.; MüKoHGB/*Grunewald*, § 377 Rn. 17 ff.; Staub/*Brüggemann*, 4. Aufl., § 377 Rn. 25; Brox/Henssler, Rn. 400; *Hübner*, Rn. 588; *Lettl*, § 12 Rn. 57 ff.; *Oetker*, § 8 Rn. 40; *Schmidt K.*, HandelsR, § 29 Rn. 48 ff.; *Steinbeck*, § 35 Rn. 3.

[16] BGH NJW 1978, 2394; OLG Karlsruhe NZG 2009, 395 (Rn. 7); Baumbach/Hopt/*Hopt*, § 377 Rn. 23; EBJS/*Müller*, § 377 Rn. 25, 40; Heidel/Schall/*Stöber*, § 377 Rn. 9; KKRM/*Roth*, § 377 Rn. 6b; RWH/*Wagner*, § 377 Rn. 19; Staub/*Brüggemann*, 4. Aufl., § 377 Rn. 25. Zu den allgemeinen Problemen beim Streckengeschäft vgl. MüKoHGB/*Grunewald*, § 377 Rn. 21; Staub/*Brüggemann*, 4. Aufl., § 377 Rn. 38; *Lettl*, § 12 Rn. 63 und 79 ff.; *Schmidt K.*, HandelsR, § 29 Rn. 95, 101 ff.; *Steinbeck*, § 35 Rn. 21 f.

[17] Vgl. Baumbach/Hopt/*Hopt*, § 377 Rn. 12; EBJS/*Müller*, § 377 Rn. 61; Heidel/Schall/*Stöber*, § 377 Rn. 12; KKRM/*Roth*, § 377 Rn. 5; MüKoHGB/*Grunewald*, § 377 Rn. 53 ff.; *Oetker*, § 8 Rn. 32 ff. Ob von dem Begriff des Mangels in § 377 Abs. 1 HGB auch der Rechtsmangel gem. § 435 BGB erfasst ist (so Baumbach/Hopt/*Hopt*, § 377 Rn. 12; *Canaris*, § 29 Rn. 2; *Lettl*, § 12 Rn. 71; *Steinbeck*, § 35 Rn. 6; a. A. *Oetker*, § 8 Rn. 33), kann offen bleiben.

[18] Die Untersuchungsobliegenheit (vgl. hierzu OLG Koblenz NJW-RR 2004, 1553 sowie ausführlich Baumbach/Hopt/*Hopt*, § 377 Rn. 20 ff.; EBJS/*Müller*, § 377 Rn. 55 ff.; Heidel/Schall/*Stöber*, § 377 Rn. 20 ff.; MüKoHGB/*Grunewald*, § 377 Rn. 31 ff.; Oetker/*Koch R.*, § 377 Rn. 33 ff.; RWH/*Wagner*, § 377 Rn. 34 ff.; Staub/*Brüggemann*, 4. Aufl., § 377 Rn. 59 ff.; *Canaris*, § 29 Rn. 59 ff.) ist für die Falllösung unwesentlich, da Rechtsfolgen ausschließlich an die Rüge geknüpft werden; vgl. MüKoHGB/*Grunewald*, § 377 Rn. 27; *Lettl*, § 12 Rn. 70.

[19] EBJS/*Müller*, § 377 Rn. 103 und Rn. 108 ff.; MüKoHGB/*Grunewald*, § 377 Rn. 61; Staub/*Brüggemann*, 4. Aufl., § 377 Rn. 138; ebenso *Jung*, § 37 Rn. 13; *Lettl*, § 12 Rn. 79.

Fall 7. Die salmonellenbelasteten Hühner 95

J kann jedoch ohne Vertretungsmacht gehandelt haben. Das setzt die Anwendbarkeit der §§ 164 ff. BGB auf die Mängelrüge voraus. Grundsätzlich gelten diese Vorschriften für Willenserklärungen. Willenserklärungen sind auf den Eintritt von Rechtsfolgen gerichtet.[20] Die Mängelrüge ist hingegen nicht auf die Herbeiführung einer Rechtsfolge gerichtet, sondern dient dem Erhalt der Mängelansprüche. Sie bezieht sich aber unmittelbar auf Rechte aus dem Kaufvertrag und stellt somit eine geschäftsähnliche Handlung dar, auf welche die Regeln über die Vertretungsmacht analog anwendbar sind.[21] Aus dem Verhalten von *J* ergibt sich zwar, dass dieser im Namen der M-GmbH handeln wollte, aber weder die B-KG noch die M-GmbH hatten der Aushilfskraft *J* Vertretungsmacht erteilt. Eine Heilung der mangelnden Vertretungsmacht wäre, da die Rüge einer einseitigen Willenserklärung gleichzustellen ist, nur im Rahmen der §§ 180 S. 2, 177 BGB analog möglich.[22] Die dafür erforderliche Genehmigung ist allerdings nicht ersichtlich.

Eine rechtswirksame Rüge i. S. v. § 377 Abs. 1 HGB ist somit durch *J* nicht ausgesprochen worden.

bb) Rüge der B-KG, vertreten durch H

Mit Schreiben vom 25.2.2018 hat *H* dem *G* die mangelhafte Lieferung angezeigt. Dabei handelte *H* namens der B-KG und im Rahmen seiner Vertretungsmacht nach § 54 Abs. 1, 2. Fall HGB.

(1) Unverzüglichkeit der Rüge

Die Mängelrüge der B-KG kann aber verspätet sein. Die Rüge muss nach § 377 Abs. 1 HGB unverzüglich, d. h. gem. § 121 Abs. 1 S. 1 BGB ohne schuldhaftes Zögern, erfolgen. § 377 HGB bezweckt nach ihrer ratio legis die rasche Abwicklung von Handelsgeschäften im Interesse des Handelsverkehrs. Daher gilt für die Rechtzeitigkeit der Mängelrüge grundsätzlich ein strenger Maßstab.[23] Mängel[24] müssen regelmäßig noch am selben oder am darauf folgenden Tag ihrer Entdeckung angezeigt werden.[25] Danach wäre die Anzeige der B-KG, vertreten durch *H*, vom 25.2.2018 verspätet.

Infolge der Besonderheit, dass die Ware von *G* unmittelbar an die M-GmbH ausgeliefert wurde, kommt aber eine Verlängerung der Rügefrist in Betracht. Zwar muss der Käufer auch bei der Durchlieferung auftretende Mängel unverzüglich rügen.[26] Der Verkäufer, der sich mit der Direktlieferung der Ware an einen Abkäufer seines Käufers einverstanden erklärt, kann aber nicht damit rechnen, dass der Käufer die

---

[20] BeckOK BGB/*Wendtland*, § 116 Rn. 1; Erman/*Arnold*, Vor § 116 Rn. 1; Palandt/*Ellenberger*, Einf. v. § 116 Rn. 1; *Wolf/Neuner*, § 31 Rn. 2.
[21] Baumbach/Hopt/*Hopt*, § 377 Rn. 32; EBJS/*Müller*, § 377 Rn. 172; Heidel/Schall/*Stöber*, § 377 Rn. 38 f.; MüKoHGB/*Grunewald*, § 377 Rn. 69 f.; Oetker/*Koch R.*, § 377 Rn. 75; *Lettl*, § 377 Rn. 75; *Oetker*, § 8 Rn. 50.
[22] Vgl. Baumbach/Hopt/*Hopt*, § 377 Rn. 33; *Lettl*, § 12 Rn. 75.
[23] RGZ 106, 359 (360); BGH NJW 1954, 1841; Baumbach/Hopt/*Hopt*, § 377 Rn. 23; EBJS/*Müller*, § 377 Rn. 154; KKRM/*Roth*, § 377 Rn. 16; MüKoHGB/*Grunewald*, § 377 Rn. 33; RWH/*Wagner*, § 377 Rn. 38; *Lettl*, § 12 Rn. 67.
[24] Zur Unterscheidung der Rechtzeitigkeit der Rüge bei offenen und bei verdeckten Mängeln vgl. Heidel/Schall/*Stöber*, § 377 Rn. 41 f. KKRM/*Roth*, § 377 Rn. 15 ff.; *Brox/Henssler*, Rn. 410 ff.; *Lettl*, § 12 Rn. 74 ff.
[25] BGH NJW 1954, 1841; zu Einzelheiten für die Beachtung der Rügefrist vgl. den Überblick bei EBJS/*Müller*, § 377 Rn. 130 ff.; KKRM/*Roth*, § 377 Rn. 15 ff.
[26] RGZ 96, 13 (15); 102, 91 (92); BGHZ 110, 130 (138 f.).

Ware selbst untersucht, weil dieser dann bei der Ablieferung zugegen sein müsste. Er muss sich vielmehr darauf einstellen, dass der Abkäufer zunächst dem Käufer Mängelanzeige erstattet, bevor dieser ihm gegenüber den Mangel anzeigt. Erfolgen beide Anzeigen unverzüglich, gilt die Anzeige des Erstkäufers gegenüber dem Verkäufer trotz der dadurch möglicherweise eintretenden Verzögerung noch als rechtzeitig.[27] Die B-KG, vertreten durch *H*, wurde schon am 31.1.2018 durch den Marktleiter *L* der M-GmbH auf die Verseuchung der Hühner hingewiesen. *H* selbst hat als Vertreter der B-KG dem *G* den Mangel der Ware durch Unachtsamkeit aber erst am 25.2.2018 angezeigt. Das Verhalten von *H* ist der B-KG nach §§ 278, 166 Abs. 1 BGB zuzurechnen. Eine derartige Verzögerung bedeutet auch im Streckengeschäft eine Verspätung der Mängelrüge.

Die Rügefrist kann daher von der B-KG versäumt worden sein.

(2) Verlängerung der Rügefrist durch die Allgemeinen Einkaufsbedingungen der B-KG

Eine Verspätung der Mängelrüge durch die B-KG scheidet aber aus, wenn die dispositive[28] Rügefrist gem. § 377 Abs. 1 HGB durch die Regelung nach Ziff. III ihrer Allgemeinen Einkaufsbedingungen wirksam auf sechs Monate nach der Entdeckung des Mangels verlängert worden ist. Bei den Allgemeinen Einkaufsbedingungen der B-KG handelt es sich um AGB i. S. v. § 305 Abs. 1 BGB. Diese AGB – und damit auch deren Ziff. III – müssen in den Kaufvertrag zwischen der B-KG und *G* wirksam einbezogen worden sein.

(a) Einbeziehung von Ziff. III der Einkaufsbedingungen in den Vertrag

(aa) Einbeziehung gem. § 305 Abs. 2 Nr. 1 BGB

Grundsätzlich ist für die Einbeziehung von AGB erforderlich, dass der Verwender die andere Vertragspartei bei Vertragsschluss auf seine AGB hinweist (§ 305 Abs. 2 Nr. 1 BGB) und ihr in zumutbarer Weise die Möglichkeit verschafft, von dem Inhalt der AGB Kenntnis zu nehmen (§ 305 Abs. 2 Nr. 2 BGB) und der andere Vertragsteil mit ihrer Geltung einverstanden ist (§ 305 Abs. 2 a. E. BGB). *G* und die B-KG haben sich weder bei Vertragsschluss ausdrücklich auf die Einbeziehung der Allgemeinen Einkaufsbedingungen der B-KG geeinigt, noch hat die B-KG den *G* zu diesem Zeitpunkt auf ihre Allgemeinen Einkaufsbedingungen hingewiesen und ihm die Möglichkeit ihrer Kenntnisnahme verschafft. Die B-KG, vertreten durch *H*, hat vielmehr erst einen Tag nach Abschluss des Kaufvertrages ihre Allgemeinen Einkaufsbedingungen dem den Vertragsschluss bestätigenden Schreiben beigefügt.

---

[27] RGZ 96, 13 (15); Baumbach/Hopt/*Hopt*, § 377 Rn. 37; Heidel/Schall/*Stöber*, § 377 Rn. 46; KKRM/*Roth*, § 377 Rn. 16; Staub/*Brüggemann*, 4. Aufl., § 377 Rn. 38; *Lettl*, § 12 Rn. 80; *Schmidt K.*, HandelsR, § 29 Rn. 102 f. Zur besonderen Problematik, wenn im Verhältnis des Erstkäufers zum Zweitkäufer kein Handelsgeschäft und daher keine Rügelast des Zweitkäufers besteht, vgl. *Schmidt K.*, HandelsR, § 29 Rn. 104 f.

[28] Zur Abdingbarkeit des § 377 HGB vgl. ausführlich Baumbach/Hopt/*Hopt*, § 377 Rn. 57; EBJS/*Müller*, § 377 Rn. 306 ff.; Heidel/Schall/*Stöber*, § 377 Rn. 82 ff.; KKRM/*Roth*, § 377 Rn. 31 ff.; MüKoHGB/*Grunewald*, § 377 Rn. 108 ff.; RWH/*Wagner*, § 377 Rn. 53; Staub/*Brüggemann*, 4. Aufl., § 377 Rn. 147, 172; *Ensthaler*, NJW 1994, 817 (820); *Steckler*, BB 1993, 1225 (1228); *Nagel*, DB 1991, 319 (322); *Schmidt D.*, NJW 1991, 144 (145).

(bb) Einbeziehung gegenüber einem Unternehmer

Gleichwohl können die Allgemeinen Einkaufsbedingungen der B-KG wirksam in den Kaufvertrag zwischen *G* und der B-KG einbezogen worden sein, wenn gem. § 310 Abs. 1 S. 1 BGB hierfür die Erfordernisse des § 305 Abs. 2 BGB nicht beachtet werden müssen. Dann muss die B-KG ihre Einkaufsbedingungen gegenüber einem Unternehmer i. S. v. § 14 BGB verwandt haben. Unternehmer ist gem. § 14 Abs. 1 BGB u. a. jede natürliche Person, die bei Abschluss eines Rechtsgeschäfts in Ausübung ihrer gewerblichen Tätigkeit handelt.[29] *G* hat den Kaufvertrag mit der B-KG im Rahmen seiner gewerblichen Tätigkeit abgeschlossen. Er wurde hierbei mithin in seiner Eigenschaft als Unternehmer i. S. v. § 14 Abs. 1 BGB tätig. Daher müssen die Erfordernisse des § 305 Abs. 2 BGB für die Einbeziehung der Einkaufsbedingungen ihm gegenüber nicht erfüllt sein. Es reicht vielmehr jede Einigung zwischen der B-KG und *G* über die Einbeziehung der Einkaufsbedingungen gem. §§ 145 ff. BGB aus.

(cc) Einbeziehung durch kaufmännisches Bestätigungsschreiben

Die Allgemeinen Einkaufsbedingungen der B-KG können durch *G*'s Schweigen auf das Bestätigungsschreiben der B-KG zum Vertragsinhalt geworden sein. Dann müssen die Voraussetzungen der gewohnheitsrechtlich aus § 346 HGB entwickelten Grundsätze über das kaufmännische Bestätigungsschreiben[30] vorliegen.

(aaa) Persönlicher Anwendungsbereich

Die Grundsätze über das kaufmännische Bestätigungsschreiben müssen zunächst in persönlicher Hinsicht auf *G* und die B-KG anwendbar sein. Die Grundsätze vom kaufmännischen Bestätigungsschreiben haben sich aus Handelsbräuchen entwickelt.[31] Im Handelsverkehr hat sich die vielfach anzutreffende Übung herausgebildet, mündliche, fernmündliche, telegrafische oder fernschriftliche Vertragsabschlüsse noch einmal schriftlich zu bestätigen, um den Inhalt des zuvor zustande gekommenen Vertrages zu Beweiszwecken festzulegen und Irrtümer bzw. Missverständnisse auszuschließen.[32] Daher sind die Grundsätze vom kaufmännischen Bestätigungsschreiben zumindest dann anwendbar, wenn sowohl der Absender als auch der Empfänger des Bestätigungsschreibens Kaufleute sind.[33] Sowohl *G* als auch die

---

[29] Zum Begriff des Unternehmers gem. § 14 BGB vgl. BeckOK BGB/*Bamberger*, § 14 Rn. 9 ff.; Palandt/*Ellenberger*, § 14 Rn. 2 ff. Kritisch zur Reichweite des Unternehmerbegriffs *Flume*, ZIP 2000, 1427 (1428). Zur sachlichen Abgrenzung der Begriffe Unternehmer, Kaufmann, Verbraucher und Zivilperson vgl. eingehend *Krebs*, DB 2002, 517 ff. und *Dauner-Lieb/Dötsch*, DB 2003, 1666 ff.

[30] Zur Streitfrage nach Geltungsgrund und dogmatischer Herleitung vgl. EBJS/*Joost*, § 346 Rn. 63 f.; KKRM/*Roth*, § 346 Rn. 23; MüKoHGB/*Schmidt K.*, § 346 Rn. 141; Staub/*Koller*, 4. Aufl., § 346 Rn. 61; *Canaris*, § 23 Rn. 9 ff.; *Lettl*, § 10 Rn. 45 f.; *Schmidt K.*, HandelsR, § 19 Rn. 70 f.; *Flume*, BGB AT II, § 36, 5 (S. 664 f.); Palandt/*Ellenberger*, § 147 Rn. 8; *Diederichsen*, JuS 1966, 128 (130).

[31] Palandt/*Ellenberger*, § 147 Rn. 8; *Brox/Henssler*, Rn. 295; *Schmidt K.*, HandelsR, § 19 Rn. 67.

[32] Vgl. *BGH* NJW 1965, 965; *Diederichsen*, JuS 1966, 128 (130).

[33] Vgl. Baumbach/Hopt/*Hopt*, § 346 Rn. 18; *Schmidt K.*, HandelsR, § 19 Rn. 72 ff. Darüber hinaus sind die Grundsätze über das kaufmännische Bestätigungsschreiben nach h. M. auch auf Nichtkaufleute anwendbar, sofern sie durch Führen eines größeren Geschäftsbetriebs wie Kaufleute am Rechtsverkehr teilnehmen, vgl. dazu Baumbach/Hopt/*Hopt*, § 346 Rn. 18; EBJS/*Joost*, § 346 Rn. 76; Heidel/Schall/*Klappstein*, § 346 Rn. 54 ff.; KKRM/*Roth*, § 346 Rn. 24; MüKoHGB/*Schmidt K.*, § 346 Rn. 156; Staub/*Koller*, 4. Aufl., § 346

B-KG sind Kaufleute, so dass der persönliche Anwendungsbereich für die Grundsätze des kaufmännischen Bestätigungsschreibens eröffnet ist.

(bbb) **Sachliche Voraussetzungen**

Auch die weiteren Voraussetzungen des kaufmännischen Bestätigungsschreibens müssen erfüllt sein.

Zunächst müssen im Vorfeld zwischen den Parteien Vertragsverhandlungen stattgefunden haben und (zumindest) der Bestätigende muss davon ausgehen können, dass ein Vertrag bereits geschlossen worden ist.[34] Der Vertragsschluss zwischen G und der B-KG kam im Verlaufe von telefonischen Verhandlungen zustande. Es liegt mit dem Schreiben der B-KG daher ein echtes Bestätigungsschreiben vor und nicht nur eine Auftragsbestätigung[35], die als (gegebenenfalls modifizierende) Annahmeerklärung einzuordnen wäre.

Ferner muss das Schreiben der B-KG, um als Bestätigungsschreiben zu gelten, nach seinem äußeren Erscheinungsbild zur Wiedergabe der Verhandlungen ihrem wesentlichen Inhalt nach bestimmt sein.[36] Das setzt voraus, dass H mit der Billigung der durch die Klausel Ziff. III eingeführten Verlängerung der Rügefrist rechnen konnte. Dabei kann zweifelhaft sein, ob die nachträgliche Einführung von Allgemeinen Geschäftsbedingungen in einen Vertrag mittels eines kaufmännischen Bestätigungsschreibens überhaupt möglich ist. Weil es sich bei den Grundsätzen des Bestätigungsschreibens um Ausprägungen des Grundsatzes von Treu und Glauben handelt, kann zu verlangen sein, dass der Absender annimmt, der Inhalt seines Schreibens decke sich vollständig mit den getroffenen Abmachungen. Das ist bei einer nachträglichen Einführung von Allgemeinen Geschäftsbedingungen gerade nicht der Fall. Daher kann zu verlangen sein, dass Allgemeine Geschäftsbedingungen grundsätzlich bereits bei den Vertragsverhandlungen zu erwähnen sind. Ansonsten bestünde die Gefahr, dass die Grundsätze vom kaufmännischen Bestätigungsschreiben zu einem „Einfallstor nachträglich in den Vertrag geschmuggelter Allgemeiner Geschäftsbedingungen" würden.[37] Zulässig seien Regelungen nur insoweit, als sie lediglich eine sinnvolle Ergänzung der mündlich getroffenen Vereinbarungen bildeten.[38] Die Parteien haben bei dem Telefonat über den Kauf der Hühner nicht über die Rügelast gesprochen. Die Verlängerung der Rügefrist stellt somit keine Ergänzung der mündlichen Vereinbarungen dar, sondern eine neue Regelung. Eine solche in AGB enthaltene Klausel kann nach dieser Meinung daher nicht durch ein kaufmännisches Bestätigungsschreiben in den Vertrag eingeführt werden.

Diese Argumentation vermag jedoch nicht zu überzeugen. In AGB enthaltene Regelungen können auch aufgrund eines kaufmännischen Bestätigungsschreibens Vertragsinhalt werden, es sei denn, dass der Empfänger mit einer entsprechenden

---

Rn. 22 ff.; *Oetker/Pamp*, § 346 Rn. 52; *Canaris*, § 23 Rn. 45 f.; *Hübner*, Rn. 495; *Lettl*, § 10 Rn. 52 f.; *Palandt/Ellenberger*, § 147 Rn. 9 und 10 mit zahlreichen Beispielen aus der Rspr.

[34] *BGH* NJW 1965, 965; 1974, 991 (992); 1990, 386; *Erman/Armbrüster*, § 147 Rn. 5 ff.; *Palandt/Ellenberger*, § 147 Rn. 11 ff.; *Baumbach/Hopt/Hopt*, § 346 Rn. 20; *Oetker/Pamp*, § 346 Rn. 42; *Brox/Henssler*, Rn. 297; *Lettl*, § 10 Rn. 55.

[35] Vgl. hierzu näher Bd. I Fall 9 unter A. III. 3. b), bb).

[36] *BGH* BB 1961, 271; NJW 1965, 965; *Oetker/Pamp*, § 346 Rn. 44.

[37] *Lieb*, Anm. zu *BGH*, Urt. v. 9.7.1970 – VII ZR 70/68, JZ 1971, 137; *Walchshöfer*, BB 1975, 722 f.

[38] *Walchshöfer*, BB 1975, 719 (723).

Regelung nicht zu rechnen braucht.[39] Das gilt selbst dann, wenn diese Regelungen in AGB enthalten sind, auf die der Verwender Bezug nimmt, ohne die AGB aber dem Schreiben beizufügen.[40] Nach allgemeinen Grundsätzen bestimmt das widerspruchslos hingenommene Bestätigungsschreiben den Vertragsinhalt nämlich auch dann, wenn es gegenüber dem tatsächlich Vereinbarten abändernde oder ergänzende Regelungen enthält. Nichts anderes gilt bei der Einbeziehung von AGB. Nach den Gepflogenheiten des Handelsverkehrs obliegt es in diesem Fall dem Empfänger, diesen Regelungen unverzüglich zu widersprechen. Andernfalls kann der Absender annehmen, der Empfänger unterwerfe sich ihrer Geltung.[41] Der Absender darf dagegen nicht mit der Billigung seiner AGB rechnen, wenn beide Seiten bei den Verhandlungen vergeblich versucht haben, ihre jeweiligen AGB dem Vertrag zugrunde zu legen oder sich der Empfänger bereits ausdrücklich gegen die Einbeziehung der AGB des anderen Vertragsteils verwahrt hat.[42]

Die Beifügung der AGB in der Vertragsbestätigung entsprach den Geschäftsgepflogenheiten zwischen *G* und der B-KG. Auch haben weder *G* noch die B-KG versucht, bei den Verhandlungen ihre Allgemeinen Geschäftsbedingungen zur Geltung zu bringen. Außerdem sind Regelungen über die Rügeobliegenheiten im Handelsverkehr nicht unüblich. *G* kann sich daher nicht darauf berufen, er habe mit einer solchen Klausel nicht zu rechnen brauchen. Nach den allgemeinen Grundsätzen über die konstitutive Wirkung des Bestätigungsschreibens oblag es ihm, der Klausel in Ziff. III der Allgemeinen Einkaufsbedingungen der B-KG zu widersprechen, wenn er mit ihrer Geltung nicht einverstanden war. Die B-KG durfte deshalb davon ausgehen, dass die Einbeziehung ihrer Allgemeinen Einkaufsbedingungen inklusive der Verlängerung der Rügefrist durch die Klausel Ziff. III von *G* gebilligt werde.

Das Bestätigungsschreiben hat aber nur dann konstitutive Wirkung, wenn es in einem engen zeitlichen Zusammenhang mit den Vertragsverhandlungen abgesandt wurde.[43] Infolge der Bestätigung des Vertragsschlusses durch *H* für die B-KG am auf das Telefonat folgenden Tag ist dieser zeitliche Zusammenhang gegeben.

Schließlich darf *G* der Regelung nicht unverzüglich widersprochen haben.[44] Ein Widerspruch liegt nicht vor.

Sämtliche Voraussetzungen eines kaufmännischen Bestätigungsschreibens sind folglich gegeben. Die Allgemeinen Einkaufsbedingungen der B-KG sind somit Inhalt des Kaufvertrages zwischen der B-KG und *G* geworden.

(b) Wirksamkeit der einbezogenen Klausel

Die einbezogene Klausel über die Verlängerung der Rügefrist zugunsten der B-KG auf sechs Monate muss schließlich wirksam sein. Dazu muss sie einer Inhaltskon-

---

[39] BGHZ 7, 187 (190 ff.); *BGH* WM 1969, 1452 (1453); Baumbach/Hopt/*Hopt*, § 346 Rn. 17; EBJS/*Joost*, § 346 Rn. 89; MüKoHGB/*Schmidt K.*, § 346 Rn. 168; *Canaris*, § 23 Rn. 27 f.; *Schmidt K.*, HandelsR, § 19 Rn. 91 ff.; *Schmidt-Salzer*, BB 1971, 591 (597).
[40] BGHZ 7, 187 (190).
[41] BGHZ 7, 187 (191); *BGH* WM 1969, 1452 (1453).
[42] Baumbach/Hopt/*Hopt*, § 346 Rn. 22; EBJS/*Joost*, § 346 Rn. 89; Heidel/Schall/*Klappstein*, § 346 Rn. 49; MüKoHGB/*Schmidt K.*, § 346 Rn. 169; *Canaris*, § 23 Rn. 27; *Schmidt K.*, HandelsR, § 19 Rn. 115 ff.
[43] *BGH* NJW 1964, 1224; Baumbach/Hopt/*Hopt*, § 346 Rn. 21; Heidel/Schall/*Klappstein*, § 346 Rn. 50; KKRM/*Roth*, § 346 Rn. 29; Oetker/*Pamp*, § 346 Rn. 46; RWH/*Wagner*, § 346 Rn. 38; *Brox/Henssler*, Rn. 299.
[44] Zu den Rechtsfolgen eines teilweisen Widerspruchs gegen einzelne Vertragsbedingungen vgl. *BGH* WM 1984, 640; *OLG Köln* NJW-RR 1992, 762; KKRM/*Roth*, § 346 Rn. 31.

trolle nach den §§ 307 ff. BGB standhalten. Gem. § 310 Abs. 1 S. 1 BGB sind die §§ 308, 309 BGB auf den zwischen G und der B-KG geschlossenen Vertrag nicht anwendbar. Die Klausel Ziff. III der Einkaufsbedingungen der B-KG kann aber nach § 307 Abs. 1, Abs. 2 Nr. 1 BGB unwirksam sein. Das setzt voraus, dass diese Klausel mit dem wesentlichen Grundgedanken des § 377 HGB nicht zu vereinbaren ist. Eine Modifizierung der Rügefristen ist zwar in gewissem Umfang zulässig.[45] Ob dies auch für die Verlängerung der Rügefrist auf sechs Monate ab Entdeckung des Mangels gilt, erscheint jedoch sehr zweifelhaft. Die Rechte des Käufers wegen eines Sachmangels verjähren gem. § 438 Abs. 1 Nr. 3 BGB bei beweglichen Sachen grundsätzlich nach zwei Jahren. Der Genehmigungsfiktion des § 377 HGB käme daher zwar auch bei einer so langen Rügefrist noch eine eigenständige Bedeutung zu. Die Rügeobliegenheit des Käufers soll aber die Interessen des Verkäufers an einer raschen Abwicklung der Geschäfte im Handelsverkehr schützen. Dies gilt erst Recht, wenn es sich um verderbliche Ware handelt. Dieser Zweck wird durch eine Verlängerung der Rügefrist auf sechs Monate ausgehebelt.[46]

Die Klausel Ziff. III der Einkaufsbedingungen der B-KG ist deshalb nach § 307 Abs. 1, Abs. 2 Nr. 1 BGB unwirksam. Gem. § 306 Abs. 2 BGB richtet sich die Rügefrist somit nach den gesetzlichen Vorschriften. Im Übrigen wirkt sich die unwirksame Klausel gem. § 306 Abs. 1 BGB nicht auf den Restvertrag aus.

Demzufolge ist die von der B-KG, vertreten durch H, am 25.2.2018 ausgesprochene Mängelanzeige nach § 377 Abs. 1 HGB verspätet. Infolge der Genehmigungsfiktion des § 377 Abs. 2 HGB sind daher Gewährleistungsrechte der B-KG und insoweit auch ihr Nacherfüllungsanspruch aus §§ 437 Nr. 1, 439 Abs. 1 BGB ausgeschlossen. G hat folglich seine Hauptleistung bewirkt. Die B-KG kann dem Zahlungsanspruch des G aus § 433 Abs. 2 BGB nicht die Einrede des nicht erfüllten Vertrages gem. § 320 Abs. 1 S. 1 BGB entgegenhalten.

C. Ergebnis

G hat gegenüber der B- KG einen durchsetzbaren Anspruch auf Zahlung des Kaufpreises i. H. v. 1.250 EUR gem. § 433 Abs. 2 BGB. Das Gericht wird der Klage stattgeben.[47]

---

[45] Baumbach/Hopt/*Hopt*, § 377 Rn. 59; EBJS/*Müller*, § 377 Rn. 315 ff.; Heidel/Schall/*Stöber*, § 377 Rn. 81; MüKoHGB/*Grunewald*, § 377 Rn. 132 ff.; Oetker/*Koch R.*, § 377 Rn. 151; Staub/*Brüggemann*, 4. Aufl., § 377 Rn. 113.

[46] Vgl. *BGH* NJW 1991, 2633 (2634); NJW 1977, 1150; jeweils allerdings zur Rechtslage vor der Schuldrechtsreform. Zu dieser Zeit verjährten die Gewährleistungsrechte gem. § 477 Abs. 1 BGB a. F. bereits nach sechs Monaten ab Ablieferung der Ware, so dass nach alter Rechtslage der Rügeobliegenheit keine selbständige Bedeutung mehr zukam.

[47] Sollte die B-KG im Prozess die von J zunächst als Vertreter ohne Vertretungsmacht erklärte Mängelrüge (vgl. B. II. 2) d), aa) genehmigen, ändert dies nichts am Ergebnis. Auf die Mängelrüge als einseitige empfangsbedürftige geschäftsähnliche Handlung ist § 180 BGB analog anzuwenden. Die Vorschriften über Verträge, insbesondere § 177 Abs. 1 BGB finden somit nur dann analoge Anwendung, wenn derjenige, dem die Mängelrüge gegenüber erklärt wird, entweder die vom Vertreter behauptete Vertretungsmacht nicht beanstandet hat oder er damit einverstanden gewesen ist, dass der Vertreter ohne Vertretungsmacht gehandelt hat (§ 180 S. 2 BGB analog). Die Entgegnung von G, er nehme derartige Rügen seitens eines „Grünschnabels" nicht an, ist zugleich als Beanstandung der Vertretungsmacht von J bei der Erklärung der Mängelrüge zu werten (§ 133 BGB). Damit ginge eine Genehmigung der ohne Vertretungsmacht erklärten Mängelrüge durch J „ins Leere", würde somit keine Rückwirkung auf den Zeitpunkt der Vornahme der Mängelrüge gem. § 184 Abs. 1 BGB analog bewirken.

Fall 8. Die mangelhafte Qualitätssicherung

Schwerpunkt im Handelsrecht:

Just-in-time-Vertrag und Qualitätssicherungsvereinbarung – Einbeziehung von Allgemeinen Geschäftsbedingungen und deren Inhaltskontrolle nach § 307 BGB unter Kaufleuten – Ausschluss der kaufmännischen Rügeobliegenheit

Sachverhalt

Die Siegener Kradwerke Aktiengesellschaft (SKW-AG) stellt Motorräder her. Sie hat ihren Produktionsprozess so organisiert, dass sie die verschiedenen Motorradkomponenten größtenteils von Zulieferern bezieht, die verpflichtet sind, ihre Teile just-in-time an die SKW-AG zu liefern. Die Just-in-time-Produktion hat für die SKW-AG den Vorteil, dass die angelieferten Teile zeitgenau und ohne kostenintensive Zwischenlagerung in den Produktionsprozess einbezogen werden können.

Die Promto Lieferservice GmbH (L-GmbH) liefert schon seit Jahren verschiedene von ihr vorgefertigte Teile an die SKW-AG. Bereits im Jahre 2010 vereinbarten beide Seiten ein Bündel von Rahmenverträgen. Unter anderem verpflichtete sich die L-GmbH, bestimmte Motorradteile bis zu einer jeweils bestimmten prognostizierten jährlichen Gesamtmenge just-in-time an die SKW-AG zu liefern, wobei die jeweilige Liefermenge und der Lieferpreis bei Abruf noch einzeln ausgehandelt werden sollen. Da eine zeitgenaue Abstimmung der Produktion zwischen dem Hersteller und den einzelnen Zulieferern nur bei Zulieferung fehlerfreier Teile funktionieren kann, war auch eine von der SKW-AG vorformulierte und auch anderen Zulieferern gegenüber verwandte Qualitätssicherungsvereinbarung (im Folgenden: QV) Bestandteil der Abreden. In der QV sind vor allem technisch-organisatorische Maßnahmen, Verhaltensregeln, detaillierte technische Standards für die Zuliefererprodukte sowie Dokumentationspflichten festgelegt. Außerdem enthält sie eine Bestimmung, wonach der Zulieferer zum Aufbau eines Qualitätsmanagement-Systems und zur Endprüfung seiner Produkte bei Warenausgang verpflichtet ist. Unter anderem enthält sie folgende Regelungen:

Ziff. 10 Kontroll- und Rügepflichten

(1) Der Lieferant strebt eine sog. Null-Fehler-Produktion an. Er ist nach seinem Qualitätsmanagement-System verpflichtet, vor Versand die Qualitätsanforderungen durch eine Endprüfung seiner Produkte sicherzustellen und darüber Aufzeichnungen zu führen, die den Nachweis erbringen, dass das Produkt geprüft worden ist.

(2) Die SKW-AG wird die Ware bei Anlieferung nur hinsichtlich ihrer Warengattung und etwaiger äußerlicher, deutlich erkennbarer Transportschäden prüfen.

(3) Um ihrer Schadensminderungspflicht zu genügen, wird die SKW-AG, soweit dies nach ordnungsgemäßem Geschäftsgang tunlich ist, in einem möglichst frühen Stadium des Fertigungsprozesses geeignete Kontrollen vorsehen. Wird dabei oder später

ein Schaden oder Mangel entdeckt, wird die SKW-AG den Lieferanten unverzüglich benachrichtigen.

(4) Der Lieferant verzichtet auf den Einwand der verspäteten Mängelrüge, soweit an seinen Zulieferteilen erst während des Fertigungsprozesses oder später Mängel entdeckt werden.

Egon Eilig (E), der Leiter der Einkaufsabteilung der SKW-AG, bestellte mit Hinweis auf den Just-in-time-Vertrag am 15.7.2017 telefonisch bei dem Geschäftsführer *Günther Gründlich* (G) der L-GmbH 500 für die Herstellung von Motoren benötigte Kolben zu einem Gesamtpreis von 50.000 EUR. Diese lieferte die L-GmbH vereinbarungsgemäß am nächsten Tag an die Produktionsstätte der SKW-AG in Siegen. Die Kolben wurden noch am selben Tag ohne vorherige Untersuchung maschinell eingebaut.

Nachdem die Motorräder bereits ausgeliefert worden waren, wurde aufgrund der Beschwerden von Käufern Anfang August 2017 festgestellt, dass einige der am 16.7.2017 gelieferten Kolben infolge eines Materialfehlers Risse aufwiesen. Bei einer stichprobenartigen grobsinnlichen Überprüfung hätten die Risse an den betreffenden Kolben bereits bei Anlieferung bei der SKW-AG erkannt werden können. Ferner hätten die fehlerhaften Kolben jeweils ohne Schwierigkeiten beim Einbau in den herzustellenden Motor entdeckt werden können. Aus Sicherheitsgründen musste die SKW-AG eine sofortige Rückrufaktion sämtlicher mit den am 16.7.2017 gelieferten Kolben produzierten Motorräder noch im August 2017 durchführen und einen Austausch von insgesamt 5 % der am 16.7.2017 gelieferten Kolben vornehmen lassen. Dies verursachte Kosten in Höhe von 400.000 EUR.

Mit Schreiben vom 2.9.2017 an die L-GmbH rügt *E* namens der SKW-AG, dass 5 % der am 16.7.2017 gelieferten Kolben Risse aufgewiesen hätten und teilt mit, dass die SKW-AG deshalb eine Rückrufaktion habe durchführen müssen; deren Kosten in Höhe von 400.000 EUR verlange die SKW-AG als Schadensersatz. Die L-GmbH verweigert die Zahlung mit der Begründung, die Rüge sei zu spät erfolgt und Ziff. 10 Abs. 4 der QV sei unwirksam. Zu Recht?

Lösung

A. Schadensersatzanspruch aus §§ 437 Nr. 3, 280 ff. BGB

Die SKW-AG kann gegen die L-GmbH einen Schadensersatzanspruch wegen Verletzung einer Pflicht aus der QV i. H. v. 400.000 EUR aus §§ 437 Nr. 3, 280 Abs. 1 BGB haben.

I. Schuldverhältnis nach § 280 Abs. 1 S. 1 BGB

Voraussetzung ist gem. § 280 Abs. 1 S. 1 BGB, dass zwischen der L-GmbH und der SKW-AG ein wirksames Schuldverhältnis besteht. Als solches kommt ein wirksamer Kaufvertrag gem. § 433 BGB über die Lieferung von 500 Kolben zwischen der L-GmbH als Verkäuferin und der SKW-AG als Käuferin in Betracht.

Dann müssen sich SKW-AG und L-GmbH wirksam über die Lieferung von 500 Kolben gem. § 433 Abs. 1 BGB geeinigt haben. Aufgrund des in 2010 vereinbarten Just-in-time-Vertrages[1] können bereits kaufvertragliche Rechte und Pflichten gem.

---

[1] Vgl. hierzu ausführlich *Martinek*, § 28 (S. 286 ff.) sowie *Grunewald*, NJW 1995, 1777; *Lehmann*, BB 1990, 1849; *Nagel*, DB 1991, 319 ff.; *Steckler*, BB 1993, 1225 f.

§§ 433 ff. BGB begründet worden sein, wenn auf diesen die Regelungen des Kaufvertrags anwendbar sind. Der Just-in-time-Vertrag ist nicht als eigener Vertragstyp im BGB geregelt. Es handelt sich vielmehr um einen atypischen Vertrag besonderer Art („sui generis") nach § 311 Abs. 1 BGB.[2] Ein Just-in-time-Vertrag enthält regelmäßig sowohl gesellschaftsvertragliche bzw. dienstvertragliche Elemente als auch Elemente eines Austauschvertrages.[3] Soweit es um die Verletzung von Pflichten aus dem Austauschverhältnis geht, entspricht die Vereinbarung aber dem Regelungsstatut des Kaufrechts mit der Folge, dass die §§ 433 ff. BGB insoweit entsprechend anwendbar sind.

Bei Just-in-time-Verträgen stellt sich weiterhin die Frage, ob der Kaufvertrag bereits mit Abschluss des Rahmenvertrages wirksam zustande kommt oder erst mit Abruf der konkreten Lieferung von 500 Kolben am 15.7.2017. Ein Just-in-time-Vertrag ähnelt regelmäßig einem Dauerlieferungsvertrag in der speziellen Form eines Sukzessivlieferungsvertrages oder Bezugsvertrages.[4] Gewöhnlich ist die Lieferverpflichtung bereits im Rahmenvertrag vereinbart, so dass nicht bei jedem Abruf ein neuer Kaufvertrag geschlossen wird, sondern lediglich durch den Abruf die Leistungspflicht konkretisiert wird.[5] Möglich ist aber auch, dass die Lieferabrufe zur Ausfüllung des Rahmenvertrages als Kaufvertrag, Werklieferungs- oder Werkvertrag ausgestaltet sind.[6]

Die Frage des Zeitpunkts der Einigung über die Bestellung der 500 Kolben kann letztlich offen bleiben, wenn die Voraussetzungen einer kaufvertraglichen Einigung bzw. eine Konkretisierung der bereits bestehenden Lieferverpflichtung spätestens mit dem Abruf der Kolben am 15.7.2017 gegeben sind. *E* rief namens der SKW-AG und als deren Einkaufsleiter mit Vertretungsmacht i. S. v. § 54 Abs. 1, 2. Fall HGB handelnd am 15.7.2017 telefonisch bei *G* als dem mit Vertretungsmacht für die L-GmbH gem. § 35 Abs. 1 GmbHG Handelnden 500 Kolben zu einem Gesamtpreis von 50.000 EUR ab. Die Kolben wurden auch von der L-GmbH in der bestellten Menge an die SKW-AG geliefert. Spätestens am 15.7.2017 wurden damit – basierend auf dem Rahmenvertrag – die kaufvertraglichen Hauptleistungspflichten zwischen der L-GmbH und der SKW-AG endgültig festgelegt.

Folglich ist zwischen der SKW-AG und der L-GmbH ein wirksamer Kaufvertrag zustande gekommen, der eine Verpflichtung der L-GmbH zur Lieferung von 500 mangelfreien Kolben an die SKW-AG nach § 433 Abs. 1 BGB begründet hat.

II. Pflichtverletzung gem. § 280 Abs. 1 S. 1 BGB

Die L-GmbH muss eine ihr obliegende Verpflichtung aus dem Vertrag gegenüber der SKW-AG verletzt haben (§ 280 Abs. 1 S. 1 BGB).

Unter einer „Pflichtverletzung" ist jedes Verhalten zu verstehen, das hinter dem vertraglich festgelegten Programm zurückbleibt, unabhängig von einem Sorgfaltsverstoß und unabhängig davon, ob es sich um eine Hauptleistungs-, Nebenleistungs- oder Schutzpflicht handelt.[7] In Betracht kommt die Verletzung einer Hauptpflicht, konkret die Verletzung der Verpflichtung der L-GmbH zur Lieferung mangelfreier

---

[2] Vgl. hierzu allgemein BeckOK BGB/*Gehrlein*, § 311 Rn. 17; Jauernig/*Stadler*, § 311 Rn. 26; MüKoBGB/*Emmerich*, § 311 Rn. 25 f.; NK-BGB/*Krebs*, § 311 Rn. 32.
[3] *Martinek*, § 28 II (S. 296 ff.); *Steckler*, BB 1993, 1225.
[4] BeckOK BGB/*Gehrlein*, § 311 Rn. 14; *Grunewald*, NJW 1995, 1777 (1778).
[5] MüKoBGB/*Westermann H. P.*, Vor § 433 Rn. 32.
[6] *Nagel*, DB 1991, 319 (320).
[7] BeckOK BGB/*Lorenz*, § 280 Rn. 11 ff.; NK-BGB/*Dauner-Lieb*, § 280 Rn. 27; HK-BGB/*Schulze*, § 280 Rn. 8 ff.; MüKoBGB/*Ernst*, § 280 Rn. 11.

Ware gem. § 433 Abs. 1 S. 2 BGB. Die Lieferung einer nicht mangelfreien Sache, d.h. die Verletzung der Pflicht des Verkäufers gem. § 433 Abs. 1 S. 2 BGB, ist für den Schadensersatz wegen Pflichtverletzung nach § 280 Abs. 1 S. 1 BGB stets als maßgebliche Pflichtverletzung anzusehen.[8]

1. Sachmangel gem. § 434 Abs. 1 BGB

Das setzt zunächst jedoch voraus, dass die Lieferung der L-GmbH nicht frei von Mängeln war. Von den 500 gelieferten Kolben können 25 mangelhaft gewesen sein.

Gem. § 434 Abs. 1 S. 1 BGB liegt ein Mangel vor, wenn die Kaufsache nicht die von den Parteien vereinbarte Beschaffenheit hat. Beschaffenheit ist jeder der Sache anhaftende tatsächliche, wirtschaftliche oder rechtliche Zustand.[9] Vereinbart ist die Beschaffenheit, wenn der Inhalt des Kaufvertrags von vornherein oder nachträglich die Pflicht des Verkäufers bestimmt, die Sache in dem Zustand zu übereignen, wie er im Vertrag festgelegt wird.[10]

Über die Materialbeschaffenheit der Kolben haben *E* und *G* bei Abruf der Ware am 15.7.2017 nicht gesprochen. Die SKW-AG kann mit der L-GmbH aber bereits im Rahmen des Just-in-time-Vertrages eine ausdrückliche Vereinbarung über die Beschaffenheit der Kolben getroffen haben. In der QV[11] sind detaillierte technische Standards für die Zuliefererprodukte enthalten, die gleichzeitig eine Beschaffenheitsvereinbarung darstellen. Es ist daher davon auszugehen, dass die QV eine ausdrückliche Leistungsbeschreibung der Kolben enthält und die Risse in 25 der gelieferten Kolben dieser Leistungsbeschreibung widersprechen. Diese 25 Kolben waren daher mangelhaft i.S.V. § 434 Abs. 1 S. 1 BGB.[12]

2. Vorliegen des Mangels bei Gefahrübergang

Der Mangel muss bereits im Zeitpunkt des Gefahrübergangs vorgelegen haben. Maßgeblich für den Zeitpunkt des Gefahrübergangs gem. § 446 Abs. 1 BGB ist der Zeitpunkt der Übergabe der Sache. Bei Übergabe der Kolben an die SKW-AG am 16.7.2017 weisen 25 der 500 gelieferten Kolben Risse auf, so dass der Mangel auch bei Gefahrübergang vorlag.

3. Zwischenergebnis

Die L-GmbH hat ihre Verpflichtung zur Verschaffung von mangelfreien Kaufsachen aus § 433 Abs. 1 S. 2 BGB insoweit verletzt, als sie 25 mangelhafte Kolben an die SKW-AG geliefert hat.

---

[8] BeckOK BGB/*Faust*, § 437 Rn. 73; Palandt/*Grüneberg*, § 280 Rn. 19; MüKoBGB/*Westermann H. P.*, § 437 Rn. 28, 35.

[9] Vgl. BeckOK BGB/*Faust*, § 434 Rn. 13 ff.; HK-BGB/*Saenger*, § 434 Rn. 9 f.; MüKoBGB/ *Westermann H. P.*, § 434 Rn. 9 ff.; Palandt/*Weidenkaff*, § 434 Rn. 9 ff.

[10] BeckOK BGB/*Faust*, § 434 Rn. 38 ff.; MüKoBGB/*Westermann H. P.*, § 434 Rn. 16; Palandt/*Weidenkaff*, § 434 Rn. 14, 15.

[11] Vgl. allgemein zu QV die Darstellungen von *Kreifels*, ZIP 1990, 489 ff.; *Schmidt D.*, NJW 1991, 144 ff.; *Ensthaler*, NJW 1994, 817 f.; *Grunewald*, NJW 1995, 1777 f.; *Nagel*, DB 1991, 319 (323 ff.); *Steinmann*, BB 1993, 873 f.; *Steckler*, BB 1993, 1225 (1227); *Quittnat*, BB 1989, 571 ff. Die QV stellt einen verkehrstypischen Vertrag dar, vgl. BeckOK BGB/*Gehrlein*, § 311 Rn. 18.

[12] Folgt man dieser Auslegung nicht, liegt jedenfalls ein Sachmangel nach § 434 Abs. 1 S. 2 Nr. 1 BGB vor.

Fall 8. Die mangelhafte Qualitätssicherung 105

III. Vertretenmüssen nach §§ 280 Abs. 1 S. 2, 276, 278 BGB

Die L-GmbH muss die Pflichtverletzung auch zu vertreten haben. Nach § 276 Abs. 1 S. 1, 1. Halbs. BGB hat der Schuldner Vorsatz und Fahrlässigkeit zu vertreten. Ausnahmsweise hat der Schuldner eine Pflichtverletzung aber gem. § 276 Abs. 1 S. 1, 2. Halbs. BGB auch ohne Verschulden zu vertreten, wenn er eine selbständige Garantie gem. § 276 Abs. 1 S. 1 BGB[13] oder ein Beschaffungsrisiko[14] übernommen hat.

Die L-GmbH kann verschuldensunabhängig die volle Verantwortung für Mangelfolgeschäden,[15] um deren Ersatz es der SKW-AG ausschließlich geht, bereits mit der QV als selbständige Garantie nach § 276 Abs. 1 S. 1 BGB übernommen haben. Dazu ist erforderlich, dass in dieser Vereinbarung hinreichend zum Ausdruck kommt, dass die L-GmbH für jeden Fehler eines von ihr produzierten Zulieferteils einschließlich der durch den Mangel veranlassten Folgeschäden ohne Verschulden einstehen will. Die L-GmbH hat in der QV zwar verbindlich zugesagt, ein Qualitätssicherungssystem einzurichten und ihre Zulieferteile in einer bestimmten Art und Weise zu produzieren. Die Bereitschaft zur Einrichtung eines Qualitätsmanagement-Systems mit dem Ziel der Null-Fehler-Produktion kann darauf schließen lassen, dass die Fehlerfreiheit der gelieferten Teile vereinbart sein sollte.[16] Allerdings ist auch nach heutigem Stand der Technik eine Null-Fehler-Produktion, wie sie in Ziff. 10 Abs. 1 S. 1 QV „angestrebt" wird, nicht erreichbar,[17] und ein Zulieferer wird zudem regelmäßig nicht dazu bereit sein, für die erheblichen Schäden, die u. a. durch Produktionsausfälle (Bandstillstand) verursacht werden können, einzustehen. Die Auslegung von Ziff. 10 Abs. 1 S. 1 QV, wonach die Null-Fehler-Produktion lediglich „angestrebt", nicht aber „zugesichert" wird, ergibt demnach, dass die L-GmbH mit der QV eine verschuldensunabhängige Haftung für Mangelfolgeschäden nicht übernehmen wollte.[18] Es ist mithin ein Verschulden der L-GmbH erforderlich.

Aus der Gesetzesformulierung des § 280 Abs. 1 S. 2 BGB folgt, dass dieses Verschulden vermutet wird und der Schuldner dessen Fehlen darlegen und beweisen muss.[19] Dieser Nachweis wird der L-GmbH nicht gelingen können, zumal sie aufgrund der QV zur Einhaltung bestimmter technischer Standards und gem. Ziff. 10 Abs. 1 S. 2 zur Endprüfung ihrer Produkte verpflichtet war und deshalb die Materialfehler hätte erkennen müssen. Für den Schadensersatz wegen Pflichtverletzung nach § 280 Abs. 1 BGB reicht es aus, wenn der Verkäufer den Sachmangel schuld-

---

[13] Die selbständige Garantie gem. § 276 Abs. 1 S. 1 BGB ist von der unselbständigen Garantie gem. § 443 BGB (vgl. dazu allgemein BeckOK BGB/*Faust*, § 443 Rn. 1 ff.; HK-BGB/*Saenger*, § 443 Rn. 1 ff.; Jauernig/*Berger*, § 443 Rn. 1 ff.; Palandt/*Weidenkaff*, § 443 Rn. 1 ff.) zu unterscheiden, vgl. HK-BGB/*Schulze*, § 276 Rn. 23; Jauernig/*Berger*, § 443 Rn. 3; NK-BGB/*Dauner-Lieb*, § 276 Rn. 23 ff.
[14] Vgl. hierzu BeckOK BGB/*Lorenz*, § 276 Rn. 41 ff.; Jauernig/*Stadler*, § 276 Rn. 43 ff.; MüKoBGB/*Grundmann*, § 276 Rn. 177 ff.; NK-BGB/*Dauner-Lieb*, § 276 Rn. 27 ff.
[15] Mangelfolgeschäden sind alle Schäden, die der Käufer an seinen Rechtsgütern außerhalb der Kaufsache erleidet, etwa an Leben, Gesundheit oder Eigentum, aber auch Nutzungsausfall oder entgangener Gewinn. Vgl. BeckOK BGB/*Faust*, § 437 Rn. 68 f.; Jauernig/*Berger*, § 437 Rn. 15; MüKoBGB/*Westermann H. P.*, § 437 Rn. 32; Palandt/*Grüneberg*, § 280 Rn. 18.
[16] Grundsätzlich ablehnend *Sina*, MDR 1994, 332 (333), vor allem weil es seitens des Käufers widersprüchlich sei, wenn er gleichzeitig noch eine – wenn auch minimale – Fehlertoleranz zugesteht. Zum Zustandekommen von Garantien vgl. allgemein MüKoBGB/*Westermann H. P.*, § 443 Rn. 5 ff.
[17] *Steinmann*, BB 1993, 873 (877); *Ensthaler*, NJW 1994, 817 (820).
[18] Im Ergebnis ebenso Jauernig/*Berger*, § 443 Rn. 4.
[19] BeckOK BGB/*Lorenz*, § 280 Rn. 31; Erman/*Westermann H. P.*, § 280 Rn. 32.

haft verursacht hat oder ihn kannte bzw. kennen musste. Das Verschulden muss sich dagegen nicht auf den Eintritt eines Mangelfolgeschadens beziehen. Dies ist allein eine Frage der Kausalität und der objektiven Zurechnung.[20] Die bei der Produktion und der Endkontrolle als Erfüllungsgehilfen gem. § 278 BGB eingesetzten Angestellten der L-GmbH haben fahrlässig gehandelt, zumal die Risse leicht hätten erkannt werden können. Folglich hat die L-GmbH die Pflichtverletzung zu vertreten.

IV. Kein Ausschluss infolge der Genehmigungsfiktion nach § 377 Abs. 2 HGB

Der Schadensersatzanspruch der SKW-AG ist allerdings nach § 377 Abs. 2 HGB ausgeschlossen, wenn der Mangel von ihr nicht rechtzeitig gem. § 377 Abs. 1 HGB gerügt worden ist und die Ware damit als genehmigt gilt. Nach § 377 Abs. 1 HGB obliegt es dem Käufer beim Handelskauf, die Ware nach Ablieferung zu untersuchen und etwaige Mängel dem Verkäufer unverzüglich anzuzeigen.[21] Versäumt er dies, gilt der Ausschluss gem. § 377 Abs. 2 HGB nicht nur für Gewährleistungs- und Erfüllungsansprüche, sondern auch für Schadensersatzansprüche aufgrund von Mangelfolgeschäden nach § 280 Abs. 1 BGB.[22]

1. Beiderseitiges Handelsgeschäft

Die Anwendung von § 377 HGB erfordert zunächst das Vorliegen eines beiderseitigen Handelsgeschäfts (§ 343 HGB). Somit müssen die L-GmbH und die SKW-AG Kaufleute sein.

Die L-GmbH ist nach § 13 Abs. 3 GmbHG i. V. m. § 6 Abs. 2 HGB unabhängig von ihrer Tätigkeit Kaufmann kraft Rechtsform. Die SKW-AG ist ebenfalls Formkaufmann gem. § 3 Abs. 1 AktG i. V. m. § 6 Abs. 2 HGB. Der Verkauf bzw. der Kauf der Kolben gehört sowohl für die L-GmbH als auch für die SKW-AG jeweils zum Betrieb ihres Handelsgewerbes, so dass nach § 343 HGB ein beiderseitiges Handelsgeschäft vorliegt.

2. Ablieferung

Zudem setzt § 377 Abs. 1 HGB die Ablieferung der Ware voraus. Die Ablieferung i. S. d. § 377 Abs. 1 HGB ist eine tatsächliche Handlung, durch die der Käufer in die Lage versetzt wird, die Ware an sich zu nehmen und zu prüfen.[23] Dies ist mit Übergabe der Kolben am 16.7.2017 an der Produktionsstätte der SKW-AG in Siegen geschehen.

3. Mangelhafte Ware

Des Weiteren muss ein Mangel i. S. d. § 377 HGB vorliegen. 25 der 500 Kolben waren wegen des Materialfehlers nicht mangelfrei. Der Begriff des Mangels entspricht dabei dem des § 434 BGB.[24]

---

[20] *Lorenz*, NJW 2002, 2497 (2502).
[21] Vgl. die Nachweise in Bd. I Fall 7 Fn. 10.
[22] *BGH* NJW 1975, 2011; *Lehmann*, BB 1990, 1849 (1852).
[23] Vgl. die Nachweise in Bd. I Fall 7 Fn. 15.
[24] Vgl. die Nachweise in Bd. I Fall 7 Fn. 17.

Fall 8. Die mangelhafte Qualitätssicherung

4. Unverzügliche Rüge

Die SKW-AG muss den Mangel unverzüglich gerügt haben (§ 377 Abs. 1 HGB).[25] Die SKW-AG selbst kann den Mangel nicht anzeigen. Die mit Schreiben vom 2.9.2017 erfolgte Mängelanzeige durch E gegenüber der L-GmbH kann jedoch für und gegen die SKW-AG wirken. Dann muss E berechtigt gewesen sein, die Mängelrüge für die SKW-AG zu erheben.

a) Analoge Anwendbarkeit der §§ 164 ff. BGB auf Mängelrüge

Das setzt zunächst voraus, dass die Vorschriften für die Vertretung auf die Erhebung der Mängelrüge anwendbar sind. Die Vorschriften der §§ 164 ff. BGB gelten grundsätzlich für Willenserklärungen, deren wesensmäßiges Merkmal es ist, dass sie auf den Eintritt von Rechtsfolgen gerichtet sind.[26] Die Mängelrüge ist hingegen nicht auf die Herbeiführung einer Rechtsfolge gerichtet, sondern dient nur dem Erhalt der Mängelansprüche.[27] Die Mängelrüge gemäß § 377 HGB bezieht sich aber unmittelbar auf Rechte aus dem Kaufvertrag und stellt somit eine geschäftsähnliche Handlung dar, auf welche die Regeln über die Vertretungsmacht analog anwendbar sind.[28]

b) Vertretungsbefugnis von E zur Erhebung der Mängelrüge

Die von E im Namen der SKW-AG abgegebene Mängelrüge muss ferner von E's Vertretungsmacht gem. § 54 Abs. 1, 2. Fall HGB gedeckt sein. Zur Handlungsvollmacht eines Einkaufsleiters gehört nicht nur die Befugnis zur Bestellung von Waren. Vielmehr sind auch sämtliche rechtsgeschäftliche und geschäftsähnliche Maßnahmen erfasst, die der Betrieb eines derartigen Handelsgewerbes mit sich bringt. Zu den gewöhnlichen Geschäften eines Einkaufsleiters gehört es ebenfalls, die Ordnungsmäßigkeit der von ihm vorgenommenen Bestellungen zu überprüfen und bei Abweichungen die Mängelrüge gem. § 377 Abs. 1 HGB zu erheben. E konnte daher die Mängel mit Wirkung für die SKW-AG rügen.

c) Rechtzeitigkeit der Mängelrüge

Die SKW-AG, vertreten durch E, muss die Mängel auch rechtzeitig angezeigt haben. Die Rüge muss nach § 377 Abs. 1 HGB unverzüglich (vgl. § 121 Abs. 1 S. 1 BGB), also ohne schuldhaftes Zögern, erfolgen. Die Regelung nach § 377 HGB bezweckt die rasche Abwicklung von Handelsgeschäften im Interesse des Handelsverkehrs. Daher gilt grundsätzlich ein strenger Maßstab.[29] Mängel müssen regelmäßig noch am selben oder am darauffolgenden Tag angezeigt werden.[30] Die Anzeige des Mangels durch E erfolgte erst am 2.9.2017, also knapp einen Monat nach Bekanntwerden der Beschwerden der Käufer der Motorräder und erst nach Durchführung der Rückrufaktion. Die Mängel an den Kolben wären aufgrund der Tatsache, dass es sich bei den Materialfehlern jeweils um einen offenen Mangel i. S. d. § 377 Abs. 1 HGB handelt,[31]

---

[25] Vgl. die Nachweise in Bd. I Fall 7 Fn. 18.
[26] *Wolf/Neuner*, § 31 Rn. 2; BeckOK BGB/*Wendtland*, § 116 Rn. 1; Erman/*Arnold*, Vor § 116 Rn. 1; Palandt/*Ellenberger*, Vor § 116 Rn. 1.
[27] RGZ 106, 359, 361; EBJS/*Müller*, § 377 Rn. 171.
[28] Vgl. die Nachweise in Bd. I Fall 7 Fn. 22.
[29] Vgl. die Nachweise in Bd. I Fall 7 Fn. 24.
[30] Vgl. die Nachweise in Bd. I Fall 7 Fn. 26.
[31] Vgl. hierzu allgemein EBJS/*Müller*, § 377 Rn. 163; MüKoHGB/*Grunewald*, § 377 Rn. 59; Oetker/*Koch R.*, § 377 Rn. 85 f.; RWH/*Wagner*, § 377 Rn. 32; Staub/*Brüggemann*, 4. Aufl., § 377 Rn. 61 ff.

bei einer oberflächlichen Untersuchung unmittelbar nach der Anlieferung am 16.7.2017 durch die SKW-AG erkannt worden. Die Ausnahme von der Genehmigungsfiktion für versteckte Mängel nach § 377 Abs. 2, 3 HGB greift somit nicht ein. Nach § 377 Abs. 1 HGB ist die Rüge daher verspätet.

5. Ausschluss des Einwands der verspäteten Mängelrüge

Aufgrund von Ziff. 10 Abs. 4 QV kann es der L-GmbH aber verwehrt sein, den Einwand der verspäteten Mängelrüge zu erheben. Nach dieser Bestimmung verzichtete die L-GmbH gegenüber der SKW-AG ausdrücklich auf den Einwand der verspäteten Mängelrüge, soweit der Mangel an den Zulieferteilen erst während des Fertigungsprozesses oder später entdeckt wird. Von der L-GmbH wurde am 16.7.2017 weder Ware einer anderen Gattung geliefert noch wies die gelieferte Ware Transportschäden auf. Nach dem Wortlaut von Ziff. 10 Abs. 4 QV hat die L-GmbH somit auf den Einwand der verspäteten Mängelrüge insoweit verzichtet, als Mängel an ihren Zulieferteilen erst während des Fertigungsprozesses oder später entdeckt werden.

Die L-GmbH kann sich jedoch nur auf den Ausschluss der Mängelrüge berufen, soweit er in Ziff. 10 Abs. 4 QV wirksam vereinbart wurde. § 377 HGB ist dispositives Recht,[32] so dass gegen seine individualvertragliche Abbedingung oder Modifizierung in den Grenzen der §§ 138, 242 BGB grundsätzlich keine Bedenken bestehen. Die Mängelrüge wurde jedoch nicht individualvertraglich ausgeschlossen.

a) Allgemeine Geschäftsbedingung (AGB)

Bei dem Verzicht auf den Einwand der verspäteten Mängelrüge gem. Ziff. 10 Abs. 4 QV kann es sich um eine AGB handeln. Nach § 305 Abs. 1 S. 1 BGB ist das der Fall, wenn die Klausel von der SKW-AG als Vertragsbedingung für eine Vielzahl von Verträgen vorformuliert und der L-GmbH bei Abschluss der QV gestellt worden ist. Die SKW-AG hat die von ihr vorformulierte[33] QV in die Vertragsverhandlungen mit der L-GmbH eingeführt und verwendet sie auch gegenüber anderen Zulieferern. Der Inhalt von Ziff. 10 Abs. 4 QV stand ferner nicht ernsthaft zur Disposition der Vertragsparteien i.S.v. § 305 Abs. 1 S. 3 BGB. Damit handelt es sich bei dieser Regelung um eine AGB.

b) Einbeziehung in den Vertrag

Grundsätzlich müssen AGB bei Vertragsschluss vom Verwender gem. der in § 305 Abs. 2 BGB geforderten Art in den Vertrag einbezogen werden. Dies ist vorliegend nicht geschehen.

Ziff. 10 Abs. 4 QV kann dennoch wirksam zwischen der L-GmbH und der SKW-AG vereinbart worden sein, wenn eine Einigung über die Einbeziehung gem. §§ 145 ff. BGB ausreichend ist. Die L-GmbH hat die QV im Rahmen ihrer gewerblichen Tätigkeit abgeschlossen. Gem. § 310 Abs. 1 S. 1 BGB müssen die Erfordernisse des § 305 Abs. 2 BGB zur Einbeziehung Allgemeiner Geschäftsbedingungen

---

[32] Vgl. die Nachweise in Bd. I Fall 7 Fn. 29.
[33] Im Interesse gleichbleibender Standards sind die Hersteller zumeist gezwungen, die Regelungen über die Qualitätssicherung gegenüber allen Zulieferern vorzuformulieren; vgl. hierzu instruktiv *Graf v. Westphalen*, FS „40 Jahre Der Betrieb" (1988), 223 (226 f.) sowie *Ensthaler*, NJW 1994, 817 (820); *Lehmann*, BB 1990, 1849 (1851). *Steckler*, BB 1993, 1225 (1227), plädiert allerdings aufgrund der zunehmenden Spezialisierung der Zuliefererindustrie für den Abschluss von Individualvereinbarungen.

daher hier nicht erfüllt sein. Die SKW-AG hat sich 2010 im Rahmen des Just-in-time-Vertrages mit der L-GmbH über die Einbeziehung der QV geeinigt, so dass diese wirksam in den Vertrag einbezogen worden ist.

c) Keine überraschende Klausel

Der Wirksamkeit von Ziff. 10 Abs. 4 QV kann entgegenstehen, dass diese Klausel als überraschende Klausel i. S. v. § 305c Abs. 1 BGB anzusehen ist. Nach § 305c Abs. 1 BGB wird eine Regelung nicht Vertragsbestandteil, wenn sie so ungewöhnlich ist, dass der Vertragspartner mit ihr nicht zu rechnen brauchte. QV mit Ausschluss oder Modifizierung der Rügeobliegenheit sind in einigen Branchen wie z. B. in der Automobilindustrie jedoch üblich.[34] Für die der Automobilbranche nahestehende Motorradbranche kann folglich dasselbe angenommen werden. Die Klausel war somit für die L-GmbH nicht überraschend, so dass § 305c Abs. 1 BGB ihrer Wirksamkeit nicht entgegensteht.

d) Wirksamkeitskontrolle

Der Ausschluss der Rügeobliegenheit muss jedoch der Wirksamkeitskontrolle gem. §§ 307 ff. BGB standhalten. Wegen § 310 Abs. 1 S. 1 BGB finden die §§ 308 f. BGB auf AGB, die mit einem Unternehmer geschlossen wurden, keine Anwendung. Folglich ist Ziff. 10 Abs. 4 QV lediglich anhand von § 307 BGB zu überprüfen. Ziff. 10 Abs. 4 QV ist jedoch nach § 307 Abs. 1 S. 1 BGB unwirksam, wenn die L-GmbH durch den Ausschluss der Rügeobliegenheit unangemessen benachteiligt wird. Eine unangemessene Benachteiligung liegt nach § 307 Abs. 2 Nr. 1 BGB im Zweifel vor, wenn eine Bestimmung mit wesentlichen Grundgedanken der gesetzlichen Regelung, von der abgewichen wird, nicht zu vereinbaren ist.

aa) Unangemessenheit der vollständigen Abbedingung von § 377 HGB durch AGB

Die Möglichkeit eines Ausschlusses von § 377 HGB durch AGB kann generell – und zwar auch für Just-in-time-Verträge mit QV – abzulehnen sein.[35] Zur Begründung kann angeführt werden, dass § 377 HGB einen erheblichen Gerechtigkeitsgehalt aufweise. Der AGB-mäßige Ausschluss der Rügeobliegenheit stelle die in § 377 HGB zum Ausdruck gekommene Wertentscheidung einer eindeutigen Risikoverteilung zu Lasten des Verkäufers auf den Kopf und führe deshalb stets zu einer unangemessenen Benachteiligung des Zulieferers. Es sei nicht einzusehen, warum das Verbot der Abdingbarkeit der Untersuchungs- und Rügeobliegenheit bei Just-in-time-Verträgen gerade nicht gelten solle.[36] Es gebe tatsächlich kein Bedürfnis für einen solchen Ausschluss, da § 377 HGB nur eine grobsinnliche Überprüfung verlange, die auch bei einer Just-in-time-Produktion ohne Weiteres, etwa bei recht-

---

[34] *Steinmann*, BB 1993, 873 (877).
[35] *Graf v. Westphalen*, FS „40 Jahre Der Betrieb", (1988), 223 (232); *Schmidt D.*, NJW 1991, 144 (150); Ulmer/Brandner/Hensen/*Christensen*, Teil 2, 35 Rn. 3; Palandt/*Grüneberg*, § 307 Rn. 122; *Grunewald*, NJW 1995, 1777 (1784), mit Ausnahme für den Fall, dass der Lieferant durch Klauseln, die im Zusammenhang mit der Verzichtsklausel stehen, selbst begünstigt wird, was dann der Fall sein soll, wenn eine Schadensteilung zwischen Lieferant und Hersteller vorgesehen ist. Die Vertreter dieser Auffassung halten aber jedenfalls zeitliche Verschiebungen für zulässig.
[36] Dazu siehe Ulmer/Brandner/Hensen/*Christensen*, Teil 2, 35 Rn. 3.

zeitiger Anlieferung der Ware oder im Rahmen von Zwischenkontrollen zu Beginn des Bandlaufs, vorgenommen werden könne.[37]

Demgegenüber können für einen durch AGB erfolgenden Ausschluss von § 377 HGB – insbesondere für Just-in-time-Verträge – mehrere Gründe vorgebracht werden.[38] So kann argumentiert werden, § 377 HGB sei im Interesse der gewandelten Bedürfnisse des Rechtsverkehrs unter Kaufleuten teleologisch zu reduzieren und diese Beschränkung wirke sich über § 307 Abs. 2 Nr. 1 BGB ebenfalls im Rahmen der Inhaltskontrolle von AGB einschränkend aus. Bei der Inhaltskontrolle könne nämlich nicht oder nur eingeschränkt auf § 377 HGB abgestellt werden, da die Vorschrift einen „Kauf" voraussetze. Bei einer QV überwögen aber die gesellschafts- und dienstvertraglichen Komponenten gegenüber den kaufrechtlichen Aspekten, so dass diese nicht in die Inhaltskontrolle als dispositives Recht einzubeziehen seien.[39] Außerdem kann die Anwendbarkeit der Genehmigungsfiktion des § 377 Abs. 1 HGB bei Just-in-time-Verträgen generell in Frage gestellt werden, weil der Lieferant mit der Verpflichtung zur Installation eines Qualitätssicherungssystems eine vollständige Garantiehaftung übernommen habe, um damit die Qualität seiner Waren unter Beweis zu stellen. Diese selbständige garantievertragliche Haftungserweiterung strahle auf die bei der Inhaltskontrolle nach § 307 Abs. 2 S. 1 BGB vorzunehmende Wertung aus.[40] Schließlich kann angeführt werden, die Abbedingung der Wareneingangskontrolle beim Hersteller gehe typischerweise mit der Verpflichtung des Zulieferers einher, ein spezifisches Qualitätssicherungssystem einzurichten, wodurch in aller Regel Mängel sehr viel früher und zuverlässiger erkannt werden als bei einer Prüfung des gelieferten Produkts beim Hersteller.[41] Der Zweck des § 377 HGB sei in diesem Falle sogar besser verwirklicht als bei einer Wareneingangskontrolle beim Hersteller. Mit § 377 HGB habe der Gesetzgeber ein bestimmtes Güteraustausch- und Informationsmodell nicht vorschreiben wollen.[42]

Die vorgenannten Argumente für einen vollständigen Ausschluss der Rügeobliegenheit gem. § 377 HGB durch AGB vermögen jedoch nicht zu überzeugen. Dem Begründungsansatz, bei einer QV überwögen die gesellschafts- und dienstvertraglichen Komponenten, ist entgegenzuhalten, dass es sich bei einem Just-in-time-Vertrag trotz der ihm zugrunde liegenden partnerschaftlichen Beziehungen letztlich um ein Austauschverhältnis handelt, bei dem sich die Vertragsparteien im Streitfall gerade nicht partnerschaftlich gegenüberstehen. Gegen die Argumentation, mit der QV übernehme der Zulieferer zugleich eine Garantie, insbesondere auch für alle Mangelfolgeschäden des Herstellers, ist einzuwenden, dass davon nur im Ausnahmefall ausgegangen werden kann. Auch die L-GmbH hatte in Ziff. 10 Abs. 1 S. 1 QV lediglich eine Null-Fehler-Produktion „angestrebt" und keine selbständige Garantie mit der Folge der Haftung für sämtliche kausal verursachte Schäden aufgrund von

---

[37] *Grunewald*, NJW 1995, 1777 (1780).

[38] Baumbach/Hopt/*Hopt*, § 377 Rn. 59; HK-HGB/*Stuhlfelner*, § 377 Rn. 1; EBJS/*Müller*, § 377 Rn. 115 ff.; *Schmidt K.*, HandelsR, § 29 Rn. 125; *Lehmann*, BB 1990, 1849 ff.; *Nagel*, DB 1991, 319 ff.; *Steinmann*, BB 1993, 873 ff.; unentschieden KKRM/*Roth*, § 377 Rn. 32 – § 377 HGB behalte jedenfalls für Transportschäden und Fehler im Qualitätssicherungssystem des Lieferanten seinen guten Sinn; a. A. MüKoHGB/*Grunewald*, § 377 Rn. 136.

[39] *Lehmann*, BB 1990, 1849 (1853) mit Hinweis auf den Ausschluss der Anwendbarkeit des AGBG nach § 23 Abs. 1 AGB, nunmehr § 310 Abs. 4 BGB; ähnlich *Schmidt K.*, HandelsR, § 29 Rn. 129, wonach wegen des kooperativen Charakters von QV das Leitbild des § 377 HGB nicht mehr zutreffe.

[40] *BGH* WM 1977, 366; BB 1979, 1257.

[41] *Steinmann*, BB 1993, 873 (877).

[42] *Lehmann*, BB 1990, 1849 (1853).

Fall 8. Die mangelhafte Qualitätssicherung

ihr gelieferter fehlerhafter Produkte übernommen.[43] Und nicht zuletzt gilt, dass mit der gesetzlichen Regelung des § 377 HGB auf jeden Fall unvereinbar ein pauschaler, vollständiger Ausschluss der Mängelrüge ist, wenn er sich auch auf offene Mängel erstreckt.[44] Der Gesetzgeber hat für den kaufmännischen Verkehr mit § 377 HGB eine eindeutige Risikoverteilung zu Gunsten der Interessen des Verkäufers getroffen. Dieser soll durch die Obliegenheit des Käufers zur unverzüglichen Mängelrüge in die Lage versetzt werden, entsprechende Feststellungen und Dispositionen zu treffen, insbesondere einen möglichen Schaden abzuwenden, der sich aus Gewährleistungs-, Schadensersatz- oder Nachlieferungsansprüchen des Käufers ergeben könnte.[45]

Es kann dahinstehen, ob ein vollständiger Ausschluss der Mängelrüge durch AGB als unangemessene Benachteiligung des Verkäufers gem. § 307 Abs. 2 Nr. 1 AGB zu werten ist, wenn zwischen der SKW-AG und der L-GmbH eine solche Regelung nicht vereinbart worden ist. Nach Ziff. 10 Abs. 4 QV soll die Rügeobliegenheit nur für die während des Fertigungsprozesses oder später entdeckten Mängel abbedungen werden. Für die nach Ziff. 10 Abs. 2 QV entdeckten Mängel soll sie aber bestehen bleiben. Eine Vereinbarung über einen vollständigen Ausschluss der Rügeobliegenheit haben die SKW-AG und die L-GmbH somit gerade nicht getroffen.

bb) Angemessenheit einer teilweisen Abbedingung von § 377 HGB durch AGB

Im Rahmen eines Just-in-time-Vertrages unter Einbeziehung einer QV kann jedoch ein partieller Ausschluss der Rügeobliegenheit gem. § 377 Abs. 1 HGB angemessen sein. Schließlich ist die Regelung des § 377 HGB und damit zugleich dessen grundsätzliche Wertung dispositiv.[46]

Bei Just-in-time-Strategien kann eine Einschränkung der Rügeobliegenheit durch AGB als zulässig erachtet werden, wenn und soweit bei der Einschränkung des Umfangs der Wareneingangskontrolle beim Hersteller zugleich die Interessen des Verkäufers an der zügigen Entdeckung von Mängeln in den vertraglichen Vereinbarungen hinreichend berücksichtigt werden. Bei der Inhaltskontrolle nach § 307 Abs. 2 Nr. 1 BGB kann nicht unberücksichtigt bleiben, dass eine Wareneingangskontrolle, also eine eingehende Untersuchung der Ware bei Anlieferung, bei der Just-in-time-Zulieferung in der Praxis oft aus Zeitgründen nicht möglich sein wird. Bereits beim Zulieferer wird eine Warenendkontrolle vorgenommen, was bei vollständiger Beachtung des § 377 HGB zu einem Doppelaufwand bei der Warenuntersuchung führen würde. Dies steht aber dem Beschleunigungsinteresse des Herstellers entgegen.[47] Das Handelsrecht muss auf die gewandelten Gewohnheiten im Handelsverkehr Rücksicht nehmen, soweit dies nicht aufgrund eines fundamentalen Verhandlungsungleichgewichts mit unangemessenen Nachteilen für eine der beiden Vertragsparteien verbunden ist. Denn das HGB dient der Erleichterung des Handelsverkehrs, des Güterumsatzes und der Senkung der Transaktionskosten. Ein mit einem Qualitätssicherungskonzept verbundener Just-in-time-Vertrag setzt erhebli-

---

[43] Vgl. oben A. III.
[44] *BGH* NJW 1991, 2633 ff.; zustimmend EBJS/*Müller*, § 377 Rn. 317 mit der Konkretisierung, dass eine Verkürzung der Rügefrist bei offenkundigen Mängeln grds. nicht hinzunehmen sei; weiterhin zustimmend MüKoHGB/*Grunewald*, § 377 Rn. 135; Oetker/*Koch R.*, § 377 Rn. 150; RWH/*Wagner*, § 377 Rn. 32.
[45] *BGH* NJW 1991, 2633 (2634).
[46] Vgl. die Nachweise in Fn. 35.
[47] Ähnlich HK-HGB/*Stuhlfelner*, § 377 Rn. 1; konkretisierend EBJS/*Müller*, § 377 Rn. 116; a. A. MüKoHGB/*Grunewald*, § 377 Rn. 136.

che Rationalisierungspotentiale nicht nur beim Hersteller, sondern auch beim Zulieferer frei.[48] Zudem kann dieser durch den Just-in-time-Vertrag eine Sonderstellung als Exklusiv-Lieferant und Systemführer für eine bestimmte Produktionsreihe erlangen. Erforderlich für die Zulässigkeit der teilweisen Abbedingung von § 377 HGB ist aber, dass bei Übernahme der Warenkontrolle durch den Zulieferer auch entsprechende Interessenwahrungs- und Rücksichtnahmepflichten des Herstellers vorgesehen sind, damit der Zulieferer nicht mit unabsehbaren Risiken überzogen wird. Die Interessen des Lieferanten sind aber dann ausreichend berücksichtigt, wenn die Klausel nach der Kontrolle beim Lieferanten dem Hersteller jedenfalls noch eine Identitätsprüfung sowie eine Kontrolle auf Transportschäden auferlegt.[49] Fehler, die bei der Verladung und dem Transport der Ware auftreten können und die nicht von den Kontrollmöglichkeiten des Zulieferers erfasst sind, können damit noch beim Hersteller rechtzeitig vor der Verarbeitung entdeckt werden. Den Hersteller trifft aus der durch den Just-in-time-Vertrag begründeten kooperativen Dauerbeziehung somit eine Nebenpflicht zur Anzeige solcher Mängel.[50]

Die SKW-AG war nach Ziff. 10 Abs. 2 QV noch zu einer Identitätsprüfung und zur Untersuchung der Ware auf etwaige Transportschäden verpflichtet. Im Umkehrschluss aus Ziff. 10 Abs. 4 QV war für diese Mängel die Obliegenheit der SKW-AG zur deren unverzüglicher Anzeige auch nicht abbedungen worden. Zudem war nach Ziff. 10 Abs. 3 QV vorgesehen, dass die SKW-AG während eines möglichst frühen Stadiums ihres Produktionsprozesses weitere Kontrollen vornimmt. Aus der Verwendung der Formulierung „möglichst frühen Stadiums des Produktionsprozesses" ist zu folgern, dass vor Einbau der gelieferten Ware jedenfalls noch eine Untersuchung bei der SKW-AG auf offensichtliche Mängel erfolgen soll. Gleichwohl soll die SKW-AG gem. Ziff. 10 Abs. 4 QV nicht verpflichtet sein, solche Mängel der L-GmbH unverzüglich anzuzeigen. Diese Schlussfolgerung lässt sich aus der Verwendung der Formulierung „erst während des Fertigungsprozesses ... entdeckt werden" ableiten. Der Fertigungsprozess beginnt in seinem frühest möglichen Stadium gem. Ziff. 10 Abs. 3 QV mit der Entgegennahme der angelieferten Kolben, um sie sodann in den Motor einzubauen. Bei diesem Vorgang hätten die Arbeiter bei einer grobsinnlichen Überprüfung der Kolben die Risse aber erkennen können. Selbst eine solche einfachste Untersuchung, zu der die SKW-AG gem. Ziff. 10 Abs. 3 QV verpflichtet war, ist jedoch nicht erfolgt. Ziff. 10 Abs. 4 QV verfolgt somit den Zweck, die SKW-AG nicht nur von der unverzüglichen Anzeige eines während des Fertigungsprozesses entdeckten Mangels zu entbinden, sondern letztlich ebenfalls die Einhaltung der in Ziff. 10 Abs. 3 QV normierte Verpflichtung zur Untersuchung in einem möglichst frühen Stadium des Fertigungsprozesses für die Schadensentstehung obsolet werden zu lassen. Dafür gibt es auch in Just-in-time-Verträgen keine sachliche Rechtfertigung. Soweit eine Abbedingung von § 377 HGB damit gerechtfertigt wird, dass eine unnötige doppelte Warenkontrolle vermieden werden soll, betrifft dies lediglich die in § 377 Abs. 1 HGB genannte Untersuchungsobliegenheit, und nicht die Rügeobliegenheit. Es ist kein Grund ersichtlich, weshalb ein entdeckter Mangel nicht vom Käufer unverzüglich gerügt werden soll. Es ist ebenfalls kein Grund ersichtlich, weshalb dem Käufer bei einem Just-in time-Vertrag eine grobsinnliche Überprüfung der Ware auf offensichtliche Mängel nicht zumutbar sein soll. Ziff. 10 Abs. 4 QV benachteiligt die L-GmbH daher gem. § 307 Abs. 1 S. 1

---

[48] *Lehmann*, BB 1990, 1849 (1852); *Nagel*, DB 1991, 319 (323).
[49] So auch KKRM/*Roth*, § 377 Rn. 32; MüKoHGB/*Grunewald*, § 377 Rn. 136; Oetker/*Koch R.*, § 377 Rn. 153; *Steinmann*, BB 1993, 873 (879).
[50] *Schmidt K.*, HandelsR, § 29 Rn. 129.

BGB in unangemessener Weise.[51] Ziff. 10 Abs. 4 QV ist daher unwirksam.[52] An die Stelle von Ziff. 10 Abs. 4 QV tritt daher gem. § 306 Abs. 2 BGB die gesetzliche Regelung gem. § 377 HGB. Die von der SKW-AG erfolgte Anzeige des Mangels war somit verspätet.[53]

V. Ergebnis

Die SKW-AG hat gegen die L-GmbH keinen Schadensersatzanspruch wegen Pflichtverletzung gem. §§ 437 Nr. 3, 280 Abs. 1 BGB.

---

[51] Mit der vorstehenden Argumentation lässt sich auch die Unwirksamkeit von Ziff. 10 Abs. 4 QV gem. § 307 Abs. 1 S. 2 BGB begründen.
[52] Sofern man diese Ansicht nicht teilt und zur Wirksamkeit von Ziff. 10 Abs. 4 QV gelangt, muss weiterhin geprüft werden, ob die SKW-AG wegen Verletzung ihrer Schadensminderungspflicht gem. § 254 Abs. 1 BGB zur überwiegenden Kostentragung für die Rückrufaktion verpflichtet ist. Das wird zu bejahen sein, so dass sie 95 % des ihr durch die Rückrufaktion entstehenden Schadens selbst tragen muss, und sie von der L-GmbH nur einen Schadensersatz i. H. v. 20.000 € gem. §§ 437 Nr. 3, 280 Abs. 1 BGB verlangen kann.
[53] Vgl. oben A. IV. 4. c).

Fall 9. Die mangelhafte Drehbank

Schwerpunkt im Handelsrecht:
Kaufmännisches Bestätigungsschreiben

Sachverhalt

Altig (A) ist Produzent von Rennradteilen und als solcher im Handelsregister eingetragen. Anfang 2018 will er die Produktion von Schaltungen der gehobenen Preisklasse aufnehmen. Dafür benötigt er eine hochpräzise Drehbank. *Bartali (B)* ist ein im Handelsregister eingetragener Hersteller solcher Maschinen und für die Qualität seiner Drehbänke in Fachkreisen bekannt. Daher ruft A den B Mitte Februar 2018 an. Am Telefon werden eingehende Vertragsverhandlungen geführt, in denen A und B Übereinstimmung über Ausstattung, Entgelt und Liefertermin einer Drehbank erzielen können, die eigens für den Verwendungszweck von A gefertigt werden soll.

Am nächsten Tag schickt B dem A eine „Auftragsbestätigung", in der er die telefonischen Vertragsverhandlungen vom Vortag zutreffend zusammenfasst. In dieser „Auftragsbestätigung" legt B seine Allgemeinen Geschäftsbedingungen zugrunde. In ihnen weist B auf die „Bedingungen für die Lieferung von Werkzeugmaschinen für Inlandsgeschäfte" gemäß Blatt 502 des Vereins Deutscher Werkzeugmaschinenfabrikanten e. V. (VDW) hin. Für den Fall von Mängeln an einer Maschine schließt die Klausel Nr. III 3 der Bedingungen des VDW ein Zurückbehaltungsrecht des Bestellers wegen der zu zahlenden Vergütung aus.

Die Maschine wird am 4.3.2018 von B vereinbarungsgemäß geliefert, im Betrieb von A aufgestellt und justiert. Noch am selben Tag zahlt A die Hälfte des Kaufpreises. Schon nach kurzer Betriebszeit stellt sich am 7.3.2018 heraus, dass die Maschine mit einem schwerwiegenden, wenn auch behebbaren Mangel behaftet ist. A verlangt von B am 8.3.2018 unter Hinweis auf den Mangel Mangelbeseitigung und verweigert die Zahlung des noch nicht überwiesenen restlichen Entgeltes i. H. v. 100.000 EUR. B, der das Geld dringend benötigt, verlangt hingegen sofortige Zahlung.

Hat B einen durchsetzbaren Zahlungsanspruch gegen A?

Abwandlung 1: Wie ist der Fall zu beurteilen, wenn sich das Schreiben des B mit einem ebenfalls am Tage nach dem Telefongespräch abgeschickten Bestätigungsschreiben des A kreuzt, in dem A seinerseits auf die von ihm verwendeten und dem Brief beigefügten Allgemeinen Geschäftsbedingungen verweist, die keinen Ausschluss von Zurückbehaltungsrechten vorsehen?

Abwandlung 2: Schon während der telefonischen Verhandlungen kommt das Gespräch auf die AGB des B. A erklärt sich nicht damit einverstanden, dass B nur zu den Konditionen seiner AGB und damit zu den Bedingungen des VDW liefert. Das Telefongespräch wird beendet, ohne dass eine Vereinbarung getroffen worden ist. Wie im

Ausgangsfall schickt (nur) B dem A eine „Auftragsbestätigung" mit seinen AGB zu. A schweigt, B liefert die Maschine am 4.3.2018. A nimmt die Maschine noch am selben Tag in Betrieb. Der gleiche Mangel tritt am 7.3.2013 auf, den A wiederum am 8.3.2018 rügt. A weigert sich, dem Verlangen des B auf Zahlung des Kaufpreises nachzukommen.

Lösung

A. Ausgangsfall

B kann gegen A einen Anspruch auf Zahlung von 100.000 EUR aus §§ 433 Abs. 2, 650 S. 1 BGB[1] haben.

I. Vertragsschluss

Zunächst muss zwischen A und B ein Lieferungskauf über eine herzustellende oder zu erzeugende bewegliche Sache i. S. d. § 650 S. 1 BGB vereinbart worden sein.

Die von A bestellte Drehbank wurde von B speziell für die Anforderungen im Betrieb von A hergestellt. Über die Lieferung dieser Maschine mit einer bestimmten Ausstattung, über das Entgelt sowie über den Liefertermin, also über alle für einen Vertragsschluss wesentlichen Punkte einigten sich A und B bei dem Telefongespräch. Dadurch kam ein entsprechender Lieferungskaufvertrag zustande. Gemäß § 650 S. 1 BGB finden daher auf den zwischen A und B vereinbarten Vertrag die kaufrechtlichen Vorschriften der §§ 433 ff. BGB Anwendung.[2]

II. Fälligkeit des Vergütungsanspruchs

Der gem. § 433 Abs. 2 BGB aus dem Lieferungskaufvertrag folgende Anspruch von B auf Zahlung der Vergütung muss fällig sein. Eine Vorleistungspflicht von B wurde nicht vereinbart. Der Fälligkeitszeitpunkt bemisst sich somit mangels spezieller Absprache von A und B nach § 271 Abs. 1 BGB. Danach wird ein Anspruch im Zweifel sofort fällig. Demnach war mit Abschluss des Vertrages der Vergütungsanspruch von B fällig.

III. Einrede des nicht erfüllten Vertrages

Dem Anspruch von B kann jedoch die Einrede des nicht erfüllten Vertrages gem. § 320 Abs. 1 S. 1 BGB mit der Wirkung entgegenstehen, dass A die Zahlung bis zur Bewirkung der von B zu erbringenden Gegenleistung verweigern kann.

1. Gegenleistungspflicht des B

Dann muss B die von ihm aufgrund des Lieferungskaufvertrages zu erbringende Leistung noch nicht bewirkt haben. B hat die Drehbank an A geliefert, sie aufgestellt und justiert. A hat die Maschine in Betrieb genommen und sie damit gem. § 362 BGB als Erfüllung angenommen. Der primäre Erfüllungsanspruch von A auf Lieferung der Drehbank besteht damit nicht mehr.

---

[1] § 651 S. 1 BGB a. F. ist durch das Gesetz zur Reform des Bauvertragsrechts vom 28.4.2017 (BGBl I, S. 969) mit Wirkung zum 1.1.2018 zu § 650 S. 1 BGB geworden, ohne dass sich insoweit inhaltlich etwas geändert hat.

[2] Siehe hierzu noch die Kommentierungen zu § 651 BGB a. F.; HK-BGB/*Ebert*, § 651 Rn. 2 ff.; Jauernig/*Mansel*, § 651 Rn. 1 ff.; NK-BGB/*Raab*, § 651 Rn. 6 ff.

Fall 9. Die mangelhafte Drehbank

Der ursprüngliche Lieferungsanspruch kann sich jedoch mit Ablieferung der Maschine aufgrund ihres Mangels in einen modifizierten Erfüllungsanspruch umgewandelt haben, der auf Beseitigung des Mangels gerichtet ist. Ein solcher Nacherfüllungsanspruch kann sich aus §§ 437 Nr. 1, 439 Abs. 1 BGB ergeben. Dann muss die zu liefernde Sache mit einem Sachmangel i. S. d. § 434 Abs. 1 BGB behaftet sein, dessen Beseitigung keinen unverhältnismäßigen Aufwand erfordert (§ 439 Abs. 3 S. 1 BGB). Die von *B* an *A* gelieferte Drehbank wies einen schwerwiegenden Mangel auf, so dass von einer Einschränkung ihrer Gebrauchsfähigkeit ausgegangen werden muss. Ein Mangel i. S. d. § 434 Abs. 1 S. 2 Nr. 1 BGB liegt damit jedenfalls vor. Es ist nicht ersichtlich, dass die Beseitigung des „behebbaren" Mangels für *B* mit einem unverhältnismäßigen Aufwand verbunden wäre, der *B* zur Verweigerung der Mangelbeseitigung gem. § 439 Abs. 3 BGB berechtigen würde. *A* steht deshalb der Mangelbeseitigungsanspruch gegen *B* zu (§§ 437 Nr. 1, 439 Abs. 1 BGB).

Diesen Anspruch muss *A* dem *B* gem. § 320 Abs. 1 S. 1 BGB entgegenhalten können. Das ist der Fall, wenn die allgemeinen Regeln über die Leistungsstörungen, zu denen § 320 BGB zählt, nicht durch die speziellen Regeln über die Gewährleistungsrechte verdrängt werden. Entscheidend ist somit, ob der Nacherfüllungsanspruch nach §§ 437 Nr. 1, 439 Abs. 1 BGB als Gewährleistungsrecht oder (modifizierter) Erfüllungsanspruch zu werten ist, weil nur der Erfüllungsanspruch in dem nach § 320 BGB erforderlichen synallagmatischen Verhältnis zum Kaufpreisanspruch steht.

Der Anspruch des Käufers auf Nacherfüllung ist logische Folge der Pflicht des Verkäufers zur mangelfreien Lieferung aus § 433 Abs. 1 S. 2 BGB und den eigentlichen Gewährleistungsansprüchen auf Minderung, Rücktritt und Schadensersatz vorangestellt.[3] Somit stellt sich der Nacherfüllungsanspruch nicht als Gewährleistungsrecht, sondern als modifizierter Erfüllungsanspruch dar.[4] Die Einrede des nicht erfüllten Vertrages gem. § 320 Abs. 1 S. 1 BGB kann vom Besteller daher jedenfalls insoweit erhoben werden, als er damit die Behebung des Mangels durch Mangelbeseitigung oder Nachlieferung einer mangelfreien Sache anstrebt.[5] *A* verlangt von *B* die Beseitigung des schwerwiegenden Mangels der gelieferten Drehbank und begehrt damit Nacherfüllung. Die Voraussetzungen des § 320 Abs. 1 S. 1 BGB liegen somit vor.

2. Beachtung der Rügeobliegenheit gem. § 377 Abs. 1 HGB

A kann die Geltendmachung der Einrede des nicht erfüllten Vertrages gem. § 320 BGB indes verwehrt sein, wenn er seine kaufmännische Rügeobliegenheit gem. § 377 Abs. 1 HGB verletzt hat.

a) Anwendbarkeit des § 377 Abs. 1 HGB

Dann muss die kaufmännische Rügeobliegenheit gem. § 377 HGB in sachlicher und persönlicher Hinsicht auf den zwischen *A* und *B* vereinbarten Lieferungskauf anwendbar sein.

---

[3] BeckOK BGB/*Faust*, § 439 Rn. 6; Erman/*Grunewald*, § 439 Rn. 1; NK-BGB/*Büdenbender*, § 437 Rn. 12; Palandt/*Weidenkaff*, § 437 Rn. 4.
[4] BeckOK BGB/*Faust*, § 439 Rn. 6; NK-BGB/*Büdenbender*, § 437 Rn. 12; Palandt/*Weidenkaff*, § 439 Rn. 1.
[5] BeckOK BGB/*Schmidt H.*, § 320 Rn. 2; Erman/*Westermann H. P.*, § 320 Rn. 14; Jauernig/*Berger*, § 439 Rn. 6 f.; Palandt/*Grüneberg*, Einf v § 320 Rn. 17.

§ 377 HGB ist gem. § 381 Abs. 2 HGB auf den Lieferungskauf gem. § 650 S. 1 BGB anwendbar. Des Weiteren liegt ein beiderseitiger Handelskauf vor. A und B sind jeweils Kaufleute kraft Eintragung gem. § 2 S. 1 HGB oder gem. § 5 HGB.[6] Der Lieferungskauf über die Drehbank stellt auch infolge der Vermutung des § 344 Abs. 1 HGB für beide Seiten ein Handelsgeschäft i. S. v. § 343 BGB dar.

§ 377 Abs. 1 HGB ist somit auf den zwischen A und B vereinbarten Vertrag anwendbar.

b) Voraussetzungen des § 377 Abs. 1 HGB

A kann das Recht zur Erhebung der Einrede des nicht erfüllten Vertrages gem. § 320 BGB nur dann geltend machen, wenn er den Mangel rechtzeitig gerügt hat und damit die Genehmigungsfiktion gem. § 377 Abs. 2 HGB nicht eingreift.[7] A hat seine Rügeobliegenheit nicht verletzt. Er hat B den Mangel unverzüglich (§ 121 Abs. 1 S. 1 BGB) nach seiner Entdeckung angezeigt. Infolge der Beachtung der kaufmännischen Rügeobliegenheit ist es A somit nicht verwehrt, die Einrede des nicht erfüllten Vertrages gem. § 320 BGB geltend zu machen.

3. Ausschluss der Einrede des nicht erfüllten Vertrages

A kann es jedoch nach Klausel Nr. III 3 der Bedingungen des VDW für die Lieferung von Werkzeugmaschinen für Inlandsgeschäfte verwehrt sein, sich auf die Einrede des nicht erfüllten Vertrages zu berufen, weil diese Klausel die Zurückbehaltung der vom Besteller zu zahlenden Vergütung ausschließt und die Allgemeinen Geschäftsbedingungen des B auf die Bedingungen des VDW verweisen. Voraussetzung für diesen Zurückbehaltungsausschluss ist, dass die Bedingungen des VDW wirksam in den zwischen A und B geschlossenen Lieferungskaufvertrag einbezogen worden sind.

a) Einbeziehung gem. § 305 Abs. 2 BGB

Eine Einbeziehung der AGB in den Vertrag nach § 305 Abs. 2 BGB[8] ist nicht erforderlich, wenn A bei Vertragsabschluss als Unternehmer handelte (vgl. § 310 Abs. 1 BGB). Unternehmer ist gemäß § 14 Abs. 1 BGB jede Person, die bei Abschluss des Vertrages in Ausübung ihrer gewerblichen oder selbständigen beruflichen Tätigkeit handelt. A ist Produzent von Rennradteilen. Die Drehbank erwirbt er für die Herstellung dieser Rennradteile, so dass er den Vertrag als Unternehmer abschließt und § 305 Abs. 2 BGB somit nicht anwendbar ist. Es gelten vielmehr die allgemeinen Regeln, wonach es darauf ankommt, ob die Einbeziehung vereinbart worden ist.[9] Anlässlich des von A und B geführten Telefongespräches kam eine Vereinbarung über die Einbeziehung von AGB jedoch nicht zustande.

---

[6] Zum Verhältnis zwischen § 2 S. 1 HGB einerseits und § 5 HGB andererseits vgl. eingehend Bd. I Fall 4 Fn. 4.

[7] Die Genehmigungsfiktion des § 377 Abs. 2 HGB erfasst auch die Rechte des Käufers gem. §§ 320 ff. BGB; vgl. die Nachweise in Bd. I Fall 7 Fn. 10.

[8] Zu den allgemeinen Voraussetzungen für die Einbeziehung von AGB gem. § 305 Abs. 2 BGB vgl. Bd. I Fall 7 unter B. II. 2. d) bb) (2) (a).

[9] Vgl. BeckOK BGB/*Becker*, § 305 Rn. 66; HK-BGB/*Schulte-Nölke*, § 305 Rn. 19; Jauernig/*Stadler*, § 305 Rn. 18 ff.; NK-BGB/*Kollmann*, § 305 Rn. 70; Palandt/*Grüneberg*, § 305 Rn. 24 ff.

b) Einbeziehung durch kaufmännisches Bestätigungsschreiben

Die AGB können jedoch nach den Grundsätzen über das kaufmännische Bestätigungsschreiben durch eine Änderung der mündlich bereits getroffenen Vereinbarung Vertragsbestandteil geworden sein, weil B in der von ihm übersandten „Auftragsbestätigung" von der Geltung seiner Allgemeinen Geschäftsbedingungen ausgegangen ist und A nicht widersprochen hat.

aa) Persönlicher Anwendungsbereich

Voraussetzung für eine derartige Einbeziehung der AGB in den Vertrag ist zunächst, dass die Regeln über das kaufmännische Bestätigungsschreiben auf A und B anwendbar sind. Hierfür muss A als Empfänger des Schreibens entweder Kaufmann sein oder ähnlich einem Kaufmann am Geschäftsleben teilnehmen.[10] A vertreibt Rennradteile und will seine Produktion noch erweitern. Zudem ist er ins Handelsregister eingetragen, so dass er zumindest Kaufmann kraft Eintragung ist (§ 2 S. 1 HGB oder § 5 HGB[11]). Ob auch der Absender des Schreibens Kaufmann sein muss[12] oder ob es ausreicht, wenn dieser reiner Privatmann ist,[13] kann dahinstehen, wenn auch B als Absender den strengeren Anforderungen genügt. B ist ein im Handelsregister eingetragener Hersteller von Drehbänken, und damit ebenfalls zumindest Kaufmann kraft Eintragung entweder gem. § 2 S. 1 HGB oder gem. § 5 HGB.[14] Die Grundsätze über das kaufmännische Bestätigungsschreiben sind demnach anwendbar.

bb) Sachliche Voraussetzungen

Ein kaufmännisches Bestätigungsschreiben liegt vor, wenn dem Schreiben Vertragsverhandlungen vorausgegangen sind[15] und das Schreiben den Inhalt eines zumindest nach der Vorstellung der Parteien bereits formlos geschlossenen Vertrages wiedergibt.[16] Enthält es Abweichungen von der mündlichen Vereinbarung, muss der Empfänger den Inhalt des Schreibens nur gegen sich gelten lassen, wenn er dieses widerspruchslos hinnimmt. Zwischen A und B wurde telefonisch ein Vertrag über die fragliche Drehbank geschlossen. In dem von B übersandten Schreiben wurden die wesentlichen Punkte dieser Vereinbarung unmittelbar nach Abschluss des Vertrages zusammengefasst. Die Merkmale des kaufmännischen Bestätigungsschreibens (Vertragsbestätigung, zeitliche Nähe zwischen den Vertragsverhandlungen und der Bestätigung)[17] liegen damit vor.

Gegen die Annahme eines solchen Bestätigungsschreibens kann aber sprechen, dass B das Schreiben als „Auftragsbestätigung" bezeichnete. Bei einer Auftragsbestätigung handelt es sich um die Annahme eines Vertragsangebotes. Enthält sie Abweichungen vom Angebot, ist die Annahme nach § 150 Abs. 2 BGB als Ablehnung des

---

[10] Vgl. auch die Nachweise in Bd. I Fall 7 Fn. 34.
[11] Zum Verhältnis zwischen § 2 S. 1 HGB einerseits und § 5 HGB andererseits vgl. eingehend Bd. I Fall 4 Fn. 4.
[12] So *BGH* WM 1962, 301 für ein Vorstandsmitglied gegenüber seiner AG.
[13] So Baumbach/Hopt/*Hopt*, § 346 Rn. 19; EBJS/*Joost*, § 346 Rn. 76 ff.; Heidel/Schall/*Klappstein*, § 346 Rn. 55; Staub/*Koller*, 4. Aufl., § 346 Rn. 27; *Lettl*, § 10 Rn. 53; a.A. MüKoHGB/*Schmidt K.*, § 346 Rn. 156; *Oetker*, § 7 Rn. 35; *Schmidt K.*, HandelsR, § 19 Rn. 80.
[14] Vgl. oben Fn. 10.
[15] Vgl. *BGH* NJW 1990, 386 sowie statt aller *Oetker*, § 7 Rn. 37.
[16] Vgl. die Nachweise in Bd. I Fall 7 Fn. 35.
[17] Vgl. ausführlich zu den Voraussetzungen eines kaufmännischen Bestätigungsschreibens Bd. I Fall 7 unter B. II. 2. d) bb) (2) (a).

Antrages verbunden mit einem neuen Angebot zu werten.[18] Der Inhalt des Schreibens wird also, anders als beim kaufmännischen Bestätigungsschreiben, nur durch die ausdrückliche oder konkludente Annahme des neuen Angebots, nicht aber durch bloßes Schweigen Vertragsbestandteil.[19] A und B hatten jedoch bereits anlässlich des Telefongesprächs einen Vertrag über die fragliche Drehbank geschlossen. Für die Annahme eines von A mündlich gemachten Angebotes und einer Annahmeerklärung des B durch das Schreiben ist deshalb kein Raum. Der Sache nach handelte es sich daher um ein kaufmännisches Bestätigungsschreiben. Die von B gewählte Bezeichnung „Auftragsbestätigung" ist demgegenüber ohne eigenständige Bedeutung und damit für die rechtliche Qualifizierung unerheblich.[20]

Der Inhalt des Bestätigungsschreibens hat sich auch nicht so weit vom Verhandlungsergebnis entfernt, dass B als der Bestätigende verständiger Weise nicht mit dem Einverständnis von A als dem Empfänger rechnen konnte.[21]

A hat dem Schreiben ferner nicht widersprochen, so dass der Vertrag mit dem im Bestätigungsschreiben festgelegten Inhalt, also unter Einbeziehung der Klausel Nr. III 3 der Bedingungen des VDW, zustande gekommen ist.

c) Wirksamkeit der AGB-Regelung

Bedenken gegen die Wirksamkeit der Klausel Nr. III 3 der Bedingungen des VDW bestehen nicht. § 309 Nr. 2a BGB ist wegen § 310 Abs. 1 BGB nicht anwendbar. Für das Vorliegen der Voraussetzungen von § 307 BGB sind Anhaltspunkte nicht ersichtlich. Der Ausschluss des Zurückbehaltungsrechts nach Klausel Nr. III 3 der Bedingungen des VDW ist damit wirksam. A kann sich damit nicht auf § 320 Abs. 1 S. 1 BGB berufen.

IV. Ergebnis

B hat einen durchsetzbaren Anspruch gegen A auf Zahlung von 100.000 EUR gem. §§ 433 Abs. 2, 650 S. 1 BGB.

B. Abwandlung 1

Ein Anspruch von B gegen A auf Zahlung von 100.000 EUR kann sich wiederum aus §§ 433 Abs. 2, 650 S. 1 BGB ergeben.

I. Entstehung des Anspruchs

Zwischen A und B wurde fernmündlich ein Lieferungskaufvertrag über die Drehbank geschlossen.[22] Der Anspruch auf Zahlung der Vergütung für die gelieferte

---

[18] Sog. „modifizierte Auftragsbestätigung", vgl. BeckOK BGB/*Eckert H.-W.*, § 146 Rn. 17; Erman/*Armbrüster*, § 147 Rn. 15; HK-BGB/*Dörner*, § 147 Rn. 11; Jauernig/*Mansel*, § 147 Rn. 7.

[19] BGHZ 61, 282 (285). Zur Abgrenzung zwischen der Auftragsbestätigung und dem kaufmännischen Bestätigungsschreiben vgl. allgemein EBJS/*Joost*, § 346 Rn. 45 ff.; Heidel/Schall/*Klappstein*, § 346 Rn. 60; KKRM/*Roth*, § 346 Rn. 28; MüKoHGB/*Schmidt K.*, § 346 Rn. 146 ff.; Oetker/*Pamp*, § 346 Rn. 40; Staub/*Koller*, 4. Aufl., § 346 Rn. 70; *Canaris*, § 23 Rn. 49 f.; *Hübner*, Rn. 490; *Lettl*, § 10 Rn. 47; *Schmidt K.*, HandelsR, § 19 Rn. 97; *Steinbeck*, § 26 Rn. 12.

[20] BeckOK BGB/*Eckert H.-W.*, § 146 Rn. 17; Palandt/*Ellenberger*, § 147 Rn. 12; *Schmidt K.*, HandelsR, § 19 Rn. 84.

[21] Zu diesem Merkmal des kaufmännischen Bestätigungsschreibens vgl. nur BGHZ 93, 338 (343 m. w. N.); Oetker/*Pamp*, § 346 Rn. 60; *Canaris*, § 23 Rn. 25.

[22] S. o. A. I.

Maschine wurde mit Abschluss des Lieferungskaufvertrags sofort fällig (§ 271 Abs. 1 BGB).[23]

II. Einrede des nicht erfüllten Vertrages

A kann jedoch gem. § 320 Abs. 1 S. 1 BGB das Recht zustehen, die Zahlung der noch ausstehenden 100.000 EUR zu verweigern.[24]

A hat sein Recht zur Geltendmachung der Einrede des nicht erfüllten Vertrages gem. § 377 Abs. 2 HGB nicht wegen Verletzung der Rügeobliegenheit gem. § 377 Abs. 1 HGB verloren.[25]

Die Anwendung des § 320 BGB kann allerdings nach Klausel Nr. III 3 der Bedingungen des VDW ausgeschlossen sein. Voraussetzung für den Ausschluss ist, dass die Allgemeinen Geschäftsbedingungen des B, die auf die Bedingungen des VDW verweisen, Vertragsbestandteil geworden sind. Eine Einbeziehung der AGB durch Änderung des fernmündlich geschlossenen Vertrages kommt allenfalls nach den Grundsätzen über das kaufmännische Bestätigungsschreiben in Betracht. Die von B übersandte „Auftragsbestätigung" erfüllte die Voraussetzungen für ein kaufmännisches Bestätigungsschreiben.[26] Allerdings schickte auch A ein Bestätigungsschreiben an B, das von dem Bestätigungsschreiben des B insoweit abwich, als A auf seine AGB Bezug nahm.

1. Dissens nach § 154 Abs. 1 S. 1 BGB?

Die sich kreuzenden Bestätigungsschreiben können als einander widersprechende Erklärungen der Parteien gem. § 154 Abs. 1 S. 1 BGB der Wirksamkeit des gesamten Vertrages entgegenstehen. Danach ist ein Vertrag im Zweifel nicht geschlossen, solange sich die Parteien nicht über alle Punkte geeinigt haben, über die eine Vereinbarung getroffen werden sollte. § 154 BGB ist jedoch nicht anwendbar, wenn die Parteien sich trotz der noch offenen Punkte erkennbar vertraglich binden wollten.[27] Eine bindende vertragliche Vereinbarung zwischen A und B war bereits mündlich am Telefon zustande gekommen. Dass eine der beteiligten Parteien wegen der widersprüchlichen Erklärungen über die Einbeziehung der AGB nicht an dem geschlossenen Vertrag festhalten wollte, ist auch im Nachhinein nicht ersichtlich geworden. Der Vertrag wurde im Gegenteil vielmehr tatsächlich durchgeführt, so dass für eine Anwendung des § 154 Abs. 1 S. 1 BGB kein Raum ist.

2. Einbeziehung der AGB des B durch Schweigen von A?

Liegt kein Dissens vor, können die Allgemeinen Geschäftsbedingungen des B durch das Schweigen von A auf das Bestätigungsschreiben des B in den Vertrag einbezogen worden sein. B wusste aber aufgrund des Schreibens von A, das dieser seine eigenen Bedingungen zugrunde legen wollte und folglich mit der Geltung abweichender Regelungen von B nicht einverstanden war. Damit kann hier nur gelten, dass das Schweigen auf ein Bestätigungsschreiben dann, wenn beide Seiten verschieden bestätigen, nicht zur Folge hat, dass der Inhalt des Bestätigungsschrei-

---

[23] S. o. A. II.
[24] S. o. A. III. 1.
[25] S. o. A. III. 2. b).
[26] S. o. A. III. 3. b) bb).
[27] BeckOK BGB/*Eckert H.-W.*, § 154 Rn. 9; Erman/*Armbrüster*, § 154 Rn. 7; HK-BGB/ *Dörner*, § 154 Rn. 4; Jauernig/*Mansel*, § 154 Rn. 3; Palandt/*Ellenberger*, § 154 Rn. 2.

bens einer der Vertragsparteien Vertragsbestandteil wird.[28] Eine Ausnahme von diesem Grundsatz kommt allenfalls in Betracht, wenn die Verwendung der abweichenden Klausel sich geradezu aufdrängt und der Empfänger von ihr daher nicht überrascht sein kann.[29] Ein Ausschluss der Einrede des nicht erfüllten Vertrages ist jedoch keineswegs so selbstverständlich, dass A ohne weiteres mit einer entsprechenden Klausel rechnen musste. Es bleibt deshalb dabei, dass A's Schweigen auf das von B übersandte Bestätigungsschreiben nicht zur Einbeziehung seiner AGB führte.

3. AGB-Einbeziehung mit partiellem Dissens

Die von A und B wechselseitig übersandten Bestätigungsschreiben können jedoch als Angebote zur Änderung des bereits geschlossenen Vertrages durch Einbeziehung der jeweils genannten Allgemeinen Geschäftsbedingungen zu werten sein. Da die Erklärungen nicht übereinstimmten, kam eine schriftliche Einigung über die Einbeziehung von AGB nicht zustande. Das zuletzt zugegangene Schreiben kann deshalb nach der Regel des § 150 Abs. 2 BGB nur als Ablehnung des zuvor zugegangenen Angebots der Gegenseite, verbunden mit einem neuen Angebot, gewertet werden. Eine Annahme dieses zuletzt zugegangenen Angebots wäre dann in der Erbringung bzw. Entgegennahme der vertraglichen Leistung zu sehen.[30]

Danach wären die VDW mit dem Ausschluss des Zurückbehaltungsrechts des Bestellers dann Vertragsbestandteil geworden, wenn das Bestätigungsschreiben von B erst später bei A zugegangen ist als das Bestätigungsschreiben von A bei B, und der Vertrag gleichwohl von beiden Parteien durchgeführt wurde. Selbst wenn sich dieses Szenario beweisen ließe, spricht gegen diese „Theorie des letzten Wortes", dass es bei Fällen sich kreuzender, nicht aufeinander Bezug nehmender Bestätigungsschreiben vom Zufall abhängt, welches Schreiben zuerst und welches zuletzt zugeht. Eine der Parteien würde also ohne sachlichen Grund benachteiligt, wollte man ihr einseitig die Pflicht zum Widerspruch auferlegen. Wegen der auf beiden Seiten zugegangenen Bestätigungsschreiben kann sich vielmehr keine der Parteien darauf berufen, sie habe darauf vertrauen können, dass ihre AGB bei Ausführung des Vertrages zugrunde gelegt würden. Interessengerecht ist es daher, die AGB beider Seiten nur insoweit Vertragsbestandteil werden zu lassen, als sie sich nicht widersprechen (Prinzip der sog. Kongruenzgeltung).[31]

Die AGB von A und B decken sich im Hinblick auf den Ausschluss von Zurückbehaltungsrechten nicht, so dass diese Ausschlussregelung in den AGB von B folglich nicht Vertragsbestandteil geworden ist.

Demzufolge liegen die Voraussetzungen des § 320 Abs. 1 S. 1 BGB vor, und A steht die Einrede des nicht erfüllten Vertrages zu.

---

[28] Vgl. zu diesem Grundsatz *BGH* NJW 1966, 1070 (1071) m. w. N.
[29] Der *BGH* hielt den Gewährleistungsausschluss in dem von ihm zu entscheidenden Fall (NJW 1966, 1070 f.) „geradezu (für) ein Gebot der wirtschaftlichen Vernunft".
[30] Vgl. *BGH* LM § 150 Nr. 3 und 6; *OLG Köln* MDR 71, 762. In den genannten Fällen war jedoch bis zur Erbringung der Leistungen noch keine vertragliche Vereinbarung zustande gekommen.
[31] H. L. und st. Rspr., vgl. nur BGHZ 61, 282 (289); BeckOK BGB/*Becker*, § 305 Rn. 82; HK-BGB/*Schulte-Nölke*, § 305 Rn. 20; Jauernig/*Stadler*, § 305 Rn. 23; Palandt/*Grüneberg*, § 305 Rn. 54; *Medicus/Petersen*, Bürgerliches Recht, Rn. 66 und 75; *Canaris*, § 23 Rn. 28; *Oetker*, § 7 Rn. 45 f.; *Schmidt K.*, HandelsR, § 19 Rn. 117; *Steinbeck*, § 26 Rn. 19.

Fall 9. Die mangelhafte Drehbank 123

III. Ergebnis

B hat gegen *A* keinen durchsetzbaren Anspruch auf Zahlung der restlichen 100.000 EUR gem. §§ 433 Abs. 2, 650 S. 1 BGB.

C. Abwandlung 2

Ein Anspruch von *B* gegen *A* auf Zahlung des Kaufpreises kann sich wiederum aus §§ 433 Abs. 2, 650 S. 1 BGB ergeben. Allerdings konnten die Parteien bei ihrem Telefongespräch keine Einigung erzielen. Ein mündlicher Vertrag ist somit nicht geschlossen worden.

I. Vertragsschluss durch Schweigen auf kaufmännisches Bestätigungsschreiben

Ein Vertrag kann jedoch durch *A*'s Schweigen auf das von *B* übersandte Schreiben geschlossen worden sein. Dann müssen die Voraussetzungen für ein kaufmännisches Bestätigungsschreiben mit rechtserzeugender Wirkung (sog. konstitutives Bestätigungsschreiben) vorliegen.

Es müssen also zumindest Vertragsverhandlungen stattgefunden haben, in deren Verlauf die Vertragsparteien jedenfalls aus der Sicht des Bestätigenden eine Vereinbarung getroffen haben.[32] Hier haben *A* und *B* zwar miteinander telefoniert und dabei über die Bestellung einer Drehbank durch *A* gesprochen. Allerdings ist zwischen *A* und *B* vor Absenden des Bestätigungsschreibens keine Vereinbarung getroffen worden. Den beiden Parteien war bewusst, dass sie sich nicht über den Kauf einer Drehbank einigen konnten. Vielmehr ist die Frage der Lieferbedingungen auch nach Erörterung offen geblieben. Damit liegt ein offener Dissens gem. § 154 Abs. 1 S. 1 BGB vor. Die Regeln über das Bestätigungsschreiben mit rechtserzeugender Wirkung sind deshalb nicht anwendbar. Der fehlende Widerspruch von *A* auf *B*'s Schreiben führt nicht zum Vertragsschluss.

II. Vertragsschluss durch konkludente Annahme

Ein Lieferungskaufvertrag kann jedoch konkludent bei Lieferung und Entgegennahme der Maschine geschlossen worden sein. Als Vertragsangebot kann dabei die „Auftragsbestätigung" von *B* zu werten sein. Das Telefongespräch war ohne eine Einigung abgebrochen worden, so dass nach Beendigung dieses Telefonats kein wirksames Angebot durch *A* mehr bestand, welches durch *B*'s Schreiben hätte angenommen werden können (vgl. § 147 Abs. 1 S. 2 BGB). In dem Schreiben von *B* lag folglich ein neues Angebot zum Abschluss des Lieferungskaufvertrages zu den von ihm verwendeten AGB. Dieses Angebot kann *A* angenommen haben. *A* hat der Lieferung der Drehbank nicht widersprochen. Vielmehr hat er die Maschine bei sich im Betrieb aufstellen lassen und hat sie auch in Betrieb genommen. Dabei hat er zu keinem Zeitpunkt den AGB widersprochen. Folglich hat *A* mit der Entgegennahme und Inbetriebnahme der Maschine das Vertragsangebot von *B* konkludent angenommen. Damit ist ein Vertrag zwischen *A* und *B* zustande gekommen.

A kann aber wiederum ein Zurückbehaltungsrecht gem. § 320 Abs. 1 S. 1 BGB zustehen. Dieses Recht hat er nicht schon wegen Verletzung der ihm obliegenden Rügepflicht gem. § 377 Abs. 1 HGB verloren.[33] *A* kann sich aber nicht auf § 320 BGB berufen, wenn die Anwendbarkeit dieser Vorschrift durch die Klausel Nr. III 3 der VDW ausgeschlossen wurde. *B*'s schriftliches Vertragsangebot enthält jedoch

---

[32] Vgl. die Nachweise in Bd. I Fall 7 Fn. 35.
[33] S. o. A. III. 2. b).

den Hinweis auf die Vertragsgeltung der VDW. Mit dessen konkludenter Annahme durch *A* wird damit auch der Ausschluss des Zurückbehaltungsrechts Vertragsbestandteil. Demnach kann *A* gegenüber *B* kein Zurückbehaltungsrecht aus § 320 Abs. 1 S. 1 BGB geltend machen.

III. Ergebnis

B kann von *A* die Zahlung des Kaufpreises gem. §§ 433 Abs. 2, 650 S. 1 BGB verlangen.

Fall 10. Die komplizierte Kommission

Schwerpunkt im Handelsrecht:

Annahmeverzug beim Handelskauf gem. § 373 HGB – Selbsthilfeverkauf – Aufrechnung mit und gegen Forderungen aus einem Kommissionsgeschäft – Schutz des guten Glaubens an Verfügungsbefugnis gem. § 366 HGB – Anwendung von § 15 Abs. 1 HGB zu Lasten Dritter

Sachverhalt

Günther Glückspilz (G) hat von seiner Großtante unter anderem eine ca. 200 Jahre alte Standuhr und eine antike chinesische Vase geerbt. Da G hierfür aber keine Verwendung hat, möchte er beide Antiquitäten verkaufen. Ein eigenständiger Verkauf ist ihm allerdings zu mühsam. Daher beauftragt er den ihm bekannten, im Handelsregister eingetragenen Kunsthändler *Kurt Kicher (K)* mit dem Verkauf der beiden Gegenstände gegen eine Provision von 5 %. K nimmt zwar eigentlich keine Verkäufe für andere Personen vor, doch macht er für G eine Ausnahme. K und G einigen sich darauf, dass K die Geschäfte im eigenen Namen tätigen wird.

K verkauft die Standuhr zum Preis von 2.000 EUR an *Bernd Bäcker (B)*, der sie bis zum Ende des Monats abholen soll. Da B dieser Absprache nicht nachkommt, lässt K die Standuhr zwei Wochen später zunächst bei einem Geschäftsfreund einlagern, wovon er B auch in Kenntnis setzt. Einige Zeit später droht K dem B die Durchführung eines Selbsthilfeverkaufs an. Als B sich immer noch nicht zur Abnahme bereit erklärt, lässt K die Standuhr öffentlich versteigern, wobei ein Erlös von 1.500 EUR erzielt wird. Für die Versteigerung fallen Kosten von 300 EUR an. K fordert nunmehr von B Zahlung von 800 EUR. B erwidert, K sei noch zur Lieferung der Standuhr verpflichtet; K hätte ihn von dem Versteigerungstermin in Kenntnis setzen müssen. Überdies könne K von ihm kein Geld verlangen, da ihm – was zutrifft – gegen K noch eine fällige und durchsetzbare Darlehensforderung in Höhe von 3.000 EUR zustehe.

In der Folgezeit gibt K sein Gewerbe auf, bleibt aber weiterhin im Handelsregister eingetragen. Als G von der Einstellung der Geschäftstätigkeit erfährt, verlangt er von K die Vase zurück. Gleichwohl verkauft und übergibt K die Vase an die Reibach-GmbH (R-GmbH); dabei gibt K an, dass er von G zum Verkauf ermächtigt sei.

1. Welche Ansprüche bestehen zwischen B und K aus dem Verkauf der Standuhr?
2. Kann G die Vase von der R-GmbH nach § 985 BGB herausverlangen?

Lösung

Frage 1: Ansprüche zwischen B und K

A. Anspruch von B gegen K auf Lieferung

B kann gegen *K* einen Anspruch auf Lieferung der Standuhr aus einem Kaufvertrag gem. § 433 Abs. 1 S. 1 BGB haben. *K* als Verkäufer und *B* als Käufer haben einen Kaufvertrag über die Standuhr wirksam abgeschlossen. Der Anspruch von *B* gegen *K* auf Lieferung der Standuhr (Übergabe und Übereignung gem. § 929 BGB) ist damit entstanden.

Der Lieferungsanspruch von *B* kann jedoch erloschen sein.

I. Erfüllung

Das Erlöschen des kaufvertraglichen Lieferungsanspruchs von *B* gegen *K* gem. § 362 Abs. 1 BGB scheidet aus. *K* hat die Standuhr nicht an *B* als dem Gläubiger dieses Anspruchs übereignet.

II. Hinterlegung

K kann nach § 378 BGB von seiner Verbindlichkeit befreit worden sein, indem er die Standuhr bei einem Geschäftsfreund hat einlagern lassen. Eine Hinterlegung i. S. d. der §§ 372 ff. BGB hat nach § 378 BGB Erfüllungswirkung, sofern die Rücknahme der Sache ausgeschlossen ist. Unabhängig davon, ob das Einlagern im vorliegenden Fall eine Hinterlegung i. S. d. §§ 372 ff. BGB darstellt, ist jedenfalls die Rücknahme der Sache nicht ausgeschlossen worden. Ein Anspruchsuntergang nach § 378 BGB ist daher nicht gegeben.

Möglicherweise kommt eine Hinterlegung im Rahmen eines Handelskaufs gem. § 373 Abs. 1 HGB in Betracht. Eine Hinterlegung nach Maßgabe des § 373 Abs. 1 HGB bewirkt allerdings im Gegensatz zur Hinterlegung nach § 378 BGB keine Erfüllung.[1] Ein Anspruchsuntergang wegen Hinterlegung liegt mithin nicht vor.

III. Selbsthilfeverkauf

Der Lieferungsanspruch von *B* kann aufgrund der öffentlichen Versteigerung gem. § 373 Abs. 3 HGB erloschen sein. Danach erfolgt ein Selbsthilfeverkauf i. S. d. § 373 Abs. 2 i. V. m. Abs. 1 HGB für Rechnung des Käufers. Ein ordnungsgemäßer Selbsthilfeverkauf hat Erfüllungswirkung. Mit seiner Vornahme erlischt also die Lieferverpflichtung des Verkäufers.[2] Für das Erlöschen der Lieferverpflichtung von *K* müssen demnach die Voraussetzungen eines ordnungsgemäßen Selbsthilfeverkaufs vorliegen.

---

[1] Baumbach/Hopt/*Hopt*, § 374 Rn. 10; EBJS/*Müller*, § 373 Rn. 27; Heidel/Schall/*Stöber*, § 373 Rn. 12; KKRM/*Roth*, §§ 373, 374 Rn. 7; MüKoHGB/*Grunewald*, §§ 373, 374 Rn. 19; RWH/*Wagner*, §§ 373, 374 Rn. 12; Staub/*Koller*, § 374 Rn. 32.

[2] Baumbach/Hopt/*Hopt*, § 374 Rn. 24; EBSJ/*Müller*, § 373 Rn. 67; Heidel/Schall/*Stöber*, § 373 Rn. 30; KKRM/*Roth*, §§ 373, 374 Rn. 14; MüKoHGB/*Grunewald*, §§ 373, 374 Rn. 28; RWH/*Wagner*, §§ 373, 374 Rn. 22; Staub/*Koller*, § 374 Rn. 55; *Canaris*, § 29 Rn. 11.

Fall 10. Die komplizierte Kommission

1. Handelskauf

Ein ordnungsgemäßer Selbsthilfeverkauf gem. § 373 HGB erfordert zunächst – wie sich systematisch aus der Überschrift des zweiten Abschnitts des vierten Buchs des HGB ergibt – einen Handelskauf. Der Kaufvertrag zwischen *K* und *B* muss demnach ein Handelsgeschäft gem. § 343 HGB darstellen, also zum Betrieb des Handelsgewerbes eines Kaufmanns gehören. Dabei reicht für die Anwendung von § 373 HGB ein einseitiger Handelskauf aus (vgl. § 345 HGB), d. h. es ist nicht erforderlich, dass sowohl Verkäufer als auch Käufer Kaufmannseigenschaft besitzen.[3] Maßgeblicher Zeitpunkt für die Kaufmannseigenschaft ist der Vertragsschluss.[4] Bei *K* handelte es sich zumindest zum Zeitpunkt des Vertragsschlusses um einen im Handelsregister eingetragenen Kunsthändler und damit jedenfalls um einen Kannkaufmann i. S. v. §§ 2, 1 Abs. 1 HGB. Der Kaufvertrag gehörte wegen der Vermutung gem. § 344 Abs. 1 HGB auch zum Betrieb seines Handelsgewerbes und stellte damit ein Handelsgeschäft dar. Ein Handelskauf liegt mithin vor.

2. Annahmeverzug von B

B als Käufer muss des Weiteren nach § 373 Abs. 1 HGB mit der Annahme der Ware im Verzug gewesen sein. Hierfür müssen die Voraussetzungen der §§ 293 ff. BGB erfüllt sein. Nach § 293 BGB kommt der Gläubiger in Verzug, wenn er die ihm angebotene Leistung nicht annimmt. Dabei reicht gem. § 295 S. 1 BGB ein wörtliches Angebot, wenn der Gläubiger die geschuldete Sache abzuholen hat, oder er die Aufforderung zur Abholung gem. § 295 S. 2 BGB erhalten hat. *B* sollte die Standuhr abholen und hat dies trotz Aufforderung von *K*, die spätestens konkludent bei der Androhung der Versteigerung erfolgt ist, nicht getan. Daher befand sich *B* im Annahmeverzug gem. §§ 373 Abs. 1 HGB, 293 ff. BGB.

3. Rechtzeitige Androhung

K muss den Selbsthilfeverkauf gegenüber *B* gem. § 373 Abs. 2 S. 1, 1. Halbs. HGB rechtzeitig[5] angedroht haben. Bei der Androhung braucht der Verkäufer nicht anzugeben, ob er eine öffentliche Versteigerung oder einen Verkauf aus freier Hand erwägt. Vielmehr reicht die pauschale Androhung eines Selbsthilfeverkaufs aus.[6] *K* hat *B* einen Selbsthilfeverkauf angedroht. *B* hätte den Selbsthilfeverkauf auch noch durch Abnahme der Standuhr abwenden können. Eine rechtzeitige Androhung des Selbsthilfeverkaufs ist damit gegeben.

4. Benachrichtigung vom Versteigerungstermin

Ein Erlöschen der Lieferpflicht wegen ordnungsgemäßen Selbsthilfeverkaufs kann daran scheitern, dass *K* den *B* nicht vom Versteigerungstermin in Kenntnis gesetzt hat. Nach § 373 Abs. 5 S. 1, 1. Halbs. HGB hat der Verkäufer den Käufer über Zeit und Ort der Versteigerung vorher zu benachrichtigen. Dies ist nicht erfolgt. Ein

---

[3] Zur rechtspolitischen Kritik siehe EBJS/*Müller*, § 373 Rn. 3; MüKoHGB/*Grunewald*, §§ 373, 374 Rn. 3 Staub/*Koller*, § 374 Rn. 1 sowie *Schmidt K.*, HandelsR, § 29 Rn. 2.
[4] EBJS/*Müller*, § 373 Rn. 3; MüKoHGB/*Grunewald*, Vor § 373 Rn. 2; *Canaris*, § 29 Rn. 1 i. V. m. § 20 Rn. 3, 12.
[5] Zur Rechtzeitigkeit der Androhung i. S. v. § 373 Abs. 2 S. 1 HGB vgl. EBJS/*Müller*, § 373 Rn. 51; MüKoHGB/*Grunewald*, §§ 373, 374 Rn. 21; Staub/*Koller*, § 374 Rn. 35.
[6] RGZ 109, 134 (135); EBJS/*Müller*, § 373 Rn. 51 ff.; Heidel/Schall/*Stöber*, § 373 Rn. 15; KKRM/*Roth*, §§ 373, 374 Rn. 9; RWH/*Wagner*, §§ 373, 374 Rn. 16; Staub/*Koller*, § 374 Rn. 34; *Lettl*, § 12 Rn. 19; a. A. MüKoHGB/*Grunewald*, §§ 373, 374 Rn. 21.

Erlöschen der Lieferungsverpflichtung von *K* würde aber nur ausscheiden, wenn die Benachrichtigung Wirksamkeitsvoraussetzung des Selbsthilfeverkaufs ist. Das Unterlassen der Benachrichtigung kann jedoch lediglich einen Schadensersatzanspruch nach § 373 Abs. 5 S. 2 HGB begründen, die Wirkung des Selbsthilfeverkaufs beeinträchtigt es hingegen nicht.[7] Ein Erlöschen der Lieferverpflichtung von *K* an *B* ist wegen der unterlassenen Benachrichtigung von *B* durch *K* vom Versteigerungstermin mithin nicht ausgeschlossen.

Die Voraussetzungen des Selbsthilfeverkaufs nach § 373 HGB sind damit gegeben. Der Anspruch von *B* gegen *K* auf Lieferung der Standuhr ist folglich gem. § 373 Abs. 3 HGB erloschen.

IV. Ergebnis

B hat gegen *K* keinen Anspruch auf Lieferung der Standuhr.

B. Anspruch von K gegen B auf Zahlung des Kaufpreises i. H. v. 2.000 EUR gem. § 433 Abs. 2 BGB

K kann gegen *B* einen Anspruch auf Zahlung des Kaufpreises aus einem Kaufvertrag gem. § 433 Abs. 2 BGB haben. Den hierfür erforderlichen Kaufvertrag in Form des Kaufs der Standuhr zum Preis von 2.000 EUR haben *K* und *B* geschlossen. In dieser Höhe ist daher ein entsprechender Zahlungsanspruch von *K* gegen *B* gem. § 433 Abs. 2 BGB entstanden.

Der Zahlungsanspruch kann aber erloschen sein. Wegen bislang nicht erfolgter Zahlung von *B* an *K* ist ein Erlöschen wegen Erfüllung gem. § 362 Abs. 1 BGB jedenfalls nicht gegeben. Möglich ist jedoch das Vorliegen weiterer Erlöschensgründe.

I. Selbsthilfeverkauf

In Betracht kommt ein Erlöschen des Kaufpreiszahlungsanspruchs von *K* aufgrund des Selbsthilfeverkaufs gem. § 373 Abs. 3 HGB. Dafür muss die von *K* eingeleitete Versteigerung Erfüllungswirkung haben. Nach § 373 Abs. 3 HGB erfolgt der Verkauf für Rechnung des Käufers. Dies bedeutet, dass der Verkäufer kraft Gesetzes die Stellung eines Beauftragten hat.[8] Der Selbsthilfeverkauf hat jedoch für die Kaufpreisforderung (im Gegensatz zum Anspruch des Käufers auf Lieferung)[9] keine Erfüllungswirkung. Der Verkäufer kann lediglich mit seiner Kaufpreisforderung gegen den Anspruch des Käufers auf Herausgabe des beim Selbsthilfeverkauf erzielten Erlöses gem. § 667 BGB aufrechnen.[10] Der Kaufpreisanspruch ist somit nicht unmittelbar aufgrund der Versteigerung erloschen.

II. Aufrechnung von K

Die Forderung ist jedoch gem. § 389 BGB erloschen, soweit *K* wirksam gegenüber *B* aufgerechnet hat.

---

[7] Baumbach/Hopt/*Hopt*, § 374 Rn. 27; EBJS/*Müller*, § 373 Rn. 61; Heidel/Schall/*Stöber*, § 373 Rn. 29; MüKoHGB/*Grunewald*, § 373 Rn. 36; Staub/*Koller*, § 374 Rn. 46.
[8] EBJS/*Müller*, § 373 Rn. 67; Heidel/Schall/*Stöber*, § 373 Rn. 22; MüKoHGB/*Grunewald*, §§ 373, 374 Rn. 29; Staub/*Koller*, § 374 Rn. 54; *Canaris*, § 29 Rn. 10; *Oetker*, § 8 Rn. 15.
[9] S. o. A. III.
[10] Baumbach/Hopt/*Hopt*, § 374 Rn. 24; EBJS/*Müller*, § 373 Rn. 67; Heidel/Schall/*Stöber*, § 373 Rn. 30; RWH/*Wagner*, §§ 373, 374 Rn. 22; Staub/*Koller*, § 374 Rn. 55.

Fall 10. Die komplizierte Kommission 129

1. Gegenseitigkeit der Forderungen

Voraussetzung dafür ist zunächst, dass zwei Personen „einander" Leistungen schulden (Gegenseitigkeit).[11] Der Gläubiger der Hauptforderung muss mit dem Schuldner der Gegenforderung übereinstimmen und umgekehrt.[12]

K, der den Selbsthilfeverkauf wie ein Beauftragter durchgeführt hat, ist gem. § 667 BGB gegenüber B zur Herausgabe des Erlangten, nämlich des Versteigerungserlöses i. H. v. 1.500 EUR, verpflichtet. B schuldet K die Zahlung des Kaufpreises für die Standuhr aus § 433 Abs. 2 BGB. Damit liegen gegenseitige Ansprüche vor.

Dieses Ergebnis wird auch nicht durch § 392 Abs. 2 HGB in Frage gestellt. Die Aufrechnungsmöglichkeit des Kommissionärs richtet sich allein nach § 392 Abs. 1 HGB.[13] Eine pflichtwidrig vom Kommissionär vorgenommene Aufrechnung ist im Außenverhältnis wirksam und löst allenfalls Schadensersatzpflichten gegenüber dem Kommittenten aus.[14]

2. Sonstige Aufrechnungsvoraussetzungen

Die Leistungspflichten von K und B haben beide die Zahlung von Geld zum Gegenstand und sind damit gleichartig i. S. v. § 387 BGB.

Die Durchsetzbarkeit der Kaufpreisforderung des K (§ 390 BGB) ist ebenso gegeben wie die Erfüllbarkeit des Anspruchs auf Herausgabe des Versteigerungserlöses.

Die gem. § 388 S. 1 BGB erforderliche Erklärung kann auch konkludent erfolgen.[15] Ausreichend hierfür ist, dass der Aufrechnungswille deutlich zu erkennen ist.[16] Indem K von B nur noch die Versteigerungskosten (300 EUR) und den Restkaufpreis (500 EUR) einfordert, macht er deutlich, dass der andere Teil des Kaufpreises (1.500 EUR) mit dem Herausgabeanspruch von B verrechnet werden soll. Sein Verhalten lässt also eindeutig auf einen Willen zur Aufrechnung schließen. K hat somit konkludent die Aufrechnung i. H. v. 1.500 EUR erklärt.

Der Aufrechnung von K steht kein die Aufrechnung hindernder Ausschließungsgrund (vgl. §§ 392 ff. BGB) entgegen.

Die Kaufpreisforderung von K gegenüber B ist somit i. H. v. 1.500 EUR erloschen.

III. Aufrechnung von B

Möglicherweise kann der Anspruch von K gegen B auf Zahlung des restlichen Kaufpreises von 500 EUR dadurch erloschen sein, dass B die Aufrechnung mit einer gegen K gerichteten Darlehensrückzahlungsforderung erklärt hat.

Die Kaufpreisforderung und die Darlehensrückzahlungsforderung sind beide Geldschulden und daher gleichartig. Die Darlehensrückzahlungsforderung von B ist

---

[11] BeckOK BGB/*Dennhardt*, § 387 Rn. 17; Erman/*Wagner*, § 387 Rn. 2; MüKoBGB/*Schlüter*, § 387 Rn. 6.
[12] BeckOK BGB/*Dennhardt*, § 387 Rn. 17; Jauernig/*Stürner*, § 387 Rn. 4 f.; Palandt/*Grüneberg*, § 387 Rn. 4.
[13] MüKoHGB/*Häuser*, § 392 Rn. 27; kritisch dazu im Hinblick auf inkonnexe Forderungen *Schmidt K.*, HandelsR, § 31 Rn. 135 ff. Zu den Wirkungen des § 392 Abs. 2 HGB bei Aufrechnung durch den Vertragspartner des Kommissionärs s. u. B. III. 2.
[14] MüKoHGB/*Häuser*, § 392 Rn. 27; Staub/*Koller*, § 392, 40 ff.; v. Gierke/Sandrock, § 27 VI 1b (S. 472).
[15] BGHZ 26, 241 (244); *BGH* NJW-RR 1994, 1203; BeckOK BGB/*Dennhardt*, § 388 Rn. 2.
[16] BeckOK BGB/*Dennhardt*, § 388 Rn. 2; Erman/*Wagner*, § 388 Rn. 2; MüKoBGB/*Schlüter*, § 388 Rn. 1.

durchsetzbar (§ 390 BGB), seine Pflicht zur Zahlung des (Rest-)Kaufpreises ist erfüllbar. Indem B dem Forderungsverlangen des K den eigenen Anspruch entgegenhält, erklärt er konkludent die Aufrechnung. Ein Aufrechnungsverbot der §§ 392 ff. BGB greift nicht ein.

Die Wirksamkeit der Aufrechnung von B hängt somit allein davon ab, ob es sich um gegenseitige Forderungen handelt.

1. Gegenseitigkeit grundsätzlich gegeben

Die Gegenseitigkeit von Forderungen ist anzunehmen, wenn der Gläubiger der Hauptforderung identisch mit dem Schuldner der Gegenforderung ist und gleichzeitig der Gläubiger der Gegenforderung mit dem Schuldner der Hauptforderung übereinstimmt.[17] K verlangt von B Kaufpreiszahlung, B im Gegenzug von K Rückzahlung eines Darlehens. Die Gegenseitigkeit ist danach grundsätzlich gegeben.

2. Fehlende Gegenseitigkeit gem. § 392 Abs. 2 HGB

Die Gegenseitigkeit der Forderungen kann jedoch gem. § 392 Abs. 2 HGB ausgeschlossen sein. Danach gelten Forderungen aus einem Kommissionsgeschäft (also der Kaufpreisanspruch des Kommissionärs gegenüber dem Dritten) im Verhältnis zwischen dem Kommittenten (G) und dem Kommissionär (K) sowie dessen Gläubigern (B) bereits vor der Abtretung als Forderungen des Kommittenten (G). Die Aufrechnung eines Gläubigers des Kommissionärs gegen eine Forderung des Kommissionärs aus dem Ausführungsgeschäft scheitert dann daran, dass dem Aufrechnenden gegenüber der Kommittent und nicht der Kommissionär Gläubiger des Anspruchs ist.

Eine solche fehlende Gegenseitigkeit setzt gem. § 392 Abs. 2 i. V. m. Abs. 1 HGB voraus, dass es sich bei dem Kaufpreisanspruch von K gegen B um eine Forderung handelt, die aus einem von ihm als Kommissionär abgeschlossenen Geschäft stammt.

a) Kommissionärseigenschaft von K

Für die Kommissionärseigenschaft ist der gewerbsmäßige An- oder Verkauf von Waren oder Wertpapieren im eigenen Namen und für fremde Rechnung erforderlich (§ 383 Abs. 1 HGB). Die Gewerbsmäßigkeit verlangt die dauerhafte Vornahme derartiger Geschäfte.[18]

K hat den Verkauf der dem G gehörenden Standuhr und Vase und damit von Waren übernommen. Er handelte dabei im eigenen Namen und für Rechnung des G. Allerdings wurde K nur ausnahmsweise als Verkäufer für eine andere Person tätig. Eine dauerhafte und damit gewerbsmäßige Tätigkeit liegt nicht vor. K ist folglich kein Kommissionär i. S. v. § 383 Abs. 1 HGB.

Die §§ 383 ff. HGB finden allerdings gem. § 406 Abs. 1 S. 2 HGB auch Anwendung, wenn ein Kaufmann nur gelegentlich den An- oder Verkauf von Waren im eigenen Namen und für fremde Rechnung im Betrieb seines Handelsgewerbes übernimmt (Gelegenheitskommissionär). K besaß jedenfalls zum maßgeblichen Zeitpunkt des Vertragsschlusses die Kaufmannseigenschaft. Der Verkauf der

---

[17] S. o. B. II. 1.
[18] MüKoHGB/*Häuser*, § 383 Rn. 14; allgemein zum handelsrechtlichen Gewerbebegriff vgl. die Nachweise in Bd. I Fall 1 Fn. 1 und Bd. I Fall 5 Fn. 3 bis 6.

Fall 10. Die komplizierte Kommission 131

Standuhr gehörte gem. § 344 Abs. 1 HGB auch zum Betrieb seines Handelsgewerbes.[19] Folglich sind die §§ 383 ff. HGB und damit auch § 392 Abs. 2 HGB anwendbar.[20]

b) Forderung aus einem vom Kommissionär abgeschlossenen Geschäft

Unter Forderungen aus einem vom Kommissionär abgeschlossenen Geschäft fallen sämtliche Ansprüche, die aus dem für Rechnung des Kommittenten geschlossenen Vertrag (Ausführungsgeschäft) entstehen.[21] Der Kaufpreisanspruch resultiert aus dem zur Ausführung der Kommission geschlossenen Kaufvertrag zwischen *K* und *B*. Eine Forderung i. S. v. § 392 Abs. 2 i. V. m. Abs. 1 HGB liegt demnach vor.

c) Teleologische Reduktion des § 392 Abs. 2 HGB für Aufrechnung des Vertragspartners

Nach § 392 Abs. 2 HGB gilt der Kommittent den Gläubigern des Kommissionärs gegenüber bereits vor Abtretung dieser Ansprüche als Forderungsinhaber. Für den Gläubiger der Darlehensforderung von *B* ist daher nicht der Kommissionär *K*, sondern der Kommittent *G* Inhaber der Kaufpreisforderung. Eine Aufrechnung von *B* gegenüber *K* scheidet mangels Gegenseitigkeit damit im Grundsatz aus.

Es besteht allerdings die Besonderheit, dass die Vertragspartner des Ausführungsgeschäfts und des Darlehensgeschäfts identisch sind. *B* ist Schuldner der Kaufpreisforderung gegenüber *K* und gleichzeitig Gläubiger des Darlehensrückzahlungsanspruchs gegen *K*. Möglicherweise kann § 392 Abs. 2 HGB in diesem Fall unanwendbar sein.

Für die Anwendbarkeit des § 392 Abs. 2 HGB bei Personenidentität von Kommissionsgläubiger und Schuldner des Ausführungsgeschäfts kann danach zu differenzieren sein, ob die zur Aufrechnung gestellte Forderung ihren Ursprung im Ausführungsgeschäft hat (konnexe Forderung) oder nicht (inkonnexe Forderung).[22] Die Aufrechenbarkeit mit konnexen Forderungen wird dabei einhellig bejaht.[23] Die Gegenforderung von *B* gegen *K* ist jedoch eine Darlehensforderung, die in keinerlei Zusammenhang zum Ausführungsgeschäft (Kaufvertrag) steht. Somit handelt es sich um eine inkonnexe Forderung.

Die Anwendung des § 392 Abs. 2 HGB bei einer nicht aus dem Ausführungsgeschäft resultierenden Gegenforderungen ist jedoch umstritten.

---

[19] S. o. A. III. 1.
[20] Vgl. *BGH* NJW 1960, 1852 (1853); EBJS/*Füller*, § 406 Rn. 4; MüKoHGB/*Häuser*, § 406 Rn. 10; einschränkend u. a. Staub/*Koller*, § 406 Rn. 1 und *Hüffer*, JuS 1991, 195 (198), die die Anwendbarkeit des § 392 Abs. 2 HGB im Fall der Gelegenheitskommission davon abhängig machen, dass das Handeln für fremde Rechnung offenkundig ist.
[21] Baumbach/Hopt/*Hopt*, § 392 Rn. 3; EBJS/*Füller*, § 392 Rn. 5; Heidel/Schall/*Psaroudakis*, § 392 Rn. 2; MüKoHGB/*Häuser*, § 392 Rn. 6; Staub/*Koller*, § 392 Rn. 7; *Brox/Henssler*, Rn. 439.
[22] So ausdrücklich EBJS/*Füller*, § 392 Rn. 12; MüKoHGB/*Häuser*, § 392 Rn. 23; *Schmidt K.*, HandelsR, § 31 Rn. 134 f.
[23] *BGH* NJW 1969, 276; Baumbach/Hopt/*Hopt*, § 392 Rn. 12; EBJS/*Füller*, § 392 Rn. 12; Heidel/Schall/*Psaroudakis*, § 392 Rn. 4; MüKoHGB/*Häuser*, § 392 Rn. 6; *Schmidt K.*, HandelsR, § 31 Rn. 135.

aa) Keine Anwendung des § 392 Abs. 2 HGB

Auf nicht aus dem Ausführungsgeschäft resultierende Gegenforderungen kann die Anwendung des § 392 Abs. 2 HGB abzulehnen sein.[24] Der Vertragspartner des Ausführungsgeschäfts sei auch im Hinblick auf inkonnexe Forderungen kein „Gläubiger" im Sinne dieser Vorschrift.[25] Eine Ausnahme hiervon könne nur bei treuwidrigem Verhalten des Drittkontrahenten angenommen werden.[26]

Anzeichen für ein gegen § 242 BGB verstoßendes Verhalten von B sind nicht ersichtlich. Daher gilt ihm gegenüber noch immer K als Gläubiger der Gegenforderung. Das Merkmal der Gegenseitigkeit wäre erfüllt, eine Aufrechnung mithin wirksam.

bb) Anwendung des § 392 Abs. 2 HGB

Demgegenüber kann die Regelung des § 392 Abs. 2 HGB bei inkonnexen Forderungen eingreifen[27] mit der Folge, dass eine Aufrechnung mit inkonnexen Forderungen unabhängig vom Vorwurf der Treuwidrigkeit generell ausscheidet. Danach würde es an der Gegenseitigkeit fehlen mit der Konsequenz, dass B nicht wirksam aufgerechnet hätte.

cc) Anwendung des § 392 Abs. 2 HGB nur bei Kenntnis der Kommissionärsstellung

Ferner kann vermittelnd argumentiert werden, dass die Gläubigereigenschaft des Vertragspartners bei inkonnexen Ansprüchen davon abhängig sei, dass ihm beim Abschluss des Ausführungsvertrages bzw. bei Entstehen der Aufrechnungslage die Kommissionärseigenschaft seines Gegenübers unbekannt war.[28] Nur im Falle dieser „Gutgläubigkeit" sei eine Aufrechnung mit nicht aus dem Ausführungsgeschäft stammenden Ansprüchen gerechtfertigt.[29]

Es ist nicht ersichtlich, dass B Kenntnis davon besaß, die Standuhr von einem Kommissionär zu erwerben. Er war insoweit „gutgläubig". Folglich wäre § 392 Abs. 2 HGB unanwendbar, und die von B erklärte Aufrechnung wäre somit wirksam.

dd) Streitentscheidung

Die Unwirksamkeit der von B erklärten Aufrechnung lässt sich nur damit begründen, dass § 392 Abs. 2 HGB bei inkonnexen Forderungen generell eingreift. Hierfür spricht zunächst der Wortlaut von § 392 Abs. 2 HGB. Dieser stellt allgemein auf „Gläubiger" des Kommissionärs ab und erfasst damit auch die Personen, die zugleich Schuldner des Ausführungsvertrages sind.[30] Des Weiteren spricht die Ratio

---

[24] RGZ 121, 177 (178); *BGH* NJW 1969, 276; Baumbach/Hopt/*Hopt*, § 392 Rn. 12; EBJS/*Füller*, § 392 Rn. 12; Heidel/Schall/*Psaroudakis*, § 392 Rn. 4; MüKoHGB/*Häuser*, § 392 Rn. 25; *Canaris*, § 30 Rn. 77.

[25] So ausdrücklich EBJS/*Füller*, § 392 Rn. 12; *Brox/Henssler*, Rn. 445.

[26] *BGH* NJW 1969, 276 (277); MüKoHGB/*Häuser*, § 392 Rn. 26; Staub/*Koller*, § 392 Rn. 39.

[27] Schlegelberger/*Hefermehl*, § 392 Rn. 24; *v. Gierke/Sandrock*, § 27 VI 1b (S. 471); *Schmidt K.*, HandelsR, § 31 Rn. 135.

[28] EBJS/*Füller*, § 392 Rn. 12; MüKoHGB/*Häuser*, § 392 Rn. 24; Staub/*Koller*, § 392 Rn. 38; *Capelle*, FS Raape (1948), 333; *Schwark*, JuS 1980, 777 (781); *Schwarz T.*, NJW 1969, 1942 (1943).

[29] *Capelle*, FS Raape (1948), 333.

[30] Insoweit zweifelnd EBJS/*Füller*, § 392 Rn. 12; MüKoHGB/*Häuser*, § 392 Rn. 23; *Schwarz T.*, NJW 1969, 1942 (1943).

dieser Vorschrift gegen eine Aufrechnungsmöglichkeit für den Vertragspartner. Die Forderung aus dem Ausführungsgeschäft steht bei wirtschaftlicher Betrachtung nicht dem Kommissionär, sondern dem Kommittenten zu. Daher soll dieser im Verhältnis zum Kommissionär sowie zu dessen Gläubigern dadurch geschützt werden, indem die Forderung auch in rechtlicher Hinsicht ihm zugeordnet wird.[31] Diesem Schutz liefe es zuwider, wenn der Vertragspartner mit einer inkonnexen Forderung gegen den Kommissionär aufrechnen könnte.[32]

Die Identität von Gläubiger und Vertragspartner stellt aber eine atypische Konstellation dar, die vom Gesetzgeber bei der Fassung des § 392 Abs. 2 HGB nicht bedacht wurde.[33] Insoweit kann dem vorstehend entwickelten Ergebnis keine entscheidende Bedeutung beigemessen werden.

Für die Anwendbarkeit von § 392 Abs. 2 HGB bei inkonnexen Forderungen ist vielmehr das aus dem Vertretungsrecht abzuleitende „Offenkundigkeitsprinzip" zu berücksichtigen.[34] Für den Vertragspartner muss Klarheit über die andere Partei und damit auch über die aus dem Vertragsschluss resultierenden Rechte bestehen.[35] Nur unter dieser Voraussetzung kann es dem Vertragspartner zugemutet werden, das Insolvenzrisiko seines Gegenübers zu tragen. Wird dem Vertragspartner die Möglichkeit der Aufrechnung mit inkonnexen Forderungen gegen sein Gegenüber (den Kommissionär) verwehrt, ist dies schwerlich mit dem Offenkundigkeitsprinzip zu vereinbaren. Dies wird besonders deutlich, wenn sich der Vertragspartner zum Vertragsschluss mit dem Kommissionär – allein oder maßgeblich – wegen der späteren Aufrechnungsmöglichkeit entschieden hat.[36]

Es ist auch nicht unbillig, dem Kommittenten grundsätzlich das Risiko aufzubürden, dass der Vertragspartner des Kommissionärs diesem gegenüber mit einer inkonnexen Forderung aufrechnet. Diesem Risiko kann der Kommittent dadurch entgegenwirken, dass er den Kommissionär gem. § 384 Abs. 1, 2. Halbs. HGB anweist, im Ausführungsvertrag mit dem Dritten einen Aufrechnungsausschluss gegenüber dem Kommissionär mit inkonnexen Forderungen zu vereinbaren.[37] Das ist jedoch nicht geschehen. Auf das zwischen *K* und *B* geschlossene Ausführungsgeschäft ist § 392 Abs. 2 HGB daher nicht anwendbar. Folglich ist *B* kein Gläubiger i.S.v. § 392 Abs. 2 HGB. Gegenüber *B* gilt damit noch immer *K* als Gläubiger der Kaufpreisforderung. Das Merkmal der Gegenseitigkeit ist daher erfüllt. Die Aufrechnung von *B* ist wirksam mit der Folge, dass die Kaufpreisforderung von *K* auch in Höhe der restlichen 500 EUR erloschen ist.

IV. Ergebnis

K hat keinen Anspruch mehr gegen *B* auf Zahlung des Kaufpreises gem. § 433 Abs. 2 BGB.

---

[31] Baumbach/Hopt/*Hopt*, § 392 Rn. 6; EBJS/*Füller*, § 392 Rn. 2; MüKoHGB/*Häuser*, § 392 Rn. 1; Staub/*Koller*, § 392 Rn. 2.
[32] MüKoHGB/*Häuser*, § 392 Rn. 25; *v. Gierke/Sandrock*, § 27 VI 1b (S. 472).
[33] *Canaris*, § 30 Rn. 77 sowie *Schmidt K.*, HandelsR, § 31 Rn. 135, die beide davon ausgehen, dass § 392 Abs. 2 HGB auf derartige Konstellationen „nicht zugeschnitten" sei.
[34] *Canaris*, § 30 Rn. 77; *BGH* NJW 1969, 276 geht im Kern ebenfalls vom Offenkundigkeitsprinzip aus, indem es Innenverhältnis (Kommittent – Kommissionär) und Außenverhältnis (Kommissionär – Dritte) strikt trennt und in § 392 Abs. 2 HGB eine möglichst eng zu begrenzende Ausnahme erblickt; a. A. MüKoHGB/*Häuser*, § 392 Rn. 24.
[35] Staub/*Koller*, § 392 Rn. 40; *Canaris*, § 30 Rn. 77; a. A. MüKoHGB/*Häuser*, § 392 Rn. 24.
[36] Staub/*Koller*, § 392 Rn. 40.
[37] Staub/*Koller*, § 392 Rn. 40.

C. Anspruch von K gegen B aus § 670 BGB i. H. v. 300 EUR

K hat gegen B grundsätzlich gem. § 670 BGB einen Anspruch auf Ersatz der Aufwendungen, also der Versteigerungskosten i. H. v. 300 EUR; er hatte im Rahmen der Versteigerung kraft Gesetzes die Stellung eines Beauftragten inne.[38] B hat aber auch gegen diese konnexe Forderung wirksam die Aufrechnung erklärt.

Ein Aufwendungsersatzanspruch von K gegen B gem. § 670 BGB besteht somit nicht mehr.

D. Anspruch von B gegen K auf Schadensersatz

Ein Schadensersatzanspruch von B gegen K kann sich aus § 373 Abs. 5 S. 2 HGB wegen nicht erfolgter Benachrichtigung vom Versteigerungstermin ergeben. Erforderlich hierfür ist ein kausaler Schaden. Es ist nicht ersichtlich, dass eine Benachrichtigung des B vom Versteigerungstermin zu einem höheren Versteigerungserlös geführt hätte. Auch im Übrigen ist ein kausaler Schaden des B nicht ersichtlich.

Ein Schadensersatzanspruch von B gegen K gem. § 373 Abs. 5 HGB scheidet aus.

E. Ergebnis zu Frage 1

Zwischen B und K bestehen keine Ansprüche aus dem Verkauf der Standuhr.

Frage 2

A. Herausgabeanspruch von G gegen die R-GmbH gem. § 985 BGB

G kann von der R-GmbH die Vase nach § 985 BGB herausverlangen, wenn G ihr Eigentümer ist. G hat das Eigentum an der Vase gem. § 1922 Abs. 1 BGB erworben. G hat sein Eigentum an der Vase jedoch wieder verloren, wenn K die Vase wirksam an die R-GmbH übereignet hat. K und die R-GmbH haben sich über den Eigentumsübergang an der Vase auf die R-GmbH geeinigt, und sie wurde der R-GmbH auch übergeben (§ 929 S. 1 BGB).

Eine Übereignung nach § 929 S. 1 BGB setzt aber voraus, dass sie durch den Eigentümer erfolgt. K war indes nicht Eigentümer der Vase. Gleichwohl kann die Übereignung gem. § 185 BGB oder aufgrund gutgläubigen Erwerbs wirksam sein.

I. Zustimmung gem. § 185 Abs. 1, 2 BGB

Die Berechtigung von K zur Übereignung der Vase kann sich gem. § 185 BGB aus einer Zustimmung ihres Eigentümers G zur Veräußerung ergeben. G hat aber die zunächst im Rahmen der Verkaufskommission erteilte Einwilligung (§ 185 Abs. 1 BGB) konkludent gem. § 183 S. 1 BGB widerrufen, als er die Vase von K zurückforderte. G hat die Übereignung von K an die R-GmbH auch nicht gem. § 185 Abs. 2 S. 1, 1. Fall BGB genehmigt.

K war demnach zur Verfügung über die Vase nicht berechtigt.

II. Gutgläubiger Erwerb gem. §§ 929 S. 1, 932 Abs. 1 S. 1 BGB

G kann das Eigentum an der Vase aber an die R-GmbH verloren haben, wenn sie gem. §§ 929 S. 1, 932 Abs. 1 S. 1 BGB von K gutgläubig Eigentum an der Vase

---

[38] S. o. B. I.

Fall 10. Die komplizierte Kommission 135

erworben hat. Dann muss die R-GmbH als Erwerber gutgläubig im Sinne des § 932 Abs. 2 BGB gewesen sein.

Die R-GmbH als juristische Person kann selbst nicht gutgläubig sein. Insoweit kommt es auf den guten Glauben ihres Geschäftsführungsorgans an, welcher der R-GmbH gem. § 166 Abs. 1 BGB zugerechnet wird.

Gegenstand des guten Glaubens ist im Rahmen des § 932 BGB allein das Eigentum des Veräußerers an der übereigneten Sache. K hatte aber anlässlich des Verkaufs und der Übereignung der Vase an die R-GmbH erklärt, die Vase gehöre G und er – K – sei von G zum Verkauf ermächtigt. Die R-GmbH wusste daher, dass K nicht Eigentümer der Vase war und war daher nicht gutgläubig.

Ein gutgläubiger Eigentumserwerb der R-GmbH gem. §§ 929 S. 1, 932 Abs. 1 S. 1 BGB an der Vase scheidet somit aus.

III. Gutgläubiger Erwerb gem. § 366 Abs. 1 HGB i. V. m. §§ 929 S. 1, 932 Abs. 1 S. 1 BGB

Die R-GmbH kann aber gem. § 366 Abs. 1 S. 1 HGB i. V. m. §§ 929 S. 1, 932 Abs. 1 S. 1 BGB gutgläubig Eigentum an der Vase erworben haben.

1. Kaufmannseigenschaft

§ 366 Abs. 1 S. 1 HGB setzt zunächst voraus, dass K zum Zeitpunkt der Veräußerung Kaufmann war. Ursprünglich war K als eingetragener Kunsthändler zumindest Kannkaufmann gem. §§ 2 S. 1, 1 Abs. 1 HGB.[39] § 1 Abs. 1 HGB fordert das Betreiben eines Handelsgewerbes. Seit der Aufgabe seines Geschäfts betreibt K aber kein Gewerbe mehr und ist folglich seitdem – auch zum Zeitpunkt der erst nach der Aufgabe erfolgten Veräußerung – kein Kaufmann gem. §§ 2 S. 1, 1 Abs. 1 HGB mehr.

K kann jedoch „Kaufmann kraft Eintragung" im Sinne des § 5 HGB sein. Nach dieser Norm gelten im Handelsregister eingetragene Gewerbetreibende unwiderlegbar als Kaufleute im Sinne des § 1 HGB. Der Inhaber eines Gewerbebetriebs, dessen Firma im Handelsregister eingetragen ist, muss sich also als Kaufmann behandeln lassen, selbst wenn er in Wirklichkeit Nichtkaufmann ist. § 5 HGB setzt aber zwingend voraus, dass unter der eingetragenen Firma ein Gewerbe betrieben wird. Die Einwendung, es werde kein Gewerbe (mehr) betrieben, wird durch § 5 HGB nicht ausgeschlossen.[40] K hat sein Geschäft endgültig aufgegeben und betreibt somit kein Gewerbe mehr. Er ist also nicht „Kaufmann kraft Eintragung" gem. § 5 HGB.

K kann aber Kaufmann gem. § 1 i. V. m. § 15 Abs. 1 HGB sein. Das setzt zunächst voraus, dass eine eintragungspflichtige Tatsache vorliegt, die nicht eingetragen und bekannt gemacht wurde und der R-GmbH auch nicht bekannt war. Gem. § 31 Abs. 2 S. 1 HGB ist das Erlöschen der Firma zur Eintragung in das Handelsregister anzumelden. Die einem kaufmännischen Unternehmen zugehörige Firma erlischt von selbst, wenn die gewerbliche Tätigkeit endgültig beendet wird.[41] K hat sein Geschäft eingestellt. Dadurch ist seine Firma erloschen, was gem. § 31 Abs. 2 S. 1 HGB eine eintragungspflichtige Tatsache im Sinne des § 15 Abs. 1 HGB darstellt.

---

[39] S. o. Frage 1 unter A. III. 1.
[40] BGHZ 32, 307 (313); Baumbach/Hopt/*Hopt*, § 5 Rn. 5; EBJS/*Kindler*, § 5 Rn. 20; Heidel/Schall/*Keßler*, § 5 Rn. 13; KKRM/*Roth*, § 5 Rn. 3; RWH/*Röhricht*, § 5 Rn. 35; *Brox/Henssler*, Rn. 56; *Canaris*, § 3 Rn. 55; *Hübner*, Rn. 64; *Lettl*, § 2 Rn. 58; *Oetker*, § 2 Rn. 55; *Steinbeck*, § 7 Rn. 26; a. A. MüKoHGB/*Schmidt K.*, § 5 Rn. 22 ff.
[41] *BayObLG* WM 1984, 52 (53); Baumbach/Hopt/*Hopt*, § 31 Rn. 8 i. V. m. § 17 Rn. 23.

Diese Tatsache wurde weder eingetragen noch bekannt gemacht. Die R-GmbH als außenstehender Dritter hatte von der wahren Rechtslage auch keine positive Kenntnis. Der Abschluss des Kaufvertrags zwischen K und der R-GmbH stellt ferner ein rechtsgeschäftliches Verhalten der R-GmbH dar und ist somit von der Reichweite der negativen Publizität gem. § 15 Abs. 1 HGB erfasst.[42] Die Voraussetzungen des § 15 Abs. 1 HGB liegen damit vor.

a) Keine Anwendung des § 15 Abs. 1 HGB zu Lasten Dritter

G kann sein Eigentum an der Vase aber nur dann verloren haben, wenn § 15 Abs. 1 HGB auch zu seinen Lasten gilt. G hatte das Erlöschen der Firma von K jedenfalls nicht zur Eintragung in das Handelsregister anzumelden. Nach dem Wortlaut von § 15 Abs. 1 HGB kann allein derjenige, in dessen Angelegenheiten die entsprechende Tatsache einzutragen war, diese Tatsache einem Dritten nicht entgegensetzen. Einem unbeteiligten Dritten ist das hingegen möglich.[43] Das Erlöschen der Firma ist eine Tatsache, die allein K entlastet. Die Eintragung ist somit allein seine Angelegenheit. Im Fall von § 366 HGB ist der Eintragungspflichtige immer der nichtberechtigte Veräußerer (bzw. Verpfänder), nicht aber der wahre Eigentümer der Sache. Auf diesen bezieht sich die eingetragene Tatsache nicht und er hat somit mit der (fehlenden) Eintragung nichts zu tun. Danach wirkt die von § 15 Abs. 1 HGB angeordnete Rechtsfolge nur zu Lasten von K, nicht aber zu Lasten von G. Die R-GmbH kann sich folglich gegenüber G nicht auf die Kaufmannseigenschaft von K gem. §§ 1, 15 Abs. 1 HGB berufen, während G der R-GmbH die Tatsache der Geschäftsaufgabe des K entgegensetzen kann.

b) Anwendung des § 15 Abs. 1 HGB auch zu Lasten Dritter

Demgegenüber kann argumentiert werden, das Vertrauen in das Schweigen des Handelsregisters (negative Publizität) sei umfassend zu schützen.[44] Solange das Handelsregister eine einzutragende Tatsache nicht aufweise und eine Bekanntmachung nicht erfolgt sei, dürfe ein gutgläubiger Dritter davon ausgehen, dass eine Veränderung nicht eingetreten ist.

Demzufolge ist das Vertrauen der R-GmbH beachtlich, weshalb K auch zu Lasten von G im Rahmen von § 366 HGB als Kaufmann behandelt wird.

c) Streitentscheidung

Der Wortlaut von § 15 Abs. 1 HGB spricht gegen die Anwendung dieser Norm zu Lasten Dritter. Danach kann die Tatsache allein von demjenigen, in dessen Angelegenheiten sie einzutragen war, einem Dritten nicht entgegengesetzt werden. Die Vorschrift ist also aus der Sicht des Eintragungspflichtigen formuliert.

Die Entstehungsgeschichte der Norm kann indes für die Anwendung von § 15 Abs. 1 HGB zu Lasten Dritter sprechen. § 15 Abs. 1 HGB soll die vom ADHGB aufgestellten Einzeltatbestände zusammenfassen und so die Rechtslage vereinheitli-

---

[42] Zur Anwendbarkeit von § 15 Abs. 1 HGB bei Handlungen außerhalb des Geschäftsverkehrs siehe Bd. I Fall 2 unter II. 2. b).

[43] EBJS/*Lettl*, § 366 Rn. 5; MüKoHGB/*Welter*, § 366 Rn. 28; Staub/*Canaris*, 4. Aufl., § 366 Rn. 13; *Brox/Henssler*, Rn. 310 und 85; so auch schon *Hueck A.*, Archiv für Bürgerliches Recht 43 (1919), 415, 451.

[44] H. M., vgl. dazu nur MüKoHGB/*Krebs*, § 15 Rn. 6 m. w. N.; EBJS/*Gehrlein*, § 15 Rn. 4; Staub/*Koch J.*, § 15 Rn. 29; a. A. insbesondere *Canaris*, Vertrauenshaftung, S. 526 ff., der diese Norm als Rechtsscheintatbestand betrachtet.

Fall 10. Die komplizierte Kommission

chen. Die im ADHGB ursprünglich geregelten Einzeltatbestände bezogen sich allein auf solche Rechtstatsachen, die geeignet sind, Verpflichtungen des Betroffenen auszuschließen, die ohne den Eintritt der Tatsache begründet sein könnten (enthaftende Tatsachen).[45] Bei der Einführung des § 15 Abs. 1 HGB hatte der Gesetzgeber damals lediglich diese Konstellationen im Blick. Der Fall, dass es zu einer Interessenkollision zwischen vertrauendem Dritten und jemandem kommt, in dessen Angelegenheit die Tatsache nicht einzutragen war, wie eben im Fall des § 366 HGB, wurde hingegen nicht bedacht. Unter dem Aspekt des Vertrauensschutzes muss § 15 Abs. 1 HGB demnach den gutgläubigen Dritten umfassend schützen.[46]

Auch aus der Systematik scheint sich ein Argument für die Erstreckung der Wirkung des § 15 Abs. 1 HGB auf einen Dritten wie G zu ergeben. Der 1969 zusätzlich eingefügte § 15 Abs. 3 HGB stellt explizit nicht mehr auf den Kaufmann als Unternehmensträger ab, sondern auf den vertrauenden Dritten.[47] Die sprachliche Fassung von § 15 Abs. 1 HGB kann insoweit als historische Zufälligkeit angesehen werden. Andererseits kann aber für diesen Unterschied auch ein sachlicher Grund darin bestehen, dass Abs. 3 ausschließlich das typisierte Vertrauen auf einen bestimmten Tatbestand – nämlich die falsche Eintragung und Bekanntmachung – schützt, während Abs. 1 auch bei Abweichungen von der gesetzlichen Regel und bei fehlender Voreintragung Anwendung findet.[48] Das systematische Argument führt also zu keinem eindeutigen Ergebnis.

Der Normzweck von § 15 Abs. 1 HGB liegt darin, dass ein Dritter auf den Schein des Handelsregisters vertrauen darf. Die R-GmbH durfte also davon ausgehen, dass K ein Kaufmann ist und sie somit in den Genuss des § 366 HGB kommen kann. Im Rahmen der Interessenabwägung muss geklärt werden, ob dieses Vertrauen der R-GmbH schutzwürdig ist, denn der Rechtsnachteil trifft hier nicht den Eintragungspflichtigen, sondern den wahren Eigentümer, der sich die fehlende Eintragung nicht zurechnen zu lassen braucht. Andererseits hätte der wahre Berechtigte sein Eigentum über § 932 BGB ohne weiteres verloren, wenn sich K als Veräußerer wahrheitswidrig als Eigentümer ausgegeben hätte. Behauptet er stattdessen lediglich seine Verfügungsmacht, ändert das im Verhältnis zu G als dem wahren Berechtigten nichts. G hat schon durch seine freiwillige Weggabe der Sache das Risiko der Veruntreuung geschaffen. Ob sich dieses Risiko nun dadurch verwirklicht, dass sich der besitzende Veräußerer als Eigentümer geriert oder dadurch, dass er sich als Verfügungsberechtigter ausgibt und zugleich aus dem Handelsregister als Kaufmann hervorgeht, ist von dem wahren Berechtigten nicht zu beeinflussen und daher für die Bewertung seiner Interessen unerheblich. Relevant ist lediglich das Verhältnis zwischen Veräußerer und gutgläubigem Erwerber.[49] Für dessen Schutzwürdigkeit ist es aber gleichgültig, ob der Veräußerer wirklich Kaufmann ist oder sich dessen Kaufmannseigenschaft nur für den Erwerber ersichtlich aus dem Handelsregister ergibt.[50]

---

[45] EBJS/*Gehrlein*, § 15 Rn. 1; Staub/*Koch J.*, § 15 Rn. 4 f.
[46] Staub/*Canaris*, 4. Aufl., § 366 Rn. 12 f.; Staub/*Koch J.*, § 15 Rn. 29; MüKoHGB/*Krebs*, § 15 Rn. 49; MüKoHGB/*Welter*, § 366 Rn. 28 f.; Heymann/*Horn*, § 366 Rn. 4; *Glaser*, DB 1957, 301 (302).
[47] Eingefügt durch Gesetz vom 15.8.1969 (BGBl. I S. 1146), zurückgehend auf Art. 3 Abs. 6 der ersten Gesellschaftsrechtsrichtlinie (Publizitätsrichtlinie) vom 9.3.1968 (BT-Drs. 4/2014; ABl. EG vom 14.3.1968 Nr. L 65, 8).
[48] Vgl. auch EBJS/*Gehrlein*, § 15 Rn. 8; MüKoHGB/*Krebs*, § 15 Rn. 35; Staub/*Koch J.*, § 15 Rn. 43.
[49] MüKoHGB/*Welter*, § 366 Rn. 29; Staub/*Canaris*, 4. Aufl., § 366 Rn. 12 f.; a. A. *Brox/Henssler*, Rn. 310; EBJS/*Lettl*, § 366 Rn. 29
[50] EBJS/*Lettl*, § 366 Rn. 50; Staub/*Canaris*, 4. Aufl., § 366 Rn. 12 f.

Der Erwerber hat keine (zumutbare) Möglichkeit, die Umstände des Verkaufs zu ermitteln. Sein Vertrauen auf die negative Publizität des Handelsregisters ist also auch in dieser Fallkonstellation schutzbedürftig und schutzwürdig. Der Schutz des wahren Eigentümers entscheidet sich somit hauptsächlich nach Maßgabe von § 935 BGB. Es kommt also darauf an, ob er den unmittelbaren Besitz freiwillig aus der Hand gegeben hat oder nicht. Alle sonstigen Voraussetzungen des gutgläubigen Erwerbs treten ohne sein Zutun ein. Daher besteht kein maßgeblicher Unterschied, ob sich der durch den Besitz ausgewiesene nichtberechtigte Veräußerer als Eigentümer oder als Verfügungsberechtigter geriert.[51] Die Rechtsfolge von § 15 Abs. 1 HGB muss sich somit im Rahmen von § 366 HGB auch auf G als den wahren Eigentümer erstrecken.

K ist somit sowohl gegenüber der R-GmbH als auch gegenüber *G* gem. § 1 i. V. m. § 15 Abs. 1 HGB als Kaufmann zu behandeln.

2. Veräußerung im Betrieb des Kaufmanns

Die Veräußerung der Vase muss im Betrieb des *K* vorgenommen worden sein. Betriebszugehörig sind alle Geschäfte, die für den Kaufmann ein Handelsgeschäft i. S. d. § 343 HGB darstellen, also jedes nicht rein private Handeln.[52] *K* hat sein Geschäft aufgegeben und betreibt somit tatsächlich keinen Kaufmannsbetrieb mehr. Allerdings muss er sich gem. § 1 i. V. m. § 15 Abs. 1 HGB als Kaufmann behandeln lassen. Gem. § 344 Abs. 1 HGB gelten alle Rechtsgeschäfte im Zweifel als zum Betrieb des Handelsgewerbes gehörend. Dies gilt daher auch für die Veräußerung der Vase von *K* an die R-GmbH. Diese Vermutung wurde zudem nicht widerlegt.

3. Gutgläubigkeit des Erwerbers

Es ist nicht ersichtlich, dass die für die R-GmbH handelnde Person bösgläubig im Hinblick auf die Verfügungsbefugnis des *K* war. Die erwerbende R-GmbH war also gutgläubig.

4. Kein Abhandenkommen gem. § 935 Abs. 1 S. 1 BGB

Ein gutgläubiger Eigentumserwerb der R-GmbH scheidet aber aus, wenn die Vase *G* i. S. v. § 935 Abs. 1 S. 1 BGB abhandengekommen ist. *G* gab den unmittelbaren Besitz der Vase willentlich auf, indem er *K* an ihr die tatsächliche Herrschaftsmacht mit der Maßgabe übertrug, sie zu verkaufen (und zu veräußern). Die Vase ist *G* demnach nicht abhandengekommen. Ein gutgläubiger Erwerb der R-GmbH ist somit nicht gem. § 366 Abs. 1 HGB i. V. m. § 935 Abs. 1 S. 1 BGB ausgeschlossen.

Die R-GmbH hat gem. §§ 929 S. 1, 932 Abs. 1 S. 1 BGB i. V. m. § 366 Abs. 1 HGB gutgläubig Eigentum an der Vase erworben. *G* ist somit nicht mehr Eigentümer der Vase.

IV. Ergebnis

G kann von der R-GmbH die Herausgabe der Vase gem. § 985 BGB nicht verlangen.

---

[51] MüKoHGB/*Welter*, § 366 Rn. 29; Staub/*Canaris*, 4. Aufl., § 366 Rn. 12.
[52] EBJS/*Lettl*, § 366 Rn. 6; Heidel/Schall/*Eberl*, § 366 Rn. 3; MüKoHGB/*Schmidt K.*, § 343 Rn. 14; MüKoHGB/*Welter*, § 366 Rn. 34; Staub/*Canaris*, 4. Aufl., § 366 Rn. 16.

Fall 11. Schwierige Vollstreckung

Schwerpunkt im Handelsrecht:

Kontokorrentverhältnis – Pfändung kontokorrentgebundener Einzelforderungen – Pfändung gegenwärtiger und zukünftiger Kontokorrentsalden

Sachverhalt

Theo Trödel (T) betreibt einen kleinen Handel mit Antiquitäten, Teppichen und Kunstgegenständen. Den größten Teil seiner Waren bezieht *T* aus der Großhandlung Ramsch & Co. KG (R-KG), die ihrerseits in unregelmäßigen Abständen wertvolle Einzelstücke zu Ausstellungszwecken von *T* kauft. Um die Abwicklung der Geschäfte zu vereinfachen, vereinbart *T* mit der R-KG, dass alle aus der Geschäftsverbindung entstehenden Ansprüche miteinander verrechnet und jeweils am Ende eines Monats saldiert und ausgeglichen werden sollen.

Als *Günter Gierig (G)*, der einen vollstreckbaren Zahlungstitel über 17.800 EUR gegen *T* in den Händen hält, von dieser Vereinbarung erfährt, erwirkt er bei dem zuständigen Vollstreckungsgericht einen Pfändungs- und Überweisungsbeschluss, durch den die „angeblichen" Ansprüche des *T* gegen die R-KG aus dem bestehenden Kontokorrentverhältnis

1. bezüglich aller in das Kontokorrent einzustellenden Einzelansprüche,
2. auf Ausgleichung des gegenwärtigen oder eines zukünftigen „Saldoüberschusses" bis zur Höhe der titulierten Forderung zuzüglich Kosten gepfändet werden. Der Beschluss wird der R-KG am 17.5.2017 zugestellt.

Zuletzt hatte sich das „Verrechnungskonto" so entwickelt:

Für den 30.4.2017 wurde ein Saldo von 2.500 EUR zugunsten der R-KG festgestellt. Zur Ausgleichung des Kontos und um ein „Polster" für weitere Käufe bei der R-KG zu haben, stellte *T* am 15.5.2017 der R-KG einen Scheck über 7.500 EUR aus. Einen Tag später schrieb die R-KG den entsprechenden Betrag unter dem Vorbehalt des Zahlungseinganges dem Konto von *T* gut.

Für die Lieferung einer Vase an die R-KG wird nunmehr am 20.5.2017 ein Betrag von 6.000 EUR zugunsten von *T* verbucht. Da die Bank von *T* dessen Scheck bei Vorlegung mangels ausreichender Deckung nicht einlöst, storniert die R-KG die Gutschrift der 7.500 EUR am 24.5.2017. Am 28.5.2017 wird die übliche Monatsbestellung von *T* ausgeführt und sein Konto bei der R-KG mit 4.390 EUR belastet. In den folgenden Monaten gerät *T* zunehmend in Zahlungsschwierigkeiten, bis die R-KG schließlich im August 2017 ihre Lieferungen an *T* einstellt und das Kontokorrentverhältnis kündigt. Der Abschlusssaldo und die vorausgegangenen Monatsabschlüsse weisen jeweils Überschüsse zugunsten der R-KG aus.

G verlangt von der R-KG Zahlung von 11.000 EUR. *T* habe im Mai 2017 bei der R-KG ein Guthaben in dieser Höhe gehabt, das von der Pfändung erfasst worden sei. Dass die R-KG ungedeckte Schecks entgegennehme, gehe ihn, *G*, nichts an. In Höhe von 6.000 EUR ergebe sich der Anspruch im Übrigen bereits aus der Pfändung des einzelnen in das Kontokorrent eingestellten Kaufpreisanspruchs.

Kann *G* von der R-KG Zahlung verlangen
1. i. H. v. 6.000 EUR aufgrund der Pfändung und Überweisung des Kaufpreisanspruchs zur Einziehung?
2. i. H. v. bis zu 11.000 EUR aufgrund einer Saldopfändung und Überweisung zur Einziehung?

Lösung

A. Frage 1

I. Einziehungsrecht an der Einzelforderung über 6.000 EUR

G kann gem. § 433 Abs. 2 BGB i. V. m. § 836 Abs. 1 ZPO das Recht haben, die Kaufpreisforderung von *T* gegen die R-KG i. H. v. 6.000 EUR bei der R-KG einzuziehen. Ein solches Einziehungsrecht gem. § 836 Abs. 1 ZPO setzt die wirksame Pfändung (§ 829 ZPO) und Überweisung (§ 835 ZPO) einer dem *T* gegen die R-KG zustehenden Forderung in der entsprechenden Höhe voraus.

1. Wirksamer Pfändungsbeschluss gem. § 829 Abs. 1 ZPO

Der vom zuständigen Vollstreckungsgericht zugunsten von *G* erlassene Pfändungsbeschluss kann wegen mangelnder Bestimmtheit des Pfändungsausspruchs unwirksam sein. Das ist der Fall, wenn die zu pfändende Forderung aufgrund des Ausspruchs nicht ohne weiteres konkretisiert werden kann; kleinere Ungenauigkeiten in der Bezeichnung sind jedoch unschädlich.[1]

An einer hinreichenden Bestimmtheit des von *G* erwirkten Pfändungsbeschlusses kann es hier fehlen, weil der Beschluss in Ziff. 1 die Pfändung der Ansprüche pauschal „bezüglich aller in das Kontokorrent einzustellenden Einzelansprüche" ausspricht.

Damit umfasst er auch zukünftige Ansprüche. Diese sind jedoch nur unter der Voraussetzung pfändbar, dass zwischen Schuldner und Drittschuldner bereits eine Rechtsbeziehung besteht, aus der sich genügend bestimmbare Forderungsrechte ergeben können.[2] Ohne eine solche Rechtsbeziehung ist der Vollstreckungserfolg so ungewiss, dass die Inanspruchnahme staatlicher Vollstreckungsorgane und die Belästigung des potentiellen Drittschuldners unvertretbar wären.

Eine hinreichende Bestimmbarkeit der zukünftigen Forderungen kann sich hier indes aus der Bindung dieser Forderungen an ein zwischen *T* und der R-KG möglicherweise bestehendes Kontokorrentverhältnis ergeben. Da in das Kontokorrent nur solche Forderungen eingestellt werden, die einer laufenden Geschäftsverbindung zwischen den Beteiligten entstammen, ist die Entstehung entsprechender Forderungen hinreichend wahrscheinlich. Der Pfändungsausspruch genügt daher

---

[1] *Baumbach/Lauterbach/Albers/Hartmann*, § 829 Rn. 22; im Ergebnis auch MüKoZPO/ *Smid*, § 829 Rn. 13.
[2] *BGH* NJW 1982, 2193 (2195).

Fall 11. Schwierige Vollstreckung

dem Bestimmtheitserfordernis, wenn zwischen T und der R-KG ein wirksames Kontokorrentverhältnis i. S. d. § 355 HGB besteht.

Voraussetzung dafür ist nach § 355 Abs. 1 HGB zunächst, dass jedenfalls eine Partei die Kaufmannseigenschaft besitzt. T betreibt einen kleinen Handel mit Antiquitäten, Teppichen und Kunstgegenständen. Damit liegt ein Gewerbebetrieb vor. Ferner ist gem. § 1 Abs. 2 HGB vom Vorliegen eines Handelsgewerbes auszugehen, so dass T Kaufmann i. S. v. § 1 Abs. 1 HGB ist.[3] Die R-KG ist gem. §§ 5, 6 Abs. 1 HGB Kaufmann kraft Eintragung. Die persönlichen Voraussetzungen für die Anwendung von § 355 Abs. 1 HGB liegen somit vor.

Zwischen T und der R-KG besteht auch die gem. § 355 Abs. 1 HGB geforderte regelmäßige Geschäftsverbindung. Zur Vereinfachung der Geschäftsabwicklung haben die Parteien die Inrechnungstellung, Verrechnung und Saldofeststellung am Ende eines jeden Monats vereinbart, also die wesentlichen Bestandteile eines Kontokorrents gem. § 355 HGB. Die im Rahmen dieses Kontokorrentverhältnisses entstehenden Forderungen sind genügend bestimmt. Folglich ist der Pfändungsausspruch gem. Ziff. 1 hinreichend genau.

2. Wirksamer Überweisungsbeschluss und Zustellung

Der vom Vollstreckungsgericht gem. § 835 Abs. 1 ZPO erlassene Überweisungsbeschluss ist in zulässiger Weise mit dem Pfändungsbeschluss verbunden.[4] Außerdem ist der Pfändungs- und Überweisungsbeschluss gem. §§ 829 Abs. 2 S. 1, Abs. 3, 835 Abs. 3 S. 1 ZPO der Drittschuldnerin, der R-KG, am 17.5.2017 ordnungsgemäß zugestellt worden.

3. Pfändbare Forderung

Schließlich muss dem Schuldner T die Forderung gegen die Drittschuldnerin, also die R-KG, zustehen und es dürfen keine Pfändungsverbote eingreifen.

T hat gegen die R-KG aus einem Vasenverkauf einen Kaufpreisanspruch i. H. v. 6.000 EUR. Einer Pfändung dieser Forderung durch G kann jedoch entgegenstehen, dass diese Forderung nicht übertragbar ist. Eine Pfändung ist dann gem. § 851 Abs. 1 ZPO ausgeschlossen.[5] Die Übertragbarkeit der Forderung kann durch die zwischen T und der R-KG getroffene Kontokorrentabrede ausgeschlossen sein. Bei einer Kontokorrentabrede i. S. d. § 355 HGB verlieren die hier einbezogenen einzelnen Forderungen ihre rechtliche Selbständigkeit. Sie bleiben zwar zunächst als Einzelforderungen rechtlich existent,[6] werden durch die Einstellung in das Kontokorrent aber „gelähmt" und sind – wirtschaftlich betrachtet – zu Rechnungsposten

---

[3] § 1 Abs. 2 HGB statuiert eine widerlegliche Vermutung für das Bestehen eines Handelsgewerbes, vgl. statt aller Baumbach/Hopt/*Hopt*, § 1 Rn. 25; MüKoHGB/*Schmidt K.*, § 1 Rn. 1; Staub/*Oetker*, § 1 Rn. 2.

[4] Die ganz h. M. hält eine solche Verbindung für zulässig, vgl. z. B. Zöller/*Stöber*, § 835 Rn. 3.

[5] Nach ganz h. M. wird der Streit über die Unpfändbarkeit gem. § 851 ZPO im Einziehungsprozess und nicht im Erinnerungsverfahren berücksichtigt, da es sich um eine materiell-rechtliche Frage handelt, die eher in das Erkenntnisverfahren als in das vereinfachte Erinnerungsverfahren passt, vgl. *BGH* NJW 1998, 1553 (1555).

[6] Erst mit Anerkennung des Saldos gehen die Einzelforderungen unter; der mit dem Saldoanerkenntnis entstehende Anspruch beruht auf einem neuen, selbständigen Verpflichtungsgrund und ist von dem früheren Schuldgrund losgelöst, vgl. BGHZ 58, 257 (260) m. w. N.; 80, 172 (176); zum Saldoanerkenntnis vgl. auch Staub/*Canaris*, 4. Aufl., § 355 Rn. 99 ff.; *Schmidt K.*, HandelsR, § 21 Rn. 30 ff.

geworden. Sie können von dem Gläubiger deshalb nicht mehr selbständig geltend gemacht werden.[7] Damit ist auch ihre Abtretbarkeit ausgeschlossen.[8] In jeder Kontokorrentabrede liegt somit zumindest auch die konkludente Vereinbarung über den Ausschluss der Abtretbarkeit i. S. d. § 399, 2. Fall BGB.[9] Das somit bestehende Abtretungsverbot ist auch nicht gem. § 354a Abs. 1 S. 1 HGB unwirksam, da diese Vorschrift bewusst allein auf die isolierten Abtretungsverbote nach § 399 BGB zugeschnitten wurde.[10]

Weiterhin muss die Kaufpreisforderung von der Kontokorrentabrede erfasst sein. Nach der zwischen *T* und der R-KG getroffenen Vereinbarung sollten „alle aus der Geschäftsverbindung entstehenden Ansprüche" in das Kontokorrent eingestellt werden. Die Forderung von 6.000 EUR ergab sich aus dem Kaufvertrag über eine Vase. Dabei handelt es sich um eines der zwischen *T* und der R-KG üblichen Geschäfte. Die Forderung entsprang somit der bestehenden Geschäftsbeziehung. Aus diesem Grunde unterfiel sie der Kontokorrentabrede und war mithin nicht mehr gesondert abtretbar (§ 399, 2. Fall BGB). Die Voraussetzungen des § 851 Abs. 1 ZPO liegen vor. Die Pfändung der Kaufpreisforderung ist danach grundsätzlich ausgeschlossen.

Etwas anderes könnte sich aber aus § 851 Abs. 2 ZPO ergeben. Danach kann eine gem. § 399 BGB nicht übertragbare Forderung abweichend von § 851 Abs. 1 ZPO gepfändet werden, soweit der aufgrund der Forderung geschuldete Gegenstand der Pfändung unterworfen ist. Geschuldet war hier Geld. Geld ist pfändbar, die Voraussetzungen des § 851 Abs. 2 ZPO liegen damit vor. Eine Pfändung des Kaufpreisanspruchs wäre danach trotz § 851 Abs. 1 ZPO möglich. Die Anwendbarkeit des § 851 Abs. 2 ZPO kann aber nach § 357 S. 1 HGB ausgeschlossen sein. Diese Vorschrift bestimmt Gegenstand und Umfang der Pfändung eines gegenwärtigen Kontokorrentguthabens. Sie spricht dabei lediglich vom „Überschuss aus der laufenden Rechnung", nicht aber von einzelnen Forderungen. § 357 S. 1 HGB ist deshalb die Wertung zu entnehmen, dass eine Pfändung kontokorrentgebundener Einzelforderungen mit dem Sinn und Zweck des Kontokorrentvertrages i. S. d. § 355 HGB nicht vereinbar ist.[11] Aus diesem Grund wird § 851 Abs. 2 ZPO von der spezielleren Vorschrift des § 357 S. 1 HGB verdrängt. Es bleibt deshalb dabei, dass eine wirksame Pfändung der Einzelforderung über 6.000 EUR wegen des Pfändungsverbotes des § 851 Abs. 1 ZPO nicht möglich war.

4. Ergebnis zu I.

G hat aufgrund einer Pfändung und Überweisung der in das Kontokorrent eingestellten Kaufpreisforderung von *T* gegenüber der R-GmbH i. H. v. 6.000 EUR nicht das Recht, diese Forderung bei der R-KG einzuziehen.

---

[7] Vgl. hierzu MüKoHGB/*Langenbucher*, § 355 Rn. 58; Staub/*Canaris*, 4. Aufl., § 355 Rn. 102; *Schmidt K.*, HandelsR, § 21 Rn. 16 f.

[8] BGHZ 73, 259 (263); Baumbach/Hopt/*Hopt*, § 355 Rn. 7; EBJS/*Grundmann*, § 355 Rn. 14; MüKoHGB/*Langenbucher*, § 355 Rn. 61; RWH/*Wagner*, § 355 Rn. 28; Staub/*Canaris*, 4. Aufl., § 355 Rn. 109.

[9] Vgl. EBJS/*Grundmann*, § 355 Rn. 14; MüKoHGB/*Langenbucher*, § 355 Rn. 61; Staub/*Canaris*, 4. Aufl., § 355 Rn. 109; *Schmidt K.*, HandelsR, § 21 Rn. 18.

[10] Baumbach/Hopt/*Hopt*, § 354a Rn. 1; EBJS/*Wagner*, § 354a Rn. 7; EBJS/*Grundmann*, § 355 Rn. 10, 14; MüKoHGB/*Schmidt K.*, § 354a Rn. 12; MüKoHGB/*Langenbucher*, § 355 Rn. 64; Oetker/*Maultzsch*, § 355 Rn. 11, § 355 Rn. 39; Staub/*Canaris*, 4. Aufl., § 354a Rn. 9 und § 355 Rn. 114.

[11] Vgl. BGHZ 80, 172 (176); Baumbach/Hopt/*Hopt*, § 357 Rn. 1; EBJS/*Grundmann*, § 357 Rn. 1; MüKoHGB/*Langenbucher*, § 355 Rn. 65; Oetker/*Maultzsch*, § 355 Rn. 44; Staub/*Canaris*, 4. Aufl., § 355 Rn. 115.

Fall 11. Schwierige Vollstreckung

B. Frage 2

II. Einziehungsrecht am Saldoüberschuss i. H. v. bis zu 11.000 EUR

G kann aber gem. §§ 836 Abs. 1, 829, 835 ZPO berechtigt sein, einen zugunsten von T bestehenden Saldoüberschuss bei der R-KG einzuziehen.

Das setzt voraus, dass ein Saldoüberschuss zugunsten von G gepfändet und ihm zur Einziehung überwiesen worden ist. In dem der R-KG als Drittschuldnerin am 17.5.2017 zugestellten Pfändungs- und Überweisungsbeschluss wurde in Ziff. 2 auch die Pfändung der gegenwärtigen oder zukünftigen Saldoüberschüsse ausgesprochen.

1. Pfändung des gegenwärtigen Saldos

Das von G geltend gemachte Recht, gem. § 836 Abs. 1 ZPO einen dem T zustehenden Saldoüberschuss bei der R-KG einzuziehen, kann sich zunächst aus der Pfändung und Überweisung des gegenwärtigen Saldos gem. § 357 S. 1 HGB ergeben.

a) Maßgeblicher Zeitpunkt

Da der Pfändungs- und Überweisungsbeschluss am 17.5.2017 der R-KG zugestellt wurde und damit die Pfändung gem. § 829 Abs. 3 ZPO am 17.5.2017, also innerhalb einer laufenden Kontokorrentperiode, als bewirkt anzusehen ist, ist zunächst fraglich, welcher Zeitpunkt für die Festlegung des gegenwärtigen Saldos gem. § 357 S. 1 HGB maßgeblich ist. In Betracht kommen der Zeitpunkt des nächsten Periodenabschlusses oder der Zeitpunkt der Zustellung.

aa) Nächster Periodenabschlusses maßgeblich

§ 357 S. 1 HGB spricht lediglich vom Anspruch auf dasjenige, „was seinem Schuldner als Überschuss aus der laufenden Rechnung zukommt". Aus der Kontokorrentabrede ergibt sich, dass die Feststellung eines Überschusses für den einen oder anderen Teil jeweils nur zum Ende der Rechnungsperiode erfolgt. Daher kann § 357 S. 1 HGB so zu verstehen sein, dass es auf den Saldo zur Zeit des nächsten Periodenabschlusses ankommt.[12] § 357 S. 1 HGB ordnet allerdings an, dass die nach der Pfändung entstehenden Schuldposten dem Gläubiger nicht entgegengehalten werden können. Mithin hätte das genannte Verständnis des § 357 S. 1 HGB zur Folge, dass für den Zeitraum zwischen der Pfändung und dem nächsten Rechnungsabschluss ausschließlich die in das Kontokorrent eingestellten Guthabenposten zugunsten des Gläubigers berücksichtigt würden. Folglich müssten zumindest die am 20.5.2017 dem Konto von T gutgeschriebenen 6.000 EUR bei der Ermittlung des gegenwärtigen Saldos berücksichtigt werden.

bb) „Zustellungssaldo" maßgeblich

Stellt man hingegen auf den Zeitpunkt des Wirksamwerdens der Pfändung ab, also der Zustellung des Pfändungs- und Überweisungsbeschlusses an den Drittschuldner (§ 829 Abs. 3 ZPO), so würden auch die der Pfändung nachfolgenden positiven Kontobewegungen nicht von der Pfändung erfasst. Maßgeblich wäre dann vielmehr der sog. „Zustellungssaldo".[13] Dabei würde es sich buchungstechnisch um einen

---

[12] Zu dieser früher in der Literatur vertretenen Ansicht vgl. Schlegelberger/*Hefermehl*, § 357 Rn. 3 m. w. N.

[13] Inzwischen ganz h. M., vgl. BGHZ 80, 172 (176) m. w. N.; Baumbach/Hopt/*Hopt*, § 357 Rn. 2; EBJS/*Grundmann*, § 357 Rn. 4; KKRM/*Koller*, § 357 Rn. 2; MüKoHGB/*Langen-*

vorläufigen Abschluss des Kontos im Verhältnis zwischen Drittschuldner und Gläubiger handeln.[14] Er würde nichts daran ändern, dass die nach der Kontokorrentabrede vorzunehmende Saldierung erst zum Abschluss der Rechnungsperiode erfolgt. Der erst zwei Tage nach Zustellung des Pfändungsbeschlusses dem Konto von T am 20.5.2017 gutgeschriebene Betrag von 6.000 EUR wäre bei der Feststellung des Zustellungssaldos folglich nicht zu berücksichtigen.

cc) Streitentscheidung

Der Wortlaut von § 357 S. 1 HGB deckt beide Lösungen. Für die Entscheidung kommt es maßgeblich auf den Sinn und Zweck der Vorschrift an. § 357 HGB ist eine Schutzvorschrift zugunsten des pfändenden Gläubigers, dem durch die Kontokorrentabrede der Zugriff auf die einzelnen kontokorrentgebundenen Forderungen verwehrt ist.[15] Könnte der Gläubiger lediglich den nächsten Abschlusssaldo pfänden, hätte der Schuldner regelmäßig die Möglichkeit, bis zum Ende der Rechnungsperiode für neue Schuldposten zu sorgen, so dass sein Konto zu diesem Zeitpunkt ein Debet aufweisen und die Pfändung ins Leere gehen würde.[16] Vor solchen Manipulationen soll der Gläubiger durch § 357 HGB geschützt werden. Es ist demzufolge entscheidend auf den Zustellungssaldo abzustellen. Der Schuldner kann damit den gepfändeten Saldo nicht mehr verringern. Für eine darüber hinausgehende Begünstigung des Gläubigers bei der Pfändung des gegenwärtigen Saldos durch die zusätzliche Berücksichtigung von Guthabenposten, die nach der Pfändung in das Kontokorrent eingestellt werden, sind sachliche Gründe nicht ersichtlich. Dem entspricht auch der aus den Gesetzesmaterialien ersichtliche Wille des Gesetzgebers, dem Gläubiger nachträgliche Erhöhungen des Guthabens des Schuldners nicht zugute kommen zu lassen.[17]

b) Höhe des Saldos

Bei der Ermittlung des Zustellungssaldos ist zunächst von dem Debet auf dem Konto von T aus dem Vormonat i. H. v. 2.500 EUR auszugehen. Soweit keine abweichenden Vereinbarungen bestehen, wird ein Saldoanspruch bei fortbestehendem Kontokorrent auf die nachfolgende Abrechnungsperiode „vorgetragen",[18] es sei denn, der Saldogläubiger verlangt dessen Auszahlung.[19] Am 16.5.2017 wurde T der Scheckbetrag i. H. v. 7.500 EUR gutgeschrieben. Damit ergab sich am 17.5.2017 rechnerisch ein von der Pfändung erfasster Überschuss zugunsten von T i. H. v. 5.000 EUR.

Als Ausnahme von § 357 S. 1 HGB, wonach die zeitlich nach der Pfändung durch neue Geschäfte entstehenden Schuldposten dem Gläubiger nicht in Rechnung zu

---

bucher, § 357 Rn. 4; RWH/*Wagner*, § 357 Rn. 2; Staub/*Canaris*, 4. Aufl., § 357 Rn. 12 ff.; *Schmidt K.*, HandelsR, § 21 Rn. 60.

[14] EBJS/*Grundmann*, § 357 Rn. 4; MüKoHGB/*Langenbucher*, § 357 Rn. 8; Schimansky/Bunte/Lwowski/*Bitter*, § 33 Rn. 44; Staub/*Canaris*, 4. Aufl., § 357 Rn. 11 ff.; *Schmidt K.*, HandelsR, § 21 Rn. 60.

[15] BGHZ 80, 172 (177 f.); EBJS/*Grundmann*, § 357 Rn. 1; MüKoHGB/*Langenbucher*, § 357 Rn. 1; Staub/*Canaris*, 4. Aufl., § 357 Rn. 1.

[16] Vgl. BGHZ 80, 172 (178).

[17] Vgl. dazu BGHZ 80, 172 (177) mit Nennung der entsprechenden Fundstellen.

[18] Baumbach/Hopt/*Hopt*, § 355 Rn. 11; BeckOK HGB/*Füller*, § 355 Rn. 23; MüKoHGB/*Langenbucher*, § 355 Rn. 87; Staub/*Canaris*, 4. Aufl., § 355 Rn. 201.

[19] Baumbach/Hopt/*Hopt*, § 355 Rn. 11, 21; EBJS/*Grundmann*, § 355 Rn. 30; MüKoHGB/*Langenbucher*, § 355 Rn. 87; Staub/*Canaris*, 4. Aufl., § 355 Rn. 201.

stellen sind, kann jedoch die am 24.5.2017 erfolgte Stornierung der Scheckgutschrift zu berücksichtigen sein. Voraussetzung dafür ist gem. § 357 S. 2 HGB, dass die Rückbuchung aufgrund einer bereits vor dem Zeitpunkt der Pfändung bestehenden Berechtigung des Drittschuldners erfolge. Ein solches „altes Geschäft" im Sinne der Vorschrift liegt unter anderem dann vor, wenn vor der Pfändung dem Kontokorrent der Betrag eines unter Einlösungsvorbehalt entgegengenommenen Schecks gutgeschrieben und der Scheck später nicht eingelöst wird.[20] Der Grund für die spätere Rückbuchung des „Scheckbetrages" liegt bereits bei der zeitlich vor der Pfändung erfolgten Gutschrift vor. Die Gutschrift des Scheckbetrages erfolgte unter dem Vorbehalt des Zahlungseinganges, so dass G die Rückbuchung gegen sich gelten lassen muss.

Am 17.5.2017 wies das Kontokorrentkonto von T somit ein Debet i. H. v. 2.500 EUR auf. Die Pfändung des gegenwärtigen Saldos ging damit mangels Guthaben von T ins Leere.

2. Pfändung eines zukünftigen Saldos

Das Einziehungsrecht von G kann sich aber aus der Pfändung der zukünftigen Saldoüberschüsse ergeben. Der am 17.5.2017 zugestellte Pfändungs- und Überweisungsbeschluss sprach in Ziff. 2 auch die Pfändung zukünftiger Salden aus. Damit der Pfändungsausspruch den Bestimmtheitsanforderungen genügt, müssen die zukünftigen Forderungen hinreichend bestimmt bezeichnet sein. Der Abschlusssaldo im Rahmen eines Kontokorrentverhältnisses entsteht entsprechend der getroffenen Vereinbarung jeweils periodisch neu. Daher genügt für die Bestimmbarkeit des zukünftigen Saldoüberschusses die genaue Bezeichnung des bestehenden Kontokorrentverhältnisses.[21] Das zwischen T und der R-KG bestehende Kontokorrentverhältnis war in dem Pfändungs- und Überweisungsbeschluss hinreichend genau bezeichnet.

Eine wirksame Pfändung setzt weiterhin voraus, dass sich bei einem der nach der Pfändung abgerechneten turnusmäßigen Rechnungsabschlüsse ein Überschuss zugunsten von T ergeben hat. Ein solcher Überschuss kann bei dem Rechnungsabschluss Ende Mai 2017 entstanden sein. Ausgehend von der Vorbelastung aus dem Monat April 2017 i. H. v. 2.500 EUR und unter Berücksichtigung der am 20.5.2017 erfolgten Gutschrift von 6.000 EUR – die stornierte Scheckgutschrift bleibt bei der Berechnung außer Betracht – ergab sich am 20.5.2017 ein rechnerisches Plus von 3.500 EUR zugunsten von T. Für die Ermittlung des Saldos am Ende des Monats Mai 2017 kommt es darauf an, ob die am 28.5.2017 erfolgte Belastung des Kontos von T i. H. v. 4.390 EUR ebenfalls zu berücksichtigen ist. Der Einbeziehung des Schuldpostens in den Rechnungsabschluss am Monatsende Mai 2017 steht § 357 S. 1 HGB nicht entgegen. Diese Vorschrift stellt lediglich auf den Akt der Pfändung ab und ist damit nur auf die Pfändung des gegenwärtigen Guthabens gerichtet.[22] Sie ist folglich auf die Pfändung zukünftiger Salden nicht anwendbar. Die Pfändung zukünftiger Salden bestimmt sich vielmehr nach den allgemeinen Vorschriften über die Pfändung und Überweisung einer Geldforderung (§§ 829 ff. ZPO). Für die Ermitt-

---

[20] Vgl. Baumbach/Hopt/*Hopt*, § 357 Rn. 4; MüKoHGB/*Langenbucher*, § 357 Rn. 17 ff.; Oetker/*Maultzsch*, § 357 Rn. 14; Staub/*Canaris*, 4. Aufl., § 357 Rn. 28 f.
[21] BGHZ 80, 172 (181 f.); 84, 371 (Rn. 17); Baumbach/Hopt/*Hopt*, § 357 Rn. 6; MüKoHGB/ *Langenbucher*, § 357 Rn. 27; RWH/*Wagner*, § 357 Rn. 3; Staub/*Canaris*, 4. Aufl., § 357 Rn. 46.
[22] BGHZ 80, 172 (178 f.); Baumbach/Hopt/*Hopt*, § 357 Rn. 2; MüKoHGB/*Langenbucher*, § 357 Rn. 4; Staub/*Canaris*, 4. Aufl., § 357 Rn. 14.

lung des Mai-Saldos ist daher die Belastung i. H. v. 4.390 EUR mit zu berücksichtigten, so dass sich am 28.5.2017 ein Debet i. H. v. 890 EUR ergab. Bis zum Ablauf des 31.5.2017 erfolgten keine weiteren Kontobewegungen. Somit wies der auf diesen Stichtag ermittelte Saldo keinen pfändbaren Überschuss von *T* aus. In den Folgemonaten bis zur Auflösung des Kontokorrents im August 2017 wurde ebenfalls bei keinem der Rechnungsabschlüsse ein Saldo zugunsten von *T* ermittelt. Auch die Pfändung zukünftiger Salden ging damit ins Leere.

3. Ergebnis zu II.

G kann von der R-KG keinerlei Zahlung verlangen.

Fall 12. Die haftenden Sozien

Schwerpunkt im „allgemeinen" Gesellschaftsrecht – Recht der GbR:

Berufssozietät – Akzessorietätstheorie – Handelndenhaftung nach § 8 Abs. 2 PartGG – Haftung des eintretenden Gesellschafters – vorformulierte Haftungsbeschränkung

Sachverhalt

Die Anwälte *Adi Advocat (A), Gustav Gnade (G)* und *Ulrich Unrecht (U)* betreiben gemeinsam eine nicht im Partnerschaftsregister eingetragene Anwaltssozietät unter dem Namen „A, G, U-Rechtsanwaltsgesellschaft" (RA-Gesellschaft). Im Gesellschaftsvertrag (GV) haben sie vereinbart, dass für Verbindlichkeiten aus beruflichen Fehlern nur die mit der Bearbeitung eines Mandats befassten Anwälte dem Mandanten gegenüber haften. Eine ausdrückliche Regelung über die Geschäftsführungs- und Vertretungsbefugnis sieht der GV dagegen nicht vor.

Anfang 2017 betritt *Klaus Klient (K)* die Räume der RA-Gesellschaft und bittet A um die Übernahme eines Mandats im Zusammenhang mit der Geltendmachung von Schadensersatzansprüchen. A nimmt das Mandat an und rät K nach einer Prüfung des Falles zur Klage. K befolgt diesen Rat und A erhebt namens des K Klage. Da A den Fall aber wegen Arbeitsüberlastung nur oberflächlich geprüft hat, hat er die aktuelle Rechtsprechung des BGH übersehen, nach der der Anspruch von K nicht gegeben ist. Im Mai 2017 weist das zuständige Amtsgericht daher die Klage als unbegründet ab unter Auseinandersetzung mit der von A übersehenen BGH-Rechtsprechung. K ist äußerst erbost darüber, dass ihm A nicht nur nicht zu „seinem Recht" verholfen hat, sondern er – K – darüber hinaus jetzt auch noch die Prozesskosten zu tragen hat, zumal er nicht rechtsschutzversichert ist. K verlangt deshalb von der RA-Gesellschaft und von A, G und U persönlich die Erstattung der Prozesskosten. G und U berufen sich auf den gesellschaftsvertraglichen Haftungsausschluss, da sie das Mandat zu keiner Zeit bearbeitet hätten.

Im Juni 2017 tritt der junge und dynamische Jurist *Rainer Maker (M)* in die RA-Gesellschaft ein. Verwundert muss er zur Kenntnis nehmen, dass K auch ihn persönlich wegen des im Mai verlorenen Prozesses in Anspruch nimmt. M macht geltend, er habe mit den vor seinem Eintritt übernommenen Mandaten nichts zu tun.

Frage 1: Kann K die Erstattung der Prozesskosten verlangen von
A. der RA-Gesellschaft?
B. A, G und U persönlich?
C. M persönlich?

Frage 2: Wie im Ausgangsfall, jedoch tritt M dem Einzelanwalt A bei. Kann K die Erstattung der Prozesskosten von M persönlich verlangen?

Fall 12. Die haftenden Sozien

Frage 3: Kann die RA-Gesellschaft eine Klausel des Inhalts, wonach „die nicht mit der Bearbeitung des Mandats befassten namentlich benannten Anwälte für die Verbindlichkeiten aus beruflichen Fehlern gegenüber dem Mandanten nicht haften", als Allgemeine Geschäftsbedingungen (AGB) wirksam in den Vertrag mit einem Mandanten einführen?

Lösung

Frage 1: Schadensersatzansprüche von K

A. Schadensersatzanspruch gegenüber der RA-Gesellschaft

I. Vertraglicher Schadensersatzanspruch

K kann gegen die RA-Gesellschaft einen Schadensersatzanspruch wegen der von ihm zu tragenden Prozesskosten gemäß §§ 280 Abs. 1, 675, 611 BGB i. V. m. § 124 Abs. 1 HGB analog haben.

1. Bestehendes Schuldverhältnis

Zwischen K und der RA-Gesellschaft muss ein wirksames Schuldverhältnis gemäß §§ 280 Abs. 1 S. 1, 675, 611 BGB bestehen. Bei einem Mandatsvertrag, d. h. einem Vertrag, der eine einmalige Prozessführung oder die Besorgung einer sonstigen Rechtsangelegenheit zum Gegenstand hat, handelt es sich gemäß §§ 675, 611 BGB um einen Dienstvertrag, der eine Geschäftsbesorgung zum Gegenstand hat.[1] Ein solcher Mandatsvertrag muss zwischen K und der RA-Gesellschaft zustande gekommen sein.

a) Rechtsfähigkeit der RA-Gesellschaft

Dies setzt zunächst voraus, dass die RA-Gesellschaft „als solche" wirksam aus dem Vertrag verpflichtet werden kann. Die RA-Gesellschaft muss also rechtsfähig sein. Die Rechtsfähigkeit der RA-Gesellschaft hängt von ihrer Rechtsnatur ab. Die RA-Gesellschaft ist ein Zusammenschluss von Freiberuflern, eine sog. Berufssozietät. Sie kann eine Partnerschaftsgesellschaft (PartG) oder eine GbR sein.[2]

aa) Die RA-Gesellschaft als PartG

Unproblematisch ist die Rechtsfähigkeit der RA-Gesellschaft zu bejahen, wenn es sich bei ihr um eine PartG handelt. Gemäß § 7 Abs. 2 PartGG i. V. m. § 124 Abs. 1 HGB kann die PartG Rechte erwerben und Verbindlichkeiten eingehen. Die PartG ist mithin rechtsfähig. Rechtsanwälte können sich in der Rechtsform der PartG organisieren (§ 1 Abs. 1 S. 1, Abs. 2 S. 2 PartGG).

Voraussetzung für eine wirksame PartG ist jedoch ihre Eintragung in das Partnerschaftsregister (§ 7 Abs. 1 PartGG). Die Eintragung im Partnerschaftsregister hat konstitutive Wirkung.[3] Hieran fehlt es bei der RA-Gesellschaft, so dass es sich bei

---

[1] Vgl. BeckOK BGB/*Fuchs*, § 611 Rn. 12; BeckOK BGB/*Fischer*, § 675 Rn. 6; NK-BGB/*Schwab*, § 675 Rn. 5; Palandt/*Weidenkaff*, Vor § 611 Rn. 20.
[2] Eine grundsätzlich mögliche Rechtsanwaltsgesellschaft in der Rechtsform der GmbH (vgl. §§ 59c ff. BRAO) scheidet hier offensichtlich aus.
[3] BeckOK BGB/*Schöne*, § 7 PartGG Rn. 2; MüKoBGB/*Schäfer*, § 7 PartGG Rn. 3; Römermann/*Praß*, § 7 Rn. 6 f.

Fall 12. Die haftenden Sozien

ihr nicht um eine PartG handelt. Sie ist nicht rechtsfähig gemäß § 7 Abs. 2 PartGG i. V. m. § 124 HGB.

bb) Die RA-Gesellschaft als GbR

Bei der aus *A*, *G* und *U* bestehenden Sozietät kann es sich um eine GbR gem. §§ 705 ff. BGB handeln. Die Sozietät ist eine privatrechtliche Personenvereinigung, die zur Erreichung eines gemeinsamen Zwecks durch Rechtsgeschäft gegründet wurde. Der gemeinsame Zweck ist auf die gemeinsame Ausübung eines freien Berufes gerichtet. Der für eine OHG erforderliche Betrieb eines Handelsgewerbes (vgl. § 105 Abs. 1 HGB) scheidet daher aus. Die Sozietät ist daher als GbR gemäß §§ 705 ff. BGB einzuordnen. Es stellt sich somit die Frage, ob eine GbR Rechtsträgereigenschaft besitzt.

Kennzeichnend für die GbR ist, wie sich aus §§ 718, 719 BGB ergibt, dass es sich bei ihr um eine Gesamthandsgemeinschaft handelt. Es ist aber seit jeher umstritten, was im Einzelnen Gegenstand des Gesamthandsprinzips ist und ob bzw. in welchen Fällen aus diesem eine unmittelbare Rechtsträgereigenschaft auch der GbR als solcher, nicht also nur der Gesellschafter in ihrer gesamthänderischen Verbundenheit, herzuleiten ist. Bezogen auf die GbR war dies der Streit zwischen der die Rechtsfähigkeit der GbR „als solcher" ablehnenden sog. „individualistischen Theorie" und der die Rechtsfähigkeit der GbR bejahenden sog. „Gruppenlehre".

Jedenfalls für die Frage der Rechtsfähigkeit der Außen-GbR ist dieser Streit mittlerweile geklärt. Danach besitzt die Außen-GbR Rechtsfähigkeit, soweit sie durch Teilnahme am Rechtsverkehr eigene Rechte und Pflichten begründet.[4] Nach dieser „Theorie der kollektiven Einheit" (Gruppenlehre) ist für das Verständnis des Gesamthandsprinzips nicht vom Gesamthandsvermögen als Objekt, sondern von der Gesamthand als Rechtssubjekt auszugehen. Die Gesamthandsgemeinschaft ist als Personengemeinschaft und Handlungseinheit zu verstehen. So ist die Rechtsfähigkeit der Gesamthandsgemeinschaften OHG (§ 124 Abs. 1 HGB), KG (§§ 161 Abs. 2, 124 Abs. 1 HGB), PartG (§ 7 Abs. 2 PartGG i. V. m. § 124 Abs. 1 HGB) und EWIV (Art. 1 Abs. 2 EWIV-VO, § 1, 2 Halbs. EWIV-AG i. V. m. § 124 Abs. 1 HGB) gesetzlich anerkannt. Gleiches gilt analog § 124 Abs. 1 HGB für die Außen-GbR.[5] Dafür spricht nicht nur die Nähe der Außen-GbR zur OHG und der Möglichkeit der identitätswahrenden Umwandlung einer (kleingewerblichen) Außen-GbR in eine OHG und umgekehrt. Der Gesetzgeber hat die GbR in § 191 Abs. 2 Nr. 1 UmwG als Rechtsträger ausdrücklich anerkannt.[6] Ferner zeigt die Anerkennung der Insolvenzfähigkeit der GbR in § 11 Abs. 2 Nr. 1 InsO, dass die Gesellschaft als Trägerin der Insolvenzmasse und mithin als Rechtssubjekt angesehen wird.[7]

---

[4] BGHZ 146, 341 ff. – „Arge Weißes Ross" in Übereinstimmung mit der nunmehr ganz h. L., vgl. BeckOK BGB/*Schöne*, § 705 Rn. 142; Erman/*Westermann H. P.*, § 705 Rn. 64 ff.; MüKoBGB/*Schäfer*, § 705 Rn. 160, 289 ff.; MünchHdb.GesR I/*Gummert*, § 17 Rn. 10; *Grunewald*, § 1 Rn. 107 ff.; *Koch J.*, § 3 Rn. 8 ff.; PersG-HdB/*Wertenbruch*, Rz. I Rn. 786; so früher auch schon *Flume*, BGB AT I/1, § 4 I (S. 50 ff.) und § 5 (S. 68 ff.); *Timm*, NJW 1995, 3209 ff.

[5] Lediglich bei der reinen Innengesellschaft (zum Begriff siehe BeckOK BGB/*Schöne*, § 705 Rn. 14; MünchHdb.GesR I/*Gummert*, § 17 Rn. 12) ist es sachgerecht, dem traditionellen Gesamthandsverständnis folgend eine Rechtsträgerschaft der Gesellschaft abzulehnen, da diese auf die interne Vereinbarung einer gemeinsamen Zweckverfolgung beschränkt bleibt und nicht nach außen in Erscheinung tritt.

[6] Vgl. hierzu insbesondere *Timm*, NJW 1995, 3209.

[7] BGHZ 146, 341 (346).

Die Außen-GbR, und damit auch eine nach außen am Rechtsverkehr teilnehmende Freiberufler-GbR, ist mithin analog § 124 Abs. 1 HGB rechtsfähig. Die RA-Gesellschaft kann somit wirksam aus dem Mandatsvertrag mit *K* verpflichtet worden sein.

b) RA-Gesellschaft als Vertragspartner

Die RA-Gesellschaft selbst, nicht bloß *A* persönlich, muss aus dem Mandatsvertrag mit *K* wirksam verpflichtet worden sein. Dies setzt voraus, dass die RA-Gesellschaft wirksam von *A* vertreten worden ist (§ 164 Abs. 1 S. 1 BGB).

aa) Eigene Willenserklärung des A im Namen der RA-Gesellschaft

A muss gemäß § 164 Abs. 1 S. 1 BGB eine eigene Willenserklärung im Namen der RA-Gesellschaft abgegeben haben. Ausdrücklich hat *A* das Mandat nicht im Namen der RA-Gesellschaft angenommen. Ein Handeln namens der RA-Gesellschaft kann sich aber aus den Umständen ergeben (§ 164 Abs. 1 S. 2 BGB).

Der Vertretung der Sozietät durch einen Rechtsanwalt bei der Übernahme eines Mandats kann entgegenstehen, dass bei diesem Vertragsverhältnis die persönliche Beziehung von Anwalt und Mandanten im Vordergrund steht. Dem Mandanten kommt es regelmäßig darauf an, dass (nur) der von ihm betraute Anwalt das Mandat auch persönlich bearbeitet. Demnach kann angenommen werden, dass der das Mandat übernehmende Anwalt nur für sich handelt, und nicht die Sozietät selbst vertritt.[8]

Diese Argumentation ist jedoch nicht mehr zeitgemäß. Es entspricht vielmehr sowohl dem Interesse des sich an eine Sozietät – nicht bloß an einen Einzelanwalt – wendenden Mandanten als auch dem das Mandat übernehmenden Anwalts, dass sich das Mandatsverhältnis auf sämtliche Sozietätsmitglieder erstreckt.[9] So haben beide das Interesse, dass – etwa im Krankheitsfall des Anwalts – ein anderes Sozietätsmitglied das Mandat weiter bearbeiten kann. Darüber hinaus möchte der Mandant etwaige Schadensersatzansprüche nicht nur gegen einen Anwalt persönlich, sondern auch gegen die übrigen Sozietätsmitglieder geltend machen können.[10] Sowohl der Mandant als auch der Rechtsanwalt haben deshalb grundsätzlich den Willen, das Mandatsverhältnis mit der Sozietät zu begründen.[11] Die Begründung eines Einzelmandats kann mithin nur unter besonderen Umständen angenommen werden, wofür die Tatsache, dass sich der Mandant nur an einen Sozius gewandt hat, nicht ausreicht.[12] Nimmt ein Sozietätsmitglied ein ihm angetragenes Mandat an, so handelt er regelmäßig namens der Sozietät und der Vertrag kommt mit der Sozietät zustande.[13] Besondere Umstände, nach denen *K* nur mit *A* alleine kontrahieren wollte, sind nicht ersichtlich. Daher hat *A* das Mandat im Namen der RA-Gesellschaft angenommen (§ 164 Abs. 1 S. 2 BGB).

---

[8] So die Rechtsprechung des RG sowie die BGH-Rechtsprechung vor dem Jahre 1971; vgl. *Wiedemann*, GesR II, § 7 III 4 (S. 664).
[9] BGHZ 56, 355 (360 f.); 124, 47 (48 f.); *BGH* NJW 1995, 1841.
[10] Vgl. BGHZ 56, 355 (362).
[11] Vgl. BGHZ 124, 47 (49); *BGH* NJW 1995, 1841 (noch auf Grundlage der sog. Doppelverpflichtungslehre).
[12] Vgl. BGHZ 124, 47 (49); *BGH* NJW 1995, 1841.
[13] Grdl. BGHZ 56, 355 (359); 124, 47 (48 f.); *BGH* NJW 1995, 1841; 1996, 2859 (2860); *Wiedemann*, GesR II, § 7 III 4 (S. 663).

Fall 12. Die haftenden Sozien

bb) Vertretungsmacht von A

Die Willenserklärung von *A* wirkt nur für und gegen die RA-Gesellschaft, wenn *A* mit Vertretungsmacht gehandelt hat. Grundsätzlich besteht in der GbR gemäß §§ 714, 709 BGB Gesamtvertretungsmacht, sofern im Gesellschaftsvertrag keine anderweitige Regelung getroffen ist. Der GV der RA-Gesellschaft enthält keine ausdrückliche Regelung, wonach den einzelnen Sozien Einzelvertretungsmacht eingeräumt ist, so dass *A* aufgrund der §§ 714, 709 BGB die Sozietät nicht allein hätte wirksam vertreten können.

Die gesetzlich angeordnete Gesamtvertretungsmacht kann jedoch konkludent abbedungen sein. Die §§ 714, 709 BGB sind mit der von einem Freiberufler in einer Sozietät zu erbringenden persönlichen und unabhängigen Dienstleistung nicht zu vereinbaren.[14] Deshalb ist regelmäßig davon auszugehen, dass die §§ 709, 714 BGB in einer Anwaltssozietät in Bezug auf die Entgegennahme und Ausführung der berufstypischen Verträge konkludent abbedungen und durch die Einzelgeschäftsführungs- und Einzelvertretungsbefugnis eines jeden Sozietätsmitglieds ersetzt worden sind.[15]

Somit hatte auch *A* bei der Entgegennahme des Mandats Einzelvertretungsmacht für die Sozietät. Er hat die RA-Gesellschaft gegenüber *K* wirksam vertreten, so dass diese aus dem Geschäftsbesorgungsvertrag gemäß §§ 675, 611 BGB mit *K* wirksam verpflichtet worden ist.

2. Pflichtverletzung

Die RA-Gesellschaft muss eine sich aus dem Mandatsvertrag ergebende Pflicht verletzt haben (§ 280 Abs. 1 S. 1 BGB). In Betracht kommt eine Pflichtverletzung durch *A*, weil dieser *K* zur Klageerhebung geraten hat, obwohl dem Anspruch von *K* die aktuelle BGH-Rechtsprechung entgegenstand.

Ein Rechtsanwalt ist verpflichtet, im Interesse des Mandanten den sichersten und gefahrlosesten Weg zu wählen.[16] Deshalb muss er sich über den Stand der höchstrichterlichen Rechtsprechung informieren, etwa durch Lektüre von Spezialzeitschriften.[17] Darüber hinaus muss er seine Beratung grundsätzlich auch an den Ergebnissen der höchstrichterlichen Rechtsprechung ausrichten[18] und die Erfolgsaussichten einer Klage sorgfältig prüfen.[19]

Indem *A* sich nur oberflächlich mit dem Mandat des *K* beschäftigte und dem *K* zur Klage riet, obwohl die von ihm übersehene höchstrichterliche Rechtsprechung dem Anspruch von *K* entgegenstand, hat er seine Pflicht, den sichersten Weg zu wählen, verletzt.

Die Pflichtverletzung durch *A* muss der RA-Gesellschaft zurechenbar sein. Eine Verletzungshandlung des organschaftlichen Vertreters ist der rechtsfähigen Per-

---

[14] *Wiedemann*, GesR II, § 7 I 5 (S. 606).
[15] BGH NJW 1996, 2859; *Wiedemann*, GesR II, § 7 I 5 (S. 606).
[16] BGH NJW 1988, 563 (566); 1993, 3323 (3324); BeckOK BGB/*Fischer*, § 675 Rn. 19; Palandt/*Grüneberg*, § 280 Rn. 69; NK-BGB/*Schwab*, § 675 Rn. 31.
[17] BGH NJW 2012, 2435 (Rn. 22); BeckOK BGB/*Fischer*, § 675 Rn. 18; Palandt/*Grüneberg*, § 280 Rn. 68.
[18] BGH NJW 1993, 3323 (3324); BeckOK BGB/*Fischer*, § 675 Rn. 18; Palandt/*Grüneberg*, § 280 Rn. 68; NK-BGB/*Schwab*, § 675 Rn. 26.
[19] BGHZ 89, 178 (182); BeckOK BGB/*Fischer*, § 675 Rn. 19; Palandt/*Grüneberg*, § 280 Rn. 70.

sonengesellschaft analog § 31 BGB zuzurechnen.[20] Damit ist die Pflichtverletzung von A der RA-Gesellschaft zurechenbar.

3. Verschulden

Die RA-Gesellschaft muss die Pflichtverletzung gemäß § 280 Abs. 1 S. 2 BGB zu vertreten haben. Insofern muss die RA-Gesellschaft darlegen und beweisen, dass sie die Pflichtverletzung nicht zu vertreten hat. A hat die aktuelle höchstrichterliche Rechtsprechung jedoch aufgrund seiner oberflächlichen Arbeitsweise übersehen. Damit hat er die im Verkehr erforderliche Sorgfalt außer Acht gelassen, also gemäß § 276 Abs. 2 BGB fahrlässig gehandelt. Sein Verschulden ist der RA-Gesellschaft wiederum über § 31 BGB analog zuzurechnen. Die RA-Gesellschaft kann nicht gem. § 280 Abs. 1 S. 2 BGB darlegen, sie habe die Pflichtverletzung nicht zu vertreten.

4. Schaden

K ist durch die Auferlegung der Prozesskosten ein Schaden entstanden. Dieser ist auch adäquat kausal durch den von A erteilten fehlerhaften Rechtsrat, zur Klageerhebung verursacht worden. Folglich kann K diesen Schaden gemäß § 249 Abs. 1 BGB von der RA-Gesellschaft erstattet verlangen.

5. Zwischenergebnis

K hat gegen die RA-Gesellschaft einen Anspruch auf Erstattung der Prozesskosten gemäß §§ 280 Abs. 1, 675, 611 BGB i. V. m. § 124 Abs. 1 HGB analog.

II. Deliktischer Schadensersatzanspruch

Ein Anspruch von K gegen die RA-Gesellschaft gemäß § 823 Abs. 1 BGB besteht nicht. K ist nicht in einem der in § 823 Abs. 1 BGB genannten Rechte oder Rechtsgüter verletzt, sondern lediglich in seinem Vermögen geschädigt worden. Das Vermögen als solches ist aber nicht durch § 823 Abs. 1 BGB geschützt.

III. Ergebnis zu A

K hat gegen die RA-Gesellschaft einen Schadensersatzanspruch auf Erstattung seiner Prozesskosten gemäß §§ 280 Abs. 1, 675, 611 BGB i. V. m. § 124 Abs. 1 HGB analog.

B. Inanspruchnahme der Gesellschafter A, G und U persönlich

I. Berufsrechtlicher Anspruch

K kann einen Anspruch gegen A, G und U als Gesamtschuldner auf Erstattung der Prozesskosten gemäß §§ 280 Abs. 1, 675, 611 BGB i. V. m. § 52 Abs. 2 S. 1 BRAO haben.

Für die Mitglieder einer Sozietät bestimmt § 52 Abs. 2 S. 1 BRAO ausdrücklich, dass diese aus dem zwischen ihr und dem Auftraggeber bestehenden Vertragsverhältnis als Gesamtschuldner haften. Die Vorschrift des § 52 Abs. 2 S. 1 BRAO bezieht sich auch auf Ansprüche aus der Verletzung vertraglicher Pflichten.[21]

---

[20] H.M.; vgl. BGHZ 154, 88 ff.; BeckOK BGB/*Schöne*, § 714 Rn. 19; MüKoBGB/*Schäfer*, § 714 Rn. 38; *Koch J.*, § 7 Rn. 5; vgl. zu dieser Frage ausführlich Bd. I Fall 14.
[21] Henssler/Prütting/*Diller*, § 52 BRAO Rn. 66.

Fall 12. Die haftenden Sozien

Danach haften *A, G* und *U* gemäß § 52 Abs. 2 S. 1 BRAO für die Verbindlichkeit der RA-Gesellschaft.[22] Die Gesellschafter haften folglich gegenüber *K* grundsätzlich auch mit ihrem Privatvermögen.

II. Gesellschaftsrechtlicher Anspruch

K kann einen Anspruch gegen *A, G* und *U* als Gesamtschuldner auf Erstattung der Prozesskosten gemäß §§ 280 Abs. 1, 675, 611 BGB i. V. m. §§ 128 S. 1, 124 Abs. 1 HGB analog haben.

Nach der nunmehr anerkannten sog. „Akzessorietätstheorie"[23] haften die Gesellschafter einer GbR kraft Gesetzes analog §§ 128 S. 1, 124 Abs. 1 HGB jeweils als Gesamtschuldner persönlich für die Verbindlichkeiten der GbR.[24] Das Verhältnis zwischen der Verbindlichkeit der GbR und der Haftung des Gesellschafters entspricht demjenigen der OHG.[25] Ausgangspunkt für eine derartige gesetzliche Gesellschafterhaftung ist der allgemeine Rechtsgrundsatz, wonach Personen, die im Rechtsverkehr mit anderen Geschäfte betreiben, für die daraus entstehenden Verbindlichkeiten mit ihrem gesamten Vermögen unbeschränkt haften, solange sich aus dem Gesetz nichts anderes ergibt oder mit dem Vertragspartner keine Haftungsbeschränkung vereinbart wird.[26] Dabei richtet sich der Bestand der persönlichen Verbindlichkeit hinsichtlich Art und Umfang analog § 129 Abs. 1 HGB nach dem Bestand der Verbindlichkeit der Gesellschaft.

Die Sozien *A, G* und *U* der RA-Gesellschaft haften somit analog §§ 128 S. 1, 124 Abs. 1 HGB für die Verbindlichkeiten der Gesellschaft.[27]

III. Haftungsausschluss

1. Gesellschaftsvertraglich vereinbarter Haftungsausschluss

Die Haftung von *G* und *U* für die Gesellschaftsverbindlichkeit der RA-Gesellschaft gegenüber *K* kann aber aufgrund der gesellschaftsvertraglichen Regelung ausgeschlossen sein, wonach für Verbindlichkeiten aus beruflichen Fehlern nur die mit der Bearbeitung eines Mandats befassten Anwälte dem Mandanten gegenüber haften sollen.

---

[22] Vgl. näher Gaier/Wolf/Göcken/*Tauchert/Dahns*, § 52 BRAO Rn. 17.
[23] Nunmehr ganz h. L., vgl. BeckOK BGB/*Schöne*, § 714 Rn. 16; Erman/*Westermann H. P.*, § 714 Rn. 11; MüKoBGB/*Schäfer*, § 714 Rn. 31 ff.; *Flume*, BGB AT I/1, § 16 IV 3 (S. 325 ff.); *Grunewald*, § 1 Rn. 113 ff.; *Koch J.*, § 3 Rn. 8 ff.; *Saenger*, Rn. 183 ff., 194 ff.; *Schmidt K.*, GesR, § 60 III 2 (S. 1790 ff.); *Windbichler*, § 8 Rn. 12; PersG-HdB/*Wertenbruch*, Rz. I Rn. 882 f.; *Timm*, NJW 1995, 3209 (3215 f.); *Ulmer*, ZIP 1999, 554 (555 ff.); *ders.*, ZIP 2003, 1113 (1114).
[24] Die Haftung analog §§ 128 S. 1, 124 Abs. 1 HGB kann hier nicht mit dem Argument abgelehnt werden, wegen § 52 Abs. 2 S. 1 BRAO liege keine planwidrige Regelungslücke vor. Zwischen der Haftung aus berufsrechtlichen Vorschriften und derjenigen aus gesellschaftsrechtlichen Vorschriften besteht Anspruchskonkurrenz. Nach Ansicht von Henssler/Prütting/*Diller* (§ 52 BRAO Rn. 66) handelt es sich bei § 52 Abs. 2 S. 1 BRAO lediglich um eine deklaratorische Regelung, die nur das wiederholt, was ohnehin für die GbR gem. §§ 128 ff. HGB analog gilt.
[25] Vgl. grundlegend BGHZ 142, 315 (318 ff.); 146, 341 (358 f.).
[26] BGHZ 142, 315 (319).
[27] Dieses Ergebnis würde selbst dann gelten, wenn nicht alle Sozien Anwälte sein sollten. Der *BGH* hat in dem Fall, dass ein Anwaltsvertrag mit einer Sozietät geschlossen worden ist, für die Verletzung anwaltlicher Beratungspflichten auch diejenigen Sozien haften lassen, die selbst nicht Rechtsanwälte (z. B. Steuerberater) sind; vgl. *BGH* NJW 2012, 2435 Rn. 69 ff.

Indes bestimmt § 128 S. 2 HGB, dass eine der gesamtschuldnerischen Haftung der Gesellschafter aus § 128 S. 1 HGB entgegenstehende Vereinbarung Dritten gegenüber unwirksam ist. Es ergibt sich bereits aus „der Natur der Sache",[28] dass die Gesellschafter ihre kraft Gesetzes eintretende Haftung nicht ohne Mitwirkung des Gläubigers ausschließen können. Die Vorschrift ist deshalb als konsequenter Bestandteil der Akzessorietätstheorie ebenfalls analog auf die Außen-GbR anwendbar.[29]

Die gesamtschuldnerische Haftung von G und U ist damit nicht wirksam durch die gesellschaftsvertragliche Regelung ausgeschlossen worden.

2. Ausschluss der Haftung analog § 8 Abs. 2 PartGG

Die Haftung von G und U kann jedoch gemäß § 8 Abs. 2, 1 Halbs. PartGG analog ausgeschlossen sein. Nach dieser sog. „Handelndenhaftung" haften, sofern nur einzelne Partner mit der Bearbeitung eines Auftrags befasst waren, nur diese gemäß § 8 Abs. 1 PartGG für berufliche Fehler neben der Partnerschaft, nicht auch die übrigen Partner. Die nicht an der Bearbeitung des Auftrags selbst mitwirkenden Partner sind demnach von der gesamtschuldnerischen Gesellschafterhaftung ausgeschlossen.[30]

Möglicherweise kann diese Vorschrift analog auf eine Berufssozietät in der Rechtsform der GbR übertragen werden.[31] Das setzt das Bestehen einer planwidrigen Regelungslücke sowie eine Vergleichbarkeit der Interessenlagen voraus.

Gegen die Annahme einer planwidrigen Regelungslücke spricht jedoch, dass die Vorschriften des PartGG gerade dazu dienen sollten, für Freiberufler die PartG gegenüber der Rechtsform der GbR attraktiver zu machen. Hierzu dient auch das Haftungsprivileg des § 8 Abs. 2 PartGG.[32] Wollen Freiberufler in den Genuss der Haftungsprivilegierung gem. § 8 Abs. 2 PartGG gelangen, müssen sie eine PartG gründen.[33] Weiterhin spricht gegen eine planwidrige Regelungslücke, dass der Gesetzgeber eine dem § 8 Abs. 2 PartGG entsprechende Regelung in § 52 Abs. 2 BRAO hätte aufnehmen können, wenn er dieses Haftungsprivileg generell auf Sozietäten hätte erstrecken wollen. Dies hat er aber gerade nicht getan. Eine planwidrige Regelungslücke liegt daher nicht vor.[34] Daher lässt sich das Haftungsprivileg des § 8 Abs. 2 PartGG nicht im Wege der Analogie auf eine Freiberufler-GbR übertragen.[35]

---

[28] So *Schmidt K.*, GesR, § 64 IV 4 (S. 1888), zu § 8 PartGG, der – wie das Recht der GbR – ebenfalls keine dem § 128 S. 2 HGB entsprechende Vorschrift enthält.

[29] BeckOK BGB/*Schöne*, § 714 Rn. 38; MüKoBGB/*Schäfer*, § 714 Rn. 66; *Grunewald*, § 1 Rn. 114; *Saenger*, Rn. 197.

[30] BeckOK BGB/*Schöne*, § 8 PartGG Rn. 4, 6 ff.; MüKoBGB/*Schäfer*, § 8 PartGG Rn. 8, 15.

[31] Noch offen gelassen bei BGHZ 154, 370 (377), allerdings speziell im Zusammenhang mit der Haftung für Altverbindlichkeiten, vgl. dazu sogleich unter C. Allerdings lässt sich diese Überlegung generell auf die Frage der akzessorischen Haftung analog § 128 HGB beziehen, vgl. *Ulmer*, ZIP 2003, 1113 (1118); *Armbrüster*, ZGR 2005, 34 (55).

[32] Vgl. BeckOK BGB/*Schöne*, § 8 PartGG Rn. 2; MüKoBGB/*Schäfer*, § 8 PartGG Rn. 14; *Ulmer*, ZIP 2003, 1113 (1119).

[33] LG Frankenthal NJW 2004, 3190; *Armbrüster*, ZGR 2005, 34 (55); *Saenger*, Rn. 197.

[34] BGHZ 193, 193 Rn. 74; *LG Hamburg* ZIP 2005, 355 (356), wonach § 8 Abs. 2 PartGG eine „Ausnahmeregelung nur für die Rechtsform der PartG" darstellt; vgl. auch *Ulmer*, ZIP 2003, 1113 (1119).

[35] BGHZ 193, 193 Rn. 74; *LG Frankenthal* NJW 2004, 3190; *Ulmer*, ZIP 2003, 1113 (1118); *Armbrüster*, ZGR 2005, 34 (55); vgl. auch *Wiedemann*, GesR II, § 7 III 4 (S. 665).

Fall 12. Die haftenden Sozien

Die nicht mit dem Auftrag befassten Sozien *G* und *U* können sich somit gegenüber *K* nicht auf das Haftungsprivileg gem. § 8 Abs. 2 PartGG berufen.

IV. Ergebnis zu B

K hat einen Schadensersatzanspruch auf Erstattung der Prozesskosten gegen *A*, *G* und *U* gemäß §§ 280 Abs. 1, 675, 611 BGB i. V. m. § 52 Abs. 2 S. 1 BRAO bzw. gem. §§ 280 Abs. 1, 675, 611 BGB i. V. m. §§ 128 S. 1, 124 Abs. 1 HGB analog.

C. Inanspruchnahme des Gesellschafters M

I. Berufsrechtliche Haftung

Ein Anspruch von *K* gegen *M* gemäß §§ 280 Abs. 1, 675, 611 BGB i. V. m. § 52 Abs. 2 S. 1 BRAO scheidet aus. *M* ist erst im Juni 2017, also nach Entstehen der Schadensersatzpflicht im Mai 2017, in die RA-Gesellschaft eingetreten.

II. Gesellschaftsrechtliche Haftung

K kann gegen *M* aber einen Anspruch auf Erstattung der Prozesskosten gemäß §§ 280 Abs. 1, 675, 611 BGB i. V. m. §§ 130, 128, 124 Abs. 1 HGB analog haben.[36]

1. Akzessorietätstheorie

Das setzt voraus, dass die Gesellschafter einer Freiberufler-GbR für die Verbindlichkeiten der Sozietät unmittelbar, persönlich und gesamtschuldnerisch haften. Dies ist aufgrund der nunmehr für die Außen-GbR anerkannten Akzessorietätstheorie der Fall.[37]

2. Analoge Anwendung des § 130 HGB auf die Freiberufler-GbR

Ferner muss der in eine Sozietät eintretende Sozius *M* auch gegenüber *K* für die bereits bei seinem Eintritt bestehenden Verbindlichkeiten der RA-Gesellschaft haften. Diese Haftung des *M* kann sich aus § 130 HGB analog ergeben.

Gegen eine analoge Anwendung von § 130 HGB auf die GbR kann sprechen, dass sich diese Norm als Sondervorschrift des Rechts der Personenhandelsgesellschaften nicht auf die GbR übertragen lasse.[38] Dafür sei die GbR in ihren Erscheinungsformen im Gegensatz zur OHG zu vielgestaltig, vor allem im Hinblick auf klein- und nichtkaufmännische Erwerbsgesellschaften oder einfache Gelegenheitsgesellschaften.[39] Die unterschiedslose Strenge der handelsrechtlichen Haftungsvorschriften passe nicht zu diesen BGB-Gesellschaftstypen.[40] Vielmehr sei es ausreichend, wenn die Einlage des Neugesellschafters zukünftig als Teil des Gesellschaftsvermögens dem Zugriff der (bisherigen) Gesellschaftsgläubiger unterliege.[41] Ein Anspruch von *K* gegen *M* persönlich scheide danach aus.

---

[36] Aufgrund der größeren Nähe der freiberuflichen GbR zur PartG als zur OHG kann die akzessorische Haftung hier auch mit einer Analogie zu § 8 Abs. 1 S. 1 PartGG begründet werden.
[37] Vgl. oben B. II.
[38] *OLG Düsseldorf* NZG 2002, 284 (286).
[39] *OLG Düsseldorf* NZG 2002, 284 (286).
[40] *OLG Düsseldorf* NZG 2002, 284 (286).
[41] *Wiedemann*, JZ 2001, 661 (664).

Diese Argumentation vermag aber nicht zu überzeugen. Die Akzessorietätstheorie ist vielmehr konsequent mit dem gesamten Haftungsmodell der §§ 128 ff. HGB analog auf die Außen-GbR anzuwenden, mithin auch mit § 130 HGB.[42] Das fordern insbesondere das Interesse des Verkehrsschutzes und die Rechtssicherheit. Nur durch eine analoge Anwendung des § 130 HGB sind angemessene und verlässliche Haftungsstrukturen zu schaffen.[43] Im Rechtsverkehr lässt sich nicht immer mit der erforderlichen Klarheit zwischen einer GbR und einer OHG unterscheiden. Gerade für die GbR sind mangels Eintragung in das Handelsregister daher eindeutige Haftungsverhältnisse erforderlich.[44] Ansonsten müssten die Gläubiger angesichts des fehlenden Publizitätstatbestandes über die gesellschaftlichen Mitgliedschaftsverhältnisse in jedem Einzelfall den Nachweis führen, dass der in Anspruch genommene Gesellschafter im Zeitpunkt der Anspruchsbegründung bereits Mitglied der GbR war.[45] Dass eine derartige akzessorische Haftung dem gesetzgeberischen Haftungsmodell nach nicht auf Handelsgesellschaften beschränkt ist, zeigt auch § 8 Abs. 1 S. 2 PartGG, der § 130 HGB für entsprechend anwendbar erklärt.[46] Daher ist das Haftungsregime der §§ 128 bis 130 HGB einheitlich entsprechend auf die GbR, und zwar auch auf eine Freiberufler-GbR[47], anzuwenden.[48]

M haftet gegenüber *K* analog § 130 HGB akzessorisch auf Erstattung der Prozesskosten.

III. Haftungsausschluss

M kann sich gegenüber *K* nicht auf die gesellschaftsvertragliche Haftungsbeschränkungsvereinbarung berufen, weil diese nicht wirksam ist.[49]

Gleiches gilt für das Haftungsprivileg gem. § 8 Abs. 2 PartGG. Zwar schließt diese Vorschrift in ihrem direkten Anwendungsbereich die grundsätzlich für Altverbindlichkeiten gegebene Haftung des eintretenden Partners (vgl. § 8 Abs. 1 S. 2 PartGG i. V. m. § 130 HGB) für Altverbindlichkeiten aus beruflichen Fehlern aus,[50] so dass bei einer analogen Anwendung auf die Freiberufler-GbR auch die Haftung des *M* ausgeschlossen wäre. Aus den oben[51] genannten Gründen ist § 8 Abs. 2 PartGG auf die Freiberufler-GbR aber nicht analog anwendbar.

Die Haftung von *M* für die Altverbindlichkeit der RA-Gesellschaft gegenüber *K* ist somit nicht ausgeschlossen.

---

[42] Nunmehr h. M., vgl. *OLG Hamm* NJW-RR 2002, 495 (496); BeckOK BGB/*Schöne*, § 714 Rn. 47, 52; Erman/*Westermann H. P.*, § 714 Rn. 17; MüKoBGB/*Schäfer*, § 714 Rn. 72 f.; NK-BGB/*Heidel*, § 714 Rn. 32; *Grunewald*, § 1 Rn. 138; *Koch J.*, § 7 Rn. 23; *Saenger*, Rn. 198; PersG-HdB/*Wertenbruch*, Rz. I Rn. 883; *Ulmer*, ZIP 2001, 585 (598); *ders.*, ZIP 2003, 1113 (1115 f.); kritisch hierzu Soergel/*Hadding/Kießling*, § 714 Rn. 46.
[43] BGHZ 154, 370 (373); *OLG Hamm* NJW-RR 2002, 495 (496); *Grunewald*, § 1 Rn. 138.
[44] BGHZ 154, 370 (375 f.); vgl. auch *Ulmer*, ZIP 2001, 585 (598).
[45] Vgl. *Ulmer*, ZIP 2001, 585 (598).
[46] BGHZ 154, 370 (376); *BGH* NJW 2010, 1360 Rn. 15 f.; *OLG Hamm* ZIP 2002, 527 (529); *Schmidt K.*, GesR, § 60 III 2d (S. 1798).
[47] *LG Hamburg* ZIP 2005, 355 f.; *LG Frankenthal* NJW 2004, 3190 f.; *Armbrüster*, ZGR 2005, 34 (55); *Grunewald*, JZ 2004, 683 (684); *Schäfer*, ZIP 2003, 1225 (1230 f.); insoweit in BGHZ 154, 370 (377 f.) noch offen gelassen.
[48] BeckOK BGB/*Schöne*, § 714 Rn. 47.
[49] Vgl. oben B. III. 1.
[50] Vgl. BeckOK BGB/*Schöne*, § 8 PartGG Rn. 4, 12 ff.; MüKoBGB/*Schäfer*, § 8 PartGG Rn. 14, 32.
[51] S. o. B. III. 2.

IV. Ergebnis zu C

K kann von M die Erstattung der Prozesskosten gemäß §§ 280 Abs. 1, 675, 611 BGB i. V. m. §§ 130, 128, 124 Abs. 1 HGB analog verlangen.

D. Ergebnis zu Frage 1

K kann die Erstattung der Prozesskosten sowohl von der RA-Gesellschaft als auch von den Sozien A, G, U und M persönlich verlangen.

Frage 2: Erstattungsanspruch von K gegen M

A. Haftung analog § 130 HGB

Ein Anspruch von K gegen M persönlich auf Erstattung der Prozesskosten nach §§ 280 Abs. 1, 675, 611 BGB i. V. m. §§ 130, 128 HGB analog scheidet aus, da M nicht einer Sozietät beigetreten ist, sondern dem Einzelanwalt A.

B. Schuldbeitritt

K kann einen Anspruch gegen M auf Erstattung der Prozesskosten haben, wenn M der Schadensersatzverpflichtung des A aus §§ 280 Abs. 1, 675, 611 BGB wirksam beigetreten ist. Der Schuldbeitritt ist gesetzlich nicht geregelt, im Rahmen der Vertragsfreiheit aber zulässig gemäß § 311 Abs. 1 BGB.[52] Indes hat M einen Schuldbeitritt zu den Verbindlichkeiten des A ausdrücklich weder mit diesem noch mit K vereinbart. Auch sind keine besonderen Umstände – etwa ein Eintritt in Kenntnis der Schadensersatzpflicht – für die Annahme eines konkludent vereinbarten Schuldbeitritts ersichtlich.

K kann M nicht aus einem Schuldbeitritt zur Verbindlichkeit des A aus §§ 280 Abs. 1, 675, 611 BGB in Anspruch nehmen.

C. Haftung analog §§ 28, 128 HGB

K kann jedoch einen Anspruch gegen M auf Erstattung der Prozesskosten gemäß §§ 280 Abs. 1, 675, 611 BGB i. V. m. §§ 28 Abs. 1 S. 1, 128, 124 Abs. 1 HGB analog haben.

I. Akzessorische Gesellschafterhaftung als Rechtsfolge des § 28 Abs. 1 HGB

Die analoge Anwendung des § 28 Abs. 1 HGB muss auf Rechtsfolgenseite zunächst die persönliche Haftung des Eintretenden vorsehen. § 28 Abs. 1 S. 1 HGB spricht zwar ausdrücklich nur von der Haftung der (mit dem Beitritt entstehenden) Gesellschaft. Entsteht jedoch mit der Gründung der Gesellschaft die Haftung des § 28 Abs. 1 S. 1 HGB, so entsteht konsequenterweise mit dieser Gesellschaftsverbindlichkeit auch die akzessorische Gesellschafterhaftung gemäß § 128 HGB.[53]

Rechtsfolge einer analogen Anwendung des § 28 HGB wäre damit auch die persönliche Haftung des M analog § 128 HGB.

---

[52] RGZ 59, 232 (233); BeckOK BGB/*Sutschet*, § 311 Rn. 92; Palandt/*Grüneberg*, vor § 414 Rn. 2.
[53] BGHZ 157, 361 (364 f.); *BGH* NJW 1966, 1917 (1918); NJW 1972, 1466 (1467); Baumbach/Hopt/*Hopt*, § 28 Rn. 5; a. A. *Canaris*, § 7 Rn. 92.

II. Eintritt i. S. v. § 28 HGB

Auf Tatbestandsseite setzt § 28 Abs. 1 S. 1 HGB voraus, dass *M* in das Geschäft eines Einzelkaufmanns eingetreten ist. Indes ist *M* dem Einzelanwalt *A* beigetreten, der als Freiberufler gerade kein Einzelkaufmann war, da er kein Gewerbe betreibt.[54] Umstritten ist deshalb, ob § 28 HGB auch auf eine entstehende (etwa kleingewerbliche oder freiberufliche) GbR analog angewendet werden kann.[55] Diese grundsätzliche Frage kann hier aber offen bleiben,[56] wenn sie sich speziell für die Berufsgruppe der Anwälte aufgrund der Besonderheiten der Rechtsverhältnisse eines Anwalts zu seinen Mandanten beantworten lässt.

Insofern ist zu berücksichtigen, dass das Rechtsverhältnis eines Anwalts zu seinem Mandanten vor allem durch die persönliche und eigenverantwortliche Dienstleistung geprägt ist, auch wenn sich der Anwalt mit anderen zur gemeinsamen Berufsausübung zusammenschließt.[57] Entsprechend bringt auch der Mandant, der anstelle einer Sozietät einen Einzelanwalt betraut, dem Anwalt ein besonderes Vertrauen in die persönliche Erbringung der Dienstleistung entgegen.[58] Das Mandat ist damit so eng mit der Person des (Einzel-)Anwalts verknüpft, dass in diesem Fall der für eine analoge Anwendung des § 28 HGB grundsätzlich tragfähige Gedanke der Unternehmenskontinuität nicht greift.[59] Die persönliche Leistungserbringung des Einzelanwalts charakterisiert seine Berufsausübung umfassend, so dass sich die analoge Anwendung des § 28 Abs. 1 S. 1 HGB insgesamt ablehnen lässt, nicht nur bezogen auf einzelne Geschäfte.[60] Demnach ist zumindest für den speziellen Fall eines Beitritts zu einem Einzelanwalt die analoge Anwendung des § 28 Abs. 1 S. 1 HGB abzulehnen.

K kann *M* nicht persönlich auf Erstattung der Prozesskosten nach §§ 280 Abs. 1, 675, 611 BGB i. V. m. §§ 28 Abs. 1 S. 1, 128, 124 Abs. 1 HGB analog in Anspruch nehmen.

D. Ergebnis zu Frage 2

K hat keinen Anspruch gegen *M* persönlich auf Erstattung der Prozesskosten.

Frage 3: Wirksamkeit einer vorformulierten Haftungsbeschränkung

Die vorformulierte Haftungsbeschränkung bei der RA-Gesellschaft ist wirksam, wenn sie der AGB-rechtlichen Inhaltskontrolle gemäß §§ 307 ff. BGB standhält.

I. Haftungsbeschränkung als Verstoß gegen § 307 BGB

Wegen der rechtlichen Einordnung des Mandatsvertrages als Dienstvertrag findet gem. § 310 Abs. 4 S. 1 BGB der Katalog der §§ 309, 308 BGB auf die von der RA-

---

[54] Zum Gewerbebegriff vgl. Bd. I Fall 1 Fn. 1 und Bd. I Fall 5 Fn. 4.
[55] Vgl. zu dieser Frage ausführlich Bd. I Fall 5.
[56] Der *BGH* hat sie verneint, vgl. *BGH* NZG 2012, 65 Rn. 20; kritisch hierzu Erman/*Westermann H. P.*, § 714 Rn. 16a.
[57] *BVerfG* NJW 2003, 2520; BGHZ 157, 361 (366 f.).
[58] BGHZ 157, 361 (367).
[59] BGHZ 157, 361 (367); ähnlich insofern auch *Schmidt K.*, HandelsR, § 8 II Rn. 91 (S. 319), der die analoge Anwendung von § 28 HGB grundsätzlich befürwortet.
[60] BGHZ 157, 361 (367). Die vom BGH, a. a. O., ferner angestellte Erwägung, auch § 28 Abs. 2 HGB spreche gegen eine analoge Anwendung des § 28 HGB auf entstehende GbR, da diese eine entsprechende Haftungsbeschränkung nicht herbeiführen können, betrifft dagegen nicht die Besonderheiten der Anwaltshaftung, sondern die grundsätzliche Frage einer analogen Anwendung des § 28 Abs. 1 S. 1 HGB.

Fall 12. Die haftenden Sozien

Gesellschaft verwendeten AGB keine Anwendung. Maßgeblich ist deshalb die Generalklausel des § 307 BGB. Nach § 307 Abs. 1 i. V. m. Abs. 2 Nr. 1 BGB ist eine zur Unwirksamkeit der Klausel führende unangemessene Benachteiligung im Zweifel anzunehmen, wenn eine Bestimmung mit wesentlichen Grundgedanken der gesetzlichen Regelung, von der abgewichen wird, nicht zu vereinbaren ist.

Der generelle Ausschluss der Haftung der Gesellschafter für die Gesellschaftsverbindlichkeiten der GbR in AGB lässt von der gem. § 128 HGB analog geltenden akzessorischen Haftung nichts mehr übrig. Deshalb ist eine solche AGB-Regelung wegen Abweichens von wesentlichen Grundgedanken der gesetzlichen Regelung als unangemessene Benachteiligung gemäß § 307 Abs. 2 Nr. 1 BGB unwirksam.[61] Eine Haftungsbeschränkung in den AGB einer GbR, wonach die Gesellschafter für die Gesellschaftsverbindlichkeiten nicht persönlich haften, ist daher unwirksam gemäß § 307 Abs. 2 Nr. 1 BGB.[62]

Wird die Haftung der Gesellschafter für die Gesellschaftsverbindlichkeiten einer Rechtsanwaltssozietät durch eine entsprechende AGB-Regelung generell ausgeschlossen, bedarf es hingegen des Rückgriffs auf § 307 Abs. 2 Nr. 1 BGB nicht. Eine solche Klausel verstößt vielmehr gegen den gegenüber § 307 Abs. 2 Nr. 1 BGB spezielleren § 52 Abs. 2 BRAO und ist damit gem. § 134 BGB nichtig.[63] § 52 Abs. 2 BRAO gestattet lediglich eine Haftungskonzentration auf einzelne Sozien, so dass im Umkehrschluss ein Haftungsausschluss aller Sozien nicht zulässig ist.

II. Wirksamkeit in Ausnahmefällen

Etwas anderes kann für die von der RA-Gesellschaft verwandte AGB-Regelung gelten, welche nicht generell die Haftung der Gesellschafter für die Gesellschaftsverbindlichkeiten ausschließt, sondern nur die Haftung derjenigen Sozien, die nicht mit der Bearbeitung des Mandats befasst waren.

Es muss nicht entschieden werden, ob eine solche vorformulierte Haftungsbeschränkung bei allen Gesellschaften in der Rechtsform der GbR einer Inhaltskontrolle am Maßstab des § 307 Abs. 2 BGB standhält. Jedenfalls für Rechtsanwaltssozietäten wie die RA-Gesellschaft ist ein Haftungsausschluss in AGB in bestimmtem Umfang gem. § 52 Abs. 2 S. 2 BRAO zulässig. Bei § 52 Abs. 2 BRAO handelt es sich um eine § 307 BGB in ihrem Anwendungsbereich verdrängende Sonderregelung.[64] Nach § 52 Abs. 2 S. 2 BRAO kann durch vorformulierte Vertragsbedingungen die persönliche Haftung auf Schadensersatz auf einzelne Mitglieder einer Sozietät beschränkt werden, die das Mandat im Rahmen ihrer eigenen beruflichen Befugnisse bearbeiten und namentlich bezeichnet sind. § 52 Abs. 2 S. 2 BRAO eröffnet die Möglichkeit der Haftungskonzentration durch AGB-Regelung. Die von der RA-Gesellschaft formulierte Klausel verfolgt denselben Zweck. Sie schließt insbesondere nicht die Haftung der Sozietät mit ihrem Gesellschaftsvermögen aus. Gleichwohl ist

---

[61] BeckOK BGB/*Schöne*, § 714 Rn. 40; MüKoBGB/*Schäfer*, § 714 Rn. 66; MünchHdb.GesR I/*Gummert*, § 18 Rn. 83; *Grunewald*, § 1 Rn. 112; *Koch J.*, § 7 Rn. 19; *Hasenkamp*, BB 2004, 231 f.; *Reiff*, ZIP 1999, 1329 (1336 f.); *Ulmer*, ZIP 2003, 1113 (1118); ebenso offenbar Erman/*Westermann H. P.*, § 714 Rn. 18.

[62] Vgl. aber auch BGHZ 150, 1 ff., wo der BGH eine Ausnahme für geschlossene Immobilienfonds in der Rechtsform der GbR zulässt; vgl. hierzu auch BeckOK BGB/*Schöne*, § 714 Rn. 42, 45; MüKoBGB/*Schäfer*, § 714 Rn. 62 ff.

[63] Vgl. Gaier/Wolf/Göcken/*Tauchert/Dahns*, § 52 BRAO Rn. 29; ebenso Henssler/Prütting/ *Diller*, § 52 BRAO Rn. 70, der aber offenbar eine entsprechende Individualvereinbarung für wirksam erachtet.

[64] Henssler/Prütting/*Diller*, § 52 BRAO Rn. 71.

die von der RA-Gesellschaft formulierte Klausel mit § 52 Abs. 2 S. 2 BRAO nicht vereinbar. Diese Vorschrift fordert, dass derjenige Sozius, der für die Verbindlichkeiten der Sozietät wegen berufsbedingten Fehlern haften soll, namentlich benannt wird. In der Klausel der RA-Gesellschaft werden jedoch diejenigen Sozien namentlich benannt, die nicht haften sollen. Wenn schon eine Haftungskonzentrationsklausel, die nur pauschal auf „den das Mandat bearbeitenden Partner" abstellt, unwirksam ist,[65] so gilt dies erst Recht für eine Klausel, die nur die nicht haftenden Partner namentlich benennt. Durch die von der RA-Gesellschaft formulierte Klausel kann eine Haftungskonzentration auf den das Mandat bearbeitenden Partner somit nicht wirksam durch AGB vereinbart werden.

III. Vorschlag für eine wirksame Haftungskonzentrationsklausel

Der RA-Gesellschaft wird daher angeraten, folgende Haftungskonzentrationsklausel als AGB zu verwenden:

Für Verbindlichkeiten aus beruflichen Fehlern haftet neben dem Gesellschaftsvermögen der Sozietät gegenüber dem Mandanten nur der mit dem Mandat befasste Anwalt, nämlich Frau/Herr XY (namentliche Benennung) unmittelbar.

Darüber hinaus hat die RA-Gesellschaft zu beachten, dass der Mandant diese Klausel gemäß § 52 Abs. 2 S. 3 BRAO unterschreiben muss, und diese Zustimmungserklärung keine anderen Erklärungen enthalten darf. Die Zustimmungserklärung zur AGB-mäßig vereinbarten Haftungskonzentration muss zwar nicht zwingend in einer separaten Urkunde erfolgen. Ist sie Bestandteil eines längeren Dokumentes, muss sie aber von anderen Erklärungen deutlich abgesetzt und gesondert unterschrieben werden.[66]

---

[65] Henssler/Prütting/*Diller*, § 52 BRAO Rn. 78.
[66] Henssler/Prütting/*Diller*, § 52 BRAO Rn. 83; Gaier/Wolf/Göcken/*Tauchert/Dahns*, § 52 BRAO Rn. 28.

Fall 13. Nicht ganz vergeblicher Gesellschafteraufwand

> **Schwerpunkt im Personengesellschaftsrecht (OHG):**
> Actio pro socio – Haftung für Sozialverbindlichkeiten – Haftung für Gesellschaftsschulden gegenüber Dritten – Gesamtschuldnerausgleich zwischen den Gesellschaftern

Sachverhalt

Armin (A), Egon (E) und *Leo (L)* sind Gesellschafter der L & Co. OHG, die ein Lagerunternehmen betreibt. Nach dem Gesellschaftsvertrag ist allein *L* zur Geschäftsführung und Vertretung befugt. Die von der Gesellschaft zur Aufbewahrung der eingelagerten Güter verwendete Lagerhalle befindet sich auf dem Grundstück von *E*. *E* hat sich nach dem Gesellschaftsvertrag verpflichtet, das Grundstück als Einlage an die Gesellschaft zu übereignen. Für *A* und *L* sind Bareinlagen von je 150.000 EUR vereinbart worden. Bis auf *E* haben die Gesellschafter ihre Einlagen erbracht. Die Gewinn- und Verlustbeteiligung soll sich nach einer Quote von 2/5 auf *L* und jeweils 3/10 für *A* und *E* errechnen, und zwar nach den gesellschaftsvertraglich vereinbarten festen Kapitalanteilen der Gesellschafter.

Nach einigen Anfangserfolgen verschlechtert sich die Auftragslage der Gesellschaft zusehends. Dies ist nicht zuletzt darauf zurückzuführen, dass infolge knapper Kassenmittel dringend erforderliche Reparaturen am Dach und an den Fenstern der Lagerhalle ausbleiben und sich diese daher in einem schlechten baulichen Zustand befindet.

Als Folge der Undichte des Daches sind bereits mehrere wertvolle Polstergarnituren des Möbelhändlers *M*, die dieser bei der Gesellschaft eingelagert hatte, durch Feuchtigkeit beschädigt worden. *M* nimmt daraufhin *A* auf Schadensersatz i. H. v. 10.000 EUR in Anspruch.

Verhandlungen der L & Co. OHG mit der B-Bank über ein dringend für die Reparaturen benötigtes Darlehen scheitern, weil die Gesellschaft keine ausreichenden Sicherheiten bestellen kann. Daraufhin gewährt ihr *A* ein kurzfristiges Darlehen i. H. v. 50.000 EUR zur Vornahme der erforderlichen Ausbesserungsarbeiten. Gleichzeitig drängt *A* energisch darauf, *E* möge nun endlich das Grundstück an die Gesellschaft übereignen. *L* als geschäftsführender Gesellschafter weigert sich jedoch, die Einlage einzufordern, da er auf die Schwester von *E* „ein Auge geworfen hat" und er es sich daher mit *E* nicht verscherzen will.

Inzwischen droht der L & Co. OHG die Insolvenzreife und sie ist kaum mehr in der Lage, ihren laufenden Verpflichtungen nachzukommen.

A möchte wissen, ob er

1. mit Aussicht auf Erfolg Klage gegen *E* auf Abgabe der Auflassungserklärung und Eintragungsbewilligung erheben kann.

2. Ausgleichsansprüche gegen *E* und *L* wegen der an *M* beglichenen Schadensersatzforderung i. H. v. 10.000 EUR besitzt.
3. von *E* und *L* Rückzahlung des der Gesellschaft gewährten und inzwischen fälligen Darlehens i. H. v. 50.000 EUR verlangen kann.

Lösung

A. Frage 1: Klage von A gegen E auf Abgabe der Auflassungserklärung und Eintragungsbewilligung

Eine Klage von *A* gegen *E* auf Abgabe der Auflassungserklärung und Eintragungsbewilligung hat Aussicht auf Erfolg, wenn sie trotz seiner fehlenden Geschäftsführungs- und Vertretungsbefugnis für die Gesellschaft zulässig und im Übrigen auch begründet ist.

I. Zulässigkeit

Zunächst muss eine von *A* erhobene Klage gemäß § 253 ZPO zulässig sein. Sachlich zuständig ist das Landgericht gem. §§ 23 Nr. 1, 71 Abs. 1 GVG. *A* ist auch gem. § 50 Abs. 1 ZPO i. V. m. § 1 BGB partei- und gem. §§ 51 f. ZPO prozessfähig. Entscheidend für die Zulässigkeit einer Klage von *A* in eigenem Namen gegen *E* ist jedoch, ob *A* auch prozessführungsbefugt ist.

Die Prozessführungsbefugnis ist regelmäßig gegeben, wenn der Kläger im eigenen Namen ein eigenes Recht geltend macht.[1] Ausnahmsweise liegt sie auch dann vor, wenn der Kläger im Wege der sog. Prozessstandschaft zulässigerweise ein fremdes Recht im eigenen Namen geltend macht.[2]

1. Sozialanspruch als Anspruch der Gesellschaft

Danach ist die Prozessführungsbefugnis von *A* zu bejahen, wenn er selbst Inhaber des gegen *E* gerichteten Anspruchs auf Leistung der Einlage ist. Dem kann jedoch entgegenstehen, dass der Anspruch auf Leistung der Einlage ein Anspruch aus dem Gesellschaftsvertrag ist. Ein solcher Anspruch aus dem Gesellschaftsvertrag – ein sog. Sozialanspruch[3] – steht der OHG zu, die diesen Anspruch selbständig geltend machen kann (§ 124 Abs. 1 HGB). Hierbei wird sie von den geschäftsführungs- und vertretungsberechtigten Gesellschaftern vertreten. Demnach kann nur *L* als allein geschäftsführungs- und vertretungsberechtigter Gesellschafter zur Geltendmachung des Anspruchs auf Leistung der Einlage an die Gesellschaft befugt sein.

2. Geltendmachung von Sozialansprüchen im Wege der actio pro socio

Der nicht zur Geschäftsführung und Vertretung berechtigte *A* kann aber nach den Grundsätzen der actio pro socio zur Geltendmachung des Sozialanspruchs der OHG gegen *E* auf Leistung der Einlage an die Gesellschaft berechtigt sein. Es ist

---
[1] Zöller/*Vollkommer*, Vor § 50 Rn. 16.
[2] Zöller/*Vollkommer*, Vor § 50 Rn. 18.
[3] Vgl. hierzu BeckOK BGB/*Schöne*, § 705 Rn. 113 f.; MüKoBGB/*Schäfer*, § 705 Rn. 201; NK-BGB/*Heidel*, § 705 Rn. 185; *Saenger*, Rn. 165; PersG-HdB/*Wertenbruch*, Rz. I Rn. 898 f.

Fall 13. Nicht ganz vergeblicher Gesellschafteraufwand 163

allgemein anerkannt, dass auch ein nicht geschäftsführungs- und vertretungsbefugter Gesellschafter im eigenen Namen auf Erfüllung von Sozialansprüchen an die Gesellschaft klagen kann (sog. Gesellschafterklage).[4] Allerdings sind die Voraussetzungen für diese Befugnis streitig.

a) Sozialanspruch auch Anspruch des einzelnen Gesellschafters

Die Befugnis zur Geltendmachung der Sozialansprüche kann jedem Gesellschafter als eigener materieller Anspruch zustehen, unabhängig davon, ob er geschäftsführungsbefugt und vertretungsberechtigt ist. Der die Sozialansprüche einklagende Gesellschafter wäre damit zugleich prozessführungsbefugt.[5] Die Gesellschafter haben sich schließlich im Gesellschaftsvertrag gem. §§ 105 Abs. 3 HGB i. V. m. § 705 BGB gegenseitig zur gemeinsamen Zweckerreichung und Leistungserbringung verpflichtet und die Leistungen aus dem Gesellschaftsverhältnis daher jedem ihrer Mitgesellschafter versprochen. *E* hat sich somit bei Abschluss des Gesellschaftsvertrages[6] nicht nur gegenüber der Gesellschaft, sondern auch gegenüber *A* verpflichtet, das Eigentum an dem Grundstück auf die OHG zu übertragen. Daraus folgt ein eigener Anspruch von *A* gegen *E* auf Leistung der versprochenen Einlage an die Gesellschaft. *A* ist somit berechtigt, *E* im Wege der actio pro socio auf Abgabe der Auflassungserklärung und Eintragungsbewilligung gegenüber der OHG in Anspruch zu nehmen. Die Prozessführungsbefugnis von *A* liegt damit vor.[7]

b) Geltendmachen von Sozialansprüchen im Wege der Prozessstandschaft

Dagegen kann aber angeführt werden, dass *A* als einem nicht zur Geschäftsführung und Vertretung berechtigten Gesellschafter nur eine subsidiäre Hilfszuständigkeit in Form einer Prozessstandschaft bei der Geltendmachung von Sozialansprüchen zustehen kann.[8] Primär zuständig für die Geltendmachung von Sozialansprüchen, und damit auch die Erfüllung von Beitragspflichten einzelner Gesellschafter sind die geschäftsführungs- und vertretungsbefugten Gesellschafter. Der einzelne Gesellschafter schuldet seine Beitragsverpflichtung nämlich allein gegenüber der Gesell-

---

[4] Ausführlich zur actio pro socio BeckOK BGB/*Schöne*, § 705 Rn. 115 ff.; MüKoBGB/*Schäfer*, § 705 Rn. 204 ff.; NK-BGB/*Eckardt D.*, Anhang I zu § 705 Rn. 34 ff.; *Grunewald*, § 1 Rn. 62 ff.; *Saenger*, Rn. 165; *Schmidt K.*, GesR, § 21 IV (S. 629 ff.) PersG-HdB/*Wertenbruch*, Rz. I Rn. 425 ff.; *Wiedemann*, GesR II, § 3 III 6a) (S. 281 ff.); *Windbichler*, § 7 Rn. 6.
[5] St. Rspr., vgl. BGHZ 10, 91 (101); 25, 47 (49 f.) und h. L., vgl. Baumbach/Hopt/*Roth*, § 109 Rn. 32; *Kübler/Assmann*, § 6 II 4b (S. 51), § 6 III 4b aa (S. 56); *Hueck A.*, § 18 II 3 (S. 261 ff.); *Windbichler*, § 7 Rn. 6.
[6] Wegen der Verpflichtung von *E* im Gesellschaftsvertrag zur Übereignung des Grundstücks an die L & Co. OHG bedurfte der Gesellschaftsvertrag der notariellen Beurkundung gem. § 311b Abs. 1 S. 1 BGB. Da sich *E* zu dieser Übereignung „verpflichtet" hat, ist von der Wirksamkeit dieser Verpflichtung und damit auch von der Beachtung des Formerfordernisses von § 311b Abs. 1 S. 1 BGB auszugehen. Es würde eine Verbiegung des Sachverhaltes darstellen (= schwerer Fehler!), wenn ein Bearbeiter unterstellen würde, dass dieses Formerfordernis nicht beachtet wurde und dementsprechend die Lehre von der fehlerhaften Gesellschaft prüft.
[7] Dem steht nicht die Treuepflicht entgegen. Dies ist nur dann denkbar, wenn ausnahmsweise durch die klageweise Geltendmachung des Anspruchs der Gesellschaft schuldhaft deren überwiegenden Interessen verletzt werden, vgl. dazu BGHZ 25, 47 (50); *Hueck A.*, § 18 II 3 (S. 266 f.) a. E.
[8] BeckOK BGB/*Schöne*, § 705 Rn. 117; Erman/*Westermann H. P.*, § 705 Rn. 57; EBJS/*Wertenbruch*, § 105 Rn. 198; MüKoHGB/*Schmidt K.*, § 105 Rn. 198; Oetker/*Lieder*, § 105 Rn. 71; *Grunewald*, § 1 Rn. 64 ff. u. § 2 Rn. 26; *Schmidt K.*, GesR, § 21 IV 7b (S. 643 f.); PersG-HdB/*Wertenbruch*, Rz. I Rn. 427.

schaft als Rechtsträgerin (vgl. § 124 Abs. 1 HGB), und es kann im Wege der ergänzenden Vertragsauslegung nicht der mutmaßliche Wille der Gesellschafter unterstellt werden, dass sich dieser Anspruch der Gesellschaft dergestalt multipliziert, dass auch jeder Gesellschafter berechtigt sein soll, ihn als eigenes Recht geltend machen zu können.[9] Etwas anderes gilt nur dann, wenn die vertretungsberechtigten Gesellschafter den Sozialanspruch pflichtwidrig nicht geltend machen.[10] In solchen Fällen ist die Klage des nicht vertretungsberechtigten Gesellschafters im Wege der Prozessstandschaft zulässig.

L hat es unterlassen, die Einlage von E einzufordern, um sich aus rein persönlichen Gründen bei E nicht unbeliebt zu machen. Dieses Unterlassen erfolgt damit aus gesellschaftswidrigen Motiven. Somit ist A zur Geltendmachung des Anspruchs der Gesellschaft gegen E auf Leistung der Einlage im Wege der Prozessstandschaft berechtigt.

c) Streitentscheidung

A ist sowohl aus dem Argument eines eigenen materiellen Anspruchs als auch aus dem Argument der subsidiären Hilfszuständigkeit in Form einer Prozessstandschaft jeweils prozessführungsbefugt. Eine Entscheidung zwischen beiden Begründungsansätzen für die Prozessführungsbefugnis ist somit entbehrlich.

Die Klage von A gegen E gerichtet auf Leistung an die Gesellschaft ist demnach zulässig.

II. Begründetheit

Die Klage von A gegen E auf Leistung der Einlage an die Gesellschaft ist auch begründet. Die Gesellschaft hat einen entsprechenden Anspruch gegen E gem. § 105 Abs. 3 HGB, § 705 BGB i. V. m. dem Gesellschaftsvertrag. Eine Klage von A gegen E hat daher Aussicht auf Erfolg.

B. Frage 2: Ausgleichsansprüche von A gegen L und E wegen der beglichenen Schadensersatzforderung

I. Anspruch aus §§ 128, 110 HGB

A kann Ausgleichsansprüche gegen L und E aus §§ 128 S. 1, 110 Abs. 1 HGB haben. Dann muss A ein Ersatzanspruch gegen die OHG zustehen, für den L und E als Gesellschafter auf Ausgleich haften.

1. Verpflichtung der OHG gegenüber A nach § 110 Abs. 1, 1. Fall HGB

Die L & Co. OHG kann gem. §§ 124 Abs. 1, 110 Abs. 1, 1. Fall HGB verpflichtet sein, A 10.000 EUR für dessen Zahlung an M zu erstatten. Dafür müssen A zunächst Aufwendungen i. H. v. 10.000 EUR i. S. d. § 110 HGB entstanden sein. Aufwendungen sind Auslagen, die ein Gesellschafter zur Ausführung seiner Tätigkeit in Gesellschaftsangelegenheiten freiwillig übernommen hat.[11] A hat 10.000 EUR an M gezahlt, weil M wegen der bei der Lagerung beschädigten Polstergarnitur nach §§ 475

---

[9] Vgl. *Grunewald*, § 1 Rn. 63.
[10] *Schmidt K.*, GesR, § 21 IV 4b (S. 637 f.); *Grunewald*, § 1 Rn. 64; PersG-HdB/*Wertenbruch*, Rz. I Rn. 425.
[11] KKRM/*Kindler*, § 110 Rn. 2; EBJS/*Bergmann*, § 110 Rn. 9; MüKoHGB/*Langhein*, § 110 Rn. 11; *Wiedemann*, GesR II, § 3 III 3d) bb) (S. 234 f.).

S. 1, 467 HGB einen Schadensersatzanspruch gegen die OHG über 10.000 EUR hatte. Diesen Betrag musste A gem. § 128 S. 1 HGB zahlen. Er war dem Gesellschaftsgläubiger M neben der Gesellschaft primär und unmittelbar verpflichtet. Es kann somit an der für § 110 HGB erforderlichen Freiwilligkeit der Zahlung durch A fehlen.

Dass A die 10.000 EUR an M gezahlt hat, weil er diesem gegenüber im Außenverhältnis kraft Gesetzes gem. § 128 S. 1 HGB in dieser Höhe haftete, kann aber für die Qualifizierung seiner Zahlung als Aufwendung i. S. v. § 110 HGB unbeachtlich sein. Eine Leistung ist vielmehr freiwillig erfolgt und stellt eine Aufwendung dar, wenn der Gesellschafter nach dem Gesellschaftsvertrag im Verhältnis der Gesellschafter zueinander nicht verpflichtet ist, sie zu erbringen.[12] Gesellschaftsvertraglich war A dazu nicht verpflichtet. Er hatte seine Einlage bereits vollständig erbracht (vgl. § 105 Abs. 3 HGB i. V. m. § 707 BGB). Mithin hat A im Verhältnis zu seinen Mitgesellschaftern freiwillig gezahlt.[13] Die Begleichung der Gesellschaftsschuld durch A stellt demnach für ihn eine Aufwendung i. S. d. § 110 HGB dar.

A durfte die Aufwendung i. S. d. § 110 Abs. 1 HGB den Umständen nach für erforderlich halten.[14] M hätte seinen bestehenden Anspruch auch zwangsweise gegen A als persönlich haftenden Gesellschafter durchsetzen können. A hat damit einen Erstattungsanspruch nach § 110 Abs. 1, 1. Fall HGB gegen die OHG i. H. v. 10.000 EUR.

2. Haftung der Gesellschafter gem. § 128 HGB für die Verbindlichkeit der OHG gegenüber A nach § 110 Abs. 1, 1. Fall HGB

L und E können für den Aufwendungsersatzanspruch von A gegen die L & Co. OHG gem. § 110 HGB nach §§ 128 S. 1, 124 Abs. 1 HGB haften.

Der Aufwendungsersatzanspruch von A gegen die L & Co. OHG gem. § 110 HGB stellt eine Gesellschaftsverbindlichkeit gem. § 124 Abs. 1 HGB dar. Diese Gesellschaftsverbindlichkeit gegenüber A findet ihre Grundlage in dem Gesellschaftsverhältnis. Es handelt sich somit um eine Sozialverbindlichkeit. Eine Haftung der Mitgesellschafter für Sozialverbindlichkeiten kann aber gegen das Verbot der Nachschusspflicht gem. §§ 105 Abs. 3 HGB, 707 BGB verstoßen. Danach ist der einzelne Gesellschafter zur Erhöhung des vereinbarten Beitrages oder zur Ergänzung der durch Verlust geminderten Einlage nicht verpflichtet. Würden die Mitgesellschafter aber für die Aufwendungsersatzverpflichtung der Gesellschaft aus § 110 HGB haften, würde der in Regress genommene Mitgesellschafter im Ergebnis einen Nachschuss leisten müssen. Daher scheidet eine Haftung von L und E gem. §§ 128 S. 1, 124 Abs. 1 HGB für den Aufwendungsersatzanspruch von A gegen die L & Co. OHG grundsätzlich aus.[15]

---

[12] H. A.; vgl. statt aller EBJS/*Bergmann*, § 110 Rn. 10; Oetker/*Lieder*, § 110 Rn. 7; Staub/*Schäfer*, § 110 Rn. 3 und 12; *Hueck A.*, § 15 II 1 (S. 212); PersG-HdB/*Wertenbruch*, Rz. I Rn. 412; *Wiedemann*, GesR II, § 3 III 3d) bb) (S. 234).

[13] Wird im Fall der Bezahlung von Gesellschaftsschulden die Freiwilligkeit der Leistung – zu Unrecht – verneint, ist § 110 HGB analog anzuwenden, vgl. Baumbach/Hopt/*Roth*, § 110 Rn. 10.

[14] Vgl. hierzu ausführlich *Wiedemann*, GesR II, § 3 III 3d) aa) (S. 233 f.).

[15] Ganz allgemeine Meinung; vgl. BGHZ 37, 299 (301 f.) m. w. N.; *BGH* NJW 1980, 339 (339 f.); RWH/*Haas*, § 128 Rn. 3; *Grunewald*, § 2 Rn. 49 f.; *Hueck A.*, § 18 III 2 (S. 267 f.); PersG-HdB/*Wertenbruch*, Rz. I Rn. 415; *Wiedemann*, GesR II, § 8 III 3b (S. 734); *Windbichler*, § 14 Rn. 28.

Von diesem Grundsatz kann aber möglicherweise eine Ausnahme zu machen sein, wenn ein Gesellschafter eine Gesellschaftsschuld getilgt hat. Bei der Bezahlung einer Gesellschaftsschuld gem. § 128 S. 1 HGB entscheidet oft nur der Zufall, welchen Gesellschafter der Gläubiger gerade in Anspruch nimmt.

a) Regressanspruch nach § 110 HGB i. V. m. §§ 128 S. 1, 124 Abs. 1 HGB gegen Mitgesellschafter bei Illiquidität der Gesellschaft

Der Regressanspruch des zahlenden Gesellschafters *A* gegen seine Mitgesellschafter *L* und *E* gem. § 110 HGB i. V. m. §§ 128 S. 1, 124 Abs. 1 HGB kann ausnahmsweise in Betracht kommen, wenn *A* als aufwendungsersatzberechtigter Gesellschafter von der Gesellschaft keine Befriedigung mehr erlangen kann.[16] Schließlich hätte der Gläubiger auch jeden anderen Mitgesellschafter in Anspruch nehmen können mit der Folge, dass der Mitgesellschafter den Gesellschaftsgläubiger wie der zahlende Gesellschafter hätte befriedigen müssen. Der Zufall, welcher Gesellschafter auf Verlangen des Gesellschaftsgläubigers zahlen muss, rechtfertigt es nicht, dass der in Anspruch Genommene nunmehr keine Erstattung von seinen Mitgesellschaftern verlangen kann.[17] Wäre die Gesellschaft nicht liquide, erhielte der den Gläubiger befriedigende Gesellschafter seine Aufwendungen nicht erstattet und hätte im Ergebnis die Forderung des Gläubigers allein getilgt, obwohl seine Mitgesellschafter gem. § 128 S. 1 HGB als Gesamtschuldner für diese Forderung mitgehaftet haben. Der vom Gläubiger in Anspruch genommene Gesellschafter müsste mithin das Haftungsrisiko bis zur Auflösung der Gesellschaft alleine tragen.[18] Daher kann es gerechtfertigt sein, dem in Anspruch genommenen Gesellschafter bereits während des Bestehens der Gesellschaft ausnahmsweise aus Gerechtigkeitsgründen einen Ausgleichsanspruch gegen seine Mitgesellschafter nach § 110 HGB i. V. m. §§ 128 S. 1, 124 Abs. 1 HGB zuzubilligen, wenn er von der Gesellschaft selbst keine Befriedigung mehr erlangen kann.

Die Finanzlage der L & Co. OHG war sehr angespannt und es drohte ihr bereits die Insolvenz, weil sie nicht einmal die dringend erforderlichen Reparaturen an der Lagerhalle bezahlen konnte, hätte ihr nicht deswegen *A* ein Darlehen gegeben. Deshalb wird *A* voraussichtlich seine Aufwendungen von der L & Co. OHG für die von ihm beglichene Schadensersatzforderung gegen die Gesellschaft unter zumutbaren Bedingungen nicht erstattet erhalten, zumal der Betrag von 10.000 EUR nicht geringfügig ist. Steht aber fest, dass die OHG dem Gesellschafter die Aufwendungen nicht erstatten kann, muss dieser nicht erst einen vergeblichen Vollstreckungsversuch bei der OHG unternehmen.[19]

Danach liegen die Voraussetzungen eines Rückgriffs von *A* gegen seine Mitgesellschafter *L* und *E* gem. § 110 HGB i. V. m. §§ 128 S. 1, 124 Abs. 1 HGB grundsätzlich vor. Allerdings kann *A* seine Mitgesellschafter *L* und *E* nicht auf das Ganze, sondern lediglich pro rata in Höhe ihrer Verlustquote in Anspruch nehmen.[20] *A* kann daher von *L* 4.000 EUR (= 2/5 der Verlustquote), und von *E* 3.000 EUR (= 3/10 der Verlustquote) verlangen und muss 3.000 EUR (= 3/10 der Verlustquote) selbst tragen.

---

[16] Vgl. BGHZ 37, 299 (301 f.); EBJS/*Bergmann*, § 110 Rn. 29; Heymann/*Emmerich*, § 110 Rn. 15; Staudinger/*Habermeier*, § 705 Rn. 45 (für GbR).
[17] Vgl. BGHZ 37, 299 (302).
[18] Vgl. *Hueck A.*, § 18 III 2 (S. 268 f.).
[19] Vgl. dazu *BGH* NJW 1980, 339 (340).
[20] Vgl. BGHZ 37, 299 (301 f.) m. w. N.; EBJS/*Hillmann*, § 128 Rn. 32; Heymann/*Emmerich*, § 110 Rn. 15; Staudinger/*Habermeier*, § 705 Rn. 45 (für GbR).

b) Kein Regressanspruch nach § 110 HGB i. V. m. §§ 128 S. 1, 124 Abs. 1 HGB gegen Mitgesellschafter

Gegen die vorstehende Argumentation können aber gesetzessystematische Einwände zu erheben sein, die es rechtfertigen, an dem Grundsatz festzuhalten, dass die Gesellschafter ausnahmslos nicht für Sozialverbindlichkeiten gem. § 110 HGB i. V. m. §§ 128 S. 1, 124 Abs. 1 HGB haften.[21]

Ein solcher Regressanspruch unterliefe zum einen das Verbot der Nachschusspflicht gem. §§ 105 Abs. 3 HGB, 707 BGB.[22] Es besteht zum anderen auch keine Notwendigkeit, §§ 128 S. 1, 124 Abs. 1 HGB ausnahmsweise auf aus der Befriedigung eines Gesellschaftsgläubigers resultierende Sozialverbindlichkeiten gem. § 110 HGB anzuwenden. Sofern ein Gesellschafter den Anspruch eines Gesellschaftsgläubigers befriedigt, ist nach der gesetzlichen Systematik gerade für diesen Fall ein gesamtschuldnerischer Ausgleich unter den Gesellschaftern nach § 426 BGB vorgesehen (vgl. § 128 S. 1 HGB).[23] Darüber hinaus ist ein Rückgriff auf § 110 HGB i. V. m. §§ 128 S. 1, 124 Abs. 1 HGB auch nicht notwendig, um etwaigen gesellschaftsrechtlichen Besonderheiten Rechnung zu tragen. Diese Besonderheiten können wegen der offenen Formulierung des § 426 Abs. 1 S. 1 BGB („soweit nicht ein anderes bestimmt ist") auch im Rahmen des Gesamtschuldnerausgleiches gem. § 426 Abs. 1 S. 1 BGB berücksichtigt werden.[24] Gegenüber der Begründung zu § 110 HGB i. V. m. §§ 128 S. 1, 124 Abs. 1 HGB hat dieser Weg über § 426 BGB die größere Systemkonformität für sich. Auch bei § 426 Abs. 1 S. 1 BGB haften die im Regresswege in Anspruch genommenen mithaftenden Gesellschafter untereinander nicht mehr als Gesamtschuldner, sondern nur anteilig für ihre jeweilige Verlustquote.[25] Bei konsequenter Anwendung der Gesetzessystematik besteht somit keine Gerechtigkeitslücke, die eine Anwendung der §§ 128 S. 1, 124 Abs. 1 HGB auf die aus § 110 HGB resultierende Sozialverbindlichkeit rechtfertigen würde. Vielmehr wird der Grundsatz der Nichtanwendung von §§ 128 S. 1, 124 Abs. 1 HGB auf Sozialverpflichtungen aufrechterhalten und der Fall der Inanspruchnahme eines Gesellschafters nach §§ 128 S. 1, 124 Abs. 1 HGB dennoch zufrieden stellend unter Berücksichtigung gesellschaftsrechtlicher Besonderheiten gelöst.

A kann somit gegen seine Mitgesellschafter *L* und *E* keinen Regressanspruch gem. § 110 HGB i. V. m. §§ 128 S. 1, 124 Abs. 1 HGB geltend machen, sondern ist stattdessen auf einen Ausgleichsanspruch nach § 426 BGB angewiesen.

II. Anspruch von A aus § 426 Abs. 1 S. 1 BGB gegen L und E

A kann gem. § 426 Abs. 1 S. 1 BGB einen Anspruch auf anteilige Erstattung der beglichenen Schadensersatzforderung gegen *L* und *E* haben. Die Gesellschafter haften gem. §§ 128 S. 1, 124 Abs. 1 HGB für die Verbindlichkeiten der OHG gesamtschuldnerisch. Eine Gesamtschuld i. S. v. § 421 BGB liegt somit vor.

---

[21] MüKoBGB/*Schäfer*, § 705 Rn. 217; RWH/*Haas*, § 128 Rn. 3; Staub/*Habersack*, § 128 Rn. 12; PersG-HdB/*Wertenbruch*, Rz. I Rn. 415.
[22] Vgl. *OLG Koblenz* NJW-RR 1995, 486 (486 f.); Baumbach/Hopt/*Roth*, § 128 Rn. 22, Oetker/*Boesche*, § 128 Rn. 20; Schmidt K., GesR, § 49 V 2 (S. 1436 f.) m. w. N.
[23] RWH/*Haas*, § 128 Rn. 3, 11; Schmidt K., GesR, § 49 V 2 (S. 1436 f.) m. w. N.
[24] *BGH* NJW 1980, 339 für eine GbR; Schmidt K., GesR, § 49 V 2 (S. 1436 f. m. w. N.); *ders.*, ZHR 137 (1973), 509 (518).
[25] So allgemein für § 426 Abs. 1 BGB Palandt/*Grüneberg*, § 426 Rn. 7; speziell für die Gesellschafter einer Gesamthand BGHZ 37, 299; *BGH* NJW 1980, 339 (340); KKRM/*Kindler*, §§ 128, 129 Rn. 10; *Grunewald*, § 2 Rn. 48; Schmidt K., GesR, § 49 V 2 (S. 1436 f.); PersG-HdB/*Wertenbruch*, Rz. I Rn. 982; Schmidt K., ZHR 137 (1973), 509 (519).

1. Subsidiarität der Haftung der Mitgesellschafter aus § 426 Abs. 1 S. 1 BGB

Grundsätzlich kann ein Gesamtschuldner gem. § 426 Abs. 1 S. 1 BGB unmittelbar auf Ausgleich in Anspruch genommen werden. A kann es aber aufgrund der ihm obliegenden gesellschaftsrechtlichen Treuepflicht untersagt sein, seine Mitgesellschafter L und E unmittelbar gem. § 426 Abs. 1 S. 1 BGB in Regress zu nehmen. Die gesellschaftsrechtliche Treuepflicht gebietet es, dass sich ein Gesellschafter wegen seines Aufwendungsersatzanspruchs in erster Linie an die Gesellschaft halten muss, und er seine Mitgesellschafter nur in Anspruch nehmen kann, wenn eine Befriedigung aus dem Gesellschaftsvermögen nicht oder nicht ohne besondere Schwierigkeiten möglich ist.[26] Die Mitgesellschafter haften also nur subsidiär.

Der L & Co. OHG droht die Insolvenz und sie ist kaum mehr in der Lage, ihren laufenden Verpflichtungen nachzukommen. Daher kann nicht davon ausgegangen werden, dass A seinen Aufwendungsersatzanspruch gem. § 110 HGB aus dem Gesellschaftsvermögen befriedigt erhält. Folglich kann A – unter Wahrung des Grundsatzes der Subsidiarität – L und E unmittelbar in Anspruch nehmen.

2. Umfang der Haftung nach § 426 Abs. 1 S. 1 BGB

Gem. § 426 Abs. 1 S. 1 BGB sind die Gesamtschuldner A, L und E im Verhältnis zueinander zu gleichen Anteilen verpflichtet, soweit nicht ein anderes bestimmt ist. Eine solche andere Bestimmung im Sinne des § 426 Abs. 1 S. 1 BGB ergibt sich konkludent aus der gesellschaftsvertraglichen Gewinn- und Verlustabrede. Danach hat A entsprechend seinem Anteil an der Gesellschaft 3/10 des Verlustes, also 3.000 EUR der verauslagten Schadensersatzleistung von 10.000 EUR, selbst zu tragen. Die Mitgesellschafter haften ihm für den restlichen Betrag nur pro rata ihrer jeweiligen Verlustbeteiligung.[27] A kann von L somit Zahlung von 2/5, also 4.000 EUR, und von E die restlichen 3/10, nämlich 3.000 EUR, verlangen.

III. Anspruch aus § 426 Abs. 2 S. 1 BGB

A hat gegen L und E zudem einen Anspruch aus § 426 Abs. 2 S. 1 BGB auf Zahlung von 10.000 EUR, wenn in dieser Höhe die Schadensersatzforderung von M gegen die OHG gem. §§ 475 S. 1, 467 HGB auf ihn, A, übergegangen ist.

Für die Anwendbarkeit des § 426 Abs. 2 S. 1 BGB kann angeführt werden, dass diese Norm nach der Systematik des § 426 BGB automatisch eingreift, wenn ein Anspruch aus § 426 Abs. 1 S. 1 BGB besteht,[28] denn sie soll diesen Anspruch durch Rückgriff auf für den Drittgläubiger bestellte Sicherheiten abstützen. Diesen Schutz benötigt auch ein Gesellschafter, der eine Verbindlichkeit gegen eine illiquide OHG erfüllt hat.

Gegen die Anwendbarkeit von § 426 Abs. 2 BGB auf das Verhältnis der Gesellschafter untereinander lässt sich aber anführen, dass zwischen der Gesellschaftsverbindlichkeit und der Haftung des Gesellschafters für diese Verbindlichkeit kein Gesamtschuldverhältnis besteht.[29] Leistet der Gesellschafter auf die Gesellschafts-

---

[26] Vgl. KKRM/*Kindler*, §§ 128, 129 Rn. 9f.; RWH/*Haas*, § 128 Rn. 5; *Hueck A.*, § 21 V 1 (S. 329f.); *Schmidt K.*, GesR, § 49 I 2b (S. 1412); siehe auch unter B. I. 2. b).

[27] Vgl. *BGH* NJW-RR 2002, 456; KKRM/*Kindler*, §§ 128, 129 Rn. 10; PersG-HdB/*Wertenbruch*, Rz. I Rn. 982; *Wiedemann*, GesR II, § 3 III 3d) cc) (S. 237), § 8 III 3b) (S. 734).

[28] *Schmidt K.*, ZHR 137 (1973), 509ff., insb. 518.

[29] Ganz h. A.; vgl. BGHZ 39, 319 (323 f.); Baumbach/Hopt/*Roth*, § 128 Rn. 19; Staub/*Habersack*, § 128 Rn. 20, 23; *Schmidt K.*, GesR, § 49 II 4b (S. 1421 f.); *Windbichler*, § 14 Rn. 20.

verbindlichkeit und bringt diese damit zum Erlöschen, würde der Übergang des Anspruchs des Gläubigers gegen die Gesellschaft auf den leistenden Gesellschafter am Fehlen des von § 426 BGB geforderten Gesamtschuldverhältnisses scheitern.[30] Allerdings würde der Grundsatz der Akzessorietät zwischen der Schuld der Gesellschaft und der Haftung der Mitgesellschafter (vgl. § 129 HGB) durchbrochen, wenn nur der Anspruch des Gläubigers gegen die Mitgesellschafter und nicht der gegen die Gesellschaft auf den zahlenden Gesellschafter übergeht.[31] Schließlich haften die einzelnen Gesellschafter gegenüber *M* als Gesamtschuldner, so dass in ihrem Verhältnis zueinander an sich § 426 Abs. 2 S. 1 BGB anwendbar ist.

Mit Rücksicht auf das Fehlen des Gesamtschuldverhältnisses zwischen Gesellschaftsschuld und persönlicher Haftung der Gesellschafter kann dem zahlenden Gesellschafter über einen Analogieschluss zu § 774 BGB Schutz gewährt werden.[32] Danach geht der Anspruch des Drittgläubigers gegen die Gesellschaft auf den zahlenden Gesellschafter über, während die Ansprüche des befriedigten Gläubigers gegen die Mitgesellschafter nicht auf den leistenden Gesellschafter übergehen, weil sich die Mitgesellschafter untereinander analog § 774 Abs. 2 BGB nur als Gesamtschuldner ausgleichen.[33] Auf diese Weise wird sowohl dem fehlenden Gesamtschuldverhältnis zwischen der Gesellschaftsschuld und der akzessorischen Gesellschafterhaftung Rechnung getragen als auch systemgerecht ein Ausgleich zwischen den Gesellschaftern über § 426 Abs. 1 BGB (i. V. m. § 774 Abs. 2 BGB analog) herbeigeführt. Für die Anwendbarkeit von § 426 Abs. 2 BGB zur Begründung eines Regressanspruchs des auf die Gesellschaftsschuld leistenden Gesellschafters gegenüber seinen Mitgesellschaftern besteht daher keine Notwendigkeit.

A hat somit keinen Anspruch gegen *E* und *L* aus § 426 Abs. 2 BGB.

IV. Ergebnis zu B

A kann von *L* und *E* seine Aufwendungen nach § 426 Abs. 1 S. 1 BGB erstattet verlangen, weil er von der illiquiden OHG keinen Ersatz erhalten kann. Sein Anspruch ist aber beschränkt auf den Betrag, der seine eigene Verlustbeteiligungsquote übersteigt. *A* kann also nur i. H. v. 7.000 EUR Erstattung verlangen, und zwar von *L* 4.000 EUR und von *E* 3.000 EUR. *L* und *E* haften *A* dabei nicht als Gesamtschuldner.

C. Frage 3: Ansprüche des A auf Rückzahlung des Darlehens

A kann gegen *L* und *E* als Gesamtschuldner gem. § 488 Abs. 1 S. 2 BGB i. V. m. §§ 128 S. 1, 124 Abs. 1 HGB Ansprüche auf Zahlung von 50.000 EUR haben.

I. Verbindlichkeit der OHG

Ein Anspruch von *A* gegen die L & Co. OHG auf Rückzahlung des Darlehensbetrages i. H. v. 50.000 EUR besteht gem. § 488 Abs. 1 S. 2 BGB i. V. m. § 124

---

[30] Siehe nur BGHZ 39, 319 (323 ff.).
[31] Vgl. die Darstellung bei *Schmidt K.*, ZHR 137 (1973), 509 (516 ff.) m. w. N.
[32] KKRM/*Kindler*, §§ 128, 129 Rn. 10; Staub/*Habersack*, § 128 Rn. 43; *Schmidt K.*, GesR § 49 V 1 (S. 1435 f.); *Wiedemann*, GesR II, § 3 III 3d) cc) (S. 236); *Kubis*, S. 107 ff., 120; *Wiedemann*, WM Beilage 7/1992, 36; a. A. Oetker/*Boesche*, § 128 Rn. 38; PersG-HdB/*Wertenbruch*, Rz. I Rn. 403, 982a.
[33] *Schmidt K.*, GesR, § 49 V 1 (S. 1436).

Abs. 1 HGB. Der Gesellschafter einer OHG kann eine nicht aus dem Gesellschaftsverhältnis herrührende Forderung gegen die Gesellschaft grundsätzlich wie ein Außenstehender geltend machen.[34]

II. Haftung gem. § 128 HGB

Für diesen Rückzahlungsanspruch können L und E nach § 128 S. 1 HGB haften.

1. Keine Sozialverbindlichkeit

Bei dem Darlehensrückzahlungsanspruch von A darf es sich nicht um eine Sozialverbindlichkeit der OHG handeln, für die eine Haftung von L und E nach § 128 HGB ausscheidet.[35] Indessen macht allein der Umstand, dass A als Gläubiger zugleich Gesellschafter der L & Co. OHG ist, die Gesellschaftsverbindlichkeit noch nicht zu einer Sozialverbindlichkeit. Letztere wird vielmehr dadurch charakterisiert, dass der Anspruch dem Gesellschafter aufgrund des Gesellschaftsvertrages aus den Innenbeziehungen zwischen ihm und der Gesellschaft erwächst.[36] Gewährt der Gesellschafter der OHG ein Darlehen, handelt er nicht aufgrund des Gesellschaftsvertrages in seiner Eigenschaft als Gesellschafter, sondern als Kreditgeber wie ein gewöhnlicher Dritter. Für diese rechtliche Einordnung der Verbindlichkeit ist die „zufällige" gleichzeitige Gesellschafterstellung unerheblich. Folglich ist der Darlehensrückzahlungsanspruch von A gegen die L & Co. OHG keine Sozialverbindlichkeit der Gesellschaft. Es handelt sich bei der Forderung von A gegen die L & Co. OHG folglich um eine Drittforderung.

2. Drittgläubigerbeziehung und Gesellschafterstellung

A kann seinen Darlehensrückzahlungsanspruch gegen die L & Co. OHG gem. §§ 128 S. 1, 124 Abs. 1 HGB gegenüber L und E geltend machen, falls dem nicht gesellschaftsrechtliche Besonderheiten entgegenstehen.

a) Subsidiarität

A kann als Gesellschafter der L & Co. OHG gehalten sein, seine Mitgesellschafter L und E erst dann für seinen Anspruch auf Darlehensrückzahlung in Haftung zu nehmen, wenn er zunächst ergebnislos versucht hat, von der L & Co. OHG Befriedigung zu erlangen. Eine solche Verpflichtung von A kann sich aus der ihn treffenden Treuepflicht gegenüber seinen Mitgesellschaftern L und E ergeben. Unabhängig davon, dass A bei der Kreditgewährung wie ein außenstehender Dritter in Rechtsbeziehungen zu der Gesellschaft getreten ist, unterliegt er als Gesellschafter aber weiterhin der Treuepflicht.[37] Die Treuepflicht kann „unteilbar" mit seiner Person verbunden sein und daher auch seine Stellung als (Dritt-)Gläubiger bestimmen. Die Treuepflicht kann es A somit gebieten, sich wegen der Befriedigung seiner Drittforderung zunächst an die L & Co. OHG, und erst subsidiär – wenn von der

---

[34] Baumbach/Hopt/*Roth*, § 124 Rn. 54. Aus der Treuepflicht kann sich aber ergeben, dass der Gesellschafter bei der Inanspruchnahme der Gesellschaft Nachsicht üben muss; vgl. dazu *Hueck A.*, § 21 V Fn. 54 (S. 327).
[35] Vgl. B. I. 2. b).
[36] Vgl. BeckOK BGB/*Schöne*, § 705 Rn. 124 f.; Erman/*Westermann H. P.*, § 705 Rn. 53 f.; MüKoBGB/*Schäfer*, § 705 Rn. 197 f.; NK-BGB/*Heidel*, § 705 Rn. 187; Staub/*Schäfer*, § 105 Rn. 217.
[37] Siehe hierzu bereits B. II. 1.

Fall 13. Nicht ganz vergeblicher Gesellschafteraufwand

Gesellschaft keine Befriedigung zu erlangen ist – an seine Mitgesellschafter *L* und *E* zu halten.[38]

Gegen diese Argumentation ist aber einzuwenden, dass die wegen einer Drittforderung von *A* in Anspruch genommenen Mitgesellschafter *L* und *E* nicht schutzwürdig sind, so dass aus der dem *A* obliegenden Treuepflicht ein Gebot, sie nur subsidiär in Anspruch zu nehmen, nicht besteht.[39] Ein von einem Gläubiger in Anspruch genommener Gesellschafter hat nicht nur einen Aufwendungsersatzanspruch gegen die Gesellschaft gem. § 110 HGB, sondern bei drohender Inanspruchnahme auch gem. § 257 S. 1 BGB einen Freistellungsanspruch gegen die Gesellschaft.[40] Macht der auf Haftung in Anspruch genommene Gesellschafter seinen Freistellungsanspruch gegen die Gesellschaft geltend, und erfüllt die Gesellschaft daraufhin die Gesellschaftsverbindlichkeit, muss der Gesellschafter zur Befriedigung des Gesellschaftsgläubigers nicht auf sein privates Vermögen zugreifen. Kann die Gesellschaft aber den Freistellungsanspruch des in Haftung genommenen Gesellschafters nicht erfüllen, muss der Gesellschafter auch bei Annahme einer grundsätzlichen Subsidiarität für die Drittforderung des Mitgesellschafters haften.

Einer Streitentscheidung bedarf es nicht. Wegen der drohenden Insolvenz der L & Co. OHG kann *A* keine Befriedigung seiner Darlehensrückzahlungsforderung aus dem Gesellschaftsvermögen erhalten. Er ist deshalb nach beiden Ansichten nicht an der Inanspruchnahme von *L* und *E* gehindert.[41]

b) Anrechnung des eigenen Verlustanteils

A kann verpflichtet sein, *L* und *E* nicht in Höhe der vollen Darlehenssumme von 50.000 EUR in Anspruch zu nehmen, sondern seinen eigenen Verlustanteil mindernd zu berücksichtigen. *A* ist nicht nur Gläubiger der Forderung gegenüber der Gesellschaft, sondern trägt gleichzeitig als Gesellschafter selbst einen Verlustanteil. Jeder in Anspruch genommene Gesellschafter kann seinerseits von den Mitgesellschaftern Ersatz in Höhe des auf jeden entfallenden Verlustanteils fordern.[42] Erhielte *A* von *L* bzw. von *E* die vollen 50.000 EUR, bekäme er mehr, als ihm letztlich zusteht. Seine volle Befriedigung würde wiederum teilweise Regressansprüche von *L* oder *E* gegen ihn gem. § 426 Abs. 1, 2 BGB auslösen. *A* müsste aufgrund dieser Regressansprüche *L* und *E* den Betrag erstatten, den er wegen seines eigenen Verlustanteils selbst zu tragen verpflichtet ist. Es widerspricht dem Grundsatz von Treu und Glauben eine Forderung geltend zu machen, die unverzüglich an den Schuldner zurück zu gewähren ist (dolo agit, qui petit, quod statim redditurus est).[43] Demnach muss *A* sich bei der Inanspruchnahme von *L* und *E* seinen eigenen

---

[38] *BGH* ZIP 2002, 394 (396); Baumbach/Hopt/*Roth*, § 128 Rn. 24; EBJS/*Hillmann*, § 128 Rn. 18; Heidel/Schall/*Freitag/Seeger*, § 128 Rn. 8; MüKoHGB/*K. Schmidt*, § 128 Rn. 20; RWH/*Haas*, § 128 Rn. 10; Staub/*Habersack*, § 128 Rn. 13, 26; *Grunewald*, § 1 Rn. 22; *Hueck A.*, § 21 V 1; *Windbichler*, § 14 Rn. 29; *Walter*, JuS 1982, 85 ff.
[39] RGZ 85, 157 (162); 153, 305 (311 f.); *BGH* NZG 2013, 1334 Rn. 32 ff.; BeckOK BGB/*Schöne*, § 705 Rn. 130; Erman/*Westermann H. P.*, § 705 Rn. 61; MüKoBGB/*Schäfer*, § 705 Rn. 203; Soergel/*Hadding/Kießling*, § 705 Rn. 57; Staudinger/*Habermeier*, § 705 Rn. 42; *Saenger*, Rn. 139, 208, 300; PersG-HdB/*Wertenbruch*, Rz. I Rn. 897a; *Windbichler*, § 14 Rn. 29.
[40] *BGH* NZG 2013, 1334 Rn. 34.
[41] Vgl. auch *BGH* NZG 2013, 1334 Rn. 34.
[42] Vgl. B. I., II.
[43] Vgl. auch *BGH* NJW 1983, 749; *Hueck A.*, § 21 V 2 (S. 330).

Verlustanteil abziehen lassen, um den sich deren Haftung gem. § 128 HGB vermindert.[44]

A ist i. H. v. 3/10 am Verlust der L & Co. OHG beteiligt. Der von ihm zu tragende Verlustanteil an seiner Drittforderung gegenüber der L & Co. OHG beläuft sich daher auf 15.000 EUR. L und E haften gegenüber A mithin lediglich i. H. v. (insgesamt) 35.000 EUR.

c) Haftung als Gesamtschuldner oder pro rata

A kann verpflichtet sein, den Betrag i. H. v. 35.000 EUR von E und L nicht gesamtschuldnerisch, sondern nur anteilig entsprechend ihrer jeweiligen Verlustquote zu verlangen.

aa) Pro-rata-Haftung

Für die Inanspruchnahme der Mitgesellschafter L und E durch den Gesellschafter-Gläubiger A nur pro rata kann angeführt werden, dass A als eine Drittforderung gegen die OHG besitzender Gesellschafter im Falle einer gesamtschuldnerischen Haftung seiner Mitgesellschafter gegenüber einem solchen Gesellschafter begünstigt wäre, der einen Gläubiger wegen einer Forderung gegen die OHG befriedigt und wegen dieser Sozialverbindlichkeit von seinen Mitgesellschaftern nur anteiligen Ausgleich verlangen kann.[45] Es würde sich dann für den von einem Dritten nach §§ 128 S. 1, 124 Abs. 1 HGB in Anspruch genommenen Gesellschafter anbieten, diesem seine Forderung abzukaufen und an sich abtreten zu lassen, um auf diese Weise selbst eine günstigere Drittgläubigerstellung zu erwerben. Der Ausgleich unter den Gesellschaftern solle aber in der Weise erfolgen, dass jeder entsprechend seinem Verlustanteil hafte, was ohne Umweg bei einer Haftung pro rata erreicht werde.[46]

Danach kann A lediglich 20.000 EUR von L und 15.000 EUR von E verlangen.

bb) Gesamtschuldnerische Haftung

Gleichwohl kann es geboten sein, es bei der Inanspruchnahme der Mitgesellschafter durch einen Gesellschafter-Gläubiger wegen einer Drittforderung gegen die Gesellschaft bei der gesamtschuldnerischen Haftung gem. § 128 S. 1 HGB zu belassen.[47]

Gegen eine pro-rata-Haftung ist entscheidend einzuwenden, dass A dann das Risiko der Zahlungsunfähigkeit von E oder L tragen müsste, während er bei einer gesamtschuldnerischen Haftung von E und L besser stünde. Seine gleichzeitige Besserstellung gegenüber dem Gesellschafterregress wegen einer Sozialverbindlichkeit[48] erscheint nicht ungerechtfertigt. A war nämlich zur Gewährung des Darlehens an die Gesellschaft, anders als zur Befriedigung der Gesellschaftsverbindlichkeit, nicht verpflichtet. Er ist der Gesellschaft durch seine Darlehensgewährung vielmehr freiwillig

---

[44] Ganz h. M., vgl. BGH NJW 1983, 749; ZIP 2002, 394 (396); BeckOK BGB/*Schöne*, § 705 Rn. 130; MüKoBGB/*Schäfer*, § 705 Rn. 203; Baumbach/Hopt/*Roth*, § 128 Rn. 24; Staub/ *Habersack*, § 128 Rn. 13, 25.

[45] *Wiedemann*, GesR II, § 8 III 3b (S. 734); *Walter*, JuS 1982, 81 (86); *Prediger*, BB 1971, 245 (248).

[46] *Prediger*, BB 1971, 245 (248).

[47] H. A., vgl. *BGH* NJW 1983, 749 m. w. N. (für den Fall einer GbR) sowie aus der Literatur statt aller Baumbach/Hopt/*Roth*, § 128 Rn. 24; MüKoBGB/*Schäfer*, § 705 Rn. 220, § 714 Rn. 39; *Hueck A.*, § 21 V (S. 329); *Windbichler*, § 14 Rn. 29; PersG-HdB/*Wertenbruch*, Band I Rz. I Rn. 897a, 985.

[48] Vgl. oben B. I. 2. b).

Fall 13. Nicht ganz vergeblicher Gesellschafteraufwand 173

entgegen gekommen. Für *E* und *L* bedeutet die gesamtschuldnerische Haftung gegenüber *A* auch keine unbillige Härte. Hätte *A* der Gesellschaft kein Darlehen gewährt, hätte diese es bei einem Dritten aufnehmen müssen. Auch in diesem Fall hätten die Gesellschafter als Gesamtschuldner nach §§ 128 S. 1, 124 Abs. 1 HGB für die Rückzahlung gehaftet. Darüber hinaus lässt sich dem für die pro-rata-Haftung angeführten Argument, wonach es sich für den von einem Dritten nach § 128 HGB in Anspruch genommenen Gesellschafter anbiete, diesem seine Forderung abzukaufen, entgegenhalten, dass einem solchen Verhalten wirksam mit der exceptio doli begegnet werden kann.[49]

E und *L* haften somit für die von *A* geltend gemachte Drittgläubigerforderung gesamtschuldnerisch gem. § 128 S. 1 HGB i. H. v. 35.000 EUR.

III. Ergebnis zu C

A hat einen Zahlungsanspruch i. H. v. 35.000 EUR gegen *L* und *E* als Gesamtschuldner gem. § 488 Abs. 1 S. 2 BGB i. V. m. §§ 128 S. 1, 124 Abs. 1 HGB.

---

[49] Vgl. *Hueck A.*, § 21 V Fn. 59 (S. 329).

Fall 14. Die fehlgeschlagene Haftungsfreistellung

Schwerpunkte im Handels- und Personengesellschaftsrecht:
Vertretungsregelungen – § 31 BGB analog – Einwendungen gem. § 129 HGB – Handelsvertreterrecht – Erlassvertrag – Vertragsübernahme

Sachverhalt

Marx (M) ist Inhaber eines einzelkaufmännischen Unternehmens, dessen Zweck darauf gerichtet ist, für andere Unternehmen den Absatz ihrer Produkte zu vermitteln. Eine solche Tätigkeit übt er unter anderem für den Spirituosenhersteller *Bacchus (B)* aus, der in seiner Produktpalette einen Cognac führt.

Aufgrund einer allgemein günstigen Konjunkturlage entwickeln sich die Geschäfte von *M* so gut, dass er zwecks Vergrößerung des Unternehmens einen Geschäftspartner sucht. In dieser Hinsicht verhandelt er mit *Engels (E)*, der ebenfalls als Handelsvertreter tätig ist. Am 6.8.2017 wird privatschriftlich ein Gesellschaftsvertrag (GV) vereinbart, in dem es unter anderem heißt:

§ 1. Marx und Engels führen ihre Geschäfte vom 1.10.2017 an gemeinsam unter der Firma Marx & Co. Zu diesem Zweck bringen beide Gesellschafter ihre bestehenden Unternehmen mit allen Aktiva und Passiva in die Gesellschaft ein.

§ 2. Die Gesellschafter sind nur gemeinsam zum Führen der Geschäfte befugt; das gilt insbesondere für den Neuabschluss und die Kündigung von Handelsvertreterverträgen.

Die Gesellschaft wird nicht zum Handelsregister angemeldet. *M* und *E* teilen ihren jeweiligen Unternehmern noch im August 2017 den Inhalt von § 1 der getroffenen Vereinbarung mit und bitten um Zustimmung. Diese erklären bis September 2017 ihr Einverständnis, da die von *M* und *E* jeweils vertriebenen Produkte nicht in Konkurrenz zueinander stehen. Daraufhin nehmen *M* und *E* ihre gemeinsame Geschäftstätigkeit auf.

Am 12.10.2017 schließt *E* namens der Marx & Co. mit dem Spirituosenhersteller *Dionysos (D)*, der ebenfalls einen Cognac herstellt, einen Handelsvertretervertrag ab. Als *M* hiervon erfährt, ist er empört und widerspricht heftig. Dennoch tätigt *E* am 17., 20. und 26.10.2017 namens der Marx & Co. mehrere Aufträge für *D*; insbesondere vermittelt er größere Mengen Cognac. Hierfür erhält Marx & Co. insgesamt 1.000 EUR Provision. Am 27.10.2017 erfährt *B* von diesen Geschäften. Noch am selben Tag teilt er Marx & Co. mit, dass diese Konkurrenztätigkeit für ihn unzumutbar sei. *B* kündigt deshalb den Vertrag mit Marx & Co. fristlos und macht Schadensersatz wegen entgangenen Gewinns i. H. v. 6.000 EUR geltend.

M verhandelt daraufhin am 30.10.2017 mit *B* und will erreichen, dass dieser seine Entscheidung rückgängig macht. *B* hält an der Kündigung und seiner Geldforderung fest. Als Entgegenkommen erklärt er aber gegenüber *M*, er verzichte auf seine Schadensersatzforderung gegenüber Marx & Co. unter dem Vorbehalt, dass er E in Anspruch nehmen könne. M ist mit dieser Regelung einverstanden. Als B seinen Anspruch gegen E geltend macht, lehnt dieser die Zahlung mit der Begründung ab, er verweigere der zwischen B und Marx & Co. getroffenen Abrede die Anerkennung. B ist äußerst verärgert und verlangt daraufhin von Marx & Co. die Zahlung von 6.000 EUR. Diese verweist auf die mit B getroffene Vereinbarung und verweigert ebenfalls die Zahlung. Zu Recht?

Abwandlung: Kann B von Marx & Co. Schadensersatz fordern, wenn E den Handelsvertretervertrag mit D in seinem eigenen Namen abschließt und die Provision für die vermittelten Aufträge erhält? (Dabei ist davon auszugehen, dass zwischen B und Marx & Co. keine Abrede über die Geltendmachung der Forderung getroffen worden ist.)

Lösung

A. Ausgangsfall

I. Anspruch von B gegen Marx & Co. auf Zahlung von 6.000 EUR

B kann gegen Marx & Co. einen Anspruch auf Ersatz des entgangenen Gewinns i. H. v. 6.000 EUR gem. §§ 280 Abs. 1, 241 Abs. 2 BGB i. V. m. § 124 HGB haben, wenn Marx & Co. eine Nebenpflicht ihres mit B bestehenden Handelsvertretervertrages schuldhaft verletzt hat.

1. Entstehen der Gesellschaft

Das setzt gem. § 124 Abs. 1 HGB zunächst voraus, dass Marx & Co. wirksam als OHG entstanden ist.

a) Innenverhältnis

Zwischen M und E kann am 6.8.2017 die Gründung einer OHG gem. § 105 HGB i. V. m. § 705 BGB vereinbart worden sein. Die gegenseitige Verpflichtung von M und E, ihre Geschäfte künftig unter einer gemeinschaftlichen Firma zu führen, erfüllt das Erfordernis der Einigung auf einen Gesellschaftsvertrag i. S. v. § 705 BGB. Darüber hinaus müssen auch die weiteren Anforderungen von § 105 Abs. 1 HGB erfüllt sein. Der von M und E vereinbarte Gesellschaftszweck ist auf den Betrieb eines Handelsgewerbes, nämlich die Geschäfte der Handelsvertreter (§ 1 Abs. 1 i. V. m. §§ 84 ff. HGB), gerichtet. Ferner enthält der Gesellschaftsvertrag keine Bestimmung, wonach bei einem Gesellschafter die Haftung gegenüber den Gesellschaftsgläubigern beschränkt ist (vgl. § 105 Abs. 1 HGB). Die von M und E vereinbarte gemeinsame Firma erfüllt wegen Fehlen des gem. § 19 Abs. 1 Nr. 2 HGB erforderlichen Rechtsformzusatzes „offene Handelsgesellschaft" oder einer allgemein verständlichen Abkürzung dieser Bezeichnung (z. B. „OHG", „oHG") zwar nicht die an eine Firmenbildung gestellten Anforderungen. Die Bildung einer handelsrechtlich zulässigen Firma ist jedoch entgegen des insoweit missverständlichen Wortlauts von § 105 Abs. 1 HGB keine Voraussetzung für die Gründung einer OHG.[1] Zwischen M und E ist daher am 6.8.2017 im Innenverhältnis eine OHG entstanden.

---

[1] Baumbach/Hopt/*Roth*, § 105 Rn. 5; EBJS/*Wertenbruch*, § 105 Rn. 43; KKRM/*Kindler*, § 105 Rn. 11; MüKoHGB/*Schmidt K.*, § 105 Rn. 43; a. A. offenbar PersG-HdB/*Westermann H. P.*, Rz. I Rn. 127.

Fall 14. Die fehlgeschlagene Haftungsfreistellung 177

b) Außenverhältnis

Die OHG muss auch nach außen wirksam entstanden sein. Gem. § 123 Abs. 1 HGB tritt die Wirksamkeit einer OHG gegenüber Dritten mit dem Zeitpunkt ein, in welchem die Gesellschaft in das Handelsregister eingetragen wird. Die Marx & Co. wurde jedoch nicht in das Handelsregister eingetragen. Sie ist demnach nicht gem. § 123 Abs. 1 HGB nach außen wirksam entstanden. Die Gesellschaft betreibt aber entsprechend der Vermutung des § 1 Abs. 2, 2. Halbs. HGB[2] ein Handelsgewerbe.[3] Sie kann folglich gem. § 123 Abs. 2, 2. Halbs. HGB nach außen wirksam entstanden sein, in dem sie ihre Geschäfte aufgenommen hat.[4]

M und *E* haben nach der Einverständniserklärung ihrer jeweiligen Unternehmer im September 2017 ihre gemeinsame Geschäftstätigkeit aufgenommen. Die OHG ist damit ab diesem Zeitpunkt nach außen wirksam entstanden. Die Gesellschaft ist somit sowohl im Außen- als auch im Innenverhältnis wirksam entstanden.

2. Verletzung einer vertraglichen Nebenpflicht durch die OHG

Ferner muss die Gesellschaft gem. §§ 280 Abs. 1, 241 Abs. 2 BGB i.V.m. § 124 Abs. 1 HGB für die Verletzung einer vertraglichen Nebenpflicht gegenüber *B* haften. Die OHG haftet gem. §§ 280 Abs. 1, 241 Abs. 2 BGB i.V.m. § 124 Abs. 1 HGB wegen Verletzung einer vertraglichen Nebenpflicht des Handelsvertreterverhältnisses, wenn zwischen ihr und *B* ein Handelsvertretervertrag besteht und sie eine aus diesem Vertrag folgende Pflicht schuldhaft verletzt hat.

a) OHG als Handelsvertreter von B

Zunächst muss also ein Handelsvertreterverhältnis zwischen der Gesellschaft und *B* vorliegen. Ursprünglich bestand das Handelsvertreterverhältnis zwischen *B* und *M*. Dieses Vertragsverhältnis kann jedoch im Wege der Vertragsübernahme von *M* auf die OHG übergegangen sein. Die Vertragsübernahme ist eine im Wege der Rechtsfortbildung entstandene, allgemein anerkannte Rechtsfigur.[5] Sie stellt eine rechtsgeschäftliche Übertragung eines Schuldverhältnisses dar und bewirkt den Eintritt einer Vertragspartei anstelle der bisherigen Vertragspartei.[6] Für das wirksame Zustandekommen der Vertragsübernahme ist ausreichend, dass sich die eintretende und die ausscheidende Vertragspartei über den Übergang des Schuldverhältnisses einig sind und der andere Teil dem zustimmt.[7] Wie sich aus § 1 S. 2 GV ergibt, waren sich *M* und *E* als die künftigen Gesellschafter der zu gründenden OHG einig, dass das

---

[2] Zur Vermutungswirkung des § 1 Abs. 2, 2. Halbs. HGB vgl. EBJS/*Kindler*, § 1 Rn. 42 ff.; RWH/*Röhricht*, § 1 Rn. 119 ff.; *Schmidt K.*, ZIP 1997, 909 (912); *ders.*, NJW 1998, 2161 (2162); *Schaefer*, ZNotP 1998, 170 (172) und kritisch *Kögel*, BB 1997, 793 (801); *Schöne*, ZAP, Fach 15, 267 (272).
[3] Zu den materiellen Anforderungen an die Kaufmannseigenschaft vgl. RWH/*Röhricht*, § 1 Rn. 12 ff. und 98 ff.; *Schmidt K.*, HandelsR, § 10 IV (S. 381 ff.); *ders.*, NJW 1998, 2161 (2162 f.); *ders.*, ZHR 163 (1999), 87 ff.; *Bydlinski*, ZIP 1998, 1169 (1171 f.); *Schöne*, ZAP, Fach 15, 267 (269 f.).
[4] Zu § 123 Abs. 2 HGB vgl. Baumbach/Hopt/*Roth*, § 123 Rn. 13; EBJS/*Hillmann*, § 123 Rn. 14 ff.; RWH/*Haas*, § 123 Rn. 9 ff.; PersG-HdB/*Träger*, Rz. I Rn. 165 ff.
[5] Vgl. BGHZ 96, 302 (307 f.) m.w.N.
[6] BeckOK BGB/*Rohe*, §§ 414, 415 Rn. 26; Erman/*Röthel*, Vor § 414 Rn. 2, 9; MüKoBGB/*Bydlinski*, Vorb. § 414 Rn. 7; Palandt/*Grüneberg*, § 398 Rn. 41; *Coester*, MDR 1974, 803 ff.
[7] Zu den verschiedenen Möglichkeiten der Vereinbarung einer Vertragsübernahme vgl. BGHZ 72, 394 (395 f.); 96, 302 (308); *BGH* NJW 1985, 2528 (2530); BeckOK BGB/*Rohe*, §§ 414, 415 Rn. 27; MüKoBGB/*Bydlinski*, Vor § 414 Rn. 8; *Dörner*, NJW 1986, 2916 ff.

Handelsvertreterverhältnis von *M* auf die OHG übergehen soll. Das von *B* noch im September 2017 erklärte Einverständnis zu dem ihm mitgeteilten Gesellschaftsvertrag enthält die Zustimmung zu diesem Parteiwechsel. Die OHG ist folglich spätestens mit Aufnahme ihres Geschäftsbetriebes, d. h. mit Wirksamwerden der Gesellschaft im Außenverhältnis (§ 123 Abs. 2 i. V. m. § 1 Abs. 1 HGB), Handelsvertreter von *B* geworden. Ein Handelsvertreterverhältnis zwischen der OHG und *B* liegt demnach vor.

b) Verletzung der Interessenwahrungspflicht des Handelsvertreters

Zudem muss die Gesellschaft gem. §§ 280 Abs. 1, 241 Abs. 2 BGB eine Nebenpflicht aus diesem Handelsvertreterverhältnis verletzt haben. Die Verletzung einer Nebenpflicht des Handelsvertretervertrages kann aus einem Verstoß gegen die Pflicht zur Interessenwahrung gem. § 86 Abs. 1, 2. Halbs. HGB folgen. Für eine solche Vertragsverletzung finden die Vorschriften des allgemeinen Schuldrechts Anwendung. Für das Handelsvertreterverhältnis bestehen keine speziellen Gewährleistungsvorschriften.

Die Verletzung der Interessenwahrungspflicht kann in dem Abschluss des Handelsvertretervertrages mit *D* und/oder in den für ihn getätigten Geschäften liegen. Die Verpflichtung des Handelsvertreters zur Wahrung der Interessen seines Geschäftsherrn bedeutet, dass er bei seinen Verrichtungen alles zu tun hat, was der ihm obliegenden Aufgabe dienlich ist. Der Handelsvertreter hat daher jede Tätigkeit zu unterlassen, die geeignet ist, die Interessen seines Geschäftsherrn zu beeinträchtigen. Er darf deshalb ohne ausdrückliche Erlaubnis seines Unternehmers keine Konkurrenzprodukte vertreiben.[8] Der Handelsvertretervertrag braucht ein ausdrückliches Konkurrenzverbot nicht zu enthalten.[9] Die Spirituosenhersteller *D* und *B* stellen beide Cognac her. Sie führen also Konkurrenzprodukte. Es kann hier dahinstehen, ob bereits der Abschluss des Handelsvertretervertrages mit *D* eine Verletzung der Interessenwahrungspflicht gegenüber *B* darstellte, denn eine solche liegt jedenfalls in dem Vertrieb der Konkurrenzprodukte für *D*. Eine Verletzung einer vertraglichen Nebenpflicht aus dem Handelsvertretervertrag gem. §§ 280 Abs. 1, 241 Abs. 2 BGB ist mithin gegeben.

c) Verletzungshandlung der OHG

Die Verletzung dieser vertraglichen Nebenpflicht i. S. d. § 241 Abs. 2 BGB muss auch durch die OHG erfolgt sein. Dazu müssen die Konkurrenzgeschäfte mit Wirkung für die OHG getätigt worden sein. Die Konkurrenzgeschäfte für *D* sind von *E* namens der OHG vorgenommen worden. *E* muss dabei für eine wirksame Verpflichtung der OHG mit Vertretungsmacht gehandelt haben.

aa) Gesetzliche Vertretungsbefugnis von E

Zunächst kann *E* mit gesetzlicher Vertretungsbefugnis gehandelt haben. Grundsätzlich ist *E* als OHG-Gesellschafter gem. § 125 Abs. 1 HGB zur Alleinvertretung der OHG berechtigt. Die Vertretungsmacht erstreckt sich gem. § 126 Abs. 1 HGB auf

---

[8] BGHZ 42, 49 (61); EBJS/*Löwisch*, § 86 Rn. 20 f.; KKRM/*Roth*, § 86 Rn. 6; Staub/*Emde*, § 86 Rn. 88.
[9] *BGH* DB 1968, 211; Baumbach/Hopt/*Hopt*, § 86 Rn. 26 ff.; EBJS/*Löwisch*, § 86 Rn. 20; KKRM/*Roth*, § 86 Rn. 6; MüKoHGB/*von Hoyningen-Huene*, § 86 Rn. 33 ff.; RWH/*Thume*, § 86 Rn. 29. Zur Reichweite und zum Inhalt des aus der Interessewahrungspflicht folgenden Wettbewerbsverbots vgl. ausführlich Oetker/*Busche*, § 86 Rn. 25 ff.

Fall 14. Die fehlgeschlagene Haftungsfreistellung

die Vornahme aller Rechtsgeschäfte mit Dritten und umfasst damit sowohl den Abschluss des neuen Handelsvertretervertrages als auch den Vertrieb der Produkte von D.

bb) Einschränkung der Vertretungsbefugnis durch den Gesellschaftsvertrag

Die Vertretungsmacht von E kann aber durch § 2 GV, wonach nur beide Gesellschafter gemeinsam zum Führen der Geschäfte befugt sind, wirksam beschränkt worden sein. Der GV kann den Grundsatz der Alleinvertretungsmacht gem. § 125 Abs. 1 HGB abändern und gem. § 125 Abs. 2 S. 1 HGB Gesamtvertretung vorsehen. § 2 GV, der sich nach seinem Wortlaut nur auf die Geschäftsführung bezieht, kann nach seinem Sinn und Zweck auch als Anordnung der Gesamtvertretung ausgelegt werden. Demnach hätte E ohne Vertretungsmacht gehandelt. Möglicherweise können sich nach § 15 Abs. 1 HGB aber weder M noch die OHG gegenüber D auf die fehlende Vertretungsmacht von E berufen. Dann muss es sich bei der gesellschaftsvertraglichen Abänderung der gesetzlichen Vertretungsmacht um eine eintragungspflichtige Tatsache handeln. Gem. § 106 Abs. 1, Abs. 2 Nr. 4 HGB ist die Gesellschaft zur Eintragung in das Handelsregister anzumelden, wobei die Anmeldung auch die Vertretungsmacht der Gesellschafter zu enthalten hat. Gem. § 107, 5. Fall HGB ist auch die Änderung der Vertretungsmacht eines Gesellschafters zur Eintragung in das Handelsregister anzumelden. Die gesellschaftsvertragliche Abänderung der gesetzlichen Vertretungsmacht ist somit eine zum Handelsregister anzumeldende eintragungspflichtige Tatsache. Eine Anmeldung der Gesellschaft unter Angabe der gesellschaftsvertraglich vereinbarten Gesamtvertretungsregelung zum Handelsregister ist jedoch unterblieben. Daher können sich weder M noch die OHG gegenüber D auf die fehlende Vertretungsmacht von E berufen (§ 15 Abs. 1 HGB). Ohne diese Eintragung und Bekanntmachung kann die gesellschaftsvertragliche Anordnung der Gesamtvertretung nur dann gegen D wirken, wenn er von dieser Tatsache Kenntnis hatte. Dafür liegen jedoch keine Anhaltspunkte vor. Den Geschäftspartnern wurde lediglich § 1 GV mitgeteilt. Die Vertretungsbefugnis von E ist allein durch die Regelung in § 2 GV nicht wirksam beschränkt worden. E hat daher mit Vertretungsmacht gehandelt.

cc) Widerspruch durch M

Die Wirksamkeit der Vereinbarung des Handelsvertretervertrags mit D und der auf dessen Grundlage vorgenommenen Vermittlungsgeschäfte wird durch den von M gegenüber dem Mitgesellschafter E geäußerten Widerspruch ebenfalls nicht berührt. Der Widerspruch kann nur intern gegenüber einer Geschäftsführungsmaßnahme gem. § 115 Abs. 1, 2. Halbs. HGB relevant werden, wegen § 126 Abs. 2 HGB aber nicht gegenüber außenstehenden Dritten. Somit hat E die OHG wirksam vertreten. Das Konkurrenzgeschäft wurde mit Wirkung für die OHG getätigt. Die Verletzung der vertraglichen Nebenpflicht i. S. d. § 241 Abs. 2 BGB erfolgte somit auch durch die OHG.

Durch das Verhalten ihres Gesellschafters E im Zusammenhang mit den Geschäften für D hat die OHG daher ihre Interessenwahrungspflicht gegenüber B verletzt.

d) Verschulden

Eine Haftung aus § 280 Abs. 1 BGB setzt schließlich voraus, dass die Verletzung der Interessenwahrungspflicht der OHG gegenüber B schuldhaft erfolgt ist (vgl. § 280 Abs. 1 S. 2 BGB). Obwohl E wusste, dass D wie B einen Cognac führt, hat er mit ihm einen Handelsvertretervertrag abgeschlossen. *E* hat die gegenüber *B* bestehende Interessenwahrungspflicht, nämlich keine Konkurrenzprodukte an Dritte zu verkaufen, folglich in schuldhafter und damit von ihm zu vertretender Weise verletzt. Darüber hinaus hat es *E* ebenfalls schuldhaft unterlassen, bei *B* namens der OHG um Erlaubnis zu bitten, auch Konkurrenzgeschäfte durchführen zu dürfen. Er hat nichts unternommen, um eine Kollision mit den Interessen von *B* zu vermeiden.

Dieses Verschulden von *E* muss der OHG zurechenbar sein. Als Zurechnungsnorm bei Personenhandelsgesellschaften kommt die analoge Anwendung von § 31 BGB in Betracht.[10] § 31 BGB ist Ausdruck des allgemeinen Rechtsgedankens, wonach der Verband für die Schäden verantwortlich ist, die durch seine verfassungsmäßig berufenen Vertreter durch rechtswidrige schuldhafte Handlungen in Ausführung der ihnen zustehenden Verrichtungen gegenüber Dritten verursacht worden sind.[11] Somit ist in diesen Fällen eine analoge Anwendung des § 31 BGB auf Personengesellschaften zulässig.[12]

E ist sowohl bei Abschluss des Handelsvertretervertrages mit *D* als auch bei der Durchführung der Vermittlungsgeschäfte für diesen als Gesellschafter und somit als verfassungsmäßig berufener Vertreter der OHG aufgetreten. Damit sind auch die Voraussetzungen des § 31 BGB erfüllt.[13] Das Verschulden von *E* ist der OHG analog § 31 BGB zuzurechnen. Aufgrund der schuldhaften Verletzung einer vertraglichen Nebenpflicht i. S. d. § 241 Abs. 2 BGB ist die OHG grundsätzlich gem. §§ 280 Abs. 1, 31 BGB analog zum Schadensersatz verpflichtet.

3. Erlass der Schadensersatzpflicht

Die Gesellschaftsschuld kann durch die zwischen der OHG, vertreten durch *M*,[14] und *B* am 30.10.2017 getroffene Vereinbarung jedoch untergegangen sein. Die Einigung zwischen *B* und *M*, wonach *B* seine Schadensersatzforderung gegenüber der OHG nicht mehr geltend machen wird, hat das Erlöschen der Gesellschaftsschuld bewirkt, wenn dadurch ein wirksamer Erlassvertrag gem. § 397 BGB geschlossen worden ist.

a) Abrede als Erlassvertrag

Die zwischen *B* und der OHG getroffene Abrede muss demnach als Erlassvertrag einzuordnen sein. Der Einordnung der Abrede als Erlassvertrag kann allerdings

---

[10] So die h. M., die § 278 BGB auf Organverschulden nicht anwendet, z. B. BeckOK BGB/*Lorenz*, § 278 Rn. 10; Jauernig/*Stadler*, § 278 Rn. 17; Palandt/*Grüneberg*, § 278 Rn. 6; EBJS/*Hillmann*, § 124 Rn. 4; Heymann/*Emmerich*, § 126 Rn. 26; PersG-HdB/*Wertenbruch*, Rz. I Rn. 722; Wiedemann, GesR II, § 8 III 2a) bb) (S. 721 f.); Schmidt K., GesR, § 10 IV 2c) (S. 275), der „in Zweifelsfällen" aber die alternative Begründung der Zurechnung gem. §§ 31, 278 BGB zulässt.

[11] *Schmidt K.*, GesR, § 10 IV 1 (S. 273 f.). Zu § 31 BGB als Zuweisungsnorm siehe BGHZ 99, 298 (299 ff.).

[12] St. Rspr. und h. L.; vgl. *RG* JW 1931, 1689, 1690; BGHZ 45, 311, 312; *BGH* NJW 1952, 537, 538; VersR 1962, 664; WM 1974, 153; Baumbach/Hopt/*Roth*, § 124 Rn. 25; EBJS/*Hillmann*, § 124 Rn. 4; Heymann/*Emmerich*, § 126 Rn. 26 f.; Grunewald, § 2 Rn. 36; *Schmidt K.*, GesR, § 10 IV 2c) (S. 275); Wiedemann, GesR II, § 2 IV 2a) aa) (S. 138), § 8 III 2a) bb) (S. 722).

[13] Zur Eigenschaft des OHG-Gesellschafters als verfassungsmäßig berufenen Vertreters vgl. *BGH* WM 1973, 165; 1974, 153.

[14] *M* ist aus denselben Gründen alleinvertretungsbefugt wie *E*, denn auch *B* kannte die Gesamtvertretungsabsprache nach § 2 des Vertrages nicht und wird daher durch § 15 Abs. 1 HGB geschützt; siehe hierzu oben A. I. 2. c).

Fall 14. Die fehlgeschlagene Haftungsfreistellung 181

entgegenstehen, dass sie sich nicht einheitlich auf Gesellschaftsschuld und Gesellschafterschuld erstreckt. Die Schuld der Gesellschaft soll untergehen, während die des Gesellschafters fortbestehen soll. Der Inhalt des Erlassvertrages ist darauf gerichtet, die Forderung des Gläubigers zum Erlöschen zu bringen. Es kann daher erforderlich sein, eine einheitliche Regelung für die Gesellschafts- und Gesellschafterschuld zu treffen, wenn es sich dabei um identische Verpflichtungen handelt, für die lediglich unterschiedliche Haftungssubjekte einzustehen hätten, nämlich einmal das gesamthänderisch gebundene Gesellschaftsvermögen und andererseits das Privatvermögen des Gesellschafters.[15] Gegen diese Ansicht spricht jedoch der Wortlaut der §§ 124, 128 HGB. Beiden Normen ist zu entnehmen, dass Gesellschaftsschuld und Gesellschafterschuld voneinander zu unterscheiden sind.[16] Es bestehen voneinander verschiedene Verpflichtungen, wobei die Gesellschafterhaftung von dem Bestand der Gesellschaftsschuld in vergleichbarem Maße abhängig ist wie die Bürgschaft von der Hauptverbindlichkeit.[17] Dass sich die Abrede nicht einheitlich auf Gesellschaftsschuld und Gesellschafterschuld erstreckt, steht der Einordnung als Erlassvertrag mithin nicht entgegen.

Die Vereinbarung, *B* werde seine Schadensersatzforderung nicht gegenüber Marx & Co. geltend machen, kann daher als Erlassvertrag zugunsten der OHG qualifiziert werden.

b) Unwirksamkeit des Erlassvertrages

Die Gesellschaftsschuld der OHG ist folglich erloschen, es sei denn, der Erlassvertrag ist wegen des Vorbehalts der Inanspruchnahme von *E* unwirksam. Die Abrede kann dazu führen, dass die Gesellschaft als Primärschuldner aus der Verantwortung entlassen und diese gänzlich auf den Gesellschafter verlagert wird, wodurch dieser u. U. erhebliche Nachteile in Kauf zu nehmen hat, was dann die Unwirksamkeit des Vorbehalts zur Folge hätte.

aa) Keine Unwirksamkeit bei vorbehaltener Inanspruchnahme des Gesellschafters

Gegen die Unwirksamkeit des Erlasses wegen des Vorbehalts der Inanspruchnahme des Gesellschafters spricht zunächst, dass der Anspruch des Gesellschafters auf internen Ausgleich gem. §§ 110 HGB, 426 BGB[18] durch den Erlass der Gesellschaftsschuld nicht berührt wird. Eines weitergehenden Schutzes bedarf der Gesellschafter nicht. Er muss jederzeit damit rechnen, vom Gläubiger in Anspruch genommen zu werden. Dieser hätte sich auch dann an ihn halten können, wenn er der Gesellschaft die Gesellschaftsschuld nicht erlassen hätte.[19]

---

[15] So die früher h. M., vgl. statt vieler RGZ 139, 252 (254); Düringer/Hachenburg/*Flechtheim*, § 124 Anm. 4, § 128 Anm. 1 und 5; *Buchner*, JZ 1968, 622 f.
[16] PersG-HdB/*Wertenbruch*, Rz. I Rn. 903; *Schmidt K.*, GesR, § 49 II 2 (S. 1414 f.). Das zeigt sich deutlich an den vollstreckungsrechtlichen Voraussetzungen. Zum Zugriff auf das Gesellschaftsvermögen ist ein gegen die OHG gerichteter Titel erforderlich (§ 124 Abs. 2 HGB), während die Zwangsvollstreckung in das Vermögen des Gesellschafters nur aufgrund eines gegen diesen gerichteten Titels erfolgt (Umkehrschluss aus § 129 Abs. 4 HGB).
[17] Ganz h. L., vgl. statt vieler EBJS/*Hillmann*, § 128 Rn. 19; Heymann/*Emmerich*, § 128 Rn. 5; KKRM/*Kindler*, §§ 128, 129 Rn. 1; PersG-HdB/*Wertenbruch*, Rz. I Rn. 881, 966; *Flume*, BGB AT I/1, § 16 II 2a (S. 286 ff.); *Schmidt K.*, GesR, § 49 II 3 (S. 1415 ff.); *Wiedemann*, GesR I, § 5 IV 1c) (S. 283 ff.); *ders.*, GesR II, § 8 III 3a) cc) (S. 731 f.); *Hadding*, ZGR 1973, 137 (147 ff.); *Kühne*, ZHR 133 (1970), 149 (161 ff.).
[18] Vgl. hierzu Bd. I Fall 12 unter B.

bb) Nichtigkeit des Erlassvertrages

Für die Nichtigkeit eines solchen Erlassvertrages können indessen mehrere Argumente angeführt werden:[20]

Die Unwirksamkeit des Erlassvertrages kann aus der Akzessorietät der Gesellschafterschuld folgen. Aus der Haftung des Gesellschafters „für die Verbindlichkeiten der Gesellschaft" folgt per definitionem, dass dessen Haftung von dem Bestehen der Verbindlichkeit der Gesellschaft abhängig ist.[21] Dadurch wird gewährleistet, dass der Gläubiger bei einer Inanspruchnahme des Gesellschafters nicht besser steht, als bei der Inanspruchnahme der Gesellschaft.[22] Ebenso wird der einzelne Gesellschafter zugleich vor einer ungerechtfertigten Inanspruchnahme aufgrund einer Gesellschaftsschuld geschützt.

Ferner kann die Nichtigkeit des Erlassvertrages mit der Perplexität (inneren Widersprüchlichkeit) der Willenserklärungen begründet werden.[23] Es wird eine nicht mögliche Rechtsfolge – die Unanwendbarkeit des (zwingenden) § 129 Abs. 1 HGB – zum Vertragsinhalt gemacht, und dieser Widerspruch lässt sich durch Auslegung nicht auflösen.

Im Ergebnis ähnlich kann die Unwirksamkeit des Erlassvertrages auf den Rechtsgedanken des § 139 BGB gestützt werden; der Vorbehalt ist nichtig und dieser Umstand wirkt sich auf das gesamte Rechtsgeschäft aus.[24] Die Rechtsgültigkeit des Vorbehaltes kann nicht auf § 423 BGB, wonach zwischen dem Gläubiger und einem von mehreren Gesamtschuldnern ein allein diesem zugutekommender Schulderlass vereinbart werden kann, gestützt werden. Zwischen der Gesellschaft und dem Gesellschafter besteht kein echtes Gesamtschuldverhältnis, auf das die Vorschriften der §§ 422 ff. BGB unmittelbar anwendbar sind.[25] Eine sinngemäße Anwendung der in diesen Vorschriften enthaltenen Rechtsgedanken[26] auf das Verhältnis von Gesellschaft und Gesellschafter untereinander kommt nicht in Betracht.

Zudem sind folgende Überlegungen zu berücksichtigen: Während dem Gesamtschuldner regelmäßig Einwendungen, die in der Person eines Mitschuldners ent-

---

19 Im Ergebnis ebenso *Hueck A.*, § 21 Fn. 36 (S. 321 f.); *Buchner*, JZ 1968, 622 ff.
20 Vgl. Rspr. und h. L.; BGHZ 47, 376 ff.; *BGH* WM 1975, 974 ff.; MüKoBGB/*Schlüter*, § 397 Rn. 9; *Schmidt K.*, GesR, § 49 II 3 (S. 1415 ff.); *Wiedemann*, GesR I, § 5 IV 1c) (S. 283 ff.); *ders.*, GesR II, § 8 III 3a) cc) (S. 732); *Medicus/Petersen*, Bürgerliches Recht, Rn. 155; *Flume*, BGB AT I/1, § 16 II 2b) (S. 289 ff.); *ders.*, FS Knur (1972), 125 ff.; *Reinicke*, NJW 1969, 2117 ff.; *ders.*, FS H. P. Westermann (1974), 487 ff.; *Kühne*, ZHR 133 (1970), 149 ff.
21 Baumbach/Hopt/*Roth*, § 128 Rn. 1, 8; Staub/*Habersack*, § 128 Rn. 21; *Flume*, BGB AT I/1, § 16 II 2b) (S. 289 ff.); *ders.*, FS Knur (1972), 125 (137). Das anschließende Argument *Flumes*, dass dem Erlass der Verbindlichkeit der Gesellschaft unter Aufrechterhaltung der Haftung des Gesellschafters daher ein anfängliches, objektives Leistungshindernis entgegenstehen würde und deshalb der Erlassvertrag gem. § 306 BGB a. F. nichtig sei, lässt sich nach der nunmehr gem. § 311a Abs. 1 BGB ausdrücklich angeordneten Wirksamkeit des Vertrages allerdings nicht mehr halten; kritisch gegenüber diesem Ansatz auch schon *Schmidt K.*, GesR, § 49 II 3a) (S. 1417).
22 EBJS/*Hillmann*, § 129 Rn. 1; Oetker/*Boesche*, § 129 Rn. 129; Staub/*Habersack*, § 129 Rn. 1.
23 *Medicus/Petersen*, Bürgerliches Recht, Rn. 155.
24 BGHZ 47, 376 ff.; *BGH* WM 1975, 974 ff.
25 H. M., vgl. BGHZ 39, 319 (323); 44, 229 (233); 48, 203 (204); Baumbach/Hopt/*Roth*, § 128 Rn. 19; EBJS/*Hillmann*, § 128 Rn. 21; KKRM/*Kindler*, §§ 128, 129 Rn. 3; *Wiedemann*, GesR II, § 8 III 3a) cc) (S. 732).
26 Vgl. hierzu BGHZ 44, 229 (233) m. w. N.

Fall 14. Die fehlgeschlagene Haftungsfreistellung

standen sind, nicht zustehen, kann sich der Gesellschafter allgemein auf Einwendungen berufen, die die Gesellschaft geltend machen könnte (§ 129 Abs. 1 HGB). Dabei kommt es nicht darauf an, ob der betreffende Gesellschafter vertretungsberechtigt ist, auch ein nicht oder nicht allein vertretungsberechtigter Gesellschafter kann sich auf die Einwendungen berufen.[27] Zudem fallen nicht nur Einwendungen aller Art, sondern auch jegliche Einreden, die der Gesellschaft zustünden unter § 129 Abs. 1 HGB.[28] Mit dem Erlass der Gesellschaftsschuld würden auch die Einwendungen der Gesellschaft entfallen. Durch einen nur zugunsten der Gesellschaft wirkenden Erlassvertrag verschaffte sich die Gesellschaft einen Vorteil, der dem Gesellschafter nicht zugutekäme und ihm darüber hinaus etwaige Rechte aus § 129 HGB nehmen würde.[29] Das aber liefe auf eine zwischen dem Gläubiger und der Gesellschaft rechtsgeschäftlich vereinbarte Verschärfung der gesetzlichen Haftung des Gesellschafters hinaus,[30] die vom Haftungszweck der §§ 128 ff. HGB nicht gedeckt ist und die der Gesellschafter eben deshalb nicht hinzunehmen braucht.[31] Eine andere Beurteilung kommt nur dann in Betracht, wenn der Gesellschafter dem Vorbehalt zugestimmt hat.[32]

E hat dem Vorbehalt nicht zugestimmt. Daher ist die zwischen *B* und der Marx & Co. getroffene Vereinbarung unwirksam. Die Unwirksamkeit der getroffenen Vereinbarung kann sodann gem. § 139 BGB die Nichtigkeit der gesamten Abrede zur Folge haben, wenn nicht anzunehmen ist, dass die Abrede auch ohne den Vorbehalt zustande gekommen wäre. Der Geschäftswille der Vertragspartner beruht auf der objektiv unrichtigen Erwartung, dass sich der Gläubiger wegen der Gesellschaftsschuld weiter an den Gesellschafter halten könne. Zum Erlass der Gesellschaftsschuld wäre es somit nicht gekommen, wäre ihnen klar gewesen, dass der Gläubiger auf diese Weise seine Forderung gänzlich verlieren würde. Ohne den Vorbehalt wäre die Abrede mithin nicht getroffen worden. Die Unwirksamkeit des Vorbehalts hat somit gem. § 139 BGB die Nichtigkeit des gesamten Erlassvertrages zur Folge.[33]

---

[27] MüKoHGB/*Schmidt K.*, § 129 Rn. 1.
[28] Baumbach/Hopt/*Roth*, § 129 Rn. 1; Henssler/Strohn/*Steitz*, § 129 HGB Rn. 2; KKRM/*Kindler*, § 129 Rn. 3; MüKoHGB/*Schmidt K.*, § 129 Rn. 4; Oetker/*Boesche*, § 129 Rn. 2; RWH/*Haas*, § 129 Rn. 1; Staub/*Habersack*, § 129 Rn. 4.
[29] Kritisch hierzu *Reinicke*, NJW 1969, 2187 (2188) und *ders.*, FS H. P. Westermann (1974), 487 (490 f.); die vom *BGH* für selbstverständlich gehaltene Folgerung, dass sich die Einwendungen der Gesellschaft nur gegen eine noch bestehende Forderung richten könnten, sei unzutreffend. So wie eine nichtige Willenserklärung noch angefochten werden könne (*Flume*, BGB AT II, § 31, 6 (S. 566 f.) m. w. N.), blieben die Einwendungen trotz Erlöschens der Forderung bestehen, ebenso *Tiedtke*, DB 1975, 1109 (1111).
[30] Baumbach/Hopt/*Roth*, § 129 Rn. 3; Oetker/*Boesche*, § 129 Rn. 3; Staub/*Habersack*, § 128 Rn. 21. Die Schlechterstellung des Gesellschafters liegt vornehmlich im Verlust des Leistungsverweigerungsrechts gem. § 129 Abs. 3 HGB; vgl. hierzu *Reinicke*, FS H. Westermann (1974), 487 (491 f.); a. A. *Kühne*, ZHR 133 (1970), 149 (159).
[31] Dahinter steht offenbar der Gedanke, die Abrede sei als Vertrag zu Lasten Dritter (vgl. hierzu BGHZ 58, 216 (220); 78, 369 (374 f.); BeckOK BGB/*Janoschke*, § 328 Rn. 5; Palandt/*Grüneberg*, Vor § 328 Rn. 10) zu werten und damit unwirksam.
[32] Baumbach/Hopt/*Roth*, § 129 Rn. 3; EBJS/*Hillmann*, § 128 Rn. 19; Henssler/Strohn/*Steitz*, § 129 Rn. 3; Oetker/*Boesche*, § 129 Rn. 3; RWH/*Haas*, § 129 Rn. 5. Nach Heymann/*Emmerich*, § 128 Rn. 7a; *Schmidt K.*, GesR, § 49 II 3a) (S. 1416 ff.) kann eine solche Willenserklärung entweder ein die Gesellschafterhaftung ersetzendes Garantieversprechen bedeuten oder Gesellschaftsschuld und Gesellschafterhaftung bleiben erhalten, wobei Gläubiger und Gesellschafter auf eine Inanspruchnahme oder Inregressnahme der Gesellschaft verzichten (pactum de non petendo).
[33] BGHZ 47, 376 (380 f.).

Der Erlassvertrag ist folglich im Ganzen unwirksam, so dass die Gesellschaftsschuld nicht untergegangen ist.

II. Ergebnis

B hat demnach gegen Marx & Co. einen Anspruch auf Ersatz entgangenen Gewinns i. H. v. 6.000 EUR gem. §§ 280 Ab. 1, 241 Abs. 2 BGB i. V. m. § 124 HGB. Marx & Co. verweigert also zu Unrecht die Zahlung des von B geltend gemachten Schadensersatzanspruchs.

B. Abwandlung

B kann von der OHG Schadensersatz gem. §§ 280 Abs. 1, 241 Abs. 2 BGB wegen Verletzung einer Nebenpflicht des Handelsvertretervertrages fordern, wenn ihr die Konkurrenzhandlungen des E zuzurechnen sind. Zum Entstehen der OHG, ihrer Handelsvertretereigenschaft für B und ihrer Pflicht zur Interessenwahrung kann auf die Ausführungen in A. I. 1. bis 2. b) verwiesen werden. Es bestehen aber Zweifel, ob die OHG ihre Vertragspflichten gegenüber B verletzt hat.

I. E als Erfüllungsgehilfe der OHG

Die von E getätigten Konkurrenzgeschäfte können der OHG gem. § 278 BGB dann zugerechnet werden, wenn E als Erfüllungsgehilfe der OHG aufgetreten ist. E wollte bei Abschluss des Handelsvertretervertrages mit D und bei der Vermittlung der Geschäfte erkennbar selbst berechtigt und verpflichtet werden, so dass die Rechtsfolgen der Geschäfte eindeutig nur E und nicht die OHG treffen sollten. Demnach ist E auch nicht Erfüllungsgehilfe der OHG. Das Konkurrenzgeschäft kann der Gesellschaft folglich nicht gem. § 278 BGB zugerechnet werden.

II. Haftung gem. § 831 BGB

Eine Haftung der OHG gem. § 831 BGB scheidet aus. Diese Vorschrift setzt eine deliktische Handlung i. S. v. § 823 BGB voraus. Die Konkurrenzgeschäfte für D stellen keine Eigentumsverletzung von B i. S. d. § 823 Abs. 1 BGB dar. Sie sind auch nicht als Eingriff in den eingerichteten und ausgeübten Gewerbebetrieb[34] von B gem. § 823 Abs. 1 (sonstiges Recht) BGB anzusehen. Der Gewerbebetrieb von B wurde nicht unmittelbar beeinträchtigt.[35] Es wurde nur dessen deliktisch nicht geschütztes Vermögen geschädigt.

III. Organhaftung gem. § 31 BGB analog

Die Haftung der OHG für das vertragswidrige Verhalten ihres Gesellschafters E kann aber gem. § 31 BGB analog begründet sein.

1. Anwendbarkeit des § 31 BGB analog auf Personengesellschaften

Wie bereits festgestellt[36], ist die analoge Anwendung des § 31 BGB auf Personenhandelsgesellschaften zulässig.

---

[34] Siehe hierzu näher BeckOK BGB/*Förster*, § 823 Rn. 104 ff.; Erman/*Schiemann*, § 823 Rn. 49 ff.; Palandt/*Sprau*, § 823 Rn. 133 ff.; *Medicus/Petersen*, Bürgerliches Recht, Rn. 611 ff.

[35] Zum betriebsbezogenen Eingriff vgl. BGHZ 86, 152 (156 ff.).

[36] Vgl. A. I. 2. d).

Fall 14. Die fehlgeschlagene Haftungsfreistellung 185

2. E als Organ der OHG

E ist als persönlich haftender, vertretungsberechtigter Gesellschafter verfassungsmäßig berufener Vertreter der OHG.[37]

3. „In Ausführung der zustehenden Verrichtungen"

Die Haftung der OHG kommt jedoch nur in Betracht, wenn *E* die Vertragsverletzungen gegenüber *B* in Ausführung der ihm zustehenden Verrichtungen, also in „amtlicher" Eigenschaft vorgenommen hat.[38] Es muss also ein innerer Zusammenhang zwischen der schadenstiftenden Handlung und der übertragenen Tätigkeit bestehen.[39] Daran fehlt es. Ein Gesellschafter handelt nicht in Ausführung der ihm von der Gesellschaft übertragenen Aufgaben, wenn er „auf eigene Faust", d. h. für sich selbst, Verträge mit Dritten abschließt und durchführt. *E* hat die Vertragsverletzung daher nicht in seiner „amtlichen" Eigenschaft vorgenommen. Eine Haftung der OHG für das vertragswidrige Verhalten ihres Gesellschafters kommt somit nicht in Betracht.

IV. Ergebnis

Ein Schadensersatzanspruch von *B* gegen Marx & Co. scheidet daher aus.

---

[37] Zum persönlichen Anwendungsbereich des § 31 BGB analog vgl. BGHZ 49, 19 (21 ff.); BeckOK BGB/*Schöpflin*, § 31 Rn. 6 ff.
[38] Vgl. *BGH* NJW 1980, 115; BeckOK BGB/*Schöpflin*, § 31 Rn. 17 f.; Palandt/*Ellenberger*, § 31 Rn. 10; Heymann/*Emmerich*, § 126 Rn. 28.
[39] Vgl. näher BGHZ 98, 148 (151 f.); 99, 298 (300); *BGH* NJW 1980, 115.

Fall 15. Die unbezahlten Windeln

Schwerpunkt im Personengesellschaftsrecht (OHG):
Insolvenzfähigkeit i. S. d. § 11 InsO – Gründung einer OHG und Wirksamwerden nach außen – Haftung der persönlich haftenden Gesellschafter für Forderungen von Drittgläubigern– Auflösung und Liquidation der OHG – Vertretung der OHG im Liquidationsstadium – § 15 Abs. 1 HGB – Einwendung des Gesellschafters gem. § 129 Abs. 3 HGB – Aufrechnung

Sachverhalt

Siegfried Schlucker (S) hat sich in mehrjähriger Arbeit ein inzwischen sehr umsatzstarkes (jährlich ca. 20,2 Mio. EUR) Drogeriefachgeschäft mit insgesamt acht Angestellten aufgebaut. Er beabsichtigt, sich zur Ruhe zu setzen. Deshalb veräußert er im Jahr 2015 sein Unternehmen zu gleichen Teilen an seine langjährigen Angestellten *Frech (F)*, *Gämlich (G)* und *Hohlfeld (H)*. F, G und H führen das Geschäft in den nunmehr von ihnen angemieteten Räumlichkeiten unter der bisherigen Bezeichnung „Siegfried Schlucker" weiter. In das Handelsregister ist weder in früherer Zeit noch anlässlich der Geschäftsübernahme etwas eingetragen worden. Bei der Übernahme haben F, G und H lediglich ein von F mitgebrachtes, aus einem „Formularhandbuch" kopiertes Muster eines „Gesellschaftsvertrages" ausgefüllt und unterzeichnet. Hierin heißt es unter anderem:

„Die Gesellschaft kann jederzeit durch Mehrheitsbeschluss aufgelöst werden."

Im November 2017 wird in der Nähe eine Filiale eines bundesweit tätigen Drogeriemarktes eröffnet. Diese Kette zieht bekanntermaßen aufgrund ihrer weitaus günstigeren Preise die Kundschaft von den in der Umgebung gelegenen Einzelhandelsgeschäften drastisch ab. Schon nach kurzer Zeit zeichnet sich ab, dass „Siegfried Schlucker" sehr viele Kunden verliert, weshalb sich die finanzielle Lage des Drogeriefachgeschäfts sehr schnell erheblich verschlechtert. F ist deshalb der Ansicht, man müsse sich von dem eigenen Unternehmen möglichst schnell trennen. Nur so könnten auf Dauer größere Verluste vermieden werden. Auf einer Gesellschafterversammlung am 11.12.2017 beschließen F und G gegen den Willen von H die Auflösung der Gesellschaft.

Trotz dieses Beschlusses kauft H am nächsten Tag für die Drogerie „Siegfried Schlucker" bei dem langjährigen Lieferanten V 25 Kartons Windeln zum Preis von insgesamt 2.700 EUR.

Am 20.1.2018 beantragen F, G und H beim zuständigen Insolvenzgericht die Eröffnung des Insolvenzverfahrens über das Vermögen von „Siegfried Schlucker".

Frage 1: *Rudi Richter (R)*, der gerade erst zum Insolvenzrichter berufen wurde, ist sich jedoch unsicher, ob er ein Insolvenzverfahren über das Vermögen von „Siegfried Schlucker" eröffnen darf. Er bittet Sie um Rat, ob es sich bei „Siegfried Schlucker" überhaupt um ein insolvenzfähiges Unternehmen handelt.

Frage 2: Das Insolvenzverfahren über das Vermögen von „Siegfried Schlucker" wird am 28.3.2018 eröffnet und *Inge Irmtraut (I)* wird zur Insolvenzverwalterin bestellt. Am 18.4.2018 meldet V, der immer noch „kein Geld gesehen hat", seine Forderung gegen „Siegfried Schlucker" i. H. v. 2.700 € ordnungsgemäß zur Insolvenztabelle an (vgl. § 174 InsO). *I* weigert sich, diese Forderung zur Tabelle einzutragen. Sie vertritt die Ansicht, H habe „Siegfried Schlucker" bei seiner nach dem Auflösungsbeschluss erfolgten Windelbestellung nicht mehr wirksam vertreten können. V möchte wissen, wie er „zu seinem Geld kommt", und ob er ggf. F, G und H wegen dieser Forderung noch in Anspruch nehmen kann.

Abwandlung:

Das Weihnachtsgeschäft verläuft für „Siegfried Schlucker" sehr enttäuschend. Daher kann die Gesellschaft ihren Angestellten im Januar 2018 keine Löhne auszahlen. Ein Antrag auf Eröffnung des Insolvenzverfahrens wird gleichwohl nicht gestellt. Die Angestellte A, die nun eine offene Lohnforderung i. H. v. 2.200 € gegenüber „Siegfried Schlucker" hat, schlägt in einem Wutanfall das Schaufenster des Drogeriefachgeschäfts ein. Dennoch verlangt sie von F Zahlung ihrer noch ausstehenden Lohnforderung. F verweigert dies mit dem Hinweis, die Reparatur des Schaufensters habe 3.000 € gekostet. Zu Recht?

Lösung

A. Ausgangsfall

I. Frage 1: Insolvenzfähigkeit von „Siegfried Schlucker"

„Siegfried Schlucker" kann gem. § 11 InsO insolvenzfähig sein.[1]

1. Insolvenzfähigkeit gem. § 11 Abs. 2 Nr. 1 InsO

Eine Insolvenzfähigkeit von „Siegfried Schlucker" gem. § 11 Abs. 1 InsO kommt nicht in Betracht. Das unter „Siegfried Schlucker" betriebene Drogeriefachgeschäft ist weder eine natürliche noch eine juristische Person. „Siegfried Schlucker" kann aber gem. § 11 Abs. 2 Nr. 1 InsO insolvenzfähig sein. Dann muss es sich bei „Siegfried Schlucker" um eine Gesellschaft ohne Rechtspersönlichkeit i. S. d. § 11 Abs. 2 Nr. 1 InsO handeln.

a) Entstehung von „Siegfried Schlucker" als OHG

Bei dem von F, G und H gemeinsam betriebenen Drogeriefachgeschäft kann es sich um eine gem. § 11 Abs. 2 Nr. 1, 1. Fall InsO insolvenzfähige OHG gem. §§ 105 ff. HGB handeln.

Zur Gründung einer OHG müssen die Voraussetzungen gem. § 105 Abs. 1 HGB vorliegen. F, G und H müssen daher gem. § 105 Abs. 3 HGB einen Gesellschaftsvertrag i. S. d. § 705 BGB abgeschlossen haben.[2] Dieser muss eine gegenseitige Verpflichtung von F, G und H zur Förderung eines gemeinsamen Zwecks beinhal-

---

[1] Zur Insolvenzfähigkeit vgl. Andres/Leithaus/*Leithaus*, § 11 Rn. 2; Braun/*Bußhardt*, § 11 Rn. 1; HK-InsO/*Sternal*, § 11 Rn. 4; MüKoInsO/*Ott/Vuia*, § 11 Rn. 9 f.

[2] Baumbach/Hopt/*Roth*, § 105 Rn. 1; EBJS/*Wertenbruch*, § 105 Rn. 22; KKRM/*Kindler*, § 105 Rn. 8 ff.; MüKoHGB/*Schmidt K.*, § 105 Rn. 27 ff.

Fall 15. Die unbezahlten Windeln 189

ten.³ *F, G* und *H* kamen unter Benutzung einer von *F* mitgebrachten Kopie eines „Gesellschaftsvertrages" aus einem Formularhandbuch darin überein, gemeinsam das Drogeriefachgeschäft von *S* in den sodann angemieteten Räumen unter der bisherigen Bezeichnung „Siegfried Schlucker" fortzuführen. *S* hat sein Geschäft zu gleichen Teilen an *F, G* und *H* veräußert. Somit waren sich *F, G* und *H* zumindest stillschweigend darüber einig, dass sie jeweils einen Beitrag in der Form der Zahlung des anteiligen Kaufpreises zu erbringen hatten. Weil *F, G* und *H* das Geschäft wie bisher fortführen wollten, waren sie sich des Weiteren einig, dass jeder in der gewohnten Weise in dem Geschäft arbeiten sollte. Diese Einigung genügt den Voraussetzungen von § 705 BGB.

Abweichend von § 705 BGB kann eine OHG jedoch nicht zu einem beliebigen Zweck gegründet werden. Vielmehr muss sie gem. § 105 Abs. 1 HGB auf den Betrieb eines Handelsgewerbes i. S. d. § 1 HGB gerichtet sein.⁴ Dies ist gem. § 1 Abs. 2, 1. Halbs. HGB der Fall, wenn das Unternehmen nach Art und Umfang einen in kaufmännischer Weise eingerichteten Geschäftsbetrieb erfordert. Schon das von *F, G* und *H* von *S* erworbene Drogeriefachgeschäft hatte einen jährlichen Umsatz von 20,2 Mio. EUR erreicht. Zudem benötigte *S* zum An- und Verkauf bereits acht Angestellte. Zur Erzielung eines derart hohen Umsatzes und zur Verwaltung der acht Angestellten ist eine kaufmännische Organisation des Unternehmens erforderlich.⁵ *F, G* und *H* führen das Drogeriefachgeschäft in dieser Weise weiter. Bei dem Geschäft handelt es sich also um ein Handelsgewerbe i. S. d. § 1 HGB. Deshalb ist der Gesellschaftszweck von „Siegfried Schlucker" auf den Betrieb eines Handelsgewerbes gerichtet.

Darüber hinaus wollten *F, G* und *H* die Geschäftsbezeichnung „Siegfried Schlucker" fortführen. Damit beabsichtigen sie auch, unter einer gemeinschaftlichen Firma i. S. d. § 105 Abs. 1 HGB aufzutreten. Dass die Geschäftsbezeichnung „Siegfried Schlucker" wegen Fehlens des Rechtsformzusatzes „OHG" den Anforderungen an die Firma einer OHG gem. § 19 Abs. 1 Nr. 2 HGB nicht entspricht, steht der Gründung einer OHG nicht entgegen.⁶ Entgegen dem missverständlichen Wortlaut von § 105 Abs. 1 HGB ist die Firma nicht Voraussetzung zur Gründung einer OHG, sondern Rechtsfolge des von der Gesellschaft betriebenen Handelsgewerbes. Es liegen daher sämtliche Voraussetzungen gem. § 105 HGB vor. *F, G* und *H* haben untereinander somit eine OHG gegründet. Die OHG ist im Innenverhältnis wirksam entstanden.

2. Wirksamwerden der Gesellschaft im Außenverhältnis

Eine reine Innengesellschaft ist allerdings noch nicht insolvenzfähig i. S. d. § 11 InsO.⁷ Die OHG muss daher auch im Außenverhältnis wirksam geworden sein.

---

³ Baumbach/Hopt/*Roth*, § 105 Rn. 1; EBJS/*Wertenbruch*, § 105 Rn. 22; MüKoHGB/*Schmidt K.*, § 105 Rn. 27 ff.
⁴ Vgl. statt aller KKRM/*Kindler*, § 105 Rn. 8; MüKoHGB/*Schmidt K.*, § 105 Rn. 33 ff.
⁵ Vgl. zu den Kriterien bei der Bestimmung eines nach Art und Umfang eingerichteten Gewerbebetriebs RWH/*Röhricht*, § 1 Rn. 98 ff.; *Kögel*, DB 1998, 1802 ff. Die Rspr. zur Anwendung dieser Kriterien ist durchaus uneinheitlich; vgl. hierzu die Beispiele bei Oetker/*Körber*, § 1 Rn. 58 f.
⁶ Ganz h. A.; vgl. Baumbach/Hopt/*Roth*, § 105 Rn. 5; EBJS/*Wertenbruch*, § 105 Rn. 43; KKRM/*Kindler*, § 105 Rn. 11; MüKoHGB/*Schmidt K.*, § 105 Rn. 43.
⁷ Andres/Leithaus/*Leithaus*, § 11 Rn. 6; HK-InsO/*Sternal*, § 11 Rn. 16; MüKoInsO/*Ott/Vuia*, § 11 Rn. 45.

a) Wirksamkeit gem. § 123 Abs. 2 HGB

Die von *F*, *G* und *H* vereinbarte OHG ist nicht gem. § 123 Abs. 1 HGB durch Eintragung im Handelsregister im Außenverhältnis wirksam geworden. In Betracht kommt jedoch ein Wirksamwerden der Gesellschaft nach außen gem. § 123 Abs. 2 HGB. Danach tritt die Wirksamkeit der OHG nach außen mit dem Zeitpunkt der Aufnahme der Geschäfte ein. *F*, *G* und *H* haben den von *S* übernommenen Geschäftsbetrieb gemeinschaftlich uneingeschränkt fortgeführt. Das genügt zur Tatbestandsverwirklichung von § 123 Abs. 2 HGB. Es kommt nur darauf an, dass an Dritte gerichtete Handlungen mit dem Einverständnis aller Gesellschafter vorgenommen worden sind.[8] Das ist geschehen. Die OHG ist damit gem. § 123 Abs. 2 HGB auch im Außenverhältnis wirksam geworden.

b) Kein Erlöschen durch Auflösungsbeschluss

Die OHG darf ferner durch den Auflösungsbeschluss nicht wieder beendet worden sein. Zwar haben *F* und *G* die Auflösung der OHG am 11.12.2017 beschlossen. Unabhängig davon, ob der von *F* und *G* gegen die Stimmen von *H* gefasste Auflösungsbeschluss wirksam war, konnte er jedenfalls nicht dazu führen, dass die OHG von diesem Zeitpunkt an nicht mehr als rechtsfähiger Rechtsträger besteht. Wie die §§ 145 ff. HGB, insbesondere die §§ 149 und 156 HGB, zeigen, erlischt die Gesellschaft nicht alleine durch den Auflösungsbeschluss. Vielmehr ist sie erst nach vollständiger Abwicklung, der sog. Liquidation, beendet.[9] Diese ist (noch) nicht erfolgt. Die OHG ist durch den Auflösungsbeschluss folglich nicht beendet worden. Sie besteht daher zumindest als Gesellschaft in Liquidation fort.

„Siegfried Schlucker" ist mithin eine OHG und daher grundsätzlich gem. § 11 Abs. 2 Nr. 1, 1, Fall InsO insolvenzfähig.

3. Kein Verlust der Insolvenzfähigkeit gem. § 11 Abs. 3 InsO

Die in Auflösung befindliche OHG ist gem. § 11 Abs. 3 InsO jedoch nur insolvenzfähig, wenn die Verteilung des Vermögens noch nicht vollzogen ist. Es muss also noch Vermögen zur Verteilung vorhanden sein.[10] *F* und *G* haben zwar die Auflösung der OHG beschlossen. Das Vermögen der OHG wurde allerdings noch nicht verteilt. Die OHG ist daher jedenfalls nicht vermögenslos. Sie ist also gem. § 11 Abs. 3 InsO weiterhin insolvenzfähig.

4. Ergebnis zu Frage 1

„Siegfried Schlucker" ist gem. § 11 Abs. 2 Nr. 1, 1. Fall InsO insolvenzfähig.[11]

---

[8] Baumbach/Hopt/*Roth*, § 123 Rn. 12; EBJS/*Hillmann*, § 123 Rn. 20; KKRM/*Kindler*, § 123 Rn. 4; a. A. MüKoHGB/*Schmidt K.*, § 123 Rn. 10.

[9] BGH NJW 1979, 1987; EBJS/*Hillmann*, § 155 Rn. 21; MüKoHGB/*Schmidt K.*, § 155 Rn. 52 f.; RWH/*Haas*, § 155 Rn. 12.

[10] Braun/*Bußhardt*, § 11 Rn. 12; HK-InsO/*Sternal*, § 11 Rn. 26 f.; MüKoInsO/*Ott/Vuia*, § 11 Rn. 70 ff.

[11] Zu demselben Ergebnis käme man, würde man „Siegfried Schlucker" als Außen-GbR werten. Die Außen-GbR ist gem. § 11 Abs. 2 Nr. 1, 4. Fall InsO ebenfalls insolvenzfähig. Sie verliert ihre Rechtsfähigkeit und damit auch ihre Insolvenzfähigkeit ebenfalls nicht durch einen Auflösungsbeschluss, sondern erst durch ihre Beendigung nach Abschluss der Liquidation; vgl. hierzu MüKoBGB/*Schäfer*, § 730 Rn. 1 i. V. m. Rn. 10 f., 38; Braun/*Bußhardt*, § 11 Rn. 12; HK-InsO/*Sternal*, § 11 Rn. 26.

Fall 15. Die unbezahlten Windeln 191

II. Frage 2: Anmeldung der Forderung von V zur Insolvenztabelle

V hat einen Anspruch gegen *I* gem. § 175 Abs. 1 S. 1 InsO auf Eintragung seiner gem. § 174 Abs. 1 InsO ordnungsgemäß angemeldeten Forderung auf Zahlung des Kaufpreises i. H. v. 2.700 EUR zur Insolvenztabelle, wenn er Insolvenzgläubiger der OHG i. S. v. § 38 InsO ist.

1. Kaufpreisforderung von V gegen die OHG

V muss, um Insolvenzgläubiger i. S. v. § 38 InsO zu sein, einen Anspruch auf Kaufpreiszahlung gegen die OHG gem. § 433 Abs. 2 BGB i. V. m. § 124 Abs. 1 HGB haben, der vor der Eröffnung des Insolvenzverfahrens über das Vermögen der OHG begründet worden ist.

Das setzt voraus, dass zwischen *V* und der OHG ein wirksamer Kaufvertrag über die Windeln gem. § 433 BGB zustande gekommen ist. *V* und *H* haben sich darüber geeinigt, dass die OHG von *V* 25 Kartons Windeln zum Preis von 2.700 EUR erwerben sollte. Eine Einigung über den Kauf der Windeln liegt demnach vor. Diese Einigung kann die OHG aber nur binden, wenn *H* sie wirksam gem. § 164 Abs. 1 S. 1 BGB vertreten hat. *H* hat eine eigene Willenserklärung im Namen der OHG abgegeben. Weiterhin muss er mit der erforderlichen Vertretungsmacht gehandelt haben.

a) Grundsatz der Alleinvertretungsmacht

H kann als persönlich haftender Gesellschafter gesetzliche Vertretungsmacht gehabt haben. Wie sich aus § 125 Abs. 1 und Abs. 2 S. 1 HGB ergibt, haben die Gesellschafter einer OHG grundsätzlich Einzelvertretungsmacht. Danach konnte *H* den Kaufvertrag wirksam für die OHG abschließen.

b) Gesamtvertretungsmacht gem. §§ 146 Abs. 1 S. 1, 150 Abs. 1, 1. Halbs. HGB durch wirksamen Auflösungsbeschluss

Etwas anderes kann sich aber daraus ergeben, dass *F* und *G* zuvor beschlossen hatten, die OHG aufzulösen. Gem. §§ 146 Abs. 1 S. 1, 150 Abs. 1, 1. Halbs. HGB müssen nach einem Auflösungsbeschluss, sofern nicht etwas anderes vereinbart ist, alle Gesellschafter als Liquidatoren gemeinsam handeln. Es ist nicht ersichtlich, dass im Gesellschaftsvertrag der OHG Einzelvertretungsbefugnis der Liquidatoren bestimmt oder das ein entsprechender Gesellschafterbeschluss gefasst worden ist. Daher fehlte es *H* an der erforderlichen Vertretungsmacht, wenn der von *F* und *G* gefasste Auflösungsbeschluss wirksam ist.

F und *G* haben den Auflösungsbeschluss gegen die Stimme von *H* herbeigeführt. Gem. § 119 Abs. 1 HGB i. V. m. § 131 Abs. 1 Nr. 2 HGB kann der Auflösungsbeschluss grundsätzlich nur mit Zustimmung aller zur Mitwirkung bei der Beschlussfassung berufenen Gesellschafter gefasst werden. § 119 Abs. 1 HGB ist aber wegen § 109, 2. Halbs. HGB dispositives Recht. Daher können die Gesellschafter im Gesellschaftsvertrag entweder für alle oder für einzelne Beschlussgegenstände Mehrheitsentscheidungen vorsehen. Das von *F*, *G* und *H* bei der Gesellschaftsgründung zugrunde gelegte Vertragsmuster enthält eine solche Mehrheitsklausel für den konkreten Beschlussgegenstand „Auflösung der Gesellschaft".

Diese Klausel muss auch wirksam sein. Im Rahmen der Vertragsfreiheit[12] ist es zulässig, dass die Gesellschafter im Gesellschaftsvertrag für den Beschluss über die

---

[12] Zu allgemeinen Mehrheitsklauseln in Gesellschaftsverträgen und der bei ihnen erforderlichen zweistufigen Prüfung vgl. BGHZ 203, 77 Rn. 9, 10; in Fortführung von BGHZ 170,

Auflösung der Gesellschaft das Mehrheitsprinzip vereinbart haben.[13] Sie verstößt auch nicht gegen die §§ 305 ff. BGB. Zwar haben F, G und H ihrem Vertragsschluss die Kopie eines einfachen Musters eines vorformulierten Vertrages zugrunde gelegt. Nach § 310 Abs. 4 S. 1 BGB sind die §§ 305 ff. BGB aber auf Gesellschaftsverträge nicht anwendbar. Die Klausel ist demnach wirksam.

Der Auflösungsbeschluss ist wirksam gefasst worden, wenn er mit der erforderlichen Mehrheit zustande gekommen ist. Die Klausel regelt nicht die Anforderungen, nach denen die Mehrheit berechnet wird. Es greift somit die Vermutungsregelung gem. § 119 Abs. 2 HGB, wonach die Mehrheit im Zweifel nach der Zahl der Gesellschafter zu berechnen ist. Für die Auflösung der OHG stimmten F und G, während H dagegen stimmte. Zwei Ja-Stimmen sind mehr als eine Nein-Stimme. Der Auflösungsbeschluss wurde daher mit der erforderlichen Mehrheit gefasst.

Infolge des wirksamen Beschlusses über die Auflösung der OHG besaß H bei Abschluss des Kaufvertrages keine Einzelvertretungsmacht mehr.

c) Rechtsscheinhaftung gem. § 15 Abs. 1 HGB

Die OHG kann V das Fehlen der Vertretungsmacht von H jedoch nicht entgegenhalten, wenn die Voraussetzungen von § 15 Abs. 1 HGB vorliegen.

aa) Voraussetzungen von § 15 Abs. 1 HGB

§ 15 Abs. 1 HGB setzt zunächst voraus, dass eine eintragungspflichtige Tatsache nicht eingetragen und bekannt gemacht worden ist. Gem. § 143 Abs. 1 S. 1 HGB ist die – wirksam beschlossene – Auflösung einer OHG eine ins Handelsregister einzutragende Tatsache. Außerdem sind gem. § 148 Abs. 1 S. 1 HGB die Liquidatoren der Gesellschaft und deren Vertretungsmacht einzutragen.[14] Diese eintragungspflichtigen Tatsachen sind weder eingetragen noch bekannt gemacht worden.

Des Weiteren setzt § 15 Abs. 1 HGB voraus, dass die erforderlichen Eintragungen im Handelsregister gerade im Interesse dessen, zu dessen Lasten § 15 Abs. 1 HGB wirken wird, vorzunehmen waren. Die nach §§ 143, 148 HGB erforderlichen Eintragungen im Handelsregister müssen in den Angelegenheiten der OHG erforderlich gewesen sein. Dies ist gem. § 15 Abs. 1 HGB der Fall, wenn die OHG durch diese Eintragung irgendwie begünstigt wird. Eine Begünstigung der OHG liegt bei erfolgter Eintragung des Auflösungsbeschlusses und ihrer Liquidatoren sowie deren Vertretungsmacht darin, dass sie dann wegen § 150 Abs. 1 HGB nur noch durch gemeinschaftliche Vertretung aller Liquidatoren verpflichtet werden kann und nicht mehr an das Vertreterhandeln eines Einzelnen gebunden wäre. Darin liegt eine Begünstigung i. S. d. § 15 Abs. 1 HGB. Der Auflösungsbeschluss war mithin im Interesse der OHG einzutragen.

---

283 Rn. 9, 10; 179, 13 Rn. 15 ff.; BeckOK BGB/*Schöne*, § 709 Rn. 36 ff.; MüKoBGB/*Schäfer*, § 709 Rn. 92a ff.; KKRM/*Kindler*, § 119 Rn. 11 f.; MüKoHGB/*Enzinger*, § 119 Rn. 80a ff.

[13] Baumbach/Hopt/*Roth*, § 131 Rn. 12 und § 119 Rn. 34 ff.; EBJS/*Lorz*, § 131 Rn. 14; KKRM/*Kindler*, § 131 Rn. 3; MüKoHGB/*Schmidt K.*, § 131 Rn. 15; Oetker/*Kamanabrou*, § 131 Rn. 8; vgl. auch *BGH* WPM 1973, 100 (101) für den Ausschluss eines Gesellschafters.

[14] § 148 Abs. 1 S. 1 HGB greift auch ein, wenn die Gesellschafter selbst zu Liquidatoren werden, vgl. Baumbach/Hopt/*Roth*, § 148 Rn. 1; EBJS/*Hillmann*, § 148 Rn. 2; Oetker/*Kamanabrou*, § 148 Rn. 2.

Schließlich hatte V gem. § 15 Abs. 1 HGB keine Kenntnis von dem Auflösungsbeschluss. § 15 Abs. 1 HGB typisiert den Vertrauensschutz.[15] Dies bedeutet, dass derjenige, der sich im Handelsregister informiert, auf die Richtigkeit der dort veröffentlichten Informationen über die Gesellschaft vertrauen darf. Nicht vorausgesetzt wird dabei, dass derjenige, der sich auf eine solche Information beruft, auch tatsächlich im Handelsregister nachgesehen hat. Die Möglichkeit sich im Handelsregister informieren zu können, reicht für den Vertrauensschutz aus. Ein konkretes Vertrauen des Vertragspartners ist mithin nicht erforderlich. Dass V nicht zuvor in das Handelsregister gesehen hat, schadet ihm somit auch nicht. Damit liegen sämtliche Voraussetzungen von § 15 Abs. 1 HGB vor.

bb) Keine teleologische Reduktion von § 15 Abs. 1 HGB bei fehlender Voreintragung

Möglicherweise kann aber die Wirkung von § 15 Abs. 1 HGB trotz Vorliegens seiner Voraussetzungen ausnahmsweise nicht eintreten, weil nicht nur die gebotene Eintragung der Änderung, sondern ebenfalls die gebotene Voreintragung unterblieben ist.[16] Nach § 106 Abs. 1 HGB war bereits die Gründung der Gesellschaft zum Handelsregister anzumelden. Auch das war nicht geschehen. Die fehlende Voreintragung hindert indessen die Wirkung von § 15 Abs. 1 HGB nicht.[17] Die OHG kann auch ohne Eintragung gem. § 123 Abs. 2 HGB entstehen. Daher kann der Rechtsverkehr auf ihr Fortbestehen vertrauen.

Wegen § 15 Abs. 1 HGB muss sich die OHG mithin so behandeln lassen, als habe H bei Abschluss des Kaufvertrages mit V Einzelvertretungsmacht für die OHG gehabt. Damit hat er die OHG wirksam gem. § 164 Abs. 1 S. 1 BGB vertreten. Der Kaufvertrag ist also wirksam zwischen V und der OHG entstanden, und der Anspruch von V auf Zahlung des Kaufpreises i. H. v. 2.700 EUR gem. § 433 Abs. 2 BGB i. V. m. § 124 Abs. 1 HGB richtet sich gegen die „Siegfried Schlucker" OHG.

2. V als Insolvenzgläubiger der OHG

Die Kaufpreisforderung von V gegen die OHG wurde am 12.12.2017, mithin ungefähr 15 Wochen vor der Eröffnung des Insolvenzverfahrens über das Vermögen der OHG am 28.3.2018, begründet. Hierbei handelt es sich auch um einen schuldrechtlichen Anspruch von V gegenüber der OHG. V ist daher Insolvenzgläubiger der OHG i. S. v. § 38 InsO.

3. Ergebnis

V kann von I verlangen, seine Kaufpreisforderung gegen die OHG gem. § 433 Abs. 2 BGB i. V. m. § 124 Abs. 1 HGB i. H. v. 2.700 EUR in die Insolvenztabelle einzutragen.[18]

---

[15] Vgl. allgemein dazu BGHZ 65, 309 (311); Staub/*Koch J.*, § 15 Rn. 2 f.; *Schmidt K.*, HandelsR, § 14 II Rn. 2 (S. 479 f.) und siehe schon oben Bd. I die Fälle 1 und 3.
[16] Zum Streitstand siehe Baumbach/Hopt/*Hopt*, § 15 Rn. 11; MüKoHGB/*Krebs*, § 15 Rn. 35; *Schmidt K.*, HandelsR, § 14 III Rn. 36 (S. 488 f.); *Steinbeck*, § 9 Rn. 7 ff. Vgl. auch Bd. I Fall 2 unter I. 2. b), bb).
[17] Vgl. die Nachweise in Bd. I Fall 1 Fn. 6.
[18] Sollte I diesem Verlangen von V nicht nachkommen, muss V gem. §§ 179 Abs. 1, 180 Abs. 1 InsO gegenüber I Feststellungsklage gem. § 4 InsO i. V. m. § 256 ZPO erheben. Gibt das Gericht der Klage von V statt, kann V gem. § 183 Abs. 2 InsO beim Insolvenzgericht die Berichtigung der Tabelle beantragen. Die Eintragung der Forderung in die Tabelle wirkt wie ein vollstreckbares Urteil (vgl. § 178 Abs. 3 InsO), aus dem der

III. Frage 2: Anspruch von V gegen F, G und H auf Kaufpreiszahlung gem. § 433 Abs. 2 BGB i. V. m. § 128 S. 1 HGB

V kann einen Anspruch auf Zahlung des Kaufpreises i. H. v. 2.700 EUR gegen F, G und H als Gesamtschuldner aus § 433 Abs. 2 BGB i. V. m. §§ 128 S. 1, 124 Abs. 1 HGB haben. Dann muss V einen Anspruch auf Kaufpreiszahlung gegen die OHG haben, für den F, G und H als Gesellschafter gem. § 128 S. 1 HGB gesamtschuldnerisch haften.

1. Verpflichtung der OHG gegenüber V

Ein wirksamer Kaufvertrag gem. § 433 BGB zwischen der OHG und V liegt vor.[19] Aus diesem ist die OHG gem. § 433 Abs. 2 BGB i. V. m. § 124 Abs. 1 HGB verpflichtet, V den Kaufpreis i. H. v. 2.700 EUR zu zahlen.

2. Haftung der Gesellschafter für die Verbindlichkeit der OHG

F, G und H müssen für diese Verbindlichkeit der OHG auch persönlich haften. Eine Haftung der Gesellschafter kann sich aus § 128 S. 1 HGB ergeben. F, G und H waren zu dem Zeitpunkt, als die Kaufpreisforderung von V gegen die OHG entstand, Gesellschafter der OHG. Zwar hatten F und G vor dem Abschluss des Kaufvertrages durch H wirksam die Auflösung der OHG beschlossen. Dadurch war diese aber nicht sofort beendet (vgl. §§ 145 ff. HGB), sondern nur von einer werbenden in eine in Auflösung begriffene Gesellschaft übergeleitet worden. An der Eigenschaft von F, G und H als Gesellschafter der OHG hat sich damit nichts geändert.[20]

Der Anspruch ist daher entstanden, so dass F, G und H gegenüber V unmittelbar und primär[21] für die Gesellschaftsverbindlichkeit haften.

3. Alleinige Inanspruchnahme der Gesellschafter durch den Insolvenzverwalter gem. § 93 InsO

Der Anspruch von V muss jedoch auch durchsetzbar sein. Ist das Insolvenzverfahren über das Vermögen einer Gesellschaft ohne Rechtspersönlichkeit eröffnet worden, kann die persönliche Haftung der Gesellschafter für Gesellschaftsverbindlichkeiten für die Dauer des Insolvenzverfahrens gem. § 93 InsO nur vom Insolvenz-

---

Gläubiger nach Aufhebung des Insolvenzverfahrens seine restlichen Forderungen gegen den Schuldner unbeschränkt geltend machen kann (vgl. § 201 Abs. 1, Abs. 2 InsO). Das hilft dem Gläubiger allerdings nur dann, wenn die OHG im Regelinsolvenzverfahren saniert wird und nach Abschluss des Insolvenzverfahrens als Rechtsträger fortbesteht. Zumeist wird im Regelinsolvenzverfahren aber das Vermögen der Gesellschaft nach den §§ 156 ff. InsO verwertet und anschließend nach den §§ 187 ff. InsO an die Gläubiger verteilt. Ist sodann sämtliches Vermögen der Gesellschaft verteilt und das Insolvenzverfahren gem. § 200 Abs. 1 InsO vom Insolvenzgericht aufgehoben worden, wird die Gesellschaft gem. § 32 Abs. 1 S. 2 Nr. 4 HGB von Amts wegen im Handelsregister gelöscht. Damit erlischt die Gesellschaft und der Gläubiger verliert seinen Schuldner, gegen den er seine Forderung geltend machen kann.

[19] Siehe oben unter A. II. 1. c), bb).
[20] Vgl. allgemein Baumbach/Hopt/*Roth*, § 145 Rn. 4; Henssler/Strohn/*Klöhn*, § 145 HGB Rn. 1 ff.; KKRM/*Kindler*, § 145 Rn. 2; Oetker/*Kamanabrou*, § 145 Rn. 1.
[21] Vgl. dazu Baumbach/Hopt/*Roth*, § 128 Rn. 1; EBJS/*Hillmann*, § 128 Rn. 20; Henssler/Strohn/*Steitz*, § 128 HGB Rn. 20; MüKoHGB/*Schmidt K.*, § 128 Rn. 18; *Schmidt K.*, GesR, § 49 II 1 (S. 1413 f.); *Wiedemann*, GesR II, § 8 III 3 (S. 659); *Windbichler*, § 14 Rn. 20.

Fall 15. Die unbezahlten Windeln 195

verwalter geltend gemacht werden.[22] Nach der Eröffnung des Insolvenzverfahrens über das Vermögen der „Siegfried Schlucker" OHG am 28.3.2018 kann nur noch *I* den Anspruch von *V* gegen *F*, *G* und *H* gem. § 433 Abs. 2 BGB i. V. m. §§ 128 S. 1, 124 Abs. 1 HGB geltend machen.

4. Ergebnis

V hat gegenüber *F*, *G* und *H* als Gesamtschuldner keinen durchsetzbaren Anspruch auf Zahlung des Kaufpreises i. H. v. 2.700 EUR gem. § 433 Abs. 2 BGB i. V. m. §§ 128 S. 1, 124 Abs. 1 HGB.

B. Abwandlung

F kann die Zahlung der Lohnforderung von *A* verweigern, wenn die OHG gegenüber diesem Anspruch mit einem Gegenanspruch aufrechnen kann, und er diesen Einwand gem. § 129 Abs. 1, Abs. 3 HGB geltend machen kann.

I. Aufrechnungslage

Es muss zunächst eine Aufrechnungslage bestehen.
A hat einen Lohnzahlungsanspruch gegen die OHG gem. § 611 Abs. 1 BGB i. V. m. dem Arbeitsvertrag i. V. m. § 124 Abs. 1 HGB i. H. v. 2.200 EUR. Die OHG wiederum hat gegen *A* einen Anspruch gem. § 823 Abs. 1, 5. Fall BGB wegen Eigentumsverletzung i. H. v. 3.000 EUR. Bei beiden Forderungen muss es sich um gegenseitige und gleichartige Forderungen handeln. Die OHG und *A* sind zugleich Schuldner und Gläubiger des jeweils anderen, so dass es sich um gegenseitige Forderungen handelt. Beide Forderungen sind ferner auf Geld gerichtet. Sie sind deshalb auch gleichartig. Die Gegenforderung muss gem. § 390 BGB weiterhin fällig und durchsetzbar sein. Der Anspruch der OHG gegen *A* aus unerlaubter Handlung als Gegenforderung ist sowohl gem. § 271 Abs. 1 BGB fällig als auch durchsetzbar. Die Hauptforderung muss gem. § 387 BGB erfüllbar sein. Der Anspruch von *A* auf ihre Lohnzahlung gegenüber der OHG als Hauptforderung gem. § 271 Abs. 1 BGB ist auch erfüllbar. Die Aufrechnung ist der OHG mithin möglich. Eine Aufrechnung durch die OHG ist zudem noch nicht erfolgt. Demnach besteht die Möglichkeit der Aufrechnung durch die OHG. Eine Aufrechnungslage besteht somit.

II. Einwendung gem. § 129 Abs. 3 HGB

F kann dem Zahlungsanspruch von *A* den Einwand der Aufrechnungslage entgegenhalten, wenn die Voraussetzungen von § 129 Abs. 3 HGB erfüllt sind. Dann muss sich *A* durch Aufrechnung gegen eine fällig Forderung der Gesellschaft befriedigen können.

1. Ausschluss der Aufrechnung gem. § 393 BGB

Einer Aufrechnung durch *A* gegen die Forderung der OHG kann jedoch § 393 BGB entgegenstehen. Dann muss es *A* gem. § 393 BGB untersagt sein, mit ihrer Forderung gegen die OHG gegen die Forderung der OHG ihr gegenüber aufzurechnen. Die Forderung der OHG gegenüber *A* resultiert aus einer unerlaubten Handlung.

---

[22] Vgl. zu dieser „Sperrwirkung" von § 93 InsO Braun/*Kroth*, § 93 Rn. 17; BeckOK InsO/*Cymutta*, § 92 Rn. 18; MüKoInsO/*Brandes/Gehrlein*, § 93 Rn. 13; Nerlich/Römermann/Wittkowski/*Kruth*, § 93 Rn. 8.

Diese muss von A auch vorsätzlich begangen worden sein. Dies erfordert Wissen und Wollen der A von der Rechtsgutverletzung und Rechtswidrigkeit.[23] A hat die Fensterscheibe der OHG in einem Wutanfall bewusst eingeschlagen. Weiterhin ist anzunehmen, dass sie von der Rechtswidrigkeit dieser Handlung wusste. Sie handelte folglich mit Vorsatz. Demnach ist A die Aufrechnung mit ihrer Lohnforderung gegen die Forderung der OHG nach § 393 BGB verwehrt. Nach dem Wortlaut von § 129 Abs. 3 HGB kann F daher A gegenüber nicht einwenden, ihm stehe ein Leistungsverweigerungsrecht zu.

2. Maßgeblichkeit der Aufrechnungsmöglichkeit der Gesellschaft

Dieses Ergebnis kann allerdings im Widerspruch zur Systematik und zum Normzweck von § 129 HGB stehen.[24] § 129 Abs. 3 HGB ist im Zusammenhang mit § 129 Abs. 1 und Abs. 2 HGB zu verstehen.[25] Beide Vorschriften stellen auf die Einwendungen bzw. Anfechtungsmöglichkeiten der Gesellschaft ab. Sie bezwecken damit die Sicherung der Akzessorietät der Gesellschafterhaftung zur Gesellschaftsverbindlichkeit.[26] Das aus § 129 Abs. 1 und Abs. 2 HGB ableitbare Prinzip der Akzessorietät der Gesellschafterhaftung bedeutet, dass der Gesellschafter im Falle seiner Inanspruchnahme durch einen Gesellschaftsgläubiger berechtigt sein soll seine Leistung zu verweigern, solange die Gesellschaft ihrerseits gegen eine Inanspruchnahme Einreden und Einwendungen erheben kann. Gleiches muss für die in § 129 Abs. 3 HGB geregelte Aufrechnungslage gelten. Dem würde aber das Abstellen auf die Aufrechnungsmöglichkeit des Gläubigers widersprechen. Folglich ist der Wortlaut von § 129 Abs. 3 HGB systemkonform korrigierend auszulegen. Danach steht dem Gesellschafter das Leistungsverweigerungsrecht bei Bestehen einer Aufrechnungslage zwischen Gesellschaft und Gesellschaftsgläubiger nur dann nicht zu, wenn die Gesellschaft einem Aufrechnungsverbot unterliegt. Im Umkehrschluss folgt daraus in Übereinstimmung mit § 129 Abs. 1 HGB, dass der Gesellschafter solange seine Inanspruchnahme verweigern kann, wie der Gesellschaft die Aufrechnung gegen die Gesellschaftsgläubigerforderung möglich ist.[27]

3. Berufen von F auf sein Leistungsverweigerungsrecht

Zwischen der Forderung der OHG gegenüber A auf Zahlung von 3.000 EUR gem. § 823 Abs. 1, 5. Fall BGB und der Forderung von A gegen die OHG gem. § 611 Abs. 1 BGB i.V.m. dem Arbeitsvertrag i.V.m. § 124 Abs. 1 HGB i.H.v. 2.200 EUR besteht eine Aufrechnungslage. Die Aufrechnung durch die OHG ist nicht gem. § 393 BGB ausgeschlossen. Die Aufrechnung wurde von der OHG auch noch nicht gem. § 388 S. 1 BGB erklärt, so dass die Forderung von A gegen die OHG noch nicht gem. § 389 BGB erloschen ist.

---

[23] Vgl. nur BeckOK BGB/*Lorenz*, § 276 Rn. 10; Erman/*Westermann H. P.*, § 276 Rn. 7; MüKoBGB/*Grundmann*, § 276 Rn. 154.

[24] EBJS/*Hillmann*, § 129 Rn. 14; Henssler/Strohn/*Steitz*, § 129 HGB Rn. 16; MüKoHGB/ *Schmidt K.*, § 129 Rn. 24; Oetker/*Boesche*, § 129 Rn. 10; RWH/*Haas*, § 129 Rn. 12; Wiedemann, GesR II, § 8 III 3 (S. 737); *Windbichler*, § 14 Rn. 26.

[25] BGHZ 42, 396, 397 f.; MüKoHGB/*Schmidt K.*, § 129 Rn. 24; Oetker/*Boesche*, § 129 Rn. 10.

[26] Baumbach/Hopt/*Roth*, § 129 Rn. 1; EBJS/*Hillmann*, § 129 Rn. 1; Henssler/Strohn/*Steitz*, § 129 HGB Rn. 1; MüKoHGB/*Schmidt K.*, § 129 Rn. 1; Oetker/*Boesche*, § 129 Rn. 1; *Windbichler*, § 14 Rn. 25.

[27] BGHZ 42, 396 (397 f.); Baumbach/Hopt/*Roth*, § 129 Rn. 14; EBJS/*Hillmann*, § 129 Rn. 14; MüKoHGB/*Schmidt K.*, § 129 Rn. 24; RWH/*Haas*, § 129 Rn. 12; Wiedemann, GesR II, § 8 III 3 (S. 737); *Windbichler*, § 14 Rn. 26.

Fall 15. Die unbezahlten Windeln 197

F hat sich gegenüber A auf sein Leistungsverweigerungsrecht berufen, indem er die Zahlung der gegen ihn gerichteten Lohnforderung verweigert mit dem Hinweis, die Reparatur des Schaufensters habe 3.000 EUR gekostet. Damit bringt er konkludent zum Ausdruck, zwischen den wechselseitigen Forderungen der OHG und A bestehe eine Aufrechnungslage und die OHG könne durch Aufrechnung die Forderung von A vollständig zum Erlöschen bringen.

F hat folglich sein Leistungsverweigerungsrecht gem. § 129 Abs. 3 HGB ausgeübt.

III. Ergebnis

F hat die Lohnzahlung an A zu Recht verweigert.

Fall 16. Die fehlerhafte Beratung

Schwerpunkt im Personengesellschaftsrecht:
Rechtsfolgen des Todes eines Partners in der PartG – Unbeschränkbarkeit der Vertretungsmacht gegenüber Dritten – persönliche Haftung der Partner für Verbindlichkeiten der PartG – Ausschluss der Haftung gem. § 8 Abs. 2 PartGG – summenmäßige Haftungsbeschränkung

Sachverhalt[1]

Sigi Stift (S) und Gerd Griffel (G) sind beide Wirtschaftsprüfer und betreiben seit 1985 eine Wirtschaftsprüfungsgesellschaft, die seit 1998 als S & Partner Wirtschaftsprüfungsgesellschaft (S & P) im Partnerschaftsregister eingetragen ist. Der Partnerschaftsvertrag (PV) enthält u. a. folgende Bestimmungen:

§ 3. Geschäftsführung

¹Zur Geschäftsführung und Vertretung der Partnerschaft ist jeder der Partner für sich allein berechtigt. ²Nachstehende Rechtsgeschäfte unterliegen der Zustimmung aller Partner:
1. *Erwerb, Belastung und Veräußerung von Grundstücken und Rechten an Grundstücken,*
2. *...*

§ 8. Tod eines Partners

¹Der Tod eines Partners löst die Partnerschaft nicht auf. ²Das Partnerschaftsverhältnis wird mit den Erben fortgesetzt, sofern es sich um leibliche Abkömmlinge handelt und diese eine sozietätskompatible freiberufliche Tätigkeit ausüben.

Im Winter 2016 stirbt S und wird von seinen beiden Kindern, Otto Stift *(O)* und Petra Papier *(P)* beerbt, die beide Steuerberater sind und seit einigen Jahren als Angestellte in der S & P mitarbeiten.

1. Im Frühjahr 2017 will O ein ihm privat gehörendes Grundstück an die S & P für 100.000 EUR verkaufen. Da G mit dem Ankauf nicht einverstanden ist und unter Hinweis auf § 3 PV widerspricht, wendet sich O anschließend an P, die das Geschäft zusammen mit ihm durchführt. G ist über das Verhalten von O und P im höchsten Maße empört und möchte von Ihnen wissen, ob O von der S & P die Zahlung des Kaufpreises verlangen kann.

---

[1] Der Fall wurde in leicht abgewandelter Fassung im Sommersemester 2003 im Diplomstudiengang Deutsches und Europäisches Wirtschaftsrecht an der Universität Siegen als Diplomklausur und im Sommersemester 2004 vom OLG Hamm als Klausur im 1. juristischen Staatsexamen gestellt.

2. Anfang des Jahres 2016 wurde die S & P von einer langjährigen Mandantin, der SKS Baustoffhandel GmbH (SKS), mit der Überarbeitung und Aktualisierung ihrer AGB beauftragt. Wie in der Vergangenheit üblich, wurde der Auftrag zuständigkeitshalber von S bearbeitet. Der Neugestaltung der Verzugs- und Gefahrtragungsregelungen ging eine eingehende interne Beratung zwischen S und G voraus, wobei von beiden Partnern die Rechtslage fahrlässig unrichtig gewertet wurde. Die der SKS schließlich von S übergebenen neuen AGB werden daher bei den entsprechenden Regelungen den Bedürfnissen der SKS nicht gerecht. Der SKS sind dadurch in der Folgezeit Schäden in Höhe von 50.000 EUR entstanden, deren Ersatz sie nun – nach dem Tode von S – von G und O verlangt. Zu Recht?

Lösung

A. Frage 1: Zahlungsanspruch von O gegen die S & P

O kann von der S & P die Zahlung i. H. v. 100.000 EUR gem. § 433 Abs. 2 BGB i. V. m. § 7 Abs. 2 PartGG i. V. m. § 124 Abs. 1 HGB verlangen. Dann muss zwischen O als Verkäufer und der S & P als Käuferin ein wirksamer Kaufvertrag über das Grundstück vorliegen. Dafür muss die S & P im Zeitpunkt des Abschlusses des Kaufvertrages mit O erstens als rechtsfähige Gesellschaft bestehen und zweitens wirksam vertreten worden sein.

I. Bestehen einer PartG

Bei der S & P kann es sich um eine PartG handeln, die nach § 7 Abs. 2 PartGG i. V. m. § 124 Abs. 1 HGB Träger von Rechten und Pflichten und somit auch Partei eines Kaufvertrages sein kann.[2] Dann muss die S & P zunächst wirksam im Innen- und Außenverhältnis als PartG entstanden sein.

1. Entstehen der PartG

a) Innenverhältnis

Eine PartG entsteht im Innenverhältnis durch den Abschluss eines PV (§ 1 Abs. 4 PartGG i. V. m. § 705 BGB). Von dem Abschluss eines solchen Vertrages unter Beachtung des Schriftformerfordernisses gem. § 3 Abs. 1 PartGG sowie der inhaltlichen Mindestanforderungen gem. § 3 Abs. 2 PartGG ist auszugehen. S und G sind aufgrund ihrer beruflichen Qualifikation als Wirtschaftsprüfer persönlich geeignet, Partner einer PartG zu sein (vgl. § 1 Abs. 1 S. 1 und 3, Abs. 2 PartGG). Die Gesellschaft hat auch einen mit § 2 Abs. 1 PartGG i. V. m. § 31 S. 1 WPO übereinstimmenden Namen gebildet.[3]

Die PartG ist somit im Innenverhältnis wirksam entstanden.

---

[2] BeckOK BGB/*Schöne*, § 7 PartGG Rn. 7; Henssler/Strohn/*Hirtz*, § 7 PartGG Rn. 8; MWHLW/*Wolff*, § 7 Rn. 14; MüKoBGB/*Schäfer*, § 7 PartGG Rn. 10 ff.; Römermann/ *Praß*, § 7 Rn. 30 ff.
[3] Zur Namensbildung einer als Wirtschaftsprüfungsgesellschaft anzuerkennenden PartG vgl. BeckOK BGB/*Schöne*, § 2 PartGG Rn. 9; MüKoBGB/*Schäfer*, § 2 PartGG Rn. 5 ff. und 13; Römermann/*Zimmermann*, § 2 Rn. 4 ff. und 22.

Fall 16. Die fehlerhafte Beratung 201

b) Außenverhältnis

Für das Entstehen der PartG im Außenverhältnis ist gem. § 7 Abs. 1 PartGG die Eintragung im Partnerschaftsregister erforderlich. Diese konstitutiv wirkende[4] Eintragung erfolgte 1998.
Die S & P ist daher auch im Außenverhältnis wirksam entstanden.

2. Fortbestehen der S & P bei Kaufvertragsabschluss

Die ursprünglich im Innen- und Außenverhältnis wirksam entstandene S & P muss weiterhin bei Abschluss des Kaufvertrages im Frühjahr 2017 als rechtsfähige PartG (fort-)bestanden haben.

a) Auflösung der S & P durch den Tod von *S*

Zwar kann die S & P durch den Tod von *S* Ende 2016 aufgelöst worden sein. Wie sich aus § 10 Abs. 1 PartGG i. V. m. § 156 HGB i. V. m. § 124 Abs. 1 HGB ergibt, ändert die Auflösung der PartG jedoch nichts daran, dass sie auch im Liquidationsstadium rechtsgeschäftlich verpflichtet werden kann. Die Auflösung einer PartG führt daher nicht zum Verlust ihrer Rechtsfähigkeit.[5] Ob die S & P aufgelöst worden ist, muss deshalb an dieser Stelle nicht entschieden werden.

Der Tod von *S* führt somit – selbst wenn er ausnahmsweise die Auflösung der S & P herbeiführen sollte[6] – nicht zum Verlust der Fähigkeit der S & P zur Eingehung rechtsgeschäftlicher Verbindlichkeiten.

b) Beendigung der S & P

Die S & P kann jedoch kraft Gesetzes dadurch beendet worden sein, dass *G* nach dem Tod von *S* als alleiniger Gesellschafter verblieben ist. Eine Ein-Personen-Partnerschaft ist nicht zulässig.[7] Die Beendigung der S & P durch den Tod von *S* ist aber ausgeschlossen, wenn *O* und *P* als Erben von *S* wirksam Partner der S & P geworden sind.

---

[4] Zur konstitutiv wirkenden Eintragung vgl. im Einzelnen BeckOK BGB/*Schöne*, § 7 PartGG Rn. 2; Henssler/Strohn/*Hirtz*, § 7 PartGG Rn. 2 ff.; MüKoBGB/*Schäfer*, § 7 PartGG Rn. 3 f.; Römermann/*Praß*, § 7 Rn. 6 ff.

[5] Wie bei einer GbR und einer Personenhandelsgesellschaft führt die Auflösung der PartG zunächst lediglich zu einer Änderung des Gesellschaftszwecks, der nunmehr auf die Auseinandersetzung der Gesellschaft gerichtet ist (vgl. BeckOK BGB/*Schöne*, § 730 Rn. 1 – für die GbR). Die Beendigung der Gesellschaft tritt erst mit vollständiger Abwicklung des Gesamthandsvermögens ein (vgl. BeckOK BGB/*Schöne*, § 730 Rn. 22 – für die GbR; *Schmidt K.*, GesR, § 52 I 1 (S. 1509 ff.) - für die OHG).

[6] Gem. § 9 Abs. 1 PartGG i. V. m. § 131 Abs. 3 S. 1 Nr. 1 HGB führt der Tod eines Partners grundsätzlich zu seinem Ausscheiden, soweit keine abweichende vertragliche Regelung getroffen wurde. Der Tod eines Partners soll daher nicht automatisch zur Auflösung der Partnerschaft führen. *S* und *G* haben weiterhin in § 8 S. 1 PV eine mit § 9 Abs. 1 PartGG i. V. m. § 131 Abs. 3 S. 1 Nr. 1 HGB übereinstimmende „einfache" Fortsetzungsklausel (vgl. BeckOK BGB/*Schöne*, § 736 Rn. 2; MüKoBGB/*Schäfer*, § 736 Rn. 8 f. und § 9 PartGG Rn. 28; Römermann/*Römermann*, § 9 Rn. 8 ff.) vereinbart, so dass der Tod von *S* nicht zur Auflösung der S & P geführt hat.

[7] Der Gesetzgeber hat sich bewusst gegen die Zulässigkeit der Ein-Personen-Partnerschaft entschieden, nachdem diese im Gesetzesentwurf aus dem Grunde der Vermeidung von Irrtümern für den Zeitraum von einem Jahr für den Fall angesehen werden sollte, dass aus einer Partnerschaft mit zwei Partnern einer von beiden ausschied; vgl. MWHLW/*Hoffmann*, § 9 Rn. 68; ebenso Römermann/*Römermann*, § 9 Rn. 1.

Gem. § 9 Abs. 4 S. 1 PartGG ist die Beteiligung an einer PartG grundsätzlich nicht vererblich. Dieser Grundsatz erfährt jedoch durch § 9 Abs. 4 S. 2 PartGG eine Ausnahme, wonach der PV bestimmen kann, dass die Beteiligung an Dritte vererblich ist, soweit diese Partner i. S. v. § 1 Abs. 1 und 2 PartGG sein können.[8] § 8 S. 2 PV verlangt für die Vererblichkeit der Rechtsstellung als Partner, dass die Erben zum einen leibliche Abkömmlinge des Partners sind und zum anderen, dass sie eine freiberufliche Tätigkeit ausüben. Die Nachfolgeklausel[9] des § 8 S. 2 PV ist auch zulässig. Sie erfüllt mit der Anforderung an die freiberufliche Tätigkeit der Erben die gesetzlichen Anforderungen des § 9 Abs. 4 S. 2 PartGG und verlangt mit der Eigenschaft als leiblicher Abkömmling ein weiteres zulässiges Erfordernis für die Vererblichkeit der Partnerstellung.

O und P sind als Erben von S in die S & P eingerückt, wenn sie die Voraussetzungen gem. § 8 S. 2 PV i. V. m. § 9 Abs. 4 S. 2 PartGG erfüllen.

O und P sind jeweils leibliche Abkömmlinge von S.

Gem. § 9 Abs. 4 S. 2 PartGG können nur natürliche Personen gem. § 1 Abs. 1 S. 3 PartGG Partner einer PartG sein.[10] O und P sind beide natürliche Personen. Sie rücken nicht als Erbengemeinschaft gem. §§ 1922, 2032 ff. BGB in die Rechtsstellung von S ein, sondern werden im Wege der Sondernachfolge jeweils unmittelbar Partner der S & P.[11]

O und P müssen, um jeweils tauglicher Erbe gem. § 9 Abs. 4 S. 2 PartGG sein zu können, darüber hinaus Freiberufler gem. § 1 Abs. 2 PartGG sein. Beide sind Steuerberater und besitzen damit die berufliche Qualifikation zur Ausübung einer freiberuflichen Tätigkeit i. S. v. § 1 Abs. 2 S. 2 PartGG. O und P erfüllen daher die gesetzlichen Voraussetzungen, um taugliche Erben von S zu sein.[12] Allerdings engt § 8 S. 2 PV den Kreis der tauglichen Erben auf diejenigen ein, die einen mit der S & P sozietätskompatiblen freien Beruf ausüben können. Gem. § 44b Abs. 1 WPO ist der Zusammenschluss von Wirtschaftsprüfern und Steuerberatern in einer Gesellschaft jedoch zulässig.[13]

---

[8] Vgl. hierzu näher BeckOK BGB/*Schöne*, § 9 PartGG Rn. 9; Henssler/Strohn/*Hirtz*, § 9 PartGG Rn. 31 f.; MüKoBGB/*Schäfer*, § 9 PartGG Rn. 24 f.; Römermann/*Römermann*, § 9 Rn. 25 f.

[9] Vgl. zur Nachfolgeklausel allgemein BeckOK BGB/*Schöne*, § 727 Rn. 14; MüKoBGB/ *Schäfer*, § 727 Rn. 28 ff. und § 9 PartGG Rn. 27; *Schmidt K.*, GesR, § 45 V 4 (S. 1338 ff.).

[10] Zur rechtspolitischen Kritik an dieser Regelung vgl. Römermann/*Zimmermann*, § 1 Rn. 39 ff.; BeckOK BGB/*Schöne*, § 1 PartGG Rn. 14 f.; MWHLW/*Lenz*, § 1 Rn. 103 ff.; *Schmidt K.*, ZIP 1993, 633 (639); *ders.*, NJW 1995, 1 (3); zurückhaltender hingegen MüKoBGB/*Schäfer*, § 1 PartGG Rn. 23.

[11] Zur Sondernachfolge in den Gesellschaftsanteil einer Personengesellschaft vgl. ausführlich Bd. I Fall 17 unter Frage 1, II.

[12] Nach der gesetzlichen Regelung ist tauglicher Erbe auch derjenige Freiberufler, der berufsrechtlich nicht mit den anderen Partnern sozietätsfähig ist; dies zu verhindern ist Aufgabe des Gesellschaftsrechts und nicht des Berufsrechts; vgl. BeckOK BGB/*Schöne*, § 9 Rn. 9; MWHLW/*Hoffmann*, § 9 Rn. 44; MüKoBGB/*Schäfer*, § 9 PartGG Rn. 25; a. A. EBJ/*Seibert*, 1. Aufl., § 9 PartGG Rn. 6.

[13] Von dem Bestehen der S & P als PartG – und auch der grundsätzlichen Zulässigkeit des Zusammenschlusses von Wirtschaftsprüfern und Steuerberatern – zu unterscheiden ist die weitere Frage, ob sie weiterhin als WP-Gesellschaft anzuerkennen ist. Für die Anerkennung der WP-Gesellschaft durch die Wirtschaftsprüferkammer ist gem. § 28 Abs. 1 S. 1 und 3 WPO erforderlich, dass die Zahl der Wirtschaftsprüfer als Partner größer sein muss als die Zahl der Partner, die nicht Wirtschaftsprüfer sind. Diese Voraussetzung dieser möglicherweise verfassungswidrigen Regelung (vgl. *BVerfG* NJW 2014, 613 ff. zu den Parallelregelungen gem. §§ 59e Abs. 2 S. 1, 59f Abs. 1 BRAO, §§ 52e Abs. 2 S. 1, 52f Abs. 1 S. 1 PAO;

Gem. § 8 S. 2 PV i. V. m. § 9 Abs. 4 S. 2 PartGG sind O und P somit als Erben von S mit dem Erbfall Partner der S & P geworden.[14]

3. Zwischenergebnis

Die S & P besteht seit dem Tod von S Ende 2016 mit den Partnern G, O und P fort.

II. Wirksamer Kaufvertrag zwischen O und der S & P

Weitere Voraussetzung für den Anspruch auf Kaufpreiszahlung ist das wirksame Zustandekommen eines Kaufvertrages zwischen O und der S & P über das Grundstück gem. § 433 BGB. O hat als Verkäufer eine auf den Verkauf seines Grundstücks an die S & P gerichtete Willenserklärung abgegeben, die der S & P, vertreten durch P (vgl. § 7 Abs. 3 PartGG i. V. m. § 125 Abs. 2 S. 3 HGB), auch zugegangen ist. Eine auf den Erwerb des Grundstücks gerichtete korrespondierende Willenserklärung der S & P selbst liegt nicht vor. Die S & P kann aber bei Abgabe der Willenserklärung wirksam vertreten worden sein. Dann muss gem. § 164 Abs. 1 S. 1 BGB in ihrem Namen eine auf den Abschluss des Kaufvertrages mit O gerichtete Willenserklärung mit Vertretungsmacht gegenüber O abgegeben worden sein.

1. Vertretung durch O und P

Die S & P kann bei der Abgabe der Willenserklärung gem. § 164 Abs. 1 S. 1 BGB von O und P gemeinschaftlich vertreten worden sein.

Ein gemeinschaftliches Handeln von O und P als Vertreter der S & P kann daraus gefolgert werden, dass P das Geschäft „zusammen" mit O durchgeführt hat. Ob darin eine Gesamtvertretung der S & P durch O und P i. S. v. § 7 Abs. 3 PartG i. V. m. § 125 Abs. 2 S. 1 HGB zu sehen ist, kann dahinstehen, wenn O jedenfalls bei Abschluss des Rechtsgeschäfts als Vertreter der S & P ausgeschlossen ist. Der Wirksamkeit der Willenserklärung von O als Vertreter der S & P bei Abschluss des Kaufvertrages steht entgegen, dass O in diesem Falle den Vertrag sowohl als Ver-

---

vgl. hierzu *Römermann*, NZG 2014, 481 [487]) ist nicht gegeben. Allerdings führt dies nicht automatisch zum Erlöschen der Anerkennung der S & P als WP-Gesellschaft. Gem. § 34 Abs. 1 Nr. 2, Abs. 3 WPO setzt das Erlöschen der Anerkennung als WP-Gesellschaft grds. eine Rücknahme oder einen Widerruf der Anerkennung durch die Wirtschaftsprüferkammer voraus. Die Wirtschaftsprüferkammer kann die Anerkennung zurücknehmen oder widerrufen, wenn die Voraussetzungen für die Anerkennung nachträglich fortgefallen sind. Entfällt die Voraussetzung gem. § 28 Abs. 1 S. 1 und 3 WPO, kann die Wirtschaftsprüferkammer aber eine Übergangsfrist von höchstens zwei Jahren bestimmen, in der dieser Zustand wieder hergestellt werden muss (§ 34 Abs. 1 Nr. 2, 1. Halbs. WPO). Sollte es der S & P in dieser Übergangsfrist nicht gelingen, die Voraussetzungen für die Anerkennung als WP-Gesellschaft wieder zu erlangen, können sie die Anerkennung der Gesellschaft als Steuerberatungsgesellschaft gem. § 50 StBerG beantragen; dies bedingt aber auch die Änderung des Zwecks der PartG. Erst wenn diese Anerkennung versagt werden sollte, würde es der S & P verwehrt sein, weiterhin in der Rechtsform der PartG am Rechtsverkehr teilzunehmen. Auch dies würde aber nicht zum Erlöschen der S & P als Gesellschaft führen, sondern nur zu ihrer Umwandlung in eine GbR, die wiederum als Außengesellschaft Rechtsträger ist; vgl. zur Rechtsnatur der (Außen-)GbR ausführlich Bd. I Fall 12.

[14] Gem. § 30 S. 1 WPO ist der Wirtschaftsprüferkammer u. a. jede Änderung in der Person der gesetzlichen Vertreter unverzüglich anzuzeigen. Danach muss der Wirtschaftsprüferkammer angezeigt werden, dass S verstorben ist und seine Kinder O und P nunmehr Partner geworden sind.

käufer als auch als Vertreter des Käufers abschließen würde.[15] Dies ist gem. § 181 BGB jedoch als unzulässiges Insichgeschäft zu qualifizieren, zumal nicht ersichtlich ist, dass O von dem Verbot des Selbstkontrahierens befreit ist.[16] O ist daher bei Abschluss des Rechtsgeschäfts als Vertreter der S & P ausgeschlossen.

Eine wirksame Vertretung der S & P durch gemeinschaftliches Handeln von O und P liegt somit nicht vor.

2. Vertretung nur durch P

Möglicherweise kann P die S & P bei dem Abschluss des Kaufvertrags aber alleine vertreten haben (§ 164 Abs. 1 S. 1 BGB). Dass P das Geschäft „zusammen" mit O durchgeführt hat, kann auch so verstanden werden, dass der Kaufvertrag zwischen O als Verkäufer und P als der alleinigen Vertreterin der S & P abgeschlossen worden ist. Dann ist zu unterstellen, dass P eine eigene auf Abschluss des Kaufvertrages über das Grundstück von O gerichtete Willenserklärung im Namen der S & P abgegeben hat. Diese Willenserklärung gilt aber nur für und gegen die S & P gem. § 164 Abs. 1 S. 1 BGB, wenn P bei Abschluss des Kaufvertrages mit Vertretungsmacht für die S & P gehandelt hat.

a) Einzelvertretungsbefugnis

Nach § 7 Abs. 3 PartGG i. V. m. § 125 Abs. 1 HGB ist jeder Partner zur Vertretung der PartG in allen Rechtsangelegenheiten ermächtigt, soweit durch den PV nichts Abweichendes bestimmt wird. Der PV der S & P enthält in § 3 S. 1 eine Regelung, die der gesetzlichen Bestimmung zur Einzelvertretungsbefugnis eines jeden Partners entspricht. P ist folglich sowohl kraft Gesetzes als auch kraft des PVs der S & P grundsätzlich alleinvertretungsbefugt.

b) Beschränkung der Vertretungsmacht

§ 3 S. 2 PV enthält allerdings eine Auflistung von Rechtsgeschäften, zu deren Durchführung es der Zustimmung aller Partner bedarf. Dazu gehört nach § 3 S. 2 Nr. 1 PV auch der Erwerb von Grundstücken für die S & P. Die Einzelvertretungsbefugnis von P kann folglich durch § 3 S. 2 Nr. 1 PV eingeschränkt sein mit der Folge, dass sie daran gehindert sein kann, das Grundstück ohne Mitwirkung von G zu erwerben.

aa) Reichweite der Beschränkung

Dann muss sich § 3 S. 2 Nr. 1 PV zunächst auf den Abschluss des Kaufvertrages über das Grundstück beziehen. Der Wortlaut von § 3 S. 2 Nr. 1 PV bezieht sich ausdrücklich nur auf den „Erwerb" des Grundstücks, woraus gefolgert werden kann, dass lediglich das dingliche Geschäft erfasst sein soll. Sinn und Zweck von § 3 S. 2 Nr. 1 PV ist es jedoch, bereits die Verpflichtung der S & P für bestimmte Arten

---

[15] Zum Anwendungsbereich des Selbstkontrahierungsverbots und seinen Rechtsfolgen siehe BeckOK BGB/*Schäfer*, § 181 Rn. 4 ff., 12, 29 ff.; Erman/*Maier-Reimer*, § 181 Rn. 1, 32 ff.; MüKoBGB/*Schubert*, § 181 Rn. 21 ff., 56 ff.; NK-BGB/*Stoffels*, § 181 Rn. 1, 9 ff.

[16] Zu rechtswirksamen Insichgeschäften siehe MüKoBGB/*Schubert*, § 181 Rn. 65 ff., insb. Rn. 76, die die Gestattung durch gesellschaftsvertragliche Regelung zulässt; ebenso BeckOK BGB/*Schäfer*, § 181 Rn. 32 ff.; Erman/*Maier-Reimer*, § 181 Rn. 26 f.; NK-BGB/*Stoffels*, § 181 Rn. 36 ff.; EBJS/*Hillmann*, § 126 Rn. 12; MüKoHGB/*Schmidt K.*, § 126 Rn. 14 f.

Fall 16. Die fehlerhafte Beratung

von Geschäften durch einen einzelnen Partner zu verhindern. Danach wird bereits der Grundstückskaufvertrag von der Regelung des § 3 S. 2 Nr. 1 PV erfasst.

bb) Art der Beschränkung

Überdies muss es sich bei der Regelung in § 3 S. 2 Nr. 1 PV um eine Beschränkung der Vertretungsmacht und nicht nur der Geschäftsführungsbefugnis handeln. Ob dies der Fall ist, ist durch Auslegung von § 3 S. 2 PV zu ermitteln.

(1) Auslegung von § 3 S. 2 PV

Zwar sind Gesellschaftsverträge von Personengesellschaften gem. §§ 133, 157 BGB subjektiv nach dem Willen der Gesellschafter auszulegen.[17] Nach dem Tod von S ist eine subjektive Auslegung des PV der S & P indessen nicht mehr uneingeschränkt möglich. Vielmehr ist der Regelungsgehalt von § 3 S. 2 PV nunmehr im Rahmen der objektiven Auslegung anhand seines Wortlauts, seiner Systematik und seines Sinn und Zwecks zu bestimmen.[18]

(aa) Erstreckung auf die Vertretungsmacht

Dem Wortlaut von § 3 S. 2 Nr. 1 PV kann nicht ausdrücklich entnommen werden, ob er lediglich die Geschäftsführungsbefugnis oder auch die Vertretungsbefugnis einschränkt. Nach allgemeinem Sprachverständnis bedeutet aber eine vertragliche Regelung, durch die bestimmte Rechtsgeschäfte der „Zustimmung aller Partner" bedürfen, dass sich die Partner gem. § 6 Abs. 3 PartGG i. V. m. § 115 Abs. 2 HGB im Innenverhältnis einigen müssen.[19] Das spricht dafür, dass § 3 S. 2 Nr. 1 PV lediglich eine Einschränkung der Geschäftsführungsbefugnis anordnet, indem er außergewöhnliche Geschäfte i.S.d. § 6 Abs. 3 S. 2 PartGG i. V. m. § 116 Abs. 2 HGB auflistet und diese einem Zustimmungsvorbehalt unterwirft.[20] Aufgrund des von G eingelegten Widerspruchs wäre P dann gem. § 6 Abs. 3 S. 2 PartGG i. V. m. § 115 Abs. 1 HGB im Innenverhältnis dazu verpflichtet, die Maßnahme zu unterlassen; ihre Vertretungsmacht bliebe von dieser Einschränkung allerdings unberührt.[21] Für diese Auslegung von § 3 S. 2 Nr. 1 PV spricht ebenfalls, dass § 3 PV mit dem Begriff „Geschäftsführung" überschrieben ist.

Dagegen spricht jedoch entscheidend die Systematik von § 3 PV. § 3 S. 2 Nr. 1 PV ist im Zusammenhang mit § 3 S. 1 PV zu verstehen, welcher explizit – in Abweichung von der Überschrift der Regelung – sowohl die Geschäftsführung als auch die Vertretung benennt. Daraus ist zu folgern, dass § 3 S. 2 PV in gleicher Weise für die Vertretungsmacht gelten soll. Folglich bezieht sich § 3 S. 2 PV nicht nur auf die Geschäftsführungsbefugnis, sondern auch auf die Vertretungsmacht. Die Einzelver-

---

[17] *BGH* WM 1957, 512; BeckOK BGB/*Schöne*, § 705 Rn. 70; Erman/*Westermann H. P.*, § 705 Rn. 34; MüKoBGB/*Schäfer*, § 705 Rn. 171; NK-BGB/*Heidel*, § 705 Rn. 170; *Wiedemann*, GesR I, § 3 II 2a) (S. 166); *Coing*, ZGR 1978, 659 ff.; *Grunewald*, ZGR 1995, 68.
[18] BeckOK BGB/*Schöne*, § 705 Rn. 70; Erman/*Westermann H. P.*, § 705 Rn. 34; MüKoBGB/*Schäfer*, § 705 Rn. 172; NK-BGB/*Heidel*, § 705 Rn. 173; *Grunewald*, ZGR 1995, 68 (78).
[19] Vgl. Baumbach/Hopt/*Roth*, § 115 Rn. 5; EBJS/*Drescher*, § 115 Rn. 24 f.; MüKoHGB/*Rawert*, § 115 Rn. 45.
[20] Zu außergewöhnlichen Geschäften i. S. v. § 116 Abs. 2 HGB vgl. Baumbach/Hopt/*Roth*, § 116 Rn. 2; EBJS/*Drescher*, § 116 Rn. 4 u. 6; Heymann/*Emmerich*, § 116 Rn. 5; MüKoHGB/*Jickeli*, § 116 Rn. 31 ff.; RWH/*Haas*, § 116 Rn. 3 ff.
[21] BGHZ 16, 394 (398); EBJS/*Drescher*, § 115 Rn. 23; Heymann/*Emmerich*, § 115 Rn. 13; KKRM/*Kindler*, § 116 Rn. 2; MüKoHGB/*Rawert*, § 115 Rn. 29 f.

tretungsbefugnis von P ist somit i. S. d. § 7 Abs. 3 PartGG i. V. m. §§ 125, 126 HGB eingeschränkt.

(bb) Beschränkung des Umfangs der Vertretungsmacht

Damit ist indessen nicht geklärt, inwiefern die Einzelvertretungsbefugnis von P eingeschränkt ist. Bei § 3 S. 2 PV kann es sich entweder um eine vertragliche Beschränkung des Umfangs der Vertretungsmacht nach § 7 Abs. 3 PartGG i. V. m. § 126 Abs. 2 HGB oder um die Anordnung einer Gesamtvertretung nach § 7 Abs. 3 PartGG i. V. m. § 125 Abs. 2 S. 1 HGB handeln. Dann müssen beide Gestaltungsvarianten zunächst mit den gesetzlichen Regelungen vereinbar sein.

Aus der gesetzlichen Anordnung in § 7 Abs. 3 PartGG i. V. m. § 126 Abs. 2 HGB, dass die Beschränkung des Umfangs der Vertretungsmacht nur für gewisse Geschäfte oder Arten von Geschäften Dritten gegenüber unwirksam ist, ergibt sich, dass der Umfang der Vertretungsmacht für einzelne Rechtsgeschäfte eingeschränkt werden kann. Gem. § 7 Abs. 3 PartGG i. V. m. § 125 Abs. 2 HGB kann gesellschaftsvertraglich geregelt werden, dass Gesamtvertretung für alle Rechtsgeschäfte gelten soll. Damit kann a maiore ad minus auch Gesamtvertretung nur für einzelne Rechtsgeschäfte angeordnet werden. Folglich sind beide Gestaltungsvarianten mit den gesetzlichen Regelungen vereinbar. Bei § 3 S. 2 PV kann es sich sowohl um eine Beschränkung des Umfangs der Vertretungsmacht für die in § 3 S. 2 PV aufgeführten Rechtsgeschäfte als auch um die Anordnung einer Gesamtvertretung bei Durchführung der in § 3 S. 2 PV aufgeführten Rechtsgeschäfte handeln.

Der Wortlaut von § 3 S. 2 PV spricht dafür, dass für die in § 3 S. 2 PV aufgelisteten Rechtsgeschäfte nicht Gesamtvertretung angeordnet, sondern lediglich der Umfang der (Einzel-)Vertretungsbefugnis im Innenverhältnis eingeschränkt werden soll. So normiert § 3 S. 2 PV kein Erfordernis eines „gemeinschaftlichen Handelns" oder einer „gemeinsamen Mitwirkung". Stattdessen ist lediglich die „Zustimmung aller Partner" erforderlich. Eine Zustimmung zu einem Rechtsgeschäft ist deutlich von der Durchführung dieses Rechtsgeschäfts zu trennen. So kann die Zustimmung auch nach Durchführung erteilt werden. Bereits der Wortlaut von § 3 S. 2 PV kann nach objektiver Auslegung folglich nur so verstanden werden, dass es bei der Einzelvertretungsbefugnis eines jeden Partners gem. § 3 S. 1 PV auch für die in § 3 S. 2 PV aufgelisteten Rechtsgeschäfte verbleibt und diese lediglich durch das Zustimmungserfordernis der anderen Partner beschränkt wird.

(2) Zwischenergebnis

§ 3 S. 2 Nr. 1 PV ist daher als vertragliche Beschränkung des Umfangs der Einzelvertretungsbefugnis eines jeden Partners i. S. v. § 7 Abs. 3 PartGG i. V. m. § 126 Abs. 2 HGB auszulegen. P durfte den Kaufvertrag über das Grundstück mit O im Namen der S & P folglich nur mit Zustimmung der Partner abschließen.

c) Grundsatz der Unbeschränkbarkeit der Vertretungsbefugnis

Die Beschränkung der Einzelvertretungsbefugnis der Partner für einzelne Arten von Rechtsgeschäften gem. § 3 S. 2 Nr. 1 PV kann jedoch im Außenverhältnis unwirksam sein mit der Folge, dass der Abschluss des Kaufvertrags über das Grundstück mit O im Namen der S & P von der gesetzlichen Vertretungsmacht gedeckt war. Gem. § 7 Abs. 3 PartGG i. V. m. § 126 Abs. 2 HGB sind Beschränkungen der Vertretungsmacht, die nur für bestimmte Geschäfte oder Arten von Geschäften gelten, Dritten gegenüber unwirksam. Durch § 3 S. 2 Nr. 1 PV ist die Einzelvertretungs-

Fall 16. Die fehlerhafte Beratung 207

befugnis von *P* somit Dritten gegenüber nicht wirksam beschränkt worden. *P* durfte den Kaufvertrag über das Grundstück folglich zwar nicht für die S & P mit O abschließen, konnte dies kraft ihrer Einzelvertretungsbefugnis aber.
Der Grundsatz der Unbeschränkbarkeit der Vertretungsmacht gem. § 7 Abs. 3 PartGG i. V. m. § 126 Abs. 2 HGB kann aber ausnahmsweise nicht gelten, wenn das Rechtsgeschäft zwischen der PartG und einem ihrer Partner geschlossen wird.

aa) Wortlaut

Nach allgemeinem Sprachverständnis kann „Dritter" i. S. d. § 7 Abs. 3 PartGG i. V. m. § 126 Abs. 2 HGB jede Person sein, die der PartG als außenstehender Geschäftspartner gegenübertritt.[22] Die Worte „Dritten gegenüber" in § 126 Abs. 2 HGB bedeuten nach allgemeinem Sprachverständnis folglich nichts anderes als „im Außenverhältnis".[23] Nach dem Wortlaut gilt die Unbeschränkbarkeit der Vertretungsmacht somit auch, wenn die PartG mit einem ihrer Partner einen Vertrag abschließt.

bb) Sinn und Zweck

Jedoch kann der Schutzzweck von § 7 Abs. 3 PartGG i. V. m. § 126 Abs. 2 HGB für die generelle Unanwendbarkeit des Grundsatzes der Unbeschränkbarkeit der Vertretungsmacht bei einem Vertragsschluss zwischen der PartG und einem ihrer Partner sprechen.[24] Die Unbeschränkbarkeit der Vertretungsmacht gem. § 7 Abs. 3 PartGG i. V. m. § 126 Abs. 2 HGB dient dem Verkehrsschutzinteresse Außenstehender, die mit der Gesellschaft in Geschäftsverbindung treten. Sie sollen sich im Interesse der Sicherheit des Handelsverkehrs um interne Beschränkungen der Vertretungsmacht grundsätzlich nicht zu kümmern brauchen.[25] Die Partner können die Vertretungsverhältnisse für die PartG aber selbst regeln, sodass sich argumentieren ließe, sie bedürften dieses Schutzes nicht mit der Folge, dass sie die Beschränkung der Vertretungsmacht gegen sich gelten lassen müssen.[26] Die im Innenverhältnis bestehenden partnerschaftsvertraglichen Bindungen der Partner bei der Ausübung der Vertretungsmacht können daher im Rechtsverkehr zwischen der PartG und ihren Partnern als echte Beschränkung der Vertretungsbefugnis analog § 714 BGB zu werten sein.[27] Die Unbeschränkbarkeit der Vertretungsmacht gem. § 7 Abs. 3 PartGG i. V. m. § 126 Abs. 2 HGB kann somit ausnahmsweise bei einem Rechtsgeschäft zwischen der PartG und einem ihrer Partner nicht gelten.[28]

cc) Missbrauch der Vertretungsmacht

Ob eine derartige Ausnahme aufgrund des Sinn und Zwecks von § 7 Abs. 3 PartGG i. V. m. § 126 Abs. 2 HGB generell anzuerkennen ist, kann dahinstehen, wenn eine Vertretungsmacht jedenfalls in den Fällen nicht vorliegt, in denen der handelnde Gesellschafter das Rechtsgeschäft pflichtwidrig abschließt. Auch im Rechtsverkehr

---

[22] *Lindacher*, JR 1973, 377 (für OHG).
[23] Schlegelberger/*Schmidt K.*, § 126 Rn. 17 (für OHG).
[24] Baumbach/Hopt/*Roth*, § 126 Rn. 6 (für OHG).
[25] Zur Parallelsituation bei der OHG vgl. Baumbach/Hopt/*Roth*, § 126 Rn. 5; Heymann/*Emmerich*, § 126 Rn. 15; Schlegelberger/*Schmidt K.*, § 126 Rn. 16; *Windbichler*, § 14 Rn. 12.
[26] BGHZ 38, 26 (33) (für OHG).
[27] Zur Parallelsituation bei der OHG vgl. BGHZ 38, 26 (34); Baumbach/Hopt/*Roth*, § 126 Rn. 6; EBJS/*Hillmann*, § 126 Rn. 14 ff.; Heymann/*Emmerich*, § 126 Rn. 18; zur Parallelsituation bei der KG vgl. *OLG Stuttgart* NZG 2009, 1303 (1304 f.).
[28] So die h. A. zur Rechtslage bei der OHG, vgl. BGHZ 38, 26 (34); Staub/*Habersack*, § 126 Rn. 28; Heymann/*Emmerich*, § 126 Rn. 18 ff.; a. A. MüKoHGB/*Schmidt K.*, § 126 Rn. 17.

zwischen der Gesellschaft und einem ihrer Gesellschafter sind pflichtwidrig abgeschlossene Rechtsgeschäfte nach den Grundsätzen über den Missbrauch der Vertretungsmacht[29] zu beurteilen. Kennt der Gesellschafter als andere Vertragspartei die interne Beschränkung des für die Gesellschaft handelnden Vertreters, so ist der abgeschlossene Vertrag einem Vertrag gleichzustellen, der von einem Vertreter ohne Vertretungsmacht geschlossen wurde.[30] Dementsprechend liegt ein Missbrauch der Vertretungsmacht jedenfalls dann vor, wenn O die vertragliche Beschränkung der Vertretungsmacht von P bei Abschluss des Vertrages kannte.[31]

O hatte bei Abschluss des Kaufvertrags sowohl Kenntnis von der Regelung in § 3 S. 2 Nr. 1 PV als auch von dem von G eingelegten Widerspruch. Folglich kann sich O gegenüber der S & P nicht auf die Wirksamkeit des Rechtsgeschäfts berufen.

Somit kann offen bleiben, ob der Grundsatz der Unbeschränkbarkeit der Vertretungsmacht bei einem Vertragsschluss zwischen der PartG und einem ihrer Partner generell unanwendbar ist.

III. Ergebnis

P hat die S & P bei Abschluss des Kaufvertrages nicht wirksam vertreten, so dass kein wirksamer Kaufvertrag vorliegt und O mithin keinen Anspruch auf Zahlung des Kaufpreises gegen die S & P gem. § 433 Abs. 2 BGB i. V. m. § 7 Abs. 2 PartGG i. V. m. § 124 Abs. 1 HGB hat. O kann daher von der S & P nicht die Zahlung des Kaufpreises verlangen.

B. Frage 2: Schadensersatzansprüche der SKS

Die SKS kann von G und/oder O Zahlung von 50.000 EUR verlangen, wenn sie gegenüber der S & P einen Anspruch auf Schadensersatz gem. § 280 Abs. 1 BGB i. V. m. § 7 Abs. 2 PartGG i. V. m. § 124 Abs. 1 HGB hat, für den G und O als Partner gem. § 8 Abs. 1 PartGG persönlich haften.

I. Verbindlichkeit der S & P

Die S & P kann Schuldner von Verbindlichkeiten sein (§ 7 Abs. 2 PartGG i. V. m. § 124 Abs. 1 HGB). Die Verbindlichkeit der S & P kann in einer Schadensersatzverpflichtung gegenüber der SKS gem. § 280 Abs. 1 BGB bestehen. Dann muss zwischen der S & P und der SKS ein Schuldverhältnis bestehen, bei dem die S & P eine vertragliche Pflicht schuldhaft verletzt hat.

1. Schuldverhältnis

Zwischen der S & P und der SKS wurde ein Mandatsvertrag mit dem Inhalt der Überarbeitung und Aktualisierung der AGB der SKS vereinbart. Hierbei handelt es sich um einen Geschäftsbesorgungsvertrag gem. § 675 BGB. Ein Schuldverhältnis i. S. d. § 280 Abs. 1 S. 1 BGB besteht daher.

---

[29] BGHZ 50, 112 (114 f.); 113, 315 (319 f.); *Flume*, BGB AT II, § 45 II 3 (S. 788 ff.); *Medicus/Petersen*, BGB AT, Rn. 967; *Medicus/Petersen*, Bürgerliches Recht, Rn. 116; vgl. auch Bd. I Fall 3

[30] *Beitzke*, JR 1963, 182 (184); Schlegelberger/*Schmidt K.*, § 126 Rn. 17; *Schmidt K.*, GesR, § 48 II 2b (S. 1403).

[31] Zur Parallelsituation bei der OHG vgl. *Windbichler*, § 14 Rn. 13. Nach h. A. kommt es auf das Kennenmüssen des Gesellschafters nicht an, vgl. BGHZ 38, 26 (33); EBJS/*Hillmann*, § 126 Rn. 17; Heymann/*Emmerich*, § 126 Rn. 18 ff.; KKRM/*Kindler*, § 126 Rn. 3; vgl. auch Bd. I Fall 3.

Fall 16. Die fehlerhafte Beratung

2. Pflichtverletzung

Die S & P muss eine Pflicht aus diesem Schuldverhältnis verletzt haben. Die unrichtige Beurteilung der Rechtslage bei der Gestaltung der Verzugs- und Gefahrtragungsregeln jedenfalls durch *S* stellt auch eine Pflichtverletzung dar, die der S & P gem. § 31 BGB analog zugerechnet wird.

3. Verschulden

Die Pflichtverletzung muss zudem schuldhaft erfolgt sein. Der S & P ist das Verschulden ihres gesetzlichen Vertreters gem. § 31 BGB analog zuzurechnen.[32] *S* hat bei der Ausarbeitung dieser AGB-Regelungen die Rechtslage fahrlässig unrichtig bewertet. Dieses Verschulden von *S* ist der S & P zuzurechnen.

4. Schaden

Durch die fehlerhaften AGB sind der SKS Schäden im Gesamtwert von 50.000 EUR entstanden.

5. Zwischenergebnis

Die Voraussetzungen der § 280 Abs. 1, Abs. 3, 281 BGB liegen folglich vor. Eine Verbindlichkeit der S & P ist gegeben.

II. Haftung von *G* und *O* für die Verbindlichkeit der S & P

Des Weiteren müssen *G* und *O* beide für die Verbindlichkeit der S & P persönlich haften.

1. Grundsatz

Eine persönliche und gesamtschuldnerische Haftung von *G* und *O* kann sich jeweils aus § 8 Abs. 1 PartGG ergeben. Die Haftung der Partner für die Verbindlichkeiten der PartG gem. § 8 Abs. 1 PartGG bezieht sich auf Verbindlichkeiten jeder Art und gleich aus welchem Rechtsgrund.[33]

Während *G* bereits im Zeitpunkt der Begründung der Schadensersatzpflicht der S & P gegenüber der SKS Partner war, und daher gem. § 8 Abs. 1 S. 1 PartGG grundsätzlich für diese Verbindlichkeit haftet, folgt dies für den erst Ende 2016 in die S & P eingetretenen *O* aus § 8 Abs. 1 S. 2 PartGG i. V. m. § 130 HGB.[34] Allerdings kommt eine Haftung von *G* und *O* gem. § 8 Abs. 1 PartGG nur dann in Betracht, soweit sie sich nicht auf den Haftungsausschluss gem. § 8 Abs. 2 PartGG berufen können.[35]

---

[32] Vgl. BeckOK BGB/*Schöpflin*, § 31 Rn. 5; Palandt/*Ellenberger*, § 31 Rn. 5; MüKoBGB/*Schäfer*, § 8 PartGG Rn. 6; Römermann/*Römermann*, § 8 Rn. 34.

[33] Vgl. BeckOK BGB/*Schöne*, § 8 PartGG Rn. 4; MüKoBGB/*Schäfer*, § 8 PartGG Rn. 6; Römermann/*Römermann*, § 8 Rn. 17.

[34] Eine Haftung von *O* scheidet nicht bereits deshalb aus, weil der berufliche Fehler vor seinem Eintritt begangen wurde, vgl. *BGH* NJW 2010, 1360 (1362); BeckOK BGB/*Schöne*, § 8 PartGG Rn. 11; MWHLW/*v. Westphalen*, § 8 Rn. 42; *Grunewald*, NJW 2010, 3551; *Sommer/Treptow/Dietelmeier*, NJW 2011, 1551 (1553); a. A. MüKoBGB/*Schäfer*, § 8 PartGG Rn. 32; kritisch hierzu auch Römermann/*Römermann*, § 8 Rn. 41.

[35] Zum Haftungsausschluss vgl. eingehend BeckOK BGB/*Schöne*, § 8 PartGG Rn. 6 ff.; Henssler/Strohn/*Hirtz*, § 8 PartGG Rn. 15; MWHLW/*v. Westphalen*, § 8 Rn. 49; Römermann/*Römermann*, § 8 Rn. 28 ff.

2. Haftungsausschluss für G gem. § 8 Abs. 2 PartGG

Die Haftung von G als Partner für den beruflichen Fehler ist gem. § 8 Abs. 2 PartGG ausgeschlossen, wenn er nicht oder nur mit einem Bearbeitungsbeitrag von untergeordneter Bedeutung mit der Bearbeitung des Auftrags, nämlich der Ausarbeitung der AGB für die SKS, befasst war.[36]

a) Befassung mit dem Auftrag

Als befasst gelten alle Partner, die im weitesten Sinne an der Bearbeitung eines Auftrags mitgewirkt haben.[37] Mit einem Auftrag befasst ist daher derjenige Partner, der den Auftrag selbst bearbeitet oder seine Bearbeitung überwacht hat oder dies nach der internen Zuständigkeitsverteilung hätte tun müssen.[38] Sind mehrere Partner mit dem Auftrag befasst, haften sie gesamtschuldnerisch, und zwar unabhängig davon, wer von ihnen den konkreten Beratungsfehler begangen hat. Die Haftung gem. § 8 Abs. 2 PartGG ist mithin als verschuldensunabhängige Handelndenhaftung zu verstehen.[39] Zuständig[40] für die Bearbeitung des Auftrages[41] der SKS war zwar der mittlerweile verstorbene S. Dieser hat sich bei der Überarbeitung der AGB-Regelungen aber mit G intensiv beraten. G hat somit an der Bearbeitung des Auftrages mitgewirkt, sodass er mit der Auftragsbearbeitung befasst war.

b) Bearbeitungsbeitrag von untergeordneter Bedeutung

G kann sich somit nur dann auf den Haftungsausschluss des § 8 Abs. 2 PartGG berufen, wenn sein interner Beratungsbeitrag gegenüber S lediglich ein Bearbeitungsbeitrag von untergeordneter Bedeutung war.

Dafür spricht zunächst, dass S gegenüber der SKS als sachbearbeitender Partner auftritt, der verantwortlich zeichnet und somit die Verantwortung für den Inhalt seiner Beratungstätigkeit übernimmt.[42] G hingegen wird lediglich beratend gegenüber S tätig. Eine solche lediglich beratende Hinzuziehung eines Partners stellt gerade den Hauptanwendungsfall für einen Beitrag von untergeordneter Bedeutung dar.[43] Ferner spricht für die untergeordnete Bedeutung der internen Beratungstätigkeit, dass anderenfalls ein kontraproduktiver Anreiz geschaffen würde, auf die interne Sichtung und Kontrolle zu verzichten.[44]

Gleichwohl kann die beratende Hinzuziehung eines Partners nicht per se als ein Bearbeitungsbeitrag von untergeordneter Bedeutung gewertet werden.[45] Vielmehr

---

[36] Zum Begriff „befasst" vgl. im Einzelnen BeckOK BGB/*Schöne*, § 8 PartGG Rn. 14 ff.; Henssler/Strohn/*Hirtz*, § 8 PartGG Rn. 20; MWHLW/*v. Westphalen*, § 8 Rn. 63; Römermann/*Römermann*, § 8 Rn. 36 ff.

[37] BeckOK BGB/*Schöne*, § 8 PartGG Rn. 14; Römermann/*Römermann*, § 8 Rn. 37.

[38] Vgl. *BGH* NJW 2010, 1360 (1362).

[39] Vgl. *BGH* NJW 2010, 1360 (1362); BeckOK BGB/*Schöne*, § 8 PartGG Rn. 14; MüKoBGB/*Schäfer*, § 8 PartGG Rn. 21.

[40] Bei der Frage, ob ein Partner mit der Bearbeitung eines Auftrages befasst ist, wird verbreitet auf das Kriterium der internen Zuständigkeitsverteilung abgestellt; vgl. *Jawansky*, DB 2001, 2281 (2282); *Grunewald*, ZAP Fach 23, 551 (555); *Henssler*, FS Wiedemann, 2002, 907 (929); kritisch insoweit Römermann/*Römermann*, § 8 Rn. 38.

[41] Vgl. zum Begriff des Auftrages BeckOK BGB/*Schöne*, § 8 PartGG Rn. 12 f.

[42] Vgl. Römermann/*Römermann*, § 8 Rn. 49; *Jawansky*, DB 2001, 2281 (2283); *Henssler*, ZIP 1997, 1481 (1490); a. A. MüKoBGB/*Schäfer*, § 8 PartGG Rn. 27.

[43] So RegE AnwaltsGmbH-Gesetz, BT-Drucks. 13/9820, 21.

[44] *Henssler*, ZIP 1997, 1481 (1490); zustimmend Römermann/*Römermann*, § 8 Rn. 49.

[45] BeckOK BGB/*Schöne*, § 8 PartGG Rn. 21; Römermann/*Römermann*, § 8 Rn. 49.

kommt es auf eine qualitative Beurteilung der Beratung im jeweiligen Einzelfall an.[46] Der Entscheidungsfindung von S geht eine eingehende Beratung zwischen S und G voraus. Spätestens bei dieser eingehenden Beratung wird sich G inhaltlich mit dem Auftrag der SKS auseinandergesetzt, S seine fachliche Einschätzung zur Ausgestaltung der AGB der SKS mitgeteilt und dieses Ergebnis eingehend mit S diskutiert haben. Der Bearbeitungsbeitrag von G ist somit zumindest qualitativ von nicht lediglich untergeordneter Bedeutung.

Maßgeblich gegen die Wertung des Beratungsbeitrages von G als untergeordneter Bearbeitungsbeitrag i. S. v. § 8 Abs. 2, 2. Halbs. PartGG spricht überdies, dass ein berufliches Fehlverhalten, welches zu einem Schaden des Mandanten führt, niemals von untergeordneter Bedeutung sein kann.[47] G hat ebenso wie S die Rechtslage bei der Überarbeitung der AGB-Regelungen nach eingehender Beratung unzutreffend gewürdigt. Es ist davon auszugehen, dass S seine (fehlerhafte) Entscheidung über die Ausgestaltung der AGB der SKS maßgeblich auch auf das Ergebnis der intensiven Beratung mit G gestützt hat. G hat damit einen kausalen Beitrag zu dem beruflichen Fehlverhalten der S & P gesetzt, so dass sein Bearbeitungsbeitrag nicht lediglich von untergeordneter Bedeutung war. Demnach kann er sich auch nicht auf die Haftungsbefreiungsregelung des § 8 Abs. 2, 2. Halbs. PartGG berufen.[48]

Damit war die beratende Tätigkeit von G nicht lediglich ein Bearbeitungsbeitrag von untergeordneter Bedeutung, sodass eine Haftung vom mit der Auftragsbearbeitung befassten G nicht gem. § 8 Abs. 2, 2. Halbs. PartGG ausscheidet.

G haftet somit gem. § 8 Abs. 1 PartGG für die Verbindlichkeit der S & P gegenüber der SKS.

3. Haftungsausschluss für O gem. § 8 Abs. 2 PartGG

Allerdings kann die persönliche Haftung von O als Partner für den beruflichen Fehler gem. § 8 Abs. 2 PartGG ausgeschlossen sein. Dann darf O nicht oder nur mit einem Bearbeitungsbeitrag von untergeordneter Bedeutung mit der Bearbeitung des Auftrags, nämlich der Ausarbeitung der AGB für die SKS, befasst gewesen sein.

Mit der Bearbeitung des Auftrags waren S und G, nicht hingegen O, der zum Bearbeitungszeitpunkt noch nicht einmal Partner der S & P war, befasst. Zwar ist O gem. § 1922 Abs. 1 BGB als Rechtsnachfolger von S in dessen Stellung als Partner in die S & P eingetreten. § 8 Abs. 2 PartGG knüpft aber nicht an die Mitgliedschaft, sondern an die persönliche Befassung mit dem Auftrag an.[49] Folglich scheidet eine Haftung nach dem Wortlaut von § 8 Abs. 2 PartGG für die beruflichen Fehler, die S und G bei der Auftragsbearbeitung begangen haben, aus.[50]

Ein derartiges Verständnis lässt sich indessen nicht mit dem Sinn und Zweck von § 8 Abs. 2 PartGG in Einklang bringen. § 8 Abs. 2 PartGG wirkt für die nicht mit der Bearbeitung des Auftrags befassten Partner als gesetzliches Haftungsprivileg.[51] Insbesondere sollen diejenigen Partner vor einer Inanspruchnahme für berufliche Fehler

---
[46] BeckOK BGB/*Schöne*, § 8 PartGG Rn. 21.
[47] BeckOK BGB/*Schöne*, § 8 PartGG Rn. 18; MüKoBGB/*Schäfer*, § 8 PartGG Rn. 28.
[48] Vgl. in diesem Sinne auch MüKoBGB/*Schäfer*, § 8 PartGG Rn. 28; *Henssler*, ZIP 1997, 1481 (1490).
[49] MüKoBGB/*Schäfer*, § 8 PartGG Rn. 32.
[50] MüKoBGB/*Schäfer*, § 8 PartGG Rn. 32; MWHLW/*v. Westphalen*, § 8 Rn. 42; *Sommer/Treptow/Dietlmeier*, NJW 2011, 1551 (1553).
[51] BeckOK BGB/*Schöne*, § 8 PartGG Rn. 6; *Feuerrich/Weyland/Brüggemann*, § 8 Rn. 10; MWHLW/*v. Westphalen*, § 8 Rn. 6, MüKoBGB/*Schäfer*, § 8 Rn. 14.

geschützt werden, die auf die Vermeidung der Fehler keinen Einfluss nehmen können.[52] Mit dem Schutz der nicht mit der Auftragsbearbeitung befassten Partner wäre es aber schlechterdings nicht vereinbar, den Erben des mit der Auftragsbearbeitung befassten Partners nicht für die beruflichen Fehler des Erblassers haften zu lassen. Dann nämlich würden alle Partner nach § 8 Abs. 1 PartGG für die beruflichen Fehler des Erblassers haften, sofern nur der verstorbene Partner mit der Auftragsbearbeitung befasst war. Dies soll § 8 Abs. 2 PartGG aber gerade verhindern. Nach dem Sinn und Zweck von § 8 Abs. 2 PartGG haften neben den ansonsten mit der Auftragsbearbeitung befassten Partnern folglich auch die Erben des mit der Bearbeitung des Auftrags befassten verstorbenen Partners, wenngleich sie nicht mit der Auftragsbearbeitung befasst waren.[53]

O haftet somit ebenfalls für die der S & P gegenüber der SKS entstandenen Verbindlichkeit gem. § 8 Abs. 1 S. 2 PartGG i. V. m. § 130 HGB.

4. Summenmäßige Haftungsbeschränkung

Die persönliche und gesamtschuldnerische Haftung von O und G nach § 8 Abs. 1 PartGG kann jedoch summenmäßig begrenzt sein (§ 8 Abs. 3 PartGG).[54] Dann muss es eine gesetzliche Bestimmung geben, wonach die Haftung für Schadensersatzansprüche wegen fehlerhafter Berufsausübung auf einen Höchstbetrag begrenzt werden kann, die Begrenzung nur Ansprüche aus fehlerhafter Berufsausübung umfasst und der Abschluss einer Berufshaftpflichtversicherung gefordert wird.[55] Insoweit sind für Wirtschaftsprüfungsgesellschaften § 54 Abs. 1 WPO und § 54a Abs. 1, 54 Abs. 4 S. 1 i. V. m. § 56 Abs. 1 WPO einschlägig.[56] Vom Abschluss einer solchen Berufshaftpflichtversicherung der S & P ist auszugehen.[57] Somit kann die Haftung begrenzt werden. Eine Begrenzung durch Individualvereinbarung oder Allgemeine Auftragsbedingungen kommt nur in Betracht, wenn keine gesetzliche Haftungsbegrenzung einschlägig ist (§ 16 Berufssatzung WP/vBP).[58] Eine gesetzliche Haftungsbegrenzung greift nicht ein, insbesondere § 323 Abs. 2 S. 1 HGB nicht, denn dieser ist nur bei gesetzlichen Pflichtprüfungen einschlägig. Daher wäre eine Haftungsbegrenzung durch Individualvereinbarung oder Allgemeine Auftragsbedingungen möglich. Dass eine solche zwischen der SKS und der S & P vereinbart wurde, ist indessen nicht ersichtlich. Auch ist zu beachten, dass bei einer Haftungsbegrenzung durch Allgemeine Auftragsbedingungen der Mindesthaftbetrag 4 Mio. EUR (§§ 54a Abs. 1 Nr. 2, 54 Abs. 4 S. 1 i. V. m. § 56 Abs. 1WPO)[59] und bei Individualvereinbarung 1 Mio. EUR (§§ 54a Abs. 1 Nr. 1, 54 Abs. 4 S. 1 i. V. m. § 56 Abs. 1 WPO) beträgt. Der Schaden der SKS bleibt jedoch mit 50.000 EUR unter dem

---

[52] BeckOK BGB/*Schöne*, § 8 PartGG Rn. 6; Henssler/Strohn/*Hirtz*, § 8 Rn. 15; MüKoBGB/*Schäfer*, § 8 Rn. 23; Römermann/*Römermann*, § 8 Rn. 29.
[53] A. A. im Ergebnis MüKoBGB/*Schäfer*, § 8 PartGG Rn. 32; MWHLW/*v. Westphalen*, § 8 Rn. 42.
[54] Zur historischen Entwicklung sowie der Systematik der summenmäßigen Beschränkung siehe Römermann/*Römermann*, § 8 Rn. 65 ff.
[55] BeckOK BGB/*Schöne*, § 8 PartGG Rn. 29; MüKoBGB/*Schäfer*, § 8 PartGG Rn. 36.
[56] Siehe hierzu BeckOK BGB/*Schöne*, § 8 PartGG Rn. 30; Römermann/*Römermann*, § 8 Rn. 95.
[57] Gem. § 28 Abs. 7 WPO muss die Wirtschaftsprüferkammer die Anerkennung als Wirtschaftsprüfungsgesellschaft so lange versagen, wie ihr nicht die vorläufige Deckungszusage auf den Antrag zum Abschluss einer Berufshaftpflichtversicherung vorliegt.
[58] Hense/Ulrich/*Maxl*, § 54a Rn. 3.
[59] Voraussetzung für die Beschränkung auf 4 Mio. EUR ist, dass insoweit Versicherungsschutz besteht, vgl. Hense/Ulrich/*Maxl*, § 54a Rn. 20.

Fall 16. Die fehlerhafte Beratung 213

Haftungsmindestbetrag von 1 Mio. EUR je Haftungsfall (§§ 54a Abs. 1 Nr. 1, 54 Abs. 4 S. 1, 56 Abs. 1, 54 Abs. 1 S. 2 WPO i. V. m. § 323 Abs. 2 S. 1 HGB), so dass die summenmäßige Beschränkung, selbst wenn sie vereinbart worden wäre, ohnehin nicht eingreifen würde.

O und G haften somit persönlich für die Verbindlichkeit der S & P gegenüber der SKS.

III. Ergebnis

Die SKS kann von *G* und/oder *O* Zahlung von 50.000 EUR gem. § 280 Abs. 1 BGB i. V. m. §§ 8 Abs. 1 PartGG, 7 Abs. 2 PartGG i. V. m. § 124 Abs. 1 HGB verlangen.

Fall 17. Der tödliche Gesellschafterunfall

Schwerpunkt im Personengesellschaftsrecht (OHG/KG):
Nachfolgeklausel – Sondernachfolge in Gesellschaftsanteile – Ansprüche der Miterben gegen den Gesellschaftererben – Eintrittsklausel – Scheitern einer Nachfolgeklausel infolge Enterbung des „Nachfolgers"

Sachverhalt

Lutz Lustig (L), Martin Meyer (M) und *Norbert Nötig (N)* sind gute Freunde. Sie betreiben unter der Firma L & Co. KG einen Handel für Pferdezubehör. *L* und *M* sind Komplementäre, *N* ist Kommanditist. Der von ihnen entworfene Gesellschaftsvertrag (GV) enthält u. a. folgende Klausel:

§ 9 Tod eines Gesellschafters

(1) Im Todesfall des Gesellschafters L sollen seine Frau Berta (B) und sein Sohn Franz (F) in die Stellung des persönlich haftenden Gesellschafters eintreten.

(2) Im Todesfall des Gesellschafters M soll sein Sohn Peter (P) als Erbe in die Gesellschaft eintreten.

(3) Im Todesfall des Gesellschafters N soll seine Tochter Kelly (K) als Erbin Kommanditistin werden.

Im Frühjahr 2017 kommen *L* und *M* unter ungeklärten Umständen auf einer Urlaubsreise durch die Karpaten ums Leben.

1. *L* hat seine Hinterbliebenen *B* und *F* zu gleichen Teilen als Erben eingesetzt. *F* möchte nach dem Tode seines Vaters sofort ins Geschäft einsteigen. Er möchte wissen, welche Rechte seiner Mutter und ihm bezüglich der Gesellschafterstellung seines Vaters zustehen.

2. *M*, der vor Jahren seine Frau bei einem Verkehrsunfall verloren hat, hinterlässt neben seinem Sohn *P* noch seine Tochter *Theresa (T)*. *M* hat testamentarisch seine Kinder zu gleichen Teilen als Erben eingesetzt und bestimmt, dass sein Sohn *P* seinen Gesellschaftsanteil unter Ausschluss von Abfindungsansprüchen erhalten soll. In dem Zeitpunkt des Todes von *M* hatte sein Gesellschaftsanteil einen Wert von 300.000 EUR. Daneben hatte er noch weiteres Vermögen i. H. v. 100.000 EUR. Ist *P* in vollem Umfang in den Gesellschaftsanteil von *M* eingerückt?

Abwandlung: *N* stirbt auf einer Urlaubsreise nach Thailand. Er hinterlässt neben seiner Tochter *K* seine Ehefrau *Dolly (D)*. *D* ist von ihm zur Alleinerbin eingesetzt worden. *K* wendet sich nach der Testamentseröffnung augenblicklich an den mit ihr befreundeten Jurastudenten *Rudi (R)*. Sie klagt ihm ihr Leid und bittet ihn zu prüfen, ob sie trotz Enterbung Kommanditistin geworden ist. *R* ist sich seiner juristischen Kenntnisse sicher und erklärt, ohne sich genauer informiert zu haben, *K* sei aufgrund von § 9 Abs. 3 des

GV Kommanditistin geworden. Zumindest könne sie nach Treu und Glauben Aufnahme in die L & Co. KG verlangen. Ist die Auskunft von R zutreffend?

Lösung

A. Ausgangsfall:

Frage 1: Rechte von F und B

F und B können durch die Nachfolgeregelung in § 9 Abs. 1 GV einen Anspruch auf Aufnahme in die Gesellschaft als Komplementäre haben oder aber kraft rechtsgeschäftlicher oder erbrechtlicher Verfügung in die Komplementärstellung des verstorbenen L bereits „eingetreten" sein.[1]

I. Erwerb des Komplementäranteils

1. Anspruch auf Aufnahme in die Gesellschaft

Zunächst können F und B einen Anspruch auf Aufnahme in die Gesellschaft nach § 328 BGB i. V. m. § 9 Abs. 1 GV haben, wenn § 9 Abs. 1 GV einen Anspruch auf Aufnahme in die Gesellschaft begründet. Die Formulierung des GV „... sollen... eintreten" ist nicht eindeutig. Sie lässt offen, ob sich der „Eintritt" erst noch vollziehen „soll" oder ob die Nachfolge in den Anteil bereits mit dem Tode von L vollzogen sein soll. Der Wortlaut dieser Regelung kann insoweit zunächst für ein Eintrittsrecht (im Sinne eines Anspruchs auf Aufnahme in die Gesellschaft) sprechen.

Ein Anspruch von F und B auf Eintritt in die Gesellschaft kommt in Betracht, wenn es sich bei § 9 Abs. 1 GV um eine sog. Eintrittsklausel handelt. Eine solche Klausel stellt einen echten Vertrag zugunsten Dritter gem. § 328 BGB dar.[2] Dafür spricht, dass F und B namentlich in der Klausel genannt sind, ohne dass – anders als in Abs. 2 oder Abs. 3 der Klausel – auf eine mögliche Erbenstellung Bezug genommen wird. Für eine derartige Auslegung spricht ferner der Umstand, dass von einem „Eintreten" die Rede ist, womit durchaus ein rechtsgeschäftlicher Vorgang gemeint sein kann, der sich nicht unmittelbar mit dem Ableben des Gesellschafters vollzieht, bei dem der „Nachfolger" vielmehr selbst noch eine Erklärung abgeben muss.

Allein der Wortlaut von § 9 Abs. 1 GV kann allerdings nicht ausschlaggebend sein. Im allgemeinen Sprachgebrauch wird oftmals nicht präzise zwischen Nachfolge als unmittelbarem Einrücken in die Gesellschafterposition ohne weiteren rechtsgeschäftlichen Akt und dem Eintrittsrecht unterschieden. Zudem wurde der GV von den Gesellschaftern als „juristische Laien" selbst verfasst. Der Wortlaut dieser gesellschaftsvertraglichen Regelung darf deshalb nicht überbewertet werden. Vielmehr ist entscheidend auf den von den Gesellschaftern mit dieser Regelung beabsichtigten

---

[1] Eine instruktive Zusammenfassung des Problemfeldes rund um die Vererbung von Anteilen an Personengesellschaften ist zu finden bei *Koch*, § 11 und § 19; *Wiedemann*, GesR II, § 5 III 1 (S. 460 ff.); *Windbichler*, § 15 Rn. 2 ff.; *Deckert*, NZG 1998, 43 ff.; *Westermann H. P.*, JuS 1979, 761 ff.

[2] Ganz h. M., vgl. nur Erman/*Westermann H. P.*, § 727 Rn. 13; *Schmidt K.*, GesR, § 45 V 6a) (S. 1346); *Grunewald*, § 1 Rn. 167; zur Eintrittsklausel allgemein vgl. ausführlich Beck-OK BGB/*Schöne*, § 727 Rn. 21 ff.; MüKoBGB/*Schäfer*, § 727 Rn. 53 ff.; Baumbach/Hopt/ *Roth*, § 139 Rn. 50 ff.; EBJS/*Lorz*, § 139 Rn. 37 ff.; Oetker/*Kamanabrou*, § 139 Rn. 31 ff.; RWH/*Haas*, § 139 Rn. 8 ff.; Staub/*Schäfer*, § 139 Rn. 144 ff.; MünchHdb.GesR II/*Klein/ Lindemeier*, § 41 Rn. 73 ff.

Sinn und Zweck abzustellen. Die Auslegung von § 9 Abs. 1 GV im Sinne einer Eintrittsklausel wäre für die verbliebenen Gesellschafter sehr problematisch, wenn die damit verbundenen Rechtsfolgen berücksichtigt werden. Der Eintrittsberechtigte wäre nicht zum Beitritt verpflichtet. Wären die in § 9 Abs. 1 GV genannten Personen zum Eintritt verpflichtet, würde es sich bei der Klausel um einen unzulässigen Vertrag zu Lasten Dritter handeln. Macht der Eintrittsberechtigte des Weiteren von seinem Recht keinen Gebrauch, würde die Gesellschaft stattdessen mit Abfindungsansprüchen gem. § 738 Abs. 1 S. 2, 3. Fall BGB i. V. m. §§ 161 Abs. 2, 105 Abs. 3 HGB belastet, deren Erfüllung eine erhebliche Schmälerung des Gesellschaftskapitals zur Folge hätte.[3] Angesichts dieser Folgen werden die Gesellschafter daher eine Eintrittsvereinbarung jedenfalls dann nicht treffen wollen, wenn die vorgesehenen Nachfolger zum Kreise der möglichen Erben des betreffenden Gesellschafters gehören, deren automatische Nachfolge durch Verfügung von Todes wegen gesichert werden kann.[4] F und B zählten bei Abschluss des GV schon mit Rücksicht auf die §§ 1924 Abs. 1, 1931 Abs. 1 S. 1 BGB zu den voraussichtlichen Erben von L. § 9 Abs. 1 GV als Eintrittsklausel zu verstehen widerspräche also der Interessenlage von M und N. Folglich kann nach dem Sinn und Zweck der Klausel nicht angenommen werden, dass die Gesellschafter § 9 Abs. 1 GV als Eintrittsklausel verstanden haben. Das muss bei der Auslegung von § 9 Abs. 1 GV angemessen berücksichtigt werden.

2. Eintritt durch Verfügung zugunsten Dritter

F und *B* können die Komplementärstellung vielmehr unmittelbar mit dem Tode von *L* durch Anteilsübertragung nach §§ 413, 398 BGB erlangt haben. Die Anteilsübertragung bei der Personengesellschaft ist ein Verfügungsgeschäft nach §§ 413, 398 BGB.[5] Infolge der namentlichen und ohne Bezug auf die Erbfolgefrage als Nachfolger von *L* vorgesehenen Benennung von *F* und *B* in § 9 Abs. 1 GV lässt sich diese Bestimmung durchaus als eine rechtsgeschäftliche Anteilsübertragung deuten.

Es bestehen jedoch rechtliche Bedenken, ob sich eine gem. §§ 158 Abs. 1, 163 BGB auf den Tod des Gesellschafters befristete und das Überleben der als Nachfolger Benannten bedingte Anteilsübertragung auf Nichtgesellschafter wirksam im Gesellschaftsvertrag vereinbaren lässt. Gegen die Wirksamkeit der darin liegenden Verfügung kann sprechen, dass die unmittelbar von ihr betroffenen *F* und *B* an der Vereinbarung nicht beteiligt waren. Eine Verfügung mit Drittwirkung ist im BGB nicht geregelt. Dies deutet darauf hin, dass der Gesetzgeber die rechtsgeschäftliche Übertragung eines Rechts vom Willen des Erwerbers abhängig machen und gerade nicht in das Belieben Dritter stellen wollte. Andererseits sind dem geltenden Recht Verträge mit Drittwirkung nicht unbekannt. So regeln die §§ 328 ff. BGB den – freilich nur obligatorisch wirkenden – Vertrag zugunsten Dritter. Überdies ist für das Insichgeschäft anerkannt, dass das Verbot des Selbstkontrahierens über den Wortlaut des § 181 BGB hinaus keine Anwendung findet, wenn der in Aussicht genommene Vertrag dem Vertretenen lediglich einen rechtlichen Vorteil bringt.[6] Somit kann möglicherweise Verfügungen mit Drittwirkung zumindest dann Gültigkeit beigemessen werden, wenn sie den Betroffenen aus-

---

[3] BGHZ 68, 225 (233); *Schmidt K.*, GesR, § 45 V 6a) (S. 1347).
[4] BGHZ 68, 225 (233); *Schmidt K.*, GesR, § 45 V 6a) aa) (S. 1347).
[5] Ganz h. A., vgl. BGHZ 81, 82 (84); Erman/*Westermann H. P.*, § 719 Rn. 8; Baumbach/Hopt/*Roth*, § 105 Rn. 69; EBJS/*Wertenbruch*, § 105 Rn. 159; *Schmidt K.*, GesR, § 45 III 3a) (S. 1324).
[6] Vgl. *Medicus/Petersen*, Bürgerliches Recht, Rn. 115; *BGH* NJW 1975, 1885 hat diese Einschränkung später auf das Vertretungsverbot nach § 1795 Abs. 1 Nr. 1 BGB übertragen.

schließlich begünstigen.⁷ In diesem Falle läge ein besonderes Schutzbedürfnis des Begünstigten nicht vor. Jedoch bedarf die Frage der Zulässigkeit ausschließlich begünstigender Verfügungen mit Drittwirkung an dieser Stelle keiner abschließenden Beantwortung. Der Erwerb eines Gesellschaftsanteils ist kein lediglich rechtlich vorteilhaftes Rechtsgeschäft. Den neu eintretenden Komplementär trifft nicht nur die Pflicht zur Geschäftsführung (vgl. §§ 161 Abs. 2, 114 Abs. 1 HGB), sondern insbesondere auch eine unbeschränkte persönliche Haftung für die Verbindlichkeiten der KG (§§ 161 Abs. 2, 128 S. 1, 124 Abs. 1 HGB), und zwar auch für solche Verpflichtungen, die schon vor seinem Eintritt begründet worden sind (§§ 161 Abs. 2, 130 HGB). Darüber hinaus hat er gem. §§ 705, 706 BGB i. V. m. §§ 161 Abs. 2, 105 Abs. 3 HGB die nach dem GV vereinbarten Beiträge zu leisten. Die zwischen den Gesellschaftern vereinbarte, unmittelbar wirkende Anteilsübertragung von *L* auf *F* und *B* würde mithin einen Vertrag zu Lasten Dritter beinhalten. Dessen Unzulässigkeit entfällt auch dann nicht, wenn sich bei einer Gegenüberstellung der durch die Übertragung erworbenen Vorteile per Saldo ein positives Resultat ergeben sollte.⁸ Eine solche Anteilsübertragung lässt sich daher nicht wirksam im Gesellschaftsvertrag vereinbaren.

F und *B* sind also nicht aufgrund einer lebzeitigen rechtsgeschäftlichen Verfügung in die Gesellschafterstellung von *L* eingerückt.

3. Erwerb der Gesellschafterstellung des L gem. § 1922 Abs. 1 BGB

F und *B* können die Gesellschafterstellung von *L* aber nach § 1922 Abs. 1 BGB erlangt haben. Geht der Wille der Gesellschafter regelmäßig dahin, die als Miterben in Betracht kommenden Nachfolger des betreffenden Mitgliedes automatisch in die Gesellschafterstellung eintreten zu lassen, entspricht es dieser Absicht, die Bestimmung des § 9 Abs. 1 GV als sog. erbrechtliche Nachfolgeklausel auszulegen. Sie stellt den Anteil des Komplementärs vererblich und ermächtigt ihn gleichzeitig, seinen Nachfolger durch Testament frei zu bestimmen.⁹ *L*, *M* und *N* wollen, dass *B* und *F* als Erben von *L* im Falle seines Todes als seine Nachfolger direkt in die Gesellschafterstellung „eintreten". Deshalb haben sie die Klausel in den Gesellschaftsvertrag mit aufgenommen.

B und *F* sind daher mit dem Tode von *L* in dessen Komplementärstellung eingerückt.

II. Ausgestaltung der Komplementärstellung

F und *B* können entweder mit der zwischen ihnen bestehenden Erbengemeinschaft gem. §§ 2032 ff. BGB oder jeweils einzeln Gesellschafter der L & Co. KG geworden sein.

---

⁷ Str., ablehnend BeckOK BGB/*Janoschek*, § 328 Rn. 4; Jauernig/*Stadler*, § 328 Rn. 6 m. w. N.; zustimmend *Brox/Walker*, ErbR, Rn. 772 m. w. N.

⁸ BGHZ 68, 225 (231 ff.) (Leitsatz b); Baumbach/Hopt/*Roth*, § 139 Rn. 52; *Brox/Walker*, ErbR, Rn. 787; *Schlüter/Röthel*, § 25 Rn. 18 f.; für die „erbrechtliche Lösung", wenn auch mit etwas anderem Begründungsansatz *Schmidt K.*, GesR, § 45 V 4b) (S. 1341 f.). *Beachten Sie aber:* Eine lebzeitige rechtsgeschäftliche Übertragung einer Mitgliedschaft auf den Todesfall ist wirksam, wenn der Dritte an der Vereinbarung mitwirkt, also zustimmt – BGHZ 68, 225 (234); BeckOK BGB/*Schöne*, § 727 Rn. 19; MüKoBGB/*Schäfer*, § 727 Rn. 51; Baumbach/Hopt/*Roth*, § 139 Rn. 57; EBJS/*Lorz*, § 139 Rn. 50 f.; *Schmidt K.*, GesR, § 45 V 6c) (S. 1348 f.).

⁹ Vgl. BGHZ 68, 225 (Leitsatz a); 22, 186 (191); 108, 187 (192).

1. Erbrechtliche Regelung

F und B sind mit der zwischen ihnen bestehenden Erbengemeinschaft in die Gesellschafterstellung von L eingerückt, wenn sich die Vererbung einer Komplementärstellung nach den erbrechtlichen Regelungen richtet. Nach den erbrechtlichen Regelungen wird der Nachlass gemeinschaftliches Vermögen der Erben (§§ 1922 Abs. 1, 2032 Abs. 1 BGB). Die Erben bilden demnach eine Erbengemeinschaft. L hat F und B zu gleichen Teilen als Erben eingesetzt. Nach erbrechtlichen Grundsätzen wäre somit der gesamte Nachlass von L einschließlich seines Gesellschaftsanteils an der L & Co. KG der aus B und F bestehenden Erbengemeinschaft angefallen (vgl. §§ 1922 Abs. 1, 2032 Abs. 1 BGB). Danach wäre die aus F und B bestehende Erbengemeinschaft in die Komplementärstellung von L eingerückt.[10]

2. Gesellschaftsrechtliche Lösung – Sondernachfolge

Gegen eine solche erbrechtliche Lösung der Gesellschafternachfolge bestehen aber erhebliche Bedenken. Der Übergang des Komplementäranteils auf die Erbengemeinschaft würde kaum auflösbare Widersprüche zwischen erb- und gesellschaftsrechtlichen Regelungen hervorrufen. So haften die Miterben vor der Auseinandersetzung gem. § 2059 Abs. 1 S. 1 BGB beschränkt auf den Nachlass und nach der Auseinandersetzung können sie ihre Haftung nach § 2060 Nr. 3 BGB beschränken. §§ 161 Abs. 2, 128 S. 1, 124 Abs. 1 HGB ordnen hingegen eine unbeschränkte Einstandspflicht des Komplementärs an. Während der Miterbe gem. § 2042 BGB jederzeit die Auseinandersetzung verlangen kann, soll die Personengesellschaft regelmäßig erst nach Ablauf der Zeit, für welche sie eingegangen ist (vgl. §§ 161 Abs. 2, 131 Abs. 1 Nr. 1 HGB), oder im Falle der Zweckerreichung (vgl. § 726, 1. Fall BGB i. V. m. §§ 161 Abs. 2, 105 Abs. 3 HGB) endigen. Schließlich lässt sich auch die gemeinschaftliche Verwaltungs- und Verfügungsbefugnis der Miterben gem. §§ 2038 Abs. 1, 2040 Abs. 1 BGB schwerlich mit der dem Komplementär gem. §§ 161 Abs. 2, 114, 125 HGB grundsätzlich eingeräumten Befugnis zur Einzelgeschäftsführung und -vertretung vereinbaren.

Diese Widersprüche lassen sich sinnvoll nur durch eine gesellschaftsrechtliche Modifizierung der erbrechtlichen Nachfolgeregelung auflösen. Danach geht zwar das Vermögen des Erblassers in das gesamthänderisch gebundene Vermögen der Miterben über. Für den Gesellschaftsanteil gilt jedoch, dass nicht die Erbengemeinschaft, sondern die Miterben im Wege der Sondernachfolge Gesellschafter werden, und zwar mit einem Anteil, der ihrer ideellen Nachlassquote entspricht.[11] Es kommt also zu einem „Splitting der Mitgliedschaft".[12] Dieser Vorrang des Gesellschaftsrechts lässt sich dem Gesetz selbst entnehmen. So kann nach §§ 161 Abs. 2, 139 Abs. 1 HGB „jeder" als Komplementär in die KG eingerückte Erbe sein Verbleiben in der Gesellschaft davon abhängig machen, dass ihm die Stellung eines Kommanditisten eingeräumt wird.[13] Damit bringt diese Vorschrift zugleich zum Ausdruck, dass

---

[10] So *Köbler*, S. 95 ff. u. 122 ff.; *Grunewald*, GesR, § 1 Rn. 160 (für GbR) und § 3 Rn. 65 (zu § 177 HGB); *Börner*, AcP 166 (1966), 426 ff.; *Kruse*, FS Laufke (1972), 179 (184 ff.).

[11] Siehe nur KKRM/*Kindler*, § 139 Rn. 5; MünchHdb.GesR II/*Klein/Lindemeier*, § 41 Rn. 33 m. w. N.

[12] BGHZ 22, 186 (192 f.); 68, 225 (237); 91, 132 (135 f.); 98, 48 (50 f.); 108, 187 (192); BGH NJW-RR 2012, 730 (731); Baumbach/Hopt/*Roth*, § 139 Rn. 14; EBJS/*Lorz*, § 139 Rn. 10; Oetker/*Kamanabrou*, § 139 Rn. 7; Staub/*Schäfer*, § 139 Rn. 45 f.; Schmidt K., GesR, § 45 V 4a) (S. 1340 f.).

[13] Vgl. hierzu näher auch Bd. I Fall 21.

„jeder" Erbe als Einzelner Mitglied der KG wird,[14] andernfalls das Umwandlungsrecht den Miterben zur gesamten Hand zustünde und gem. § 2040 Abs. 1 BGB folglich nur gemeinschaftlich ausgeübt werden könnte. Die Erben werden demnach durch die gesellschaftsrechtliche Modifizierung der erbrechtlichen Nachfolgeregelung jeweils direkt Komplementäre der KG.

III. Ergebnis zu Frage 1

F und *B* sind mit dem Tode von *L* jeweils einzeln zu Komplementären der L & Co. KG geworden, wobei ihre Beteiligung entsprechend ihren Erbquoten jeweils in der Hälfte des durch *L* hinterlassenen Gesellschaftsanteils besteht.

Frage 2: Rechtsnachfolge in den Gesellschaftsanteil von M

P kann mit dem Tode von *M* in dessen Komplementärstellung eingetreten sein.

I. Das „Ob" der Nachfolge

P kann den Gesellschaftsanteil nach § 1922 Abs. 1 BGB erlangt haben. Aus der ausdrücklichen Bezugnahme auf die Erbfolge nach *M* ergibt sich aus § 9 Abs. 2 GV deutlich, dass es sich bei der Klausel um eine erbrechtliche Nachfolgeklausel handeln soll. Mit § 9 Abs. 2 GV erhielt *M* gegenüber seinen Mitgesellschaftern das Recht, *P* als den im Vertrag ausdrücklich („qualifiziert") Benannten zu seinem Gesellschafter-Nachfolger zu bestimmen, so dass die testamentarische Erbeinsetzung einer anderen Person, also *T*, einen Übergang der Komplementärstellung auf sie nicht hätte bewirken können (sog. qualifizierte Nachfolgeklausel).[15] Das ihm durch § 9 Abs. 2 GV eingeräumte Recht hat *M* in seinem Testament ausgeübt, indem er dort den unmittelbaren Erwerb des Gesellschaftsanteils durch *P* anordnete. Aus dem oben beschriebenen Prinzip des (partiellen) Vorrangs des Gesellschaftsrechts vor dem Erbrecht ergibt sich daher, dass *P* dem Grunde nach unmittelbar, d.h. ohne zwischengeschaltete (Gesamtrechts-)Nachfolge der mit *T* bestehenden Erbengemeinschaft, in die Komplementärstellung von *M* einrücken konnte und eingerückt ist.

P ist folglich gem. § 1922 Abs. 1 BGB i.V.m. § 9 Abs. 2 GV durch den Tod von *M* Komplementär der L & Co. KG geworden.

II. Umfang des Anteilserwerbs

Aufgrund der qualifizierten Nachfolgeklausel in § 9 Abs. 2 GV i.V.m. der testamentarischen Anordnung von *M* kann *P* auch den gesamten Komplementäranteil mit einem Wert i.H. v. 300.000 EUR ungeschmälert erworben haben. In diesem Falle erhielte er aber wertmäßig deutlich mehr als die Hälfte des Nachlassvermögens i.H. v. insgesamt 400.000 EUR, obwohl er und *T* testamentarisch jeweils zu gleichen Teilen als Erben eingesetzt sind.[16] Diesen Widerspruch gilt es aufzulösen.

---

[14] Vgl. *Schmidt K.*, GesR, § 45 V 4a) (S. 1339f.).
[15] Näher zur qualifizierten Nachfolgeklausel BeckOK BGB/*Schöne*, § 727 Rn. 17f.; MüKoBGB/*Schäfer*, § 727 Rn. 41 ff.; Baumbach/Hopt/*Roth*, § 139 Rn. 10ff.; EBJS/*Lorz*, § 139 Rn. 19ff.; Oetker/*Kamanabrou*, § 139 Rn. 16ff.; Staub/*Schäfer*, § 139 Rn. 26, 47; MünchHdb.GesR II/*Klein/Lindemeier*, § 41 Rn. 22ff.; *Windbichler*, § 15 Rn. 4; *Schmidt K.*, GesR, § 45 V 5 (S. 1343ff.).
[16] Zu den erbrechtlichen Folgen der qualifizierten Nachfolgeklausel i.V.m. der letztwilligen Verfügung von *M* siehe im Einzelnen Fn. 18.

1. Keine bloße Teilrechtsnachfolge

Durch die testamentarische Einsetzung von P und T zu gleichen Teilen als Erben von M kann der Erwerb des Gesellschaftsanteils auf die dem Gesellschaftererben zustehende Erbquote beschränkt sein. P hätte danach nur die eine Hälfte des Gesellschaftsanteils i. H. v. 150.000 € erhalten, während die andere Hälfte den verbliebenen Gesellschaftern gem. § 738 Abs. 1 S. 1 BGB i. V. m. §§ 161 Abs. 2, 105 Abs. 3 HGB anwachsen würde.[17]

Allerdings sprechen der aus einem gegenständlich begrenzten Erwerb resultierende Abfindungsanspruch der Erbengemeinschaft gegen die Gesellschaft i. H. v. 150.000 € gem. § 738 Abs. 1 S. 2, 3. Fall BGB i. V. m. §§ 161 Abs. 2, 124 Abs. 1 HGB und die damit verbundenen Nachteile für das Gesellschaftskapital gegen die Annahme einer gleichsam erbrechtlich modifizierten Teilnachfolge in den Gesellschaftsanteil. Die Gesellschafter haben mit der Vereinbarung der qualifizierten Nachfolgeklausel gerade das Vermeiden von Nachteilen für das Gesellschaftskapital bezweckt. Außerdem hat der verstorbene Gesellschafter mit der Bestimmung seines Nachfolgers gerade diesen Zweck sichern wollen. Eine Teilnachfolge in seinen Gesellschaftsanteil würde daher seinem Testierwillen widersprechen. Der Wille von M, die Gesellschaft vor Abfindungsansprüchen zu bewahren, lässt sich zudem deutlich seinem Testament entnehmen, in dem er den Erwerb des Gesellschaftsanteils durch P ausdrücklich „unter Ausschluss von Abfindungsansprüchen" angeordnet hat.

Demzufolge ist der Wille der Gesellschafter im Falle der qualifizierten Nachfolgeklausel ohne Rücksicht auf die erbrechtliche Quote des Bedachten auf einen Vollrechtserwerb des Gesellschaftererben gerichtet. Die Annahme einer bloßen Teilrechtsnachfolge ist mit diesem Willen hingegen nicht zu vereinbaren.

P hätte folglich den gesamten Komplementäranteil mit einem Wert i. H. v. 300.000 EUR ungeschmälert erworben.

2. Kein Widerspruch der Vollrechtsnachfolge zum Erbrecht

Allerdings ist die Annahme einer Vollrechtsnachfolge unzulässig, wenn sie sich mit zwingenden Grundsätzen des Erbrechts nicht in Einklang bringen lässt. Insbesondere darf sie zu keiner Benachteiligung der übrigen Miterben führen. Der Vorrang des Gesellschafts- vor dem Erbrecht findet seine Grenze dort, wo der Gesellschaftererbe durch die Nachfolge in die Komplementärstellung mehr erhält, als ihm nach erbrechtlichen Grundsätzen zusteht.[18] Das Gesellschaftsrecht bestimmt nur das „Ob" und das „Wie" der Nachfolge in den Anteil, während im Verhältnis der Miterben untereinander weiter das Erbrecht maßgeblich bleibt. Die von der Nachfolge in den Gesellschaftsanteil ausgeschlossenen Erben müssen – vorbehaltlich abweichender testamentarischer Anordnungen[19] –

---

[17] So das Ergebnis der älteren Rechtsprechung; vgl. BGHZ 22, 186 (194 ff.).
[18] H. A., vgl. BGHZ 68, 225 (238); 91, 132 (136); *BGH* NJW-RR 2012, 730 (731); Baumbach/Hopt/*Roth*, § 139 Rn. 18; *Schmidt K.*, GesR, § 45 V 5c) (S. 1345 f.).
[19] Der Gesellschaftsanteil kann P erbrechtlich betrachtet durch eine quasi „dinglich wirkende Teilungsanordnung" oder als gleichsam „dinglich wirkendes Vorausvermächtnis" zugewendet werden. Maßgeblich ist auch hier der Begünstigungswille des Erblassers. Bei einem „dinglich wirkenden Vorausvermächtnis" erhält P den Gesellschaftsanteil i. H. v. 300.000 EUR sowie die Hälfte des Nachlasses i. H. v. 50.000 EUR. Für T verbleiben danach die restlichen 50.000 EUR. Im Falle einer „dinglich wirkenden Teilungsanordnung" rückt P ebenfalls in den Gesellschaftsanteil i. H. v. 300.000 EUR ein. Ihn trifft allerdings dann die Pflicht zum Ausgleich der Differenz zwischen dem Wert des Gesellschaftsanteils und dem Wert seiner Erbquote i. H. v. 200.000 EUR (Ausgleichsanspruch: 100.000 EUR). Im vor-

im Ergebnis vermögensmäßig so gestellt werden, wie es ihrer Erbquote entspricht.[20]

Dem steht jedoch die Annahme einer Vollrechtsnachfolge nicht entgegen, und zwar selbst dann nicht, wenn der Gesellschaftsanteil – wie im Verhältnis von P und T – wertmäßig über den dem Gesellschaftererben zustehenden Erbteil hinausgeht. Die Erbquote bezeichnet nicht etwa einen gegenständlichen Anteil am Nachlass mit der Folge, dass dem Gesellschaftererben an jedem einzelnen Erbschaftsgegenstand nur ein seiner Erbquote entsprechender Anteil zusteht. Vielmehr bestimmt sie entsprechend dem Wesen der Erbengemeinschaft als Gesamthand lediglich den Wert des dem Miterben zustehenden Anteils am Gesamtnachlass. Dieser ideelle Anteil behält seine Bedeutung auch im Falle einer Sondernachfolge. Reicht das nach Abzug des Gesellschaftsanteils verbliebene Nachlassvermögen nicht aus, um die übrigen Miterben wertmäßig bis zur Höhe ihres Anteils zu befriedigen (§ 2047 Abs. 1 BGB), trifft den Gesellschaftererben die Pflicht, den Differenzbetrag an die Miterben zu leisten.[21] Umstritten ist allein, worin die Pflicht zum Ausgleich ihre gesetzliche Grundlage findet (§ 2325 BGB,[22] §§ 2050 ff. BGB,[23] analoge Anwendung der §§ 2050 ff. BGB,[24] § 242 BGB[25] oder § 812 BGB[26]).[27] Die Erbquote bildet jedenfalls den alleinigen Maßstab für den Wertausgleichsanspruch des bei der Nachfolge nicht berücksichtigten Miterben.[28] Die Sondernachfolge lässt sich daher auch dann mit dem erbrechtlichen Benachteiligungsverbot in Einklang bringen, wenn der Komplementäranteil die Erbquote des Gesellschaftererben wertmäßig übersteigt. Die Vollrechtsnachfolge ist also mit den Grundsätzen des Erbrechts in Einklang zu bringen und demnach auch zulässig.

III. Ergebnis zu Frage 2

P ist daher mit dem Tode von M in dessen Komplementärstellung eingerückt und hat auch dessen gesamten Komplementäranteil erworben.

B. Abwandlung

Die Auskunft von R ist zutreffend, wenn K zumindest einen Anspruch auf Aufnahme in die KG als Kommanditistin hat.

---

liegenden Fall sind aber erbrechtliche Ausgleichsansprüche von T an P durch letztwillige Verfügung ausdrücklich ausgeschlossen worden, da M bestimmt hatte, dass P seinen Gesellschaftsanteil „unter Ausschluss von Abfindungsansprüchen" erhalten soll. Dies spricht für einen Begünstigungswillen zugunsten von P. Folglich handelt es sich um ein „dinglich wirkendes Vorausvermächtnis". Zum Ausschluss von erbrechtlichen Ausgleichsansprüchen im Falle des Eintretens in einen Gesellschaftsanteil kraft qualifizierter Nachfolgeklausel vgl. BayObLG DB 1980, 2028 (2029); MünchHdb.GesR II/*Klein/Lindemeier*, § 41 Rn. 12 m.w.N.; *Schmidt K.*, GesR, § 45 V 5c) (S. 1345 f.) u. 6a) aa) (S. 1347) bei Fn. 121; *Ulmer*, BB 1977, 805 (807).

[20] BeckOK BGB/*Schöne*, § 727 Rn. 18; *Schmidt K.*, GesR, § 45 V 5c) (S. 1345 f.).
[21] BGHZ 68, 225 (238); Baumbach/Hopt/*Roth*, § 139 Rn. 18; *Schmidt K.*, GesR, § 45 V 5c) (S. 1345 f.).
[22] Staub/*Schäfer*, § 139 Rn. 15.
[23] *Brox/Walker*, ErbR, Rn. 794.
[24] RWH/*Haas*, § 139 Rn. 7.
[25] BGHZ 22, 186 (196 f.).
[26] Staudinger/*Kunz*, § 1922 Rn. 175.
[27] Zum Streitstand vgl. EBJS/*Lorz*, § 139 Rn. 23 f.; Oetker/*Kamanabrou*, § 139 Rn. 22; MünchHdb.GesR II/*Klein/Lindemeier*, § 43 Rn. 38; *Schmidt K.*, GesR, § 45 V 5c) (S. 1345 f.).
[28] BGHZ 68, 225 (238).

I. Erwerb des Kommanditanteils durch Verfügung von Todes wegen

K kann mit dem Tode von *N* als dessen „Nachfolgerin" gem. § 1922 Abs. 1 BGB i. V. m. § 9 Abs. 3 GV Kommanditistin geworden sein. Ein Erwerb des Kommanditanteils durch *K* aufgrund von § 177 HGB bzw. einer (qualifizierten) Nachfolgeklausel oder im Wege einer Verfügung von Todes wegen scheidet indessen aus. *N* hat nicht *K*, sondern seine Ehefrau *D* zur Alleinerbin berufen, ohne im Testament eine Bestimmung für die Nachfolge von *K* in seine Gesellschafterposition zu treffen. Die Grenze der Leistungsfähigkeit des Gesellschaftsrechts („Vorrang") ist dort erreicht, wo der „qualifiziert" benannte „Nachfolger" nicht Erbe wird.[29] *K* ist somit – entgegen der Auffassung von *R* – nicht direkt als „Nachfolgerin" von *N* in dessen Kommanditistenstellung gem. § 1922 Abs. 1 BGB i. V. m. § 9 Abs. 3 GV eingerückt.

II. Eintrittsrecht

Jedoch kann *K* mit dem Tode von *N* das Recht erworben haben, als Kommanditistin in die L & Co. KG einzutreten.

1. § 9 Abs. 3 GV als Grundlage eines Eintrittsrechts

Ein solches Eintrittsrecht von *K* kann aus § 9 Abs. 3 GV folgen. Dagegen können allerdings Bedenken bestehen. Die Bezugnahme in § 9 Abs. 3 GV auf die Erbfolge nach *N* macht deutlich, dass die Gesellschafter offenbar wie im gleichlautenden § 9 Abs. 2 GV eine qualifizierte Nachfolgeklausel vereinbaren wollten. *K* sollte nach der Intention der Beteiligten also nicht lediglich einen Beitrittsanspruch erhalten, sondern unmittelbar, d. h. im Wege der Sondernachfolge, in die Kommanditistenstellung von *N* einrücken. Aufgrund der Enterbung von *K* kann § 9 Abs. 3 GV, der die Erbenstellung von *K* voraussetzt, nicht angewandt werden.

2. Annahme eines Eintrittsrechts im Wege ergänzender Vertragsauslegung

Das Eintrittsrecht von *K* kann sich aber im Wege einer ergänzenden Vertragsauslegung begründen lassen. Dann muss § 9 Abs. 3 GV wirksam sein, durch die Enterbung von *K* aber eine planwidrige Regelungslücke entstanden sein, und diese planwidrige Regelungslücke muss nach dem hypothetischen Willen der Gesellschafter durch ein Eintrittsrecht von *K* als der allein zulässigen Variante zur erbrechtlichen Nachfolgeklausel[30] geschlossen werden können.[31]

a) Wirksamkeit von § 9 Abs. 3 GV

Eine ergänzende Vertragsauslegung scheidet aus, wenn § 9 Abs. 3 GV unwirksam ist. Eine unwirksame Vereinbarung ist schon sachlogisch keiner Ergänzung, sondern lediglich einer Umdeutung nach § 140 BGB zugänglich.[32]

§ 9 Abs. 3 GV kann unwirksam sein, wenn die Klausel wegen der Enterbung von *K* gegenstandslos geworden ist. Ob die Gegenstandslosigkeit einer Klausel zugleich zu ihrer Unwirksamkeit führt, kann jedoch offen bleiben, wenn dies für § 9 Abs. 3 GV

---

[29] Sog. Fall der „fehlgeschlagenen Nachfolgeklausel", vgl. Oetker/*Kamanabrou*, § 139 Rn. 25; MünchHdb.GesR II/*Klein/Lindemeier*, § 41 Rn. 25.
[30] Siehe oben Frage 1 I.
[31] So für den Regelfall MünchHdb.GesR II/*Klein/Lindemeier*, § 41 Rn. 23 mit Fn. 85 sowie Rn. 25 m. w. N.
[32] BGHZ 40, 218 (221).

nicht zutrifft. Durch die Enterbung von *K* konnte zwar der von den Gesellschaftern beabsichtigte Übergang des Kommanditanteils nicht eintreten, und die Nachfolgeklausel ging damit „ins Leere". Gleichwohl ist die Klausel nur dann gegenstandslos geworden, wenn sich ihr kein über die bloße Nachfolgebestimmung auf *K* hinausgehender Sinn entnehmen lässt. Mit § 9 Abs. 3 GV haben die Gesellschafter aber nicht nur die beabsichtigte Nachfolge von *K* in den Kommanditanteil geregelt. Sie haben vielmehr durch die namentliche Nennung von *K* zugleich bestimmt, dass keine andere Person außer ihr an die Stelle von *N* rücken soll. Die in der namentlichen Bestimmung eines Erben liegende Übertragungssperre gegenüber Dritten behält daher ihren selbständigen Sinn auch und gerade dann, wenn der potenzielle Nachfolger wider Erwarten nicht zum Erben berufen wird. In diesem Fall schließt sie einen Übergang des Kommanditanteils auf den oder die stattdessen eingesetzten Erben aus (vgl. § 177 HGB). Eine qualifizierte Nachfolgeklausel wird daher nicht gegenstandslos, wenn ihr Regelungssubjekt aufgrund einer Enterbung entfällt.[33]

§ 9 Abs. 3 GV ist daher nach wie vor wirksam.

b) Planwidrige Vertragslücke

Trotz der nach wie vor wirksamen Regelung in § 9 Abs. 3 GV kann der Gesellschaftsvertrag der L & Co. KG eine Vertragslücke aufweisen. Eine Vertragslücke liegt vor, wenn die Parteien es unterlassen haben, eine Vereinbarung über eine Frage zu treffen, deren Regelung in einem bestimmten Sinn durch den Vertragszweck gefordert wird.[34] Dabei ist es unerheblich, ob die Vertragslücke von vornherein, also schon bei Vertragsschluss, bestanden hat oder erst nachträglich infolge veränderter Umstände eingetreten ist.[35]

Die Gesellschafter *L*, *M* und *N* wollten durch die Vereinbarung einer erbrechtlichen Nachfolgeklausel erreichen, dass die Gesellschaft im Falle des Todes von *N* unter Übergang seines Kommanditanteils mit *K* als neuer Gesellschafterin fortgesetzt wird. Die Fortführung mit anderen möglichen Erben von *N* wollten sie verhindern. Jedoch haben sie nicht die Möglichkeit bedacht, dass *N* mit der Enterbung seiner Tochter ein Hindernis für die Sondernachfolge in die Kommanditistenstellung setzen könnte, so dass eine diesbezügliche Regelung fehlt. Eine Vertragslücke liegt demnach vor.

Die Vertragslücke muss auch planwidrig sein. Sie ist planwidrig, wenn im Falle der Enterbung von *K* nach dem Zweck von § 9 Abs. 3 GV eine anderslautende Nachfolgeregelung erforderlich ist. Neben dem automatischen erbrechtlichen Übergang des Kommanditanteils von *N* auf *K* war es weiteres Ziel der Nachfolgeklausel in § 9 Abs. 3 GV, die Gesellschaft von Abfindungsansprüchen freizuhalten und auf diese Weise die Fortsetzung der L & Co. KG ohne Liquiditätsabfluss zu ermöglichen.[36]

Die Erreichung dieses weiteren Vertragszweckes ist indes durch die Enterbung von *K* vereitelt worden. Mit der namentlichen Benennung haben die Gesellschafter zugleich ausgeschlossen, dass ein anderer als *K* in die Kommanditistenstellung von *N* eintreten soll. Nach § 738 Abs. 1 S. 1 BGB i. V. m. §§ 161 Abs. 2, 105 Abs. 3

---

[33] Vgl. *BGH* NJW 1978, 264 (264 ff.); *OLG Frankfurt* NJW-RR 1988, 1251 (1252); MünchHdb.GesR II/*Klein/Lindemeier*, § 41 Rn. 25; a. A. *Schmidt K.*, GesR, § 45 V 6d) (S. 1349 f.), der von der Unwirksamkeit der Nachfolgeklausel mit der Möglichkeit einer Umdeutung in eine Eintrittsklausel ausgeht.
[34] *Larenz*, NJW 1963, 738 (739).
[35] *BGH* NJW 1981, 219 (220).
[36] Siehe oben Frage 3 unter II. 2. a).

Fall 17. Der tödliche Gesellschafterunfall 225

HGB käme es daher abweichend von § 177 HGB zu einer Anwachsung des Gesellschaftsanteils auf die übrigen Gesellschafter, während der zwangsläufig an die Stelle des Kommanditanteils tretende Abfindungsanspruch gem. § 738 Abs. 1 S. 2, 3. Fall BGB i. V. m. §§ 161 Abs. 2, 124 Abs. 1 HGB in den Nachlass fiele. Der mit der Nachfolgeklausel bezweckte Schutz der L & Co. KG vor Abfindungsansprüchen würde somit nicht erreicht. Der mit § 9 Abs. 3 GV bezweckte Schutz der Gesellschaft bedarf daher auch und gerade für den Fall des Scheiterns der vorgesehenen Sondernachfolge einer ergänzenden Regelung.

Infolge der Enterbung von *K* ist somit eine nachträgliche planwidrige Lücke im GV der L & Co. KG entstanden.

c) Eintrittsklausel als sinnvolle Ergänzung des § 9 Abs. 3 GV

Diese nachträglich entstandene planwidrige Vertragslücke kann im Wege der ergänzenden Vertragsauslegung dahingehend zu schließen sein, dass § 9 Abs. 3 GV um ein Eintrittsrecht von *K* bei gleichzeitigem Abfindungsausschluss des oder der Erben von *N* ergänzt wird, falls *K* das Nachrücken in die Kommanditistenstellung von *N* gem. § 1922 Abs. 1 BGB deshalb verwehrt worden ist, weil sie von *N* nicht als Erbin eingesetzt wurde.

Bei der für die ergänzende Vertragsauslegung erforderlichen Ermittlung des hypothetischen Parteiwillens ist darauf abzustellen, wie die Parteien unter Berücksichtigung von Treu und Glauben (vgl. § 157 BGB) den offen gebliebenen Punkt geregelt hätten.[37] Maßgeblich für die Vertragsergänzung ist das Erreichen des mit der ursprünglichen Vereinbarung angestrebten Ziels. Die Annahme der Ergänzung des GV der L & Co. KG um eine Eintrittsklausel zugunsten von *K* bei gleichzeitigem Abfindungsausschluss zu Lasten von *D* muss somit eine sachgerechte Ergänzung des Gesellschafterwillens darstellen.

aa) Eintrittsrecht von K

Dies ist anzunehmen, wenn sich der mit § 9 Abs. 3 GV gewollte Zweck der Fortsetzung der L & Co. KG mit *K* am besten mit Hilfe eines Eintrittsrechtes zu ihren Gunsten gewährleisten lässt.

Wird der GV der L & Co. KG lückenfüllend um eine Eintrittsklausel zugunsten von *K* ergänzt, hat *K* damit das Recht erworben, binnen einer angemessenen Frist[38] von *L* und *M* die Aufnahme als Kommanditistin in die Gesellschaft verlangen zu können. Damit wird genau das erreicht, was von § 9 Abs. 3 GV bezweckt werden sollte, nämlich die Fortsetzung der KG mit *K* anstelle von *N* nach dessen Versterben.

Allerdings kann die an die Stelle einer fehlgeschlagenen qualifizierten Nachfolgeklausel tretende Eintrittsklausel sowohl im Interesse von *K* als auch im Interesse von *L* und *M* in einem weiteren Sinne auszulegen sein als eine „einfache" Eintrittsklausel. Würde *K* im Sinne einer „einfachen" Eintrittsklausel lediglich ein Eintrittsrecht zugestanden, müsste sie die für den Erwerb der Kommanditistenstellung erforderliche Einlage aus eigenen Mitteln aufbringen. Dazu wird *K* kaum bereit sein. Sollte *K* deshalb von ihrem Eintrittsrecht keinen Gebrauch machen, bliebe es dabei, dass der Gesellschaftsanteil von *N* den übrigen Gesellschaftern *L* und *M* angewachsen bliebe

---

[37] BGHZ 84, 1 (7); BeckOK BGB/*Wendtland*, § 157 Rn. 40 f.; Erman/*Armbrüster*, § 157 Rn. 21; Palandt/*Ellenberger*, § 157 Rn. 7.
[38] Für die Berechnung der angemessenen Frist kann § 139 Abs. 3 HGB als Richtschnur gelten; vgl. Staub/*Schäfer*, § 139 Rn. 150.

und die L & Co. KG D als der Erbin von N eine Abfindung gem. § 738 Abs. 1 S. 2, 3. Fall BGB i. V. m. §§ 161 Abs. 2, 105 Abs. 3 HGB zu zahlen hätte. Das würde aber den Interessen von L und M zuwiderlaufen, die Gesellschaft mit dem „gesellschaftsvertraglich benannten Nachfolger" von N ohne Belastung durch Abfindungsansprüche fortzusetzen.

Die an die Stelle einer fehlgeschlagenen qualifizierte Nachfolgeklausel tretende Eintrittsklausel kann somit dahingehend ausgelegt werden, dass der gesellschaftsvertraglich benannte Nachfolger des verstorbenen Gesellschafters so gestellt werden soll, als ob er den Kapitalanteil des verstorbenen Gesellschafters erworben hat. Denn die Einräumung des Eintrittsrechts hat in diesem Fall nur dann einen praktischen Sinn, wenn dem Eintrittsberechtigten gleichzeitig der Vermögenswert der Beteiligung des ausgeschiedenen Gesellschafters zur Verfügung steht.[39] Die im Wege der ergänzenden Vertragsauslegung einzufügende Eintrittsklausel ist somit so auszulegen, dass K nicht nur gegen L und M ein Recht auf Aufnahme als Kommanditistin in die L & Co. KG erwirbt, sondern dass weiterhin L und M verpflichtet sind, ihr den Geschäftsanteil von N zu verschaffen, ohne dass K hierfür eine Einlageleistung erbringen muss. Dies lässt sich dadurch erreichen, dass der Gesellschaftsanteil des verstorbenen Gesellschafters zunächst den übrigen Gesellschaftern zufällt, und diese ihn anschließend treuhänderisch für den Eintrittsberechtigten halten und ihn bei dessen Eintritt auf den Eintretenden übertragen.[40]

bb) Kapitalschutz

Neben der Möglichkeit zum Eintritt von K in die L & Co. KG muss außerdem sichergestellt sein, dass die Gesellschaft dem Erben keine Abfindung zahlen muss.[41]

Infolge der Enterbung von K ist der Gesellschaftsanteil von N den übrigen Mitgesellschaftern L und M gem. § 738 Abs. 1 S. 1 BGB i. V. m. §§ 161 Abs. 2, 105 Abs. 3 HGB angewachsen, mit der Folge, dass D als Alleinerbin von N ein Abfindungsanspruch gem. § 738 Abs. 1 S. 2, 3. Fall BGB i. V. m. §§ 161 Abs. 2, 105 Abs. 3 HGB zusteht. Dieser Abfindungsanspruch kann aber gem. §§ 158 Abs. 2, 163 BGB auflösend bedingt sein. Für den Fall, dass K Erbin von N geworden wäre, hätte sie gem. § 9 Abs. 3 GV dessen Kapitalanteil erworben, ohne dass D einen Abfindungsanspruch gegen die L & Co. KG erworben hätte. Im Gesamtkontext aller drei Absätze von § 9 GV wird deutlich, dass es den Gesellschaftern in jedem Fall und für jeden Gesellschafter darum ging, die Nachfolge verbindlich zu regeln und Abfindungsansprüche zu vermeiden.[42] Die ergänzende Vertragsauslegung von § 9 Abs. 3 GV muss diesen Willen der Gesellschafter ebenfalls berücksichtigen. Macht K somit von ihrem Eintrittsrecht binnen einer angemessenen Frist Gebrauch und erhält von L und M den von diesen treuhänderisch gehaltenen Gesellschaftsanteil von N übertragen, ist damit zugleich ein Abfindungsanspruch von D gegen die L & Co. KG ausgeschlossen.

---

[39] *BGH* NJW 1978, 264 (265).
[40] Zu den Möglichkeiten der Übertragung des Kapitalanteils bei der Eintrittsklausel vgl. Oetker/*Kamanabrou*, § 139 Rn. 34 ff.; zur Treuhandlösung vgl. *BGH* NJW 1978, 264 (265); BeckOK BGB/*Schöne*, § 727 Rn. 23; MüKoBGB/*Schäfer*, § 727 Rn. 59; Baumbach/Hopt/*Roth*, § 139 Rn. 54; Oetker/*Kamanabrou*, § 139 Rn. 40; Staub/*Schäfer*, § 139 Rn. 152; *Ulmer*, ZGR 1972, 219.
[41] Dass der Abfindungsanspruch im Todesfall eines Gesellschafters ausgeschlossen werden kann, ist allgemein anerkannt, vgl. nur BeckOK BGB/*Schöne*, § 738 Rn. 31; MüKoBGB/ *Schäfer*, § 738 Rn. 61, jeweils m. w. N.
[42] Anders etwa die Fallgestaltung bei *BGH* NJW 1978, 264 (265).

cc) Wirksamkeit der Eintrittsklausel

Der lückenhafte Vertrag darf allerdings nicht durch Bestimmungen ergänzt werden, die ihrerseits an einem Nichtigkeitsmangel leiden.[43] Eine Eintrittsklausel mit dem vorbezeichneten Inhalt kann jedoch gegen das Formerfordernis des § 2301 Abs. 1 BGB verstoßen und deshalb gem. § 125 BGB nichtig sein.

Dann muss es sich bei der Eintrittsklausel um eine Schenkung auf den Todesfall handeln. Durch eine Schenkung auf den Todesfall verspricht der künftige Erblasser die unentgeltliche Zuwendung eines Vermögensvorteils unter der aufschiebenden Bedingung, dass der Beschenkte den Schenker überlebt. Unabhängig davon, ob *N* seiner Tochter ein solches Versprechen erteilt hat, betrifft jedoch die Eintrittsklausel mit dem oben skizzierten Inhalt nicht das Verhältnis zwischen *N* und *K*. Vielmehr versprechen darin *L* und *M* dem *N*, nach seinem Tode *K* in die Gesellschaft aufzunehmen und ihr den treuhänderisch angewachsenen Gesellschaftsanteil zu übertragen. Es handelt sich mithin um einen zwischen *L* und *M* einerseits und *N* andererseits vereinbarten Vertrag zugunsten Dritter auf den Todesfall i. S. d. §§ 328, 331 BGB, dessen Wirksamkeit sich allein nach der zwischen dem Versprechensempfänger und dem Versprechendem gewählten Vertragsform richtet. Die Eintrittsklausel als Bestandteil eines Personengesellschaftsvertrages bedurfte wie dieser keiner besonderen Form, so dass ein Verstoß der Eintrittsklausel gegen § 2301 Abs. 1 BGB mithin ausscheidet.[44] Die § 9 Abs. 3 GV ergänzende Eintrittsklausel zugunsten von *K* leidet also an keinem Nichtigkeitsmangel und ist daher zulässig.

III. Ergebnis zur Abwandlung

K hat mit dem Tode von *N* gegenüber *L* und *M* in ergänzender Auslegung von § 9 Abs. 3 GV das binnen einer angemessenen Frist auszuübende Recht erworben, als Kommanditistin in die L & Co. KG aufgenommen zu werden, ohne hierfür eine Einlageleistung aufbringen zu müssen. Sie kann deshalb von *L* und *M* die Übertragung des von ihnen für diese Übergangszeit treuhänderisch gehaltenen Kommanditanteils des verstorbenen *N* verlangen. Die Auskunft von *R* ist folglich im Ergebnis, nicht aber in der Begründung zutreffend.

---

[43] *BGH* NJW 1970, 468 (469); BeckOK BGB/*Wendtland*, § 157 Rn. 42.
[44] Ebenso *Flume*, BGB AT I/1, § 18 I (S. 375 ff.).

Fall 18. Der fehlende Rechtsnachfolgevermerk

Schwerpunkt im Personengesellschaftsrecht (KG):
Haftung der Kommanditisten bei Übertragung eines Kommanditanteils und bei Eintragung eines Rechtsnachfolgevermerks bzw. ohne dessen Eintragung

Sachverhalt

Frieda Feuerfels (F), Giesela Gerngroß (G) und *Heidi Hastig (H)* betreiben seit dem 1.2.2012 unter der Firma F-GmbH & Co. KG eine Großhandlung für Textilien. Komplementärin ist die F-GmbH, deren Geschäftsführerin ihre Alleingesellschafterin *F* ist. *G* und *H* sind Kommanditistinnen. Beide haben eine Einlage von je 200.000 EUR vereinbarungsgemäß bei Geschäftsaufnahme der KG nach Eintragung gezahlt. Der Gesellschaftsvertrag der KG enthält unter anderem eine Klausel, nach der „den Kommanditistinnen die Übertragung ihres Gesellschaftsanteils gestattet ist".

Als es zwischen *F* und *G* zu unüberbrückbaren Differenzen über die künftige Geschäftspolitik der Gesellschaft kommt, sucht *G* eine Interessentin für ihre Beteiligung an der Gesellschaft. Diese findet sie in *Rosi Reich (R)*, der sie am 2.7.2016 gegen eine Zahlung von 200.000 EUR ihren Gesellschaftsanteil überträgt. Das Ausscheiden von *G* und der Eintritt von *R* werden im Handelsregister eingetragen und bekannt gemacht. Gleichfalls wird als Nachfolgevermerk eingetragen: „Der Kommanditanteil der Kommanditistin *G* ist im Wege der Sonderrechtsnachfolge auf die Kommanditistin *R* übergegangen." Der Kapitalanteil von *G* wird auf *R* umgebucht.

Im März 2017 gerät die F-GmbH & Co. KG zunehmend in wirtschaftliche Schwierigkeiten. Zahlungstermine können bei Fälligkeit nicht mehr eingehalten werden. *Karla Knauser (K)* hat gegen die KG eine Forderung über 50.000 EUR aus einem im April 2016 abgeschlossenen Kaufvertrag. *K* möchte wissen, ob sie *R* oder *G*, die beide wohlhabend sind, persönlich in Anspruch nehmen kann.

Abwandlung: Wie ist die Rechtslage, wenn der Nachfolgevermerk nicht eingetragen wurde und *K* weder von der Abtretung wusste noch das Handelsregister eingesehen hat?

Lösung

A. Ausgangsfall

I. Anspruch von K gegen R

K kann *R* persönlich in Anspruch nehmen, wenn sie gegen *R* einen Anspruch auf Zahlung von 50.000 EUR gem. § 433 Abs. 2 BGB i. V. m. §§ 173 Abs. 1, 171 Abs. 1 HGB hat.

1. Forderung gegen die KG

Die seit dem 1.2.2012 im Außenverhältnis wirksam entstandene F-GmbH & Co. KG kann Trägerin von Rechten und Pflichten – mithin auch Schuldnerin einer Kaufpreisforderung – sein (vgl. §§ 161 Abs. 2, 124 Abs. 1 HGB). Eine Kaufpreisforderung von *K* gegen die KG i. H. v. 50.000 EUR besteht.

2. Eintritt von R in die KG

Für die im April 2016 begründete Gesellschaftsverbindlichkeit kann *R* gem. § 173 HGB haften, wenn sie am 2.7.2016 im Sinne dieser Vorschrift in die KG eingetreten ist. *G* hat jedoch (lediglich) seinen Kommanditanteil an *R* übertragen. Mithin hat zwar ein Gesellschafterwechsel stattgefunden, der Gesellschafterkreis ist allerdings nicht um die neue Gesellschafterin erweitert worden.

Die Übertragung der Mitgliedschaft von einem Gesellschafter auf einen Dritten muss folglich für den Dritten einen Eintritt i. S. d. § 173 HGB darstellen. Ein Kommanditistenwechsel ist grundsätzlich auf zwei rechtlich scharf voneinander zu trennenden Wegen[1] möglich. Zum einen kann ein Gesellschafter aus der Gesellschaft ausscheiden und unabhängig davon ein neuer Gesellschafter eintreten. Zum anderen kann ein Gesellschafter seine Mitgliedschaft auf einen Nichtgesellschafter übertragen.

Der Übertragung eines Gesellschaftsanteils kann jedoch der über §§ 161 Abs. 2, 105 Abs. 3 HGB auch für die KG geltende § 719 BGB entgegenstehen,[2] der besagt, dass ein Gesellschafter nicht über seinen Anteil an dem Gesellschaftsvermögen verfügen kann (§ 719 Abs. 1 BGB). Das gilt allerdings nicht, wenn die Anteilsübertragung im Gesellschaftsvertrag zugelassen ist oder die Gesellschafter ihr zustimmen.[3] Bei der Anteilsübertragung handelt es sich um ein Verfügungsgeschäft nach §§ 413, 398 BGB.[4] Erforderlich ist daher ein wirksamer Vertrag zwischen dem bisherigen und dem neuen Gesellschafter und ggf. die Zustimmung der übrigen Gesellschafter.[5] Einer besonderen Form bedarf das Geschäft nicht.[6] Zwischen *G* und *R* war offenbar eine derartige Anteilsübertragung gewollt, wofür insbesondere die Wortwahl der von ihnen veranlassten Handelsregistereintragung spricht. An der Wirksamkeit dieser Übertragung des Kommanditanteils von *G* auf *R* bestehen keine Zweifel. Die Übertragbarkeit von Kommanditanteilen ist auch im Gesellschaftsvertrag ausdrück-

---

[1] Vgl. PersG-HdB/*Wertenbruch*, Rz. I Rn. 639 ff.; *Schmidt K.*, GesR, § 45 III 1 (S. 1320 f.) m. w. N.; Staub/*Thiessen*, § 173 Rn. 30; zur Übertragung der Mitgliedschaft in einer KG, *Grunewald*, § 3 Rn. 62 ff.

[2] RGZ 83, 312 (314 f.); KG JW 1934, 2699; siehe dazu auch *Schmidt K.*, GesR, § 45 III 2a) (S. 1321 f.); MüKoHGB/*Schmidt K.*, § 173 Rn. 24 ff.; Oetker/*Oetker*, § 173 Rn. 19.

[3] BGHZ 13, 179 (186); 44, 229 (231); 81, 82 (84); EBJS/*Strohn*, § 173 Rn. 10; MüKoHGB/*Schmidt K.*, § 173 Rn. 24; MünchHdb.GesR II/*Piehler/Schulte*, § 35 Rn. 1 ff.; PersG-HdB/*Wertenbruch*, Rz. I Rn. 641 ff.; *Hueck A.*, § 27 II 2 (S. 395 f.); *Schmidt K.*, GesR, § 45 III 2b) (S. 1322 f.); *Windbichler*, § 17 Rn. 25.

[4] Staub/*Thiessen*, § 173 Rn. 33; *Schmidt K.*, GesR, § 45 III 3 (S. 1324 f.); PersG-HdB/*Wertenbruch*, Rz. I Rn. 639; *Wiedemann*, GesR II, § 5 II 1 (S. 429); *Windbichler*, § 17 Rn. 25; a. A. Soergel/*Hadding/Kießling*, § 719 Rn. 14 – Vertragsübernahme nach § 311 Abs. 1 BGB.

[5] Baumbach/Hopt/*Roth*, § 105 Rn. 69 f.; Staub/*Schäfer*, § 105 Rn. 302; MünchHdb.GesR II/ *Piehler/Schulte*, § 35 Rn. 1 ff.; *Wiedemann*, GesR II, § 5 II 1 (S. 430); zur Erforderlichkeit der Zustimmung der übrigen Gesellschafter einer KG vgl. PersG-HdB/*Wertenbruch*, Rz. I Rn. 639, 641.

[6] MünchHdb.GesR II/*Piehler/Schulte*, § 35 Rn. 29 ff.; PersG-HdB/*Wertenbruch*, Rz. I Rn. 643; *Wiedemann*, GesR II, § 5 II 1 (S. 430).

Fall 18. Der fehlende Rechtsnachfolgevermerk 231

lich zugelassen worden. § 719 BGB steht der Übertragung des Kommanditanteils somit nicht entgegen.

Bei einer derartigen Übertragung handelt es sich aber nicht um einen „Eintritt" in dem von § 173 HGB zugrunde gelegten Sinne, dass ein neuer Gesellschafter den bisherigen Gesellschafterkreis erweitert. Allerdings erscheint es gerechtfertigt, § 173 HGB auch auf den vom Gesetzgeber nicht bedachten Fall der Anteilsübertragung entsprechend anzuwenden.[7] Der Normzweck des § 173 HGB, der wie bei § 130 HGB auf die Regelung der Gesellschafterhaftung eines neuen Gesellschafters für Altverbindlichkeiten gerichtet ist,[8] erfasst auch diesen Fall.[9] Es macht für die generelle Haftungsfrage eines neuen Gesellschafters keinen Unterschied, wie der Gesellschafterwechsel konstruktiv ausgestaltet worden ist. Ansonsten könnte § 173 HGB ohne weiteres umgangen werden und würde in seiner Wirkung in der Rechtspraxis bedeutungslos. *R* ist somit trotz Erlangung der Kommanditistenstellung im Wege der Sonderrechtsnachfolge i. S. v. § 173 HGB in die KG eingetreten. Ihre Haftung richtet sich daher nach Maßgabe der §§ 171, 172 HGB.

3. Ausschluss der Haftung nach § 171 Abs. 1, 2. Halbs. HGB

Die Haftung von *R* kann nach § 171 Abs. 1, 2. Halbs. HGB ausgeschlossen sein, soweit sie ihre Einlage geleistet hat. *R* selbst hat keine Einlage geleistet. Allerdings hatte bereits *G* ihre Einlage in voller Höhe erbracht. Aufgrund der Anteilsübertragung ist *R* in vollem Umfang in die Rechtsstellung von *G* eingetreten. Dies gilt auch für die Einlageleistung.[10] Die von dem Rechtsvorgänger geleistete Einlage geht auf den Erwerber über. Dieser kann sich gegenüber den Gesellschaftsgläubigern auf die haftungsbefreiende Wirkung der Einlageleistung berufen.[11]

R haftet daher gegenüber *K* nicht persönlich gem. § 433 Abs. 2 BGB i. V. m. §§ 173 Abs. 1, 171 Abs. 1 HGB.

II. Anspruch von K gegen G

K kann aber *G* persönlich in Anspruch nehmen, wenn sie ihr gegenüber einen Anspruch aus § 433 Abs. 2 BGB i. V. m. §§ 171 Abs. 1, 172 Abs. 4 S. 1 HGB auf Zahlung von 50.000 EUR hat.

1. Haftung von G gem. §§ 171 Abs. 1, 172 Abs. 4 S. 1 HGB

Für die bestehende Kaufpreisforderung von *K* gegen die KG i. H. v. 50.000 EUR haftet *G*, die zum Zeitpunkt ihrer Begründung im April 2016 Gesellschafterin der KG war, gem. §§ 171, 172 HGB. *G* hat ihre Einlage aber in voller Höhe erbracht, so

---

[7] Siehe nur MüKoHGB/*Schmidt K.*, § 173 Rn. 7 und 24 m. w. N.; *Stock*, DStR 1991, 385 (386).
[8] EBJS/*Strohn*, § 173 Rn. 1; MüKoHGB/*Schmidt K.*, § 173 Rn. 1; PersG-HdB/*Wertenbruch*, Rz. I Rn. 2801, 2823; *Wiedemann*, GesR II, § 9 III 6 (S. 814); *Windbichler*, § 17 Rn. 24.
[9] EBJS/*Strohn*, § 173 Rn. 10; MüKoHGB/*Schmidt K.*, § 173 Rn. 24; *Wiedemann*, GesR II, § 9 III 6 (S. 815 ff.); Staub/*Thiessen*, § 173 Rn. 33.
[10] So BGHZ 81, 82 (84 f.); EBJS/*Strohn*, § 171 Rn. 14; MünchHdb.GesR II/*Piehler/Schulte*, § 35 Rn. 40; *Wiedemann*, GesR II, § 9 III 6 (S. 814); *Windbichler*, § 17 Rn. 19; *Stock*, DStR 1991, 385 (386).
[11] BGHZ 81, 82 (85); EBJS/*Strohn*, § 173 Rn. 13; MüKoHGB/*Schmidt K.*, § 173 Rn. 21; Staub/*Thiessen*, § 173 Rn. 6; MünchHdb.GesR II/*Piehler/Schulte*, § 35 Rn. 40; PersG-HdB/*Wertenbruch*, Rz. I Rn. 3121.

dass ihre Haftung grundsätzlich gem. § 171 Abs. 1, 2. Halbs. HGB ausgeschlossen ist.

Allerdings kann ihre Haftung gem. § 172 Abs. 4 S. 1 HGB wieder aufgelebt sein. Dann muss die ursprünglich von G voll geleistete Einlage an sie zurückbezahlt worden sein. G hat jedoch keine Zahlung von der Gesellschaft erhalten, sondern nur von R. Zudem wurde lediglich der Kapitalanteil namentlich umgebucht, es erfolgte aber keine weitergehende Leistung aus dem Gesellschaftsvermögen.

Eine Einlagenrückgewähr kommt nur in Betracht, wenn die Umbuchung als Auszahlung des Auseinandersetzungsguthabens an G gewertet werden kann.[12] Das ist nur möglich, wenn die Anteilsübertragung in zwei getrennte Vorgänge, nämlich den Eintritt des neuen bei gleichzeitigem Austritt des alten Kommanditisten zerlegt werden kann.[13] Dann kann die Zahlung des neuen an den alten Kommanditisten einerseits nach § 362 Abs. 2 BGB als Tilgung der Einlageschuld des neuen Kommanditisten gegenüber der Gesellschaft durch Zahlung an einen Dritten sowie andererseits als Tilgung der Abfindungsschuld der Gesellschaft gegenüber dem alten Kommanditisten infolge der Zahlung durch einen Dritten gem. § 267 BGB angesehen werden.[14] Damit würden den Beteiligten aber völlig wirklichkeitsfremde Zahlungsmodalitäten „unterlegt", die sie in dieser Form gewiss nicht vornehmen wollten. Entsprechende konkludente Absprachen können dem Verhalten der Beteiligten nicht entnommen werden. Zudem ist diese Auffassung nach der grundsätzlichen Anerkennung der Anteilsübertragung als eigenständiger Weg zum Kommanditistenwechsel überholt. Vielmehr liegt der Mitgliedschaftsübertragung der entgeltliche Erwerb des Anteils samt voll eingezahlter Einlage zugrunde, so dass sich die Zahlung des neuen an den alten Kommanditisten als Zahlung auf die eigene Kaufpreisschuld darstellt.[15] Eine Auslegung der Umbuchung im Sinne einer Auszahlung des Auseinandersetzungsguthabens an den ausgeschiedenen Gesellschafter kommt daher nicht in Betracht.

Folglich kann in der Umbuchung des Kapitalanteils auf die neue Kommanditistin R keine Rückzahlung der Einlage durch die Gesellschaft an die alte Kommanditistin G gesehen werden.

G haftet gegenüber K für die Gesellschaftsverbindlichkeit nicht nach §§ 171 Abs. 1, 172 Abs. 4 S. 1 HGB.

2. Rechtsscheinhaftung

K kann jedoch gegen G einen Anspruch auf Zahlung der 50.000 EUR aus § 433 Abs. 2 BGB i.V.m. §§ 171 Abs. 1, 172 Abs. 4 S. 1, 15 Abs. 1 HGB haben, falls durch den Eintritt von R in die KG zu Unrecht der Rechtsschein einer weiteren haftenden Gesellschafterin, die neben die bisherige Gesellschafterin getreten ist, entstanden ist. In diesem Fall wird der Eindruck erweckt, dass eine Verdopplung der Haftsumme eingetreten ist, obwohl die Einlage tatsächlich identisch geblieben ist. Ergibt sich die Sonderrechtsnachfolge demnach nicht aus dem Handelsregister, lebt die Haftung der Altkommanditistin G entsprechend § 172 Abs. 4 S. 1 HGB wieder

---

[12] So die früher h. M., vgl. hierzu RGZ 162, 264; *KG* JW 1934, 2699 (2700); *Dietrich*, DR 1943, 1201 (1202).

[13] So z.B. noch RGZ 83, 312 (314f.); 128, 172 (176); siehe hierzu auch *Schmidt K.*, GesR, § 45 III 1a) (S. 1320ff.).

[14] Siehe zu dieser Konstruktion *Schmidt K.*, GesR, § 45 III 1 (S. 1320f.), Beispiel 14 und § 54 IV 3 (S. 1590ff.).

[15] Vgl. *Schmidt K.*, GesR, § 45 III 1 (S. 1320f.), Beispiel 15.

Fall 18. Der fehlende Rechtsnachfolgevermerk 233

auf. Ihre Einlageleistung kommt nach der Anteilsübertragung dann allein der Erwerberin zugute. G kann sich danach nicht auf die der R zugutekommende Einlageleistung berufen.[16]

Die Regelung des § 162 Abs. 2, 2. Halbs. HGB kann jedoch der Anwendung von § 15 HGB im Hinblick auf die Angaben zu den Kommanditisten entgegenstehen. Dies kann allerdings dahinstehen, wenn die Voraussetzungen für eine Rechtsscheinhaftung von G gem. § 15 Abs. 1 HGB nicht vorliegen.[17] § 15 Abs. 1 HGB setzt zunächst voraus, dass eine in das Handelsregister einzutragende Tatsache nicht eingetragen und bekannt gemacht worden ist. Einzutragende Tatsachen sind solche Umstände, die das Gesetz ihrer Art nach für offenlegungspflichtig erklärt hat, weil es sie als für den Dritten besonders wichtig ansieht.[18] Von diesen „eintragungspflichtigen" Tatsachen sind „bloß eintragungsfähige" Tatsachen zu unterscheiden. Deren Eintragung und Anmeldung stellt das Gesetz frei.[19] Die Anwendung des § 15 HGB beschränkt sich auf eintragungspflichtige Tatsachen.[20] Es kann aber offen bleiben, ob es sich bei der Eintragung eines Rechtsnachfolgevermerks um eine „eintragungspflichtige" oder um eine „bloß eintragungsfähige" Tatsache handelt, wenn die fragliche Tatsache eingetragen wurde. Die Beteiligten haben die Eintragung und Bekanntmachung des Kommanditistinnenwechsels von G und R sowie die Tatsache, dass er durch Rechtsnachfolge vonstatten ging,[21] veranlasst. § 15 Abs. 1 HGB kann somit nicht eingreifen. Durch die Eintragung des Rechtsnachfolgevermerks im Handelsregister[22] ist weiterhin klargestellt worden, dass die Mitgliedschaft von G auf R ohne Veränderung des Gesellschaftsvermögens übergegangen ist. Der Eindruck einer zusätzlichen Haftsumme besteht somit nicht. Nach § 15 Abs. 2 HGB kann der Rechtsvorgänger dem Gesellschaftsgläubiger daher entgegenhalten, dass sich die Haftsumme gerade nicht verdoppelt hat.[23] Die Haftung der Altkommanditistin G lebt somit nicht entsprechend § 172 Abs. 4 S. 1 HGB wieder auf und G kann sich auf die der R zugutekommende Einlageleistung berufen.

Auch nach Rechtsscheingrundsätzen haftet G nicht gegenüber K für deren Kaufpreisforderung gegenüber der KG.

---

[16] BGHZ 81, 82 (89); vgl. hierzu auch die näheren Ausführungen unter B. II. 1.
[17] Vgl. hierzu B. II. 2.
[18] EBJS/*Gehrlein*, § 15 Rn. 6; MüKoHGB/*Krebs*, § 15 Rn. 25 f.; Staub/*Koch J.*, § 15 Rn. 31; *Lettl*, § 3 Rn. 5.
[19] Vgl. EBJS/*Schaub*, § 8 Rn. 72; MüKoHGB/*Krafka*, § 8 Rn. 30; vgl. auch Staub/*Koch J.*, § 15 Rn. 35.
[20] Unbestritten; vgl. nur EBJS/*Gehrlein*, § 15 Rn. 6; MüKoHGB/*Krebs*, § 15 Rn. 27; Oetker, § 3 Rn. 35.
[21] Zur Eintragungspflicht dieser Tatsachen siehe nur MüKoHGB/*Schmidt K.*, § 173 Rn. 26 m. w. N., sowie Rn. 27 zur Bedeutung des Rechtsnachfolgevermerks für die Rechtsscheinhaftung.
[22] Voraussetzung für die Eintragung eines Rechtsnachfolgevermerks im Handelsregister ist die von dem ausscheidenden Gesellschafter und den persönlich haftenden Gesellschaftern formlos abzugebende „Abfindungsversicherung", wonach dem ausgeschiedenen Gesellschafter von Seiten der Gesellschaft keinerlei Abfindung aus dem Gesellschaftsvermögen gewährt oder versprochen wurde; vgl. *BGH* NJW-RR 2006, 107 Rn. 5 ff. mit zahlreichen weiteren Nachweisen.
[23] BGHZ 81, 82 (87); EBJS/*Gehrlein*, § 15 Rn. 16; MüKoHGB/*Krebs*, § 15 Rn. 7; Staub/*Koch J.*, § 15 Rn. 3.

III. Ergebnis zum Ausgangsfall

K kann weder R noch G persönlich für die Kaufpreisforderung gegenüber der KG i. H. v. 50.000 EUR in Anspruch nehmen.

B. Abwandlung

I. Haftung von R bei Fehlen eines Rechtsnachfolgevermerks

K kann einen Anspruch gegen R auf Zahlung von 50.000 EUR aus § 433 Abs. 2 BGB i. V. m. §§ 173, 171 Abs. 1, 15 Abs. 1 HGB haben.

Ein solcher Anspruch kann gegen den Neukommanditisten dann gegeben sein, wenn zwar der „Austritt" des Altkommanditisten und der „Eintritt" des Neukommanditisten eingetragen und bekannt gemacht wurde, der eintragungspflichtige Nachfolgevermerk aber fehlt. In diesem Fall kann für die Gläubiger der Gesellschaft der Rechtsschein bestehen, dass zwei voll eingezahlte Einlagen – nämlich des Neukommanditisten sowie des ausgeschiedenen Altkommanditisten – bestehen, obwohl tatsächlich nur eine Einlageleistung erbracht worden ist. Bei Fehlen eines Rechtsnachfolgevermerks kann dem Neukommanditisten daher die Berufung auf die „Umbuchung" des Anteils – und damit der bereits erbrachten Einlageleistung – versagt sein. Seine Haftung beruht darauf, dass er sich die unvollständige Eintragung zurechnen lassen muss, mithin den Rechtsschein erweckt hat, er sei unabhängig vom Ausscheiden eines anderen Gesellschafters Kommanditist mit einer neuen Hafteinlage geworden.[24]

Diese Argumentation überzeugt indes nicht. Auch bei Fehlen eines Nachfolgevermerks liegt objektiv eine Rechtsnachfolge vor.[25] Zudem ist die tatsächliche Erbringung der Einlage keine eintragungsfähige Tatsache.[26] Dem Neukommanditisten ist die Berufung auf die Umbuchung des Anteils deshalb nicht gem. § 15 Abs. 1 HGB versagt. Mit der Übertragung der Rechtsposition auf den neuen Kommanditisten erwirbt er auch das Recht, sich auf die Einlageleistung des Rechtsvorgängers und die haftungsbefreiende Wirkung des § 171 Abs. 1, 2. Halbs. HGB zu berufen.[27]

Ein Anspruch von K gegen R auf Zahlung von 50.000 EUR aus § 433 Abs. 2 BGB i. V. m. §§ 173, 171 Abs. 1, 15 Abs. 1 HGB besteht folglich nicht.

II. Haftung von G bei Fehlen eines Rechtsnachfolgevermerks

K kann aber einen Anspruch auf Zahlung von 50.000 EUR gegen G aus § 433 Abs. 2 BGB i. V. m. §§ 171 Abs. 1, 172 Abs. 4 S. 1 HGB analog haben, wenn sich G als Altkommanditistin nicht mehr auf die nunmehr der Neukommanditistin (R) zugutekommende Einlageleistung berufen kann.

Hierfür sind rechtskonstruktiv zwei Wege denkbar, nämlich zum einen die entsprechende Anwendbarkeit von § 172 Abs. 4 S. 1 HGB und zum anderen eine Rechtsscheinhaftung.

---

[24] So die früher h. M., vgl. z. B. *Kornblum*, S. 241; *Weipert*, DR 1943, 270 (275 f.).
[25] EBJS/*Strohn*, § 173 Rn. 24; MüKoHGB/*Schmidt K.*, § 173 Rn. 36; PersG-HdB/*Wertenbruch*, Rz. I Rn. 3122; *Grunewald*, § 3 Rn. 63.
[26] BGHZ 81, 82 (87); EBJS/*Strohn*, § 173 Rn. 16 m. w. N.; MüKoHGB/*Schmidt K.*, § 173 Rn. 36; PersG-HdB/*Wertenbruch*, Rz. I Rn. 3122.
[27] So BGHZ 81, 82 (89); EBJS/*Strohn*, § 173 Rn. 14; MüKoHGB/*Schmidt K.*, § 173 Rn. 36; Staub/*Thiessen*, § 173 Rn. 6 und 9; MünchHdb.GesR II/*Piehler/Schulte*, § 35 Rn. 40; PersG-HdB/*Wertenbruch*, Rz. I Rn. 3121 f.; *Stock*, DStR 1991, 385 (386) und 418 f.

Fall 18. Der fehlende Rechtsnachfolgevermerk 235

1. Entsprechende Anwendung des § 172 Abs. 4 S. 1 HGB

Die entsprechende Anwendbarkeit von § 172 Abs. 4 S. 1 HGB setzt eine planwidrige Regelungslücke und eine vergleichbare Interessenlage voraus.

Zunächst muss also eine planwidrige Regelungslücke vorliegen. Das Gesetz hat den Wegfall der Haftungsfreiheit für den Fall der Anteilsübertragung ohne Eintragung des Rechtsnachfolgevermerks im Handelsregister nicht ausdrücklich bestimmt. Im Zeitpunkt der Entstehung des Gesetzes war die Übertragung eines Kommanditanteils im Wege der Sonderrechtsnachfolge als eigenständiges Institut noch nicht anerkannt. Eine planwidrige Regelungslücke liegt daher vor.

Ferner muss eine vergleichbare Interessenlage vorliegen. Dies ist der Fall, wenn die Einlage von *G* den Gläubigern gegenüber nicht mehr als geleistet gilt. Geht man – wie hier – davon aus, dass mit der Übertragung der Rechtsposition auf den Neukommanditisten auch das Recht übergegangen ist, sich auf die Einlageleistung des Rechtsvorgängers und die Wirkung des § 171 Abs. 1 HGB zu berufen, ist die im Handelsregister weiter eingetragene Haftsumme des Altkommanditisten nicht mehr durch seine frühere Einlageleistung gedeckt.[28] Seine Einlage gilt in diesem Fall „den Gläubigern gegenüber als nicht mehr geleistet".[29] Eine vergleichbare Interessenlage ist demnach ebenfalls gegeben.

Die Voraussetzungen für die analoge Anwendung von § 172 Abs. 4 S. 1 HGB im Falle der Mitgliedschaftsübertragung durch einfaches Verfügungsgeschäft liegen somit vor. *G* kann sich daher gegenüber *K* nicht mehr auf ihre ursprünglich erbrachte Einlageleistung berufen, so dass ihre Haftung wieder auflebt.

2. Rechtsscheinhaftung

Einschränkend kann eine Haftung der Altkommanditistin *G* vom Vorliegen der weiteren Voraussetzungen einer Rechtsscheinhaftung abhängig zu machen sein. Dann muss durch den Austritt des Altkommanditisten und den Eintritt des Neukommanditisten in die KG zu Unrecht der Rechtsschein eines weiteren haftenden Gesellschafters, der neben die bisherigen Gesellschafter getreten ist, erweckt worden sein. Zunächst kommt eine Rechtsscheinhaftung gem. § 15 Abs. 1 HGB in Betracht.[30] Die Änderung des § 162 Abs. 2 HGB[31] kann der Anwendbarkeit der Vorschrift des § 15 Abs. 1 HGB entgegenstehen. Ist dies der Fall, muss auf die allgemeinen Rechtsscheingrundsätze zurückgegriffen werden. Gem. § 162 Abs. 2, 1. Halbs. HGB sind Angaben zu den Kommanditisten nicht mehr bekanntzumachen. Daran anknüpfend schließt § 162 Abs. 2, 2. Halbs. HGB die Anwendung der Vorschriften des § 15 HGB insoweit aus.

---

[28] BGHZ 81, 82 (89); zustimmend MünchHdb.GesR II/*Piehler/Schulte*, § 35 Rn. 41.
[29] BGHZ 81, 82 (89); siehe auch *Huber U.*, ZGR 1984, 146 (156), der der Entscheidung des *BGH* entnimmt, dass es auf Rechtsschein- und Vertrauensgesichtspunkte generell nicht ankomme. Dagegen – zu Recht – MüKoHGB/*Schmidt K.*, § 173 Rn. 36 f., da der BGH in seiner Entscheidung selbst maßgeblich auf die weiter im Handelsregister eingetragene Haftsumme des Altkommanditisten und damit genau genommen auf Rechtsscheingesichtspunkte abstellt.
[30] Vgl. dazu EBJS/*Strohn*, § 173 Rn. 18; MüKoHGB/*Schmidt K.*, § 173 Rn. 36; Staub/*Thiessen*, § 173 Rn. 89; *Wiedemann*, GesR II, § 9 III 6 (S. 817 f.).
[31] Artikel 4 des Gesetzes zur Namensaktie und zur Erleichterung der Stimmrechtsausübung (NaStraG) v. 18.1.2001 (BGBl. I S. 123); zur Wirkung des neugefassten § 162 HGB vgl. EBJS/*Strohn*, § 173 Rn. 18.

a) § 15 Abs. 1 HGB

Zum Teil wird § 15 HGB auch nach der Änderung des § 162 Abs. 2 HGB in begrenztem Umfang nach wie vor für anwendbar gehalten.[32] § 162 Abs. 2, 2. Halbs. HGB schließe die Vorschriften des § 15 HGB nur „insoweit" aus, als es auf die Bekanntmachung ankomme. Dies sei bei § 15 Abs. 1 HGB, der nur eine eintragungspflichtige und keine bekanntmachungspflichtige Tatsache voraussetze, nicht der Fall.[33] § 15 Abs. 1 HGB gelange damit dann zur Anwendung, wenn eintragungspflichtige Tatsachen nicht eingetragen werden.[34]

aa) Rechtsnachfolgevermerk als „eintragungspflichtige Tatsache"

Voraussetzung für § 15 Abs. 1 HGB ist somit zunächst, dass es sich beim Rechtsnachfolgevermerk um eine „eintragungspflichtige" Tatsache i. S. d. § 15 Abs. 1 HGB und nicht um eine „bloß eintragungsfähige" Tatsache handelt.[35] Der Kommanditistenwechsel ist gem. § 162 Abs. 3 HGB eintragungspflichtig. Dies gilt auch für einen Wechsel durch Rechtsnachfolge, wie z. B. die rechtsgeschäftliche Übertragung des Anteils an einen anderen Kommanditisten.[36] Der Rechtsnachfolgevermerk dient dazu, eine Verdopplung der Haftsumme kraft Rechtsscheinhaftung abzuwehren.[37] Fehlt ein solcher Vermerk, haftet der Rechtsnachfolger nicht, sofern der Rechtsvorgänger die Haftsumme eingezahlt hat. Vielmehr haftet der Rechtsvorgänger entsprechend § 172 Abs. 4 HGB.[38] Beim Rechtsnachfolgevermerk handelt es sich mithin um eine zum Geschäftsverkehr gehörige eintragungspflichtige Tatsache,[39] deren Eintragung in das Handelsregister hier nicht von G, in deren Angelegenheiten die Eintragung des Rechtsnachfolgevermerks hätte erfolgen müssen,[40] veranlasst wurde.

bb) Keine positive Kenntnis von Rechtsnachfolge

Ferner darf K keine positive Kenntnis von der Rechtsnachfolge haben. Dabei kommt es nicht darauf an, ob der Dritte die konkrete Offenlegung im Handelsregister kannte oder sich gar von ihr in seinem Verhalten bestimmen ließ.[41] Er muss das Handelsregister gerade nicht einsehen,[42] so dass er nicht im konkreten

---

[32] EBJS/*Strohn*, § 173 Rn. 18; KKRM/*Kindler*, § 162 Rn. 3; PersG-HdB/*Wertenbruch*, Rz. I Rn. 3122; *Wiedemann*, GesR II, § 9 III 6 (S. 818 m. w. N.); *Burgard*, FS Hadding (2004), 325 (337); *Eckert*, ZHR 147 (1983), 565 (572); *Wilhelm*, DB 2002, 1979 (1983); *Paul*, MDR 2004, 849 (850 f.); *Grunewald*, ZGR 2003, 541 (546); *Saenger*, JA 2008, 771 (772).

[33] *Paul*, MDR 2004, 849 (850); *Wilhelm*, DB 2002, 1979 (1984).

[34] *Wilhelm*, DB 2002, 1979 (1983 f.).

[35] Vgl. hierzu A. II. 4.

[36] EBJS/*Strohn*, § 173 Rn. 11; MüKoHGB/*Schmidt K.*, § 173 Rn. 26; KKRM/*Kindler*, § 162 Rn. 2; *Wiedemann*, GesR II, § 9 III 6 (S. 815 f.); *Windbichler*, § 17 Rn. 25.

[37] EBJS/*Strohn*, § 173 Rn. 11; vgl. MüKoHGB/*Schmidt K.*, § 173 Rn. 27; Staub/*Thiessen*, § 173 Rn. 59; *Wiedemann*, GesR II, § 9 III 6 (S. 815); *Windbichler*, § 17 Rn. 25.

[38] Baumbach/Hopt/*Roth*, § 173 Rn. 13; EBJS/*Strohn*, § 173 Rn. 18; MüKoHGB/*Schmidt K.*, § 173 Rn. 36; *Wiedemann*, GesR II, § 9 III 6 (S. 817 f.); vgl. auch B. II. 1.

[39] Siehe oben A. II. 4. Fn. 21. Die Eintragung eines Rechtsnachfolgevermerks ist mit der Änderung des § 162 Abs. 2 HGB durch das NaStraG auch nicht hinfällig geworden, vgl. dazu *OLG Köln* FGPrax 2004, 88 (90); *OLG Hamm* FGPrax 2005, 39 (40); MüKoHGB/*Schmidt K.*, § 173 Rn. 36; a. A. EBJS/*Strohn*, § 173 Rn. 11.

[40] *V. Olshausen*, GS Knobbe-Keuk (1997), 247(258); vgl. hierzu auch *Wiedemann*, GesR II, § 9 III 6 (S. 815 f.).

[41] Ganz h. M., vgl. nur MüKoHGB/*Krebs*, § 15 Rn. 10 ff.; *Schmidt K.*, HandelsR, § 14 Rn. 40 ff. m. w. N.

[42] BGHZ 65, 309 (311); *BGH* NJW-RR 2004, 120 Rn. 10; Baumbach/Hopt/*Hopt*, § 15 Rn. 9; EBJS/*Gehrlein*, § 15 Rn. 12.

Fall 18. Der fehlende Rechtsnachfolgevermerk

Vertrauen auf das Fehlen der Eintragung und Bekanntmachung gehandelt haben muss.[43] *K* war die fehlende Eintragung des Rechtsfolgevermerks auch nicht positiv bekannt. Sie war wegen des fehlenden Nachfolgevermerks vielmehr gutgläubig und konnte sich insoweit auf das Schweigen des Handelsregisters verlassen. Die Voraussetzungen des § 15 Abs. 1 HGB sind damit an sich gegeben.

cc) Eventuelle Einschränkung des § 15 Abs. 1 HGB

Der Tatbestand des § 15 Abs. 1 HGB kann allerdings in Extremfällen einzuschränken sein,[44] etwa in Situationen wie der vorliegenden. Es erscheint nicht unbedenklich, dass der vom Handelsregister ausgehende Rechtsschein auch solchen Gläubigern zugutekommen soll, zu deren Gunsten im Zeitpunkt der Forderungsbegründung gegen die Gesellschaft (hier: im April 2016) noch gar kein Rechtsschein des Hinzutretens einer weiteren Haftsumme (hier: nach dem 2.7.2016) bestand.[45] Bei einer derartigen Einschränkung des § 15 Abs. 1 HGB müsste die Haftung des Altkommanditisten daher von der weiteren – hier nicht erfüllten – Voraussetzung abhängig gemacht werden, dass der Gläubiger nach der Entstehung des Rechtsscheins noch über seine Forderung disponiert und damit sein Vertrauen in irgendeiner Weise objektiviert hat.[46]

Dem steht jedoch entgegen, dass § 15 Abs. 1 HGB als spezieller Rechtsscheintatbestand nicht generell einem allgemeinen Vertrauensgrundsatz unterworfen werden kann, bei dem es auf die Kausalität konkreten Vertrauens für das Verhalten des Dritten ankommt.[47] Ausreichend ist bei § 15 Abs. 1 HGB vielmehr, dass ein bestimmter Rechtsschein „in der Welt ist", und die abstrakte Möglichkeit besteht, dass der Dritte hierauf hätte vertrauen können.[48] Das aber ist im rechtsgeschäftlichen Bereich in aller Regel – und so auch hier – der Fall. Der Tatbestand des § 15 Abs. 1 HGB ist danach in diesem Fall nicht einzuschränken.

K kann danach *G* als Altkommanditistin nach §§ 433 Abs. 2 BGB, 171 HGB i. V. m. § 15 Abs. 1 HGB auf Zahlung in Anspruch nehmen.

b) Allgemeine Rechtsscheingrundsätze

Nach anderer Ansicht können die Vorschriften des § 15 HGB wegen der Änderung des § 162 Abs. 2 HGB nicht mehr zur Anwendung gelangen.[49] § 15 Abs. 1 HGB setze neben einer eintragungspflichtigen eine bekanntmachungspflichtige Tatsache voraus.[50] Danach komme eine Haftung des Altkommanditisten nur nach allgemeinen Rechtsscheingrundsätzen in Betracht.

---

[43] Vgl. *Schmidt K.*, HandelsR, § 14 Rn. 40; *Lettl*, § 3 Rn. 34 f.; *Jung*, § 10 Rn. 15; *Steinbeck*, § 9 Rn. 11.
[44] Vgl. dazu allgemein *Schmidt K.*, HandelsR, § 14 Rn. 44 m. w. N.
[45] Vgl. hierzu *Eckert*, ZHR 147 (1983), 565 (572) m. w. N., insb. unter Hinweis auf *Canaris*, Vertrauenshaftung, S. 471 ff. u. S. 510 ff.
[46] So *Eckert*, ZHR 147 (1983), 565 (572); *v. Olshausen*, GS Knobbe-Keuk (1997), 247 (259); siehe auch *Canaris*, Vertrauenshaftung, S. 510 ff.
[47] Ablehnend deshalb auch EBJS/*Strohn*, § 15 Rn. 35; GK-HGB/*Ensthaler/Müller*, § 15 Rn. 14; MüKoHGB/*Krebs*, § 15 Rn. 11; *Schmidt K.*, HandelsR, § 14 Rn. 35.
[48] Vgl. auch *Schmidt K.*, HandelsR, § 14 Rn. 44 m. w. N., der diese teleologische Reduktion des § 15 Abs. 1 HGB zur Lösung von Extremfällen vorschlägt.
[49] Baumbach/Hopt/*Roth*, 173 Rn. 13; EBJS/*Strohn*, § 173 Rn. 18; MünchHdb.GesR II/*Piehler/Schulte*, § 35 Rn. 42; MüKoHGB/*Schmidt K.*, § 173 Rn. 36; *ders.*, ZIP 2002, 413 (414, 417 f.); *Terbrack*, RPfleger 2003, 105 (106).
[50] *Schmidt K.*, ZIP 2002, 413 (419); vgl. auch MüKoHGB/*Schmidt K.*, § 173 Rn. 36 m. w. N.

Bei der allgemeinen Rechtsscheinhaftung kommt es aber im Gegensatz zu § 15 HGB gerade darauf an, dass der Gläubiger im Vertrauen auf den Rechtsschein handelt.[51] Erforderlich ist, dass der Dritte kausal durch den Rechtsschein zum Handeln bewegt wird. *K* hat das Handelsregister nicht eingesehen, so dass ein Handeln im konkreten Vertrauen auf den Rechtsschein ausscheidet. Die Voraussetzungen einer allgemeinen Rechtsscheinhaftung von *G* liegen daher nicht vor.

K kann danach *G* als Altkommanditistin nicht nach § 172 Abs. 4 S. 1 HGB analog i. V. m. mit allgemeinen Rechtsscheingrundsätzen auf Zahlung in Anspruch nehmen.

c) Entscheidung

Auch nach der Änderung des § 162 Abs. 2 HGB bleibt § 15 Abs. 1 HGB anwendbar. § 15 Abs. 1 HGB setzt nur eine eintragungspflichtige Tatsache voraus[52] und § 162 Abs. 2, 2. Halbs. HGB schließt nach seinem Wortlaut („insoweit") nur die Anwendung des § 15 HGB im Hinblick auf die nicht mehr erfolgende Bekanntmachung aus. Die gegenteilige Auffassung vermag daher nicht zu überzeugen. Die Entstehungsgeschichte zu § 162 Abs. 2 HGB unterstützt dieses Ergebnis. § 162 Abs. 2 HGB wurde geändert, um eine umfangreiche und kostspielige Bekanntmachung zu vermeiden[53] und nicht, um die materielle Rechtslage in Bezug auf die Kommanditistenhaftung zu ändern.[54] Schließlich würde die Nichtanwendung des § 15 Abs. 1 HGB dazu führen, dass Altkommanditisten nur der schwächeren allgemeinen Rechtsscheinhaftung unterliegen und zudem würde ein Druckmittel zur Durchsetzung der Eintragung des Nachfolgevermerks im Handelsregister entfallen.[55]

Die Haftung von *G* für die Gesellschaftsverbindlichkeit gegenüber *K* ergibt sich damit auch aus § 172 Abs. 4 S. 1 HGB analog i. V. m. § 15 Abs. 1 HGB. Aus diesem Grund muss nicht entschieden werden, ob eine Haftung von *G* allein mit der entsprechenden Anwendung von § 172 Abs. 4 S. 1 HGB begründet werden kann.

III. Ergebnis zur Abwandlung

K kann *G* gem. §§ 433 Abs. 2 BGB, 171 HGB entweder i. V. m. § 172 Abs. 4 HGB analog oder aber i. V. m. § 15 Abs. 1 HGB auf Zahlung von 50.000 EUR in Anspruch nehmen.

---

[51] *Canaris*, § 6 Rn. 77; *Schmidt K.*, ZIP 2002, 413 (418).
[52] § 15 Abs. 1 HGB stellt seinem Wortlaut nur auf eine „einzutragende" Tatsache ab und damit nicht auf eine bekanntmachungspflichtige Tatsache. Aus § 10 Abs. 1 HGB ergibt sich auch, dass nur eine eingetragene Tatsache bekannt gemacht werden kann und muss.
[53] BT-Drs. 14/4051, 18 f.
[54] *Grunewald*, ZGR 2003, 541 (546); *Paul*, MDR 2004, 849 (851 f.); *Saenger*, JA 2008, 771 (772).
[55] *Burgard*, FS Hadding (2004), 325 (333 f.).

Fall 19. Kommanditistenschicksal

Schwerpunkt im Personengesellschaftsrecht (KG):

Haftung eines Kommanditisten nach § 176 HGB bei Auftreten einer GmbH & Co. KG – Wirkung einer Einlagenrückzahlung für den Rechtsvorgänger eines Kommanditisten

Sachverhalt

An der ordnungsgemäß im Handelsregister eingetragenen Mediplan GmbH & Co. KG (im Folgenden: M-KG) sind seit ihrer Gründung im Jahre 2003 die Mediplan GmbH als Komplementärin und Herr *Alfons Asbach-Altvogt (A)* als Kommanditist mit einer Haftsumme von 100.000 EUR beteiligt, die er bereits 2004 vollständig geleistet hat. Geschäftsgegenstand des Unternehmens der M-KG ist die Planung und Durchführung von Praxiseinrichtungen für Angehörige ärztlicher Berufe.

Anfang 2016 tritt A seinen wohlverdienten Ruhestand an. Für die lange geplante Australien-Reise benötigt er noch etwas Taschengeld und entschließt sich schweren Herzens, seinen Kommanditanteil an *Bert Bares (B)* zu veräußern. Der Wechsel der Kommanditisten wird im Februar 2016 in das Handelsregister eingetragen. Auch ein Rechtsnachfolgevermerk erfolgt. Der Kaufpreis reißt bei B allerdings ein erhebliches Loch in seine Liquiditätsreserven. Es wurde daher zwischen allen Beteiligten abgesprochen, dass B übergangsweise einen Betrag von 30.000 EUR aus seiner Einlage zurückgezahlt erhält. Dies geschieht im März 2016.

Die M-KG bekommt die Veränderungen im Gesundheitswesen, insbesondere die abnehmende Zahl von Arztniederlassungen im ländlichen Raum, zu spüren. Dringend benötigtes neues Kapital soll ihr durch die Aufnahme eines weiteren Kommanditisten zugeführt werden. Nach langem Suchen kann schließlich der Unternehmer *Carl Consum (C)* als Kommanditist mit einer Haftsumme von 100.000 EUR gewonnen werden.

Der Aufnahmevertrag mit C wird im Juni 2016 geschlossen und C zahlt einen Betrag von 80.000 EUR an die KG. Die Eintragung von C als Kommanditist im Handelsregister verzögert sich jedoch aus verschiedenen Gründen.

Die Geschäfte gehen auch in der Folgezeit nicht besser. Gleichwohl erscheint es notwendig, dass die M-KG eine neue Computeranlage zur Präsentation der Einrichtungsvorschläge anschafft. Von dem Einsatz der neuen Multi-Media-Technologie verspricht sich die M-KG einen verstärkten Kundenzulauf. Im August 2016 nimmt die M-KG ein günstiges Angebot über eine entsprechende Computeranlage nebst Programmen und umfangreichem Zubehör für 50.000 EUR von *Viktors-PC-Versand (V)* an, wobei der M-KG auch ein Zahlungsziel von drei Monaten eingeräumt wird.

Im Oktober 2016 wird C als Kommanditist im Handelsregister eingetragen. Leider schlägt sich die Anschaffung der neuen Computeranlage nicht in einem messbar größeren Auftragsvolumen nieder, so dass die M-KG letztlich doch in Zahlungsschwierigkeiten gerät. Als zwei Monate nach Fälligkeit trotz wiederholter Mahnungen noch immer keine Überweisung durch die M-KG erfolgt ist, fragt V nach seinen Ansprüchen gegen A, B und C.

Auch die Tilgung eines Krediters, den die X'pert-Möbel-GmbH (X-GmbH) der KG 2012 für Büroeinrichtungen gewährt hatte, gerät im Frühjahr 2017 ins Stocken. Die X-GmbH kündigt den Kredit und fordert von A, B und C Rückzahlung der noch ausstehenden 60.000 EUR.

Können V bzw. die X-GmbH von A, B und C Zahlung der offenen Forderungen verlangen?

Lösung

Teil 1: Ansprüche von V

A. Anspruch von V gegen A

V kann gegen A einen Anspruch auf Zahlung von 50.000 EUR gem. § 433 Abs. 2 BGB i. V. m. § 171 Abs. 1, 1. Halbs. HGB haben.

I. Gesellschaftsverbindlichkeit

Eine Kommanditgesellschaft sowie eine wirksame Verpflichtung dieser KG liegen vor.

II. Kommanditistenstellung von A

Ferner muss A auch persönlich für die Gesellschaftsverbindlichkeit der M-KG haften. Im Zeitpunkt der Entstehung des Anspruchs im August 2016 war A aufgrund der vorherigen Übertragung seines Kommanditanteils[1] auf B aber bereits nicht mehr Kommanditist der M-KG.

Die Haftung des Gesellschafters einer Personenhandelsgesellschaft erfasst jedoch grundsätzlich nur die während seiner Gesellschafterzugehörigkeit begründeten Gesellschaftsverbindlichkeiten. Dieser Grundsatz wird gem. §§ 130, 173 HGB zwar auf die vor dem Eintritt in die Gesellschaft begründeten Verbindlichkeiten ausgedehnt. Aus § 160 HGB, der die Nachhaftung des aus der Gesellschaft ausgeschiedenen Gesellschafters für die während seiner Gesellschaftszugehörigkeit begründeten Gesellschaftsverbindlichkeiten regelt, lässt sich aber im Umkehrschluss ableiten, dass ein Gesellschafter für die nach seinem Ausscheiden begründeten Gesellschaftsverbindlichkeiten nicht haftet.

Eine Haftung von A für die erst nach seinem Ausscheiden entstandenen Gesellschaftsverbindlichkeiten gegenüber V besteht daher nicht. V kann A somit nicht auf Zahlung von 50.000 EUR in Anspruch nehmen.

B. Anspruch von V gegen B

V kann gegen B einen Anspruch auf Zahlung von 50.000 EUR gem. § 433 Abs. 2 BGB i. V. m. § 171 Abs. 1, 1. Halbs. HGB haben.

---

[1] Zur grundsätzlichen Möglichkeit der Übertragung eines KG-Anteils siehe Bd. I Fall 17.

Fall 19. Kommanditistenschicksal 241

I. Gesellschaftsverbindlichkeit

Durch den Abschluss des Kaufvertrages mit *V* ist die M-KG zu einer Zeit, als *B* schon Gesellschafter war, zur Zahlung des Kaufpreises verpflichtet worden. Für diese Gesellschaftsverbindlichkeit haftet *B* damit als Kommanditist.

II. Haftungsbefreiende Leistung der Einlage

B haftet als Kommanditist gem. § 171 Abs. 1, 1. Halbs. HGB den Gesellschaftsgläubigern aber nur bis zur Höhe seiner Einlage. Seine Haftung entfällt dagegen gem. § 171 Abs. 1, 2. Halbs. HGB, soweit er seine Einlage geleistet hat.

B selbst hat keine Einlage geleistet. *B* hat den Kommanditanteil aber von *A* gem. §§ 413, 398 BGB erworben. Damit ist *B* in die Rechtsposition von *A* eingetreten. *A* hatte seine Einlageverpflichtung jedoch vollständig erfüllt. Wird die Übertragung des Kommanditistenanteils – wie geschehen – durch Eintragung eines Rechtsnachfolgevermerks kundgemacht, können sich sowohl der Alt- als auch der Neukommanditist auf die vom Altkommanditisten geleistete Einlage berufen.[2]

Gem. § 172 Abs. 4 S. 1 HGB gilt die Einlage eines Kommanditisten jedoch als nicht geleistet, soweit sie zurückbezahlt wird. Dann lebt die Haftung des Kommanditisten bis zur Höhe der vereinbarten Einlage wieder auf. *B* hatte nach Übernahme des Kommanditanteils von der Gesellschaft eine Einlagenrückzahlung i. H. v. 30.000 EUR erhalten. Insoweit gilt seine Einlage mithin als nicht geleistet. Seine Haftung lebt daher i. H. v. 30.000 EUR wieder auf.

V hat somit gegen *B* einen Anspruch auf Zahlung von 30.000 EUR gem. § 433 Abs. 2 BGB i. V. m. §§ 171 Abs. 1, 1. Halbs., 172 Abs. 4 S. 1 HGB.

C. Anspruch von V gegen C

I. Anspruch gem. § 433 Abs. 2 BGB i. V. m. § 176 Abs. 2, Abs. 1 S. 1 HGB

V kann einen Anspruch gegen *C* auf Zahlung von 50.000 EUR gem. § 433 Abs. 2 BGB i. V. m. § 176 Abs. 2, Abs. 1 S. 1 HGB haben.

1. Eintritt in eine bestehende Handelsgesellschaft

Voraussetzung ist gem. § 176 Abs. 2 HGB, dass *C* in eine bestehende Handelsgesellschaft als Kommanditist eingetreten ist.

C hat einen neu geschaffenen Kommanditanteil der bereits bestehenden M-KG übernommen und ist damit in eine bestehende Handelsgesellschaft eingetreten.

2. Entstehung der Verbindlichkeit zwischen Eintritt und Eintragung im Handelsregister

Weiterhin muss die von *V* geltend gemachte Forderung in der Zeit zwischen dem Eintritt von *C* in die M-KG und seiner Eintragung in das Handelsregister entstanden sein.

C hatte mit der Gesellschaft den entsprechenden Beitrittsvertrag im Juni 2016 geschlossen. Die Eintragung von *C* als Kommanditist in das Handelsregister erfolgte im Oktober 2016. Der Kaufvertrag zwischen *V* und der KG wurde zu einem dazwischen liegenden Zeitpunkt geschlossen, nämlich im August 2016. Die Gesell-

---

[2] Vgl. EBJS/*Strohn*, § 173 Rn. 18; RWH/*Haas/Mock*, § 173 Rn. 14; *Schmidt K.*, GesR, § 54 IV 3 (S. 1590 f.). Im Einzelnen siehe auch oben Bd. I Fall 17.

schaftsverbindlichkeit ist somit zwischen Eintritt von C in die M-KG und seiner Eintragung als Kommanditist entstanden.

3. Entsprechende Anwendung von § 176 Abs. 1 S. 1 HGB

§ 176 Abs. 2 HGB ordnet die entsprechende Anwendung von § 176 Abs. 1 S. 1 HGB an. Folglich greift die unbeschränkte Haftung des in eine KG eintretenden Kommanditisten nur unter den weiteren Voraussetzungen von § 176 Abs. 1 S. 1 HGB ein, soweit sie entsprechend anzuwenden sind.

a) Erfordernis der Zustimmung

Für die unbeschränkte Haftung des in eine KG eintretenden Kommanditisten für die zwischen seinem Eintritt und seinem Eintragen als Kommanditist im Handelsregister kann gem. § 176 Abs. 2 i.V.m. § 176 Abs. 1 S. 1 HGB zu fordern sein, dass er dem Geschäftsbeginn vor der Eintragung zugestimmt hat.[3] Danach scheidet eine unbeschränkte Haftung von C für die Forderung von V gegen die M-KG aus. C hat eine solche Zustimmung jedenfalls nicht ausdrücklich erteilt.

§ 176 Abs. 2 HGB verweist aber nicht uneingeschränkt auf die Voraussetzungen von § 176 Abs. 1 S. 1 HGB, sondern ordnet lediglich eine entsprechende Anwendung dieser Vorschrift an. Die entsprechende Anwendung von § 176 Abs. 1 S. 1 HGB im Falle des Eintritts eines Kommanditisten in eine KG macht eine Vergleichsbetrachtung mit der Situation bei Gründung einer Kommanditgesellschaft erforderlich. Das Tatbestandsmerkmal „Zustimmung mit dem Geschäftsbeginn" in § 176 Abs. 1 S. 1 HGB muss somit berechtigterweise zu dem Tatbestandsmerkmal „Zustimmung mit der Geschäftsfortführung" in § 176 Abs. 2 HGB modifiziert werden können.

Die unbeschränkte Haftung des Kommanditisten gem. § 176 Abs. 1 HGB flankiert den gesetzlichen Eintragungszwang gem. § 162 i.V.m. §§ 161 Abs. 2, 106 HGB. Die Gesellschafter sollen zu einer raschen Eintragung der KG und ihrer Gesellschafter mit ihren Rechtsstellungen als Komplementär bzw. als Kommanditist einschließlich des Betrages der Einlage eines jeden Kommanditisten in das Handelsregister veranlasst werden.[4] Damit soll zugleich eine Aufnahme der Geschäftstätigkeit[5] der KG vor ihrer Eintragung in das Handelsregister verhindert werden. Die Gesellschafter haben folglich bei der Gründung der KG zunächst einmal die Wahl, ob die KG ihre Geschäfte schon vor ihrer Eintragung in das Handelsregister aufnehmen oder ob der Geschäftsbeginn bis zur Eintragung der KG zurückgestellt werden soll. Entscheidungsbefugt über die Aufnahme der Geschäfte sind bei der KG zwar nur die Komplementäre.[6] Die Zustimmungsverweigerung zur Geschäftsaufnahme durch einen Kommanditisten ist aber als aufschiebend bedingter Eintritt auszulegen, so dass er erst mit dem Zeitpunkt seiner Eintragung in das Handels-

---

[3] Vgl. RGZ 128, 172 (180 f.); Düringer/Hachenburg/*Flechtheim*, § 176 Rn. 9; HK-HGB/*Stuhlfelner*, § 176 Rn. 9; Staub/*Thiessen*, § 176 Rn. 126; PersG-HdB/*Wertenbruch*, Rz. 1 Rn. 3118.

[4] Vgl. BeckOK HGB/*Häublein*, § 176 Rn. 1; EBJS/*Strohn*, § 176 Rn. 1; KKRM/*Kindler*, § 176 Rn. 2; MüKoHGB/*Schmidt K.*, § 176 Rn. 1; *Wiedemann*, GesR II, § 9 III 7a) (S. 820 f.).

[5] Geschäftsaufnahme i. S. v. § 123 Abs. 2 HGB bzw. § 161 Abs. 2 i.V.m. § 123 Abs. 2 HGB ist weit zu verstehen, vgl. BeckOK HGB/*Klimke*, § 123 Rn. 10 ff.; Baumbach/Hopt/*Roth*, § 123 Rn. 9 ff.; EBJS/*Hillmann*, § 123 Rn. 14 ff.; Oetker/*Boesche*, § 123 Rn. 11 ff.; MüKoHGB/*Schmidt K.*, § 123 Rn. 8 ff.; Staub/*Habersack*, § 123 Rn. 16 ff.

[6] Vgl. EBJS/*Strohn*, § 176 Rn. 10; Heidel/Schall/*Schall/Werner*, § 176 Rn. 7.

register Gesellschafter der KG wird.[7] Mit seiner ausdrücklich oder konkludent[8] erfolgenden Zustimmung[9] übernimmt der Kommanditist zugleich ein Haftungsrisiko, welches entweder durch den Aufschub des Geschäftsbeginns oder durch seine Zustimmungsverweigerung ohne weiteres vermeidbar ist. Es ist daher sinnvoll, den dem Geschäftsbeginn zustimmenden Kommanditisten unbeschränkt haften zu lassen.

Bei dem Eintritt eines Kommanditisten in eine bereits existierende und geschäftlich aktive Gesellschaft weiß der eintretende Kommanditist, dass diese Gesellschaft ihre Geschäfte fortführen muss. Schon aus betriebswirtschaftlichen Gründen scheidet die Einstellung der Geschäftstätigkeit durch die KG bis zur Eintragung der Kommanditistenstellung des neu eintretenden Gesellschafters im Handelsregister aus. Daher kann es geboten sein, im Falle des Eintritts des Kommanditisten i. S. v. § 176 Abs. 2 HGB auf die entsprechende Anwendung des Tatbestandsmerkmals „Zustimmung zur Geschäftsaufnahme" gem. § 176 Abs. 1 S. 1 HGB im Sinne einer „Zustimmung zur Geschäftsfortführung" zu verzichten. Wollte man hieran festhalten, würde der Kommanditist nur dann unbeschränkt haften, wenn er der Fortführung der Geschäfte „zustimmt". Das aber würde letztlich dazu führen, die unbeschränkte Haftung des eintretenden Kommanditisten faktisch zu beseitigen, weil die Gesellschaft die Geschäfte auch ohne seine Zustimmung fortführen muss und dies auch tut. Anders als der „Gründungskommanditist" würde er wegen der Fortführung der Geschäfte wirtschaftlich die Früchte der gesellschaftlichen Tätigkeit ernten, ohne das damit nach der gesetzlichen Wertung verbundene Risiko der persönlichen Haftung übernehmen zu müssen. Daher kann angenommen werden, dass im Falle des Eintritts in eine bereits bestehende und am Wirtschaftsleben aktiv teilnehmende Kommanditgesellschaft das Erfordernis der Zustimmung zur Fortführung der Geschäfte keinen Sinn mache.[10] Vielmehr trägt allein der Beitritt zu einer bestehenden KG die Legitimation der unbeschränkten Haftung in sich.[11] Schließlich kann der beitretende Kommanditist seine unbeschränkte Haftung nach § 176 HGB ohne weiteres dadurch vermeiden, dass im Beitrittsvertrag bestimmt wird, dass sein Beitritt erst aufschiebend bedingt (§ 158 Abs. 1 BGB) mit seiner Eintragung wirksam werden soll.[12]

Andererseits kann an dem entsprechenden Tatbestandsmerkmal „Zustimmung zur Geschäftsfortführung" festgehalten werden, wenn die Parallele zur Gründung einer KG mittels Einbringung eines bereits betriebenen Unternehmens als Sacheinlage gezogen wird. In diesem Falle muss die KG unmittelbar nach Abschluss des Gesellschaftsvertrages ebenfalls die Geschäfte „aufnehmen". Hiermit erklärt sich der

---

[7] Vgl. Staub/*Thiessen*, § 176 Rn. 49 ff.; a. A. Oetker/*Oetker*, § 176 Rn. 13.
[8] Vgl. BeckOK HGB/*Häublein*, § 176 Rn. 9; EBJS/*Strohn*, § 176 Rn. 10; Henssler/Strohn/*Gummert*, § 176 HGB Rn. 9; Oetker/*Oetker*, § 176 Rn. 14; MüKoHGB/*Schmidt K.*, § 176 Rn. 12; Staub/*Habersack*, § 123 Rn. 20.
[9] Von einer konkludent erfolgenden Zustimmung des Kommanditisten schon mit Abschluss des Gesellschaftsvertrages der KG ist insbesondere auszugehen, wenn die KG unter Einbringung eines bereits bestehenden Unternehmens als Sachgründung gegründet wird; vgl. EBJS/*Strohn*, § 176 Rn. 10; MüKoHGB/*Schmidt K.*, § 176 Rn. 12; Oetker/*Oetker*, § 176 Rn. 14; RWH//*Haas/Mock*, § 176 Rn. 15.
[10] So auch BGHZ 82, 209 (211); ebenso *Schmidt K.*, ZHR 144 (1980), 192 (194 ff.).
[11] H. A., vgl. BGHZ 82, 209 (211); EBJS/*Strohn*, § 176 Rn. 31; MüKoHGB/*Schmidt K.*, § 176 Rn. 28; RWH/*Haas/Mock*, § 176 Rn. 42; *Wiedemann*, GesR II, § 9 III 6a (S. 815); *Schmidt K.*, ZHR 144 (1980), 192 (194 f.).
[12] Vgl. BGHZ 82, 209 (212); ebenso MüKoHGB/*Schmidt K.*, § 176 Rn. 30; Oetker/*Oetker*, § 176 Rn. 48.

„Gründungskommanditist" mit Abschluss des Gesellschaftsvertrages konkludent einverstanden. Eine solche konkludente Einverständniserklärung genügt für § 176 Abs. 1 S. 1 HGB. Dann kann für § 176 Abs. 2 i. V. m. § 176 Abs. 1 S. 1 HGB nichts anderes gelten. Die gesellschaftsvertragliche Vereinbarung des Eintritts des Kommanditisten in eine bestehende KG ist ebenfalls als konkludente Einverständniserklärung mit der Fortführung der Geschäfte durch die KG zu werten, sofern der eintretende Kommanditist seinen Eintritt nicht ausdrücklich unter die aufschiebende Bedingung seiner Eintragung ins Handelsregister stellt. Letzteres hat C indessen nicht getan.

Es kann somit offen bleiben, ob in entsprechender Anwendung von § 176 Abs. 1 S. 1 HGB von dem eintretenden Kommanditisten eine Einverständniserklärung mit der „Fortführung der Geschäfte durch die KG" zu fordern ist oder nicht. In beiden Fällen tritt die unbeschränkte Haftung des in die M-KG als Kommanditist eingetretenen C grundsätzlich ein.

b) Ausschluss der unbeschränkten Haftung bei Kenntnis des Gläubigers von der Kommanditistenstellung

C haftet gem. § 176 Abs. 2 i. V. m. § 176 Abs. 1 S. 1 HGB aber nur dann unbeschränkt, wenn V seine Beteiligung als Kommanditist nicht bekannt war.

aa) Keine teleologische Reduktion des § 176 HGB bei GmbH & Co. KG

Das in § 176 Abs. 1 S. 1, 2. Halbs. HGB genannte subjektive Erfordernis des Vertragspartners kann eine teleologische Reduktion des Anwendungsbereichs von § 176 HGB für solche Fälle erforderlich machen, in denen als Vertragspartner des Dritten nicht eine „reguläre" KG, sondern eine GmbH & Co. KG auftritt.[13] Der Schutz Dritter durch § 176 HGB kann jedoch nicht grundsätzlich durch das Auftreten als GmbH & Co. KG ausgeschlossen sein. Auch bei einer „GmbH & Co. KG" kann neben der GmbH ein weiterer Komplementär vorhanden sein. Bereits aus diesem Grund kann § 176 HGB in den Fällen der GmbH & Co. KG nicht einfach schlechthin „außer Kraft gesetzt" werden. Vielmehr ist auch bei dem Auftreten als „GmbH & Co. KG" die unbeschränkte Haftung eines nicht eingetragenen Kommanditisten nach § 176 HGB möglich.[14] Eine teleologische Reduktion des Anwendungsbereichs von § 176 HGB bei einer GmbH & Co. KG scheidet daher aus.

bb) Anforderungen an die Kenntnis i. S. v. § 176 Abs. 1 S. 1 HGB bei GmbH & Co. KG

Ausgehend von dem Grundsatz, wonach die unbeschränkte Haftung des eintretenden Kommanditisten nur dann ausgeschlossen ist, wenn der Dritte die Umstände kennt, aus denen zwingend gefolgert werden muss, dass der betreffende Gesellschafter nicht unbeschränkt haftet,[15] kann die Kenntnis des Gläubigers von der Gesellschaft als GmbH & Co. KG mit der Kenntnis aller natürlichen Personen der KG als Kommanditisten gleichzusetzen sein.[16]

---

[13] Baumbach/Hopt/*Roth*, Anh. § 177a Rn. 19; *Priester*, BB 1980, 911 (913).
[14] *BGH* NJW 1980, 54 (54); 1983, 2258 (2260).
[15] Vgl. grundlegend RGZ 128, 172 (183).
[16] Siehe dazu EBJS/*Strohn*, § 176 Rn. 11; Henssler/Strohn/*Gummert*, § 176 HGB Rn. 10; KKRM/*Kindler*, § 176 Rn. 4; MüKoHGB/*Schmidt K.*, § 176 Rn. 13; Oetker/*Oetker*, § 176 Rn. 21; Staub/*Thiessen*, § 176 Rn. 71; *Schmidt K.*, GesR, § 55 V 1b) (S. 1618 f.).

Dann kann die Kenntnis von *V*, dass *C* Kommanditist ist, daraus abgeleitet werden, dass *V* von dem Auftreten der Gesellschaft als GmbH & Co. KG wusste. Diese Schlussfolgerung sei deshalb berechtigt, weil die Zahl der im Rechtsverkehr als GmbH & Co. KG auftretenden Gesellschaften, bei welcher auch eine natürliche Person Komplementär ist, so gering sei, dass der Gläubiger im Regelfall bei einer als GmbH & Co. KG auftretenden Gesellschaft vernünftigerweise nicht mit unbeschränkt haftenden natürlichen Personen rechnen könne.[17] Eine Vertrauenshaftung müsse immer an die Regel und nicht an die Ausnahme anknüpfen. Die Komplementärstellung einer natürlichen Person sei bei einer GmbH & Co. KG gerade die Ausnahme, auf die der Gläubiger nicht vertrauen dürfe.[18]

V war bekannt, dass es sich bei der Gesellschaft um eine GmbH & Co. KG handelt. Damit besaß er zugleich Kenntnis von der Kommanditistenstellung des *C*. Eine unbeschränkte Haftung von *C* scheidet danach aus.

Allein aus dem Auftreten als GmbH & Co. KG die Kenntnis des Gläubigers ableiten zu wollen, ist aber durchgreifenden Bedenken ausgesetzt. Aus dem Umstand, dass eine Gesellschaft als GmbH & Co. KG im Rechtsverkehr auftritt, rechtfertigt nicht den Umkehrschluss, dem Gläubiger sei damit bekannt, der einzig unbeschränkt haftende Gesellschafter sei die GmbH.[19] Von einer Institutionalisierung der GmbH & Co. KG als Gesellschaft mit der GmbH als einziger Komplementärin kann nicht ausgegangen werden.[20] Die Beteiligung natürlicher Personen an einer GmbH & Co. KG als Komplementäre neben der GmbH ist nicht ausgeschlossen und kommt auch in der Rechtswirklichkeit nicht ganz selten vor.[21] Folglich kann es dem Gläubiger grundsätzlich nicht verwehrt sein, sich darauf zu berufen, dass er vom Vorhandensein natürlicher Personen als Komplementäre neben der Komplementär-GmbH ausgegangen sei. Ein anderes Ergebnis stünde im Widerspruch zu § 176 Abs. 1 HGB, der die positive Kenntnis des Gläubigers verlangt. Die allgemeine Erfahrung, dass die Haftung einer natürlichen Person bei Auftreten einer GmbH & Co. KG eine beschränkte sein soll, ist nicht so konkret, dass man sie der geforderten Kenntnis gleichstellen kann. Der Begriff der Kenntnis darf nicht in unzulässiger Weise in Richtung „kennen müssen" aufgeweicht werden.[22]

---

[17] *OLG Frankfurt* NZG 2007, 625 (626); EBJS/*Strohn*, § 176 Rn. 22; MüKoHGB/*Schmidt K.*, § 176 Rn. 50; Staub/*Thiessen*, § 176 Rn. 139; PersG-HdB/*Wertenbruch*, Rz. I Rn. 3110; *Windbichler*, § 37 Rn. 19; *Schmidt K.*, ZHR 144 (1980), 192, 202 ff.; *Huber U.*, ZGR 1984, 146 (166).

[18] So etwa *OLG Frankfurt* NZG 2007, 625 (626); *Kroppen*, S. 127.

[19] *BGH* NJW 1980, 54 (54). Der *BGH* (NJW 1983, 2258 [2260]) gab zuletzt immerhin zu erkennen, dass aufgrund des § 19 Abs. 5 HGB a. F. (heute § 19 Abs. 2 HGB) sein bisher eingenommener Standpunkt neu zu überdenken sein könne.

[20] Ebenso *BGH* NJW 1980, 54 (54).

[21] Mit dem Inkrafttreten des Gesetzes über elektronische Handelsregister und Genossenschaftsregister sowie das Unternehmensregister (EHUG) vom 10.11.2006 (BGBl. I S. 2553) am 1.1.2009 sind die Offenlegungspflichten für Kapitalgesellschaften in § 325 HGB verschärft worden. Gem. § 264a Abs. 1 HGB treffen diese Pflichten auch eine GmbH & Co. KG. Die Erfüllung dieser Pflichten kann eine GmbH & Co. KG allerdings dadurch vermeiden, dass sie neben der Komplementär-GmbH eine (von der Geschäftsführung und Vertretung ausgeschlossene) natürliche Person als persönlich haftenden Gesellschafter aufnimmt, vgl. § 264a Abs. 1 Nr. 1 HGB. Damit kann nunmehr noch weniger von einer Verkehrserwartung dahingehend gesprochen werden, dass bei einer GmbH & Co. KG stets nur eine GmbH alleiniger Komplementär ist.

[22] So etwa *Flume*, BGB AT I/1, § 16 IV 5 (S. 330 ff.); *Spies*, S. 9; *Hofmann*, GmbHR 1970, 182 (186); *Crezelius*, BB 1983, 5 (12).

Allein die Kenntnis des V, es mit einer GmbH & Co. KG zu tun zu haben, ist im Hinblick auf die Haftung von C danach unschädlich, so dass dessen Haftung nicht beschränkt ist.

Als gewissermaßen vermittelnde Lösung bietet es sich vielmehr an, dem Gläubiger einer als GmbH & Co. KG im Rechtsverkehr auftretenden Gesellschaft zwar nicht von vornherein zu unterstellen, er sei von der ausschließlichen Komplementärstellung der GmbH ausgegangen, und ihm den Einwand abzuschneiden, er sei aufgrund bestimmter Umstände doch von einer weiteren natürlichen Person als Komplementär ausgegangen. Ihm sollte jedoch für einen solchen, von der Regel deutlich abweichenden Fall in Umkehrung der gesetzlichen Regel die Beweislast dafür auferlegt werden, dass er davon ausging, dass ihm eine solche „atypische" GmbH & Co. KG gegenübertrat. Der rechtstatsächliche Regelfall der GmbH & Co. KG mit einer GmbH als einziger Komplementärin muss sich mithin auch als gesetzlicher Regelfall für die Frage der Kenntnis des Gläubigers durchsetzen. Bei Auftreten einer Gesellschaft als GmbH & Co. KG im Rechtsverkehr würde somit die widerlegliche Vermutung eingreifen, dass der Gläubiger von einer „typischen" GmbH & Co. KG ausgegangen ist, er mithin i. S. d. § 176 Abs. 1 S. 1 HGB gewusst hat, dass außer der GmbH kein Gesellschafter persönlich haftet. Das Gegenteil würde dann in Umkehr der gesetzlichen Beweislastverteilung der Gläubiger zu beweisen haben.

Es ist nicht ersichtlich, dass V von einer „atypischen" GmbH & Co. KG ausgegangen ist. Daher ist davon auszugehen, er habe angenommen, dass außer der GmbH bei der Mediplan GmbH & Co. KG keine natürliche Person als Gesellschafter persönlich haftet.

C haftet somit gegenüber V nicht gem. § 176 Abs. 2 i. V. m. Abs. 1 S. 1 HGB unbeschränkt.

II. Anspruch aus § 433 Abs. 2 BGB i. V. m. § 171 Abs. 1, 1 Halbs. HGB

V kann gegen C einen Anspruch aus § 433 Abs. 2 BGB i. V. m. § 171 Abs. 1, 1. Halbs. HGB auf Zahlung von 50.000 EUR haben. Gem. § 171 Abs. 1 HGB haftet der Kommanditist aber nur bis zur Höhe seiner Haftsumme, soweit er seine Einlage nicht erbracht hat. Die Haftung ist daher ausgeschlossen, soweit C seine Einlage geleistet hat. C hat sich verpflichtet eine Einlage i. H. v. 100.000 EUR zu erbringen. Er hat 80.000 EUR seiner Einlageverpflichtung erbracht. Nach Erbringung dieser Einlage ist seine Haftung mithin auf die übrigen 20.000 EUR beschränkt.

V hat somit einen Anspruch i. H. v. 20.000 EUR gegen C gem. § 433 Abs. 2 BGB i. V. m. § 171 Abs. 1, 1. Halbs. HGB.

D. Ergebnis zu Teil 1

V hat keinen Anspruch gegen A gem. § 433 Abs. 2 BGB i. V. m. § 171 Abs. 1, 1. Halbs. HGB. Er kann jedoch von B Zahlung von 30.000 EUR gem. § 433 Abs. 2 BGB i. V. m. §§ 171 Abs. 1, 1. Halbs., 172 Abs. 4 S. 1 HGB und von C Zahlung von 20.000 EUR gem. § 433 Abs. 2 BGB i. V. m. § 171 Abs. 1, 1. Halbs. HGB verlangen. Eine unbeschränkte persönliche Haftung von C gegenüber V gem. § 433 Abs. 2 BGB i. V. m. § 176 Abs. 2, Abs. 1 HGB scheidet hingegen aus.

Fall 19. Kommanditistenschicksal 247

Teil 2: Ansprüche der X-GmbH

A. Anspruch der X-GmbH gegen A

Die X-GmbH kann gegen *A* einen Anspruch auf Zahlung von 60.000 EUR gem. § 488 Abs. 1 S. 2 BGB i. V. m. § 171 Abs. 1, 1. Halbs. HGB haben.

I. Gesellschaftsverbindlichkeit

Die Mediplan GmbH & Co. KG ist aus dem Kreditvertrag mit der X-GmbH gem. § 488 Abs. 1 S. 2 BGB zur Rückzahlung des noch offenen Betrages verpflichtet.

II. Kommanditistenstellung des A

A muss für diese Gesellschaftsverbindlichkeit gem. § 171 Abs. 1, 1. Halbs. HGB haften. Trotz seines Ausscheidens haftet *A* gem. §§ 161 Abs. 2, 160 Abs. 1 S. 1 HGB auch weiterhin für die bis zu seinem Ausscheiden entstandenen Gesellschaftsverbindlichkeiten. Die Gesellschaftsverbindlichkeit muss daher zu einem Zeitpunkt begründet worden sein, in dem *A* noch Gesellschafter der KG war. Bei Begründung der Rückzahlungsverpflichtung war *A* noch Kommanditist der GmbH & Co. KG. Eine Haftung für diese Verbindlichkeit besteht damit grundsätzlich gem. § 171 Abs. 1, 1. Halbs. HGB.

III. Kein Haftungsausschluss

Die Haftung kann aber gem. § 171 Abs. 1, 2. Halbs. HGB ausgeschlossen sein, soweit die Einlage geleistet ist. *A* hatte seine Einlageverpflichtung bei Eintritt in die Gesellschaft vollständig erfüllt. Die Haftung von *A* war damit zunächst ausgeschlossen.

Sie kann jedoch gem. § 172 Abs. 4 S. 1 HGB wieder aufgelebt sein. Danach gilt die Einlage eines Kommanditisten, soweit sie zurückbezahlt wird, als nicht geleistet. *A* selbst hat während seiner Zeit als Gesellschafter keine Einlagenrückzahlung erhalten. Eine Einlagenrückzahlung hat jedoch der Rechtsnachfolger von *A* (hier: *B*) erhalten.

1. Wiederaufleben der Haftung des Altkommanditisten bei Einlagenrückgewähr an den Neukommanditisten

Wird an den Neukommanditisten die Einlage ganz oder teilweise zurückgezahlt, kann die Haftung auch des Altkommanditisten wieder aufleben.[23]

Der Grund hierfür kann darin gesehen werden, dass die Übernahme eines Kommanditanteils nach der Interessenlage mit einem Schuldbeitritt zu einer gewöhnlichen Verbindlichkeit vergleichbar sei, bei der die geschuldete Leistung durch einen der beiden Schuldner hinterlegt werde. Auch in diesem Fall habe jeder Schuldner zwar das Recht, den Gläubiger auf das Hinterlegte zu verweisen. Jedoch könne auch hier jeder Schuldner wieder in Anspruch genommen werden, wenn auch nur einer von ihnen das Hinterlegte zurückerhalte. Werde die Einlage an den Neukommanditisten zurückgezahlt und lebe nunmehr lediglich die Haftung des Neukommanditisten wieder auf, während sich der Altkommanditist weiterhin auf die von ihm geleistete Einlage berufen könne, bliebe es für den Gläubiger bei der Inanspruchnahme des Neukommanditisten, der gem. § 173 HGB auch für Altverbindlichkeiten haftet.

---

[23] So die Rechtsprechung; vgl. *RG* DNotZ 1944, 195 (199); *BGH* NJW 1976, 751 (752); zustimmend EBJS/*Strohn*, § 173 Rn. 21; PersG-HdB/*Scholz*, Rz. I Rn. 3055; *Flume*, BGB AT I/1, § 17 IV (S. 357); *Wiedemann*, Übertragung und Vererbung, S. 225.

Sei dieser jedoch vermögenslos, wäre zu Lasten des Gläubigers unter Umständen ein solventer gegen einen insolventen Schuldner eingetauscht worden. Vor einer solchen Schuldnerauswechselung müsse der Gläubiger geschützt werden.

Mit der Rückzahlung der Einlage i. H. v. 30.000 EUR an den Neukommanditisten *B* kann damit zugleich insoweit die Haftung des Altkommanditisten *A* gegenüber der X-GmbH wieder aufleben.

2. Kein Wiederaufleben der Haftung des Altkommanditisten bei Einlagenrückgewähr an den Neukommanditisten

Die Haftung des Altkommanditisten kann aber weiterhin ausgeschlossen sein, wenn an den Neukommanditisten die Einlage ganz oder teilweise zurückgezahlt wird.[24]

Das Gesetz bietet keine ausreichenden Anhaltspunkte dafür, die Haftung des Altkommanditisten im Falle der Einlagenrückgewähr an den Neukommanditisten wieder aufleben zu lassen. § 172 Abs. 4 HGB stellt nur auf denjenigen Kommanditisten ab, der die Rückzahlung erhält;[25] der Altkommanditist wird hingegen vom Gesetz im Zusammenhang mit der Einlagenrückgewähr nicht erwähnt. Hätte der Gesetzgeber die Einlagerückgewähr an den Kommanditisten auch seinem Rechtsvorgänger zurechnen wollen, hätte er dies aber ausdrücklich anordnen müssen, wie vergleichbare gesetzliche Regelungen an anderer Stelle (vgl. z. B. § 22 Abs. 1 GmbHG; § 65 Abs. 1 AktG) dokumentieren.

Das Wiederaufleben der Haftung des Altkommanditisten im Falle der Einlagenrückgewähr an seinen Rechtsnachfolger ist des Weiteren mit § 425 BGB nicht vereinbar. Diese Vorschrift ist anwendbar. Die Alt- und Neukommanditist sind untereinander im Hinblick auf die Gesellschafterschulden Gesamtschuldner (auf die Einlageverpflichtung). Nach § 425 BGB wirken Tatsachen, die die Haftung verschärfen, aber nur gegen denjenigen Gesellschafter, in dessen Person sie eingetreten sind. Mit der Rechtsnachfolge ist es zwar vereinbar, dass der Rechtsnachfolger frühere Handlungen seines Rechtsvorgängers gegen sich gelten lassen muss, nicht aber umgekehrt, dass dies auch für den Rechtsvorgänger wegen späterer Handlungen seines Rechtsnachfolgers gilt. Die Haftung des Altkommanditisten für die Zahlung an seinen Rechtsnachfolger würde für ersteren zu einem unkalkulierbaren und unbeeinflussbaren Haftungsrisiko führen, denn gegebenenfalls müsste er seine Einlage zweimal zahlen, was die Haftungsbeschränkung jedoch gerade verhindern soll.

Schließlich passt der Vergleich mit dem Schuldbeitritt nicht auf die Kommanditistenhaftung im Falle der Einlagenrückgewähr. Primärer Schuldner gegenüber dem Gesellschaftsgläubiger ist die Kommanditgesellschaft. Die Gleichstellung des Kommanditistenwechsels mit einem Schuldnerwechsel hätte aber zur Folge, dass der Altkommanditist für die Solvenz des Neukommanditisten haften würde. Die dadurch entstehende „Gewährschaft" des Altkommanditisten für den Neukommanditisten findet jedoch im geltenden Recht keine Grundlage. Die Kommanditistenhaftung beruht nicht auf einem Personalkredit, der vom Vertrauen auf die Zahlungsfähigkeit gerade des vorhandenen Gesellschafters getragen ist. Genauso wie der Gläubiger bei einer einmal gezahlten Einlage im Fall der Insolvenz der Gesellschaft nicht auf den Kommanditisten zurückgreifen kann, kann er im Fall der Einlagenrückgewähr nicht darauf vertrauen, dass noch dieselbe Person Kommanditist ist.[26]

---

[24] RGRK-HGB/*Weipert*, § 173 Rn. 25; *Huber U.*, S. 400; *Schmidt K.*, Einlage und Haftung, S. 112; *ders.*, GmbHR 1981, 253 (257); *Richert*, NJW 1958, 1472 (1474).
[25] Hierauf stellt z. B. *Huber U.*, S. 400, ab.
[26] So im Wesentlichen *Schmidt K.*, Einlage und Haftung, S. 112.

Fall 19. Kommanditistenschicksal

Die vollständige oder teilweise Rückzahlung der Einlage an den Neukommanditisten *B* gereicht folglich dem ausgeschiedenen früheren Kommanditisten *A* nicht zum Nachteil. Die Haftung von *A* bleibt trotz der Einlagenrückzahlung an *B* ausgeschlossen.

Die X-GmbH kann daher *A* nicht in Anspruch nehmen.

B. Anspruch der X-GmbH gegen B

Die X-GmbH kann gegen *B* einen Anspruch aus § 488 Abs. 1 S. 2 BGB i. V. m. §§ 173 Abs. 1, 171 Abs. 1, 1. Halbs. HGB auf Zahlung von 60.000 EUR haben.

I. Gesellschaftsverbindlichkeit

Eine wirksame Verbindlichkeit der KG gegenüber der X-GmbH besteht.

II. Kommanditistenstellung des B

Zudem muss *B* als Kommanditist der KG der Haftung gem. § 171 Abs. 1, 1. Halbs. HGB unterliegen. *B* war zwar bei Begründung der Verbindlichkeit noch nicht Kommanditist der Mediplan GmbH & Co. KG. Er haftet jedoch gem. § 173 HGB aufgrund seines späteren Beitritts nach Maßgabe der §§ 171, 172 HGB für vor seinem Beitritt eingegangene Verpflichtungen.

III. Anspruchshöhe

Nach § 171 Abs. 1, 2 Halbs. HGB haftet *B* aber nur, soweit er seine Einlage noch nicht geleistet hat. *B* selbst hat keine Einlage geleistet. Er ist jedoch als Rechtsnachfolger von *A* in die KG eingetreten. Die Rechtsnachfolge wurde auch im Handelsregister vermerkt, so dass die Einlageleistung von *A* i. H. v. 100.000 EUR *B* zugerechnet wird. Danach scheidet eine Haftung von *B* gem. § 171 Abs. 1, 1. Halbs. HGB zunächst aus. Gem. § 172 Abs. 4 S. 1 HGB gilt seine Einlage als nicht geleistet, soweit *B* die Einlage zurückbezahlt bekommt. *B* hat einen Betrag i. H. v. 30.000 EUR aus seiner Einlage zurückbezahlt bekommen. Aufgrund der von ihm erhaltenen Rückzahlung i. H. v. 30.000 EUR gilt seine Einlage gem. § 172 Abs. 4 S. 1 HGB als in dieser Höhe nicht geleistet. Seine Haftung lebt daher entsprechender Höhe wieder auf.

Dieser Anspruch besteht aber dann nicht mehr, wenn *B* bereits 30.000 EUR an *V* geleistet hat. Die Haftung eines Kommanditisten erlischt nämlich auch durch die Befriedigung eines Gesellschaftsgläubigers.[27] *B* wird mithin gegenüber allen Gläubigern von der Haftung frei, soweit er i. H. v. 30.000 EUR einen Gesellschaftsgläubiger befriedigt.

Die X-GmbH hat gegen *B* somit einen Anspruch gem. § 488 Abs. 1 S. 2 BGB i. V. m. §§ 173, 171 Abs. 1, 1. Halbs., 172 Abs. 4 S. 1 HGB i. H. v. 30.000 EUR, soweit *B* i. H. d. Betrages nicht zuvor einen anderen Gesellschaftsgläubiger befriedigt hat.

---

[27] BGHZ 95, 188 (195 f.); 51, 391 (393); EBJS/*Strohn*, § 171 Rn. 17; Heymann/*Horn*, § 171 Rn. 21; KKRM/*Kindler*, § 172 Rn. 17; MüKoHGB/*Schmidt K.*, §§ 171, 172 Rn. 14; MünchHdb.GesR II/*v. Falkenhausen/Schneider*, § 18 Rn. 13; Oetker/*Oetker*, § 171 Rn. 39; RWH/*Haas/Mock*, § 171 Rn. 24; *Grunewald*, GesR, § 3 Rn. 38. Nach a. A. bewirkt erst die Aufrechnung des Gesellschafters mit dem Erstattungsanspruch aus § 110 HGB die Leistung der Einlage im Innenverhältnis und damit die Haftungsbefreiung gegenüber den Gläubigern, vgl. Baumbach/Hopt/*Roth*, § 171 Rn. 8.

C. Anspruch der X-GmbH gegen C

I. Anspruch der X-GmbH gem. § 488 Abs. 1 S. 2 BGB i. V. m. § 176 Abs. 2, Abs. 1 HGB

Die X-GmbH kann einen Anspruch gegen C aus § 488 Abs. 1 S. 2 BGB i. V. m. § 176 Abs. 2, Abs. 1 HGB haben.

C war zwar zum Zeitpunkt des Vertragsschlusses zwischen der KG und der X-GmbH noch kein Kommanditist der KG. Nach dem Wortlaut von § 176 Abs. 2 HGB greift die unbeschränkte Haftung des in eine Kommanditgesellschaft eintretenden Kommanditisten aber nur für „die in der Zeit zwischen seinem Eintritt und dessen Eintragung in das Handelsregister begründeten Verbindlichkeiten der Gesellschaft" ein. Die unbeschränkte Haftung von C für die vor seinem Eintritt begründete Gesellschaftsverbindlichkeit wäre somit vom Gesetzeswortlaut nicht gedeckt. Sie widerspräche auch dem Normzweck von § 176 HGB. Sinn und Zweck dieser Vorschrift ist der Verkehrsschutz zum Zeitpunkt der Vornahme des fraglichen Rechtsgeschäfts. Eine für die unbeschränkte Haftung des eintretenden Kommanditisten erfolgende Gleichbehandlung von Alt- und Neuverbindlichkeiten wäre daher ebenfalls vom Normzweck dieser Vorschrift nicht gedeckt.[28] Für Altverbindlichkeiten haftet der Kommanditist somit, selbst wenn er nicht in das Handelsregister eingetragen wird, nicht nach § 176 Abs. 2 HGB.

II. Anspruch der X-GmbH gegen C gem. § 488 Abs. 1 S. 2 BGB i. V. m. §§ 173, 171 Abs. 1, 1. Halbs. HGB

Die X-GmbH kann einen Anspruch gegen C gem. § 488 Abs. 1 S. 2 BGB i. V. m. §§ 173, 171 Abs. 1, 1. Halbs. HGB haben. C haftet für Altverbindlichkeiten der Gesellschaft gegenüber der X-GmbH gem. § 173, 171 Abs. 1, 1. Halbs. HGB in Höhe seiner Haftsumme. Diese beträgt 100.000 EUR. Er ist jedoch gem. § 171 Abs. 1, 2. Halbs. HGB von der Haftung befreit, soweit er seine Einlageverpflichtung erfüllt hat. C hat 80.000 EUR auf seine Einlageverpflichtung geleistet. Er kann von der X-GmbH gem. § 488 Abs. 1 S. 2 BGB i. V. m. §§ 173, 171 Abs. 1, 1. Halbs. HGB deshalb nur noch in Höhe der von ihm nicht geleisteten 20.000 EUR in Anspruch genommen werden.

C haftet damit gem. § 488 Abs. 1 S. 2 BGB i. V. m. §§ 173, 171 Abs. 1, 1. Halbs. HGB i. H. v. 20.000 EUR gegenüber der X-GmbH. Wegen der enthaftenden Befriedigung eines anderen Gesellschaftsgläubigers gilt das zur Haftung von B Ausgeführte entsprechend.

---

[28] Vgl. statt aller MüKoHGB/*Schmidt K.*, § 176 Rn. 38; Oetker/*Oetker*, § 176 Rn. 51.

Fall 20. Schwierigkeiten beim Start up-Unternehmen

Schwerpunkt im Personengesellschaftsrecht (KG):
Haftung des Kommanditisten gem. § 176 HGB – Haftungsübergang gem. § 28 HGB – Haftung des Gesellschafters einer im Rechtsverkehr als KG auftretenden GbR

Sachverhalt

Citsch (C) ist in seiner Freizeit leidenschaftlicher Bastler. Seine neueste Erfindung sind Puppen, deren Arme sich allein aufgrund von Sonneneinstrahlung bewegen. Die bisher von ihm entwickelten Modelle „Heinzelmann Himpelchen" und „Zwerg Pimpelchen" stellt er nach Feierabend in seiner Garage her und vertreibt sie erfolgreich als „Winke-Puppen". Die Rechnungen, Quittungen und Lieferscheine legt er wohl geordnet in einem Aktenordner ab. Im Juli 2015 nimmt C bei der A-Bank ein Darlehen i. H. v. 10.000 EUR auf, um einen größeren Posten Einzelteile kaufen zu können, die er zur Zusammensetzung der Winke-Puppen benötigt. Die Geschäfte von C entwickeln sich in der Folgezeit so positiv, dass er weiter expandieren möchte, wofür er aber zusätzliches Personal, einen größeren Produktionsraum, einen Lagerraum und vor allem zusätzliches Kapital benötigt.

Sein Freund *Dagobert (D)*, der über geeignete Räumlichkeiten und ausreichendes Kapital verfügt, ist am gemeinsamen Betrieb und der erheblichen Vergrößerung des Handels, unter anderem auch durch die Entwicklung und den Vertrieb neuer Modelle sehr interessiert. Er erklärt sich auch bereit, die anfallende umfangreiche Korrespondenz und die nunmehr erforderliche kaufmännische Buchhaltung zu erledigen. Dementsprechend vereinbaren C und D am 9.8.2015 die Gründung einer Gesellschaft. Während C das volle unternehmerische Risiko tragen soll, ist D bereit, bis zur Höhe seiner Einlage von 5.000 EUR für Verbindlichkeiten der Gesellschaft aufzukommen.

Unmittelbar nach der am 11.8.2015 erfolgenden Anmeldung der Gesellschaft mit der Firma „Citsch & Co. KG" (C & Co. KG) zum Handelsregister wird der Geschäftsbetrieb einvernehmlich aufgenommen. Der alsbald stark wachsende Geschäftsumfang macht die Anschaffung einer speziellen Maschine zur teilweisen Automatisierung des Herstellungsvorgangs der Winke-Puppen erforderlich. Zum Zweck ihrer Anschaffung nimmt C Ende August 2015 mit dem Einverständnis von D im Namen der C & Co. KG ein Darlehen i. H. v. 20.000 EUR bei der B-Bank auf.

Im September 2015 wird die Gesellschaft ins Handelsregister eingetragen.

Bei einem Einkaufsbummel im Juli 2016 erblickt C im Schaufenster eines Kaufhauses zahlreiche verschiedene Winke-Puppen, die seinen Modellen sehr ähnlich sind. Mit Erschrecken stellt er fest, dass er es im Zuge der rasanten Unternehmensentwicklung schlicht versäumt hat, die Konstruktion „seiner" Winke-Puppen patentrechtlich schützen zu lassen. Der Erfolg der C & Co. KG ist nämlich anderen Spielwarenherstellern nicht verborgen geblieben, welche die Winke-Puppen nunmehr ebenfalls herstellen und vertreiben. Durch die starke Konkurrenz und den damit einhergehenden Preisdruck muss die C & Co. KG in der Folgezeit deutliche Umsatzeinbußen hinnehmen und gerät schließlich im Winter 2017 in Zahlungsschwierigkeiten. Als die Kredittilgung ins Stocken gerät, verlangen die A-Bank und die B-Bank im Januar 2018 von D persönlich die Rückzahlung der im Juli bzw. August 2015 gewährten und inzwischen fälligen Darlehen. D weigert sich und beruft sich darauf, er habe seine Einlage i. H. v. 5.000 EUR bereits am 10.8.2015 an die Gesellschaft geleistet.

Wie ist die Rechtslage?

Abwandlung: C und D einigen sich am 9.8.2015 darauf, dass C sein Unternehmen im Wege der Sacheinlage in die Gesellschaft einbringt. Sie wollen die Winke-Puppen allerdings weiterhin nur in kleinem Rahmen nach Feierabend vertreiben. Eine Eintragung der Gesellschaft ins Handelsregister soll dementsprechend unterbleiben. Um der innergesellschaftlichen Risikoverteilung Ausdruck zu verleihen, treten sie gleichwohl als „Citsch & Co. GbR KG" (C-GbR KG) auf.

Ende August beantragt C mit dem Einverständnis von D im Namen der C-GbR KG ein Darlehen i. H. v. 20.000 EUR bei der B-Bank. Beim Ausfüllen des entsprechenden Formulars gibt C an, dass er geschäftsführungs- und vertretungsbefugter Gesellschafter ist, während D als Gesellschafter nur beschränkt für die Verbindlichkeiten der C-GbR KG haftet. Das Darlehen wird der C-GbR KG Anfang September 2015 durch die B-Bank gewährt.

Als die Kredittilgung ins Stocken gerät, nimmt die B-Bank D auf Rückzahlung des Darlehens in Anspruch. Zu Recht?

Lösung

A. Ausgangsfall

I. Haftung von D für die Forderung der A-Bank

1. Unbeschränkte Kommanditistenhaftung vor Eintragung der Gesellschaft

Die A-Bank kann einen Anspruch gegen D auf Rückzahlung des C gewährten Darlehens vom Juli 2015 i. H. v. 10.000 EUR aus § 488 Abs. 1 S. 2 BGB i. V. m. §§ 176 Abs. 1 S. 1, 28 Abs. 1 S. 1 HGB haben. Die unbeschränkte Haftung von D gem. § 176 Abs. 1 S. 1 HGB setzt zunächst voraus, dass zwischen ihm und C eine Kommanditgesellschaft gegründet worden ist, an der er als Kommanditist beteiligt ist.

a) Entstehen der KG im Innenverhältnis

C und D können sich auf die Gründung einer KG geeinigt haben. Dazu müssen sie sich auf die Gründung einer Gesellschaft geeinigt haben, die den Anforderungen von § 161 Abs. 1 HGB entspricht. Der von C und D vereinbarte gemeinsame Zweck muss auf den Betrieb eines Handelsgewerbes unter gemeinschaftlicher Firma gerichtet sein.

Durch den Vertrag vom 9.8.2015 haben sich C und D auf den Betrieb eines Gewerbes, nämlich auf die Entwicklung und den Vertrieb von Winke-Puppen unter der gemeinsamen Firma C & Co. KG geeinigt.[1] Nach § 161 Abs. 1 muss der Zweck der Gesellschaft allerdings nicht auf den Betrieb lediglich eines Gewerbes, sondern eines Handelsgewerbes nach § 1 Abs. 2 HGB gerichtet sein.[2] Der Betrieb der C & Co. KG muss folglich auf den Betrieb eines Gewerbes gerichtet sein, welches einen nach Art und Umfang in kaufmännischer Weise eingerichteten Geschäftsbetrieb erfordert. Der Betrieb der C & Co. KG ist auf eine erheblich umfangreichere Geschäftstätigkeit als der ursprüngliche Betrieb von C ausgerichtet und bedarf nach Art und Umfang einer kaufmännischen Organisation. Dafür sprechen nicht nur die für die Geschäftstätigkeit erforderlichen Sach- und Finanzmittel, sondern vor allem auch die auf Expansion der Geschäftstätigkeit ausgerichteten Vorstellungen der Gesellschafter. Der Zweck der C & Co. KG ist folglich auf den Betrieb eines Handelsgewerbes gerichtet.

Außerdem müssen sich C und D dahingehend geeinigt haben, dass einer von ihnen persönlich unbeschränkt und einer von ihnen nur summenmäßig beschränkt haften soll. C hat nach dem Vertrag die unbeschränkte Haftung übernommen und ist demnach Komplementär, während D für Verbindlichkeiten der Gesellschaft nur bis zur Höhe seiner Einlage aufkommen soll, womit er die Rechtsstellung eines Kommanditisten erworben hat. Die Anforderungen gem. § 161 Abs. 1 HGB liegen demnach vor.

C und D haben sich somit auf die Gründung einer KG geeinigt.

b) Entstehen der KG im Außenverhältnis

Weitere Voraussetzung für die Haftung von D nach § 176 Abs. 1 S. 1 HGB ist das wirksame Entstehen der C & Co. KG gegenüber Dritten bereits vor ihrer Eintragung im Handelsregister. Grundsätzlich entsteht eine KG im Außenverhältnis gem. §§ 161 Abs. 2, 123 Abs. 1 HGB erst mit ihrer Eintragung in das Handelsregister.

Jedoch wird eine KG gem. §§ 161 Abs. 2, 123 Abs. 2 HGB Dritten gegenüber vor der Handelsregistereintragung bereits zum Zeitpunkt ihres Geschäftsbeginns wirksam, soweit sich nicht aus § 2 oder § 105 Abs. 2 HGB ein anderes ergibt. C und D haben den Geschäftsbetrieb zwar unmittelbar nach der Anmeldung der C & Co. KG zur Eintragung in das Handelsregister aufgenommen. Eine KG entsteht aber im Außenverhältnis nur dann durch Aufnahme der Geschäfte, wenn die Gesellschaft einen in kaufmännischer Weise eingerichteten Geschäftsbetrieb i. S. d. § 1 Abs. 2 HGB erfordert, es sich also nicht um ein sog. kleingewerbliches Unternehmen handelt.

Der Gründung der C & Co. KG im Außenverhältnis vor Eintragung in das Handelsregister kann somit entgegenstehen, dass das ursprünglich von C betriebene Geschäft keinen nach Art und Umfang in kaufmännischer Weise eingerichteten Geschäftsbetrieb erforderte. C hatte nämlich seinen Handel zunächst nur während des Feierabends betrieben und konnte seine Belege in einem Aktenordner abheften. Sein Geschäft hatte somit nur kleingewerblichen Umfang. Für das Entstehen einer

---

[1] Der Vereinbarung liegt hier der „Eintritt" von D in das Geschäft von C zugrunde, vgl. zu dieser Art der Neugründung einer KG Baumbach/Hopt/*Roth*, § 176 Rn. 5; MüKoHGB/ *Schmidt K.*, § 176 Rn. 11; Oetker/*Oetker*, § 176 Rn. 12; RWH/*Haas/Mock*, § 176 Rn. 5; Staub/*Thiessen*, § 176 Rn. 33.

[2] Dass der ursprüngliche Betrieb von C kein Handelsgewerbe i. S. d. § 1 Abs. 2 HGB war, ist für die Gründung der KG im Innenverhältnis ohne Bedeutung. Die zwischen C und D vereinbarte Gesellschaft muss auf den (künftigen) Betrieb eines Handelsgewerbes gerichtet sein, vgl. Baumbach/Hopt/*Roth*, § 123 Rn. 16; KKRM/*Kindler*, § 105 Rn. 10; Oetker/ *Oetker*, § 161 Rn. 20; Staub/*Thiessen*, § 176 Rn. 34; a.A wohl MüKoHGB/*Grunewald*, § 161 Rn. 7.

KG im Außenverhältnis entscheidend sind aber die Verhältnisse der neu gegründeten Gesellschaft. Deren Geschäft kann auf den Betrieb eines Handelsgewerbes ausgerichtet sein. Zum Zeitpunkt des Geschäftsbeginns am 11.8.2015 hatte zwar auch das durch die C & Co. KG betriebene Geschäft lediglich kleingewerblichen Umfang. Ein Unternehmen ist aber bereits von der ersten wirtschaftlichen Betätigung an nicht mehr kleingewerblich, wenn es auf einen ausreichend großen Betrieb angelegt ist und ausreichende Anhaltspunkte dafür vorliegen, dass das Unternehmen in Kürze eine entsprechende Ausgestaltung und Einrichtung erfahren wird.[3] Dies ist bei der C & Co. KG der Fall.

Die C & Co. KG hat daher vor ihrer Eintragung ins Handelsregister einen auf kaufmännischen Umfang gerichteten Geschäftsbetrieb aufgenommen, und ist deshalb gemäß §§ 161 Abs. 2, 123 Abs. 2 HGB bereits mit Geschäftsbeginn am 11.8.2015 nach außen wirksam entstanden.

c) Verbindlichkeit der KG

Die unbeschränkte Haftung von D gem. § 176 Abs. 1 HGB setzt ferner voraus, dass es sich bei der Forderung der A-Bank um eine Verbindlichkeit der C & Co. KG handelt. Der Darlehensvertrag wurde nicht mit der C & Co. KG, sondern mit C zu einem Zeitpunkt abgeschlossen, als dieser noch Einzelunternehmer war. Die Verbindlichkeit ist also im Betrieb von C entstanden. Die C & Co. KG hat das Unternehmen von C jedoch fortgeführt und D ist durch die Gesellschaftsgründung am 9.8.2015 als Kommanditist in das Geschäft von C eingetreten. Folglich kann sich die Haftung der C & Co. KG aus § 28 Abs. 1 S. 1 HGB ergeben.

aa) Anwendbarkeit von § 28 HGB nur auf Einzelkaufleute

Nach dem Wortlaut von § 28 Abs. 1 S. 1 HGB ist haftungsbegründende Voraussetzung jedoch, dass jemand in das Geschäft eines „Einzelkaufmanns" als persönlich haftender Gesellschafter oder als Kommanditist eintritt. Mit dem Begriff des „Einzelkaufmanns" sind nur Kaufleute im Rechtssinne des § 1 Abs. 1 HGB gemeint.[4] § 28 HGB erfasst seinem Wortlaut nach folglich nicht den Eintritt in ein lediglich in kleingewerblichem Umfang betriebenes Geschäft.

bb) Anwendbarkeit von § 28 Abs. 1 HGB auf jeden Unternehmensträger

§ 28 Abs. 1 HGB kann aber über seinen Wortlaut hinaus auf jeden Unternehmensträger, und damit auch Kleingewerbetreibende, anwendbar sein, wenn dies durch Auslegung unter Berücksichtigung der Systematik und des Normzwecks gerechtfertigt ist.

Der Standort von § 28 HGB im zweiten Abschnitt über die Handelsfirma lässt nicht zwingend die systematische Schlussfolgerung zu, bei dieser Norm handele es sich um eine firmenrechtliche Vorschrift. Wie die Formulierung „auch wenn sie die Firma nicht fortführt" zeigt, knüpft die Haftung nach § 28 HGB im Gegensatz zur

---

[3] BGHZ 10, 91 (96); 32, 307 (311); *BGH* NJW-RR 1990, 798 (799); NZG 2004, 663; Baumbach/Hopt/*Roth*, § 105 Rn. 4; EBJS/*Hillmann*, § 123 Rn. 15; Heidel/Schall/*Freitag/Seeger*, § 123 Rn. 6; Henssler/Strohn/*Steitz*, § 123 HGB Rn. 9; KKRM/*Kindler*, § 123 Rn. 4; MüKoHGB/*Schmidt K.*, § 105 Rn. 34; Oetker/*Boesche*, § 123 Rn. 11; RWH/*Haas*, § 123 Rn. 9; Staub/*Thiessen*, § 176 Rn. 37.

[4] BGHZ 31, 397 (400); 143, 314 (317); 157, 361 (365); Baumbach/Hopt/*Hopt*, § 28 Rn. 2; Henssler/Strohn/*Wamster*, § 28 HGB Rn. 2; KKRM/*Roth*, § 28 Rn. 5; MüKoHGB/*Thiessen*, § 28 Rn. 19; *Hübner*, Rn. 269; *Lettl*, § 5 Rn. 75; *Steinbeck*, § 16 Rn. 5.

Fall 20. Schwierigkeiten beim Start up-Unternehmen 255

Haftung nach § 25 Abs. 1 HGB nicht an die Firmenfortführung, sondern nur an den Eintritt an. So gesehen ist § 28 HGB entgegen seinem Standort im Gesetz keine firmenrechtliche Vorschrift. Mit gesetzessystematischen Gründen lässt sich daher die Beschränkung des Anwendungsbereichs von § 28 HGB auf den Eintritt in das Geschäft eines „Einzelkaufmanns" nicht rechtfertigen.

Entscheidend für die Bestimmung des Anwendungsbereichs von § 28 Abs. 1 HGB ist der Sinn und Zweck dieser Vorschrift. § 28 Abs. 1 HGB will den Gläubiger des Unternehmers davor schützen, dass ihm das haftende Vermögen durch Überführung in ein Gesamthandsvermögen entzogen wird.[5] Ohne § 28 Abs. 1 HGB bliebe dem Gläubiger nur die Möglichkeit, in den Gesellschaftsanteil seines Schuldners zu vollstrecken, was wegen § 135 HGB bzw. §§ 161 Abs. 2, 135 HGB mit erheblichen Schwierigkeiten verbunden wäre. Gläubiger von Kleingewerbetreibenden sind aber insoweit nicht weniger schutzwürdig als Gläubiger von Kaufleuten. Die Haftungskontinuität muss daher auch bei einem Eintritt in ein kleingewerbliches Unternehmen gewährleistet sein.[6] Der Kleingewerbetreibende wird durch die Anwendung des § 28 Abs. 1 HGB ferner nicht schlechter gestellt. § 28 Abs. 1 HGB regelt nur die Haftung der entstehenden Gesellschaft und hat auf seine Haftung keinen Einfluss. Nach seinem Sinn und Zweck greift § 28 Abs. 1 HGB also ebenfalls ein, wenn jemand in das Geschäft eines Kleingewerbetreibenden eintritt.[7] Das Tatbestandsmerkmal „Einzelkaufmann" in § 28 Abs. 1 HGB ist demnach so zu verstehen, dass es jeden Unternehmensträger, also auch Kleingewerbetreibende, erfasst, sofern mit dem Eintritt eine Personenhandelsgesellschaft entsteht.[8]

Mit dem Eintritt von *D* in das Geschäft von *C* entstand eine KG mit der Folge, dass die ursprünglich gegen *C* gerichtete Forderung der A-Bank gem. § 28 Abs. 1 HGB eine Verbindlichkeit der KG geworden ist.

d) Zeitpunkt des Entstehens der KG-Verbindlichkeit

Weitere Voraussetzung für die unbeschränkte Haftung von *D* gem. § 176 Abs. 1 S. 1 HGB ist, dass die Gesellschaftsverbindlichkeit zwischen dem Geschäftsbeginn am 11.8.2015 und der Eintragung der KG im September 2015 begründet worden ist. Die Darlehensforderung der A-Bank gegen *C* ist zwar schon im Juli 2015 rechtsgeschäftlich begründet worden. Sie wurde aber erst zum Zeitpunkt der Aufnahme der Geschäfte der KG am 11.8.2015 gem. § 28 Abs. 1 S. 1 HGB kraft Gesetzes zu einer Gesellschaftsverbindlichkeit. Die Haftung von *D* gem. § 176 Abs. 1 S. 1 HGB für die Darlehensforderung der A-Bank kommt nur in Betracht, wenn der letztgenannte Zeitpunkt für die Haftungsentstehung maßgebend ist.

Für die Haftung des Kommanditisten nach § 176 Abs. 1 HGB für Verbindlichkeiten, die mit seinem Eintritt gem. § 28 Abs. 1 S. 1 HGB zu Gesellschaftsschulden geworden sind, aber bereits zuvor entstanden waren, kann angeführt werden, dass

---

[5] *BGH* NJW 1966, 1917 (1918) – für die Anwendung auf Minderkaufleute nach § 4 HGB a.F.; EBJS/*Reuschle*, § 28 Rn. 2; KKRM/*Roth*, § 28 Rn. 2; MüKoHGB/*Thiessen*, § 28 Rn. 8f., 14; Oetker/*Vossler*, § 28 Rn. 5; *Hübner*, Rn. 268ff.; *Lettl*, § 5 Rn. 73; *Oetker*, § 4 Rn. 83; *Steinbeck*, § 16 Rn. 1ff.
[6] *Schmidt K.*, HandelsR, § 8 II Rn. 88ff. (S. 318ff.).
[7] *BGH* NJW 1966, 1917 (1918); WM 1972, 21 (22); BeckOK HGB/*Bömeke*, § 28 Rn. 4; KKRM/*Roth*, § 28 Rn. 5; MüKoHGB/*Thiessen*, § 28 Rn. 14; Oetker/*Vossler*, § 28 Rn. 15; Staub/*Burgard*, § 28 Rn. 19; a. A. *Hübner*, Rn. 269; *Steinbeck*, § 16 Rn. 7.
[8] Zur Anwendbarkeit von § 28 HGB, wenn durch den Eintritt (zunächst) eine GbR entsteht, vgl. Bd. I Fall 5 unter C. II. 2.

anderenfalls der Gläubigerschutz gem. § 28 HGB verkürzt würde.[9] Dies ist aber weder mit dem Wortlaut noch mit dem Normzweck von § 176 Abs. 1 HGB vereinbar. Der Wortlaut von § 176 Abs. 1 S. 1 HGB setzt für die unbeschränkte Kommanditistenhaftung voraus, dass die Gesellschaftsverbindlichkeit zeitlich nach der Zustimmung des Kommanditisten mit der Geschäftsaufnahme und vor der Eintragung der Gesellschaft ins Handelsregister begründet wird.[10] Dies entspricht auch dem Normzweck der Vorschrift. § 176 Abs. 1 HGB soll diejenigen Gläubiger schützen, die mit der Gesellschaft vor ihrer Eintragung Geschäfte abschließen, ohne zuvor die beschränkte Haftung des Kommanditisten aus dem Handelsregister ersehen zu können. Einen Schutz der Gläubiger von Verbindlichkeiten, die schon vor der Gesellschaftsgründung durch Rechtsgeschäft entstanden sind, bezweckt § 176 Abs. 1 HGB folglich nicht. Dementsprechend haftet der Kommanditist nicht gemäß § 176 Abs. 1 HGB für durch Rechtsgeschäft begründete Altverbindlichkeiten. Gleiches muss dann für solche Verbindlichkeiten gelten, die kraft Gesetzes für die KG entstehen. Die Voraussetzungen für eine unbeschränkte Haftung von *D* gem. § 176 Abs. 1 S. 1 HGB für die gegen die KG gerichtete Darlehensforderung der A-Bank liegen somit nicht vor.

Die A-Bank hat keinen Anspruch gegen *D* auf Rückzahlung des *C* gewährten Darlehens vom Juli 2015 i. H. v. 10.000 EUR aus § 488 Abs. 1 S. 2 BGB i. V. m. §§ 176 Abs. 1 S. 1, 28 Abs. 1 S. 1 HGB.

2. Beschränkte Kommanditistenhaftung

Ein Anspruch der A-Bank gegen *D* auf Rückzahlung des *C* gewährten Darlehens vom Juli 2015 i. H. v. 10.000 EUR kann sich aber aus § 488 Abs. 1 S. 2 BGB i. V. m. §§ 171 Abs. 1, 28 Abs. 1 S. 1 HGB ergeben.

D ist Kommanditist einer wirksam entstandenen KG.[11] Die Forderung der A-Bank ist gem. § 28 Abs. 1 S. 1 HGB eine Gesellschaftsverbindlichkeit.[12] *D* haftet also für die Darlehensforderung als Kommanditist nach Maßgabe des § 171 Abs. 1 HGB. Jedoch hat *D* seine Einlage i. H. v. 5.000 EUR bereits am 10.8.2015 vollständig geleistet. Gem. § 171 Abs. 1, 2 Halbs. HGB ist seine Haftung damit ausgeschlossen.

Die A-Bank hat somit keinen Anspruch gegen *D* auf Rückzahlung des *C* gewährten Darlehens vom Juli 2015 i. H. v. 10.000 EUR aus § 488 Abs. 1 S. 2 BGB i. V. m. §§ 171 Abs. 1, 28 Abs. 1 S. 1 HGB.

3. Ergebnis

Die A-Bank hat keinen Anspruch gegen *D* auf Rückzahlung des dem *C* gewährten Darlehens.

II. Haftung von D für die Forderung der B-Bank

Die B-Bank kann einen Anspruch gegen *D* auf Rückzahlung des Darlehens vom August 2015 i. H. v. 20.000 EUR gem. § 488 Abs. 1 S. 2 BGB i. V. m. § 176 Abs. 1 S. 1 HGB haben.

---

[9] *Hadding/Hennrichs*, S. 190 f. (m. w. N.).
[10] Vgl. auch BGHZ 73, 217 (220); 82, 209 (215); EBJS/*Strohn*, § 176 Rn. 15; MüKoHGB/*Schmidt K.*, § 176 Rn. 39; Oetker/*Oetker*, § 176 Rn. 30; RWH/*Haas/Mock*, § 176 Rn. 31; Staub/*Thiessen*, § 176 Rn. 96; PersG-HdB/*Wertenbruch*, Rz. I Rn. 3116.
[11] Vgl. A. I. 1. a).
[12] Vgl. A. I. 1. c) bb).

Fall 20. Schwierigkeiten beim Start up-Unternehmen 257

D ist Kommanditist einer nach außen wirksam in Vollzug gesetzten KG geworden, die ihre Geschäfte schon vor der Eintragung in das Handelsregister begonnen hat. Die Darlehensforderung der B-Bank ist eine Verbindlichkeit der C & Co. KG, die in der Zeitspanne zwischen Geschäftsbeginn und Eintragung entstanden ist. Der Kommanditist D hat weiterhin vor der Darlehensaufnahme der KG bei der B-Bank der Aufnahme der Geschäfte zugestimmt. Es ist nicht ersichtlich, dass die B-Bank davon Kenntnis gehabt hat, dass D nur beschränkt bis zur Höhe seiner Einlage haftet. Sämtliche Voraussetzungen von § 176 Abs. 1 HGB sind somit erfüllt.

Die B-Bank hat folglich einen Anspruch gegen D auf Rückzahlung des Darlehens vom August 2015 i. H. v. 20.000 EUR gem. § 488 Abs. 1 S. 2 BGB i. V. m. § 176 Abs. 1 S. 1 HGB.

III. Ergebnis

D muss nicht für die Forderung der A-Bank, wohl aber für die Forderung der B-Bank gem. § 488 Abs. 1 S. 2 BGB i. V. m. § 176 Abs. 1 S. 1 HGB haften.

B. Abwandlung

I. Unbeschränkte Kommanditistenhaftung

Ein Anspruch der B-Bank gegen D auf Rückzahlung des Darlehens i. H. v. 20.000 EUR kann sich aus § 488 Abs. 1 S. 2 BGB i. V. m. § 176 Abs. 1 S. 1 HGB ergeben.

Das setzt zunächst voraus, dass es sich bei der C-GbR KG um eine nach § 123 Abs. 2 HGB wirksam im Außenverhältnis entstandene KG handelt. Das Unternehmen der C-GbR KG ist im Unterschied zum Ausgangsfall aber nicht auf den Betrieb eines Handelsgewerbes angelegt. Vielmehr soll es weiterhin nur kleingewerblich betrieben werden. Wenngleich die Gesellschaft im Rechtsverkehr als C-GbR KG auftritt, handelt es sich folglich lediglich um eine kleingewerblich tätige GbR. Als solche kann sie gem. §§ 161 Abs. 2, 123 Abs. 2, 2. Hs. HGB nur durch konstitutive Eintragung ins Handelsregister zur KG werden.[13] Dementsprechend gilt auch § 176 Abs. 1 S. 1 HGB gem. § 176 Abs. 1 S. 2 HGB für die kleingewerblich tätige GbR nicht.[14]

Ein Anspruch der B-Bank gegen D auf Rückzahlung des Darlehens i. H. v. 20.000 EUR ergibt sich demnach nicht aus § 488 Abs. 1 S. 2 BGB i. V. m. § 176 Abs. 1 S. 1 HGB.

II. Haftung als Gesellschafter der GbR

Ein Anspruch der B-Bank gegen D auf Rückzahlung des Darlehens i. H. v. 10.000 EUR kann sich aber aus § 488 Abs. 1 S. 2 BGB i. V. m. §§ 128 S. 1, 124 Abs. 1 HGB analog ergeben.[15] Als Gesellschafter der wirksam im Innen- und Außenverhältnis entstandenen GbR haftet D für deren Verbindlichkeiten grundsätzlich persönlich und unbeschränkt analog §§ 128 S. 1, 124 Abs. 1 HGB.[16]

Die Haftung von D kann aber auf seine Einlage beschränkt sein, wenn er sich mit der B-Bank vertraglich auf eine Haftungsbeschränkung geeinigt hat. Wegen § 311

---

[13] Baumbach/Hopt/*Roth*, § 123 Rn. 14; BeckOK HGB/*Klimke*, § 123 Rn. 10; EBJS/*Hillmann*, § 123 Rn. 14; KKRM/*Kindler*, § 123 Rn. 4; Oetker/*Boesche*, § 123 Rn. 11.
[14] Vgl. die Nachweise in Fn. 4.
[15] Zur Haftungsstruktur der BGB-Gesellschaft im Einzelnen vgl. Bd. I Fall 12.
[16] Vgl. zur Haftung des GbR-Gesellschafters Bd. I Fall 12.

Abs. 1 BGB kann der Gesellschafter einer GbR mit einem Gesellschaftsgläubiger durch individualvertragliche Regelung seine Haftung für die Gesellschaftsverbindlichkeit ausschließen oder beschränken.[17] Eine solche Abrede ist nicht gemäß § 128 S. 2 HGB (analog) ausgeschlossen. Diese Norm erfasst nur Vereinbarungen der Gesellschafter untereinander.[18] Ausdrücklich wurde zwischen D und der B-Bank allerdings keine Vereinbarung getroffen, wonach D für die Darlehensrückzahlungsverpflichtung der GbR nur wie ein Kommanditist haften soll. Einer solchen ausdrücklichen Vereinbarung muss zwar eine konkludent getroffene Übereinkunft der Beteiligten gleich gestellt werden. Aus § 128 S. 2 HGB analog ist aber zu folgern, dass eine einseitige, für Dritte erkennbare Erklärung für einen solchen Haftungsausschluss bzw. eine solche Haftungsbeschränkung nicht ausreicht.[19] Die Anforderungen an eine konkludente Haftungsvereinbarung gehen über die bloße Erkennbarkeit hinaus.[20] Allein der Abschluss des Darlehensvertrages mit der im rechtsgeschäftlichen Verkehr als C & Co. KG auftretenden GbR kann somit nicht als konkludente Vereinbarung einer Haftungsbeschränkung zwischen D und der B-Bank gewertet werden, wenngleich C auf die beschränkte Haftung von D ausdrücklich hinweist. Folglich ist die Haftung von D nicht vertraglich auf seine Einlage beschränkt.

Somit haftet D grundsätzlich für die Darlehensverbindlichkeit der C & Co. GbR KG persönlich und unbeschränkt gem. § 488 Abs. 1 S. 2 BGB i. V. m. §§ 128 S. 1, 124 Abs. 1 HGB analog.

III. Haftungsprivilegierung durch § 176 Abs. 1 S. 1 HGB analog

In Betracht kommt allerdings auch ein Anspruch der B-Bank auf Rückzahlung des Darlehens i. H. v. 10.000 EUR gegen D gem. § 488 Abs. 1 S. 2 BGB i. V. m. § 176 Abs. 1 S. 1 HGB analog, welcher den Anspruch aus § 488 Abs. 1 S. 2 BGB i. V. m. §§ 128 S. 1, 124 Abs. 1 HGB verdrängt. Dann müssen zunächst die Voraussetzungen einer Analogie erfüllt sein.

1. Planwidrige Regelungslücke

Es bedarf einer planwidrigen Regelungslücke im Gesetz.

Die Haftung eines nach dem Gesellschaftsvertrag lediglich beschränkt haftenden Gesellschafters einer im Rechtsverkehr als KG auftretenden kleingewerblich tätigen GbR, die nicht als KG ins Handelsregister eingetragen werden soll, darf gesetzlich nicht geregelt sein. § 176 Abs. 1 HGB regelt die Haftung des beschränkt haftenden Gesellschafters der durch Geschäftsbeginn im Außenverhältnis wirksam entstandenen KG vor deren Eintragung. Er gilt gem. § 176 Abs. 1 S. 2 HGB gerade nicht für Gesellschafter einer lediglich kleingewerblichen tätigen GbR. Die Haftung eines beschränkt haftenden Gesellschafters einer im Rechtsverkehr als KG auftretenden GbR ist gesetzlich folglich nicht geregelt.

---

[17] Vgl. Baumbach/Hopt/*Roth*, § 128 Rn. 38; BeckOK HGB/*Klimke*, § 128 Rn. 33; EBJS/*Hillmann*, § 128 Rn. 14; Henssler/Strohn/*Steilz*, § 128 HGB Rn. 13; MüKoHGB/*Schmidt K.*, § 128 Rn. 14; *Timm*, NJW 1995, 3209 (3217); ausführlich *Schmidt K.*, GesR, § 60 III 2 (S. 1790 ff.); *Reiff*, ZIP 1999, 1329 ff.

[18] MüKoHGB/*Schmidt K.*, § 128 Rn. 13; *Kindl*, WM 2000, 697 (701); *Reiff*, ZIP 1999, 1329 (1333).

[19] BeckOK HGB/*Klimke*, § 128 Rn. 33; EBJS/*Hillmann*, § 128 Rn. 14; MüKoHGB/*Schmidt K.*, § 128 Rn. 14; Oetker/*Boesche*, § 128 Rn. 24; *Kindl*, WM 2000, 697 (702 f.); *Timme/Hülk*, JuS 2001, 536 (539); a. A. *Ulmer*, ZIP 1999, 554 (561).

[20] Allgemein dazu BeckOK HGB/*Klimke*, § 128 Rn. 33; *Timme/Hülk*, JuS 2001, 536 (538).

Diese Regelungslücke im Gesetz ist allerdings nur planwidrig, wenn § 176 Abs. 1 S. 2 HGB die Anwendbarkeit von § 176 S. 1 HGB auf eine kleingewerblich tätige GbR, deren Gesellschafter nach dem Gesellschaftsvertrag nur beschränkt haften sollen und die nicht als KG ins Handelsregister eingetragen werden soll, unbeabsichtigt ausschließt. § 176 Abs. 1 S. 2 HGB bezweckt den Schutz der Gesellschafter einer lediglich kleingewerblich tätigen GbR, die die Eintragung als KG ins Handelsregister anstrebt.[21] Die ansonsten nicht unbeschränkt für die Verbindlichkeiten der Gesellschaft haftenden Gesellschafter sollen nicht bereits deswegen, weil sie die Eintragung ins Handelsregister als KG anstreben, unbeschränkt für die Verbindlichkeiten der Gesellschaft haften müssen. Mit Anerkennung der Haftung der GbR-Gesellschafter nach §§ 128 S. 1, 124 HGB analog durch die Rechtsprechung kann § 176 Abs. 1 S. 2 HGB diesem Zweck allerdings nicht mehr gerecht werden. Vor einer unbeschränkten Haftung der Gesellschafter einer kleingewerblich tätigen GbR kann § 176 Abs. 1 S. 2 HGB die Gesellschafter nicht mehr schützen. Im Gegenteil führt § 176 Abs. 1 S. 2 HGB nunmehr zu einer Haftungsverschärfung für die Gesellschafter der lediglich kleingewerblich tätigen GbR.[22] Denn während die unbeschränkte Haftung nach §§ 128 S. 1, 124 Abs. 1 HGB nur durch eine individuelle Vereinbarung mit dem Gläubiger, an die strenge Anforderungen zu stellen sind, beschränkt werden kann, entfällt die unbeschränkte Haftung nach § 176 Abs. 1 S. 1 HGB bereits dann, wenn dem Gläubiger die intern vereinbarte Haftungsbeschränkung bekannt ist.

Zwar war es demnach vom Gesetzgeber beabsichtigt, dass § 176 Abs. 1 S. 2 HGB die Anwendbarkeit von § 176 Abs. 1 S. 1 HGB auf eine kleingewerblich tätige GbR ausschließt, sodass es sich ursprünglich nicht um eine planwidrige Regelungslücke handelte.[23] Den durch die Rechtsprechung bedingten „Funktionswandel"[24] von § 176 Abs. 1 S. 2 HGB kann der Gesetzgeber allerdings nicht berücksichtigt haben.[25] Wenngleich die Regelungslücke ursprünglich nicht planwidrig war, muss sie nach Änderung der Rechtsprechung als planwidrig gelten.[26]

2. Vergleichbare Interessenlage

Überdies muss die Interessenlage zwischen geregeltem und ungeregeltem Tatbestand vergleichbar sein. Der Kommanditist der im Außenverhältnis wirksam entstandenen KG haftet vor deren Eintragung nach § 176 Abs. 1 S. 1 HGB nur dann unbeschränkt für die Gesellschaftsverbindlichkeiten, wenn dem Gläubiger die Beteiligung als Kommanditist nicht bekannt war. Ansonsten bedarf es nicht des durch § 176 Abs. 1 S. 1 HGB bezweckten Gläubigerschutzes. Der Gläubiger ist auch dann nicht schutzwürdig, wenn es sich um eine lediglich kleingewerblich tätige GbR handelt, deren Gesellschafter nach dem Gesellschaftsvertrag nur beschränkt haften sollen. Es ist nicht gerechtfertigt, die Gesellschafter der lediglich kleingewerblich tätigen GbR strenger haften zu lassen als die Gesellschafter einer Gesellschaft, deren Betrieb einen kaufmännisch eingerichteten Geschäftsbetrieb erfordert.[27] Dies kann allerdings nur

---

[21] BeckOK HGB/*Häublein*, § 176 Rn. 2; Heidel/Schall/*Schall/Werner*, § 176 Rn. 5; Staub/*Thiessen*, § 176 Rn. 36; *Schmidt K.*, GesR, § 55 I 2a (S. 1605).
[22] BeckOK HGB/*Häublein*, § 176 Rn. 2; EBJS/*Strohn*, § 176 Rn. 1 f.; Heidel/Schall/*Schall/Werner*, § 176 Rn. 5; MüKoHGB/*Schmidt K.*, § 176 Rn. 2 f.; Oetker/*Oetker*, § 176 Rn. 2; Staub/*Thiessen*, § 176 Rn. 36; *Schmidt K.*, GesR, § 55 I 2a (S. 1605).
[23] MüKoHGB/*Schmidt K.*, § 176 Rn. 7.
[24] EBJS/*Strohn*, § 176 Rn. 1; MüKoHGB/*Schmidt K.*, § 176 Rn. 2.
[25] Staub/*Thiessen*, § 176 Rn. 38.
[26] MüKoHGB/*Schmidt K.*, § 176 Rn. 7.
[27] RWH/*Haas/Mock*, § 176 Rn. 3.

gelten, wenn die Gesellschafter der kleingewerblich tätigen GbR die (konstitutive) Eintragung als KG ins Handelsregister beabsichtigen bzw. beantragt haben.[28]

Eine analoge Anwendung von § 176 Abs. 1 S. 1 HGB auf die lediglich kleingewerblich tätige GbR, die im Rechtsverkehr als KG auftritt, eine Eintragung als KG ins Handelsregister aber nicht anstrebt, scheidet mangels vergleichbarer Interessenlage somit aus.

4. Ergebnis

Eine Haftung von *D* nach § 176 Abs. 1 S. 1 HGB analog für die Verbindlichkeiten der C-GbR KG, welche eine Eintragung als KG ins Handelsregister nicht anstrebt, kommt nicht in Betracht.[29] *D* haftet nicht gem. § 176 Abs. 1 S. 1 HGB analog für die Darlehensverbindlichkeit der C-GbR KG gegenüber der B-Bank.

IV. Ergebnis

D haftet weder nach § 176 Abs. 1 S. 1 HGB noch nach § 176 Abs. 1 S. 1 HGB analog unmittelbar als Kommanditist für die Darlehensverbindlichkeit der C-GbR KG. Für diese haftet er indessen nach §§ 128 S. 1, 124 Abs. 1 HGB analog als persönlich haftender Gesellschafter. Mithin hat die B-Bank gegen *D* einen Anspruch auf Rückzahlung des Darlehens i. H. v. 20.000 EUR aus § 488 Abs. 1 S. 2 BGB i. V. m. §§ 128 S. 1, 124 Abs. 1 HGB.

---

[28] EBJS/*Strohn*, § 176 Rn. 1; MüKoHGB/*Schmidt K.*, § 176 Rn. 7, 9; RWH/*Haas/Mock*, § 176 Rn. 3; Staub/*Thiessen*, § 176 Rn. 36; *Schmidt K.*, GesR, § 55 I 2a (S. 1605 f.); PersG-HdB/*Wertenbruch*, Rz. I Rn. 3111; a. A. Heidel/Schall/*Schall/Werner*, § 176 Rn. 5.

[29] Wird die analoge Anwendbarkeit gleichwohl bejaht, scheidet eine Haftung von *D* aufgrund der Kenntnis der B-Bank von der beschränkten Haftung von *D* gem. § 176 Abs. 1 S. 1 HGB aus.

Fall 21. Die problematische Beteiligungsumwandlung

Schwerpunkt im Personengesellschaftsrecht:
Vererbung von Beteiligungen an einer Personenhandelsgesellschaft an Minderjährige – „Umwandlung" der Beteiligung des eintretenden Erben gem. § 139 Abs. 1 HGB – Haftung des Erben für sog. Zwischenneuschulden – Beschränkung der Minderjährigenhaftung nach § 1629a BGB – Haftung des Erben für sog. Neuschulden

Sachverhalt[1]

Heribert Holz (H) und *Werner Wurm* (W) sind die Komplementäre der im Handelsregister eingetragenen „Holz & Wurm Möbelbau KG" (KG). Außerdem ist *Leo Lebemann* (L) alleiniger Kommanditist der Gesellschaft. Am 23.4.2017 verstirbt H. Im Gesellschaftsvertrag (GV) der KG heißt es in § 11 Abs. 1:

„Im Todesfall des Gesellschafters Heribert Holz wird die Gesellschaft mit seinen Erben fortgesetzt."

H hat vor Jahren seine Ehefrau bei einem Verkehrsunfall verloren und hinterlässt nur seinen 17-jährigen Sohn Justus (J), den er testamentarisch zum Alleinerben bestimmt hat. W ist sein Patenonkel und wird vom Familiengericht ordnungsgemäß als Vormund für J bestellt.

Das Ausscheiden von H aus der KG und die Nachfolge von J in dessen Rechtsstellung werden jeweils am 16.5.2017 in das Handelsregister eingetragen. Am 11.6.2017 verlangt J nach Absprache mit W, dass ihm in der KG die Stellung eines Kommanditisten eingeräumt wird. W und L stimmen dem Verlangen zu. Als Kommanditeinlage werden die bisher an die KG geleisteten Einlagen von H vereinbart, die auch auf dem Kapitalkonto von H verbucht sind. Am 15.10.2017 wird J 18 Jahre alt und verfügt zu diesem Zeitpunkt einschließlich seiner Beteiligung an der KG über ein Vermögen von 16.000 EUR. An einer am 1.12.2017 stattfindenden Gesellschafterversammlung der KG nimmt J teil und übt dabei gegenüber W und L seine Rechte als Kommanditist aus.

Eine Eintragung der Kommanditistenstellung von J in das Handelsregister unterbleibt versehentlich.

Im Januar 2018 tritt der Farbengroßhändler *Ferdinand Fuchs* (F) an J heran und fordert von ihm die Zahlung von 20.000 EUR aus einer am 28.5.2017 gegenüber der KG wirksam begründeten Kaufpreisforderung. F hat zwar von den Handelsregistereintragungen des 16.5.2017 Kenntnis erlangt. Die seither erfolgten Vorkommnisse in der KG sind ihm jedoch bislang unbekannt geblieben.

---

[1] Es handelt sich um die aktualisierte und überarbeitete Fassung des gleichnamigen Falles von *Schöne/Arens*, JuS 2011, 613 ff.

Kann *F* von *J* die Zahlung von 20.000 EUR nach erb- oder gesellschaftsrechtlichen Vorschriften verlangen?

Abwandlung: Wie ist die Fallfrage zu beantworten, wenn die Forderung von *F* gegenüber der KG erst am 14.9.2017 begründet wurde?

Bearbeiterhinweis: Die §§ 1975 ff. BGB sind bei der Prüfung nicht zu untersuchen.

Lösung

A. Ausgangsfall

I. Anspruch aus § 1967 Abs. 1 BGB

F kann gegenüber *J* einen Anspruch auf Zahlung von 20.000 EUR gem. § 1967 Abs. 1 BGB haben.

1. Erbenstellung des *J*

Dann muss *J* Erbe von *H* sein. *J* ist testamentarischer Alleinerbe von *H*. Er hat die Erbschaft nicht gem. §§ 1942 ff. BGB ausgeschlagen.

2. Nachlassverbindlichkeit

Bei der Forderung von *F* muss es sich ferner um eine Nachlassverbindlichkeit von *J* handeln.

a) Nachlassverbindlichkeit gem. § 1967 Abs. 2 BGB

Gem. § 1967 Abs. 2 BGB sind Nachlassverbindlichkeiten insbesondere die vom Erblasser herrührenden Schulden. Vom Erblasser herrührende Schulden sind Verbindlichkeiten, deren wesentlicher Entstehungstatbestand bereits vor dem Erbfall eingetreten ist.[2]
Es kann eine Verbindlichkeit von *H* als Erblasser gem. §§ 128 S. 1, 124 Abs. 1 i. V. m. § 161 Abs. 2 HGB vorliegen. Mit der Eintragung im Handelsregister ist die KG als (teil-)rechtsfähige Gesellschaft gem. §§ 123 Abs. 1, 124 Abs. 1 i. V. m. § 161 Abs. 2 HGB wirksam entstanden. Eine Verbindlichkeit der KG gegenüber *F* gem. § 433 Abs. 2 BGB besteht. Für die Verbindlichkeiten der KG gegenüber *F* haftete *H* als Komplementär gem. §§ 128 S. 1, 124 Abs. 1 i. V. m. § 161 Abs. 2 HGB. Die Forderung von *F* gegenüber der KG ist somit zugleich eine Schuld des Erblassers, wenn sie vor dem Erbfall begründet wurde. Die Verbindlichkeit wurde indessen am 28.5.2017 und damit nach dem Erbfall am 23.4.2017 begründet.
Eine Nachlassverbindlichkeit gem. § 1967 Abs. 2 BGB liegt nicht vor.

b) Nachlassverbindlichkeit gem. § 139 Abs. 4 HGB

Die Forderung von *F* kann aber gem. § 139 Abs. 4 HGB als Nachlassverbindlichkeit von *J* zu behandeln sein (sog. Zwischenneuschuld).[3] Dann muss *J* durch den Erbgang

---

[2] Vgl. BeckOK BGB/*Lohmann*, § 1967 Rn. 14a; Erman/*Horn*, § 1967 Rn. 3; MüKoBGB/*Küpper*, § 1967 Rn. 5; *Brox/Walker*, ErbR, Rn. 655.

[3] Die sog. Zwischenneuschulden gehören nicht zu den Nachlassverbindlichkeiten i. S. d § 1967 BGB, werden jedoch gem. § 139 Abs. 4 HGB als solche behandelt; vgl. BGHZ 55,

zunächst Komplementär der KG geworden sein. Seine Komplementärstellung muss sodann ordnungsgemäß in die Stellung eines Kommanditisten umgewandelt worden sein, nachdem die Forderung von *F* begründet wurde.

aa) Eintritt in die Komplementärstellung von H

J muss durch den Erbgang in die Komplementärstellung von *H* eingetreten sein. Als Erbe von *H* kann *J* die Komplementärstellung gem. § 1922 Abs. 1 BGB erlangt haben. Dazu muss die Komplementärstellung vererblich sein.

Grundsätzlich ist die Komplementärstellung in einer KG nur vererblich, wenn der Gesellschaftsvertrag eine entsprechende Regelung enthält (*arg. e.* §§ 161 Abs. 2, 131 Abs. 3 S. 1 Nr. 1 HGB).[4] Aus § 11 Abs. 1 GV ergibt sich, dass die Gesellschaft mit den Erben von *H* fortgeführt werden soll, die Komplementärstellung von *H* also vererblich ist (sog. einfache Nachfolgeklausel[5]). Somit ist *J* mit dem Tod von *H* gem. § 1922 Abs. 1 BGB kraft Gesetzes in dessen Stellung als Komplementär eingerückt, ohne dass es hierfür einer besonderen Erklärung von *J* oder der übrigen Gesellschafter bedurfte.[6]

bb) Ordnungsgemäße Umwandlung der Komplementärstellung

Weiterhin muss die erlangte Komplementärstellung von *J* gem. § 139 HGB ordnungsgemäß in die Stellung eines Kommanditisten umgewandelt worden sein, nachdem die Forderung von *F* begründet wurde.

(1) Wirksame Vereinbarung

Das setzt gem. § 139 Abs. 2 HGB eine rechtsgeschäftliche Vereinbarung zwischen *J* und den übrigen Gesellschaftern durch Antrag und Annahme voraus. Eine Vereinbarung zwischen *W, L* und *J* durch entsprechende Willenserklärungen liegt vor.

Die Vereinbarung muss jedoch wirksam sein. *J* war im Zeitpunkt der Abgabe seiner Willenserklärung gem. §§ 106, 2 BGB beschränkt geschäftsfähig. Seine Willenserklärung ist daher nur unter den Voraussetzungen der §§ 107 ff. BGB wirksam.

Die Willenserklärung von *J* ist gem. § 107 BGB wirksam, wenn *J* durch sie lediglich einen rechtlichen Vorteil erlangt.[7] Durch die Umwandlung der Komplementär- in eine Kommanditistenstellung verliert *J* unter anderem seine Rechte zur Geschäfts-

---

267 (274); Baumbach/Hopt/*Roth*, § 139 Rn. 45; EBJS/*Lorz*, § 139 Rn. 119; MüKoHGB/*Schmidt K.*, § 139 Rn. 104; Staub/*Schäfer*, § 139 Rn. 121; *Emmerich*, ZHR 150 (1986), 193 (209).

[4] Vgl. Baumbach/Hopt/*Roth*, § 139 Rn. 2; EBJS/*Lorz*, § 139 Rn. 5; Staub/*Schäfer*, § 139 Rn. 9; *Koch*, § 19 Rn. 5; *Wiedemann*, GesR II, § 5 III 2a) (S. 470); *Windbichler*, § 17 Rn. 26, § 15 Rn. 1, § 9 Rn. 3.

[5] Zur einfachen Nachfolgeklausel vgl. Baumbach/Hopt/*Roth*, § 139 Rn. 10; EBJS/*Lorz*, § 139 Rn. 7 ff.; Staub/*Schäfer*, § 139 Rn. 9 ff.; *Saenger*, Rn. 310 i. V. m. Rn. 227; *Windbichler*, § 15 Rn. 3.

[6] Der Erwerb der Gesellschafterstellung im Wege der erbrechtlichen Gesamtrechtsnachfolge bedarf nach ganz h. M. keiner familiengerichtlichen Genehmigung gem. § 1822 Nr. 3, 10 BGB; vgl. BGHZ 55, 267 (269); *BGH* BB 1972, 1474; BeckOK BGB/*Bettin*, § 1822 Rn. 13; EBJS/*Lorz*, § 139 Rn. 14; Erman/*Schulte-Bunert*, § 1822 Rn. 11; MüKoBGB/*Kroll-Ludwigs*, § 1822 Rn. 23; Staub/*Schäfer*, § 139 Rn. 38; Oetker/*Kamanabrou*, § 139 Rn. 10; *Windbichler*, § 15 Rn. 3.

[7] Vgl. statt aller *Wolf/Neuner*, § 34 Rn. 20 ff.

führung nach § 114 Abs. 1 i. V. m. § 161 Abs. 2 HGB und zur Vertretung der KG nach § 125 Abs. 1 i. V. m. § 161 Abs. 2 HGB. Eine lediglich rechtlich vorteilhafte und damit wirksame Willenserklärung ist nicht gegeben.

Gem. § 107 BGB ist eine Willenserklärung außerdem wirksam, wenn der gesetzliche Vertreter zu dieser seine Einwilligung (§ 183 S. 1 BGB) gegeben hat. Gem. § 1793 Abs. 1 S. 1 BGB war *W* als Vormund gesetzlicher Vertreter von *J*. Aufgrund der vorherigen Absprache zwischen *J* und *W* kann eine solche Einwilligung von *W* angenommen werden.

W kann aber seinerseits zu der Einwilligung einer familiengerichtlichen Genehmigung gem. § 1822 Nr. 3, 3. Fall BGB bedürfen.[8] Nach dem Wortlaut der Vorschrift bedarf nur die Eingehung, also der Abschluss eines Gesellschaftsvertrages zum Betrieb eines Erwerbsgeschäftes durch den Mündel der familiengerichtlichen Genehmigung, nicht jedoch eine Änderung des Gesellschaftsvertrages.[9] Eine Umwandlung i. S. d. § 139 HGB stellt eine Änderung des Gesellschaftsvertrages dar.[10] Der Zweck des § 1822 BGB kann hingegen auch eine Genehmigung von Vertragsänderungen erfordern.[11] Der Normzweck der Vorschrift ist nicht eindeutig. Zwar sollen besondere, für den Mündel wirtschaftlich „gefährliche" und „bedenkliche" Rechtsgeschäfte unter die Aufsicht des Familiengerichts gestellt werden. Andererseits sollen nicht alle wirtschaftlich bedeutenden Geschäfte dem Genehmigungserfordernis unterliegen. Anderenfalls würden die Rechtssicherheit und die Entscheidungsfreiheit des Vormunds übermäßig beeinträchtigt.[12] Die gesetzlich geregelten Genehmigungserfordernisse sind daher eng auszulegen. Zudem ist zu berücksichtigen, dass die Vertragsänderung im Rahmen des § 139 HGB das wirtschaftliche Risiko von *J*, insbesondere seiner Haftung, beschränkt. Damit handelt es sich um kein „gefährliches" Rechtsgeschäft.[13] *W* bedurfte demnach keiner familiengerichtlichen Genehmigung zur Einwilligung in die auf die Umwandlung des Komplementäranteils gerichtete Willenserklärung von *J*.[14]

W kann jedoch von der Vertretung von *J* gem. § 181, 1. Fall i. V. m. § 1795 Abs. 2 BGB ausgeschlossen gewesen sein. Dann muss *W* im Namen von *J* mit sich selbst ein Rechtsgeschäft abgeschlossen haben. *W* war bei der Vereinbarung über die Beteiligungsumwandlung nicht nur Vertreter von *J*, sondern stand auch auf der Seite der „übrigen Gesellschafter" i. S. d. § 139 Abs. 2 HGB. Er war daher gem. § 181, 1. Fall BGB von der Vertretung von *J* ausgeschlossen und konnte somit weder seine Einwilligung wirksam erklären, noch die Vereinbarung zu einem späteren Zeitpunkt gem. § 108 Abs. 1 BGB wirksam genehmigen.[15]

Die Vereinbarung zwischen *J* und den übrigen Gesellschaftern war folglich gem. § 108 Abs. 1 BGB zunächst schwebend unwirksam.[16]

---

[8] Der *BGH* verneinte in NJW 1961, 724 und BGHZ 55, 267 ff. die Unwirksamkeit der Einwilligung des gesetzlichen Vertreters des Minderjährigen direkt aufgrund von § 181 BGB. Mit der Frage, ob § 1822 Nr. 3 BGB auf die Einwilligung zur Ausübung des Wahlrechts nach § 139 HGB anzuwenden ist, setzte er sich nicht auseinander.
[9] BGHZ 38, 26 (28).
[10] Vgl. *BayObLG* NZG 2003, 476 (477); MüKoHGB/*Schmidt K.*, § 139 Rn. 69 f.
[11] So offenbar MüKoBGB/*Kroll-Ludwigs*, § 1822 Rn. 28 m. w. N. zum Meinungsstand.
[12] BGHZ 17, 160 (163); 38, 26 (28 f.).
[13] Vgl. Baumbach/Hopt/*Roth*, § 139 Rn. 39.
[14] So im Ergebnis auch Baumbach/Hopt/*Roth*, § 139 Rn. 39; Staub/*Schäfer*, § 139 Rn. 80.
[15] *BGH* NJW 1961, 724; BGHZ 55, 267 (270); Staub/*Schäfer*, § 139 Rn. 91.
[16] Vgl. statt aller *Wolf/Neuner*, § 34 Rn. 51.

Fall 21. Die problematische Beteiligungsumwandlung 265

(2) Genehmigung durch J

Die Vereinbarung kann aber von *J* gem. § 108 Abs. 3 BGB genehmigt worden sein.[17] Dann muss *J* die Genehmigung zu einem Zeitpunkt erklärt haben, als er bereits unbeschränkt geschäftsfähig war. *J* ist am 15.10.2017 18 Jahre alt und somit unbeschränkt geschäftsfähig geworden (*arg. e.* §§ 106, 2 BGB). Am 1.12.2017 ist er auf der Gesellschafterversammlung gegenüber *W* und *L* als Kommanditist aufgetreten. *J* hat damit als unbeschränkt Geschäftsfähiger konkludent die Umwandlung seiner Komplementärstellung genehmigt (§§ 133, 157 BGB).

Die Genehmigung muss auch fristgerecht erfolgt sein. Das Wahlrecht des § 139 Abs. 1 HGB ist gem. § 139 Abs. 3 S. 1 HGB grundsätzlich innerhalb von drei Monaten ab Kenntnis des *J* von dem Anfall der Erbschaft auszuüben. *J* hat spätestens am 11.6.2017 von der Erbschaft Kenntnis erlangt. Die Genehmigung vom 1.12.2017 wäre damit verfristet.

Allerdings kann die Ablaufhemmung der Frist nach § 210 Abs. 1 S. 1 BGB i. V. m. § 139 Abs. 3 S. 2 HGB gelten. Dann muss *J* während der Frist nach § 139 Abs. 3 S. 1 HGB beschränkt geschäftsfähig und ohne gesetzlichen Vertreter gewesen sein. *J* war während der Frist des § 139 Abs. 3 S. 1 HGB beschränkt geschäftsfähig. Er war während der Frist ohne gesetzlichen Vertreter, wenn ein solcher nicht bestellt oder im konkreten Fall aus rechtlichen Gründen an der Vertretung gehindert war.[18] *W* war zwar gesetzlicher Vertreter von *J*. Er war aber bei der Vereinbarung zur Beteiligungsumwandlung von der Vertretung gem. § 181, 1. Fall i. V. m. § 1795 Abs. 2 BGB ausgeschlossen. *J* war somit ohne gesetzlichen Vertreter i. S. d. § 210 Abs. 1 S. 1 BGB. Die Frist endete daher gem. § 210 Abs. 1 S. 1 u. 2 BGB i. V. m. § 139 Abs. 3 S. 2 HGB drei Monate nachdem *J* am 15.10.2017 unbeschränkt geschäftsfähig wurde und damit erst zum 15.1.2018 (§§ 187 Abs. 1, 1. Fall, 188 Abs. 2, 1. Fall BGB).

Die konkludente Genehmigung von *J* am 1.12.2017 war daher fristgerecht. Durch die Genehmigung wurde die Vereinbarung zwischen *W, L* und *J* gem. §§ 108 Abs. 1, Abs. 3, 184 Abs. 1 BGB rückwirkend wirksam.

Die Komplementärstellung von *J* wurde somit ordnungsgemäß in die Rechtsstellung als Kommanditist zum 11.6.2017 i. S. d. § 139 Abs. 1 HGB umgewandelt.

cc) Zwischenergebnis

Die Forderung von *F* wurde am 28.5.2017 begründet, also bevor *J* am 11.6.2018 Kommanditist wurde. Es handelt sich somit um eine Zwischenneuschuld, die gem. § 139 Abs. 4 HGB als Nachlassverbindlichkeit behandelt wird.

3. Zwischenergebnis

F hat gegenüber *J* einen Anspruch auf Zahlung von 20.000 EUR gem. § 1967 Abs. 1 BGB.

---

[17] Sofern das Erfordernis einer familiengerichtlichen Genehmigung im Falle der Umwandlung nach § 139 HGB bejaht werden sollte, muss an dieser Stelle konsequenterweise die Wirksamkeit der Vereinbarung durch die Genehmigung von *J* gem. § 1829 Abs. 3 BGB geprüft werden.

[18] Zu § 206 BGB a. F. vgl. RGZ 143, 350 (352 ff.); BGHZ 55, 267 (271 f.); vgl. weiterhin BeckOK BGB/*Henrich*, § 210 Rn. 4; Erman/*Schmidt-Räntsch*, § 210 Rn. 7; MüKoBGB/*Grothe*, § 210 Rn. 4; Staub/*Schäfer*, § 139 Rn. 91.

4. Einrede aus § 1629a Abs. 1 S. 1, 4. Fall BGB

J kann allerdings die Einrede aus § 1629a Abs. 1 S. 1 BGB zustehen. Das setzt eine Verbindlichkeit von J i. S. d. § 1629a Abs. 1 S. 1 BGB voraus. Es kann eine Verbindlichkeit von J gem. § 1629a Abs. 1 S. 1, 4. Fall BGB vorliegen.

Dazu muss die Verbindlichkeit von J gegenüber F aufgrund eines während der Minderjährigkeit erfolgten Erbfalls entstanden sein (§ 1629a Abs. 1 S. 1, 4. Fall, Abs. 4[19] BGB). Die am 28.5.2017 begründete Verbindlichkeit gegenüber F ist keine durch den Erbfall am 23.4.2017 entstandene Verbindlichkeit i. S. d. § 1967 Abs. 1 BGB. Sie wird jedoch durch die Umwandlung der Komplementärstellung von J gem. § 139 Abs. 4 HGB als Nachlassverbindlichkeit behandelt und ist daher auch im Rahmen des § 1629a Abs. 1 BGB wie eine solche zu behandeln.[20] Die Verbindlichkeit ist während der Minderjährigkeit von J entstanden. Eine Verbindlichkeit von J i. S. d. § 1629a Abs. 1 S. 1, 4. Fall BGB liegt somit vor.

Folglich steht J die Einrede aus § 1629a Abs. 1 S. 1 BGB zu.[21] Die Haftung von J beschränkt sich auf den Bestand des Vermögens zum Zeitpunkt des Eintritts der Volljährigkeit am 15.10.2017. Zu diesem Zeitpunkt verfügte J über ein Vermögen von 16.000 EUR.

5. Ergebnis

F hat gegenüber J gem. § 1967 Abs. 1 BGB einen Anspruch auf Zahlung von 20.000 EUR. J kann jedoch die Einrede aus § 1629a Abs. 1 S. 1 BGB erheben und seine Haftung auf 16.000 EUR beschränken.

II. Anspruch aus §§ 161 Abs. 2, 124 Abs. 1, 128 S. 1 HGB

F kann gegenüber J einen Anspruch auf Zahlung von 20.000 EUR gem. § 433 Abs. 2 BGB i. V. m. §§ 161 Abs. 2, 124 Abs. 1, 128 S. 1, HGB haben. Dazu muss eine entsprechende Verbindlichkeit der KG bestehen, für die J als Komplementär haftet.

1. Verbindlichkeit der KG

Eine entsprechende Verbindlichkeit der KG gegenüber F gem. § 433 Abs. 2 BGB i. V. m. §§ 161 Abs. 2, 124 Abs. 1 HGB besteht.

2. Haftung von J als Komplementär

Für diese Verbindlichkeit der KG haftet J gem. § 161 Abs. 2 i. V. m. § 128 S. 1 HGB, wenn er im Zeitpunkt ihrer Begründung Komplementär der KG war. Gem. § 1922 Abs. 1 BGB i. V. m. § 11 Abs. 1 GV ist die Komplementärstellung von H auf J

---

[19] Der Vermutung des § 1629a Abs. 4 BGB kommt aufgrund der Beweislast des Minderjährigen für die Voraussetzungen der Einrede keine praktische Bedeutung zu; vgl. auch BeckOK BGB/*Veit*, § 1629a Rn. 42; Erman/*Döll*, § 1629a Rn. 13; Jauernig/*Budzikiewicz*, § 1629a Rn. 11.

[20] Auch der Umstand, dass J durch seine Genehmigung als unbeschränkt Geschäftsfähiger die erbrechtliche Haftung erst herbeiführt, ändert an der Einrede aus § 1629a Abs. 1 S. 1 BGB nichts. Nur in den Fällen, in denen der vormals Minderjährige durch seine Genehmigung nach § 108 Abs. 3 BGB die Forderung überhaupt erst begründet, scheidet eine Anwendung des § 1629a BGB aus; so auch BeckOK BGB/*Veit*, § 1629a Rn. 7; Erman/*Döll*, § 1629a Rn. 6.

[21] Die Einrede nach § 1629a BGB muss erhoben werden. Dies ist vorliegend zwar nicht ersichtlich, kann jedoch noch nachgeholt werden; vgl. hierzu Erman/*Döll*, § 1629a Rn. 5; Jauernig/*Budzikiewicz*, § 1629a Rn. 6.

Fall 21. Die problematische Beteiligungsumwandlung 267

übergegangen. *J* war im Zeitpunkt der Begründung der Verbindlichkeit Komplementär der KG. Jedoch entfällt gem. § 139 Abs. 4 HGB nach der Umwandlung der Komplementärstellung in eine Kommanditbeteiligung die Haftung nach § 128 S. 1 HGB rückwirkend.[22] *J* haftet somit nicht als Komplementär gem. § 161 Abs. 2 i. V. m. § 128 S. 1 HGB.

3. Haftung von J als Komplementär kraft Rechtsscheins

Eine Haftung von *J* als Komplementär kann sich jedoch aus Rechtsscheingründen gem. § 433 Abs. 2 BGB i. V. m. §§ 161 Abs. 2, 124 Abs. 1, 128 S. 1 i. V. m. § 15 Abs. 1 HGB ergeben. So kann es *J* gem. § 15 Abs. 1 HGB verwehrt sein, sich gegenüber *F* auf die haftungsrechtliche Privilegierung durch Umwandlung seiner Komplementärstellung nach § 139 Abs. 4 HGB zu berufen. Dann muss die haftungsrechtliche Privilegierung nach § 139 Abs. 4 HGB eine eintragungspflichtige Tatsache sein. Allerdings fehlt es hierfür an einer entsprechenden gesetzlichen Anordnung der Eintragung der haftungsrechtlichen Privilegierung nach § 139 Abs. 4 HGB. Es liegt daher keine eintragungspflichtige Tatsache vor. Dies wäre zudem mit dem bezweckten Schutz des eintretenden Erben nach § 139 HGB nicht zu vereinbaren.[23] Demnach ist es *J* nicht gem. § 15 Abs. 1 HGB verwehrt, sich auf die haftungsrechtliche Privilegierung durch Umwandlung seiner Komplementärstellung zu berufen, wenngleich diese nicht im Handelsregister eingetragen ist.

Auch eine Haftung von *J* als Komplementär nach § 433 Abs. 2 BGB i. V. m. §§ 161 Abs. 2, 124 Abs. 1, 128 S. 1 i. V. m. § 15 Abs. 1 HGB scheidet folglich aus.

4. Ergebnis

F hat gegenüber *J* keinen Anspruch auf Zahlung von 20.000 EUR gem. § 433 Abs. 2 BGB i. V. m. §§ 161 Abs. 2, 124 Abs. 1, 128 S. 1 i. V. m. § 15 Abs. 1 HGB.

III. Anspruch aus §§ 173 Abs. 1, 171 Abs. 1 HGB

F kann gegenüber *J* einen Anspruch auf Zahlung von 20.000 EUR aus § 433 Abs. 2 BGB i. V. m. §§ 173 Abs. 1, 171 Abs. 1 HGB BGB haben.

Nach § 139 Abs. 4 HGB entfällt nach der Beteiligungsumwandlung zwar die unbeschränkte Haftung gem. §§ 128 ff. HGB für Verbindlichkeiten der Gesellschaft, die zwischen dem Eintritt als Komplementär und der Umwandlung der Komplementärstellung in eine Kommanditbeteiligung begründet wurden. Die Haftung des Neukommanditisten für vor der Umwandlung der Komplementärstellung und damit auch in der Schwebezeit des § 139 Abs. 4 HGB begründete Verbindlichkeiten der KG nach § 173 Abs. 1 HGB bleibt davon aber unberührt.[24] Demnach haftet *J* als Kommanditist grundsätzlich für die Altverbindlichkeiten der KG gem. §§ 173 Abs. 1, 171 Abs. 1 HGB. Die vereinbarte Kommanditeinlage von *J* wurde jedoch durch die Übernahme der Einlagen von *H* an die KG geleistet. Somit scheidet eine Haftung von *J* gem. § 171 Abs. 1, 2 Halbs. HGB aus.

---

[22] EBJS/*Lorz*, § 139 Rn. 123; Staub/*Schäfer*, § 139 Rn. 120, 125; Heymann/*Emmerich*, § 139 Rn. 52.
[23] Vgl. BGHZ 55, 267 (272 ff.); Baumbach/Hopt/*Roth*, § 139 Rn. 45; EBJS/*Lorz*, § 139 Rn. 118; MüKoHGB/*Schmidt K.*, § 139 Rn. 105; Staub/*Schäfer*, § 139 Rn. 130; *Schilling*, ZGR 1978, 173 (177); im Ergebnis auch *Emmerich*, ZHR 150 (1986), 193 (198 ff., 212).
[24] H. M.; vgl. Baumbach/Hopt/*Roth*, § 139 Rn. 47; EBJS/*Lorz*, § 139 Rn. 123; MüKoHGB/ *Schmidt K.*, § 139 Rn. 112; Staub/*Schäfer*, § 139 Rn. 125; Oetker/*Kamanabrou*, § 139 Rn. 8; *Emmerich*, ZHR 150 (1986), 193 (210 ff.).

F hat gegenüber J keinen Anspruch auf Zahlung von 20.000 EUR aus § 433 Abs. 2 BGB i. V. m. §§ 173 Abs. 1, 171 Abs. 1 HGB.

IV. Anspruch aus § 176 Abs. 2 HGB

F kann gegenüber J einen Anspruch auf Zahlung von 20.000 EUR gem. § 433 Abs. 2 BGB i. V. m. § 176 Abs. 2 HGB haben.

Unabhängig von dem Vorliegen der Voraussetzungen von § 176 Abs. 2 HGB haftet J gem. § 176 Abs. 2 HGB allerdings nur für die Verbindlichkeiten der KG nach § 176 Abs. 1 HGB, welche in der Zeit zwischen seinem Eintritt als Kommanditist und dessen bislang nicht erfolgter Eintragung im Handelsregister begründet wurden. Die Verbindlichkeit der KG gegenüber F wurde bereits am 28.5.2017 und damit vor dem „Eintritt" von J als Kommanditist am 11.6.2017 begründet. Folglich scheidet eine Haftung von J für diese Gesellschaftsverbindlichkeit gegenüber F nach § 176 Abs. 2 HGB aus.

F hat gegenüber J keinen Anspruch auf Zahlung von 20.000 EUR gem. § 433 Abs. 2 BGB i. V. m. § 176 Abs. 2 HGB.

V. Gesamtergebnis Ausgangsfall

Ein Zahlungsanspruch von F gegenüber J i. H. v. 20.000 EUR besteht nur nach erbrechtlichen, nicht jedoch nach gesellschaftsrechtlichen Vorschriften. J kann seine Haftung für die Forderung von F gem. § 1629a Abs. 1 S. 1 BGB auf 16.000 EUR beschränken.

B. Abwandlung[25]

I. Anspruch aus § 1967 Abs. 1 BGB

F kann gegenüber J einen Anspruch auf Zahlung von 20.000 EUR aus § 1967 Abs. 1 BGB haben.

Für die erforderliche Erbenstellung von J ergeben sich zum Ausgangsfall keine Unterschiede. Die Forderung von F wurde nach dem Tod von H am 23.4.2017 begründet, sodass wiederum nur die Behandlung als Nachlassverbindlichkeit gem. § 139 Abs. 4 HGB in Betracht kommt. Auch hier ist J als Komplementär in die KG eingetreten und hat mit seinen Mitgesellschaftern die Vereinbarung getroffen, dass seine Komplementärstellung in eine Kommanditistenstellung umgewandelt wird. Diese Umwandlung wurde durch die Genehmigung von J am 1.12.2017 rückwirkend zum 11.6.2017 wirksam (§§ 108 Abs. 1, Abs. 3, 184 Abs. 1 BGB).

Jedoch wurde die Forderung von F erst am 14.9.2017 begründet, nachdem J Kommanditist wurde (sog. Neuschuld). Eine als Nachlassverbindlichkeit zu behandelnde Zwischenneuschuld gem. § 139 Abs. 4 HGB ist damit nicht gegeben.

F hat somit gegenüber J keinen Anspruch auf Zahlung von 20.000 EUR aus § 1967 Abs. 1 BGB.

---

[25] Im Rahmen der Abwandlung werden nur die Ansprüche einer erneuten Prüfung unterzogen, bei denen die Prüfung der Tatbestandsvoraussetzungen zu einem anderen Ergebnis gelangt. Der Anspruch aus §§ 173 Abs. 1, 171 Abs. 1 HGB scheidet aus, da sich keine Unterschiede zum Ausgangsfall ergeben. „Klassisch schulmäßig" müssten jedoch alle Ansprüche erneut geprüft werden.

Fall 21. Die problematische Beteiligungsumwandlung 269

II. Anspruch aus §§ 161 Abs. 2, 124 Abs. 1, 128 S. 1 HGB[26]

F kann gegenüber J einen Anspruch auf Zahlung von 20.000 EUR gem. § 433 Abs. 2 BGB i. V. m. §§ 161 Abs. 2, 124 Abs. 1, 128 S. 1 HGB haben. Dazu muss eine entsprechende Verbindlichkeit der KG bestehen, für die J als Komplementär haftet.

1. Verbindlichkeit der KG

Eine entsprechende Verbindlichkeit der KG gegenüber F gem. § 433 Abs. 2 BGB i. V. m. §§ 161 Abs. 2, 124 Abs. 1 HGB besteht.

2. Haftung von J als Komplementär

Für diese Verbindlichkeit der KG haftet J gem. § 161 Abs. 2 i. V. m. § 128 S. 1 HGB, wenn er im Zeitpunkt der Begründung der Forderung Komplementär war. Mit dem Übergang der Komplementärstellung von H auf J gem. § 1922 Abs. 1 BGB i. V. m. § 11 Abs. 1 GV wurde dieser am 23.4.2017 Komplementär der KG. Jedoch wurde die Komplementärstellung mit am 1.12.2017 rückwirkend genehmigter Vereinbarung zum 11.6.2017 in eine Kommanditbeteiligung umgewandelt. J war somit im Zeitpunkt der Begründung der Verbindlichkeit am 14.9.2017 kein Komplementär, sondern Kommanditist der KG. Eine Haftung von J als Komplementär scheidet insoweit wiederum aus.

3. Haftung von J als Komplementär kraft Rechtsscheins

Eine Haftung von J als Komplementär kommt jedoch aus Rechtsscheingründen gem. § 433 Abs. 2 BGB i. V. m. §§ 161 Abs. 2, 124 Abs. 1, 128 S. 1 i. V. m. § 15 Abs. 1 HGB in Betracht. Es kann J gem. § 15 Abs. 1 HGB verwehrt sein, sich gegenüber F auf seine Stellung als Kommanditist zu berufen. Das setzt die Nichteintragung einer eintragungspflichtigen Tatsache im Handelsregister voraus. Eine eintragungspflichtige Tatsache im Zeitpunkt des Vertragsschlusses kann gem. § 162 Abs. 1 S. 1, Abs. 3 HGB die Stellung von J als Kommanditist sein. Der Anwendung des § 15 Abs. 1 HGB kann zwar § 162 Abs. 2, 2. Halbs. HGB entgegenstehen.[27] Ob dies der Fall ist, kann indessen dahinstehen, wenn die übrigen Voraussetzungen des § 162 Abs. 1 S. 1, Abs. 3 HGB im Zeitpunkt des Vertragsschlusses nicht vorgelegen haben. Am 14.9.2017 war die Umwandlung der Komplementärstellung von J in eine Kommanditistenstellung aufgrund der fehlenden Vertretungsmacht von W schwebend unwirksam. Die Umwandlung wurde erst am 1.12.2017 durch die Genehmigung von J zum 11.6.2017 rückwirkend wirksam. Im Zeitpunkt des Vertragsschlusses war der „Eintritt" von J als Kommanditist damit noch nicht wirksam geworden, so dass noch keine Eintragungspflicht gem. § 162 Abs. 1 S. 1, Abs. 3 HGB bestand. J ist es somit nicht gem. § 15 Abs. 1 HGB verwehrt, sich gegenüber F auf seine Stellung als Kommanditist zu berufen.

Auch ein Rechtsschein gem. § 15 Abs. 1 HGB wegen fehlender Eintragung der haftungsrechtlichen Privilegierung nach § 139 Abs. 4 HGB scheidet wiederum

---

[26] Die Anspruchsgrundlage für die gesellschaftsrechtliche Haftung in der Konstellation der Abwandlung (sog. Neuschulden) ist in der Literatur umstritten. Sie wurde auch von der Rechtsprechung noch nicht eindeutig geklärt. Von den Bearbeitern kann lediglich erwartet werden, eine der vertretbaren Lösungen (§ 176 Abs. 2 HGB analog oder §§ 128 S. 1, 124 Abs. 1 i. V. m. 161 Abs. 2 i. V. m. § 15 Abs. 1 HGB i. V. m. § 433 Abs. 2 BGB) zu erkennen und konsequent zu prüfen.

[27] Zum Streitstand vgl. Bd. I Fall 18, Frage 2, unter B. II. 2.

aus.²⁸ Eine Haftung von *J* als Komplementär kraft Rechtsscheins gem. § 433 Abs. 2 BGB i. V. m. §§ 161 Abs. 2, 124 Abs. 1, 128 S. 1 i. V. m. § 15 Abs. 1 HGB scheidet aus.

4. Ergebnis

F hat gegenüber *J* keinen Anspruch auf Zahlung von 20.000 EUR gem. § 433 Abs. 2 BGB i. V. m. §§ 161 Abs. 2, 124 Abs. 1, 128 S. 1 HGB.

III. Anspruch aus § 176 II HGB

F kann gegenüber *J* einen Anspruch auf Zahlung von 20.000 EUR aus § 433 Abs. 2 BGB i. V. m. § 176 Abs. 2 HGB haben.

Für die zwischen der Beteiligungsumwandlung nach § 139 HGB und dessen, bisher nicht erfolgter, Eintragung im Handelsregister begründete Verbindlichkeit der KG gegenüber *F* haftet *J* nach § 176 Abs. 2 HGB, wenn *J* i. S. d. § 176 Abs. 2 HGB in die KG „eingetreten" ist.

Ein Eintritt i. S. d. § 176 Abs. 2 HGB liegt bei der rechtsgeschäftlichen Aufnahme eines bislang gesellschaftsfremden Dritten als Kommanditist unter Bildung einer neuen Kommanditbeteiligung vor.²⁹ *J* erwirbt als gesellschaftsfremder Dritter zunächst am 23.4.2017 die Rechtsstellung als Komplementär im Wege der Gesamtrechtsnachfolge gem. § 1922 Abs. 1 BGB. Dieser Erwerb der Komplementärstellung ist in zweifacher Weise bereits nicht vom Wortlaut des § 176 Abs. 2 HGB erfasst. Der Eintritt i. S. v. § 176 Abs. 2 HGB erfasst nur einen rechtsgeschäftlich begründeten Erwerb der Gesellschafterstellung.³⁰ Daran fehlt es aber beim Erwerb der Gesellschafterstellung kraft Erbfolge. Ferner wird nach dem Wortlaut von § 176 Abs. 2 HGB nur der rechtsgeschäftliche Erwerb der Rechtsstellung als Kommanditist erfasst. Auch daran fehlt es bei dem Erwerb der Gesellschafterstellung von *J* am 23.4.2017, denn zu diesem Zeitpunkt rückte er in die Rechtsstellung von *H* als Komplementär nach.

Die mit Wirkung zum 11.6.2017 erfolgte Umwandlung der Gesellschafterstellung von *J* gem. § 139 HGB, mit der er eine neue Kommanditbeteiligung erhält, kann aber einen „Eintritt" i. S. d. § 176 Abs. 2 HGB darstellen.³¹ Dagegen kann allerdings der Normzweck des § 176 Abs. 2 HGB sprechen. § 176 Abs. 2 HGB schützt im Falle des Beitritts eines bislang gesellschaftsfremden Dritten in die KG bis zur Eintragung seiner Stellung als Kommanditist in das Handelsregister das abstrakte Vertrauen der Gläubiger, dass ihnen das Vermögen dieses neuen Gesellschafters als neue Haftungsmasse unbeschränkt zur Verfügung steht.³² *J* hat aber als bislang gesellschaftsfremder Dritter die Komplementärstellung von *H* im Wege der Gesamtrechtsnachfolge nach § 1922 Abs. 1 BGB erworben, und diese anschließend in die Kommanditistenstellung umgewandelt. Eine neue Haftungsmasse, auf deren Bestand die Gläubiger vertrauen konnten, ist dadurch jedoch zu keinem Zeitpunkt entstanden. Es bedarf demnach im Falle der Umwandlung der im Erbgang erworbenen Komplementärstellung nach § 139 HGB keines Schutzes der Gläubiger nach § 176

---

[28] Vgl. o. unter A. II. 3.
[29] BGHZ 66, 98 (100); EBJS/*Strohn*, § 176 Rn. 24; Heidel/Schall/*Schall/Werner*, § 176 Rn. 15; Oetker/*Oetker*, § 176 Rn. 41 f.
[30] Vgl. statt aller Staub/*Thiessen*, § 176 Rn. 117 m. w. N.
[31] Dafür im Ergebnis *BGH* NJW 1983, 2258 (2259); BGHZ 66, 98 (100); Staub/*Thiessen*, § 176 Rn. 119; *ders.*, ZHR 150 (1986), 193 (213); *Schilling*, ZGR 1978, 173 (175 f.).
[32] Ähnlich *Schmidt K.*, ZHR 144 (1980), 192 (195 ff.).

Fall 21. Die problematische Beteiligungsumwandlung

Abs. 2 BGB. Damit stellt die Beteiligungsumwandlung nach § 139 HGB keinen „Eintritt" i. S. d. § 176 Abs. 2 HGB dar.[33]

3. Ergebnis

F hat gegenüber J keinen Anspruch auf Zahlung von 20.000 EUR gem. § 433 Abs. 2 BGB i. V. m. § 176 Abs. 2 HGB.[34]

IV. Gesamtergebnis Abwandlung

F kann von J weder nach erbrechtlichen noch nach gesellschaftsrechtlichen Vorschriften die Zahlung von 20.000 EUR verlangen.

---

[33] Im Ergebnis auch BGHZ 108, 187 (197); Baumbach/Hopt/*Roth*, § 176 Rn. 10; EBJS/*Strohn*, § 176 Rn. 28; MüKoHGB/*Schmidt K.*, § 139 Rn. 126; Oetker/*Oetker*, § 176 Rn. 45; Staub/*Schäfer*, § 139 Rn. 133; *Schmidt K.*, ZHR 144 (1980), 192 (197 ff.).

[34] Soweit – vertretbar – angenommen wird, die Beteiligungsumwandlung nach § 139 HGB sei ein „Eintritt" i. S. d. § 176 Abs. 2 HGB, muss dennoch eine Haftung von J nach § 176 Abs. 2 HGB im Ergebnis abgelehnt werden. Sein „Eintritt" war im Zeitpunkt der Begründung der Forderung von F noch schwebend unwirksam und damit nicht eintragungspflichtig; vgl. B. II. 3.

Fall 22. Der schweigsame Gesellschafter

Schwerpunkt im Personengesellschaftsrecht:
Beschlussmängelklage – gesellschaftsvertragliche Modifizierungen des Klagerechts – Stimmverbot analog §§ 34, 1. Fall BGB, 47 Abs. 4 S. 2, 1. Fall GmbHG – Treuepflichtverletzung und Stimmrechtsmissbrauch – außerordentliches Auskunftsrecht des Kommanditisten – Auskunftsverweigerung als Verstoß gegen die Treuepflicht – Wettbewerbsverbot des Kommanditisten analog §§ 112, 113 HGB

Sachverhalt

Die Pille-GmbH & Co. KG (P-GmbH & Co. KG) ist ein größeres Unternehmen der Pharma-Industrie. Persönlich haftende Gesellschafterin ohne Kapitalanteil ist die P-GmbH, Kommanditisten sind *Schweigsam (S)* mit einem Kapitalanteil von 800.000 EUR sowie *Treulieb (T)* und *Veto (V)* mit einem Kapitalanteil von je 400.000 EUR. Alleingesellschafter der P-GmbH ist S, Geschäftsführer ist *Wissend (W)*. Der Gesellschaftsvertrag (GV) der P-GmbH & Co. KG enthält u. a. folgende Bestimmungen:

§ 4. Geschäftsführung und Vertretung

(1) Zur Geschäftsführung und Vertretung ist die Komplementärin allein berechtigt und verpflichtet.

(2) Zu Geschäften, die über den gewöhnlichen Geschäftsbetrieb der Gesellschaft hinausgehen, bedarf es eines vorherigen Gesellschafterbeschlusses mit einer Mehrheit von 75 % der abgegebenen Stimmen.

§ 8. Gesellschafterbeschlüsse

(1) Soweit nach diesem Gesellschaftsvertrag Gesellschafterbeschlüsse mit einfacher oder qualifizierter Mehrheit zu fassen sind, richtet sich die einem Gesellschafter zustehende Stimmkraft nach der Höhe seines Kapitalanteils.

(...)

(4) Die Nichtigkeit eines Gesellschafterbeschlusses kann nur binnen einer Ausschlussfrist von vier Wochen nach Beschlussfassung durch Klage gegen die Gesellschaft geltend gemacht werden. Nach Ablauf der Frist gilt ein etwaiger Mangel als geheilt.

Im Februar 2017 tritt *Listig (L)*, der Geschäftsführer der Serum GmbH (S-GmbH), einem Konkurrenzunternehmen der P-GmbH & Co. KG, an W heran mit der Anfrage, ob auf Seiten der P-GmbH & Co. KG Interesse bestünde, ihre Forschung künftig mit der S-GmbH gemeinsam zu betreiben. Er unterbreitet zu diesem Zweck den Vorschlag, dass beide Gesellschaften einen langfristigen, für 10 Jahre unkündbaren Kooperationsvertrag abschließen. Die P-GmbH & Co. KG solle ihr Know-how, die S-GmbH die notwendigen

274 *Fall 22. Der schweigsame Gesellschafter*

Geldmittel zur Verfügung stellen. Die Forschungsergebnisse sollen von beiden Unternehmen gemeinsam verwertet werden. W ist nach einiger Überlegung von diesem Plan begeistert. In der ordnungsgemäß einberufenen Gesellschafterversammlung der P-GmbH & Co. KG am 24.3.2017 stellt er den Antrag, dem Abschluss eines entsprechenden Kooperationsvertrages zuzustimmen.

Die Gesellschafterversammlung der P-GmbH & Co. KG wird dem GV entsprechend von S als dem Gesellschafter mit dem größten Geschäftsanteil geleitet. V verlangt von W und S Auskunft über etwaige Beziehungen zwischen S und der S-GmbH. W antwortet wahrheitsgemäß, ihm sei hierüber nichts bekannt. S erklärt, er sei als Gesellschafter zu keinerlei Auskünften verpflichtet. Er beantworte daher die Frage schon aus Prinzip nicht. V ist dagegen der Auffassung, jeden Gesellschafter treffe eine Pflicht zur Auskunftserteilung. Dies gelte erst recht für den Inhaber des mit Abstand größten Geschäftsanteils. Im Übrigen sei ohne diese Information nicht zu erkennen, ob S, der bekanntermaßen vielfältige unternehmerische Interessen besitze, durch den Kooperationsvertrag „doppelt" profitiere. S lässt sich durch dieses Vorbringen aber nicht umstimmen und verweigert die verlangte Auskunft.

Die Zustimmung zum Abschluss und zugleich die Anweisung zur Durchführung des Kooperationsvertrages wird mit den Stimmen von S und T gegen die Stimmen von V beschlossen. Das Beschlussergebnis wird von S festgestellt. Am 10.4.2017, noch vor Abschluss des Kooperationsvertrages, erfährt V zufällig, dass die Anteile der S-GmbH von der H-GmbH gehalten werden, deren Alleingesellschafterin seit Dezember 2015 die Ehefrau *Eigentraut (E)* von S ist. Er erfährt weiter, dass E die Anteile im eigenen Namen, aber im Auftrag und für Rechnung von S erworben hatte und dass S seit Januar 2017 alleiniger Geschäftsführer der H-GmbH ist.

V ist über das Verhalten von S höchst empört. Er verlangt sofort die Einberufung einer weiteren Gesellschafterversammlung, die auch am 24.4.2017 stattfindet. Ein von ihm beantragter Gegenbeschluss scheitert aber an den Stimmen von S und T. Am nächsten Tag sucht V seinen Rechtsanwalt *(R)* auf mit der Bitte, sofort alles Notwendige zu veranlassen, damit der Beschluss vom 24.3.2017 „aus der Welt geschafft werde". Zu welcher Klage wird R dem V raten? Hätte eine etwaige Klage gegen den Gesellschafterbeschluss vom 24.3.2017 Aussicht auf Erfolg?

Bearbeiterhinweis: Es ist davon auszugehen, dass sich der – noch nicht vereinbarte – Kooperationsvertrag für die P-GmbH & Co. KG als schädlich erweisen würde, weil die P-GmbH & Co. KG durch den Vertrag ihren Forschungsvorsprung vor der S-GmbH verlieren und dadurch längerfristig betrachtet erhebliche Marktanteile an diese abgeben würde (was S auch bezweckt, nicht jedoch W, der diese Entwicklung anhand der ihm vorliegenden Informationen nicht vorhersehen kann).

Lösung

R kann V raten, eine Feststellungsklage gem. § 256 ZPO zu erheben. Diese Klage hat Aussicht auf Erfolg, wenn sie zulässig und begründet ist.

A. Zulässigkeit

Eine durch V erhobene Feststellungsklage ist zulässig, wenn sie die statthafte Klageart ist, sie gegen den richtigen Klagegegner erhoben wird, und V ein Feststellungsinteresse besitzt.

Fall 22. Der schweigsame Gesellschafter

I. Statthaftigkeit einer Feststellungsklage gem. § 256 ZPO

Die Feststellungsklage gem. § 256 ZPO muss die statthafte Klageart sein, um die gerichtliche Feststellung der Nichtigkeit von Gesellschafterbeschlüssen einer Personengesellschaft zu erreichen.

Das Gesetz kennt keine besonderen Vorschriften zur Geltendmachung der Mängel von Gesellschafterbeschlüssen in einer Personengesellschaft. Es kann daher geboten sein, die Vorschriften über die Nichtigkeits- und Anfechtungsklage gem. §§ 241 ff. AktG auf alle Mehrheitsbeschlüsse in parteifähigen Verbänden auszudehnen und sie im Personengesellschaftsrecht analog heranzuziehen. Hierfür kann die dann gegebene Möglichkeit der Differenzierung zwischen schweren Mängeln, die zur Nichtigkeit des Beschlusses führen, und einfachen Mängeln, die den fehlerhaften Beschluss lediglich anfechtbar machen, sprechen.[1] Dagegen ist aber einzuwenden, dass mit der Feststellungsklage gem. § 256 ZPO ein allgemeiner Rechtsbehelf zur Geltendmachung von Beschlussmängeln verfügbar ist und somit die für eine Analogie notwendige Regelungslücke nicht besteht.

Im Personengesellschaftsrecht ist daher die allgemeine Feststellungsklage gem. § 256 ZPO die statthafte Klageart, um Mängel eines Gesellschafterbeschlusses gerichtlich überprüfen zu lassen.[2]

II. Richtiger Klagegegner

Die Feststellungsklage muss gegen den richtigen Klagegegner gerichtet werden.

Eine Klage zur Feststellung der Nichtigkeit eines Gesellschafterbeschlusses ist grundsätzlich gegen die Mitgesellschafter zu richten.[3] Es handelt sich um einen Rechtsstreit, der die Grundlagen der Gesellschaft betrifft. Die Feststellungsklage von *V* kann aber ausnahmsweise gegen die P-GmbH & Co. KG zu erheben sein. Dies kann sich aus § 8 Abs. 4 GV der P-GmbH & Co. KG ergeben. Zwar kann im Gesellschaftsvertrag keine gewillkürte Prozessstandschaft begründet werden, und ein gegen die P-GmbH & Co. KG ergehendes Urteil kann keine Rechtskraft gegenüber den Mitgesellschaftern *S* und *T* entfalten.[4] In § 8 Abs. 4 GV ist aber die zulässige Vereinbarung zu sehen, dass die übrigen Gesellschafter schuldrechtlich verpflichtet sind, sich an ein zwischen dem klagenden Gesellschafter und der Gesellschaft ergangenes Urteil zu halten.[5] Die Feststellungsklage ist somit ausnahmsweise gegen die P-GmbH & Co. KG zu richten.

Die P-GmbH & Co. KG ist daher richtige Beklagte.

---

[1] Vgl. MüKoHGB/*Enzinger*, § 119 Rn. 95 ff.; *Schmidt K.*, GesR, § 15 II 3b (S. 448 f.); *ders.*, FS Stimpel (1985), 217 ff.; *ders.*, AG 1977, 243 (251 ff.).

[2] H. A., vgl. *BGH* NJW 1999, 3113 (3114); 2007, 381 (382); 2011, 2578 Rn. 19; Baumbach/Hopt/*Roth*, § 119 Rn. 32; Oetker/*Lieder*, § 119 Rn. 73; Schlegelberger/*Martens*, § 119 Rn. 9; Staub/*Schäfer*, § 119 Rn. 90; *Noack*, § 11 I (S. 170 f.).

[3] *BGH* WM 1966, 1036; BGHZ 48, 175 (177); 81, 263 (264 f.); *BGH* NJW 2009, 669 Rn. 8; BGHZ 201, 216 (15); Oetker/*Lieder*, § 119 Rn. 73; Schlegelberger/*Martens*, § 119 Rn. 13; Staub/*Schäfer*, § 119 Rn. 91.

[4] Zur Rechtskrafterstreckung vgl. allgemein BeckOK ZPO/*Bacher*, § 256 Rn. 36 ff.

[5] Ganz h. M., vgl. *BGH* WM 1966, 1036; 1990, 309 f.; BGHZ 85, 350 (353); 91, 132 (133); *BGH* NJW 2008, 2987 Rn. 12a; *OLG Celle* NZG 1999, 64; KKRM/*Kindler*, § 105 Rn. 37; Oetker/*Weitemeyer*, § 119 Rn. 74; Schlegelberger/*Martens*, § 119 Rn. 13; Staub/*Schäfer*, § 119 Rn. 92; *Hueck A.*, § 11 V 2d (S. 186); kritisch *Schmidt K.*, AG 1977, 243 (253).

III. Feststellungsinteresse

Gem. § 256 ZPO muss V ein rechtliches Interesse an der alsbaldigen Feststellung der Nichtigkeit des Beschlusses über den Kooperationsvertrag haben, sog. Feststellungsinteresse.

Das Feststellungsinteresse ist gegeben, wenn dem Kläger eine gegenwärtige Gefahr der Rechtsunsicherheit droht und das erstrebte Urteil infolge seiner Rechtskraft geeignet ist, diese Gefahr zu beseitigen, ein einfacherer Weg dazu aber nicht offen steht.[6] Die übrigen Gesellschafter S und T bestreiten die Nichtigkeit des Gesellschafterbeschlusses vom 24.3.2017. Für V besteht folglich die gegenwärtige Gefahr der Rechtsunsicherheit über die Wirksamkeit oder Unwirksamkeit dieses Gesellschafterbeschlusses. Alle Gesellschafter der P-GmbH & Co. KG, also auch S und T, haben sich in § 8 Abs. 4 GV schuldrechtlich dazu verpflichtet, sich an die gerichtliche Entscheidung über die Klage gegen die Gesellschaft zu halten. Somit ist das Urteil geeignet, die Gefahr der Rechtsunsicherheit zu beseitigen. V hat bereits erfolglos versucht, in der Gesellschafterversammlung am 24.4.2017 einen Gegenbeschluss zu erwirken. Es besteht kein weiterer einfacherer Weg, gegen den Gesellschafterbeschluss vom 24.3.2017 vorzugehen.

V hat ein Feststellungsinteresse.

IV. Ergebnis zu A.

Die Klage von V gegen die P-GmbH & Co. KG auf Feststellung der Nichtigkeit des Gesellschafterbeschlusses vom 24.3.2017 ist zulässig.

B. Begründetheit der Feststellungsklage

Die Feststellungsklage von V gem. § 256 Abs. 1 ZPO ist begründet, wenn sie rechtzeitig erhoben wird und der angegriffene Gesellschafterbeschluss nichtig ist.

I. Ausschlussfrist

Die Feststellungsklage von V gegen den Beschluss vom 24.3.2017 kann wegen Ablaufs der vierwöchigen Ausschlussfrist gem. § 8 Abs. 4 GV verspätet sein mit der Konsequenz, dass der Beschluss unangreifbar geworden ist. Die vierwöchige Ausschlussfrist endete am 21.4.2017. V wendet sich aber erst am 25.4.2017 an R mit der Bitte, den Beschluss „aus der Welt zu schaffen". Eine von R namens des V erhobene Feststellungsklage gegen den Beschluss vom 24.3.2017 wird somit nicht innerhalb der gesellschaftsvertraglich vorgesehenen Ausschlussfrist erhoben.

Der Beschluss vom 24.3.2017 ist jedoch nur unangreifbar geworden, wenn die vierwöchige Frist gem. § 8 Abs. 4 GV wirksam ist. Das ist nicht der Fall, wenn sie das Recht von V zur gerichtlichen Überprüfung des Gesellschafterbeschlusses vom 24.3.2017 in unzulässiger Weise verkürzt. Es gehört zu den unentziehbaren individuellen Rechten eines jeden Gesellschafters, rechtswidrige Beschlüsse der Gesellschafterversammlung gerichtlich überprüfen lassen zu können.[7] Eine zu knapp bemessene Frist verkürzt dieses Recht in nicht zulässiger Weise und ist daher unwirksam. Die im Aktienrecht für die Erhebung einer Anfechtungsklage vorgesehene Monatsfrist des § 246 Abs. 1 AktG ist als für das gesamte Gesellschaftsrecht geltendes Mindest-

---

[6] *BGH* NZG 2013, 664 Rn. 10; Zöller/*Greger*, § 256 Rn. 7 f.
[7] *BGH* NJW 1995, 1218 (1219); EBJS/*Freitag*, § 119 Rn. 80; KKRM/*Kindler*, § 109 Rn. 5; MüKoHGB/*Enzinger*, § 109 Rn. 106; Oetker/*Lieder*, § 119 Rn. 73; vgl. zum GmbH-Recht BGHZ 104, 66 (71 f.).

Fall 22. Der schweigsame Gesellschafter 277

terfordernis[8] anzusehen und darf zu Lasten des betroffenen Gesellschafters nicht unterschritten werden. Eine gesellschaftsvertraglich bestimmte Ausschlussfrist für die Erhebung der Klage gegen einen Gesellschafterbeschluss muss also mindestens einen Monat betragen.[9] Die in § 8 Abs. 4 GV der P-GmbH & Co. KG festgelegte vierwöchige Frist unterschreitet diesen Zeitraum. Sie ist folglich unwirksam.

Die Unwirksamkeit der vierwöchigen Ausschlussfrist in § 8 Abs. 4 GV kann dazu führen, dass die Feststellungsklage von V unbefristet erhoben werden kann. Das setzt aber voraus, dass an die Stelle der nichtigen gesellschaftsvertraglichen Regelung die gesetzliche Regelung tritt, wonach die äußerste zeitliche Grenze für die Erhebung einer Nichtigkeitsfeststellungsklage die Verwirkung gem. § 242 BGB[10] ist.[11] Dies ist indessen nicht der Fall. Die durch die Nichtigkeit der vierwöchigen Ausschlussfrist in § 8 Abs. 4 GV entstandene Regelungslücke im Gesellschaftsvertrag ist vielmehr im Wege der ergänzenden Vertragsauslegung zu schließen.[12] Danach ist die nichtige Regelung durch eine solche zu ersetzen, die die Parteien gewählt hätten, wenn sie die Nichtigkeit der Regelung erkannt hätten. In der gesellschaftsvertraglichen Fristbestimmung kommt der Wille der Gesellschafter zum Ausdruck, binnen einer überschaubaren Frist Klarheit über die Verbindlichkeit von Gesellschafterbeschlüssen zu erlangen. Sie wollten somit in jedem Fall eine Ausschlussfrist regeln. Für die Bemessung der Länge dieser Ausschlussfrist kann eine Bezugnahme auf das GmbH-Recht sachgerecht sein. Für die Anfechtbarkeit eines GmbH-Gesellschafterbeschlusses gilt eine nach den Umständen angemessene[13] Frist.[14] Der Monatsfrist nach § 246 Abs. 1 AktG kommt dabei insoweit eine Leitbildfunktion zu, als eine erhebliche Überschreitung dieser Frist einer besonderen Rechtfertigung bedarf.[15] § 8

---

[8] EBJS/*Freitag*, § 119 Rn. 80; Heidel/Schall/*Psaroudakis*, § 119 Rn. 9; Staub/*Schäfer*, § 119 Rn. 93; vgl. zum GmbH-Recht BGHZ 104, 66 (71 f.); Baumbach/Hueck/*Zöllner/Noack*, Anh. § 47 Rn. 152; MHLS/*Römermann*, Anh. § 47 Rn. 475; Roth/Altmeppen/*Roth*, § 47 Rn. 159; Scholz/*Schmidt K.*, § 45 Rn. 144.

[9] Ganz h. A., vgl. nur *BGH* NJW 1995, 1218 (1219); Baumbach/Hopt/*Roth*, § 119 Rn. 32; BeckOK HGB/*Klimke*, § 119 Rn. 83; EBJS/*Freitag*, § 119 Rn. 80; Heidel/Schall/*Psaroudakis*, § 119 Rn. 9; Henssler/Strohn/*Finck*, § 119 HGB Rn. 62; MüKoHGB/*Enzinger*, § 119 Rn. 97; Oetker/*Lieder*, § 119 Rn. 74; RWH/*Haas*, § 119 Rn. 12d; Staub/*Schäfer*, § 119 Rn. 93.

[10] Zur Verwirkung allgemein vgl. BeckOK BGB/*Sutschet*, § 242 Rn. 131; Erman/*Böttcher*, § 242 Rn. 123; MüKoBGB/*Schubert*, § 242 Rn. 356 f.; NK-BGB/*Krebs*, § 242 Rn. 99 f.; Palandt/*Grüneberg*, § 242 Rn. 87.

[11] Zur Verwirkung der Befugnis zur Klageerhebung vgl. BGHZ 112, 339 (344); *BGH* NJW 1996, 259; 1999, 2268; 1999, 3113 (3114); EBJS/*Freitag*, § 119 Rn. 79; Henssler/Strohn/*Hillmann*, Anh. § 47 GmbHG Rn. 5; RWH/*Haas*, § 119 Rn. 8; Scholz/*Schmidt K.*, Anh. § 47 Rn. 50.

[12] Zum Vorrang der ergänzenden Vertragsauslegung gegenüber der Anwendung des dispositiven Rechts vgl. *BGH* NJW 1979, 1705 (1706); 1985, 192 (193); BGHZ 123, 281 (286); Baumbach/Hopt/*Roth*, § 105 Rn. 56; BeckOK HGB/*Klimke*, § 105 Rn. 41; EBJS/*Wertenbruch*, § 105 Rn. 96 Henssler/Strohn/*Henssler*, § 105 HGB Rn. 100; KKRM/*Kindler*, § 105 Rn. 7; MüKoHGB/*Schäfer*, § 705 Rn. 174; Palandt/*Sprau*, § 705 Rn. 14; Staub/*Schäfer*, § 105 Rn. 198; *Schmidt K.*, GesR, § 5 I 4d) (S. 93).

[13] Zu den für die Bemessung der Angemessenheit der Frist maßgeblichen Umständen vgl. Henssler/Strohn/*Hillmann*, Anh. § 47 GmbHG Rn. 6; Roth/Altmeppen/*Roth*, § 47 Rn. 145; Scholz/*Schmidt K.*, § 45 Rn. 143.

[14] Baumbach/Hueck/*Zöllner/Noack*, Anh. § 47 Rn. 146; Henssler/Strohn/*Hillmann*, Anh. § 47 GmbHG Rn. 5; Lutter/Hommelhoff/*Bayer*, Anh. § 47 Rn. 64; MüKoGmbHG/*Wertenbruch*, Anh. § 47 Rn. 229; Roth/Altmeppen/*Roth*, § 47 Rn. 144; Scholz/*Schmidt K.*, § 45 Rn. 144.

[15] Vgl. dazu für das GmbH-Recht BGHZ 101, 113 (117); 111, 224 (226); Henssler/Strohn/*Hillmann*, Anh. § 47 GmbHG Rn. 5; Lutter/Hommelhoff/*Bayer*, Anh. § 47 Rn. 62 f.; Mü-

Abs. 4 GV ist daher so im Wege der ergänzenden Vertragsauslegung zu werten, dass für die Erhebung der Klage gegen den Gesellschafterbeschluss die nach dem GmbH-Recht geltende Monatsfrist als Ausschlussfrist gilt.

Mit einer baldigen Erhebung der Feststellungsklage kann die Monatsfrist noch gewahrt sein. Die Monatsfrist wäre zwar mit Ablauf des 24.4.2017 an sich verstrichen. Das kann *V* aber nicht angelastet werden. *V* hat umgehend nach seiner Kenntniserlangung von den seiner Ansicht nach eine Nichtigkeit des Beschlusses begründenden Umständen versucht, die Beseitigung des Beschlusses durch einen Gegenbeschluss am 24.4.2017 zu erwirken und sich direkt nach der Erfolglosigkeit dieses Bemühens an *R* gewandt. Bei einer baldigen Erhebung der Feststellungsklage wird die Monatsfrist daher nur unerheblich überschritten.

Die baldige Erhebung der Beschlussmängelklage wäre demnach noch fristgemäß.

II. Nichtigkeitsgründe

Eine von *V* fristgemäß erhobene Feststellungsklage ist begründet, wenn der Gesellschafterbeschluss der P-GmbH & Co. KG vom 24.3.2017 nichtig ist. Ein Gesellschafterbeschluss einer Personengesellschaft ist grundsätzlich nichtig, wenn er entweder fehlerhaft zustande gekommen ist oder an einem inhaltlichen Mangel leidet.[16] Als mögliche Wirksamkeitsmängel kommen die Nichtigkeit der Stimmabgabe von *S*, eine Auskunftsrechtsverletzung durch den Geschäftsführer *W* und den Mitgesellschafter *S*, sowie ein Verstoß des Beschlussinhalts gegen die Treuepflicht in Betracht.

1. Nichtigkeit wegen nichtiger Stimmabgabe durch S

Der Gesellschafterbeschluss der P-GmbH & Co. KG ist mangelhaft und daher nichtig, wenn er auf einer nichtigen Stimmabgabe beruht, also ohne die nichtige Stimme die erforderliche Beschlussmehrheit nicht erreicht worden wäre.[17] Die Stimmabgabe von *S* kann wegen der Nichtbeachtung eines ihn treffenden Stimmrechtsausschlusses wegen Interessenkollision[18] und wegen Verstoßes gegen die ihm obliegende Treuepflicht infolge Stimmrechtsmissbrauchs[19] nichtig sein.

a) Verletzung des Stimmverbots analog §§ 34, 1. Fall BGB, 47 Abs. 4 S. 2, 1. Fall GmbHG

S kann bei der Abstimmung in der Gesellschafterversammlung der P-GmbH & Co. KG am 24.3.2017 wegen Interessenkollision von seiner Berechtigung zur Stimmabgabe ausgeschlossen gewesen sein mit der Folge, dass die von ihm abgegebene

---

KoGmbHG/*Wertenbruch*, Anh. § 47 Rn. 229; Roth/Altmeppen/*Roth*, § 47 Rn. 144; Scholz/*Schmidt K.*, § 45 Rn. 142 f.; kritisch MHLS/*Römermann*, Anh. § 47 Rn. 459 ff.; ablehnend Baumbach/Hueck/*Zöllner/Noack*, Anh. § 47 Rn. 9 – Maßstab sei allein die Treuepflicht; großzügiger *Raiser/Veil*, § 43 Rn. 79 – drei Monate als Regelfrist; vgl. für das Recht der Personengesellschaften *BGH* NJW 1995, 1218 (1219).

[16] Baumbach/Hopt/*Roth*, § 119 Rn. 31; MüKoBGB/*Schäfer*, § 709 Rn. 105.
[17] *BGH* NJW 1987, 1262 (1263); BeckOK BGB/*Schöne*, § 709 Rn. 61; MüKoHGB/*Enzinger*, § 119 Rn. 94; Oetker/*Lieder*, § 119 Rn. 68; MünchHdb.GesR II/*Weipert*, § 14 Rn. 127; *Zöllner*, S. 360.
[18] Vgl. dazu MüKoBGB/*Schäfer*, § 709 Rn. 112; Oetker/*Lieder*, § 119 Rn. 68; Staub/*Schäfer*, § 119 Rn. 73.
[19] Vgl. dazu *BGH* NJW 1980, 54; 1991, 846 (847); BGHZ 65, 93 (98 f.) = NJW 1988, 969 (970); *BGH* NJW-RR 1992, 167; Baumbach/Hopt/*Roth*, § 119 Rn. 11; Schlegelberger/*Martens*, § 119 Rn. 36; Staub/*Schäfer*, § 119 Rn. 73; *Zöllner*, S. 366 ff.

Fall 22. Der schweigsame Gesellschafter

Stimme nichtig ist.[20] Für die Beurteilung, ob S wegen Interessenkollision bei dieser Beschlussfassung von seinem Stimmrecht ausgeschlossen war, sind die einschlägigen Vorschriften des Rechts der rechtsfähigen Körperschaften entsprechend anzuwenden.[21] S war somit gem. §§ 34 1. Fall BGB, 47 Abs. 4 S. 2, 1. Fall GmbHG analog von seiner Berechtigung zur Stimmabgabe ausgeschlossen, wenn der Gesellschafterbeschluss der P-GmbH & Co. KG vom 24.3.2017 ein Rechtsgeschäft ihm gegenüber betrifft.

aa) Betreffen eines Rechtsgeschäfts

Der Beschluss der P-GmbH & Co. KG muss zunächst ein Rechtsgeschäft betreffen. Voraussetzung hierfür ist nicht, dass durch den Beschluss das Rechtsgeschäft selbst vorgenommen wird, denn der Beschluss selbst ist nicht das Rechtsgeschäft.[22] Ausreichend ist vielmehr, dass sich der Beschluss mit der Vornahme eines Rechtsgeschäftes befasst, was immer dann der Fall ist, wenn durch ihn die Geschäftsführung angewiesen wird, das entsprechende Rechtsgeschäft namens der Gesellschaft abzuschließen.[23]

Durch den Beschluss der P-GmbH & Co. KG wurde neben der Zustimmung zum Abschluss des Kooperationsvertrages zugleich auch die Anweisung an die P-GmbH erteilt, den Kooperationsvertrag durchzuführen, also für die P-GmbH & Co. KG mit der S-GmbH abzuschließen.[24] Folglich betrifft der Beschluss ein Rechtsgeschäft i. S. d. §§ 34, 1. Fall BGB, 47 Abs. 4 S. 2, 1. Fall GmbHG analog.

bb) Rechtsgeschäft gegenüber dem betreffenden Gesellschafter

Der Beschluss muss ein Rechtsgeschäft gegenüber einem Gesellschafter betreffen. Vertragspartner des Kooperationsvertrages wird nicht S selbst, sondern die S-GmbH. Das Rechtsgeschäft soll somit nicht einem Gesellschafter, sondern einem Dritten gegenüber vorgenommen werden. Die gesellschaftsrechtlichen Vorschriften über den Stimmrechtsausschluss sind jedoch nicht abschließend, sondern als Ausdruck eines allgemeinen Prinzips zu verstehen, so dass eine analoge Anwendung auf

---

[20] Vgl. dazu für das GmbH-Recht Baumbach/Hueck/*Zöllner/Noack*, § 47 Rn. 104; BeckOK GmbHG/*Schindler*, § 47 Rn. 150; Henssler/Strohn/*Hillmann*, § 47 GmbHG Rn. 82; Lutter/Hommelhoff/*Bayer*, § 47 Rn. 53; MHLS/*Römermann*, § 47 Rn. 308; MüKoGmbHG/*Drescher*, § 47 Rn. 215.

[21] RGZ 136, 236 (245); 162, 370 (372 f.); *BGH* NJW 1974, 1555; NZG 2012, 625 (626); Baumbach/Hopt/*Roth*, § 119 Rn. 8; BeckOK HGB/*Klimke*, § 119 Rn. 11 f.; EBJS/*Freitag*, § 119 Rn. 15; Heidel/Schall/*Psaroudakis*, § 119 Rn. 4; KKRM/*Kindler*, § 119 Rn. 3; Palandt/*Sprau*, Vor § 709 Rn. 15; Schlegelberger/*Martens*, § 119 Rn. 40; Staub/*Schäfer*, § 119 Rn. 64; vgl. auch MüKoBGB/*Arnold*, § 34 Rn. 4.

[22] *OLG Hamm* NZG 2003, 545 (546); Baumbach/Hueck/*Zöllner/Noack*, § 47 Rn. 91; BeckOK GmbHG/*Schindler*, § 47 Rn. 119; MHLS/*Römermann*, 47 Rn. 221; MüKoGmbHG/*Drescher*, § 47 Rn. 154; Scholz/*Schmidt K.*, § 47 Rn. 120.

[23] Baumbach/Hueck/*Zöllner/Noack*, § 47 Rn. 91; BeckOK GmbHG/*Schindler*, § 47 Rn. 119; Henssler/Strohn/*Hillmann*, § 47 GmbHG Rn. 64; Lutter/Hommelhoff/*Bayer*, § 47 Rn. 48; MHLS/*Römermann*, 47 Rn. 223; MüKoGmbHG/*Drescher*, § 47 Rn. 154; Rowedder/Schmidt-Leithoff/*Ganzer*, § 47 Rn. 88; Scholz/*Schmidt K.*, § 47 Rn. 120.

[24] Vgl. zur bindenden Wirkung des Gesellschafterbeschlusses für den geschäftsführungsbefugten Komplementär Baumbach/Hopt/*Roth*, § 116 Rn. 6; BeckOK HGB/*Klimke*, § 116 Rn. 13; EBJS/*Drescher*, § 116 Rn. 15; Henssler/Strohn/*Finckh*, § 116 HGB Rn. 25; KKRM/*Kindler*, § 114 Rn. 8; MüKoHGB/*Jickeli*, § 116 Rn. 43; Oetker/*Lieder*, § 116 Rn. 17; Staub/*Schäfer*, § 116 Rn. 18, 23.

Situationen, die den in den Vorschriften genannten Fällen ähnlich sind, gerechtfertigt sein kann.[25]

(1) Stimmrechtsausschluss wegen persönlicher Nähebeziehung

S kann wegen einer Interessenkollision von der Stimmabgabe ausgeschlossen gewesen sein, wenn er zu dem Vertragspartner des betroffenen Rechtsgeschäfts in einer persönlichen Nähebeziehung steht. Vertragspartner der P-GmbH & Co. KG soll die S-GmbH werden. Eine persönliche Nähebeziehung zwischen S und der S-GmbH ist bereits aus tatsächlichen Gründen nicht möglich. Jedoch ist eine persönliche Nähebeziehung zwischen S und seiner Ehefrau E gegeben, deren rechtliche Auswirkungen sich möglicherweise über die Beteiligungsverhältnisse an der S-GmbH auf das mit der S-GmbH geplante Rechtsgeschäft übertragen ließen. Alleingesellschafterin der S-GmbH ist die H-GmbH, deren Alleingesellschafterin wiederum E ist. Die Vorteile aus Rechtsgeschäften der S-GmbH kommen über die Ergebnisverwendung (vgl. § 29 GmbHG) mithin zunächst der H-GmbH und damit mittelbar E zu. Die persönliche Nähebeziehung zwischen S und E kann sich damit auf das Verhältnis von S zur S-GmbH übertragen lassen. Es besteht grundsätzlich die Möglichkeit, dass S bei der Beschlussfassung gerade wegen seiner besonderen Beziehung zu E die Verbandsinteressen der P-GmbH & Co. KG vernachlässigt und zumindest vorrangig zugunsten der Interessen der E abgestimmt hat. Bei S kann somit derselbe Konflikt zwischen Individualinteresse und Gesellschaftsinteresse gegeben sein, wie wenn er selbst Partner des Rechtsgeschäfts und damit unmittelbar mit seinem Stimmrecht ausgeschlossen wäre. Folglich kann er wegen einer Interessenkollision von der Stimmabgabe ausgeschlossen gewesen sein.[26]

Dagegen spricht indessen, dass § 34 BGB und § 47 Abs. 4 GmbHG das Stimmrecht unabhängig davon ausschließen, wie das Mitglied bzw. der Gesellschafter abzustimmen beabsichtigt und ob sich eine Interessenkollision im Einzelfall tatsächlich nachteilig auswirken würde.[27] Dieser weitgehende Eingriff in das mitgliedschaftliche Stimmrecht kann nur dann gerechtfertigt sein, wenn generell vom Eintritt einer materiellen Interessenkollision auszugehen ist. Allein das Bestehen persönlicher Nähebeziehungen lässt aber – nicht allein wegen der in diesem Bereich gegebenen Unwägbarkeiten – einen solchen sicheren Rückschluss auf eine Interessenkollision nicht zu. Zudem ist zu berücksichtigen, dass die Abgrenzung des so zu erfassenden Personenkreises zu erheblichen Rechtsunsicherheiten führen würde. Einen Stimmrechtsausschluss nur bei Ehegatten, diesen gleichgestellten Personen und bei nahen Verwandten, nicht aber bei sonstigen engen persönlichen Beziehungen anzunehmen, ist inkonsequent. Daher ist ein Stimmrechtsausschluss allein wegen des Bestehens persönlicher Nähebeziehungen zwischen dem betreffenden Gesellschafter und

---

[25] H. A., vgl. *BGH* NJW 1969, 841 (844); BGHZ 68, 107 (109); 97, 28 (33); Baumbach/Hueck/ Zöllner/*Noack*, § 47 Rn. 76; Henssler/Strohn/*Hillmann*, § 47 GmbHG Rn. 50; Lutter/ Hommelhoff/*Bayer*, § 47 Rn. 43; MüKoBGB/*Arnold*, § 34 Rn. 6; Soergel/*Hadding*, § 34 Rn. 2, 7; Staudinger/*Weick*, § 34 Rn. 4; *Schmidt K.*, GesR, § 21 II 2c (S. 611 f.).

[26] Vgl. zum GmbH-Recht Roth/Altmeppen/*Roth*, § 47 Rn. 79 ff., der den Kreis der sich persönlich nahestehenden Personen in Anlehnung an § 1795 Abs. 1 Nr. 1 BGB und § 15a Abs. 1 S. 2, Abs. 3 WpHG bestimmen will. In Betracht kommt auch ein Rückgriff auf § 138 Abs. 1 und 2 InsO sowie auf § 89 Abs. 2 und 3 AktG. In allen vorgenannten Vorschriften wird der Ehegatte jeweils als nahestehende Person erfasst.

[27] Vgl. zum GmbH-Recht *BGH* NZG 2009, 1267; 2012, 625 Rn. 16; Baumbach/Hueck/ Zöllner/*Noack*, § 47 Rn. 76; BeckOK GmbHG/*Schindler*, § 47 Rn. 104; Henssler/Strohn/ *Hillmann*, § 47 GmbHG Rn. 49; MHLS/*Römermann*, § 47 Rn. 73; MüKoGmbHG/*Drescher*, § 47 Rn. 128; Roth/Altmeppen/*Roth*, § 47 Rn. 55.

Fall 22. Der schweigsame Gesellschafter

dem Vertragspartner des Rechtsgeschäfts abzulehnen.[28] S war mithin nicht schon wegen seiner persönlichen Nähebeziehung zu E von einer Stimmabgabe ausgeschlossen.

(2) Stimmrechtsausschluss unter Umgehungsgesichtspunkten

Ein Stimmrechtsausschluss von S kann sich aber unter Umgehungsgesichtspunkten aus dem Umstand ergeben, dass E die Anteile der H-GmbH im Auftrag und für Rechnung von S gekauft hatte. E hält damit die Geschäftsanteile an der H-GmbH nur als fremdnützige Treuhänderin für S. Zwar ändert das Treuhandverhältnis nichts an der Tatsache, dass allein E Gesellschafterin der H-GmbH mit allen Rechten und Pflichten ist.[29] Gleichwohl ist sie bei der Geschäftsleitung der H-GmbH an die gem. § 665 S. 1 BGB möglichen Weisungen des Treugebers S gebunden. Daher richtet sich auch die gesamte Geschäftspolitik der H-GmbH tatsächlich an den Interessen von S aus. Die H-GmbH wiederum ist Alleingesellschafterin der S-GmbH und bestimmt durch Weisungen gem. § 37 Abs. 1 a. E. GmbHG an den Geschäftsführer L deren Geschäftspolitik. Demnach orientiert sich die Geschäftspolitik der S-GmbH allein an den Interessen von S. Darüber hinaus kann S die seinen Weisungen entsprechende Geschäftspolitik der H-GmbH bei der S-GmbH durchsetzen. Denn als Geschäftsführer der H-GmbH vertritt er diese in der Gesellschafterversammlung der S-GmbH. Folglich bestimmt allein S sowohl die Geschäfte der H-GmbH als auch die Geschäfte der S-GmbH. In Anbetracht der Tatsache, dass E die Anteile an der H-GmbH für Rechnung des S hält, ist S der „eigentliche" Geschäftsinhaber beider Gesellschaften. Daher betrifft der Beschluss über die Zustimmung und Anweisung zur Durchführung des Kooperationsvertrages mit der S-GmbH faktisch ein Rechtsgeschäft gegenüber S, so dass S unter Umgehungsgesichtspunkten[30] analog §§ 34, 1. Fall BGB, 47 Abs. 4 S. 2, 1. Fall GmbHG mit seinem Stimmrecht ausgeschlossen war.

b) Gegen die Treuepflicht verstoßender Stimmrechtsmissbrauch

Mit seiner Stimmabgabe kann S überdies gegen seine Treuepflicht verstoßen haben mit der Folge, dass sie nichtig ist.[31] Zur Treuepflicht eines Gesellschafters gehört es, bei der Verfolgung eigener Interessen auf die Belange der Gesellschaft und der Mitgesellschafter Rücksicht zu nehmen.[32] Treuwidrig ist es namentlich, ein Mitgliedschaftsrecht funktionswidrig und nur zu dem Zweck auszuüben, sich zum Nachteil der Gesellschaft einen Sondervorteil gegenüber den Gesellschaftern zu

---

[28] So auch die h. A., vgl. zum GmbH-Recht BGHZ 56, 47 (54); 80, 69 (71); 153, 285 (291); *BGH* NZG 2012, 625 Rn. 34; Baumbach/Hueck/*Zöllner/Noack*, § 47 Rn. 101; BeckOK GmbHG/*Schindler*, § 47 Rn. 131; MHLS/*Römermann*, § 47 Rn. 168.

[29] Vgl. zur Rechtsstellung des Treuhänders bei der fremdnützigen Treuhand Baumbach/Hueck/*Fastrich*, § 1 Rn. 42; Schmidt K., GesR, § 61 III 3a (S. 1829 f.); Zöllner, S. 285.

[30] Zur Anwendung von §§ 34 1. Fall BGB, 47 Abs. 4 GmbHG bei Treuhandverhältnissen vgl. RGZ 104, 128 ff.; BGHZ 56, 47 (53); Baumbach/Hueck/*Zöllner/Noack*, § 47 Rn. 95; Lutter/Hommelhoff/*Bayer*, § 47 Rn. 38; Scholz/*Schmidt K.*, § 47 Rn. 159 ff.; Staudinger/*Weick*, § 34 Rn. 9 f.

[31] Zur Rechtsfolge der treupflichtwidrigen Stimmabgabe vgl. BGHZ 102, 172 (178); *BGH* NJW 1991, 846; BeckOK BGB/*Schöne*, § 705 Rn. 54; EBJS/*Born*, § 109 Rn. 25; Heidel/Schall/*Psaroudakis*, § 119 Rn. 8; Oetker/*Lieder*, § 109 Rn. 27; Baumbach/Hueck/*Zöllner/Noack*, § 47 Rn. 108; Scholz/*Schmidt K.*, § 47 Rn. 32.

[32] BGHZ 132, 263 (273 f.); EBJS/*Born*, § 109 Rn. 20; MüKoHGB/*Schmidt K.*, § 105 Rn. 189; Oetker/*Lieder*, § 109 Rn. 26; Staub/*Schäfer*, § 105 Rn. 236; Staudinger/*Habermeier*, § 705 Rn. 51.

verschaffen.[33] Die Stimmabgabe von S ist daher nichtig, wenn er mit der Ausübung seines Stimmrechts für sich oder einen Dritten Sondervorteile zum Schaden der P-GmbH & Co. KG oder der Mitgesellschafter T und V zu erlangen suchte und der Beschluss zur Erreichung dieses Zweckes geeignet war.

aa) Sondervorteil für S oder einen Dritten zum Schaden der Gesellschaft

Ein Sondervorteil ist mit jeder sachwidrigen Bevorzugung des Gesellschafters oder eines Dritten gegeben.[34] Daher liegt ein Sondervorteil grundsätzlich mit jedem Vorteil vor, der nicht allen Gesellschaftern oder Dritten zufließt, die sich der Gesellschaft gegenüber in der gleichen Lage befinden.[35] Mit Abschluss des Kooperationsvertrages würde die P-GmbH & Co. KG ihren Forschungsvorsprung gegenüber der S-GmbH verlieren und längerfristig erhebliche Marktanteile an diese abgeben. Die Marktstellung der S-GmbH würde sich somit zu Lasten der P-GmbH & Co. KG erheblich verbessern. Unter Berücksichtigung des Umstandes, dass die Ehefrau von S (= E) ihre Geschäftsanteile an der H-GmbH für Rechnung von S hält, könnte S allein von dem Kooperationsvertrag profitieren: Über die Ergebnisverwendung bei der S-GmbH zugunsten der H-GmbH und ferner die Ergebnisverwendung bei der H-GmbH zugunsten des wirtschaftlich berechtigten S würde dem S die verbesserte Marktstellung der S-GmbH zugutekommen. Daher würde auch S selbst im Vergleich zu den übrigen Gesellschaftern der P-GmbH & Co. KG, die nicht auch von der Besserstellung der S-GmbH profitieren, einen Sondervorteil erlangen. Der Abschluss des Kooperationsvertrages würde somit zum Schaden der P-GmbH & Co. KG und ihrer Gesellschafter zu einem Sondervorteil für die S-GmbH wie auch für S führen.

bb) Eignung des Beschlusses

Durch den Beschluss erteilten die Gesellschafter ihre Zustimmung zum Vertragsabschluss und zugleich die Anweisung an W, den Vertrag abzuschließen. Der Beschluss schaffte so die Voraussetzungen für den anschließend durch W zu schließenden Vertrag und war daher auch geeignet, der Erlangung der Sondervorteile zu dienen.

cc) Sondervorteil als Zweck der Stimmabgabe

Zweck der Stimmabgabe von S war es, dass die P-GmbH & Co. KG ihren Forschungsvorsprung gegenüber der S-GmbH verliert und damit auch erhebliche Marktanteile an die S-GmbH abgibt.

dd) Keine Ausgleichsgewährung

Ein Treuepflichtverstoß ist ausgeschlossen, wenn der Beschluss den Gesellschaftern V und T einen Ausgleich für den Sondervorteil des S gewährt. Das ist allerdings nicht der Fall.

---

[33] *BGH* NJW 1959, 432; 1971, 802; 1980, 1628; BeckOK BGB/*Schöne*, § 705 Rn. 104; Henssler/Strohn/*Servatius,*§ 705 BGB Rn. 42b; HK-BGB/*Saenger,* § 705 Rn. 3; MüKoBGB/*Schäfer,* § 705 Rn. 230; Staub/*Schäfer,* § 105 Rn. 236.

[34] Zum gleichbedeutenden Begriff des Sondervorteils im Aktienrecht vgl. BGHZ 138, 71 (80 f.); *BGH* NJW 2009, 2458; *Hüffer/Koch,* § 243 Rn. 35; Schmidt K./Lutter/*Schwab,* § 243 Rn. 24; Spindler/Stilz/*Würthwein,* § 243 Rn. 197 ff.; MünchHdb.GesR IV/*Hoffmann-Becking,* § 41 Rn. 31.

[35] Vgl. hierzu für das Kapitalgesellschaftsrecht Baumbach/Hueck/*Zöllner/Noack,* Anh. § 47 Rn. 87; *Hüffer/Koch,* § 243 Rn. 35 f.; MHLS/*Römermann,* Anh. § 47 Rn. 312 ff.; Scholz/ *Schmidt K.,* § 45 Rn. 110.

Fall 22. Der schweigsame Gesellschafter

Die Stimmabgabe durch S ist daher auch wegen eines Verstoßes gegen die Treuepflicht nichtig.

c) Relevanz der nichtigen Stimmabgabe

Die wegen Verstoßes gegen das Stimmverbot analog §§ 34, 1. Fall BGB, 47 Abs. 4 S. 2, 1. Fall GmbHG sowie die Treuepflicht nichtige Stimmabgabe von S führt nur dann zur Nichtigkeit des Beschlusses, wenn sie für das Zustandekommen des Beschlusses kausal war.[36]

Bei einer Abstimmung allein mit den Stimmen von T und V wäre infolge ihrer jeweiligen konkreten Stimmabgaben ein zustimmender Gesellschafterbeschluss zum Kooperationsvertrag mit der S-GmbH nicht zustande gekommen. Die Stimmanteile von T und V sind gleich groß. Da T bei der Beschlussfassung mit „ja" und V mit „nein" abgestimmt haben, konnte folglich weder die einfache noch die nach § 4 Abs. 2 GV erforderliche Drei-Viertel-Mehrheit erreicht werden. Daher war die Berücksichtigung der nichtigen Stimmen von S ursächlich für das Zustandekommen des Beschlusses.

Der am 24.3.2017 gefasste Beschluss über den Abschluss des Kooperationsvertrags der P-GmbH & Co. KG mit der S-GmbH ist daher nichtig.

2. Nichtigkeit wegen Verletzung des außerordentlichen Auskunftsrechtes des Kommanditisten

Der Gesellschafterbeschluss vom 24.3.2017 kann weiterhin wegen Verletzung des dem Kommanditisten V zustehenden außerordentlichen Auskunftsrechtes durch W und S nichtig sein. Dann müssen V in der Gesellschafterversammlung am 24.3.2017 Informationen rechtswidrig vorenthalten worden sein, die er für die sachgerechte Ausübung seines Stimmrechts benötigt hätte.

Das Kontroll- und Informationsrecht des Kommanditisten ist in § 166 HGB geregelt. Nach dem Wortlaut des § 166 Abs. 3 HGB kann ein Kommanditist eine über § 166 Abs. 1 HGB hinausgehende Auskunft nur aus wichtigem Grund aufgrund eines Gerichtsbeschlusses erhalten. Dem liegt das ursprüngliche Verständnis der Rechtsstellung des Kommanditisten als bloßer Kapitalgeber zugrunde.[37] Der Kommanditist hat allerdings nicht nur die Stellung eines bloßen Kapitalgebers. Jedenfalls soweit es um die Entscheidung über außergewöhnliche Geschäfte geht, hat der Kommanditist gem. § 164 S. 1, letzter Halbs. HGB ein Widerspruchsrecht. Dieses Widerspruchsrecht ist zwar gem. § 4 Abs. 2 GV wegen § 163 HGB wirksam abbedungen und durch das Erfordernis der Beschlussfassung mit drei-viertel-Mehrheit ersetzt worden.[38] Das ändert aber nichts daran, dass V als Kommanditist Anspruch auf diejenigen Informationen hat, die zur sachgemäßen Ausübung seiner Rechte erforderlich sind.[39] V steht daher ein durch sein Informationsinteresse begrenztes

---

[36] Baumbach/Hopt/*Roth*, § 119 Rn. 31; EBJS/*Freitag*, § 119 Rn. 55; KKRM/*Kindler*, § 119 Rn. 14; Oetker/*Lieder*, § 119 Rn. 68; MünchHdb.GesR II/*Weipert*, § 14 Rn. 127 f.

[37] BeckOK HGB/*Häublein*, § 161 Rn. 3; Henssler/Strohn/*Gummert*, § 164 HGB Rn. 1, KKRM/*Kindler*, § 161 Rn. 1; Oetker/*Oetker*, § 161 Rn. 1; Eisenhardt/Wackerbarth, § 24 Rn. 492; *Koch*, § 20 Rn. 1; Weller/Prütting, § 12 Rn. 381; Windbichler, § 17 Rn. 1.

[38] Zur Abdingbarkeit des Widerspruchsrechts vgl. Baumbach/Hopt/*Roth*, § 164 Rn. 6; BeckOK HGB/*Häublein*, § 164 Rn. 43; EBJS/*Weipert*, § 164 Rn. 16; Henssler/Strohn/*Gummert*, § 164 HGB Rn. 14; KKRM/*Kindler*, § 164 Rn. 4; MüKoHGB/*Grunewald*, § 164 Rn. 29; Oetker/*Oetker*, § 164 Rn. 23; Staub/*Casper*, § 164 Rn. 27.

[39] Baumbach/Hopt/*Roth*, § 166 Rn. 18; BeckOK HGB/*Häublein*, § 166 Rn. 5; EBJS/*Weipert*, § 166 Rn. 17; Heidel/Schall/*Eberl*, § 166 Rn. 13; KKRM/*Kindler*, § 166 Rn. 7; Mü-

Auskunftsrecht über diejenigen Angelegenheiten der Gesellschaft zu, die für die sachgemäße Wahrnehmung seines Stimmrechts bei der Beschlussfassung über außergewöhnliche Geschäfte der P-GmbH & Co. KG wesentlich sind.[40]

a) Anspruchsgegner

Der Auskunftsanspruch von V richtet sich gegen die P-GmbH & Co. KG. Bei der Auskunftserteilung wird die P-GmbH & Co. KG gem. §§ 161 Abs. 2, 125 Abs. 1 HGB durch die P-GmbH als Komplementärin vertreten, die wiederum gem. § 35 Abs. 1 S. 1 GmbHG durch ihren Geschäftsführer W vertreten wird.[41] Daher scheidet insoweit eine Verletzung des Auskunftsrechtes durch die Auskunftsverweigerung von S aus. Möglich ist aber eine Verletzung des Auskunftsrechtes durch das Verhalten des Geschäftsführers W, der lediglich erklärte, ihm seien keine Beziehungen zwischen S und der S-GmbH bekannt.

b) Angelegenheiten der Gesellschaft

Das Verlangen des Gesellschafters muss sich auf eine Auskunft über Angelegenheiten der Gesellschaft richten. Zu den Angelegenheiten der Gesellschaft zählt grundsätzlich alles, was für den Gesellschafter – nicht nur im Hinblick auf sein Abstimmungsverhalten – von Bedeutung sein kann. Insbesondere werden alle die Unternehmensführung und Ergebnisermittlung bzw. -verwendung betreffenden Informationen sowie alle rechtlichen und wirtschaftlichen Verhältnisse innerhalb der Gesellschaft oder gegenüber Dritten erfasst.[42]

Die Frage von V nach etwaigen Beziehungen von S zur S-GmbH betrifft nicht unmittelbar die rechtlichen oder wirtschaftlichen Verhältnisse der P-GmbH & Co. KG zu einem Dritten, sondern vielmehr die Beziehungen zwischen einem Gesellschafter der P-GmbH & Co. KG und einem Dritten. Gleichwohl handelt es sich um eine Angelegenheit der Gesellschaft, wenn damit zugleich rechtliche Beziehungen innerhalb der Gesellschaft angesprochen sind.

Mit seinem Auskunftsverlangen wollte V herausfinden, ob S wegen möglicher Beziehungen zur S-GmbH bei Beschlüssen, die Rechtsgeschäfte mit der S-GmbH betreffen, mit seinem Stimmrecht analog §§ 34, 1. Fall BGB, 47 Abs. 4 S. 2, 1. Fall GmbHG ausgeschlossen ist. Hierbei handelt es sich somit um Angelegenheiten der P-GmbH & Co. KG.

KoHGB/*Grunewald*, § 166 Rn. 49; Oetker/*Oetker*, § 166 Rn. 16; RWH/*Haas/Mock*, § 166 Rn. 39; Staub/*Casper*, § 166 Rn. 21.

[40] H. L., vgl. nur Baumbach/Hopt/*Roth*, § 166 Rn. 11; BeckOK HGB/*Häublein*, § 166 Rn. 26; Heidel/Schall/*Eberl*, § 166 Rn. 13; Oetker/*Oetker*, § 166 Rn. 3; Schlegelberger/*Martens*, § 166 Rn. 18; Staub/*Casper*, § 166 Rn. 21; Schmidt K., GesR, § 53 III 3b (S. 1541 f.); *Wiedemann*, § 7 II 2 (S. 376); Schmidt K., Informationsrechte, S. 68 f.; *Budde*, FS Semler (1993), 789 (800 f.); *Goerdeler*, FS Kellermann (1991), 77 (80); *Grunewald*, ZGR 1989, 545 (551 ff.); *Hahn*, BB 1997, 741 (744 f.); a. A. Heymann/*Horn*, § 166 Rn. 18; EBJS/*Weipert*, § 166 Rn. 22 f.

[41] Träger der Auskunftspflicht ist allein die Gesellschaft, nicht auch ihr Geschäftsführer, vgl. BGHZ 25, 115 (118); *OLG Celle* BB 1983, 1450 (1451); *BayObLG* BB 1991, 1589 (1590); Baumbach/Hopt/*Roth*, § 166 Rn. 1; HK-HGB/*Stuhlfelner*, § 166 Rn. 1; Oetker/*Oetker*, § 166 Rn. 31; RWH/*Haas/Mock*, § 166 Rn. 23; Staub/*Casper*, § 166 Rn. 32.

[42] Baumbach/Hopt/*Roth*, § 118 Rn. 3; BeckOK HGB/*Klimke*, § 118 Rn. 6; EBJS/*Drescher*, § 118 Rn. 9; Oetker/*Lieder*, § 118 Rn. 9; Staub/*Schäfer*, § 118 Rn. 12.

Mit seinem Auskunftsverlangen wollte V ebenfalls in Erfahrung bringen, ob S als Kommanditist der P-GmbH & Co. KG dieser treupflichtwidrig Wettbewerb macht und der Abschluss der Kooperationsvereinbarung für diese Konkurrenztätigkeit nützlich wäre. S unterliegt als Kommanditist gem. § 165 HGB zwar grundsätzlich nicht dem Wettbewerbsverbot gem. § 112 Abs. 1 HGB. § 112 Abs. 1 HGB ist aber lediglich eine spezialgesetzliche Ausprägung der Treuepflicht.[43] In der personalistisch strukturierten P-GmbH & Co. KG treffen auch den Kommanditisten Treuepflichten.[44] Aufgrund der Treuepflicht gilt das Wettbewerbsverbot auch für solche Kommanditisten, deren Stellung mit der eines Komplementärs vergleichbar ist.[45] S ist nicht nur Kommanditist der P-GmbH & Co. KG, sondern auch Alleingesellschafter des einzigen Komplementärs der Gesellschaft, nämlich der P-GmbH. Er kann somit alleine Beschlüsse in der Gesellschafterversammlung der P-GmbH fassen und den Geschäftsführer W dadurch zu einem Verhalten anweisen (vgl. § 37 Abs. 1 a. E. GmbHG). Er kann daher jederzeit Einfluss auf die Geschäftsführung der P-GmbH für die P-GmbH & Co. KG ausüben. Ihm steht zudem das Auskunfts- und Einsichtsrecht des § 51a GmbHG zu, dessen Gegenstand die Angelegenheiten der Gesellschaft sind. Zu den Angelegenheiten einer Komplementär-GmbH gehören auch alle Angelegenheiten der GmbH & Co. KG,[46] so dass S sich jederzeit umfassende Informationen über die P-GmbH & Co. KG verschaffen kann. Diese weitreichenden Rechte machen die Stellung von S mit der eines Komplementärs vergleichbar. Danach kommt ein Wettbewerbsverbot von S analog § 112 Abs. 1 HGB in Betracht, so dass auch die Frage von V nach Beziehungen zwischen S und der S-GmbH die rechtlichen Verhältnisse innerhalb der GmbH & Co. KG betrifft.[47]

---

[43] BGHZ 89, 162 (165); *BGH* NJW 1998, 1225 (1226); Baumbach/Hopt/*Roth*, § 112 Rn. 1.
[44] MüKoHGB/*Grunewald*, § 161 Rn. 30; Oetker/*Oetker*, § 161 Rn. 114.
[45] BGHZ 89, 162 (166 f.); Baumbach/Hopt/*Roth*, § 165 Rn. 3; BeckOK HGB/*Häublein*, § 165 Rn. 9; EBJS/*Weipert*, § 165 Rn. 7; Heidel/Schall/*Eberl*, § 165 Rn. 5; Henssler/Strohn/*Gummert*, § 165 HGB Rn. 5; MüKoHGB/*Grunewald*, § 165 Rn. 5; Oetker/*Oetker*, § 165 Rn. 10; Staub/*Casper*, § 165 Rn. 6, 11 ff.; MünchHdb.GesR II/*Scheel*, § 7 Rn. 77; *Armbrüster*, ZIP 1997, 261 (270 f.).
[46] BGHZ 89, 162 (166); *BGH* NJW 1989, 225 (226); 2002, 1046 (1047); *OLG Hamburg* GmbHR 1985, 120; *OLG Hamm* GmbHR 1986, 384; *KG* GmbHR 1988, 221 (223); *OLG Düsseldorf* GmbHR 1991, 18; Baumbach/Hueck/*Zöllner/Noack*, § 51a Rn. 13; Lutter/Hommelhoff/*Bayer*, § 51a Rn. 17; Rowedder/Schmidt-Leithoff/*Ganzer*, § 51a Rn. 11; Scholz/*Schmidt K.*, § 51a Rn. 52 ff.
[47] Nicht erforderlich ist gutachterlich festzustellen, ob S auch tatsächlich eine unerlaubte Konkurrenztätigkeit gem. § 112 Abs. 1 HGB analog ausübt. Das ist für das Auskunftsverlangen unerheblich, denn mit der begehrten Auskunft sollen erst diejenigen Informationen beschafft werden, die für die Beantwortung der Frage nach einem Wettbewerbsverstoß von S erforderlich sind. S hat im Übrigen gegen das ihn treffende Wettbewerbsverbot verstoßen. Nach § 112 Abs. 1 HGB ist es einem OHG-Gesellschafter untersagt, sich ohne Einverständnis der übrigen Gesellschafter an einer anderen gleichartigen Handelsgesellschaft als persönlich haftender Gesellschafter zu beteiligen. Zwar wäre es S nach dem unmittelbaren Wortlaut von § 112 Abs. 1 HGB analog lediglich untersagt, sich an einer anderen GbR, OHG oder KG im sachlich und räumlich relevanten Markt als unbeschränkt persönlich haftender Gesellschafter zu beteiligen. Der Wortlaut von § 112 Abs. 1 HGB ist aber teleologisch extensiv auszulegen (EBJS/*Bergmann*, § 112 Rn. 14). Daher auch die Beteiligung an einer Konkurrenz-GmbH als Mehrheits- oder Alleingesellschafter vom Wettbewerbsverbot gem. § 112 Abs. 1 HGB erfasst (so im Ergebnis auch BGHZ 89, 162 (166); Baumbach/Hopt/*Roth*, § 112 Rn. 4; BeckOK HGB/*Klimke*, § 112 Rn. 14; EBJS/*Bergmann*, § 112 Rn. 14; MüKoHGB/*Langhein*, § 112 Rn. 17, 18; Oetker/*Lieder*, § 112 Rn. 7; Staub/*Schäfer*, § 112 Rn. 25). Aus den oben unter B. II. 1. a) bb) (2) aufgeführten Gründen ist ein Verstoß von S gegen das ihn als Kommanditist der P-GmbH & Co. KG aus der Treuepflicht abgeleitete Wettbewerbsverbot analog § 112 Abs. 1 HGB zu bejahen.

Das Verlangen von V auf Auskunftserteilung über etwaige Beziehungen von S zur S-GmbH betreffen somit Angelegenheiten der P-GmbH & Co. KG.

c) Informationsinteresse von V

Eine Begrenzung erfährt der allgemeine Auskunftsanspruch durch das Informationsinteresse von V. V begehrte die Auskunft im Hinblick auf die bevorstehende Beschlussfassung über den möglichen Vertragsabschluss mit der S-GmbH. Seine Frage nach etwaigen Beziehungen zwischen S und der S-GmbH war gerade für seine Stimmabgabe von Bedeutung, so dass er im Zeitpunkt seines Auskunftsverlangens ein berechtigtes Interesse an der verlangten Information hatte.

d) Rechtsfolge des Auskunftsanspruchs

V konnte somit vor der Beschlussfassung über den Kooperationsvertrag in der Gesellschafterversammlung am 24.3.2017 die von ihm begehrte Information durch W als mittelbarer Stellvertreter der P-GmbH & Co. KG verlangen.

Die begehrten Informationen hat V von W nicht erhalten. W hätte durch Einsicht in die Handelsregisterunterlagen der S-GmbH und deren Alleingesellschafterin (H-GmbH) erkennen können, dass S aufgrund seiner Stellung als Geschäftsführer der H-GmbH möglicherweise Einfluss auf die unternehmerischen Entscheidungen in der S-GmbH nehmen kann, so dass W in der Gesellschafterversammlung an sich mit einem Auskunftsverlangen zu dieser Frage rechnen musste. In diesen unterlassenen Informationsbemühungen von W über die „wahre" Identität des Kooperationspartners ist eine Verletzung seiner Sorgfaltspflichten als ordentlicher Geschäftsführer gem. § 43 Abs. 1 GmbHG zu sehen. Das steht aber der Erfüllung des Auskunftsanspruchs von V durch W nicht entgegen. W erklärte vielmehr wahrheitsgemäß, er habe keine Kenntnis über etwaige Beziehungen zwischen S und der S-GmbH. Damit hat er nicht nur eine wahre Auskunft erteilt, sondern auch seine Ungewissheit zu dem von V angesprochenen Bereich zum Ausdruck gebracht. Er hat alle ihm zur Verfügung stehenden Informationen an V weitergegeben und damit den Auskunftsanspruch von V erfüllt.

Das Auskunftsrecht von V wurde durch die Auskunft von W nicht verletzt, so dass insoweit ein Nichtigkeitsgrund nicht vorliegt.

3. Nichtigkeit wegen Verletzung der gesellschafterlichen Treuepflicht

Ein zur Nichtigkeit führender Beschlussmangel kann darin liegen, dass der Beschlussinhalt selbst gegen die Treuepflicht verstößt.[48] Gerade in den Fällen, in denen ein treuepflichtwidriger Stimmrechtsmissbrauch durch einen Gesellschafter vorliegt, schlägt die in der Stimmabgabe liegende Treuepflichtverletzung häufig auf den Beschlussinhalt durch.[49] Der Gesellschafterbeschluss sieht unter Berücksichtigung aller objektiven Kriterien die Gewährung eines Sondervorteils zugunsten von S und zum Schaden der P-GmbH & Co. KG sowie von T und V vor. Der darin liegende Treuepflichtverstoß hat die Nichtigkeit des Beschlusses zur Folge.

---

[48] MüKoBGB/*Schäfer*, § 709 Rn. 108; Oetker/*Lieder*, § 119 Rn. 70; Schlegelberger/*Martens*, § 119 Rn. 12; Staub/*Schäfer*, § 119 Rn. 86 f.
[49] MüKoBGB/*Schäfer*, § 709 Rn. 108; Staub/*Schäfer*, § 119 Rn. 73.

Fall 22. Der schweigsame Gesellschafter

C. Ergebnis

Eine von *V* demnächst gegen die P-GmbH & Co. KG erhobene Feststellungsklage gem. § 256 ZPO wäre somit begründet. Mit rechtskräftiger Nichtigerklärung des Beschlusses wäre dieser „aus der Welt geschafft". *R* wird *V* zur Erhebung einer Feststellungsklage nach § 256 ZPO gegen die P-GmbH & Co. KG raten.

Fall 23. Die „Zwei-Klassen-Gesellschaft"

Schwerpunkt im Personengesellschaftsrecht:
Ausschluss eines Gesellschafters – Hinauskündigungsklausel – Verhältnis Gesellschaftsrecht/Schenkungsrecht

Sachverhalt

Alfons Adler (A) ist seit 2006 Alleininhaber einer Lederwarengroßhandlung. Seine Verlobte, die Studentin der Betriebswirtschaftslehre *Konstanze Kuckuck (K)*, hilft ihm seit 2010 gelegentlich als Verkäuferin im Geschäft. A und K sind sich einig, dass K später ständig im Geschäft von A mitarbeiten soll. Nachdem K ihren Universitätsabschluss Anfang März 2011 erworben hat, einigen sich die Verlobten mit den finanzkräftigen Bekannten des *A, Eduard Elster (E), Gerold Geier (G)* und *Hubert Habicht (H)*, eine Gesellschaft zu gründen. Der Ende März 2011 vereinbarte Gesellschaftsvertrag (im Folgenden: GV) enthält u. a. folgende Regelungen:

§ 2 Gesellschafter, Geschäftsanteile

(1) Gesellschafter der A & Co. KG sind A, E, G, H und K.

(2) A ist persönlich haftender Gesellschafter. E, G, H und K sind Kommanditisten.

(3) A bringt seine Lederwarengroßhandlung mit allen Aktiva und Passiva in die Gesellschaft ein; sein Gesellschaftsanteil wird aufgrund der auf den 31.12.2010 erstellten Bilanz mit 750.000 EUR bewertet.

(4) Die Einlage der Kommanditisten E, G und H beträgt jeweils 200.000 EUR, die Einlage von K beträgt 50.000 EUR.

§ 7 Ausschließung, Abfindung

(1) Der persönlich haftende Gesellschafter hat bis zum Ablauf des 31.12.2020 das Recht, jederzeit das Ausscheiden der Kommanditisten zum Ablauf des jeweils laufenden Geschäftsjahres zu verlangen.

(2) Der Abfindungsanspruch des ausscheidenden Gesellschafters wird nach § 738 BGB berechnet.

Die A & Co. KG wird im Mai 2011 im Handelsregister eingetragen und bekannt gemacht. Im Gegensatz zu E, G und H kann K ihre Einlage aus eigenen Mitteln nicht erbringen. A schenkt ihr daraufhin 50.000 EUR und zahlt diesen Betrag mit ihrem Einverständnis an die KG.

Die Geschäfte entwickeln sich bald außerordentlich gut. Am 10.12.2017 erklärt A jedoch gegenüber E, H und K, er verlange gem. § 7 Abs. 1 GV ihr Ausscheiden aus der KG zum Jahresende 2017. Außerdem verlangt er von K die Rückzahlung der geschenkten

50.000 EUR. *E, H* und *K* sind empört und bitten um eine Erklärung von *A*. *A* verweist darauf, er könne nach dem Gesellschaftsvertrag das Ausscheiden der Kommanditisten ohne Angabe von Gründen verlangen.

Am 3.1.2018 ersuchen *E, H* und *K* Rechtsanwalt *Rudi Rabe (R)* um Auskunft, ob das Begehren von *A* rechtmäßig ist. Bei dem Beratungsgespräch erklärt *H*, er könne sich das Verhalten von *A* nur damit erklären, dass es im Oktober 2017 zwischen ihm und *A* eine Meinungsverschiedenheit über den Umfang des Einsichtsrechts der Kommanditisten gegeben hat. *K* teilt mit, sie befürchte, Anlass für ihren Ausschluss sei die im November 2017 durch *A* erklärte Auflösung des Verlöbnisses. *E* weiß überhaupt keine Erklärung. *R* vertritt die Auffassung, *E, H* und *K* seien nach wie vor Gesellschafter der KG, da § 7 Abs. 1 GV unwirksam sei. Das Zahlungsbegehren von *A* gegenüber *K* sei ebenfalls unbegründet.

Hat *R* Recht?

Lösung

Teil 1: Wirksamkeit der Ausschließung von E, H und K aus der KG zum Jahresende 2017

A. Ausschluss aufgrund vertraglicher Ausschließungsbestimmung

E, H und *K* sind gegen ihren Willen zum Jahresende 2017 aus der Gesellschaft ausgeschieden, wenn *A* sie unter Berufung auf eine entsprechende Vereinbarung im Gesellschaftsvertrag wirksam ausgeschlossen hat. Die Befugnis von *A* zur Ausschließung der Kommanditisten kann sich aus § 7 Abs. 1 GV ergeben.

I. § 7 Abs. 1 GV als Grundlage des Ausschließungsrechts von A

Nach § 7 Abs. 1 GV steht die Ausübung der Befugnis zur Ausschließung der Kommanditisten allein *A* zu. Eine Mitwirkung der übrigen Kommanditisten, die in der KG verbleiben sollen, also *G*, ist nicht erforderlich. Die Regelung hindert *A* auch nicht daran, mehrere Kommanditisten gleichzeitig auszuschließen. *A* hat des Weiteren die bis zum 31.12.2020 vorgesehene Befristung beachtet, als er gegenüber *E, H* und *K* am 10.12.2017 erklärte, er verlange ihr Ausscheiden aus der KG. Weitere Anforderungen werden gem. § 7 Abs. 1 GV an die Ausschließungsbefugnis von *A* nicht gestellt. Er muss seine Entscheidung insbesondere nicht durch Angabe von Gründen rechtfertigen. Die Ausschließungsbefugnis ist ihm bis zum Ablauf des 31.12.2020 „jederzeit" eingeräumt worden. Die Entscheidung über den Fortbestand der Mitgliedschaft der Kommanditisten in der KG ist somit bis zum Ablauf des 31.12.2020 in sein freies Belieben gestellt. Bei § 7 Abs. 1 GV handelt es sich folglich um eine so genannte Hinauskündigungsklausel.[1] Der berechtigte Gesellschafter soll nach der Intention dieser Klausel endgültig davon freigestellt sein, seine Ausschließungsentscheidung zu rechtfertigen, und zwar sowohl bei der Mitteilung des Beschlusses gegenüber dem betroffenen Gesellschafter als auch im Rechtsstreit zur Überprüfung der Ausschließungsberechtigung.[2]

---

[1] Für eine gesellschaftsvertragliche Vereinbarung, die die Befugnis zum Ausschließung in das freie Ermessen eines oder mehrerer Gesellschafter stellt, hat sich die Bezeichnung Hinauskündigungsklausel eingebürgert; vgl. hierzu nur BGHZ 81, 263 (265); 107, 351 (357); 112, 103 (107); 164, 107 (110); *BGH* NJW 1979, 104; NJW-RR 2007, 913 (914); 2007, 1256 (1258).

[2] Vgl. zur Auslegung der Hinauskündigungsklausel eingehend *Schöne*, S. 48 ff.

II. Wirksamkeit der Hinauskündigungsklausel

E, *H* und *K* sind aufgrund der Gestaltungserklärung von *A* mit Ablauf des Jahres 2017 aber nur dann aus der KG ausgeschieden, wenn die Hinauskündigungsklausel gem. § 7 GV rechtswirksam ist. Dagegen können Bedenken bestehen. Die Klausel gewährt *A* das Recht zur Ausschließung der Kommanditisten unter Voraussetzungen, die wesentlich geringer als die Anforderungen nach der gesetzlichen Regelung sind. Nach § 161 Abs. 2 i. V. m. §§ 140, 133 HGB bedarf die Ausschließung eines Kommanditisten eines wichtigen Grundes in der Person des betreffenden Gesellschafters, und die Ausschließung erfolgt durch Ausschließungsklage und Ausschließungsurteil.[3] § 7 Abs. 1 GV kann deshalb nur wirksam sein, wenn § 161 Abs. 2 i. V. m. §§ 140, 133 HGB dispositiv ist.

1. Abdingbarkeit der gesetzlichen Ausschließungsvorschriften

Der Wortlaut des gem. § 161 Abs. 2 HGB auch für die Ausschließung eines Kommanditisten anwendbaren § 140 HGB gibt keinen Hinweis darauf, ob diese Norm zwingend oder dispositiv ist. Die Dispositivität von § 140 HGB lässt sich auch nicht unmittelbar aus § 161 Abs. 2 i. V. m. § 109, 2. Halbs. HGB entnehmen. Dieser erklärt nur die die Binnenbeziehungen der Gesellschafter untereinander regelnden Vorschriften der §§ 110–122 HGB für abdingbar. Maßgeblich kann aber § 161 Abs. 2 i. V. m. § 109, 1. Halbs. HGB sein, wonach sich das Rechtsverhältnis der Gesellschafter untereinander zunächst nach dem Gesellschaftsvertrag richtet. § 140 HGB regelt, unter welchen Voraussetzungen einem Gesellschafter seine Gesellschafterstellung gegen seinen Willen entzogen werden kann. Das ist eine Frage des Innenverhältnisses der Gesellschafter untereinander. Aus zahlreichen, das Innenverhältnis der Gesellschafter betreffenden Vorschriften[4] lässt sich schlussfolgern, dass das gesamte Personengesellschaftsrecht geradezu leitmotivisch von dem Gedanken „in dubio pro libertate" beherrscht wird.[5] Der zwingende Charakter einer personengesellschaftsrechtlichen Norm muss sich daher zweifelsfrei durch Auslegung ermitteln lassen.[6]

§ 140 HGB bietet hierfür keine Anhaltspunkte. Im Gesellschaftsvertrag kann daher die Ausschließung eines Kommanditisten sowohl mit Blick auf die Ausschließungsgründe als auch das Ausschließungsverfahren abweichend von den gesetzlichen Bestimmungen geregelt werden.[7]

---

[3] Zu den gesetzlichen Ausschließungsvoraussetzungen nach § 140 HGB vgl. statt aller Baumbach/Hopt/*Roth*, § 140 Rn. 5 ff.; EBJS/*Lorz*, § 140 Rn. 5 ff.; MüKoHGB/*Schmidt K.*, § 140 Rn. 16 ff.; *Schmidt K.*, GesR, § 50 III 1 (S. 1461 ff.); zu den Ausschließungsvoraussetzungen bei der GbR vgl. statt aller BeckOK BGB/*Schöne*, § 737 Rn. 4 ff.; MüKoBGB/*Schäfer*, § 737 Rn. 7 ff.

[4] Vgl. §§ 709 Abs. 2, 710, 711, 713, 714, 715, 716 Abs. 2, 722 Abs. 1, 727 Abs. 1, 736 Abs. 1, 737 S. 1 BGB, §§ 110 bis 122 HGB, §§ 164 bis 169 HGB.

[5] *Behr*, ZGR 1985, 475 (488); *Flume*, NJW 1979, 902.

[6] Vgl. §§ 716 Abs. 2, 723 Abs. 3, 724 Abs. 1, 738 Abs. 1 S. 1 BGB, §§ 118 Abs. 2, 133 Abs. 3, 139 Abs. 5 S. 1 HGB. Ob § 707 BGB zwingendes oder dispositives Recht ist, ist streitig, vgl. BeckOK BGB/*Schöne*, § 707 Rn. 8; MüKoBGB/*Schäfer*, § 707 Rn. 2, jeweils m. w. N.

[7] Ganz h. M.; vgl. nur RG ZAkdR 1938, 818 mit zust. Anm. *Großmann-Doerth*; RG DR 1943, 809; BGHZ 31, 295 (298); *BGH* NJW 1957, 1837; Baumbach/Hopt/*Roth*, § 140 Rn. 28; EBJS/*Lorz*, § 140 Rn. 43; Heymann/*Emmerich*, § 140 Rn. 30; MüKoHGB/*Schmidt K.*, § 140 Rn. 88 ff.; Oetker/*Kamanabrou*, § 140 Rn. 40; RWH/*Haas*, § 140 Rn. 23; *Grunewald*, § 3 Rn. 60 i. V. m. § 2 Rn. 60 ff.; *Saenger*, Rn. 309, 314, 316; 369; *Wiedemann*, GesR II, § 5 I 3a) (S. 401 f.); *Windbichler*, § 15 Rn. 17. Differenzierend aber *Behr*, ZGR 1985, 475

2. Hinauskündigungsklausel: Vertragsfreiheit vs. Sittenwidrigkeit

Bedenken gegen die Wirksamkeit der in § 7 Abs. 1 GV vereinbarten Ausschlussklausel können sich aber daraus ergeben, dass sie die Ausschließungsbefugnis in das freie Ermessen des persönlich haftenden Gesellschafters stellt. Ob dies wirksam gesellschaftsvertraglich vereinbart werden kann, lässt sich unterschiedlich beurteilen.[8] Einerseits kann die Hinauskündigungsklausel als vom Grundsatz der Vertragsfreiheit gedeckt angesehen werden, während sie andererseits als Verstoß gegen § 138 Abs. 1 BGB gewertet werden kann.

a) Hinauskündigungsklausel als Ausdruck der Vertragsfreiheit

Die Vereinbarkeit der Hinauskündigungsklausel mit der Vertragsfreiheit kann auf den allgemein anerkannten Grundsatz gestützt werden, wonach in Personengesellschaften die Rechtsstellungen der einzelnen Gesellschafter durchaus unterschiedlich ausgestaltet werden können.[9]

aa) Theorie des „Gesellschafters minderen Rechts"

Dementsprechend könne der Gesellschaftsvertrag nicht nur gleichberechtigte, sondern auch mehr- und minderberechtigte Gesellschafterstellungen statuieren (Theorie des „Gesellschafters minderen Rechts").[10] Die grundlose Ausschließbarkeit eines Gesellschafters sei in diesem Fall Ausdruck seiner minderberechtigten Stellung. Zwar sei ein Ausschluss gleichberechtigter Gesellschafter ohne Angabe von Gründen wegen Verstoßes gegen den Gleichbehandlungsgrundsatz[11] nicht zulässig. Dies gelte aber nicht gegenüber minderberechtigten Gesellschaftern, die ihre Gesellschafterstellung aufgrund besonderer Umstände erworben hätten.[12] Solche besonderen Umstände seien beispielsweise der Erwerb der Kommanditistenstellung im Erbwege, die Aufnahme eines früheren leitenden Mitarbeiters als Geschäftsführer-Gesellschafter oder die Erlangung der Gesellschafterstellung durch Schenkung des hinauskündigungsberechtigten Gesellschafters.[13]

(501 ff.), der das in § 140 HGB normierte Erfordernis der Ausschlussklage für zwingendes Recht hält.

[8] Zum Streitstand vgl. Baumbach/Hopt/*Roth*, § 140 Rn. 30 ff.; EBJS/*Lorz*, § 140 Rn. 53 ff.; Heymann/*Emmerich*, § 140 Rn. 34 ff.; MüKoHGB/*Schmidt K.*, § 140 Rn. 98 ff.; Oetker/ *Kamanabrou*, § 140 Rn. 46 f.; RWH/*Haas*, § 140 Rn. 24 ff.; BeckOK BGB/*Schöne*, § 737 Rn. 24 ff.; MüKoBGB/*Schäfer*, § 737 Rn. 16 ff.; *Saenger*, Rn. 314, 369; *Schmidt K.*, GesR, § 50 III 3 (S. 1470 ff.); PersG-HdB/*Westermann H. P.*, Rz. I Rn. 1127 ff.; *Wiedemann*, GesR II, § 5 I 3c) aa) (S. 407 f.); *Windbichler*, § 15 Rn. 17.

[9] *Flume*, BGB AT I/1, § 10 III (S. 137 ff.); ders., NJW 1979, 902; ders., Anm. zu *BGH* JZ 1985, 1105; JZ 1985, 1106 ff.; ders., DB 1986, 629; *Eiselt*, FS v. Lübtow (1980), 643 ff.; *Esch*, NJW 1979, 1390; *Loritz*, JZ 1986, 1073 ff.; *Hirtz*, BB 1981, 761 ff.; *Huber U.*, ZGR 1980, 177 ff.; *Bunte*, ZIP 1983, 8 ff.; *Müller-Laube/Büsching*, JA 1989, 1 ff.; *Grunewald*, Ausschluss, S. 220 ff.; *Sigle*, FS Semler (1993), 767 ff.; *Weber/Hikel*, NJW 1986, 2752 (2753), insb. für den geschäftsführenden Gesellschafter ohne Kapitalanteil.

[10] *Flume*, BGB AT I/1, § 10 III (S. 137); ders., NJW 1979, 902 (903).

[11] So *Flume*, BGB AT I/1, § 10 III (S. 138 f.).

[12] *Flume*, BGB AT I/1, § 10 III (S. 139).

[13] *Flume*, NJW 1979, 902 (903 f.); *Eiselt*, FS v. Lübtow (1980), S. 643 (645). Die Hinauskündigung des minderberechtigten Gesellschafters soll in diesen Fällen auch gegen Abfindung nach Buchwerten, also ohne Berücksichtigung der stillen Reserven und des Firmenwertes der Gesellschaft erfolgen können. Diese Abfindungsbeschränkung bedeute keine unzumutbare Benachteiligung des minderberechtigten Gesellschafters; bei der unentgeltlich übertragenen Mitgliedschaft verbleibe ihm beispielsweise auch bei deren Verlust der Buch-

Ob die Theorie vom „Gesellschafter minderen Rechts" allgemein anzuerkennen ist, kann dahinstehen.[14] Jedenfalls vermag sie die Vereinbarung der Hinauskündigungsklausel gegenüber E, H und K nicht zu rechtfertigen. Allein aus der gesellschaftsvertraglich normierten „Hinauskündbarkeit" eines Gesellschafters auf dessen minderberechtigte Rechtsstellung zu schließen, würde einen gegen die Gesetze der Logik verstoßenden Zirkelschluss darstellen. Für die „Hinauskündbarkeit" von E und H ist nicht ersichtlich, dass der Erwerb ihrer jeweiligen Kommanditistenstellung auf besonders gelagerte Umstände zurückzuführen ist. Auch für die „Hinauskündbarkeit" von K kann sich keine andere Beurteilung ergeben. K hat ihren Kommanditanteil aufgrund des Gesellschaftsvertrages mit der Verpflichtung übernommen, ihre Einlage zu leisten. Gegenstand der Schenkung von A an K war somit nicht der Kommanditanteil,[15] sondern allein der Geldbetrag, den sie zur Erbringung ihrer Einlage benötigte.[16] Es ist nicht ersichtlich, dass zum Zeitpunkt der Gesellschaftsvertragsvereinbarung zwischen A und K das Einverständnis bestand, K solle ihren Anteil unentgeltlich von A erhalten. K hat ihren Kommanditanteil somit nicht unter Umständen erworben, die nach der Theorie vom „Gesellschafter minderen Rechts" ihre „Hinauskündbarkeit" rechtfertigen können. K ist demzufolge keine „minderberechtigte Gesellschafterin".

bb) Theorie von der „Richtigkeitsgewähr der Ausschließungsregelung"

Für die Vereinbarkeit der Hinauskündigungsklausel mit der Vertragsfreiheit kann aber angeführt werden, sie sei jedenfalls dann nicht zu beanstanden, wenn sie mit der Verpflichtung zur Zahlung einer vollwertigen Abfindung an die ausscheidenden Gesellschafter verbunden ist.[17] Ausschließungsgrund, Ausschließungsverfahren und Abfindung bildeten ein bewegliches Gefüge, d. h. ein Defizit in einem Bereich könne dadurch kompensiert werden, dass in einem anderen Bereich von der gesetzlichen Regelung nicht oder nur unerheblich abgewichen werde.[18] Nach dieser Theorie der „Richtigkeitsgewähr der Ausschließungsregelung" bestehe bei einer Kombination von Hinauskündigungsklausel und vollwertiger Abfindung im Prinzip kein Anreiz zum Missbrauch der Ausschließungsbefugnis. Der hinauskündigungsberechtigte Gesellschafter besitze nicht die Möglichkeit, sich zum Nachteil des ausscheidenden Gesellschafters zu bereichern.[19] Zum Schutze des betroffenen Gesellschafters reiche

---

wert der geschenkten Beteiligung, *Eiselt*, a. a. O., S. 643 (656 f.). Zur Problematik der Buchwertklausel vgl. den nachfolgenden Fall 24.
[14] Ablehnend die überwiegende Ansicht in der Literatur, vgl. *Schöne*, S. 67 ff.; *Behr*, ZGR 1985, 475 (492); *Bunte*, ZIP 1983, 8 (13 f.); *Fischer*, ZGR 1979, 251 (263); *Hennerkes/Binz*, NJW 1983, 73 (76); *Huber U.*, ZGR 1980, 177 (199); *Schilling*, ZGR 1979, 419 (423); *Ulmer*, NJW 1979, 81 (83). Kritisch auch *Schmidt K.*, GesR, § 50 III 3c (S. 1473).
[15] Zur Zulässigkeit der Schenkung eines Kommanditanteils vgl. BGHZ 112, 40 (44).
[16] Vgl. zur Unterscheidung zwischen dem Gesellschaftsanteil und den zu seinem Erwerb erforderlichen finanziellen Mitteln als dem Gegenstand der Schenkung sowie zum Verhältnis von Schenkungsrecht und Gesellschaftsrecht *Heinemann*, ZHR 155 (1991), 447 ff.; *Mayer*, ZGR 1995, 93 ff.; *Wiedemann/Heinemann*, DB 1990, 1649 ff.; *Schmidt K.*, BB 1990, 1992 ff.
[17] *Grunewald*, Ausschluss, S. 220 ff.; *Hirtz*, BB 1981, 761 ff.; *Huber U.*, ZGR 1980, 177 ff.; *Bunte*, ZIP 1983, 8 ff.; *Koller*, DB 1984, 545 f.; *Müller-Laube/Büsching*, JA 1989, 1 ff.; siehe auch *Weber/Hikel*, NJW 1986, 2752 f.
[18] *Grunewald*, Ausschluss, S. 12; *dies.*, GesR, 1 A Rn. 140.
[19] *Grunewald*, Ausschluss, S. 221; *U. Huber*, ZGR 1980, 177 (203 f.); *Bunte*, ZIP 1983, 8 (15); *Hirtz*, BB 1981, 761 (764); *Müller-Laube/Büsching*, JA 1989, 1 (9).

es aus zu überprüfen, ob der Hinauskündigungsberechtigte seine Befugnis im Einzelfall missbräuchlich ausgeübt habe.[20]

Danach wäre die gesellschaftsvertraglich vorgesehene Hinauskündigungsbefugnis von A gegenüber E, H und K vom Grundsatz der Vertragsfreiheit gedeckt und als wirksam anzusehen. Die Abfindungsvereinbarung in § 7 Abs. 2 GV soll für alle Fälle des Ausscheidens eines Gesellschafters, mithin auch für den „hinausgekündigten" Kommanditisten, gelten. Durch die Bezugnahme auf die gesetzliche Regelung haben die Gesellschafter vereinbart, dass auch der „hinausgekündigte" Kommanditist für den Verlust seiner Gesellschafterstellung einen Abfindungsanspruch als Surrogat erhalten soll, der dem wahren Wert seiner Beteiligung entspricht.[21] Aufgrund der Verpflichtung zur Zahlung einer vollwertigen Abfindung bestünden somit gegen die Hinauskündigungsklausel keine Bedenken mit der Folge, dass E, H und K aufgrund A's Erklärung vom 10.12.2017 zum Ablauf des Geschäftsjahres 2017 wirksam aus der KG ausgeschieden sind.

Gegen die Theorie von der „Richtigkeitsgewähr der Ausschlussregelung" ist aber einzuwenden, dass ihr methodischer Ansatz abzulehnen ist. Die Wirksamkeit einer Ausschließungsklausel beurteilt sich ausschließlich nach den Bestimmungen über den Ausschließungsgrund und das Ausschließungsverfahren. Diese stellen die Tatbestandsvoraussetzungen der Ausschließung dar, während die Abfindung eine der Rechtsfolgen des wirksamen Ausscheidens des Gesellschafters aus der Gesellschaft ist.[22] Der Abfindungsregelung kommt deshalb allgemein keine Bedeutung für die Frage der Wirksamkeit der Ausschließungsvoraussetzungen zu.[23] Es besteht kein Anlass, von diesem Grundsatz für die Fälle der „Hinauskündigung" Ausnahmen zu machen. Des Weiteren stellt die Verpflichtung zur vollwertigen Abfindung kein ausreichendes psychologisches Hemmnis für ein unsachliches, emotional bedingtes Hinausdrängen eines Mitgesellschafters dar.[24] Bei der Beurteilung der Rechtswirksamkeit einer gesellschaftsvertraglichen Ausschließungsregelung ist stattdessen allein auf die vereinbarten Ausschließungsvoraussetzungen, nämlich den Ausschließungsgrund und das Ausschließungsverfahren, abzustellen.[25]

---

[20] Vgl. *Grunewald,* Ausschluss, S. 222 und 248 ff.; *Bunte,* ZIP 1983, 8 (15 ff.); *Müller-Laube/Büsching,* JA 1989, 1 (5). Die Missbrauchskontrolle ist gegenüber der Hinauskündigungsentscheidung jedoch kein taugliches Kontrollinstrument, da sie das Benennen von Gründen voraussetzt. Davon ist der Hinauskündigungsberechtigte aber gerade freigestellt, vgl. *Schöne,* S. 54 f.

[21] Zur Abfindungsermittlung nach der gesetzlichen Regelung vgl. BeckOK BGB/*Schöne,* § 738 Rn. 13 ff.; PersG-HdB/*Westermann H. P.,* Rz. I Rn. 1139–1149; *Schmidt K.,* GesR, § 50 IV 1 (S. 1474 ff.); *Wiedemann,* GesR II, § 3 III 3e) (S. 239 ff.).

[22] Vgl. BeckOK HGB/*Lehmann-Richter,* § 140 Rn. 36; Baumbach/Hopt/*Roth,* § 131 Rn. 37, 48; EBJS/*Lorz,* § 131 Rn. 55; MüKoHGB/*Schmidt K.,* § 131 Rn. 102, 112; Oetker/*Kamanabrou,* § 131 Rn. 38, 52; RWH/*Haas,* § 131 Rn. 41; Henssler/Strohn/*Klöhn,* § 131 HGB Rn. 60; *Saenger,* Rn. 373.

[23] BGH NJW 1973, 1606 (1607); 1977, 2316 (2317); BGHZ 105, 213 (219 f.); 112, 103 (111); BGH NJW 1989, 2681; ebenso Baumbach/Hopt/*Roth,* § 140 Rn. 31; RWH/*Haas,* § 140 Rn. 24.

[24] BGH NJW 1981, 2565 (2566); *Wiedemann,* ZGR 1980, 147 (153); *Hennerkes/Binz,* NJW 1983, 73 (77).

[25] Sollte ein Bearbeiter der Theorie von der „Richtigkeitsgewähr der Ausschließungsklausel" folgen und die Hinauskündigungsklausel als rechtswirksam ansehen, müsste nun eine Überprüfung des Hinauskündigungsbeschlusses durch eine Missbrauchskontrolle gem. § 242 BGB erfolgen, vgl. hierzu oben Fn. 20. In diesem Fall kann eine Differenzierung angebracht sein. Für die Hinauskündigung von K und E sind gesellschaftsbezogene Gründe nicht ersichtlich, so dass sie rechtsmissbräuchlich wäre. Dagegen bestand der Anlass für die Hinauskündigung des H in Meinungsverschiedenheiten mit A über den Umfang von Ein-

b) Überprüfung am Maßstab der Sittenwidrigkeit

Die einem Gesellschafter durch die Hinauskündigungsklausel eingeräumte Ausschließungsbefugnis kann gegen § 138 Abs. 1 BGB verstoßen, also mit dem Anstandsgefühl aller billig und gerecht Denkenden unvereinbar sein.[26] Das ist der Fall, wenn die Hinauskündigungsklausel dem Berechtigten das Treffen von Willkürentscheidungen gestattet.

aa) Grundsätzlicher Verstoß gegen § 138 Abs. 1 BGB

Die Hinauskündigungsklausel verstößt demnach gegen § 138 Abs. 1 BGB, wenn sie aufgrund einer Gesamtwürdigung aller Umstände des Einzelfalls zum Zeitpunkt ihrer Vereinbarung zu einer nicht mehr hinnehmbaren Beschränkung der Handlungsfreiheit des von ihr betroffenen Gesellschafters führt.[27] Die Hinauskündigungsklausel begründet die Gefahr, dass die von ihr betroffenen Gesellschafter es nicht wagen können, von ihren Rechten Gebrauch zu machen und die ihnen obliegenden Pflichten ordnungsgemäß zu erfüllen, und sich stattdessen stets den Wünschen des hinauskündigungsberechtigten Gesellschafters beugen müssen.[28] Jedem Gesellschafter steht jedoch grundsätzlich das Recht zur Opposition zu, sofern er damit nicht die Belange der Gesellschaft schädigt. Der unter dem „Damokles-Schwert der Hinauskündigung"[29] stehende Gesellschafter ist letztlich der Willkür des hinauskündigungsberechtigten Gesellschafters ausgeliefert und deshalb in seiner Entscheidungsfreiheit außerordentlich stark beeinträchtigt. Schon bei geringstem Widerspruch muss er mit seiner Ausschließung rechnen. Demnach ist die Hinauskündigungsklausel grundsätzlich als sittenwidrig gem. § 138 Abs. 1 BGB zu werten, es sei denn, die Abrede ist ausnahmsweise durch außergewöhnliche Umstände des Einzelfalls sachlich gerechtfertigt.[30]

Die durch die Hinauskündigungsklausel hervorgerufene Gefahr von Willkürentscheidungen durch *A* wird deutlich im Fall von *H*, der mit *A* lediglich Meinungsverschiedenheiten über den Umfang seines Einsichtsrechts hatte. Die Hinauskündigungsentscheidung kann bei Wirksamkeit der Klausel auch gänzlich ohne gesellschaftlichen Bezug ausgesprochen werden, ohne dass eine rechtliche Überprüfung möglich wäre. So liegt für die Hinauskündigung von *K* die Wahrscheinlichkeit nahe, dass sie eine Folge der Auflösung ihres Verlöbnisses mit *A* ist. Für die Hinauskündigung des *E* schließlich lag weder ein für ihn erkennbarer gesellschaftsbezogener noch ein privater Anlass vor. Weil *A* seine Ausschließungsentscheidung nach dem Inhalt der Hinauskündigungsklausel weder gegenüber den Betroffenen noch

---

sichtsrechten. Es kann vertretbar sein, hier eine Hinauskündigungsbefugnis gegenüber dem „lästigen Gesellschafter" zu befürworten.

[26] RGZ 80, 219 (221); BGHZ 10, 228 (232); 69, 295 (297).
[27] MüKoBGB/*Armbrüster*, § 138 Rn. 80, 82.
[28] BGHZ 81, 263 (267); 105, 213 (217); *BGH* NJW 2013 (2014 f.); NZG 2005, 479 (480); BGHZ 164, 98 (101); 164, 107 (111).
[29] *Schilling*, ZGR 1979, 419 (426).
[30] BGHZ 68, 212 (215); 81, 263 (265 ff.); 104, 50 (57 ff.); *BGH* NJW 1985, 2421 ff.; BGHZ 105, 213 (217); 107, 351 (353); 112, 103 (107); *BGH* NJW 2004, 2013 (2014 f.); NZG 2005, 479 (480); BGHZ 164, 98 (102); 164, 107 (111); *BGH* NJW-RR 2007, 913 (914); 2007, 1256 (1258); *OLG Frankfurt* ZIP 2004, 1801 (1802); *OLG Düsseldorf* ZIP 2004, 1804 (1805); zustimmend Baumbach/Hopt/*Roth*, § 140 Rn. 31; EBJS/*Lorz*, § 140 Rn. 53 ff.; RWH/ *Haas*, § 140 Rn. 24; MüKoBGB/*Schäfer*, § 737 Rn. 19; NK-BGB/*Hanke*, § 737 Rn. 13; ohne eigene Stellungnahme Staudinger/*Habermeier*, § 737 Rn. 7.

vor Gericht rechtfertigen muss, eröffnet ihm diese Vertragsbestimmung somit die Möglichkeit zu grundlosen, mithin willkürlichen Entscheidungen.

Die Hinauskündigungsklausel in § 7 Abs. 1 GV ist danach grundsätzlich sittenwidrig.

bb) Ausnahmsweise sachliche Rechtfertigung der Hinauskündigungsklausel

Das Sittenwidrigkeitsverdikt über die Hinauskündigungsklausel kann gegenüber *E*, *H* und *K* aber ausnahmsweise unzutreffend sein, wenn ihre Vereinbarung durch außergewöhnliche Umstände gerechtfertigt ist.[31] Eine derartige sachliche Rechtfertigung der Hinauskündigungsklausel muss anhand der konkreten Umstände des Einzelfalls unter Abwägung der Interessen der betroffenen Gesellschafter festgestellt werden. Als sachlicher Rechtfertigungsgrund für die „Hinauskündbarkeit" eines Gesellschafters anerkannt ist die Erbenstellung eines Mitgesellschafters.[32] Gleiches gilt für die außergewöhnliche Konstellation, dass der Hinauskündigungsberechtigte zu seiner Mitgesellschafterin in engen persönlichen Beziehungen stand, aufgrund deren er die volle Finanzierung der Gesellschaft übernommen und ihr die Mehrheitsbeteiligung und Geschäftsführung eingeräumt hatte, und diese persönlichen Beziehungen beendet wurden.[33] Außerdem ist ein zeitlich begrenztes Hinauskündigungsrecht für eine Praxisgemeinschaft von Ärzten anerkannt, wenn es allein dazu dient, die Prüfung zu ermöglichen, ob zu dem neuen Partner das notwendige Vertrauen hergestellt werden kann, ob die Gesellschafter auf Dauer in der für die gemeinsame Berufsausübung erforderlichen Weise harmonieren können.[34] Ferner ist die Hinauskündigungsklausel nicht als sittenwidrig angesehen worden, wenn als Grund für die Ausschließung im GmbH-Gesellschaftsvertrag die ordentliche Beendigung eines Kooperationsvertrages bestimmt ist, dem gegenüber die gesellschaftsrechtliche Bindung von gänzlich untergeordneter Bedeutung ist, weil mit ihr keine Chancen verbunden sind, die nicht bereits aufgrund des Kooperationsvertrages bestehen.[35] Darüber hinaus kann die „Hinauskündbarkeit" des sog. Manager-Gesellschafters im Rahmen eines Geschäftsbeteiligungsmodells sachlich gerechtfertigt sein.[36]

---

[31] Vgl. die Nachweise in Fn. 23.
[32] BGHZ 105, 213 ff.
[33] BGHZ 112, 103 ff.
[34] *BGH* NJW 2004, 2013 ff.; zustimmend *Grunewald*, DStR 2004, 1750 ff.
[35] *BGH* NZG 2005, 479 ff. Ob diese „Kooperations-Entscheidung" des BGH allerdings rechtsdogmatisch zutreffend als Fall zur ausnahmsweise sachlichen Rechtfertigung der Hinauskündigungsklausel wegen Vorliegens besonders gelagerter Umstände einzuordnen ist, erscheint zweifelhaft. Vielmehr ist sie – stellt man allein auf die Ausschließungsklausel ab – als Beispiel für eine Ausschließung bei Vorliegen eines gesellschaftsvertraglich vereinbarten Grundes einzuordnen. Schon früher ist die Hinauskündigungsklausel in der Literatur für rechtlich unbedenklich gehalten worden, sofern sie gesellschaftsvertraglich auf bestimmte Tatbestände beschränkt ist, vgl. *Grunewald*, Ausschluss, S. 223; *Kreutz*, ZGR 1983, 109 (121 ff.); *Hennerkes/Binz*, NJW 1983, 73 (79 f.). Dies ist im Ergebnis richtig. Doch handelt es sich dabei nicht um eine Hinauskündigungsklausel in dem Sinne, dass sie *jederzeitige und voraussetzungslose* Kompetenz zur Ausschließung gewährt. Vielmehr handelt es sich bei einer solchen Ausschließungsklausel um eine Ausschließung bei tatbestandlich vorgegebenen Gründen; vgl. hierzu eingehend *Schöne*, S. 74 ff. Mit der Privatautonomie ist es aber vereinbar, dass im Gesellschaftsvertrag bestimmte Gründe für die Ausschließung festgelegt werden können, vgl. statt aller MüKoHGB/*Schmidt K.*, § 140 Rn. 94.
[36] Vgl. hierzu BGHZ 164, 98 ff. und 164, 107 ff. sowie die einander widersprechenden Entscheidungen der Vorinstanzen OLG Düsseldorf ZIP 2004, 1804 ff. (befürwortend) und *OLG Frankfurt* ZIP 2004, 1801 ff. (ablehnend). In der Literatur wird die einen Geschäfts-

Von den bislang die Hinauskündigungsklausel anerkanntermaßen ausnahmsweise sachlich rechtfertigenden Umstände kommen einerseits die Befristung der Kündigungsklausel gegenüber allen Kommanditisten in Betracht sowie andererseits die Tatsache, dass *K* die finanziellen Mittel zur Leistung auf ihre Einlageverbindlichkeit von *A* unentgeltlich erhalten hat, der Erwerb ihrer Gesellschafterposition mithin im Zusammenhang mit einer Schenkung oder dem Verlöbnis steht.

(1) Befristung

Die Befristung der Hinauskündigungsbefugnis von *A* gegenüber allen Kommanditisten gem. § 7 Abs. 1 GV für die Zeit bis zum 31.12.2020 kann durch den Zweck, eine Erprobungsphase für die Zusammenarbeit zwischen den Gesellschaftern zu schaffen, gerechtfertigt sein.

Allerdings kann schon zweifelhaft sein, ob ein „Erprobungszweck" für von der Geschäftsführung nach § 164 S. 1, 1. Halbs. HGB ausgeschlossene Kommanditisten anerkannt werden kann. Eine Frist für die Erprobung eines Gesellschafters macht nur Sinn, wenn der betreffende Gesellschafter mit seiner Geschäftsführung für die Gesellschaft auch einen unternehmerischen oder freiberuflichen Beitrag zur Zweckförderung erbringen soll. Mit dem „Erprobungszweck" schwerlich vereinbar ist es herauszufinden, ob und wie ein Kommanditist z. B. von seinem Kontrollrecht gem. § 166 Abs. 1 bzw. Abs. 3 HGB oder von seinem Widerspruchsrecht gem. § 164 S. 1, 2. Halbs. HGB Gebrauch macht. Bei dem Kontrollrecht nach § 166 HGB handelt es sich um ein eigennütziges Mitgliedschaftsrecht[37], welches der Kommanditist in den Schranken der ihm gegenüber der KG obliegenden Treuepflicht ausüben kann.[38] Bei dem Widerspruchsrecht gem. § 164 S. 1, 2. Halbs. HGB handelt es sich um ein uneigennütziges Mitgliedschaftsrecht, bei dem der Kommanditist aus der ihn treffenden Treuepflicht gehalten ist, im Falle einer Interessenkollision seine eigenen Interessen hinter diejenigen der Gesellschaft zurückzustellen.[39] Sollte der Kommanditist seine Rechte pflichtwidrig ausüben, bietet das Gesellschaftsrecht ausreichende und einfache Reaktionsmöglichkeiten.[40] Aus § 708 BGB, der über § 161 Abs. 2 i. V. m. § 105 Abs. 3 HGB auch für Kommanditisten gilt, ist die Grundwertung zu

---

führer treffende Hinauskündigungsklausel im Rahmen eines Manager-Beteiligungsmodells nahezu einhellig für sachlich gerechtfertigt gehalten; vgl. *Binz/Sorg*, GmbHR 2005, 893 ff.; *Bütter/Tonner*, BB 2005, 283 ff.; *Habersack/Verse*, ZGR 2005, 451 ff.; *Kästle/Heuterkes*, NZG 2005, 289 ff.; *Kowalski/Bormann*, GmbHR 2004, 1438 ff.; *Sosnitza*, DStR 2005, 72 ff.; *Schäfer/Hillesheim*, DStR 2003, 2122 ff.; *Schockenhoff*, ZIP 2005, 1009 ff.

[37] Vgl. Baumbach/Hopt/*Roth*, § 166 Rn. 1; BeckOK HGB/*Häublein*, § 166 Rn. 1; EBJS/*Weipert*, § 166 Rn. 22; Henssler/Strohn/*Gummert*, § 166 HGB Rn. 8; MüKoHGB/*Grunewald*, § 166 Rn. 18; Oetker/*Oetker*, § 166 Rn. 29; Staub/*Casper*, § 166 Rn. 33.

[38] Vgl. BeckOK HGB/*Häublein*, § 166 Rn. 19; Henssler/Strohn/*Gummert*, § 166 HGB Rn. 14; Oetker/*Oetker*, § 166 Rn. 33; *Casper/Selbach*, NZG 2016, 1324 (1329); *Rosner*, GWR 2015, 272 (275).

[39] Vgl. Baumbach/Hopt/*Roth*, § 164 Rn. 2; BeckOK HGB/*Häublein*, § 164 Rn. 52 ff.; Henssler/Strohn/*Gummert*, § 164 HGB Rn. 5; MüKoHGB/*Grunewald*, § 164 Rn. 11; Oetker/*Oetker*, § 164 Rn. 13.

[40] Bei treupflichtwidriger Ausübung des Kontrollrechts gem. § 166 HGB steht der KG ein Informationsverweigerungsrecht zu (vgl. EBJS/*Weipert*, § 166 Rn. 34). Die treupflichtwidrige Ausübung des Widerspruchsrechts zu einem außergewöhnlichen Geschäft gem. § 164 S. 1, 2. Halbs. HGB durch den Kommanditisten ist unbeachtlich und steht der Durchführung des Geschäfts nicht entgegen (vgl. BeckOK HGB/*Häublein*, § 164 Rn. 30; EBJS/*Weipert*, § 164 Rn. 25; Henssler/Strohn/*Klimke*, § 164 HGB Rn. 12; Oetker/*Oetker*, § 164 Rn. 13).

entnehmen, dass die Gesellschafter einander so nehmen müssen, wie sie sind.[41] Diese Grundentscheidung würde ins Gegenteil verkehrt, wenn der von der Geschäftsführung ausgeschlossene Kommanditist der Erprobung bei der Ausübung seiner Rechte ausgesetzt würde.

Selbst wenn ein solcher „Erprobungszweck" als Rechtfertigung für die Vereinbarung der Hinauskündigungsklausel gegenüber Kommanditisten anzuerkennen wäre, hätte dieser Zweck aber im Gesellschaftsvertrag als Rechtfertigung für die Hinauskündigungsklausel aufgeführt sein müssen. Die sachliche Rechtfertigung der Hinauskündigungsklausel durch außergewöhnliche Umstände muss sich im Zeitpunkt ihrer Vereinbarung für den von ihr betroffenen Gesellschafter erkennen lassen und kann nicht später bei oder nach der Ausübung der Hinauskündigungsbefugnis nachgeschoben werden. § 7 Abs. 1 GV enthält jedoch keinen Hinweis auf den „Erprobungszweck".

Es kann dahinstehen, ob eine Hinauskündigungsklausel dann nicht zu einer erheblichen Störung des gedeihlichen Zusammenwirkens der Gesellschafter zur Erreichung des gemeinsamen Zwecks führt, wenn dem Hinauskündigungsberechtigten diese Befugnis nur innerhalb einer sehr kurz bemessenen Zeitspanne zusteht.[42] Durchgreifende Bedenken bestehen aber jedenfalls dagegen, die „Probezeit" durch eine Befristung der Hinauskündigungsbefugnis auf einen Zeitraum von fast zehn Jahren festzulegen.[43] Durch die dem A für fast zehn Jahre eingeräumte Hinauskündigungsbefugnis werden die Kommanditisten über einen mehrjährigen Zeitraum in der Ausübung ihrer Rechte erheblich beeinträchtigt. Dies widerspricht auch dem – unterstellten – Zweck einer „Probezeit" zur Feststellung eines „gedeihlichen Zusammenwirkens". Sie macht nur Sinn, wenn die Kommanditisten ihre Rechte und Pflichten eigenverantwortlich ausüben können, ohne jederzeit ihre Zwangsentfernung aus der Gesellschaft befürchten zu müssen. Die Befristung der dem A eingeräumten Hinauskündigungsbefugnis bis zum 31.12.2020 bewirkt somit keine Verringerung der beeinträchtigenden Wirkung der Hinauskündigungsklausel. Es ist nicht hinnehmbar, dass die Kommanditisten es für einen Zeitraum von fast zehn Jahren nicht wagen können, von ihren Rechten Gebrauch zu machen, zumal A nicht gehindert ist, seine Hinauskündigungsbefugnis auch aus einem nicht gesellschaftsbezogenen Anlass auszuüben.[44] Der Hinauskündigungsberechtigte muss seine jeder-

---

[41] Vgl. BeckOK BGB/*Schöne*, § 708 Rn. 2; Erman/*Westermann H.P.*, § 708 Rn. 1; MüKoBGB/*Schäfer*, § 708 Rn. 1; NK-BGB/*Heidel*, § 708 Rn. 2; *Fleischer/Danninger*, NZG 2016, 481 (489); *Müller-Graff*, AcP 191 (1991), 475 (481).

[42] Vgl. hierzu BGHZ 105, 213 ff. (zwei Monate); *Grunewald*, Ausschluss, S. 212 ff. und 223 (ein Jahr); *Schöne*, S. 77 (drei Monate analog § 139 Abs. 3 HGB).

[43] Der *BGH* hat im Arztpraxis-Fall (NJW 2004, 2013 [2014 f.]; NJW-RR 2007, 1256 [1258]) entschieden, dass eine angemessene Prüfungszeit den Zeitraum von zehn Jahren bei weitem nicht erreichen darf.

[44] *Grunewald* (DStR 2004, 1750 [1751 f.]) folgert aus der Arztpraxis-Entscheidung des BGH (vgl. Fn. 29), es könne auf gesellschaftsrechtlicher Basis davon ausgegangen werden, dass für alle Formen der freiberuflichen und mitunternehmerischen Zusammenarbeit eine Probezeit von zwei bis drei Jahren von der Rechtsprechung akzeptiert werde, zumal, wenn sie mit einer vollwertigen Abfindung verbunden sei. Ob dem in dieser Allgemeinheit zuzustimmen ist, kann hier dahingestellt bleiben (vgl. kritisch BeckOK BGB/*Schöne*, § 9 PartGG Rn. 4; MWHLW/*Hoffmann*, § 9 Rn. 16; Henssler/Strohn/*Hirtz*, § 9 PartGG Rn. 16). Die Arztpraxis-Entscheidung des BGH lässt sich jedenfalls nicht zwanglos auf Kommanditisten übertragen. Im Übrigen bestehen Bedenken dagegen, eine zeitlich befristete Hinauskündigungsklausel im nach hinein – nämlich im Hinauskündigungsfall – damit zu rechtfertigen, sie diene der Verwirklichung einer „Probezeit". Im Interesse der von der Ausschließung betroffenen Gesellschafter ist vielmehr zu fordern, dass die Ausschließungsbefugnis des berechtigten Gesellschafters binnen einer konkret bestimmten Zeitspanne bereits im Gesell-

zeit mögliche Entscheidung nicht durch Angabe von Gründen rechtfertigen. Die Berechtigung der erklärten Ausschließung bleibt somit gänzlich unüberprüfbar. Die Hinauskündigungsklausel stellt mithin ein Instrument zur Ausübung unumschränkter Herrschaft innerhalb der Gesellschaft dar. § 7 Abs. 1 GV ist deshalb wegen Verstoßes gegen die guten Sitten nach § 138 BGB nichtig.

Die Hinauskündigungsklausel in § 7 Abs. 1 GV ist somit gegenüber E, H und K nicht wegen Vereinbarung einer „Probezeit" von fast zehn Jahren ausnahmsweise sachlich gerechtfertigt.

(2) Schenkung

Der Umstand, dass K die finanziellen Mittel zur Leistung auf ihre Einlageverbindlichkeit von A unentgeltlich erhalten hat, kann eine sachliche Rechtfertigung der Hinauskündigungsklausel ihr gegenüber darstellen. Dem ist jedoch entgegenzuhalten, dass die schenkungsrechtlichen Widerrufs- und Rückforderungsrechte unabhängig von der gesellschaftsrechtlich gewährten Ausschließungsbefugnis bestehen.[45] Zwischen den Rechtsbeziehungen aus dem Schenkungsvertrag und dem Rechtsverhältnis der Gesellschafter untereinander ist deutlich zu unterscheiden.[46]

Die Hinauskündigungsklausel regelt die gesellschaftsrechtlichen Belange der Gesellschafter untereinander. Sie betrifft als Bestandteil des Gesellschaftsvertrages auch die nicht dem Zuwendungsverhältnis zuzurechnenden Gesellschafter E und H. Trotz der grundsätzlichen Trennung zwischen Schenkungs- und Gesellschaftsrecht kann sie aber für das Zuwendungsverhältnis zwischen A und K als Vereinbarung eines dem Zuwendenden zustehenden jederzeitigen Rechts zum Widerruf der Schenkung auszulegen sein.[47] Ein unbefristetes und nicht an das Vorliegen von Gründen gebundenes Recht zum Widerruf der Schenkung kann aufgrund der Privatautonomie zwischen den Parteien des Zuwendungsverhältnisses vereinbart werden.[48] Gleichwohl kann mit dem Widerrufsrecht nur die Herausgabe des zugewendeten Schenkungsgegenstandes verlangt werden. Gegenstand der Schenkung war aber nicht der Kommanditanteil, sondern der Geldbetrag zur vollständigen Erfüllung der Einlageverbindlichkeit.[49] Die Hinauskündigungsklausel kann daher im Verhältnis zwischen A und K nicht als vertragliches jederzeitiges Schenkungswiderrufsrecht ausgelegt werden.

(3) Zwischenergebnis

Die in § 7 Abs. 1 GV vereinbarte Hinauskündigungsbefugnis von A ist weder gegenüber E und H noch gegenüber K durch außergewöhnliche Umstände sachlich gerechtfertigt; es bleibt somit bei ihrer grundsätzlichen Nichtigkeit.[50]

---

schaftsvertrag mit der „Probezeit" gerechtfertigt wird. Dann aber würde es sich bei der Ausschließungsklausel um eine solche aus einem gesellschaftsvertraglich bestimmten sachlichen Grund handeln (vgl. dazu Fn. 35).
[45] BGHZ 112, 40 (44).
[46] BGHZ 112, 40 (44); *Hueck A.*, DB 1966, 1043 (1047); ebenso *Schmidt K.*, BB 1990, 1992 (1995).
[47] Zur Zulässigkeit der Vereinbarung eines uneingeschränkten Widerrufsvorbehalts vgl. statt aller MüKoBGB/*Koch J.*, § 516 Rn. 13.
[48] H. L.; vgl. MüKoBGB/*Koch J.*, § 516 Rn. 13; *Friedhofen*, DB 1972, 458 ff.; *Westhoff*, DB 1972, 809 ff.; *Schmidt K.*, BB 1990, 1992 (1996); a. A. *Knobbe-Keuk*, FS Flume II (1978), 149 (161).
[49] Siehe oben A. I. 2. a), aa).
[50] Im Grundsatz zust. *Röttger*, S. 177 ff.; *Fastrich*, ZGR 1991, 306 ff.; *Hennerkes/Binz*, NJW 1981, 73 ff.; *Kreutz*, ZGR 1983, 109 ff.; *Wiedemann*, ZGR 1980, 147 ff.

III. Ergebnis zu A.

Die in § 7 Abs. 1 GV enthaltene Hinauskündigungsklausel ist wegen Verstoßes gegen. § 138 Abs. 1 BGB nichtig und kann daher keine Rechtsgrundlage für den Ausschluss von E, H und K darstellen.

B. Ausschließung aufgrund der gesetzlichen Vorschriften

Die Ausschließung von E, H und K durch A kann gem. § 161 Abs. 2 i. V. m. §§ 140, 133 HGB begründet sein. Dann muss jeweils in der Person von E, H und K ein wichtiger Grund vorliegen, der das Verbleiben dieser Gesellschafter in der Gesellschaft unzumutbar macht. Das ist bei keinem der Kommanditisten der Fall. Das Ausschließungsrecht aus wichtigem Grund soll den vertragstreuen Gesellschaftern die Möglichkeit geben, sich von den Gesellschaftern trennen zu können, die die gemeinsame Zweckverfolgung stören.[51] Dabei stellt die Ausschließung keine Sanktion für vergangenes Fehlverhalten dar, sondern es muss die begründete Erwartung bestehen, die Störung werde auch in Zukunft anhalten.[52] Weder die Meinungsverschiedenheit über den Umfang des Einsichtsrechts noch die Auflösung des Verlöbnisses stellen eine nachhaltige Gefährdung des Gesellschaftszwecks dar.

C. Ergebnis zu Teil 1

Die Ausschließung von E, H und K kann weder auf die nichtige Hinauskündigungsklausel in § 7 Abs. 1 GV noch auf die gesetzlichen Vorschriften gem. § 161 Abs. 2 i. V. m. §§ 140, 133 HGB gestützt werden. R hat insoweit Recht.

Teil 2: Anspruch von A gegen K auf Rückzahlung von 50.000 EUR

A. Rückforderung aufgrund der Hinauskündigungsklausel

A kann gegen K einen vertraglichen Rückzahlungsanspruch besitzen, wenn die § 7 Abs. 1 GV in Verbindung mit der unentgeltlichen Zuwendung des Geldbetrages ihr gegenüber als jederzeitiges und unbefristetes Recht zum Widerruf des Schenkungsgegenstandes auszulegen ist. Die Vereinbarung eines solchen Widerrufsrechts ist mit der Privatautonomie vereinbar.[53]

A hat K als Schenkungsgegenstand den Geldbetrag i. H. v. 50.000 EUR zugewendet.[54] Allerdings war § 7 Abs. 1 GV bereits vor dem Zuwendungsvorgang Bestandteil des Gesellschaftsvertrages. Das Schenkungswiderrufsrecht muss jedoch, soll es Bestandteil des Schenkungsvertrages werden, in zeitlichem und sachlichem Zusammenhang mit dem Zuwendungsvorgang vereinbart werden.[55] Der Zuwendungsemp-

---

[51] Vgl. grundlegend *Grunewald*, Ausschluss, S. 19 ff. Nach Abwägung aller Umstände des Einzelfalls können als wichtige Ausschlussgründe in Betracht kommen: Erreichen einer bestimmten Altersgrenze, Krankheit von längerer Dauer, Verstoß gegen ein Wettbewerbsverbot, Unfähigkeit zur Geschäftsführung (Staub/*Schäfer*, § 140 Rn. 55 f.; RGRK-HGB/*Weipert*, § 140 Anm. 30; PersG-HdB/*Westermann H. P.*, Rz. I Rn. 1095 ff.), Entmündigung (RGZ 24, 137); vgl. auch die Unterteilung in verhaltensbezogene und nicht verhaltensbezogene Ausschlussgründe bei MüKoHGB/*Schmidt K.*, § 140 Rn. 22 ff. und BeckOK BGB/*Schöne*, § 737 Rn. 14.

[52] Vgl. BeckOK HGB/*Lehmann-Richter*, § 133 Rn. 15; EBJS/*Lorz*, § 133 Rn. 6; Henssler/Strohn/*Klöhn*, § 133 HGB Rn. 8, 20; MüKoHGB/*Schmidt K.*, § 133 Rn. 12 und § 140 Rn. 18; Oetker/*Kamanabrou*, § 133 Rn. 5 f.

[53] Vgl. die in Fn. 48 genannten Nachweise.

[54] Siehe oben Teil 1 unter A. II. 2a), aa).

[55] Vgl. Palandt/*Weidenkaff*, § 530 Rn. 4; Staudinger/*Chiusi*, § 530 Rn. 55.

fänger muss zweifelsfrei feststellen können, unter welchen Voraussetzungen er zur Rückgabe des Schenkungsgegenstandes verpflichtet sein soll. Es ist nicht ersichtlich, dass sich A und K darauf geeinigt haben, die Hinauskündigungsklausel in § 7 Abs. 1 GV solle den Rechtsgrund für die Rückforderung des zugewendeten Geldbetrages bilden.

A kann die Rückforderung des Geldbetrages von 50.000 EUR von K folglich nicht auf § 7 Abs. 1 GV stützen.

B. Rückforderung gem. § 1298 Abs. 1 BGB

Der Rückzahlungsanspruch von A kann aufgrund des Rücktritts vom Verlöbnis gem. § 1298 BGB begründet sein. Das setzt voraus, dass der in Anspruch genommene Verlobte das Verlöbnis aufgelöst hat. A hat jedoch selbst das Verlöbnis gelöst. Ein Rückforderungsanspruch von A gem. § 1298 BGB ist damit nicht gegeben.

C. Herausgabeanspruch gem. § 1301 BGB

A kann aber einen Herausgabeanspruch gem. § 1301 S. 1 BGB haben.

Dann muss ein gültiges Eheversprechen im Zeitpunkt der Schenkung vorgelegen haben.[56] Als A der K die 50.000 EUR schenkte, waren beide verlobt. Ein gültiges Eheversprechen i. S. d. § 1297 BGB bestand damit.

Weiter ist erforderlich, dass die Eheschließung aus irgendeinem Grund unterbleibt.[57] Dabei ist es unerheblich, wer die Auflösung des Verlöbnisses erklärt hat und aus welchem Grund dies geschah. Die Eheschließung zwischen A und K unterbleibt aufgrund der Auflösung des Verlöbnisses.

Als Rechtsfolge des Unterbleibens der Eheschließung sind alle Geschenke, die der eine Verlobte dem anderen während des Verlöbnisses gemacht hat und die nicht lediglich Aufwendungen im gegenseitigen gesellschaftlichen Verkehr (z. B. Blumen, Theaterkarten) oder Anstandsgeschenke (z. B. Geburtstagsgeschenke) darstellen,[58] nach den Vorschriften der ungerechtfertigten Bereicherung (§§ 812 ff. BGB) zurückzugeben. Auf die Angemessenheit des Geschenkes kommt es nicht an, so dass auch außergewöhnliche Geschenke zurückzugeben sind.[59] A hat somit gegen K einen Anspruch auf Herausgabe des geschenkten Geldbetrages gem. § 1301 S. 1 BGB. K hat diesen Geldbetrag jedoch zur Erfüllung ihrer Einlageverpflichtung verwandt. Sie hat demzufolge Wertersatz (§ 818 Abs. 2 BGB) zu leisten.

D. Ergebnis zu Teil 2

A kann von K Zahlung i. H. v. 50.000 EUR gem. § 1301 BGB verlangen. Die Ansicht von R ist insoweit unzutreffend.

---

[56] BeckOK BGB/*Hahn*, § 1301 Rn. 3 f.; Erman/*Kroll-Ludwigs*, § 1301 Rn. 2; MüKoBGB/*Roth*, § 1301 Rn. 2; Palandt/*Brudermüller*, § 1301 Rn. 2.
[57] BeckOK BGB/*Hahn*, § 1301 Rn. 6; Erman/*Kroll-Ludwigs*, § 1301 Rn. 3; MüKoBGB/*Roth*, § 1301 Rn. 4; Palandt/*Brudermüller*, § 1301 Rn. 3.
[58] BeckOK BGB/*Hahn*, § 1301 Rn. 5; Erman/*Kroll-Ludwigs*, § 1301 Rn. 5; MüKoBGB/*Roth*, § 1301 Rn. 3; Palandt/*Brudermüller*, § 1301 Rn. 3.
[59] *OLG Köln* NJW 1961, 1726 – Erlass eines Schadensersatzanspruches.

Fall 24. Streit um die Abfindung

Schwerpunkt im Personengesellschaftsrecht:
Ausscheiden aus einer Personenhandelsgesellschaft durch Kündigung bzw. Tod – Wirksamkeit und Anwendbarkeit einer abfindungsbeschränkenden Regelung – Wirksamkeit einer Abfindungsklausel zu Lasten des Gesellschaftererben

Sachverhalt

Nach dem plötzlichen Tod von *Alphons Arndt,* der als Alleininhaber ein Speditionsgeschäft unter der Firma „Alphons Arndt e. K., Internationale Spedition und Lagerung" betrieben hat, vereinbart dessen Witwe *Adelheid (A)* mit dem bisherigen Prokuristen des Unternehmens, *Philipp Pfiffig (P),* am 1.6.2000 privatschriftlich einen Gesellschaftsvertrag (GV) über eine offene Handelsgesellschaft. Dabei sind sich A und P darüber einig, dass das Speditionsunternehmen für die beiden noch minderjährigen Kinder von A, den damals fünfjährigen *Sebastian (S)* und die damals dreijährige *Traudel (T),* erhalten und fortgeführt werden soll. Aufgrund seines langjährig erworbenen Sachverstandes soll die Leitung des Unternehmens in den Händen von P liegen, während A von ihren Geschäftsführungs- und Vertretungsbefugnissen nur Gebrauch machen will, wenn P verhindert ist. Der Gesellschaftsvertrag enthält demgemäß unter anderem die folgenden Bestimmungen:

§ 10 Kündigung

(1) Die Kündigungsfrist beträgt vier Monate zum Jahresende.

(2) Kündigt P die Gesellschaft, erhält er eine Abfindung nach Buchwerten.

§ 14 Tod eines Gesellschafters

(1) Beim Tod der Gesellschafterin A wird das Gesellschaftsverhältnis mit ihren Erben fortgesetzt, sofern es sich um die leiblichen Abkömmlinge handelt.

(2) Beim Tod des Gesellschafters P erhalten dessen Erben eine Abfindung nach Buchwerten.

Am 3.12.2016 verstirbt A und wird von ihren Kindern S und T beerbt.

Die Spedition hat seit der Gründung der OHG einen bemerkenswerten Aufstieg genommen. Der Umsatz hat sich vervielfacht. Infolge der beträchtlichen jährlichen Gewinne konnte das Anlagevermögen (Lagergrundstücke und -gebäude, Fuhrpark) erheblich vergrößert werden.

S und T sind der Ansicht, das florierende Speditionsunternehmen werfe genügend Gewinne ab, um ihnen einen angenehmen Lebenswandel mit teuren Hobbys zu ermöglichen. Daher kommt es zwischen S und T einerseits und P andererseits des Öfteren zu heftigen Diskussionen über die künftige Geschäftspolitik. Während P einen Großteil der Gewinne für dringend erforderliche Investitionen verwenden will, um die Wettbewerbsfähigkeit der Spedition langfristig zu sichern, bestehen S und T bei jeder sich bietenden Gelegenheit auf einer großzügigen Ausschüttung der Erträge.

Des ewigen Streitens Leid kündigt P die Gesellschaft im August 2017 mit sofortiger Wirkung, hilfsweise zum Jahresende. S und T stehen auf dem Standpunkt, für eine Kündigung mit sofortiger Wirkung bestehe kein Anlass. Entsprechend der auf den 31.12.2017 aufgestellten Bilanz zahlen sie dem P eine nach Buchwerten berechnete Abfindung i. H. v. 900.000 EUR. P erklärt sich damit nicht einverstanden. Er verlangt vielmehr Zahlung von insgesamt 2,7 Mio. EUR; nach einem von ihm in Auftrag gegebenen Sachverständigengutachten entspreche dies dem wirklichen Wert seiner Beteiligung. S und T bestreiten zwar nicht die Richtigkeit dieses Gutachtens. Sie meinen aber, P hätte sich die hierfür angefallenen Kosten sparen können, weil die von ihnen bei der Abfindungsberechnung zugrunde gelegte Buchwertklausel wirksam sei.

Kann P eine Zahlung von weiteren 1.800.000 EUR als Abfindung verlangen, und wenn ja, von wem?

Abwandlung: *P* verstirbt am 31.12.2017, ohne zuvor gekündigt zu haben. Alleinerbin des verwitweten *P* ist dessen Tochter *Xanthippe (X)*. *S* und *T* wollen *X* den Anteil von *P* nach dem Buchwert i. H. v. 900.000 EUR auszahlen. *X* verlangt jedoch Zahlung der vollen Abfindung i. H. v. 2,7 Mio. EUR. Zu Recht?

Bearbeiterhinweis: Etwaige Pflichtteilsergänzungsansprüche sind nicht zu prüfen.

Lösung

A. Ausgangsfall

I. Anspruch von P gegen die OHG auf Zahlung einer vollwertigen Abfindung

P kann von der OHG Zahlung der „Rest"-Abfindung i. H. v. 1.800.000 EUR nach §§ 738 Abs. 1 S. 2, 3. Fall BGB i. V. m. § 105 Abs. 3 HGB i. V. m. § 124 Abs. 1 HGB verlangen, wenn er aus der zwischen ihm, S und T bestehenden OHG ausgeschieden ist, es sich bei seinem Abfindungsanspruch nach § 738 Abs. 1 S. 2, 3. Fall BGB i. V. m. § 105 Abs. 3 HGB um eine Verbindlichkeit der OHG handelt und dieser nicht wirksam auf den Buchwert seiner Beteiligung i. H. v. 900.000 EUR beschränkt ist.

1. Ausscheiden von P

P ist gem. § 131 Abs. 3 S. 1 Nr. 3 HGB durch die im August 2017 erklärte Kündigung aus der OHG ausgeschieden, die unter den übrigen Gesellschaftern *S* und *T* fortgesetzt wird. Ob *P* mit sofortiger Wirkung infolge einer Kündigung aus wichtigem Grund gem. § 723 Abs. 1 S. 2 BGB i. V. m. § 105 Abs. 3 HGB oder infolge einer ordentlichen Kündigung gem. § 723 Abs. 1 S. 1 BGB i. V. m. § 105 Abs. 3 HGB erst nach Ablauf der ordentlichen Kündigungsfrist von vier Monaten[1] gem. § 10 Abs. 1 GV zum 31.12.2017 ausgeschieden ist, kann hier noch offen bleiben. An der Wirksamkeit jedenfalls der ordentlichen Kündigung gem. § 723 Abs. 1 S. 1 BGB i. V. m. § 105 Abs. 3 HGB durch *P* bestehen keine Bedenken.

---

[1] Die Vereinbarung einer kürzeren Kündigungsfrist als der in § 132 HGB vorgesehenen ist ohne weiteres möglich, vgl. statt aller Baumbach/Hopt/*Roth*, § 132 Rn. 8.

Fall 24. Streit um die Abfindung

2. Anspruchsgegner

Bei der Abfindungsverpflichtung gegenüber *P* kann es sich um eine Gesellschaftsverbindlichkeit der OHG handeln. Dann muss die OHG selbst Schuldnerin des Abfindungsanspruchs von *P* gem. § 738 Abs. 1 S. 2, 3. Fall BGB i. V. m. § 105 Abs. 2 HGB sein. Zwar spricht der Gesetzeswortlaut von § 738 Abs. 1 S. 2 BGB („Diese sind verpflichtet, … ihm dasjenige zu zahlen…") dafür, dass nicht die OHG Schuldnerin der Abfindungsverpflichtung gegenüber *P* ist, sondern jeweils deren Gesellschafter *S* und *T*. Dies gilt indessen nur für Innen-GbR, nicht für die gem. § 124 Abs. 1 HGB rechtsfähige OHG. Es handelt sich bei der Abfindungsverpflichtung gegenüber *P* um eine Gesellschaftsverbindlichkeit der OHG.[2]

3. Höhe des Abfindungsanspruchs

Als Folge seines Ausscheidens aus der Gesellschaft hat *P* einen Anspruch auf vollwertige[3] Abfindung[4] i. H. v. 2,7 Mio. EUR nach § 738 Abs. 1 S. 2, 3. Fall BGB i. V. m. § 105 Abs. 3 HGB, wenn dieser Anspruch nicht wirksam beschränkt ist. Eine solche Abfindungsbeschränkung kann sich aus § 10 Abs. 2 GV ergeben. Danach soll die Abfindung des ausgeschiedenen Gesellschafters nach Buchwerten erfolgen. Bei der Buchwertklausel wird die Höhe des Abfindungsanspruchs anhand einer auf den Stichtag des Ausscheidens erstellten Handelsbilanz ermittelt, wobei die Höhe der noch nicht verbrauchten Einlagen, der stehen gebliebenen Gewinne und der anteiligen offenen Reserven, nicht aber die stillen Reserven und der Firmenwert berücksichtigt werden.[5] Infolge der Nichtberücksichtigung der stillen Reserven und des Firmenwertes führt die Buchwert-

---

[2] *BGH* WM 1971, 1451 f.; 1972, 1399 f.; BGHZ 148, 201 (206); *BGH* NJW 2011, 2355 Rn. 11; Baumbach/Hopt/*Roth*, § 131 Rn. 48; EBJS/*Lorz*, § 131 Rn. 65; MüKoHGB/*Schmidt K.*, § 131 Rn. 128; Oetker/*Kamanabrou*, § 131 Rn. 53; Staub/*Habersack*, § 128 Rn. 12; Staub/*Schäfer*, § 131 Rn. 141.

[3] Nach dem Wortlaut des § 738 Abs. 1 S. 2 BGB haben die verbleibenden Gesellschafter dem Ausscheidenden „dasjenige zu zahlen, was er bei der Auseinandersetzung erhalten würde, wenn die Gesellschaft zur Zeit seines Ausscheidens aufgelöst worden wäre". Obwohl das Gesetz die Auseinandersetzung mit dem Ausgeschiedenen als Teilliquidation wertet, ist doch allgemein anerkannt, dass die Wertermittlung nicht nach Liquidations- sondern nach Fortführungswerten zu erfolgen hat; vgl. statt aller BeckOK BGB/*Schöne*, § 738 Rn. 22; MüKoBGB/*Schäfer*, § 738 Rn. 32; Baumbach/Hopt/*Roth*, § 131 Rn. 49; EBJS/*Lorz*, § 131 Rn. 64; MüKoHGB/*Schmidt K.*, § 131 Rn. 142; PersG-HdB/*Westermann H. P.*, Rz. I Rn. 1145.

[4] Zur Ermittlung des Abfindungsanspruchs nach den verschiedenen Bewertungsmethoden vgl. BeckOK BGB/*Schöne*, § 738 Rn. 23; MüKoBGB/*Schäfer*, § 738 Rn. 35 ff.; Baumbach/Hopt/*Hopt*, Einl v. § 1 Rn. 35 ff.; EBJS/*Lorz*, § 131 Rn. 69 ff.; *Schmidt K.*, GesR, § 50 IV 1d (S. 1477 f.), PersG-HdB/*Westermann H. P.*, Rz. I Rn. 1145 ff. jeweils mit zahlreichen weiteren Nachweisen. In diesem Zusammenhang sei darauf hingewiesen, dass der „wahre" Wert des (nicht börsennotierten) Unternehmens bzw. des Gesellschaftsanteils im Sinne einer einzig richtigen Bewertung eine Illusion ist. Richtigerweise führt *Emmerich* (in: Emmerich/Habersack, § 22 Rn. 26) aus, mit dem Ertragswertverfahren zur Berechnung des Unternehmenswertes werde häufig anhand eines großen theoretischen Aufwandes eine Rationalität der Unternehmensbewertung vorgetäuscht, die tatsächlich gar nicht erreichbar ist. Das Ergebnis der Unternehmensbewertung ist schon wegen der Berücksichtigung der – naturgemäß unbekannten – zukünftigen Erträge des Unternehmens eine errechnete Zahl ohne Realitätsbezug (*Emmerich/Habersack*, § 22 Rn. 27). Im Ergebnis handelt es sich bei jeder Unternehmensbewertung letztlich um eine Schätzung gem. § 738 Abs. 2 BGB i. V. m. § 287 ZPO.

[5] Vgl. *BGH* NJW 1979, 104; BeckOK BGB/*Schöne*, § 738 Rn. 28; MüKoBGB/*Schäfer*, § 738 Rn. 63; Baumbach/Hopt/*Roth*, § 131 Rn. 64; EBJS/*Lorz*, § 131 Rn. 118; *Koch J.*, § 18

klausel in der Regel[6] zu einer nicht vollwertigen Abfindung, entfaltet mithin abfindungsbeschränkende Wirkung.[7] Der Vergleich zwischen der vollwertigen und der buchmäßigen Abfindung zeigt, dass die Buchwertklausel zu einer Abfindungsbeschränkung zu Lasten von P von 2,7 Mio. EUR auf 900.000 EUR, mithin auf 1/3 des wahren Wertes der Beteiligung von P, führt. Die Buchwertklausel in § 10 Abs. 2 GV führt damit zu einer vertraglichen Beschränkung der Abfindung von P.

Gegen die Zulässigkeit der Vereinbarung von abfindungsbeschränkenden Regelungen im Gesellschaftsvertrag bestehen grundsätzlich keine Bedenken. Die Vorschrift des § 738 Abs. 1 S. 2, 3. Fall BGB ist nicht zwingend.[8] Die Gesellschafter können demnach im Rahmen ihrer privatautonomen Gestaltungsfreiheit abweichende Vereinbarungen treffen. Durch die Aufnahme einer abfindungsbeschränkenden Klausel in den Gesellschaftsvertrag dokumentieren die Vertragsparteien ihren Willen, dem Gesellschaftsinteresse im Falle des Ausscheidens eines Gesellschafters den Vorrang vor dem Interesse des Ausscheidenden einzuräumen.[9] In diesem Sinne sollen zwei legitime Ziele mit der Buchwertklausel erreicht werden. Im Interesse der möglichst ungestörten Fortführung des von der Gesellschaft betriebenen Unternehmens führt sie erstens zu einer Beschränkung des nachteiligen Liquiditätsabflusses (Kapital- und Liquiditätssicherung) und schafft zweitens klare und leicht zu handhabende Bewertungsmaßstäbe für die Berechnung des Abfindungsguthabens.[10] Die Buchwertklausel ist demnach als eine grundsätzlich zulässige Abfindungsvereinbarung anzusehen.[11]

Ausnahmsweise bestehen gegen die Wirksamkeit der Buchwertklausel jedoch Bedenken, wenn die auf ihrer Grundlage ermittelte Abfindung auch nicht annähernd dem wirklichen Wert der Beteiligung des ausgeschiedenen Gesellschafters entspricht. Die vertragliche Abfindung von P beträgt nur 1/3 des wahren Wertes seiner Beteiligung. Es bestehen somit Zweifel, ob die Buchwertabfindung ein angemessenes Surrogat[12] für den Verlust seiner Mitgliedschaft darstellt.

Rn. 20; *Hennerkes/Binz*, DB 1983, 2669; *Rasner*, NJW 1983, 2905 (2906); *Ulmer*, FS Quack (1991), 477 (481).

[6] Allerdings wäre es unrichtig, die Buchwertklausel als Synonym für eine abfindungsbeschränkende Klausel zu verwenden. Bei anhaltenden Verlusten der Gesellschaft kann die Buchwertklausel zu einer höheren Abfindung als zum wahren Wert der Beteiligung führen, vgl. *Hennerkes/Binz*, DB 1983, 2669 f.

[7] Vgl. hierzu eingehend *Hennerkes/Binz*, DB 1983, 2669; *Rasner*, NJW 1983, 2905 (2906 ff.).

[8] Vgl. statt aller BeckOK BGB/*Schöne*, § 738 Rn. 26; MüKoBGB/*Schäfer*, § 738 Rn. 12; Palandt/*Sprau*, § 738 Rn. 7; Soergel/*Hadding/Kießling*, § 738 Rn. 42; Baumbach/Hopt/ *Roth*, § 131 Rn. 38; EBJS/*Lorz*, § 131 Rn. 55.

[9] Zu den mit abfindungsbeschränkenden Klauseln beabsichtigten Zielen vgl. BeckOK BGB/ *Schöne*, § 738 Rn. 26; MüKoBGB/*Schäfer*, § 738 Rn. 39 f.; EBJS/*Lorz*, § 131 Rn. 117; MüKoHGB/*Schmidt K.*, § 131 Rn. 150; Oetker/*Kamanabrou*, § 131 Rn. 69; *Schmidt K.*, GesR, § 50 IV 2b (S. 1483); PersG-HdB/*Westermann H. P.*, Rz. I Rn. 1151 f.; *Ulmer*, FS Quack (1991), 477 (478); *Dauner-Lieb*, ZHR 158 (1994), 271 (273); *Hennerkes/Binz*, DB 1983, 2669.

[10] *Schöne*, Jb Junger ZivWiss., 1995, 117 (124).

[11] St. Rspr., vgl. *BGH* NJW 1973, 651; 1993, 2101 (2102) und h. L., vgl. Erman/*Westermann H. P.*, § 738 Rn. 16; MüKoBGB/*Schäfer*, § 738 Rn. 64; Palandt/*Sprau*, § 738 Rn. 7; *Schmidt K.*, GesR, § 50 IV 2c (S. 1484); *Rasner*, NJW 1983, 2905 (2907 ff.).

[12] Wann eine vertragliche Reduzierung des Abfindungsanspruchs so weit hinter einer vollwertigen Abfindung zurückbleibt, dass sie als nicht mehr angemessen angesehen werden kann, lässt sich nicht allgemeingültig beantworten. Während eine Beschränkung des Abfindungsanspruchs auf die Hälfte des wirklichen Wertes der Beteiligung noch nicht als unzumutbare Erschwerung des Eigenkündigungsrechts angesehen wird (vgl. *Kellermann*,

Fall 24. Streit um die Abfindung

a) Nichtigkeit nach § 138 Abs. 1 BGB

Die Buchwertklausel des § 10 Abs. 2 GV kann wegen sittenwidriger Knebelung nach § 138 Abs. 1 BGB nichtig sein.

Eine sittenwidrige Knebelung liegt vor, wenn durch Vertragsschluss die wirtschaftliche Bewegungsfreiheit einer Partei so sehr beschränkt wird, dass sie ihre freie Selbstbestimmung verliert.[13] Maßgebend für die Beurteilung der Sittenwidrigkeit ist der Zeitpunkt des Abschlusses der Vereinbarung.[14]

Es ist davon auszugehen, dass den Gesellschaftern A und P im Zeitpunkt der Vereinbarung der Buchwertklausel bekannt war, dass diese Abrede grundsätzlich geeignet ist, im Laufe der Zeit abfindungsbeschränkende Wirkungen zu entfalten. Dies wird von den Gesellschaftern auch billigend in Kauf genommen. Im Vereinbarungszeitpunkt unterstellen sie, dass sich die Geschäfte der Gesellschaft positiv entwickeln werden. Das Ziel der Vermeidung eines für die Gesellschaft nachteiligen Liquiditätsabflusses sowie der Festlegung vereinfachter Berechnungsgrundlagen ist jedoch legitim. Die Buchwertklausel führt zudem nicht per se zu einer so weitgehenden Beeinträchtigung der Abfindungsinteressen des Ausgeschiedenen, dass sie generell zu beanstanden wäre.[15]

Die Buchwertklausel kann somit nur dann sittenwidrig sein, wenn bereits im Zeitpunkt der Vereinbarung der Buchwertklausel eine erhebliche Differenz zwischen Buchwert und wirklichem Wert der Beteiligung von P bestand. Solche Anhaltspunkte liegen nicht vor. Die Spedition hat den wirtschaftlichen Aufschwung erst nach der Einbringung des einzelkaufmännischen Geschäfts in die von A und P gegründete OHG genommen. Es ist daher davon auszugehen, dass erst seit diesem Zeitpunkt erhebliche stille Reserven gebildet worden sind und sich der Unternehmenswert deutlich erhöht hat. Die Buchwertklausel ist demnach nicht nach § 138 Abs. 1 BGB nichtig.

b) Unwirksamkeit der Buchwertklausel wegen unzulässiger Kündigungsbeschränkung

Die Buchwertklausel kann aber unter Umgehungsgrundsätzen unwirksam sein, wenn sie eine unzulässige Kündigungsbeschränkung gem. § 723 Abs. 3 BGB darstellt. Die zwingende Vorschrift des § 723 Abs. 3 BGB[16] ist über § 105 Abs. 3 HGB auch auf die Kündigung einer OHG anwendbar.

§ 723 Abs. 3 BGB will den einzelnen Gesellschafter nach Wortlaut und Ratio vor Vereinbarungen schützen, die sein Kündigungsrecht rechtlich einschränken. Die Buchwertklausel bewirkt jedenfalls keine direkte Beschränkung des dem Gesellschafter zustehenden Kündigungsrechts. Sie regelt lediglich die Bemessungsgrund-

---

Steuerberater-Jahrbuch 1986/87, 403 [411]), wird eine Buchwertabfindung, die lediglich ⅕ des wahren Wertes der Beteiligung ausmacht, von der Rspr. als inakzeptabel angesehen (*BGH* NJW 1973, 651 [652]).

[13] Vgl. statt aller BeckOK BGB/*Wendtland*, § 138 Rn. 20.1; Erman/*Schmidt-Räntsch*, § 138 Rn. 120; Palandt/*Ellenberger*, § 138 Rn. 39.

[14] Ganz h. A., vgl. BeckOK BGB/*Wendtland*, § 138 Rn. 26; Erman/*Schmidt-Räntsch*, § 138 Rn. 46; Palandt/*Ellenberger*, § 138 Rn. 9.

[15] Vgl. BeckOK BGB/*Schöne*, § 738 Rn. 32; Erman/*Westermann H. P.*, § 738 Rn. 16; MüKoBGB/*Schäfer*, § 738 Rn. 64; Schmidt K., GesR § 50 IV 2c) (S. 1484); *Schöne*, Jb Junger ZivWiss., 1995, 117 (124).

[16] Ganz h. M., vgl. statt aller BeckOK BGB/*Schöne*, § 723 Rn. 31; Palandt/*Sprau*, § 723 Rn. 7.

lagen für den Abfindungsanspruch im Falle des Ausscheidens. Eine unmittelbare Anwendung des § 723 Abs. 3 BGB auf die Buchwertklausel scheidet mithin aus.

Allerdings kann die Buchwertklausel analog § 723 Abs. 3 BGB unwirksam sein, wenn sie eine faktische Beeinträchtigung des jedenfalls gem. § 723 Abs. 1 S. 1 BGB i. V. m. § 105 Abs. 3 HGB bestehenden Kündigungsrechts darstellt. Die mit der Abfindungsklausel verbundenen wirtschaftlich nachteiligen Folgen können die Freiheit des Gesellschafters, sich zur Kündigung zu entschließen, in unvertretbarer Weise einengen. Dem Gesellschafter muss auch im Falle der Eigenkündigung jedenfalls eine angemessene Abfindung verbleiben. Mithin kann § 723 Abs. 3 BGB (analog) die Rechtsgrundlage sein, die den einzelnen Gesellschafter auch vor solchen faktischen Beeinträchtigungen des Rechts auf ordentliche Kündigung schützen will.[17]

Gegen die Beurteilung einer Abfindungsklausel am Maßstab des § 723 Abs. 3 BGB spricht allerdings, dass nach dessen ausdrücklichen Wortlaut für die Frage der Kündigungsbeschränkung auf den Zeitpunkt ihrer Vereinbarung abzustellen ist. Nur wenn in diesem Zeitpunkt bereits eine erhebliche Differenz zwischen Buchwert und wirklichem Wert der Beteiligung besteht, stellt sich die Buchwertklausel als unzulässige Kündigungsbeschränkung dar.[18] Eine nach der Vereinbarung der Buchwertklausel entstehende erhebliche Differenz zwischen vertraglicher und vollwertiger Abfindung wird dagegen nicht vom Wortlaut des § 723 Abs. 3 BGB erfasst. Dagegen spricht überdies auch der Sinn und Zweck des § 723 Abs. 3 BGB. § 723 Abs. 3 BGB will dem einzelnen Gesellschafter nicht das wirtschaftliche Risiko abnehmen, das mit dem Eingehen einer Gesellschaft und der zukünftigen Entwicklung derselben zusammenhängt. Sinn und Zweck des § 723 Abs. 3 BGB ist es lediglich zu verhindern, dass das Gesellschaftsverhältnis unauflöslich vereinbart wird.[19] Eine Wirksamkeitskontrolle der Buchwertklausel am Maßstab des § 723 Abs. 3 BGB führt zudem zu einer erheblichen Rechtsunsicherheit. Die wirtschaftliche Entwicklung der Gesellschaft ist nicht stetig, sondern unterliegt Schwankungen und der auch der in der Bilanz ausgewiesene Kapitalanteil des Gesellschafters kann sich ständig ändern. Folglich unterliegt die Wertrelation zwischen vollwertiger und vertraglicher Abfindung großen Zufälligkeiten. Es ist nicht hinnehmbar, dass die Buchwertklausel heute wirksam, morgen nichtig und übermorgen wieder wirksam sein soll.[20]

Eine nachträglich entstehende erhebliche Diskrepanz zwischen Buchwert- und vollwertiger Abfindung kann somit nicht dazu führen, dass die Buchwertklausel im Falle der Eigenkündigung des Gesellschafters als unzulässige Kündigungserschwerung analog § 723 Abs. 3 BGB gewertet wird.[21] Bedenken gegen die Wirksamkeit der Buchwertklausel bestehen demzufolge nicht.

---

[17] *BGH* NJW 1985, 192 (193); 1989, 2685 (2686); 1989, 3272 (3272); 1993, 2101 (2102); *LG Konstanz* NJW-RR 1988, 1184 (1186); Baumbach/Hopt/*Roth*, § 131 Rn. 64; *Grunewald*, § 1 Rn. 149; *Engel*, NJW 1986, 345 (347); *Ulmer*, NJW 1979, 81 (82 f.).

[18] BeckOK BGB/*Schöne*, § 738 Rn. 35; MüKoBGB/*Schäfer*, § 738 Rn. 49; EBJS/*Lorz*, § 131 Rn. 133; MüKoHGB/*Schmidt K.*, § 131 Rn. 156; *Rasner*, NJW 1983, 2905 (2908); a. A. *Brückner*, S. 99 ff., die in diesem Fall maßgeblich auf § 138 BGB abstellt und § 723 Abs. 3 BGB für nicht anwendbar hält.

[19] BGHZ 50, 316 (322); 126, 226 (230 f.); MüKoBGB/*Schäfer*, § 723 Rn. 61.

[20] *Rasner*, NJW 1983, 2905 (2908). Zur Kritik an § 723 Abs. 3 BGB als Wirksamkeitsmaßstab für Abfindungsklauseln vgl. umfassend *Brückner*, S. 94 ff. Der *BGH* hat diese Kritik inzwischen als berechtigt anerkannt und ist ausdrücklich von seiner bisherigen Rechtsprechung abgerückt; vgl. BGHZ 123, 281 (283, 289); 126, 226 (229).

[21] Vgl. BGHZ 123, 281 (283 f.); 126, 226 (230 ff.); BeckOK BGB/*Schöne*, § 738 Rn. 35; *Dauner-Lieb*, GmbHR 1994, 836 (840 f.); *Noack*, JR 1994, 210 ff.; *Schöne*, ZAP Fach 15, 117 (121 f.); *Ulmer/Schäfer*, ZGR 1995, 134 (136 ff.); a. A. Oetker/*Kamanabrou*, § 131 Rn. 79.

Fall 24. Streit um die Abfindung

c) Unanwendbarkeit der Buchwertklausel wegen Rechtsmissbrauchs

Obwohl die Buchwertklausel wirksam ist, kann es den verbleibenden Gesellschaftern S und T jedoch ausnahmsweise verwehrt sein, sich zur Berechnung des Abfindungsguthabens gegenüber P auf diese Abrede zu berufen. Die Buchwertklausel kann unanwendbar[22] sein, wenn sich die auf ihrer Grundlage erfolgende Berechnung der Abfindung als rechtsmissbräuchlich darstellt. Eine unzulässige Rechtsausübung liegt insbesondere vor, wenn der Berechtigte seine Rechtsstellung unzulässig erworben hat oder seiner Rechtsausübung ein nicht schutzwürdiges bzw. verhältnismäßig geringfügig zu bewertendes eigenes Interesse zugrunde liegt.[23]

aa) Kündigung aus wichtigem Grund

Das Beharren von S und T, wonach der Abfindungsanspruch von P auf der Grundlage der Buchwertklausel zu berechnen sei, kann sich als unzulässige Rechtsausübung darstellen, wenn S und T ihre Rechtsstellung unzulässig erworben haben. Ein missbräuchliches Verhalten liegt auch dann vor, wenn die tatbestandlichen Voraussetzungen für die Wahrnehmung des Rechts missbräuchlich geschaffen wurden.[24] Das Berufen von S und T auf die Buchwertklausel als Berechnungsgrundlage für den Abfindungsanspruch von P kann somit rechtsmissbräuchlich sein, wenn P die Gesellschaft aus wichtigem Grund gekündigt hat. Bei einer Eigenkündigung aus wichtigem Grund hat der Gesellschafter einen Anspruch auf vollwertige Abfindung, wenn der wichtige Grund durch die übrigen Gesellschafter gesetzt worden ist. In diesem Falle tritt das Bestandsinteresse der verbleibenden Gesellschafter hinter das Auflösungsinteresse des Kündigenden zurück.[25]

P kann das Gesellschaftsverhältnis aus wichtigem Grund gekündigt haben. Ein Recht zur Kündigung des Gesellschaftsverhältnisses aus wichtigem Grund ergibt sich aus § 723 Abs. 1 S. 2 BGB i. V. m. § 105 Abs. 3 HGB, wenn die OHG-rechtlichen Vorschriften der Anwendung von § 723 Abs. 1 S. 2 BGB nicht entgegenstehen. Eine entgegenstehende Vorschrift kann allerdings § 133 Abs. 1 HGB darstellen. Dann muss § 133 Abs. 1 HGB entweder selbst ein Recht zur Kündigung aus

---

[22] Der BGH hat bislang keine befriedigende dogmatische Begründung für die Angemessenheitskontrolle von Buchwertklauseln herausgearbeitet. In *BGH* NJW 1993, 2101 (2102) wird die Angemessenheitskontrolle ohne nähere Festlegung auf die „allgemeinen Grundsätze von Treu und Glauben" gestützt; weder das Rechtsinstitut des Wegfalls der Geschäftsgrundlage noch des Rechtsmissbrauchs waren jedoch geeignet, das Ergebnis dieser Entscheidung zu stützen (vgl. hierzu *Schöne*, WuB II E § 738 BGB 1/93); gegen die Angemessenheitskontrolle anhand des Wegfalls der Geschäftsgrundlage vgl. BeckOK BGB/*Schöne*, § 738 Rn. 38 m. w. N.). In der als Fortführung der bisherigen Rechtsprechung bezeichneten Folgeentscheidung (BGHZ 123, 281 ff.) arbeitet der BGH mit dem Rechtsinstitut der ergänzenden Vertragsauslegung. Dieser dogmatische Ansatz ist verfehlt und in der Literatur auf deutliche Kritik gestoßen; vgl. *Brückner*, S. 181 ff.; *Ulmer/Schäfer*, ZGR 1995, 134 (140 ff.); *Dauner-Lieb*, GmbHR 1994, 836 (840); *Schöne*, Jb. Junger ZivWiss., 1995, 117 (133 Fn. 5); BeckOK BGB/*Schöne*, § 738 Rn. 37; kritisch auch *Koch J.*, § 18 Rn. 25; *Kort*, DStR 1995, 1961 (1966); befürwortend aber MüKoBGB/*Schäfer* § 738 Rn. 55 ff., 74; zurückhaltend befürwortend Oetker/*Kamanabrou*, § 131 Rn. 86.
[23] BeckOK BGB/*Sutschet*, § 242 Rn. 58 ff.; 80 ff.; Erman/*Böttcher*, § 242 Rn. 102; MüKoBGB/*Schubert*, § 242 Rn. 243; NK-BGB/*Krebs*, § 242 Rn. 64; Palandt/*Grüneberg*, § 242 Rn. 43 ff., 50 ff.
[24] BeckOK BGB/*Sutschet*, § 242 Rn. 58; Erman/*Böttcher*, § 242 Rn. 106; MüKoBGB/*Schubert*, § 242 Rn. 250; NK-BGB/*Krebs*, § 242 Rn. 66.
[25] BeckOK BGB/*Schöne*, § 738 Rn. 41; *Flume*, BGB AT I/1, § 12 IV (S. 186).

wichtigem Grund für die Gesellschafter der OHG vorsehen oder ein Recht zur Kündigung aus wichtigem Grund für die Gesellschafter der OHG ausschließen.

§ 133 Abs. 1 regelt das Recht des Gesellschafters auf Erhebung einer Auflösungsklage aus wichtigem Grund, welche nach § 131 Abs. 1 Nr. 4 HGB zur Auflösung der Gesellschaft durch Gestaltungsurteil führt. Die Vorschrift gewährt dem Gesellschafter folglich kein Recht zur Kündigung aus wichtigem Grund, dessen Rechtsfolge nach § 131 Abs. 3 S. 1 Nr. 3 HGB auf sein Ausscheiden aus der Gesellschaft gerichtet ist. Es existiert somit keine spezielle OHG-rechtliche Regelung, die dem Gesellschafter der OHG ein Recht zur Kündigung aus wichtigem Grund zuweist.

Das Recht zur Erhebung einer Auflösungsklage aus wichtigem Grund nach § 133 Abs. 1 HGB kann das Recht zur Kündigung aus wichtigem Grund für die Gesellschafter der OHG allerdings verdrängen. § 133 Abs. 1 HGB trägt dem erhöhten Bedürfnis nach Rechtssicherheit und -klarheit in der OHG gegenüber der GbR Rechnung.[26] Die Auflösung der OHG soll nicht bereits durch die Geltendmachung eines Gestaltungsrechts, sondern erst durch gerichtliche Entscheidung auf Antrag eines Gesellschafters bei Vorliegen eines wichtigen Grundes erfolgen. Der Normzweck kann folglich dafür sprechen, dass die Gesellschafter der OHG eben nur das Recht zur Erhebung einer Auflösungsklage, nicht aber auch zur Kündigung aus wichtigem Grund haben.

Beachtlich ist indessen, dass die Kündigung des Gesellschafters nach § 131 Abs. 3 S. 1 Nr. 3 HGB nicht die Auflösung der OHG, sondern lediglich das Ausscheiden des kündigenden Gesellschafters zur Folge hat. Der Wortlaut von § 131 Abs. 3 S. 1 Nr. 3 HGB differenziert nicht zwischen der ordentlichen und der außerordentlichen Kündigung. Daher regelt § 131 Abs. 3 S. 1 Nr. 3 HGB auch die Rechtsfolgen einer durch den Gesellschafter erklärten Kündigung aus wichtigem Grund.[27] Die Kündigung aus wichtigem Grund und die Erhebung der Auflösungsklage nach § 133 Abs. 1 HGB haben folglich unterschiedliche Rechtsfolgen. Demnach besteht das durch die weitreichende Rechtsfolge des § 133 Abs. 1 HGB gerechtfertigte Bedürfnis einer erhöhten Rechtssicherheit und -klarheit in der OHG bei der außerordentlichen Kündigung nicht.[28] Kann ein Gesellschafter gem. § 723 Abs. 1 S. 1 BGB i.V.m. § 105 Abs. 3 HGB i.V.m. § 131 Abs. 3 S. 1 Nr. 3 HGB durch ordentliche Kündigung aus der Gesellschaft ausscheiden, muss er erst recht durch außerordentliche Kündigung aus wichtigem Grund aus der Gesellschaft ausscheiden können.[29] Überdies ist das Gesellschaftsverhältnis ein Dauerschuldverhältnis, welches die Gesellschafter persönlich bindet. Als solches muss es bei Vorliegen eines wichtigen Grundes bereits nach allgemeinen Rechtsgedanken aus wichtigem Grund mit sofortiger Wirkung aufgelöst werden können.[30] Dem genügt allein das Recht zur Erhe-

---

[26] BGHZ 10, 44 (52); Baumbach/Hopt/*Roth*, § 133 Rn. 1; EBJS/*Lorz*, § 133 Rn. 1; Henssler/Strohn/*Klöhn*, § 133 HGB Rn. 1; MüKoHGB/*Schmidt K.*, § 133 Rn. 2; Staub/*Schäfer*, § 133 Rn. 2.

[27] Baumbach/Hopt/*Roth*, § 133 Rn. 1; EBJS/*Lorz*, § 133 Rn. 9; Henssler/Strohn/*Klöhn*, § 132 HGB Rn. 19; MüKoHGB/*Schmidt K.*, § 133 Rn. 6; MünchHdb.GesR I/*Piehler/Schulte*, § 74 Rn. 25; a. A. PersG-HdB/*Westermann H. P.*, Rz. I Rn. 1070 – § 131 Abs. 3 Nr. 1 HGB erfasse nur die ordentliche Kündigung.

[28] OLG Celle NZG 2011, 261 (262); BeckOK HGB/*Lehmann-Richter*, § 132 Rn. 16; MünchHdb.GesR I/*Piehler/Schulte*, § 74 Rn. 25; *Stodolkowitz*, NZG 2011, 1327 (1331).

[29] Baumbach/Hopt/*Roth*, § 133 Rn. 1; BeckOK HGB/*Lehmann-Richter*, § 133 Rn. 4; *Schmidt K.*, GesR, § 50 II 4d (S. 1457 f.); a. A. Staub/*Schäfer*, § 133 Rn. 4.

[30] OLG Celle NZG 2011, 261 (262); Henssler/Strohn/*Klöhn*, § 132 HGB Rn. 19; MüKoHGB/*Schmidt K.*, § 132 Rn. 37.

bung einer Auflösungsklage aus wichtigem Grund gem. § 133 Abs. 1 HGB nicht. Das Recht zur Erhebung der Auflösungsklage nach § 133 Abs. 1 HGB kann das Recht auf Kündigung aus wichtigem Grund nach § 723 Abs. 1 S. 2 BGB folglich nicht verdrängen.[31] Bei Vorliegen eines wichtigen Grundes kann der Gesellschafter daher wählen, ob er die Gesellschaft nach §§ 133 Abs. 1, 131 Abs. 1 Nr. 4 HGB zur Auflösung bringen, oder nach § 723 Abs. 1 S. 2 BGB i. V. m. §§ 105 Abs. 3, 131 Abs. 3 S. 1 Nr. 3 HGB lediglich aus der Gesellschaft ausscheiden will.[32]

Mithin ergibt sich das Recht von *P* zur Kündigung aus wichtigem Grund aus § 723 Abs. 1 S. 2 BGB i. V. m. § 105 Abs. 3 HGB.

Der von *P* erklärten außerordentlichen Kündigung muss ein wichtiger Grund zugrunde liegen. Ein wichtiger Grund zur außerordentlichen Kündigung kann entweder in einem Fehlverhalten der übrigen Gesellschafter oder in sonstigen Umständen liegen.[33] Er setzt eine so starke Störung des Vertrauensverhältnisses der Gesellschafter untereinander voraus, dass ein gedeihliches Zusammenwirken nicht mehr zu erwarten ist.[34] Es muss dem Kündigenden unzumutbar sein, bis zum Ablauf der ordentlichen Kündigungsfrist in der Gesellschaft zu verbleiben.[35] Vertragsverletzungen durch *S* und *T* sind nicht erkennbar. Die Diskrepanzen zwischen *P* und seinen Mitgesellschaftern über die künftige Unternehmenspolitik geben ihm zudem keinen begründeten Anlass zum sofortigen Ausscheiden aus der Gesellschaft. Es sind keine Anhaltspunkte dafür ersichtlich, dass diese Meinungsverschiedenheiten den Umgang der Gesellschafter miteinander in einem solchen Ausmaß „vergiften", dass die tägliche Zusammenarbeit nicht mehr möglich ist. *P* war es damit durchaus zuzumuten, bis zum Ablauf der ordentlichen Kündigungsfrist gem. § 10 Abs. 1 GV in der Gesellschaft zu verbleiben.

P kann sich bei seiner Kündigung nicht auf das Vorliegen eines wichtigen Grundes berufen, weshalb sich das Festhalten von *S* und *T* an der Buchwertklausel insoweit nicht als Rechtsmissbrauch darstellt.

bb) Kein schutzwürdiges Eigeninteresse

Das Festhalten von *S* und *T* an der Buchwertklausel kann sich weiterhin als rechtsmissbräuchlich darstellen, wenn mit ihrer Anwendung keine schutzwürdigen Interessen der Gesellschaft und der in ihr verbleibenden Gesellschafter mehr verfolgt werden, während gleichzeitig die Interessen des von ihr betroffenen *P* in sachlich nicht zu vertretender Weise beeinträchtigt werden.

Das mit der Abfindungsklausel zum Zeitpunkt ihrer Vereinbarung verfolgte sachliche Interesse der Gesellschaft bzw. aller Gesellschafter besteht in der Absicht einer

---

[31] OLG Celle NZG 2011, 261 (262); Baumbach/Hopt/*Roth*, § 133 Rn. 1; BeckOK HGB/*Lehmann-Richter*, § 132 Rn. 16; Hensler/Strohn/*Klöhn*, § 132 HGB Rn. 19; MüKoHGB/*Schmidt K.*, § 133 Rn. 6; MünchHdb.GesR I/*Piehler/Schulte*, § 74 Rn. 25; *Koch*, § 18 Rn. 8; *Schmidt K.*, GesR, § 50 II 4d (S. 1457 f.); *Stodolkowitz*, NZG 2011, 1327 (1331); a. A. KKRM/*Kindler*, § 133 Rn. 1; Oetker/*Kamanabrou*, § 133 Rn. 1; Staub/*Schäfer*, § 133 Rn. 4; PersG-HdB/*Westermann*, Rz. I Rn. 1070.
[32] BeckOK HGB/*Lehmann-Richter*, § 133 Rn. 4.
[33] BeckOK BGB/*Schöne*, § 723 Rn. 19; Hensler/Strohn/*Kilian*, § 723 BGB Rn. 12 ff.; MüKoBGB/*Schäfer*, § 723 Rn. 30 ff.
[34] Vgl. die Übersicht über die wichtigen Kündigungsgründe bei BeckOK BGB/*Schöne*, § 723 Rn. 17 ff.; MüKoBGB/*Schäfer*, § 723 Rn. 35; Erman/*Westermann H. P.*, § 723 Rn. 11 f.; MüKoHGB/*Schmidt K.*, § 133 Rn. 11 ff., jeweils m. w. N.
[35] BeckOK BGB/*Schöne*, § 738 Rn. 17; Hensler/Strohn/*Kilian*, § 723 BGB Rn. 11; MüKoBGB/*Schäfer*, § 723 Rn. 35.

Begrenzung des Liquiditätsabflusses und der Vereinfachung der Abfindungsberechnung. Das Interesse des ausscheidenden Gesellschafters im Zeitpunkt seines Ausscheidens konzentriert sich demgegenüber auf die Realisierung des wirtschaftlichen Wertes seiner Mitgliedschaft. Dieses Realisierungsinteresse ist aber durch die Vereinbarung der Buchwertklausel einvernehmlich hinter das Liquiditätssicherungsinteresse zurückgestellt worden. Daran muss sich auch der durch ordentliche Kündigung aus der Gesellschaft ausscheidende Gesellschafter grundsätzlich festhalten lassen.[36] Allein das nachträgliche Entstehen eines erheblichen Missverhältnisses zwischen Buchwertabfindung und vollwertiger Abfindung kann somit die Annahme eines Rechtsmissbrauchs nicht rechtfertigen.[37]

Die als Ergebnis einer Angemessenheitskontrolle gem. § 242 BGB folgende Unanwendbarkeit der Buchwertklausel im Falle der Eigenkündigung des Gesellschafters kann somit nur in eng begrenzten Ausnahmefällen in Betracht kommen. Hierzu sind alle Umstände des konkreten Einzelfalls heranzuziehen. Als Kriterien für die Einzelfallentscheidung können außer der quotenmäßigen bzw. absoluten Größe des Auseinanderklaffens zwischen vertraglicher und gesetzlicher Abfindungshöhe unter anderem[38] auch die Dauer der Mitgliedschaft des Ausgeschiedenen[39] in der Gesellschaft und sein Anteil am Aufbau und Erfolg des Unternehmens[40] sowie der Anlass für das Ausscheiden herangezogen werden.[41]

Allerdings rechtfertigt *allein* die langjährige und besonders erfolgreiche Arbeit von *P*, die es erst ermöglicht hatte, erhebliche stille Reserven und einen beachtlichen Firmenwert zu bilden, nicht die Berufung auf einen Rechtsmissbrauch. Dass *P* die mit der Buchwertklausel regelmäßig verbundene Beschränkung seines Abfindungsanspruchs im Interesse des Erhalts des Familienunternehmens in Kauf genommen hat, spricht im Gegenteil gerade für die Anwendbarkeit dieser Abrede. Es war für ihn zudem aufgrund der Abrede mit *A* über die Geschäftsverteilung auch vorhersehbar, dass er weitgehend allein für die Erfolge (und Misserfolge) des Unternehmens verantwortlich sein würde, das Ausmaß des Auseinanderklaffens von vertraglicher und vollwertiger Abfindung mithin Ergebnis seiner Geschäfts- und Unternehmenspolitik sein würde.

Aufgrund der Interessenabwägung unter Berücksichtigung aller Umstände wäre es gleichwohl unbillig, *P* nur die geringe Buchwertabfindung zuzubilligen. *P* sollte

---

[36] BeckOK BGB/*Schöne*, § 738 Rn. 41.
[37] *BGH* NJW 1993, 2101 (2102).
[38] Ausgehend von dem Liquiditätssicherungszweck der Buchwertklausel ist auch die Vermögens- und Ertragsstruktur der Gesellschaft einerseits und die Höhe des Abfindungsanspruchs andererseits zu berücksichtigen. Dass der ausgeschiedene Gesellschafter der Vereinbarung der Abfindungsbeschränkung im Interesse der Sicherung der Liquidität der Gesellschaft zugestimmt hat, ist dann unerheblich, wenn der durch die vollwertige Abfindung entstehende Mittelabfluss für die Gesellschaft verkraftbar ist; vgl. BeckOK BGB/*Schöne*, § 738 Rn. 41; *Lange*, NZG 2001, 635 (642). Dieses Kriterium ist mangels konkreter Angaben im Sachverhalt indes vorliegend nicht justitiabel.
[39] Befürwortend BGHZ 123, 281 (286); zustimmend Erman/*Westermann H. P.*, § 738 Rn. 15; Palandt/*Sprau*, § 738 Rn. 8; *Brückner*, S. 195; ebenso offenbar *Lange*, NZG 2001, 635 (642); zweifelnd *Rasner*, ZHR 158 (1994), 292 (304 ff.); ablehnend BeckOK BGB/*Schöne*, § 738 Rn. 42; *Schöne*, Jb. Junger ZivWiss., 1995, 117 (141 f.); *Mecklenbrauck*, BB 2000, 2001 (2004).
[40] Vgl. die Nachweise in der vorherigen Fußnote.
[41] Zu den für die Interessenabwägung maßgeblichen Kriterien vgl. *BGH* NJW 1993, 2101 (2102); BGHZ 123, 281 (284 f.); Schlegelberger/*Schmidt K.*, § 138 Rn. 70 ff.; *Ebenroth/Müller*, BB 1993, 1153 (1157) und ausführlich *Brückner*, S. 191 ff. sowie *Schöne*, Jb Junger ZivWiss. 1995, 117 (136 ff.).

Fall 24. Streit um die Abfindung 313

zwar, ähnlich einem „familienfremden Manager",[42] das Speditionsunternehmen für die Kinder von *A* erhalten und fortführen. Jedoch sollte er nicht mit dem Eintritt der Erben von *A* aus der Gesellschaft ausscheiden. Vielmehr diente ihm die Gesellschafterstellung auch als Grundlage *seiner* Berufsausübung. Der Wille von *A* und *P* als Gründer der OHG ging dahin, nicht nur den Kindern von *A* eine Grundlage für ihre berufliche Tätigkeit zu schaffen bzw. zu erhalten. Auch *P* sollte in der Gesellschaft seine „berufliche Lebensaufgabe" finden. Mit diesen Zielvorstellungen wäre es unvereinbar, die von dem gemeinsam betriebenen Unternehmen erwirtschafteten Erträge fortdauernd in großem Umfang „herauszuziehen" und dadurch dessen Wettbewerbsfähigkeit nachhaltig zu schwächen und auf lange Sicht gesehen in Frage zu stellen. Die Buchwertklausel ist zur Vermeidung eines schädlichen Liquidationsabflusses mit Blick auf das Gesellschaftsinteresse vereinbart worden, worauf die Gesellschafter *S* und *T* jedoch ersichtlich keine Rücksicht nehmen. Somit können sie sich auch nicht zur Berechnung des Abfindungsguthabens von *P* auf die Buchwertklausel berufen. Für die Berechnung des Abfindungsanspruchs von *P* ist die in § 10 Abs. 2 GV niedergelegte Buchwertklausel mithin nicht anwendbar.

d) Rechtsfolge der Unanwendbarkeit der Buchwertklausel

Obwohl die Buchwertklausel zur Berechnung des Abfindungsanspruchs von *P* unanwendbar ist, begründet dies gleichwohl keinen Anspruch von *P* auf Zahlung einer vollwertigen Abfindung i. H. v. 2,7 Mio. EUR. Die Unanwendbarkeit der Buchwertklausel infolge einer Ausübungskontrolle gem. § 242 BGB führt nicht automatisch dazu, dass die vertragliche Regelung durch die gesetzliche Vorschrift des § 738 Abs. 1 S. 2 BGB ersetzt wird. Die vertraglich vereinbarte Abfindungsbeschränkung ist vielmehr so an die veränderten Verhältnisse anzupassen, dass ein dem wirklichen oder mutmaßlichen Willen der Vertragsparteien – maßgeblich sind die Regelungen des Gesellschaftsvertrages und die sonstigen Umstände – entsprechender, beiden Teilen zumutbarer Interessenausgleich herbeigeführt wird (angemessene Abfindung).[43] Die nach der Ratio der Buchwertklausel begünstigten *S* und *T* zeigen an dem Erhalt und der Fortführung des Unternehmens kein Interesse. Die mit Blick auf die Liquiditätssicherung des Familienunternehmens vereinbarte Buchwertklausel verliert somit weitgehend ihre Berechtigung. Dementsprechend erscheint es nicht gerechtfertigt, das Abfindungsinteresse des ausgeschiedenen *P* hinter dem Liquiditätssicherungsinteresse der OHG zurücktreten zu lassen. Demgegenüber sind allerdings auch die Umstände des Ausscheidens von *P* zu berücksichtigen. *P* ist durch ordentliche Kündigung ohne wichtigen Grund aus der OHG ausgeschieden. Er hat somit selbstbestimmt eine Desinvestitionsentscheidung getroffen. Folglich erscheint es ebenfalls nicht gerechtfertigt, das Liquiditätssicherungsinteresse der OHG hinter das Abfindungsinteresse des ausgeschiedenen *P* zurücktreten zu lassen. Folglich ist ihm trotz fehlenden Fortführungsinteresses von *S* und *T* eine Abfindungsbeschränkung zuzumuten. Weder dem Liquiditätssicherungsinteresse der OHG, noch dem Abfindungsinteresse von *P* kann der Vorrang eingeräumt werden. Eine Abfindung zugunsten von *P* i. H. v. der Hälfte des wahren Wertes seines Anteils, also i. H. v. insgesamt 1.350.000 EUR, erscheint demnach angemessen.

Zwar kann *P* von der OHG damit nicht Zahlung der „Rest"-Abfindung i. H. v. 1.800.000 EUR nach §§ 738 Abs. 1 S. 2, 3. Fall BGB i. V. m. § 105 Abs. 3 HGB

---

[42] Vgl. hierzu *Schöne*, S. 93 ff.; *Huber U.*, ZGR 1980, 177 (194 ff.); *Weber/Hikel*, NJW 1986, 2752 (2753); *Behr*, ZGR 1990, 370 (378).
[43] BGH NJW 1979, 104; 1985, 192 (193); 1993, 2101 (2103); BGHZ 123, 281 (284 f.); Beck-OK BGB/*Schöne*, § 738 Rn. 44; MüKoBGB/*Schäfer*, § 738 Rn. 74.

i. V. m. § 124 Abs. 1 HGB verlangen. Allerdings hat er, da er bereits 900.000 EUR von der OHG als Abfindungszahlung erhalten hat, einen Anspruch auf Zahlung von weiteren 450.000 EUR gegen die OHG.

II. Anspruch von P gegen S und T auf Zahlung der Abfindung

P kann einen Anspruch auf Zahlung von 450.000 € jeweils gegen S und T gem. §§ 738 Abs. 1 S. 2, 3. Fall BGB i. V. m. § 105 Abs. 3 HGB i. V. m. §§ 128 S. 1, 124 Abs. 1 HGB haben. Dann muss es sich bei der noch ausstehenden Abfindungsverpflichtung gegenüber P um eine Verbindlichkeit der OHG handeln, für die S und T als Gesellschafter persönlich haften.

Die verbleibenden Gesellschafter S und T können nach den allgemeinen Regeln gem. §§ 124 Abs. 1, 128 HGB mit ihrem Privatvermögen für diese Gesellschaftsverbindlichkeit der OHG haften. Dann darf es sich bei der Abfindungsverpflichtung gegenüber dem ausgeschiedenen Gesellschafter allerdings nicht um eine Sozialverbindlichkeit[44] der OHG handeln, für die gem. § 707 BGB gilt, dass der Gesellschafter seine Mitgesellschafter während der Dauer der Gesellschaft nicht in Anspruch nehmen kann.[45] Zwar hat der Abfindungsanspruch seine Grundlage im Gesellschaftsverhältnis.[46] Mit dem Ausscheiden des Forderungsinhabers aus der Gesellschaft werden Sozialverbindlichkeiten allerdings zu Verbindlichkeiten der Gesellschaft gegenüber einem Dritten.[47] Ab dem Zeitpunkt seines Ausscheidens durch Kündigung tritt P der OHG wie ein außenstehender Dritter gegenüber, sodass es sich nicht mehr um eine Sozialverbindlichkeit, sondern vielmehr um eine Drittverbindlichkeit der OHG handelt. Für diese haften S und T gem. §§ 124 Abs. 1, 128 HGB mit ihrem Privatvermögen gegenüber P.[48]

Allerdings kann P als ehemaliger Gesellschafter der OHG gehalten sein, den Abfindungsanspruch erst dann gegen S und T geltend zu machen, wenn er zunächst ergebnislos versucht hat, von der OHG Befriedigung zu verlangen[49]. Eine solche Verpflichtung kann sich aus der ihn auch nach seinem Ausscheiden treffenden nachwirkenden[50] Treuepflicht gegenüber seinen ehemaligen Mitgesellschaftern S und T ergeben.[51] Allerdings sind S und T nicht schutzwürdig,[52] so dass P nicht kraft der nachwirkenden Treuepflicht gehalten ist, zunächst die OHG in Anspruch zu nehmen.[53]

---

[44] Vgl. hierzu BeckOK BGB/*Schöne*, § 705 Rn. 124; Erman/*Westermann H. P.*, § 705 Rn. 53; MüKoBGB/*Schäfer*, § 705 Rn. 197 f.

[45] BeckOK BGB/*Schöne*, § 707 Rn. 6 f.; MüKoBGB/Schäfer, § 707 Rn. 5.

[46] BeckOK BGB/*Schöne*, § 738 Rn. 18; *Ulmer*, ZIP 2003, 1113 (1121).

[47] BGHZ 37, 299 (301 f.); BGH WM 1971, 1530; BeckOK BGB/*Schöne*, § 738 Rn. 18; MüKoBGB/Schäfer, § 738 Rn. 16; EBJS/*Lorz*, § 131 Rn. 107; MüKoHGB/*Schmidt K.*, § 131 Rn. 128; Oetker/*Kamanabrou*, § 131 Rn. 67; RWH/*Haas*, § 131 Rn. 44.

[48] *BGH* WM 1971, 1451 f.; 1972, 1399 f.; BGHZ 148, 201 (206); *BGH* NJW 2011, 1355; BeckOK BGB/*Schöne*, § 738 Rn. 18; MüKoBGB/*Schäfer*, § 738 Rn. 17; NK-BGB/*Hanke*, § 738 Rn. 7; Baumbach/Hopt/*Roth*, § 131 Rn. 48; EBJS/*Lorz*, § 131 Rn. 65; Oetker/*Kamanabrou*, § 131 Rn. 53; RWH/*Haas*, § 131 Rn. 41; Staub/*Habersack*, § 128 Rn. 12; a. A. Erman/*Westermann H. P*, § 738 Rn. 12; Soergel/Hadding/*Kießling*, § 738 Rn. 40.

[49] Dafür EBJS/*Lorz*, § 131 Rn. 65; MüKoHGB/*Schmidt K.*, § 131 Rn. 28; Oetker/*Kamanabrou*, § 131 Rn. 53.

[50] Vgl. nur Baumbach/Hopt/*Roth*, § 109 Rn. 23.

[51] Dies kommt bereits für „reine" Drittverbindlichkeiten gegenüber einem Gesellschafter in Betracht, vgl. Bd. I Fall 13 unter B. II. 1. und C. II. 2. a). Somit ist es erst recht auch für die Abfindungsverpflichtung, die ihre Grundlage im Gesellschaftsverhältnis hat, in Betracht zu ziehen.

[52] Siehe ausführlich Bd. I Fall 13 unter C. II. 2a).

[53] Ungeachtet dessen kann der ausgeschiedene Gesellschafter aber unter Umständen kraft der nachwirkenden Treuepflicht gehalten sein, einer Ratenzahlungsvereinbarung zuzustimmen, vgl. BeckOK BGB/*Schöne*, § 738 Rn. 20; Henssler/Strohn/*Kilian*, § 738 BGB Rn. 13.

Fall 24. Streit um die Abfindung

P kann von S und T Zahlung der „Rest"-Abfindung i. H. v. 450.000 EUR nach §§ 738 Abs. 1 S. 2, 3. Fall BGB, 105 Abs. 3 HGB i. V. m. § 124 Abs. 1 HGB verlangen.

III. Ergebnis

P hat gegen die OHG gem. § 738 Abs. 1 S. 2, 3. Fall BGB i. V. m. § 105 Abs. 3 HGB i. V. m. § 124 Abs. 1 HGB einen Anspruch auf Zahlung einer „Rest"-Abfindung i. H. v. 450.000 EUR, und S und T haften für diese Gesellschaftsverbindlichkeit gem. § 738 Abs. 1 S. 2, 3. Fall BGB i. V. m. § 105 Abs. 3 HGB i. V. m. §§ 128 S. 1, 124 Abs. 1 HGB.

B. Abwandlung

X verlangt zu Recht die Zahlung einer vollwertigen Abfindung i. H. v. 2, 7 Mio. EUR, wenn sie gegen die OHG oder die Gesellschafter S und T einen Anspruch auf Auszahlung eines Abfindungsguthabens i. H. d. wahren Wertes des in den Nachlass gefallenen Geschäftsanteils von P hat.

I. Anspruch von X gegen die OHG auf Zahlung einer vollwertigen Abfindung

X kann gegen die OHG einen Anspruch auf Auszahlung eines Abfindungsguthabens i. H. d. wahren Wertes des in den Nachlass gefallenen Gesellschaftsanteils von P gem. § 738 Abs. 1 S. 2, 3. Fall BGB i. V. m. § 105 Abs. 3 HGB i. V. m. § 124 Abs. 1 HGB i. V. m. § 1922 Abs. 1 BGB haben.

Voraussetzung hierfür ist zunächst, dass der Tod von P nur dessen Ausscheiden aus der OHG zur Folge hatte und ein Abfindungsanspruch in Höhe des wirklichen Wertes seiner Beteiligung in seinen Nachlass gefallen ist.

1. Ausscheiden von P

Gem. § 131 Abs. 3 S. 1 Nr. 1 HGB ist P mit seinem Tod aus der OHG ausgeschieden. Dass ein Verstorbener nicht Gesellschafter einer Personenhandelsgesellschaft sein kann, ist jedoch keine Rechtsfrage sondern eine Tatsache. § 131 Abs. 3 S. 1 Nr. 1 HGB regelt daher zum einen, dass die Gesellschafterstellung des verstorbenen Gesellschafters nicht auf seinen Erben bzw. seine Erben übergeht, sondern die Gesellschaft unter Anwachsung des Geschäftsanteils des verstorbenen Gesellschafters gem. § 738 Abs. 1 S. 1 BGB i. V. m. § 105 Abs. 3 HGB von den übrigen Gesellschaftern fortgesetzt wird.[54] Zum anderen regelt § 131 Abs. 3 S. 1 Nr. 1 HGB, dass der Tod eines Gesellschafters in gleicher Weise wie die übrigen in § 131 Abs. 1 S. 1 Nr. 2 bis 6 HGB genannten Tatbestände die an das Ausscheiden eines Gesellschafters gem. § 738 Abs. 1 S. 2 BGB i. V. m. § 105 Abs. 3 HGB geknüpften Rechtsfolgen auslöst. Darunter fällt auch die Verpflichtung der OHG zur Zahlung einer Abfindung gem. § 738 Abs. 1 S. 2, 3. Fall BGB i. V. m. § 105 Abs. 3 HGB, die gem. § 1922 Abs. 1 BGB in den Nachlass des verstorbenen Gesellschafters fällt.

---

[54] Die Rechtslage ist insoweit identisch mit derjenigen, dass im Gesellschaftsvertrag einer GbR eine Fortsetzungsklausel i. S. v. § 736 Abs. 1 BGB enthalten ist. Zur Fortsetzungsklausel vgl. eingehend BeckOK BGB/*Schöne*, § 736 Rn. 2; Erman/*Westermann H. P.*, § 736 Rn. 2; MüKoBGB/*Schäfer*, § 736 Rn. 8; NK-BGB/*Hanke*, § 736 Rn. 2; *Schmidt, K.*, GesR, § 45 V 3 (S. 1336 ff.).

2. Der in den Nachlass gefallene Abfindungsanspruch

Der Anspruch von X gegen die OHG auf Zahlung einer vollwertigen Abfindung setzt weiterhin voraus, dass in den Nachlass von P ein Abfindungsanspruch in Höhe des wahren Wertes seiner Beteiligung gefallen ist. Dann muss die in § 14 Abs. 2 GV vorgesehene Buchwertklausel unwirksam sein.

a) Nichtigkeit nach § 138 Abs. 1 BGB

Die in § 14 Abs. 2 GV zu Lasten der Erben von P getroffene Abfindungsklausel kann wegen Verstoßes gegen die guten Sitten nach § 138 Abs. 1 BGB nichtig sein.

Besondere Umstände, die auf eine sittenwidrige Benachteiligung der Erben von P hindeuten, liegen nicht vor. Der Erblasser kann zu Lebzeiten frei über sein Vermögen disponieren. Er ist nicht verpflichtet, Erben überhaupt etwas zu hinterlassen. Es ist zulässig, die Gesellschaft aufgrund einer Fortsetzungsklausel ohne die Gesellschafter-Erben fortzusetzen und ihnen dabei einen Anspruch auf Abfindung vollständig zu versagen.[55] Dann ist es erst recht zulässig, den Abfindungsanspruch des ausscheidenden Gesellschafter-Erben zu begrenzen. Die Beschränkung des Abfindungsanspruchs ist deshalb nicht sittenwidrig i. S. d. § 138 Abs. 1 BGB.

b) Nichtigkeit nach §§ 2301 Abs. 1 S. 1, 125 S. 1 BGB

Die Abfindungsbeschränkung kann aber nach §§ 2301 Abs. 1 S. 1, 125 S. 1 BGB wegen Nichteinhaltung dieser erbrechtlichen Formvorschrift nichtig sein. Dann muss die Buchwertklausel in § 14 Abs. 2 GV eine lebzeitige Schenkung auf den Todesfall sein. Die Wertdifferenz zwischen der Buchwertabfindung und der vollwertigen Abfindung kann eine unentgeltliche Zuwendung und damit eine Schenkung darstellen.

Die Anwendung des § 2301 Abs. 1 S. 1 BGB setzt aber voraus, dass der Erwerb des Beschenkten unter der Bedingung steht, dass der Beschenkte den Schenker überlebt.[56] Dann muss der GV eine Regelung enthalten, wonach die Wertdifferenz zwischen der Buchwertabfindung und der vollwertigen Abfindung dann unentgeltlich auf A übergeht, wenn A zum Zeitpunkt des Todes von P noch lebt. Eine solche Überlebensbedingung ist § 14 GV indessen nicht zu entnehmen. Im Gegenteil soll die Buchwertabfindung für die Erben von P gem. § 14 Abs. 2 GV stets gelten, und zwar auch, wenn er später als A verstirbt, und die OHG infolge der „erbrechtlichen Nachfolgeklausel" gem. § 14 Abs. 1 GV zuvor mit den leiblichen Abkömmlingen von A fortgesetzt worden ist.[57]

In § 14 Abs. 2 GV wurde demnach keine Überlebensbedingung zwischen A und P vereinbart, so dass § 2301 BGB nicht anwendbar ist.[58]

---

[55] H. A., vgl. BGHZ 22, 186 (194); BeckOK BGB/*Schöne*, § 738 Rn. 31; Erman/*Westermann H. P.*, § 738 Rn. 13; MüKoBGB/*Schäfer*, § 738 Rn. 61 jeweils m. w. N.; kritisch hierzu *Kohl*, MDR 1995, 865 ff.

[56] Zur Überlebensbedingung vgl. BeckOK BGB/*Litzenburger*, § 2301 Rn. 4 ff.; Erman/*Westermann H. P.*, § 2301 Rn. 4; Palandt/*Weidlich*, § 2301 Rn. 3 f.; *Schlüter/Röthel*, § 26 Rn. 5.

[57] Zur Sonderrechtsnachfolge mehrerer Erben in die Rechtsstellung des verstorbenen Gesellschafters vgl. BGHZ 55, 267 (269); 68, 225 (237); BeckOK BGB/*Schöne*, § 727 Rn. 16; Erman/*Westermann H. P.*, § 727 Rn. 8; *Hueck A.*, § 28 II 2a (S. 410 f.); *Schlüter/Röthel*, § 26 Rn. 15.

[58] Vgl. MüKoBGB/*Schäfer*, § 738 Rn. 61; MüKoHGB/*Schmidt K.*, § 131 Rn. 162; *Schmidt K.*, GesR, § 45 V 3b (S. 1337) m. w. N.; a. A. für den einseitigen Abfindungsausschluss *Wiedemann*, Übertragung und Vererbung, S. 188; *Reuter/Kunath*, JuS 1977, 376 (381 f.).

Fall 24. Streit um die Abfindung 317

c) Nichtigkeit nach §§ 518 Abs. 1 S. 1, 125 S. 1 BGB

Die Buchwertklausel gem. § 14 Abs. 2 GV ist allerdings wegen fehlender notarieller Beurkundung unwirksam, wenn es sich bei dem vertraglichen „Verzicht" auf die Wertdifferenz gegenüber der vollwertigen Abfindung um ein Schenkungsversprechen handelt (§§ 518 Abs. 1 S. 1, 125 S. 1 BGB).

Der Wertung der vertraglichen Abfindungsbeschränkung als Schenkungsversprechen kann jedoch entgegenstehen, dass es hierbei am nach § 516 Abs. 1 BGB erforderlichen Tatbestandsmerkmal der Zuwendung eines bereits vorhandenen Vermögenswertes fehlt. Die Abfindung ist vielmehr ein integrierter Bestandteil des Gesellschaftsvertrages. Die abfindungsbeschränkende Klausel ist als einen Erlassvertrag gem. § 397 Abs. 1 BGB über den künftigen, erst mit dem Ausscheiden des Gesellschafters gem. § 738 Abs. 1 BGB entstehenden Abfindungsanspruch zu werten. Die Beurteilung dieser Abrede kann demnach nach den spezifischen Sonderregeln des Gesellschaftsrechts, die den schenkungsrechtlichen Vorschriften i. d. R. vorgeht, erfolgen.[59] Die Buchwertklausel ist demnach kein Schenkungsversprechen i. S. v. § 516 BGB, welches zu seiner Wirksamkeit der notariellen Beurkundung gem. § 518 Abs. 1 S. 1 BGB bedarf.

Wird die nicht alle Gesellschafter gleich treffende abfindungsbeschränkende Vereinbarung dennoch als unentgeltliche Zuwendung des betroffenen Gesellschafters an dessen Mitgesellschafter gewertet,[60] ist zu berücksichtigen, dass diese Zuwendung bereits im Gesellschaftsvertrag vollzogen wurde.[61] Demnach kann der Mangel der fehlenden notariellen Beurkundung der Buchwertklausel in § 14 Abs. 2 S. 2 GV gem. § 518 Abs. 2 BGB als geheilt gelten. Dagegen kann jedoch sprechen, dass es bei einer Abfindungsbeschränkung im Falle des Todes eines Gesellschafters an einem Vollzug der unentgeltlichen Zuwendung fehlt.[62] Der Gesellschafter hat zu Lebzeiten keinerlei Vermögensopfer erbracht. Er kann sein Gesellschaftsverhältnis weiterhin jederzeit kündigen und sich sein (vollwertiges oder angemessenes) Abfindungsguthaben auszahlen lassen. Ein Vollzug der Zuwendung bereits im Gesellschaftsvertrag kann demnach aber angenommen werden, wenn die Abfindungsklausel nicht nur für das Ausscheiden des Gesellschafters durch dessen Tod, sondern auch für die übrigen Fälle des Ausscheidens, z. B. aufgrund eigener Kündigung, gilt. In diesem Fall kann der betroffene Gesellschafter den endgültigen Eintritt der Zuwendung nicht mehr einseitig verhindern. Der Abfindungsanspruch von *P* im Gesellschaftsvertrag ist nicht nur für den Fall seines Todes, sondern ganz allgemein auch für sein Ausscheiden infolge Eigenkündigung gem. § 10 Abs. 3 GV auf den Buchwert beschränkt. Somit kann in der Abfindungsklausel eine bereits im Gesellschaftsvertrag vollzogene unentgeltliche Zuwendung an die übrigen Gesellschafter gesehen werden.

---

[59] Zum Schenkungsversprechen bei Zuwendungen von gesellschaftsrechtlichen Positionen, MüKoBGB/*Koch J.*, § 516 Rn. 28 ff.

[60] Baumbach/Hopt/*Roth*, § 131 Rn. 62 m. w. N. Die Unentgeltlichkeit der Zuwendung wird verneint, wenn die Klausel für alle Gesellschafter gleich vereinbart ist. In diesem Falle riskiere jeder Gesellschafter den Verlust seines Gesellschaftsanteils wegen der Chance, die Gesellschaftsanteile der Mitgesellschafter für den Fall ihres Ausscheidens erwerben zu können; vgl. MüKoHGB/*Schmidt K.*, § 131 Rn. 162.

[61] Vgl. die für die Abfindungsbeschränkung entsprechend geltenden Überlegungen zum Abfindungsausschluss bei *KG* JR 1959, 101 f.; *BGH* WM 1971, 1338 (1339); MüKoHGB/ *Schmidt K.*, § 131 Rn. 161; Soergel/*Hadding/Kießling*, § 738 Rn. 52.

[62] *BGH* NJW 1975, 1774; Wiedemann, Übertragung und Vererbung, S. 188; Reuter/Kunath, JuS 1977, 376 (381); zur Problematik bei Beteiligungen an Personengesellschaften, Beck-OK BGB/*Siede*, § 1416 Rn. 5 f.

Die Buchwertklausel ist folglich nicht nach §§ 518 Abs. 1 S. 1, 125 S. 1 BGB formnichtig. Der Abfindungsanspruch von X ist demnach wirksam auf eine Abfindung nach Buchwerten beschränkt.

II. Abfindungsanspruch von X jeweils gegen S und T

Für den X gegenüber der OHG zustehenden Abfindungsanspruch nach Buchwerten haften die Gesellschafter S und T; vgl. oben A. II.

III. Ergebnis

X hat gegenüber der OHG gem. § 738 Abs. 1 S. 2, 3. Fall BGB, § 105 Abs. 3 HGB i. V. m. § 124 Abs. 1 HGB i. V. m. § 1922 Abs. 1 BGB einen Anspruch auf Auszahlung eines Abfindungsguthabens i. H. d. Buchwertes des in den Nachlass gefallenen Geschäftsanteils von P, also i. H. v. 900.000 EUR. Weitergehende Zahlungsansprüche hat X gegen die OHG nicht. Für die Verpflichtung der OHG gegenüber X zur Zahlung von 900.000 EUR haften S und T ihr gegenüber gem. § 738 Abs. 1 S. 2 BGB, § 105 Abs. 3 HGB i. V. m. §§ 128 S. 1, 124 Abs. 1 HGB.

Fall 25. Das unzufriedene Publikum

Schwerpunkte im Recht der Publikumspersonengesellschaft – Kapitalgesellschaftsrecht:
Begriff und Merkmale der Publikumspersonengesellschaft – Abberufung des Geschäftsführers aus wichtigem Grund – Einberufung einer Gesellschafterversammlung durch nicht geschäftsführenden Gesellschafter – Inhaltskontrolle des Gesellschaftsvertrages – unangemessene Benachteiligung der Anlegergesellschafter

Sachverhalt

Angesichts der zunehmenden Knappheit von Wohnraum in den Ballungsgebieten entschließt sich Finanzkaufmann *Rührig (R)*, in „großem Stil" in das Grundstücksgeschäft einzusteigen. Hierzu und um das nötige Kapital zum Erwerb und Bau von Apartmenthäusern beschaffen, deren Eigentumswohnungen später vermietet oder mit Gewinn verkauft werden sollen, gründet er gemeinsam mit dem Steuerberater *Dr. Zögerlich (Z)* unter der Bezeichnung „Immobiliengesellschaft Rührig" eine Gesellschaft bürgerlichen Rechts (R-GbR), die von Anfang an auf den Beitritt weiterer finanzkräftiger Gesellschafter angelegt ist.

Der im Januar 2011 vereinbarte Gesellschaftsvertrag (im Folgenden: GV) enthält unter anderem folgende Bestimmungen:

§ 1 Gegenstand der Gesellschaft

Gegenstand der Gesellschaft ist der Erwerb, die Verwaltung und die Verwertung von Grundstücken sowie alle damit im Zusammenhang stehenden Geschäfte.

§ 2 Geschäftsführung und Vertretung

R ist zur alleinigen Geschäftsführung und Vertretung für alle Gesellschafter berechtigt und verpflichtet. Er ist jederzeit zur Aufnahme weiterer Gesellschafter befugt.

§ 3 Austritt, Haftung

Bei Austritt eines Gesellschafters wird die Gesellschaft unter den übrigen Gesellschaftern fortgesetzt. Die Gesellschafter haften den Gläubigern der Gesellschaft mit dem Gesellschaftsvermögen als Gesamtschuldner und mit ihrem sonstigen Vermögen nur quotal entsprechend ihrer kapitalmäßigen Beteiligung an der Gesellschaft.

§ 4 Gesellschafterversammlung

(1) Die Gesellschafter nehmen ihre Rechte in der Gesellschafterversammlung wahr. Die ordentliche Gesellschafterversammlung findet jährlich einmal innerhalb der ersten acht Monate des Geschäftsjahres am Sitz der Gesellschaft statt. Die Einberufung erfolgt durch den Geschäftsführer. Die Beschlüsse der Gesellschafterversammlung werden mit ein-

facher Mehrheit gefasst, soweit dieser Vertrag nichts anderes regelt. Jeder Euro eines Geschäftsanteils gewährt eine Stimme.

(2) Der Geschäftsführer hat eine außerordentliche Gesellschafterversammlung einzuberufen, wenn Gesellschafter, die mindestens 25 % des Gesamtnennbetrages aller Anteile vertreten, dies schriftlich unter Angabe des Zwecks und der Gründe beantragen.

(3) Die Gesellschafterversammlung ist nur bei Anwesenheit des Geschäftsführers beschlussfähig.

§ 6 Abberufung des Geschäftsführers

Der Geschäftsführer kann von der Gesellschafterversammlung nur aus wichtigem Grund abberufen werden. Der Beschluss bedarf einer Mehrheit von 2/3 der abgegebenen Stimmen.

§ 9 Änderung des Gesellschaftsvertrages

Änderungen des Gesellschaftsvertrages werden durch die Gesellschafterversammlung mit 3/4-Mehrheit der abgegebenen Stimmen beschlossen.

R übernimmt einen Anteil i. H. v. 1.000.000 EUR und Z einen Anteil i. H. v. 2.000.000 EUR. Aufgrund des bei der X-Bank ausgelegten Prospekts über die R-GbR beteiligen sich Zahnarzt Dr. *Blent (B)* mit 6.000.000 EUR, Immobilienmakler *Courtage (C)* mit 5.000.000 EUR sowie drei weitere Gesellschafter – *D, E* und *F* – mit jeweils 2.000.000 EUR an der Gesellschaft.

In der ordentlichen Gesellschafterversammlung im Februar 2017 berichtet *R*, ein kurz nach Aufnahme der Gesellschaftstätigkeit in Bochum erworbenes Objekt müsse mit erheblichem finanziellen Aufwand saniert werden. Da jedoch nicht abzusehen sei, ob trotz dieser Investition mittelfristig eine marktgerechte Rendite erzielt werden könne, empfehle er den baldigen Verkauf des Objekts, um auf diese Weise eventuell entstehende Verluste zu vermeiden. Im Verlaufe der Diskussion kann über das künftige Vorgehen keine Einigkeit erzielt werden. Die Gesellschafterversammlung spricht schließlich an *R* die Empfehlung aus, vor einer Verkaufsentscheidung eine Wirtschaftlichkeitsberechnung des Objektes durch eine Centermanagementgesellschaft erstellen zu lassen. Entgegen dieser Empfehlung verhandelt *R* schon Anfang März 2017 mit *Y* über den Verkauf des Objektes.

B erfährt zufällig hiervon und ist über das Verhalten von *R* empört. Er fordert *R* Mitte März 2017 schriftlich auf, unverzüglich eine außerordentliche Gesellschafterversammlung mit den Tagesordnungspunkten „Abberufung des Geschäftsführers" und „Bestellung eines Geschäftsführers" einzuberufen. Sein Verlangen begründet er damit, dass *R* entgegen der Empfehlung der Gesellschafterversammlung Verkaufsverhandlungen geführt habe. Als *R* dieser Aufforderung bis Anfang Mai 2017 nicht nachkommt, lädt *B* alle Gesellschafter form- und fristgerecht zu einer außerordentlichen Gesellschafterversammlung für den 11.6.2017 mit den genannten Tagesordnungspunkten und unter Mitteilung des Sachverhalts ein. Im Verlaufe dieser Versammlung stimmen *B* und *C* gegen die Stimmen von *D, E, F* und *Z* für die Abberufung von *R* mit sofortiger Wirkung und die Bestellung von *B* zum neuen Geschäftsführer. *R* bleibt der Gesellschafterversammlung absichtlich fern. *B* teilt *R* kurze Zeit später die in der Gesellschafterversammlung gefassten Beschlüsse mit. Als Grund für die Abberufung von *R* als Geschäftsführer führt er dessen Verhalten bei der Verwaltung des Bochumer Objektes an sowie die Weigerung, die beantragte Gesellschafterversammlung einzuberufen. *R* vertritt die Ansicht, die Beschlüsse der außerordentlichen Gesellschafterversammlung seien unwirksam.

Ist *R* wirksam als Geschäftsführer abberufen worden?

Fall 25. Das unzufriedene Publikum 321

Bearbeiterhinweis: Es ist davon auszugehen, dass das Unternehmen der R-GbR kein Handelsgewerbe i. S. d. § 1 HGB darstellt.

Lösung

A. Wirksamkeit der Abberufung von R als Geschäftsführer

R ist wirksam als Geschäftsführer abberufen worden, wenn die Gesellschafterversammlung vom 11.6.2017 durch B wirksam einberufen worden ist, der Beschluss über seine Abberufung wirksam gefasst wurde und in der Person von R ein wichtiger Grund zur Abberufung vorlag.

I. Wirksame Einberufung der Gesellschafterversammlung durch B

Die Gesellschafterversammlung der R-GbR vom 11.6.2017, auf der die Abberufung von R als Geschäftsführer Beschlussgegenstand war, muss zunächst wirksam durch B einberufen worden sein. Ansonsten wären die auf dieser Gesellschafterversammlung gefassten Beschlüsse wegen eines Einberufungsmangels nichtig.[1] Zweifel an der Berechtigung von B, eine Gesellschafterversammlung einzuberufen, können sich aus § 4 Abs. 1 S. 3 GV ergeben, wonach die Einberufung einer Gesellschafterversammlung nur durch R als den zum fraglichen Zeitpunkt bestellten Geschäftsführer zulässig ist. R ist der Aufforderung von B, eine außerordentliche Gesellschafterversammlung einzuberufen, allerdings nicht nachgekommen. In dem Gesellschaftsvertrag der R-GbR findet sich keine Regelung darüber, was gelten soll, wenn der Geschäftsführer eine solche Aufforderung übergeht und die beantragte Gesellschafterversammlung nicht einberuft. Aus den für die R-GbR unmittelbar geltenden §§ 705 ff. BGB kann hierzu ebenfalls nichts entnommen werden. Den übrigen Gesellschaftern kann aber in Anlehnung an die gesetzlichen Vorschriften bei den Kapitalgesellschaften ein Selbsthilferecht i. S. eines „Noteinberufungsrechts" zustehen.

1. Einberufungsrecht analog § 122 AktG

Ein „Noteinberufungsrecht" kann sich aus einer entsprechenden Anwendung von § 122 AktG ergeben. Nach dieser Vorschrift kann eine Minderheit unter bestimmten Voraussetzungen die Einberufung einer Hauptversammlung verlangen und so erzwingen, dass einzelne Gegenstände zur Beschlussfassung in einer Hauptversammlung gestellt werden. Eine analoge Anwendung dieser Norm auf eine Personengesellschaft kann indes schon – unabhängig von allen anderen Voraussetzungen einer Analogie[2] – aufgrund der in § 122 Abs. 3 AktG normierten Rechtsfolge abzulehnen

---

[1] Vgl. BGHZ 87, 1 (3); 102, 172 (174 f.); *BGH* NZG 2014, 621. Zur grds. Nichtigkeit fehlerhafter Gesellschafterbeschlüsse von Personengesellschaften vgl. Baumbach/Hopt/*Roth*, § 119 Rn. 31; BeckOK BGB/*Schöne*, § 709 Rn. 61 ff.; Erman/*Westermann H. P.*, § 709 Rn. 37 f.; MüKoBGB/*Schäfer*, § 709 Rn. 105 ff.; NK-BGB/*Heidel*, § 709 Rn. 64 f.; EBJS/ *Freitag*, § 119 Rn. 77 ff.; RWH/*Haas*, § 119 Rn. 8 ff.; MünchHdb.GesR II/*Jaletzke*, § 66 Rn. 29; *Wiedemann*, GesR II, § 4 I 5 (S. 321 ff.); kritisch hierzu *Schmidt K.*, GesR, § 15 II 3 (S. 447 f.).

[2] Ist die Nichtanwendbarkeit einer Norm im Hinblick auf das Fehlen eines bestimmten Tatbestandsmerkmales oder im Hinblick auf die unpassende Rechtsfolge offensichtlich, genügt es, bei der Prüfung auf dieses Merkmal abzustellen. Es brauchen in diesen Fällen nicht unbedingt streng logisch die an sich vorrangigen übrigen Tatbestandsmerkmale (also die einzelnen Analogievoraussetzungen: Regelungslücke, Planwidrigkeit der Regelungs-

sein. Nach dieser Vorschrift kann das Gericht die Aktionäre ermächtigen, die Hauptversammlung einzuberufen. Ein Recht zur eigenmächtigen Einberufung der Hauptversammlung durch einzelne Aktionäre ist indes nicht vorgesehen.

Die Befugnis von B zur Einladung zu einer außerordentlichen Gesellschafterversammlung der R-GbR kann somit nicht auf § 122 AktG analog gestützt werden.[3]

2. Einberufungsrecht analog § 50 Abs. 3 GmbHG

Möglicherweise war B aber analog § 50 Abs. 3 GmbHG berechtigt, die Gesellschafterversammlung einzuberufen. Die analoge Anwendung setzt voraus, dass die Interessenlage bei der R-GbR vom Normzweck des § 50 Abs. 3 GmbHG erfasst wird. Dazu muss die R-GbR mit einer Kapitalgesellschaft wie der GmbH vergleichbar sein. Dies ist dann der Fall, wenn es sich bei der R-GbR um eine kapitalistisch strukturierte Publikumspersonengesellschaft handelt. Diese Form der Personengesellschaft ist eine auf Kapitalsammlung angelegte Gesellschaft, die aufgrund der Vielzahl rein kapitalistisch beteiligter Gesellschafter der Kapitalgesellschaft – und damit auch der GmbH – in ihrer inneren Struktur recht nahe kommt.[4]

Dabei steht nicht schon die Rechtsform als GbR der Einordnung der R-GbR als Publikumspersonengesellschaft entgegen.[5] Zwar treten letztere meist in der Form der KG auf; zwingend ist dies aber nicht.[6] Entscheidend für die Annahme einer Publikumspersonengesellschaft ist letztlich, ob die konkrete Personengesellschaft nach ihrem Zweck und ihrer Ausgestaltung der Kapitalgesellschaft stark angenähert ist.[7]

a) Publikumscharakter der R-GbR

Bei der R-GbR kann es sich, obwohl sie nur sieben Gesellschafter hat, um eine Publikumspersonengesellschaft handeln. Dann muss sie die für eine Publikumspersonengesellschaft charakteristischen Merkmale aufweisen. Sie muss auf eine Vielzahl von Gesellschaftern angelegt und vom konkreten Gesellschafterbestand unabhängig sein. Des Weiteren muss die Rechtsstellung der Anlegergesellschafter kapitalistisch

---

lücke, vergleichbare Interessenlage) erörtert zu werden. „Klassisch schulmäßig" – insoweit hier aber nicht unbedingt geboten – wäre demgegenüber ein anderer Aufbau, als er im Folgenden im Text entwickelt wird: Danach müssten die Überlegungen im Text sogleich unter 2. a) vorab im Rahmen von § 122 AktG geprüft werden, nicht aber – wie hier – erst zu § 50 Abs. 3 GmbHG.

[3] Vgl. hierzu ebenso *Reichert/Winter*, BB 1988, 981 (985).
[4] Vgl. ausführlich zur Publikumsgesellschaft EBJS/*Henze/Notz*, § 177a Anh. B Rn. 1 ff.; Heymann/*Horn*, § 161 Rn. 152 ff.; MüKoHGB/*Grunewald*, § 161 Rn. 106 ff.; RWH/*Haas/Mock*, § 161 Rn. 79 ff.; *Schmidt K.*, GesR, § 57 (S. 1665 ff.) sowie die Kurzdarstellungen bei Baumbach/Hopt/*Roth*, Anh. § 177a Rn. 52 ff.; *Kübler/Assmann*, § 21 III (S. 342 ff.); *Saenger*, Rn. 434; *Wiedemann*, GesR I, § 2 II 2 (S. 121 ff.); *Windbichler*, § 19 Rn. 1 ff.
[5] Die 2011 gegründete R-GbR unterfällt nicht dem ab 2013 geltenden KAGB mit den strengen Rechtsformzwang gem. §§ 18, 91, 108, 124, 139, 140, 149 KAGB, seinen zahlreichen gesellschaftsrechtlichen Sondervorschriften über Form und Inhalt des Gesellschaftsvertrages gem. §§ 110, 125, 142, 150 KAGB bzw. die Organisationsstruktur gem. §§ 119, 128, 147, 153 KAGB.
[6] Vgl. *Schmidt K.*, GesR, § 57 I 2b) (S. 1668 f.). Zu den verschiedenen rechtlichen Erscheinungsformen von Publikumspersonengesellschaften vgl. EBJS/*Henze/Notz*, § 177a Anh. B Rn. 9 ff.; MüKoHGB/*Grunewald*, § 161 Rn. 108. Auch in den Fällen von BGHZ 102, 172 ff.; *BGH* ZIP 2005, 1361 ff.; NJW 2006, 2980 ff.; 2007, 1813 ff. handelte es sich jeweils um eine Publikums-GbR.
[7] Vgl. *Schmidt K.*, GesR, § 57 I 2a) (S. 1667 f.).

Fall 25. Das unzufriedene Publikum 323

ausgestaltet sein, und die Gesellschaft muss eine körperschaftliche Organisationsstruktur aufweisen.

aa) Beabsichtigte Gesellschaftervielzahl

Charakteristisch für Publikumspersonengesellschaften ist, dass sie auf den Beitritt möglichst zahlreicher Gesellschafter angelegt sind, ohne dass es auf die später tatsächlich erreichte Gesellschafterzahl ankommt.[8] Im Gegensatz zum gesetzlichen Leitbild einer GbR, die auf einen zahlenmäßig beschränkten Gesellschafterkreis festgelegt ist, muss der Gesellschafterkreis der R-GbR außer ihren Gründungsgesellschaftern *R* und *Z* noch aus mehr oder weniger zufällig zusammengeführten Gesellschaftern bestehen.[9] Die weiteren Gesellschafter der R-GbR, nämlich *C*, *D*, *E* und *F*, sind jeweils mittels eines bei der X-Bank ausgelegten Prospekts geworben worden. Gerade die Prospektwerbung, mit der ein breites Anlegerpublikum angesprochen werden soll, ist typisch für Publikumspersonengesellschaften.[10] Anders als bei einer dem gesetzlichen Leitbild entsprechenden GbR bedurfte es zur Aufnahme der neuen Gesellschafter auch nicht der Mitwirkung aller bisherigen Gesellschafter, sondern *R* war nach § 2 S. 2 GV jederzeit zur Aufnahme weiterer Gesellschafter in die R-GbR berechtigt.[11] Auch dadurch wird deutlich, dass die R-GbR auf den Beitritt möglichst zahlreicher Gesellschafter angelegt ist.

bb) Fortsetzungsklausel

Die R-GbR muss ferner so ausgestaltet sein, dass sie von der konkreten Gesellschafterzusammensetzung unabhängig ist, das Ausscheiden eines Gesellschafters somit nicht zur Auflösung der Gesellschaft führt. Die Unabhängigkeit der Gesellschaft vom konkreten Mitgliederbestand ist ein Kennzeichen für eine Publikumspersonengesellschaft.[12] Nach § 3 S. 1 GV soll die Gesellschaft nach dem Austritt eines Gesellschafters unter den übrigen Gesellschaftern fortgesetzt werden. Dies belegt, dass der Bestand der Gesellschaft von einer Veränderung der Mitgliederzahl unberührt bleiben sollte. Die R-GbR ist daher vom konkreten Mitgliederbestand unabhängig.

cc) „Kapitalistische" Gesellschafterstellung

Die Mitgliedschaft der Anlegergesellschafter in der R-GbR muss ferner kapitalistisch ausgestaltet sein.[13] Das ist insbesondere dann der Fall, wenn der Umfang der Rechte ihrer Gesellschafter von der Höhe ihrer Kapitalbeteiligung abhängig ist.

Für eine derartige kapitalistische Ausgestaltung der Mitgliedschaft spricht zunächst, dass sich das Stimmrecht der einzelnen Gesellschafter in der R-GbR nicht „nach Köpfen" (vgl. § 709 Abs. 2 BGB für die dem gesetzlichen Leitbild entsprechende

---

[8] Vgl. BGHZ 102, 172 (177 f.); zustimmend *Reichert/Winter*, BB 1988, 981 (983).
[9] So BGHZ 102, 172 (177 f.).
[10] Zu Fragen der damit verbundenen sog. Prospekthaftung siehe Baumbach/Hopt/*Roth*, Anh. § 177a Rn. 59 ff.; EBJS/*Henze/Notz*, § 177a Anh. B Rn. 80 ff.; MüKoHGB/*Grunewald*, § 161 Rn. 187 ff.; RWH/*Haas/Mock*, § 161 Rn. 181 ff.; *Schmidt K.*, GesR, § 57 IV 3 (S. 1684 ff.).
[11] Zur Zulässigkeit einer derartigen Ermächtigung des Geschäftsführers vgl. MüKoBGB/*Schäfer*, § 709 Rn. 10; *Schmidt K.*, GesR, § 57 II 1a) (S. 1671 f.) und zur entsprechenden Ermächtigung der Komplementär-GmbH einer Publikums-GmbH & Co. KG vgl. EBJS/*Henze/Notz*, § 177a Anh. B Rn. 13; Oetker/*Oetker*, § 161 Rn. 127.
[12] Vgl. BGHZ 64, 238 (241).
[13] Vgl. BGHZ 84, 11 (13).

GbR), sondern gem. § 4 Abs. 1 S. 5 GV nach der Höhe des Nennbetrages der jeweiligen Einlage richtet. Außerdem ist das aus § 709 Abs. 1, 2. Halbs. BGB abzuleitende Zustimmungserfordernis aller Gesellschafter zu einem Gesellschafterbeschluss in § 4 Abs. 1 S. 4 GV und § 9 GV durch das einfache bzw. qualifizierte Mehrheitsprinzip abbedungen worden. Zudem bestimmt § 4 Abs. 2 GV, dass das Recht der Gesellschafter, die Einberufung einer außerordentlichen Gesellschafterversammlung zu beantragen, die Kapitalbeteiligung in einer bestimmten Mindesthöhe voraussetzt. Darüber hinaus zeigt sich auch in der in § 3 S. 2 GV normierten Haftungsbegrenzung die kapitalistische Ausrichtung der Gesellschaftszugehörigkeit.[14]

Die Mitgliedschaft der Anlegergesellschafter in der R-GbR ist demnach kapitalistisch ausgestaltet.

dd) Körperschaftliche Struktur

Die R-GbR muss schließlich körperschaftlich strukturiert sein. Von einer körperschaftlichen Struktur[15] der Personengesellschaft kann gesprochen werden, wenn die Gesellschaft verschiedene Organe mit unterschiedlichen Entscheidungsbefugnissen hat. Die Einstufung einer GbR als Publikumspersonengesellschaft verlangt indessen keine trennscharfe Abschichtung von Entscheidungsbefugnissen. Maßgeblich ist vielmehr, dass die Bündelung einzelner Entscheidungsbefugnisse körperschaftliche Wesensmerkmale den Publikumscharakter der Gesellschaft deutlich werden lässt. Dem entspricht die im GV der R-GbR durchgeführte Kompetenzverteilung. Nach § 2 S. 1 GV ist die Geschäftsführung und Vertretung alleinige Angelegenheit von *R*, der mithin einem Vorstand vergleichbare Aufgaben (vgl. §§ 76 Abs. 1, 78 Abs. 1 S. 1, 82 Abs. 1 AktG) wahrnimmt, während die Anlegergesellschafter ihre Rechte gem. § 4 Abs. 1 S. 1 und S. 2 GV – vergleichbar den Aktionären in der Hauptversammlung (vgl. §§ 118 Abs. 1 S. 1, 120 Abs. 1 S. 1 AktG) – nur in einer jährlich einmal stattfindenden ordentlichen Gesellschafterversammlung wahrnehmen. Außerdem unterliegen nur grundlegende Entscheidungen wie die Abberufung des Geschäftsführers nach § 6 GV oder die Änderung des Gesellschaftsvertrages gem. § 9 GV der Beschlussfassung der Gesellschafter. Auch insoweit sind die Kompetenzen der Gesellschafterversammlung der R-GbR den Kompetenzen einer Hauptversammlung gem. § 119 Abs. 1 AktG nachgebildet.

Die R-GbR hat ausweislich ihrer gesellschaftsvertraglichen Regelungen eine körperschaftliche Struktur.

---

[14] Seit Anerkennung der Haftung der GbR-Gesellschafter analog § 128 HGB durch *BGH* NJW 2001, 1056 stellt sich die Frage, ob dies auch für die Gesellschafter einer Publikums-GbR gilt. In BGHZ 150, 1 ff. hat der BGH noch eine vorformulierte Haftungsbeschränkung in den AGB einer Publikums-GbR nicht als Verstoß gegen § 307 BGB gewertet. Ob darüber hinaus eine institutionelle Haftungsbeschränkung für die Anlegergesellschafter einer Publikums-GbR auf die Höhe ihrer Einlage anzuerkennen ist (so BeckOK BGB/ *Schöne*, § 714 Rn. 45; MüKoBGB/*Schäfer*, § 714 Rn. 62 ff.), ist noch nicht höchstrichterlich geklärt. Jedenfalls finden solche Überlegungen ihre Grenze dort, wo im Gesellschaftsvertrag der Publikums-GbR eine unbeschränkte Haftung der Gesellschafter für die Gesellschaftsverbindlichkeiten mit ihrem gesamten Vermögen vorgesehen ist. Zu den Besonderheiten bei Regelung einer quotalen Haftung der Gesellschafter vgl. *BGH* NJW 2011, 2045 ff.; BGHZ 188, 233 ff.; *BGH* NZG 2011, 1023 ff.; kritisch hierzu Erman/*Westermann H. P.*, § 714 Rn. 22 f.

[15] Zur Organisationsstruktur der Publikumspersonengesellschaft vgl. Baumbach/Hopt/*Roth*, Anh. § 177a Rn. 70 ff.; EBJS/*Henze/Notz*, Anh. B § 177a Rn. 1 ff.; *Schmidt K.*, GesR, § 57 II 2 (S. 1674 ff.).

Fall 25. Das unzufriedene Publikum

ee) Ergebnis zur analogen Anwendbarkeit von § 50 Abs. 3 GmbHG

Bei der R-GbR handelt es sich somit um eine Publikumsgesellschaft bürgerlichen Rechts, auf die wegen der vergleichbaren Interessenlage § 50 Abs. 3 GmbHG analog angewandt werden kann.[16]

b) Voraussetzungen des § 50 Abs. 3 GmbHG analog

Weiterhin müssen die Voraussetzungen für ein Einberufungsrecht analog § 50 Abs. 3 i. V. m. Abs. 1 GmbHG vorliegen. Dann muss ein hierzu berechtigter Gesellschafter von *R* wirksam die Einberufung einer Gesellschafterversammlung verlangt haben, dem *R* nicht nachgekommen ist.

Das Einberufungsverlangen muss zunächst von einem hierzu berechtigten Gesellschafter geäußert worden sein. Dieses Recht haben gem. § 4 Abs. 2 GV Gesellschafter, die mindestens 25 % des Gesamtnennbetrages aller Anteile der R-GbR vertreten. Diese Voraussetzung erfüllt *B*. Er ist mit 6.000.000 EUR am Gesamtnennkapital der R-GbR i. H. v. insgesamt 20.000.000 EUR beteiligt und verfügt daher über eine Beteiligungsquote von mehr als den in § 4 Abs. 2 GV geforderten 25 %.[17]

Das Mitte März 2017 erfolgte Einberufungsverlangen von *B* muss weiterhin wirksam sein. Das Schriftformerfordernis gem. § 4 Abs. 2 GV hat er beachtet. Er hat mit den Tagesordnungspunkten „Abberufung des Geschäftsführers" und „Bestellung eines Geschäftsführers" auch den Zweck der außerordentlichen Gesellschafterversammlung angegeben und damit das weitere Erfordernis gem. § 4 Abs. 2 GV i. V. m. § 50 Abs. 1 GmbHG analog erfüllt. Schließlich hat er auch dem Begründungserfordernis gem. § 4 Abs. 2 GV i. V. m. § 50 Abs. 1 GmbHG analog genügt, indem er ausführte, *R* habe entgegen der Empfehlung der Gesellschafterversammlung Verkaufsverhandlungen geführt. Es ist schließlich davon auszugehen, dass *R* das Einberufungsverlangen von *B* gem. § 130 Abs. 1 BGB zugegangen ist. Das Einberufungsverlangen von *B* ist somit wirksam.

B steht das Noteinberufungsrecht zur Gesellschafterversammlung der R-GbR jedoch analog § 50 Abs. 3 GmbHG nur zu, wenn *R* als der hierfür gem. § 4 Abs. 1 S. 3, Abs. 2 GV zuständige Geschäftsführer diesem Verlangen nicht entsprochen hat. *R* kam dem Mitte März 2017 gestellten Einberufungsantrag bis Anfang Mai 2017 nicht nach. *B* hatte um unverzügliche Einberufung nachgesucht, sodass die Untätigkeit von *R* nach Ablauf von sechs Wochen als Nichteinberufung angesehen werden kann.

B war analog § 50 Abs. 3 GmbHG berechtigt, die außerordentliche Gesellschafterversammlung einzuberufen. Von diesem Recht hat *B* wirksam Gebrauch gemacht.

II. Wirksame Beschlussfassung

Des Weiteren muss der in der Gesellschafterversammlung vom 11.6.2017 gefasste Beschluss über die Abberufung von *R* als Geschäftsführer der R-GbR wirksam sein. Dafür ist Voraussetzung, dass die Gesellschafterversammlung der R-GbR am 11.6.2017 beschlussfähig war, ein wichtiger Grund für die Abberufung von *R* als

---

[16] Vgl. *BGH* NJW 1998, 1946 (1947).
[17] Wegen der Beteiligungsquote von *B* i. H. v. 30 % kann es unentschieden bleiben, ob das in § 4 Abs. 2 GV normierte Quorum für die Einberufung der Gesellschafterversammlung wirksam ist oder ob eine 10%ige Beteiligungsquote analog § 50 Abs. 3 S. 1 i. V. m. Abs. 1 GmbHG ausreichend wäre; dafür *Reichert/Winter*, BB 1988, 981 (985).

Geschäftsführer der R-GbR vorlag und der Beschluss mit der erforderlichen Mehrheit zustande gekommen ist.

1. Beschlussfähigkeit

Die Gesellschafterversammlung der R-GbR vom 11.6.2017 kann beschlussfähig gewesen sein, obwohl R an ihr nicht teilgenommen hat, wie es nach § 4 Abs. 3 GV erforderlich gewesen wäre.

Der Beschlussfähigkeit der Gesellschafterversammlung der R-GbR steht die Nichtanwesenheit von R nicht entgegen, wenn sein Fernbleiben von der Gesellschafterversammlung treuwidrig war. R blieb der Gesellschafterversammlung absichtlich fern, um ihre Beschlussfähigkeit zu verhindern. Damit wollte er zugleich einen Gesellschafterbeschluss über seine Abberufung als Geschäftsführer „torpedieren". Dieses Verhalten von R war treupflichtwidrig und damit rechtlich unbeachtlich. R konnte somit die Beschlussfähigkeit der Gesellschafterversammlung der R-GbR am 11.6.2017 nicht durch seine absichtliche Nichtanwesenheit verhindern.[18] R wird hierdurch auch nicht rechtlich benachteiligt. Er kann den während seiner Abwesenheit gefassten Abberufungsbeschluss gerichtlich überprüfen lassen.[19]

Die Gesellschafterversammlung der R-GbR vom 11.6.2017 war somit beschlussfähig.

III. Wichtiger Grund

Nach § 6 S. 1 GV bedarf die Abberufung des Geschäftsführers ferner eines wichtigen Grundes in der Person des R.[20]

Als wichtiger Grund für die Abberufung des geschäftsführenden Gesellschafters ist ein Verhalten anzusehen, das dem Willen der übrigen Gesellschafter deutlich widerspricht und die bestehende Vertrauensgrundlage zerstört oder zumindest erheblich beeinträchtigt.[21] Dementsprechend ist das einem Gesellschafterbeschluss zuwiderlaufende Handeln des Geschäftsführers als wichtiger Grund zur Abberufung des Geschäftsführers zu werten.[22]

---

[18] Überdies hätte R selbst bei Anwesenheit in der Gesellschafterversammlung bei der Beschlussfassung über seine Abberufung als Geschäftsführer kein Stimmrecht gehabt. Das Stimmverbot für R bei dieser Beschlussfassung folgt aus §§ 712 Abs. 1, 715 BGB, wonach die „übrigen" Gesellschafter über die Abberufung des Geschäftsführers entscheiden. Das Stimmverbot des von der Abberufung als Geschäftsführer aus wichtigem Grund betroffenen Gesellschafters lässt sich zudem auf den aus einer Gesamtanalogie zu §§ 34, 712 Abs. 1, 715 Abs. 1, 737 S. 2 BGB, §§ 117, 127, 140 Abs. 1 S. 1 HGB, § 47 Abs. 4 S. 1, 1. Fall GmbHG, § 43 Abs. 6 GenG hergeleiteten allgemeinen Rechtsgedanken stützen, wonach niemand Richter in eigenen Angelegenheiten sein kann; vgl. *Schmidt K.*, GesR, § 21 II 2a) (S. 608 f.). Vgl. allgemein zum Stimmrechtsausschluss wegen Interessenkollision Baumbach/Hopt/*Roth*, § 119 Rn. 8; BeckOK BGB/*Schöne*, § 709 Rn. 49; EBJS/*Freitag*, § 119 Rn. 16; Erman/*Westermann H. P.*, § 709 Rn. 26; MüKoBGB/*Schäfer*, § 709 Rn. 65 ff.; NK-BGB/*Heidel*, § 709 Rn. 63; Staudinger/*Habermeier*, § 709 Rn. 24.
[19] Vgl. hierzu auch BGHZ 102, 172 (179).
[20] Gegen das gesellschaftsvertragliche Erfordernis des wichtigen Grundes für die Abberufung als Geschäftsführer in § 6 S. 1 GV der R-GbR sind keine rechtlichen Bedenken ersichtlich. Dies entspricht im Personengesellschaftsrecht dem dispositiven Recht (vgl. § 712 Abs. 1 BGB, § 117 HGB) und kann auch im GmbH-Recht für die Abberufung als Geschäftsführer gesellschaftsvertraglich vereinbart werden (vgl. § 38 Abs. 2 GmbHG).
[21] Vgl. BeckOK BGB/*Schöne*, § 712 Rn. 11; Erman/*Westermann H. P.*, § 712 Rn. 3; MüKoBGB/*Schäfer*, § 712 Rn. 9; NK-BGB/*Heidel*, § 712 Rn. 7; EBJS/*Drescher*, § 117 Rn. 7; RWH/*Haas*, § 117 Rn. 2; *Reichert/Winter*, BB 1988, 981 (988).
[22] *Reichert/Winter*, BB 1988, 981 (988).

Die Gesellschafter der R-GbR haben in der Gesellschafterversammlung im Februar 2017 an R die „Empfehlung" ausgesprochen, vor einer Verkaufsentscheidung über das Projekt in Bochum eine Wirtschaftlichkeitsberechnung erstellen zu lassen. Dessen ungeachtet hat R kurz darauf über den Verkauf verhandelt. Allerdings hat sich der Wille der Gesellschafter nicht in einem bindenden Beschluss, sondern in einer Empfehlung niedergeschlagen. Ob auch ohne das Vorliegen einer formal bindenden Entscheidung der Gesellschafter die Voraussetzungen eines wichtigen Abberufungsgrundes vorliegen, kann indes offen bleiben, wenn das weitere Verhalten von R hinreichend Anlass zur Abberufung gab. Schon die Weigerung von R, als Geschäftsführer eine ordnungsgemäß beantragte Gesellschafterversammlung einzuberufen, stellt eine grobe Verletzung seiner Pflicht aus § 4 Abs. 2 GV dar und ist ein wichtiger Grund für seine Abberufung. Hinzu kommt der treuwidrige Versuch, die Gesellschafterversammlung durch absichtliches Fernbleiben zu boykottieren und dadurch einen Abberufungsbeschluss zu verhindern.[23] Ein wichtiger Grund zur Abberufung von R liegt bei einer Gesamtabwägung aller Umstände daher vor.

3. Mehrheitserfordernis

Der Beschluss über die Abberufung von R als Geschäftsführer der R-GbR aus wichtigem Grund muss weiterhin mit der erforderlichen Mehrheit gefasst worden sein.

a) Qualifizierte Mehrheit

Der Beschluss über die Abberufung von R als Geschäftsführer der R-GbR muss gem. § 6 S. 2 GV mit einer Mehrheit von 2/3 der abgegebenen Stimmen zustande gekomken sein. B und C haben mit insgesamt 11.000.000 Stimmen für die Abberufung von R als Geschäftsführer gestimmt, während D, E, F und Z mit insgesamt 8.000.000 Stimmen dagegen stimmten. Die von B und C für die Abberufung abgegebenen Stimmen entsprachen somit nur 57,89 % aller abgegebenen Stimmen. Mithin wurde die in § 6 S. 2 GV geforderte qualifizierte Mehrheit von 2/3 der abgegebenen Stimmen nicht erreicht.

b) Einfache Mehrheit

Allerdings kann für die Abberufung von R als Geschäftsführer der R-GbR eine einfache Mehrheit ausreichend gewesen sein. Dann muss die in § 6 S. 2 GV vorgesehene qualifizierte Mehrheit für den Beschluss zur Abberufung des Geschäftsführers als eine die Gesellschafter unangemessen benachteiligende Klausel unwirksam sein und im Wege der ergänzenden Vertragsauslegung durch das einfache Mehrheitserfordernis ersetzt werden können.

aa) Zulässigkeit einer Inhaltskontrolle des Gesellschaftsvertrages

§ 6 S. 2 GV muss zunächst einer Inhaltskontrolle zugänglich sein. Wegen § 310 Abs. 4 S. 1 BGB finden die §§ 305ff. BGB, und damit auch die Inhaltskontrolle gem. §§ 307, 308 und 309 BGB keine Anwendung auf Gesellschaftsverträge. § 6 S. 2 GV kann somit nicht gem. § 307 Abs. 2 BGB daraufhin überprüft werden, ob das qualifizierte Mehrheitserfordernis eine unangemessene Benachteiligung der Gesellschafter der R-GbR darstellt.

---

[23] *Reichert/Winter*, BB 1988, 981 (988).

Allerdings kann der Gesellschaftsvertrag einer Publikumspersonengesellschaft[24] wie der R-GbR einer Inhaltskontrolle gem. § 242 BGB zu unterwerfen sein.[25] Für die Anlegergesellschafter einer Publikumspersonengesellschaft stellt sich die Situation bei ihrem Beitritt zur Gesellschaft anders dar als bei den Gesellschaftern, die einer dem gesetzlichen Leitbild entsprechenden Personengesellschaft beitreten.[26] Der Gesellschaftsvertrag der Publikumspersonengesellschaft ist typischerweise von den Gründern vorformuliert und wird von den beitretenden Anlegergesellschaftern lediglich unterzeichnet. Sie haben somit mangels Mitgestaltungsmöglichkeit keinen ihre individuellen Interessen wahrenden Einfluss auf den Inhalt des Vertrages. Die Anlegergesellschafter haben somit lediglich die Abschlussfreiheit der Gesellschaft beizutreten, nicht aber die Gestaltungsfreiheit zum Aushandeln ihrer Rechtsposition. Es besteht somit die typische Gefahr, dass die Gesellschaftsgründer in dem von ihnen entworfenen Gesellschaftsvertrag Regelungen vorsehen, die einseitig ihre Interessen berücksichtigen und die Interessen der Anlegergesellschafter dahinter zurücktreten. Die sich daraus ergebende Rechtslage ähnelt der bei Allgemeinen Geschäftsbedingungen und Formularverträgen, bei denen ebenfalls die von der Privatautonomie vorausgesetzte Gerechtigkeitsgewähr der vertraglichen Regelungen gestört ist. Das rechtfertigt es, Gesellschaftsverträge von Publikumspersonengesellschaften einer Inhaltskontrolle nach § 242 zu unterwerfen.[27]

R und *Z* haben den Gesellschaftsvertrag der R-GbR vereinbart, und die Gesellschafter *B, C, D, E* und *F* sind der R-GbR später beigetreten, ohne dass sie die Möglichkeit gehabt hätten, auf den Inhalt des Gesellschaftsvertrages und ihrer jeweiligen Rechtsposition Einfluss zu nehmen. § 6 S. 2 GV der R-GbR kann somit im Wege der Inhaltskontrolle gem. § 242 BGB auf seine Angemessenheit überprüft werden.

bb) Inhaltliche Kontrolle von § 6 S. 2 GV

Das in § 6 S. 2 GV geregelte qualifizierte Mehrheitserfordernis für den Gesellschafterbeschluss über die Abberufung des Geschäftsführers kann gem. § 242 BGB unwirksam sein, wenn dadurch ohne sachlichen Grund einseitig die Belange des Ge-

---

[24] Eine Inhaltskontrolle gesellschaftsvertraglicher Regelungen von Personengesellschaften, die dem gesetzlichen Leitbild entsprechen, scheidet jedenfalls aus. Die Gesellschafter haben die Möglichkeit des freien Aushandelns des Gesellschaftsvertrages zwischen gleichberechtigten Partnern. Diese Regelungen unterliegen daher lediglich einer Überprüfung am Maßstab der §§ 134, 138 BGB, und eine darüber hinausgehende inhaltliche Kontrolle des Gesellschaftsvertrages ist nicht zulässig; vgl. zu der sog. „Lehre von der Richtigkeitsgewähr" *Schmidt K.,* GesR, § 5 III 4a (S. 121 f.) m. w. N.
[25] Zur historischen Entwicklung der Inhaltskontrolle von Gesellschaftsverträgen vgl. MünchHdb.GesR II/*Jaletzke,* § 65 Rn. 9.
[26] Vgl. hierzu *Koch J.,* § 18 Rn. 1 ff.; *Saenger,* Rn. 223; *Wiedemann,* GesR II, § 5 I 1 (S. 389 ff.).
[27] BGHZ 64, 238 (241) 84, 11 (13); 102, 172 (177); 104, 50 (53 ff.); *BGH* NJW 1982, 2495 (2496); 1991, 2906 (2907); NZG 2001, 269; Baumbach/Hopt/*Roth,* Anh. § 177a Rn. 68; EBJS/*Henze/Notz,* § 177a Anh. B Rn. 30; Henssler/Strohn/*Servatius,* Anh. Publikumsgesellschaft und GmbH & Co. KG Rn. 9; MüKoHGB/*Grunewald,* § 161 Rn. 124 ff.; Oetker/*Oetker,* § 161 Rn. 140 f.; RWH/*Haas/Mock,* § 161 Rn. 115; Staub/*Casper,* § 161 Rn. 136 ff.; MünchHdb.GesR II/*Jaletzke,* § 65 Rn. 11; *Kübler/Assmann,* § 21 III 3 (S. 346). Im Grundsatz zustimmend, wegen der Reichweite der Inhaltskontrolle aber kritisch *Schmidt K.,* GesR, § 5 III 4c (S. 125 f.). Zur Herleitung der Inhaltskontrolle gem. § 242 BGB vgl. grundlegend *Kellermann,* FS Stimpel (1985), 295 ff. Nach a. A. erfolgt die Inhaltskontrolle des Gesellschaftsvertrages einer Publikumspersonengesellschaft am Maßstab von § 138 BGB, ohne dass dadurch aber andere Ergebnisse erzielt würden; vgl. MüKoHGB/*Grunewald,* § 161 Rn. 124 f.

schäftsführers verfolgt und die berechtigten Interessen der Anlegergesellschafter unangemessen und unbillig beeinträchtigt werden. Infolge der körperschaftlichen Struktur der R-GbR kann § 6 S. 2 GV an den §§ 46 Nr. 5, 47 Abs. 1, 38 Abs. 2 GmbHG zu messen sein, wonach die Abberufung eines GmbH-Geschäftsführers eines Gesellschafterbeschlusses mit lediglich einfacher Mehrheit bedarf.[28]

Dagegen kann zunächst anzuführen sein, dass es sich bei der R-GbR um eine Personengesellschaft handelt, auf welche die Regelungen des Kapitalgesellschaftsrechts nicht schematisch angewendet werden können.[29] Es müsse vielmehr im Einzelfall geprüft werden, ob die konkrete Ausgestaltung des zu beurteilenden Gesellschaftsverhältnisses der Übertragung dieser Regelungen entgegensteht.[30] Das kann der Fall sein, weil R in der R-GbR nicht nur ihr einziger Geschäftsführer, sondern auch einer ihrer Gesellschafter ist. Die Entziehung der Geschäftsführungs- und Vertretungsbefugnis von R kann sich daher wie bei einer dem gesetzlichen Leitbild entsprechenden GbR als Grundlagengeschäft bzw. als Vertragsänderung darstellen,[31] für die eine für Vertragsänderungen erforderliche Mehrheit zu verlangen sein kann. Demnach bliebe das in § 6 S. 2 GV geregelte Mehrheitserfordernis von 2/3 der abgegebenen Stimmen hinter dem in § 9 GV für Vertragsänderungen allgemein genannten Mehrheitserfordernis von 3/4 der abgegebenen Stimmen zurück und wäre demzufolge nicht zu beanstanden.

Die R-GbR als Publikumspersonengesellschaft ist hingegen mit einer dem gesetzlichen Leitbild entsprechenden GbR nicht vergleichbar. Sie ist körperschaftlich organisiert, und R hat als ihr alleiniger Geschäftsführer auch allein die Befugnis, Rechtsgeschäfte mit Wirkung für und gegen die R-GbR abzuschließen. Den nicht geschäftsführungsbefugten Anlegergesellschaftern der R-GbR steht kein Widerspruchsrecht gem. § 711 BGB gegen Geschäftsführungsmaßnahmen von R zu.[32] § 4 GV enthält auch keine Regelungen über außergewöhnliche Geschäfte, die vor ihrer Durchführung der Zustimmung der Gesellschafterversammlung bedürfen.[33] Die geschäftliche Entwicklung der R-GbR liegt daher allein in der Hand von R und die Anlegergesellschafter können lediglich auf die Ordnungsgemäßheit seiner Geschäftsführung vertrauen. Ist dieses Vertrauen nicht mehr gerechtfertigt, weil ein wichtiger Grund für die Abberufung als Geschäftsführer vorliegt, ist diese Abberufung für die Anlegergesellschafter die einzige Möglichkeit zur Reaktion auf den erlittenen Vertrauensverlust. Es muss der Anlegermehrheit aber die Möglichkeit offen stehen, die Verwaltung des von ihnen eingebrachten Kapitals durch eine Person zu ermöglichen, die das Vertrauen dieser Mehrheit hat.[34] Dies gilt erst Recht, wenn, wie in § 2 S. 1 GV erfolgt, ein Gründungsgesellschafter im vorformulierten

---

[28] Ein Vergleich mit den aktienrechtlichen Regelungen zur Abberufung von Vorstandsmitgliedern scheidet aus. Die Kompetenz zur Abberufung eines Vorstandsmitglieds liegt gem. § 84 Abs. 3 S. 1 2 AktG zwingend beim Aufsichtsrat, der hierüber bei Vorliegen eines wichtigen Grundes für die Abberufung gem. § 108 Abs. 1 AktG durch Beschluss mit grundsätzlich einfacher Mehrheit (vgl. HK-AktG/*Israel*, § 108 Rn. 10) entscheidet. Die R-GbR hat jedoch keinen Aufsichtsrat gebildet. Ein Vergleich von § 6 S. 2 GV mit den aktienrechtlichen Regelungen ist daher nicht möglich.
[29] Vgl. EBJS/*Henze/Notz*, § 177a Anh. B. Rn. 32; RWH/*Haas/Mock*, § 161 Rn. 116; MünchHdb.GesR II/*Jaletzke*, § 65 Rn. 12; *Stimpel*, FS Fischer, 1979, 771 (773).
[30] Vgl. BGHZ 69, 207 (220); 84, 383 (386), 87, 84 (87), *BGH* NJW 1980, 1049 (1050).
[31] Vgl. hierzu BeckOK BGB/*Schöne*, § 712 Rn. 13; Erman/*Westermann H.P.*, § 712 Rn. 4; Palandt/*Sprau*, § 712 Rn. 2.
[32] Zu den widerspruchsberechtigten Gesellschaftern einer GbR vgl. BeckOK BGB/*Schöne*, § 711 Rn. 2 f.; MüKoBGB/*Schäfer*, § 711 Rn. 6 f.
[33] Vgl. hierzu statt aller Baumbach/Hopt/*Roth*, § 116 Rn. 2, 5 ff.; EBJS/*Mayen*, § 116 Rn. 2 ff.
[34] BGHZ 102, 172 (178); EBJS/*Henze/Notz*, § 177a Anh. B Rn. 132.

GV zum alleinigen Geschäftsführer bestellt worden ist. Die Interessenlage ist somit mit derjenigen zur Abberufung eines GmbH-Geschäftsführers, die eines Gesellschafterbeschlusses mit „lediglich" einfacher Mehrheit fordert, vergleichbar.[35] Eine im GV der R-GbR vorweggenommene Regelung, wonach die Gesellschafterminderheit in der Lage sein soll, der Gesellschaftermehrheit ihren Willen aufzuzwingen, am bisherigen Geschäftsführer festzuhalten, der nicht mehr das Vertrauen der Gesellschaftermehrheit hat, beeinträchtigt die berechtigten Interessen der Anlegergesellschafter daher unangemessen und unbillig. § 6 S. 2 GV hält daher einer Inhaltskontrolle nach § 242 BGB nicht stand.[36] Diese Regelung ist daher nichtig[37] und im Wege der ergänzenden Vertragsauslegung[38] durch die allgemeine Mehrheitsregelung in § 4 Abs. 1 S. 4 GV zu ersetzen.

Die Abberufung des Geschäftsführers *R* war somit mit einfacher Mehrheit möglich. Diese einfache Mehrheit wurde aufgrund der Stimmen von *B* und *C* erreicht.

B. Ergebnis

R ist als Geschäftsführer der R-GbR auf der Gesellschafterversammlung vom 11.6.2017 wirksam abberufen worden.

---

[35] Auch im GmbH-Recht genügt für die Abberufung des Geschäftsführers bei Vorliegen eines wichtigen Grundes nach h. A. stets die einfache Mehrheit, und zwar auch dann, wenn der Gesellschaftsvertrag für diesen Gesellschafterbeschluss eine qualifizierte Mehrheit verlangt; vgl. BGHZ 86, 177 (179); 102, 172 (178 f.); Lutter/Hommelhoff/*Kleindiek*, § 38 Rn. 16; MHLS/*Terlau*, § 38 Rn. 58; Rowedder/Schmidt-Leithoff/*Baukelmann*, § 38 Rn. 19; Roth/*Altmeppen*, § 38 Rn. 18; Scholz/*Schmidt K.*, § 46 Rn. 73; kritisch dazu Baumbach/Hueck/*Zöllner/Noack*, § 38 Rn. 30 f.; *Grunewald*, FS Zöllner (1998), 177, 179.
[36] Vgl. im Ergebnis ebenso EBJS/*Henze/Notz*, § 177a Anh. B Rn. 34; MüKoHGB/*Grunewald*, § 161 Rn. 125; RWH/*Haas/Mock*, § 161 Rn. 115; MünchHdb.GesR II/*Jaletzke*, § 65 Rn. 30; Hierdurch werden die Interessen von *R* nicht unangemessen beeinträchtigt. Er hat die Möglichkeit, den mit einfacher Mehrheit gefassten Beschluss über die Entziehung seiner Geschäftsführungsbefugnis gerichtlich überprüfen zu lassen, ob ein wichtiger Grund für diese Entziehung vorgelegen hat; vgl. BGHZ 102, 172 (179).
[37] BeckOK HGB/*Häublein*, § 161 Rn. 88; RWH/*Haas/Mock*, § 161 Rn. 115.
[38] BeckOK HGB/*Häublein*, § 161 Rn. 88; RWH/*Haas/Mock*, § 161 Rn. 115.

Sachverzeichnis

(Die Zahlen verweisen auf die Seiten des Buches.)

Abfindungsanspruch
- Bedingung 226
- Buchwertklausel 305 ff., 316 ff.
- Entstehen 317 f.
- Höhe 305 ff., 309 ff.
- Schuldner 305, 314 f.

Ablieferung 94, 106, 117

Abtretungsverbot
- im Handelsrecht 48 f., 142
- Rechtsfolgen 48 f.

actio pro socio 162 ff.

Aktiengesellschaft
- Anfechtungsklage 4
- Aufsichtsrat 5
- Handelndenhaftung 8
- Insolvenzverschleppungshaftung 8
- Organinnenhaftung 8
- Treuepflicht 5
- Vorgesellschaft (=Vor-AG) 8

Allgemeine Geschäftsbedingungen
- Einbeziehung durch kaufmännisches Bestätigungsschreiben 97 ff., 119 ff., 121 ff.
- Einbeziehung in den Vertrag 96 f., 108 f., 118
- Inhaltskontrolle 99 f., 109 ff., 158 ff.
- überraschende Klausel 109

Analogiebildung 6, 8 ff.

Anfechtung eines Übernahmevertrages 58 f.

Anspruchsaufbau 2

Anspruchsgrundlagen 6 ff.

Aufrechnung 128 ff., 195

Aufrechnungsverbot 130, 196

Aufwendungen 164 ff.

Ausschluss eines Gesellschafters
- gesetzliche Regelung 300
- Hinauskündigungsklausel 291 ff.

Buchwertklausel
- zu Lasten eines ausgeschiedenen Mitgesellschafters 305 ff.
- zu Lasten eines Gesellschaftserben 316 ff.

Einberufung einer Gesellschafterversammlung 321 ff.

Erbengemeinschaft 202, 218 ff.

Erbenhaftung bei Geschäftsfortführung
- besonderer Verpflichtungsgrund 86 f.
- Erwerb eines Handelsgeschäfts von Todes wegen 81 ff.
- Firmenkontinuität 81
- Geschäftseinstellung 83 ff.
- Geschäfts- und Firmenfortführung 81 f.
- Geschäftsverbindlichkeit des Erblassers 81
- Haftungsausschluss 82 ff.

Erlassvertrag 180 ff.
- Unwirksamkeit 181 ff.

Erwerb eines Handelsgeschäfts
- Anfechtung des Übernahmevertrags 58 f.
- Firmenfortführung 57 f.
- Haftung des Erwerbers 56 ff., 64 ff., 80 ff.
- von Todes wegen 81

Fehlerhafte Gesellschaft siehe Gesellschaft, fehlerhafte

Firma
- Firmenfortführung 7, 57 f., 66 ff., 72 f. 81 f.
- Firmenidentität 57 f.
- Firmenneubildung (Einzelkaufmann) 73 f.
- Firmenwahrheit 73 f.
- Haftung bei Firmenfortführung 7, 56 ff., 64 ff., 80 ff.
- Inhaberzusatz 74
- Nachfolgezusatz 57 f.

Fortsetzungsklausel 316, 323

Garantie 105, 110

Gesamtschuld 167 ff.

Geschäftsführungsmaßnahme
- außergewöhnliche 205, 283, 329
- Widerspruch 179, 205, 283, 297, 329

Geschäftsführer
- Abberufung 321 ff., 326 ff.
- Bestellung 325
- Sorgfaltspflicht 286
- Weisungsrecht 281, 285

Gesellschaft bürgerlichen Rechts
- Abfindungsanspruch 3, 7
- Akzessorietätstheorie 153 f., 155 f.
- Außengesellschaft 149 f.
- Berufssozietät 148 ff.
- Einberufungsrecht zur Gesellschafterversammlung bei Publikums-GbR 321 ff.
- Entstehung 75, 148 f.
- gemeinsamer Zweck 75, 149
- Gesamthandsgemeinschaft 75, 149
- Geschäftsführungsbefugnis 162 ff.
- Gesellschafterhaftung 7, 9, 152 ff., 155 f., 157 f., 257 f.

– individualistische Gesamthandsvermögenslehre 149
– Kündigung 4, 11
– Rechtsfähigkeit/Rechtsträgereigenschaft 149 f.
– Sozietät 148 ff.
– Theorie der Doppelverpflichtung 150
– Theorie der kollektiven Einheit 149
– Umwandlung in OHG 75
– Vertretung 150 ff.
– Zurechnung einer zum Schadensersatz verpflichtenden Handlung analog § 31 BGB 14, 151 f.
Gesellschaft, fehlerhafte 60 ff.
Gesellschafterbeschluss
– Ausschlussfrist 276 ff.
– Beschlussfähigkeit 326
– Feststellungsinteresse 276
– Feststellungsklage 275 ff.
– Klagegegner 275
– Mehrheit 191 f., 275, 283, 324, 327, 329
– Nichtigkeit 278 ff., 283 ff., 286
– zweistufige Prüfung 191
Gesellschaftereintritt/-wechsel (OHG/KG)
– Anteilsübertragung 217 f., 230 f., 241, 247 ff.
– bei Tod eines Gesellschafters 216 ff.
– Eintritt als Kommanditist in bestehende KG 229 ff., 234, 241 ff.
– Sondernachfolge 219
– Vollrechtserwerb bei qualifizierter Nachfolgeklausel 220 f., 223
Gesellschaftsvertrag 60, 176, 188 f., 205 ff., 216 f., 223 ff., 277 f., 327 ff.
– Auslegung 205 ff., 216 f., 223 ff., 277 f.
– Inhaltskontrolle 327 ff.
– Nichtigkeit 60
Gestaltungs(klage)rechte 3, 11
Gewerbe 24, 64 f., 93, 141
Gleichbehandlungsgrundsatz 292
GmbH
– Aufsichtsrat 5, 8
– Gesellschafterausschluss 11
– Gesellschafteraustritt 11
– Handelndenhaftung 8
– Innenhaftung des Geschäftsführers 8
– Insolvenzverschleppungshaftung 8
– Treuepflicht siehe dort
– Vorgesellschaft (=Vor-GmbH) 8, 10
– Wettbewerbsverbot eines Gesellschafters 9
GmbH & Co. KG
– „atypische" GmbH & Co. KG 246
– GmbH als einziger Komplementär 241 ff.
– Haftung bei Eintritt 241 ff.
– Informationsanspruch des Kommanditisten 283 ff.
Grundlagengeschäft 329

Haftung bei Firmenfortführung 56 ff., 64 ff., 80 ff.
Haftungsübernahme 57 ff., 66, 76 f.
– summenmäßige Beschränkung 59
Handelsgeschäft 36 f., 49, 57, 64 ff., 72 f., 80 ff., 85 f., 92 f., 106, 118, 127
– Begriff 12, 36 f., 49, 72 f., 80, 92
– beiderseitiges 49, 92 f., 106
– einer OHG 36 f.
– einseitiges 127
– einzelkaufmännisches 80
– Einstellung 85 f.
– Erwerb 64 ff., 81
– Formfreiheit 37
– Fortführung 57, 81 ff.
– gutgläubiger Erwerb 134 ff.
– in der Fallprüfung 7, 12
– Selbsthilfeverkauf 127 f.
Handelsgewerbe 24 f., 56 f., 64 ff., 93, 177, 189, 252 f.
Handelskauf
– Abbedingung der Rügepflicht 108 ff., 111 ff.
– Annahmeverzug 127
– Genehmigungsfiktion 92, 100, 106 ff., 118
– Mängelrüge 92, 107 f.
– Rechtzeitigkeit der Mängelrüge 95 ff., 107 f.
Handelsregister
– Anmeldepflichtiger 47
– Anwendbarkeit des § 15 Abs. 1 HGB im Deliktsrecht 38 f.
– Anwendbarkeit des § 15 Abs. 1 HGB zu Lasten unbeteiligter Dritter 136 ff.
– eintragungsfähige Tatsache 267
– eintragungspflichtige Tatsache 35, 38, 46, 136, 192, 236
– Fehlen einer Voreintragung 35 f., 46, 193
– Gutgläubigkeit 31, 35, 38, 47, 193, 236 f.
– negative Publizität 16, 26, 136, 138
– positive Publizität 16
– Prinzip der Meistbegünstigung 31
– Rosinentheorie 17, 23
– Schonfristregelung 26 f.
– Schutzzweck des § 15 Abs. 1 HGB 38 f.
Handelsvertreter
– Interessenwahrungspflicht 178
Handlungsvollmacht
– Arten 13, 43 f.
– Erteilung 43
– Gutglaubensschutz 44
– Umfang 27, 43 f., 90, 107
Hilfsperson, selbständige
– Franchisenehmer 9
Hinauskündigungsklausel 291 ff.
– sachliche Rechtfertigung 296 ff.
– Theorie des Gesellschafter minderen Rechts 292 f.
– Theorie von der „Richtigkeitsgewähr der Ausschlussregelung" 293 f.

Sachverzeichnis

Informationsinteresse 283, 286
Insolvenzfähigkeit 188 ff.

Just-in-time-Vertrag 102 f.

Kaufmann
– kraft Eintragung 12, 16, 36, 43, 56, 69, 75, 135, 141
– kraft Handelsgewerbe 64 ff., 72 f., 75, 92 f.
– nach § 3 HGB 93
Kaufmännisches Bestätigungsschreiben
– Abgrenzung zur Auftragsbestätigung 119 f.
– Einbeziehung von AGB durch Bestätigungsschreiben 97 ff., 119 f.
– konstitutives 99, 123
– persönlicher Anwendungsbereich 97 f., 119
– Prinzip der Kongruenzgeltung 122
– sich kreuzende Bestätigungsschreiben 121 f.
– Theorie des letzten Wortes 122
– vorausgegangene Vertragsverhandlungen 98, 119, 123
– Wiedergabe des Vertragsinhalts 98 f., 119 f.
Kleingewerbetreibender 69, 76 f., 254 f.
Kommanditgesellschaft (KG)
– Abdingbarkeit der gesetzlichen Ausschlussvorschriften 291
– Abfindungsanspruch 61, 217, 221, 225 f.
– Anteilsübertragung 217 f., 230 f., 241, 247 ff.
– Auflösungsklage 11
– Auskunftsrecht des Kommanditisten 283 ff.
– Ausscheiden eines Kommanditisten 231 ff., 240, 247 ff.
– Ausschluss eines Kommanditisten 291 ff.
– Beteiligungsumwandlung 263 ff.
– Einlageleistung bei Anteilsübertragung 231
– Einlagenrückzahlung 232, 241, 247 ff.
– Entstehung 242 f., 252 ff.
– Erbengemeinschaft als Komplementär 216 ff.
– Haftung des Altkommanditisten (bei Rechtsnachfolgevermerk) 229 ff., (bei fehlendem Rechtsnachfolgevermerk) 235 ff.
– Haftung des eintretenden Kommanditisten 229 ff., 234, 241 ff.
– Haftung des eintretenden Komplementärs 266 f., 269 f.
– Haftungsprivilegierung 258 ff.
– Kommanditistenhaftung vor Eintragung der Gesellschaft 243, 252 ff.
– Kommanditistenhaftung vor Eintragung der Kommanditistenstellung 241 ff., 250, 267 f., 270 f.
– Kündigung 11
– Nachhaftung 240
– Neuschuld 268
– Rechtsnachfolgevermerk 233 ff., 241
– Vertretung 42 ff., 50 ff., 90
– Wettbewerbsverbot 285

– Widerspruchsrecht des Kommanditisten 283, 297
– Wirksamwerden im Außenverhältnis 242 f., 253 f.
– Zwischenneuschuld 262
Kommissionsgeschäft 8, 129 ff.
– Aufrechnungsmöglichkeit des Kommissionärs 129
– Kommissionärseigenschaft 130 f.
– Schutz des Kommittenten bei Forderungen aus dem Kommissionsgeschäft 131 ff.
Komplementär
– Eintritt 216 ff., 220 ff., 263 ff.
– Haftung 266 f., 269 f.
– Umwandlung 263 ff.
Konkurrenzverbot
– Handelsvertreter 178
Kontokorrent 141 f.

Ladenangestellte 13
Lehre von der fehlerhaften Gesellschaft *siehe Gesellschaft, fehlerhafte*
Leistungsverweigerungsrecht 196 f.

Mandatsverhältnis
– Begründung 150 ff.
– Pflichtverletzung 151 f.
– Rechtsnatur 148
Mängelrecht
– Nacherfüllungsanspruch 91 ff., 117
– Sachmangel 92, 104, 117
Minderjährigenhaftungsbeschränkung 266
Mitgliedschaft
– der Anlegergesellschafter 323 f.
– Splitting 219
– Übertragung 230, 232 f.

Nachfolgeklauseln 2o2, 216 ff., 220 f., 223 ff., 263, 316
– Eintrittsklausel 216 ff., 223 ff.
– einfache 225, 263
– nach § 9 Abs. 4 S. 2 PartGG 202 f.
– qualifizierte 220 f., 223
Nachlassverbindlichkeit 80, 262 ff., 268
Nachschusspflicht 165, 167

Offene Handelsgesellschaft (OHG)
– Abfindungsanspruch 9, 304 ff., 314 ff.
– Abfindungsbeschränkung 305 ff.
– Auflösung 4, 11, 190
– Auflösungsklage 11
– Aufwendungen eines Gesellschafters 7, 164 ff.
– Ausscheiden eines Gesellschafters 29 ff., 34 ff., 38 f., 61, 304
– Begriff 24 f.
– Deliktsfähigkeit 37 f.
– Entstehung 24 f., 34, 75, 176 f., 188 ff.
– Firma 56 f., 75

– Gesellschafter als Liquidatoren 191 ff.
– Gesellschaftszweck 176, 189
– Haftung der Gesellschafter 7, 30 f., 37 f., 74 ff., 164 ff., 170 ff., 194 f.
– Haftung der Mitgesellschafter bei Abfindungsansprüchen 314 f.
– Haftung der Mitgesellschafter im Regress 164 ff.
– Insolvenzfähigkeit 188 ff.
– Kündigung 11, 304, 309 ff.
– Liquidation 190
– Umwandlung in KG 60 ff.
– Verbot der Nachschusspflicht 165, 167
– Vertretung 25 ff., 34 ff., 177 ff., 191 ff.
– Wettbewerbsverbot 7
– Widerspruch gegen Geschäftsführungsmaßnahme 179
– Wirksamwerden im Außenverhältnis 34, 177, 188 f.
– Zurechnung einer zum Schadensersatz verpflichtenden Handlung analog § 31 BGB 14, 38 f., 180, 184
Organhaftung 184 f.

Partnerschaftsgesellschaft (PartG) 22 ff., 148, 200 ff.
– Auflösung 201
– Beendigung 201 f.
– Entstehen im Außenverhältnis 201
– Entstehen im Innenverhältnis 200
– Haftung der Partner 209 ff.
– Haftungsausschluss 210 ff.
– Liquidation 201
– Nachfolgeklausel 202
– Rechtsfähigkeit 148, 208
– summenmäßige Haftungsbeschränkung 212 f.
– Vererblichkeit der Beteiligung 202
– Vertretung 203 ff.
– Widerspruch gegen Geschäftsführungsmaßnahme 205
– Zurechnung einer zum Schadensersatz verpflichtenden Handlung analog § 31 BGB 209
Pfändungsbeschluss
– hinreichende Bestimmtheit 140 f.
Pfändungsverbot 141 f.
Prokura
– Beschränkung im Innenverhältnis 27, 48
– Eintragung 26, 45 ff.
– Entziehung 26
– Erlöschen 46
– Erteilung 25, 43, 45
– Missbrauch der Vertretungsmacht 28 f.
– Umfang 27, 47 f.
– Widerruf 26, 46
Publikumspersonengesellschaft 322 ff.
– Beschlussfähigkeit 326

– Einberufungsrecht zur Gesellschafterversammlung 321 ff.
– Fortsetzungsklausel 323
– Inhaltskontrolle des Gesellschaftsvertrages 327 ff.
– kapitalistische Gesellschafterstellung 323 f.
– körperschaftliche Struktur 324
– Mehrheitserfordernis bei Beschlussfassung 327 ff.
– Merkmale 322 ff.
– Noteinberufungsrecht 321 ff.
– Stimmverbot 326
– Unabhängigkeit vom Mitgliederbestand 323
– Widerspruch gegen Geschäftsführungsmaßnahme 329

Rechtsschein 10, 16, 26 ff., 44, 46 ff., 58 f., 67, 70 ff., 192 ff., 232 f., 234 ff., 267, 269
Rechtsscheinhaftung 70 ff., 192 ff., 232 f., 235 ff., 267, 269
Rechtsscheinvollmacht 44, 46 ff.
Regress 165 f., 167 f., 171 f.

Saldo
– gegenwärtiger 143 ff.
– zukünftiger 145 f.
– Zustellungssaldo 143 f.
Schuldbeitritt
– gesetzlicher 54, 66 f., 247 f.
– vertraglicher 157
Sondervorteil 281 f., 286
Sozialanspruch 162 f.
Sozialverbindlichkeit 165, 170, 172, 314
Stimmverbot 278 ff., 283
– bei Publikums-GbR 326
– Rechtsfolge 283
– wegen Interessenkollision 278 ff.
Streckengeschäft 94

Treuepflicht 168, 170 f., 281 ff., 285 f., 297, 314
– als Anspruchsgrundlage 10 f.
– als (Dritt)Gläubiger 170 f.
– des OHG-Gesellschafters 168, 170 f.
– des Kommanditisten 297
– nachwirkende 314
– Stimmrechtsmissbrauch 281 ff.
– Wettbewerbsverbot 285 f.

Universalsukzession 80
Unternehmenskontinuität (= Haftungskontinuität) 67 f., 158

Vertragsübernahme 177 ff.
Vertretungsmacht 26 ff., 34 ff., 43 f., 46 ff., 50 ff., 80, 107, 151, 178 f., 191, 204 ff., 207, 264
– Beschränkung 179, 204 ff.

– Einzelvertretung 151, 178 f., 191, 204
– Gesamtvertretung 29, 151, 179, 191 f., 203
– Handlungsvollmacht 43 f., 90, 107
– Insich-Geschäft 204, 217, 264
– kraft Rechtsscheins 26 ff., 34 ff., 46 ff.
– Missbrauch 28 f., 50 ff., 207 f.
– Prokura 25 ff., 43 ff.
– Unbeschränkbarkeit 27, 47 f., 206 ff.
Vorgesellschaft 8, 10

Zurückbehaltungsrecht 91, 120, 123 ff.
– Ausschluss 120, 122